57

TRAVAUX

DE LA

COMMISSION DES ENFANTS TROUVÉS.

I.

TRAVAUX

DE LA

COMMISSION DES ENFANTS TROUVÉS

INSTITUÉE LE 22 AOÛT 1849

PAR ARRÊTÉ DU MINISTRE DE L'INTÉRIEUR.

TOME I.

PROCÈS-VERBAUX DES SÉANCES DE LA COMMISSION. — PROJET DE LOI.

PARIS.

IMPRIMERIE NATIONALE.

M DCCC L.

ARRÊTÉ

DE M. LE MINISTRE DE L'INTÉRIEUR

Instituant la Commission des Enfants trouvés.

Paris, le 22 août 1849

AU NOM DU PEUPLE FRANÇAIS.

Le Ministre de l'Intérieur ARRÊTE

ART. 1er. Une Commission est instituée à l'effet de préparer un projet de loi sur le service des Enfants trouvés.

ART 2. Sont nommés membres de cette Commission:

MM Victor LEFRANC, Représentant du peuple, Président,

De LURIEU, Inspecteur général des établissements de bienfaisance,

De WATTEVILLE, Inspecteur général des établissements de bienfaisance,

DURAND-SAINT-AMAND, ancien Préfet;

BAILLEUX DE MARIZY, ancien Préfet,

BLANCHE, Conseiller de préfecture du département de la Seine,

NICOLAS, chef de division à la direction générale des Cultes,

GIRAUD, membre de l'Institut;

VALENTIN-SMITH (1), Conseiller à la Cour d'appel de Riom, ancien membre du Conseil général de la Loire,

M. VALENTIN-SMITH remplira les fonctions de secrétaire.

ART. 3. Le secrétaire général du ministère de l'Intérieur est chargé de l'exécution du présent arrêté.

Signé J DUFAURE.

Par arrête du ministre de l'Intérieur, du 30 août 1849, M. Louis HAMELIN, avocat à Paris, agent général de la Société d'adoption pour les Enfants trouvés, est nommé secrétaire adjoint de la Commission.

Pour copie conforme

Le Secrétaire de la Commission,

Signé VALENTIN SMITH

---

(1) Par lettre du 22 août 1849, M le Ministre de l'Intérieur a donné des ordres pour que tous les renseignements et documents réclamés par M VALENTIN SMITH, au ministère de l'Intérieur et aux administrations qui en dependent, fussent mis à sa disposition.

LETTRE

A M. LE MINISTRE DE L'INTÉRIEUR.

———

MONSIEUR LE MINISTRE,

J'ai l'honneur de vous adresser les procès-verbaux de la Commission instituée par arrêté de M. Dufaure, votre prédécesseur, en date du 22 août 1849, pour la préparation d'une Loi sur le service des Enfants Trouvés, Abandonnés et Orphelins.

J'y joins la collection des pièces justificatives et des documents, modèles, tableaux statistiques et autres renseignements, sans lesquels il est difficile de bien comprendre la portée des raisonnements, la valeur des allégations, le motif des dispositions légales.

Le projet de loi dans lequel se résument les travaux de la Commission est relié aux procès-verbaux par un double système de renvois, qui en permettent le rapprochement et l'intelligence.

Il ne m'est sans doute pas permis, Monsieur le Ministre, de juger un travail auquel j'ai concouru; mais je manquerais au premier de mes devoirs, si je ne constatais la consciencieuse persévérance de la Commission à poursuivre, jusque dans les moindres détails, l'œuvre qui lui avait été confiée.

Trente-deux séances y ont été consacrées pendant les trois premiers mois; rarement elles duraient moins de quatre heures. Trois mois ont été nécessaires pour tout coordonner et tout compléter.

Les procès-verbaux, tâche bien lourde quand elle est comprise et acceptée dans son entier, ont été rédigés avec soin et bonheur par M. VALENTIN-SMITH, secrétaire, et par M. HAMELIN, secrétaire adjoint.

Les pièces et documents, recueillis par les soins de M. VALENTIN-SMITH, formeront, je l'espère, une collection complète et précieuse, non-seulement pour l'étude, mais même pour la pratique de la Loi, quelle qu'elle soit.

Je ne vous parlerai pas de mes autres Collègues, Monsieur le Ministre : la lecture de la discussion vous prouvera combien j'ai dû être étonné, et surtout honoré, d'avoir occupé parmi eux un rôle de direction dont j'étais à coup sûr le moins digne.

Je puis dire du moins que nous avons été unanimes pour regretter de voir finir, et pour désirer reprendre un jour, au service du pays, une collaboration où la rencontre des esprits amène une solide amitié.

Et comment cette rencontre n'aurait-elle pas eu lieu, malgré la divergence des idées et la variété des moyens, sur une question où l'on ne peut aller au delà du juste qu'en laissant envahir le domaine de la loi par l'élan de la charité, ni rester en deçà du possible que par un respect scrupuleux de la loi civile et de la responsabilité humaine !

L'histoire, la législation, la jurisprudence, la science statistique, nous montrent les mêmes dissidences, et peut-être, on en jugera, le même accord.

Ces monuments n'ont pu être devinés, cherchés, réunis, qu'après la discussion qui les révélait ou les réclamait. Nous croyons que, bien étudiés, ils confirment de tous points les principales idées qui ont triomphé dans l'étude raisonnée des nécessités morales, politiques, humaines et financières de la question. Dans cette étude il est surtout nécessaire de bien apprécier la nature des éléments que l'on possède, l'importance de ceux qui ont échappé à toute constatation. Il est tout aussi essentiel de ne pas se borner à comparer entre eux les faits contemporains, mais de se rendre compte du progrès des faits successifs, par l'augmentation ou la diminution du bien ou du mal. Ainsi, pour ne citer que deux exemples, la proportion que les Enfants Trouvés fournissent aux bagnes et aux maisons centrales est un peu moins forte que celle des Enfants naturels, eu égard à la proportion qu'ils fournissent à la population générale. En faut-il conclure qu'à ce point de vue les Enfants que le Tour recueille sont plus moraux que ceux qui seraient conservés par leur famille? non sans doute. Les Enfants naturels sont, dans l'état actuel, complétement abandonnés. Dans le système du projet de loi, les Enfants Trouvés, loin d'être rejetés dans cette catégorie sans asile et sans frein, seront rattachés à leur mère, sans être abandonnés par l'Administration. Le second exemple est encore plus frappant. Une certaine quantité de départements n'ont jamais eu de Tours; une autre partie en a toujours eu, et ils y ont été affranchis de toute surveillance. Faut-il seulement examiner quels sont ceux où, dans une même période de temps, il y a eu le plus ou le moins d'infanticides? non sans doute; il faut encore, il faut surtout étudier la progression du mal, l'amélioration, la marche vers un moins grand nombre d'infanticides, ou du moins la marche la plus lente vers un résultat aussi fâcheux.

Continuée dans le même esprit, avec les corrections et les additions indiquées, surtout dans la partie statistique, cette collection sera la justification ou le remède, et dans tout cas le contrôle des tendances qui ont présidé aux résolutions de la Commission.

Pour nous, chargés de vous soumettre la préparation d'une loi que d'autres étudient à côté de nous, que d'autres reverront encore avant qu'elle soit soumise aux délibérations de l'Assemblée, si elle est destinée à cette épreuve, nous avons cru devoir demander avant tout à la raison, à l'étude du cœur humain, à l'analyse des grands faits sociaux, le secret de cette grave question.

Quelque restreint que fût le nombre des membres de la Commission, elle a été abordée par ses trois grands côtés : l'humanité, la religion, la loi.

Chaque époque, en effet, chaque nation, chaque individu, sont frappés à des degrés différents, mais d'une manière toute spéciale, de l'un des précieux droits que les Enfants abandonnés sont exposés à perdre, de l'un des devoirs sacrés que violent ceux qui les abandonnent, de l'un des graves intérêts dont s'émeut la charité qui les recueille.

L'Enfant, par le seul fait d'une naissance qu'il n'a pas désirée et qu'il ne devrait jamais être destiné à maudire, l'Enfant, avant tout, a le droit de vivre.

Il l'a d'autant plus, que dans ce droit sont compris tous les autres, dont l'exercice dépend de la conservation de celui-là.

Le second droit de l'Enfant, celui qui seul peut rendre le premier précieux, c'est le droit de l'âme, cette meilleure partie de l'homme, à l'éducation religieuse, morale et intellectuelle dont il a besoin pour comprendre ses devoirs envers la société qui le conserve.

Le troisième droit de l'Enfant, c'est celui de la famille : il n'est ni le moins respectable, ni le moins précieux, car il est à la fois, pour tous les autres droits, une base, un moyen, un but.

L'avortement, l'infanticide, l'abandon qui les supplée en les dissimulant, voilà les dangers que l'Enfant trouve dans la perversité de ceux-là même dont le devoir personnel était de les en préserver.

La charité humaine s'émeut surtout des souffrances de l'Enfant, des causes nombreuses et immédiates d'affaiblissement ou de mort qui lui servent, pour ainsi dire, de berceau.

La charité chrétienne songe surtout à cette âme immortelle que la religion réclame; que dans la fermeté de sa foi, dans la grandeur de son espérance, dans le discernement de son amour, elle veut conquérir à tout prix, et dont le salut est le mobile supérieur des secours et des soins que cette charité donne à la vie et à la santé de l'Enfant.

La charité civile se préoccupe aussi de la sauvegarde du corps et de l'âme de l'Enfant; mais elle cherche à replacer l'un et l'autre dans le milieu que leur ont fait la nature et la loi, dans la famille, près de la mère; là où n'auraient jamais dû périr, là où doivent se réveiller un jour ces sentiments d'amour et de reconnaissance dont la liberté même est féconde en liens étroits et durables; là où sont, dans toute leur force et dans toute leur étendue, les droits, les devoirs et les intérêts réciproques; là où repose la base même de la société, base que toute désagrégation diminue, affaiblit et ébranle.

Chargés d'organiser pour les Enfants trouvés cette charité civile, ou si l'on veut, l'assistance légale, notre première préoccupation a été de sauvegarder la vie de l'Enfant.

Cette vie est menacée avant la naissance même; né d'une faute, il rencontre le regret avant même d'inspirer le repentir. Pour le protéger dans le sein même de sa mère, avant que la mauvaise pensée se manifeste, avant qu'un appel formel à la charité publique n'éveille les défiances et ne crée les droits de la loi, nous n'avons pas cru pouvoir organiser une surveillance officielle, féconde en erreurs, en imprudences et en funestes résultats. Cependant, convaincus de l'efficacité d'une investigation paternelle, nous ne craignons pas de recommander à l'Administration la délégation de cette sollicitude officieuse au zèle et à l'intelligence des divers agents dont elle dispose, avec le caractère propre et l'influence naturelle à chacun d'eux. Nous croyons qu'une expérience encore récente, mais déjà concluante, nous permet de placer au premier rang de ces agents l'Inspecteur des Enfants trouvés, et de le signaler comme l'intermédiaire le plus efficace dans une œuvre aussi délicate.

Dès la naissance, droits et devoirs deviennent plus clairs, plus précis, plus étroits : aussi avons-nous réglé minutieusement tout ce qui tend à recueillir, à recevoir, à nourrir, à placer, à vêtir l'Enfant, et à le défendre ou à le venger du mal que peuvent lui faire l'imprudence, la négligence, le délit ou le crime à tous les degrés.

C'est avec plus de sollicitude encore que nous suivons cette âme, déshéritée des leçons et des exemples de la famille, depuis le baptême jusqu'au cimetière, en traversant avec l'Enfant l'hospice où il respire au milieu de la prière, l'asile où il trouve la charité au défaut de l'amour maternel, l'école où son esprit se calme et se raffermit en s'éclairant, le catéchisme où il apprend à bénir ceux qui l'ont délaissé et à récompenser ceux qui l'ont recueilli, les champs où sa moralité se maintient ou s'épure dans le labeur d'une vie simple et honnête, et au besoin les flottes ou les armées de la République, qui ont bien le droit de les réclamer, puisqu'elles ont la puissance de les ennoblir.

Le droit de la famille ne pouvait être négligé par le législateur. Conserver l'état civil de l'Enfant; en retrouver la trace, en renouer par l'exhortation, et même par le secours, la chaîne interrompue; en créer une image aussi fidèle que possible, au défaut de la réalité qui peut échapper aux efforts les plus assidus; faire à l'Enfant une tutelle de conseil et d'action, lui trouver une place utile pour lui et pour les autres dans une quasi-adoption qu'il rémunère, grâce à la charité, avant même de la conquérir par son travail, et dont la bonté de nos paysans, la simplicité de certains travaux rustiques, rendent l'espérance moins chimérique qu'on ne pourrait le croire; en un mot, faire à l'Enfant abandonné un droit civil qui comble pour lui la lacune laissée par la famille absente et qui le rattache, par tous les points de son existence, aux lois qui régissent la grande famille et doivent le saisir lui-même pour l'obliger en le protégeant : voilà ce que nous avons pu ne pas trouver, voilà du moins ce que nous avons cherché avec ardeur.

Nous n'avons pas reculé devant l'organisation d'une magistrature spéciale chargée d'encourager, de recevoir, de respecter, de récompenser les confidences de la honte ou de la misère; d'en juger, non les droits, mais les besoins; de faire la part de la justice, la part de la charité. Une fois cette porte étroite mais sûre, clairvoyante mais discrète, ouverte à ceux qui disent la vérité pour avoir la charité, nous n'avons pas hésité à fermer le Tour, ce confident ou plutôt ce complice, dur, aveugle, muet et sourd, qui sépare de la société ceux qu'il laisse à la vie.

Quand la charité s'exerce avec la spontanéité de l'instinct personnel, sous l'inspiration du sentiment individuel, avec l'effort du sacrifice privé, quand s'ouvrent pour ainsi dire d'eux-mêmes les bras d'une maternité adoptive emportant l'Enfant dans un berceau, près d'un foyer, dans un ménage, les préoccupations légales doivent se faire scrupule de l'y suivre. La morale n'est pas offensée par le spectacle d'un abandon que cache la bienfaisance; l'humanité n'est pas menacée de la mort d'un Enfant recueilli aussitôt que trouvé ; la loi accepte la fiction généreuse de cette famille qui fait presque oublier la famille perdue. Les droits demeurent saufs, les devoirs subsistent : il n'y a aucune abdication de la société.

Mais s'il se forme des groupes d'âmes unies par un amour ardent de l'enfance, un faisceau d'efforts concentrés pour augmenter la puissance des volontés individuelles par la tendance d'une volonté collective, la loi jette à bon droit un regard sur ces groupes pour les éclairer, pour les étudier, pour les encourager ou les arrêter. Toute puissance qui s'agglomère relève plus ou moins de la puissance sociale, surtout quand elle touche à des choses aussi saintes que la vie, l'éducation et l'état civil des Enfants. Toutefois cette intervention est restreinte lorsque le sacrifice mis en commun est volontaire dans son origine, privé dans sa forme, borné dans son étendue.

Cette intervention devient au contraire plus immédiate, plus officielle, plus vigilante, plus sévère, dès que cette collection particulière provoque le concours de l'État ou des collections officielles qui ne sont autre chose que des fractions de l'État, l'État lui-même localisé, pour ainsi dire, comme les Départements et les Communes.

Tuteur de toutes ces collections officielles, l'État surveille l'emploi des ressources locales détachées de son trésor public, et à l'insuffisance desquelles le Trésor public supplée; il doit surveiller surtout la destination de ces ressources, et s'assurer à bon droit si l'emploi en est dirigé vers l'application des principes dont il s'impose à lui-même la pratique et le respect. Il ne permet à personne, pas plus qu'il ne se permet de consacrer les épargnes des Communes à préparer ou même à risquer la violation de la loi.

Loin de là, il se sert même de ce levier de la dépense pour localiser la responsabilité, et faire sentir à chaque village le prix et le poids de la charité bien entendue, de celle qui réveille et soutient toutes les énergies individuelles, modère la prodigalité inégale des sympathies collectives, et ne déshérite aucune misère au profit exclusif d'une autre.

Là est le motif d'un système presque nouveau de répartition des dépenses des Enfants Trouvés.

Là est aussi la raison qui a inspiré quelques dispositions, sévères au premier aspect, sur les maisons charitables d'accouchement, surtout sur celles qui prennent l'Enfant encore dans le sein de sa mère, assistent à sa naissance et le conservent pour l'élever. Nous avons craint qu'une charité louable, mais contradictoire à la loi, ne recherchât comme un bien ce que nous poursuivons comme un double mal, la séparation de l'Enfant d'une mère faible ou coupable ; confiscation grave qui mène l'Enfant à la haine de l'État social, et la mère au mépris ou à l'hypocrisie d'une pudeur qui ne saurait survivre à l'immolation du sentiment de la maternité, cette seconde virginité de la femme.

Si l'État va jusqu'à veiller sur la charité dès qu'elle ne se retranche pas dans l'asile inviolable de la liberté personnelle, à plus forte raison impose-t-elle une surveillance défiante à la spéculation de quelque titre qu'elle se pare, de quelque nom qu'elle se couvre, quels que soient les gages qu'elle donne à la science et au bien-être.

C'est dans ce but surtout que nous avons organisé un corps sérieux d'inspection que nous avons à dessein confondu avec la tutelle des Enfants, afin de donner à cette surveillance la jalousie et la prudence paternelles qui ont inspiré toute notre loi.

Mais si, malgré sa sollicitude, malgré sa surveillance, malgré sa discrétion, malgré ses avertissements, l'État se trouve en présence d'une mère obstinée qui veut renier les droits de la nature en invoquant les secours de la société, en présence des hideux complices qu'elle préfère à la confidence discrète et secourable de la charité publique ; s'il se trouve en présence de mandataires infidèles à la mission que la loi leur confie, d'amis menteurs ou aveugles de l'enfance, couvrant la violation des lois du manteau d'une charité coupable dès qu'elle devient frauduleuse ; de spéculateurs criminels faisant métier et marchandise des mères et des Enfants, ou même cherchant seulement un mystère suspect à juste titre parce qu'il ne peut que cacher le crime ou en faire naître la tentation : alors l'État, blessé dans un de ses Enfants, dans la partie la plus malheureuse de sa famille, use du droit de légitime défense, et châtie avec d'autant plus d'énergie qu'il a voulu secourir avec plus de générosité, qu'il a laissé agir avec plus de confiance, qu'il a averti avec plus de solennité.

Préparant une loi morale, nous avons conseillé de donner à l'abandon et à tout ce qui le précède, l'accompagne ou le suit, son véritable nom : nous l'avons appelé un crime.

Étudiant une loi charitable, nous lui avons donné le nom des malheureux auxquels elle vient en aide; et pour leur accorder le premier des bienfaits dont ils ont tant besoin, le bienfait d'une dénomination qui rappelle moins le malheur qui les frappe que la consolation qui les attend, nous ne les appelons plus Enfants Trouvés : nous les appelons Enfants Adoptés par la Charité publique. Ce nom sera moins lourd à porter, car, hélas! ils ne le porteront pas seuls.

Voilà, Monsieur le Ministre, l'esprit qui a présidé aux travaux de la Commission.

L'œuvre commune le fera mieux comprendre, et le justifiera avec plus d'autorité que je n'ai pu le faire moi-même dans ce court exposé.

Je ne terminerai pas, Monsieur le Ministre, sans ajouter aux remercîments que nous devons à votre prédécesseur pour la confiance dont il nous a honorés et l'élan qu'il a donné à nos travaux, ceux que nous nous empressons de vous adresser pour la bienveillance avec laquelle vous avez encouragé la seconde moitié de notre œuvre.

Je suis avec respect,

Monsieur le Ministre,

Votre dévoué serviteur et collegue

Victor LEFRANC (des Landes),

Représentant du Peuple, Président de la Commission

Paris, le 16 mars 1850.

TRAVAUX

DE LA

COMMISSION DES ENFANTS TROUVÉS.

PROCÈS-VERBAUX

DES SÉANCES DE LA COMMISSION.

1ʳᴱ SÉANCE.

L'an 1849, le 25 août, dans l'une des salles du Ministère de l'intérieur, dite du Conseil, se sont réunis MM. Victor LEFRANC, représentant du peuple; DURAND-SAINT-AMAND, Alfred BLANCHE, NICOLAS, GIRAUD et VALENTIN-SMITH.

M. Victor LEFRANC, l'un d'eux, a donné lecture d'un arrêté de M. le Ministre de l'intérieur, en date du 22 août 1849, qui institue une Commission à l'effet de préparer un projet de loi sur le service des Enfants trouvés, et qui nomme membres de cette Commission :

MM. Victor LEFRANC, représentant du peuple, président; DE LURIEU, inspecteur général des établissements de bienfaisance; DE WATTEVILLE, inspecteur général des établissements de bienfaisance; DURAND-SAINT-AMAND, ancien préfet; BAILLEUX DE MARIZY, ancien préfet; Alfred BLANCHE, conseiller de préfecture du département de la Seine; NICOLAS, chef de division à la direction générale des cultes; GIRAUD, membre de l'Institut; VALENTIN-SMITH, conseiller à la cour d'appel de Riom, ancien membre du conseil général de la Loire, chargé de remplir les fonctions de secrétaire.

M. le Président déclare les délibérations de la Commission ouvertes et propose de fixer l'ordre des travaux.

Une discussion s'engage à ce sujet, et, sur la proposition de M. Alfred BLANCHE, la Commission décide qu'elle s'occupera successivement de la question qu'elle est chargée d'étudier dans l'ordre indiqué par les trois principales situations que traverse l'Enfant trouvé.

En conséquence, la Commission examinera :

1° La période qui comprend *le temps qui précède la naissance de l'Enfant* et le moment où l'assistance publique intervient en sa faveur; ce qui renferme l'étude des questions relatives à la surveillance des filles mères et des maisons d'accouchement; à l'institution des inspections, au point de vue de cette surveillance; à la conservation, à la suppression ou à la modification des *Tours;* à la législation répressive.

2° La période pendant laquelle *l'Enfant est directement ou indirectement à la charge de la charité publique*, et à laquelle se rattachent les questions d'administration des hospices, de nourriture, vêture, éducation et tutelle du premier âge de l'enfant; de secours aux filles mères; de déplacement, de reconnaissance, retrait ou réclamation de l'Enfant; de dépenses, et de répartition de ces dépenses entre les budgets de l'État, du département, de la commune et des institutions hospitalières; enfin, les questions d'inspection et de comptabilité.

3° La période où l'assistance publique devient une simple tutelle, ce qui embrasse l'étude des diverses directions que l'on peut donner à l'Enfant trouvé, au point de vue de l'apprentissage et de son retour dans l'hospice; de son entrée dans la carrière militaire; des colonies agricoles, etc.

Avant de clore la séance, la Commission arrête qu'elle se réunira périodiquement, rue Casimir-Périer, n° 27, les mardi, jeudi et samedi de chaque semaine, à huit heures précises du matin. La prochaine séance de la Commission aura lieu jeudi prochain, 30 du courant; elle fixe pour son ordre du jour la discussion des questions qui se rattachent à la première période de temps susindiquée.

Le Président de la Commission,
Signé VICTOR LEFRANC.

Le Secrétaire de la Commission,
Signé VALENTIN-SMITH.

2ᴱ SÉANCE.

Samedi 30 août 1849, 8 heures du matin

———

Présidence de M. DUFAURE, Ministre de l'intérieur.

Sont présents :

M. DUFAURE, Ministre de l'intérieur; M. Victor LEFRANC; M. DURAND-SAINT-AMAND; M. Alfred BLANCHE; M. GIRAUD; M. VALENTIN-SMITH.

Absents :

MM. DE LURIEU et DE WATTEVILLE, pour cause de service public;

M. NICOLAS, pour cause de maladie d'un membre de sa famille.

M. BAILLEUX DE MARIZY.

Le procès-verbal de la séance du 25 août est lu et adopté.

ORDRE DU JOUR.

Faut-il une loi générale et uniforme ?

Examen des questions de surveillance pendant la période de la gestation.

M. DUFAURE, Ministre de l'intérieur, expose qu'il a institué une Commission à l'effet de préparer un projet de loi sur le service des Enfants trouvés, loi difficile à faire, mais dont la nécessité se révèle énergiquement, lorsqu'on se reporte à l'état actuel des Enfants trouvés dans la société. *Importance de la loi*

Nous vivons en France dans une civilisation au milieu de laquelle il se rencontre une classe de personnes exposées aux plus tristes éventualités à toutes les époques de leur vie.

Tel est l'Enfant trouvé. Si nous l'envisageons dans son âge le plus tendre nous le voyons atteint d'une mortalité qui, pour lui, se produit au delà de toutes les proportions avec lesquelles elle sévit ordinairement contre l'enfance, même dans les classes les plus pauvres. *Mortalité du premier âge*

Si nous suivons cet Enfant dans un âge plus avancé, nous le voyons entièrement livré à lui-même dès sa douzième année, n'ayant qu'une illusoire protection dans la tutelle plus nominative que réelle que lui accorde la loi. Ainsi privé de soins de tout genre, son cœur se démoralise et son organisation physique s'affaiblit. *Isolement de l'adolescence*

Plus tard, quelle est la position de l'Enfant trouvé? Le plus souvent, il grossit le nombre des individus condamnés par la justice; les filles surtout ne paraissent-elles pas livrées, en quelque sorte sans défense, par leur triste condition, à tous les dangers du désordre et de la perte des mœurs?

En un mot, l'Enfant trouvé, victime de toutes les séductions du vice et du crime, est, à toutes les phases de la vie, tristement frappé du malheur de ne point avoir de famille.

Si la législation existante est impuissante à prévenir de pareils maux, ne doit-on pas en conclure qu'il faut demander à une loi nouvelle les moyens d'y remédier?

La question, il faut le dire, est immense, mais non pas insoluble; quoique fort étendue, elle est cependant limitée.

Il ne s'agit pas ici d'une utopie, mais bien d'une loi possible à faire, grâce aux révélations de la statistique, grâce aux essais tentés jusqu'à ce jour, grâce aux résultats obtenus sur divers points; faits, essais et résultats qu'il est temps de centraliser pour voir s'il convient d'en faire les matériaux d'une loi d'application générale.

Tel est le motif, tel est le but de l'appel fait aux lumières de la Commission réunie en ce moment.

M. GIRAUD :

La première question à examiner en cette matière, est celle de savoir s'il faut une loi générale sur les Enfants trouvés.

Un assez grand nombre de conseils généraux soutiennent qu'il ne faut point de loi; que chaque département doit être libre de pourvoir, comme il l'entend, à l'éducation des Enfants trouvés. C'est aussi l'opinion de plusieurs économistes, dont le sentiment est que tout ce qui tient à la charité doit être laissé à l'action privée des individus, ou tout au moins à l'action libre de l'autorité locale.

Une telle opinion ne peut pas être admise. On ne saurait ainsi abandonner la France, dans un service important, à une décentralisation qui romprait bientôt l'harmonie et l'unité de son système d'administration unitaire.

M. DUFAURE, Ministre de l'intérieur, dit que, dans sa pensée, la loi à intervenir lui paraît devoir être générale et uniforme.

La loi actuelle fait de l'entretien des Enfants trouvés une dépense départementale, et, dans la réalité, elle est une dépense gouvernementale.

L'État a donc fait la chose matérielle. Que lui reste-t-il maintenant pour achever son œuvre vis-à-vis des Enfants trouvés? à faire la chose intellectuelle et morale. C'est le but que l'on doit se proposer aujourd'hui

Il y a, en ce qui concerne les Enfants trouvés, des questions qui ne sont point locales : telle est, par exemple, celle du Tour, dont les avantages ou les dangers forment essentiellement une question générale, dominée par des principes qui sont partout les mêmes, et qui partout aussi sont de nature à exercer une influence à peu près semblable.

2ᵉ SÉANCE
—
Les questions sont générales

M. Alfred BLANCHE dit qu'il ne partage pas pleinement l'opinion de M. le Ministre de l'intérieur. Jusqu'à un certain point, l'avis du conseil général repose sur des faits appréciables, lorsqu'il réclame la liberté de son action individuelle pour régler la matière des Enfants trouvés.

Ainsi la question du Tour, à beaucoup d'égards, ne pourrait-elle pas être considérée comme véritablement locale, lorsqu'on voit que le nombre des Enfants trouvés semble varier suivant que la population est agricole ou manufacturière ?

Il n'y a rien d'absolu

M. VALENTIN-SMITH :

S'il y a une question qui paraisse devoir être régie par une loi d'application générale, c'est sans doute celle des Enfants trouvés.

Que l'on envisage ces Enfants au moment de leur entrée dans l'hospice, à l'époque de leur éducation ou à l'époque de leur tutelle, l'on voit que, sous tous ces rapports, la question est toujours essentiellement dominée par des principes généraux, quel que soit d'ailleurs le système que l'on adopte.

Ainsi, en ce qui concerne le Tour, les uns demandent sa conservation, au nom de la pudeur de la mère et de la moralité publique ; d'autres veulent sa suppression, en vue de resserrer les liens et les devoirs de la maternité : ces derniers réclament surtout cette suppression au nom de la morale et de l'intérêt financier du pays.

Assurément, rien de plus général que les raisons respectivement invoquées, entre lesquelles il faut se prononcer.

Il importe d'autant plus que cette question reçoive une solution d'application générale, que les départements qui maintiendraient les Tours seraient exposés à recevoir un grand nombre d'Enfants trouvés des départements voisins qui auraient supprimé les leurs.

Il faut une loi générale

Les raisons invoquées de part et d'autre sont générales

Surtout pour les Tours

*Variations
des départements
sur la question
des Tours*

M. ALFRED BLANCHE dit que l'on a vu dans plusieurs départements les Tours successivement établis, supprimés et rétablis, ce qui peut-être, et sauf examen ultérieur, indiquerait la nécessité de laisser une entière latitude aux localités pour adopter, suivant les circonstances, la mesure qui pourrait paraître la plus convenable.

*Motifs
de ces variations.*

M. DUFAURE, Ministre de l'intérieur, répond qu'en effet l'on a vu se produire quelquefois, alternativement, la suppression ou le rétablissement des Tours dans certains départements. Ceci ne tient nullement à la nature des populations, mais uniquement à l'opinion des préfets qui se succédaient dans un pays, les uns croyant que les Tours présentaient de grands avantages, les autres croyant, au contraire, que c'était une institution dangereuse, et chacun faisant adopter avec facilité son sentiment par les conseils généraux.

*Immoralité
de l'exposition*

Quoi qu'il en soit, il y a dans la question des Enfants trouvés une chose qui sera toujours vraie partout, c'est que l'exposition d'un Enfant est une immoralité de la part de la mère qui l'abandonne.

*Fondement
de la loi*

Cette idée ne doit-elle pas fortement dominer dans une loi à intervenir, pour lui imprimer un caractère général et uniforme, pour montrer que la question ne peut être locale, et ne rentre point dans le nombre de celles pour lesquelles il peut être bon de faire une part à la décentralisation administrative? Toutefois, la loi générale devra être conçue de manière à laisser au règlement d'administration publique, ou à l'instruction ministérielle, tout ce qu'il convient de leur abandonner.

RÉSOLUTION.

La Commission est d'avis, à l'unanimité, que son travail doit embrasser la totalité de la question dont l'étude lui est soumise; que la partie essentielle de cette question comportera nécessairement une loi générale et uniforme; qu'il y aura, toutefois, des points de détail dont la décision sera mieux inscrite dans des règlements d'administration publique; d'autres, qui seront laissés aux instructions ministérielles et à l'action des autorités locales.

M. le Ministre de l'intérieur, étant obligé de quitter la Commission, fait connaître, avant de se retirer, qu'il a nommé M. Louis HAMELIN, avocat à la cour d'appel de Paris, secrétaire adjoint de la Commission.

M. Victor LEFRANC exprime, au nom de la Commission, à M. le Ministre de l'intérieur le désir de pouvoir obtenir, au plus tôt, dans ses travaux, le concours de MM. les inspecteurs généraux des établissements de bienfaisance.

M. le Ministre de l'intérieur explique que MM. les inspecteurs généraux des établissements de bienfaisance sont, en ce moment, en tournée d'inspection réclamée par les besoins du service, et qu'ils se joindront à la Commission, dont ils font partie, aussitôt après que leur inspection sera terminée.

La Commission reprend ses travaux sous la présidence de M. Victor Lefranc, et la discussion s'ouvre sur les questions que soulève la première période de la vie de l'Enfant trouvé, c'est-à-dire celle qui comprend l'Enfant avant sa naissance et s'étend jusqu'au moment où la charité publique intervient en sa faveur.

PREMIÈRE QUESTION.
La fille enceinte peut-elle être l'objet d'une surveillance spéciale?

M. GIRAUD donne d'abord lecture du décret du 19 janvier 1811 sur les Enfants trouvés et abandonnés. Il expose ensuite que, dans son opinion, la fille enceinte ne peut être l'objet d'aucune disposition législative.

L'édit de Henri II, du mois de février 1556, confirmé par les déclarations de Henri III, en 1586, et de Louis XIV, à la date du 25 février 1708 (1), exigeait que la grossesse de la fille fût déclarée, et qu'il fût pris témoignage suffisant de la vie ou de la mort de l'Enfant au moment de l'accouchement.

Mais une telle législation, source d'abus et de dangers, a été et a dû être complétement abandonnée. On sait quels maux en sont sortis; aussi, l'on a eu raison de le dire : « Il y avait injustice et cruauté à contraindre une « malheureuse mère, qui ne vous demande rien, à déclarer, sous les peines « les plus graves, une faute qui la déshonore, et que la loi n'a mise au nombre « ni des crimes ni des délits. Le droit de la prévention ne va pas jusque-là, et « le criminel lui-même n'est pas contraint à l'aveu (2). »

---

(1) Voir au tome II, page 683, l'édit de Henri II et la déclaration de Louis XIV

(2) Rapport de M. Remacle à M. le Ministre de l'intérieur, en 1845, sur les infanticides et les mort nées, page 20

Mais, ajoute M. GIRAUD, il y a loin des prescriptions établies par l'édit de 1556 à une surveillance charitable et préventive, qui pourrait être exercée sur la fille enceinte. Une surveillance de cette nature ne pourrait avoir que de salutaires résultats, pourvu qu'elle fût exercée avec discrétion, et il y a lieu de s'en occuper. Je reconnais qu'il en pourrait naître beaucoup d'abus.

M. DURAND-SAINT-AMAND :

Respect
de la vie privée

Le décret du 19 janvier 1811 est entièrement muet sur les moyens de protection dont l'Enfant peut être l'objet avant sa naissance : c'est que le pouvoir de la loi est limité à l'égard de la fille enceinte. Il ne peut appartenir à qui que ce soit, et sous quelque prétexte que ce soit, de pénétrer dans l'intérieur de la vie privée, lorsque l'on n'a ni crime ni délit à rechercher.

Police
des maisons
d accouchement.

Mais ce qui entre parfaitement dans le domaine de la loi, c'est la police de la maison d'accouchement; c'est la surveillance de la sage-femme; et, là, l'action légale doit pouvoir largement s'exercer, pour prévenir soit les avortements, soit l'abandon des Enfants.

M. GIRAUD :

Grossesse

Après y avoir mûrement réfléchi, je crois que la loi a raison de se taire sur la surveillance des grossesses illégitimes : il n'y a rien à faire, à cet égard, pour le législateur; le magistrat seul doit veiller et agir avec prudence. Mais il

Accouchement

n'en est pas de même en ce qui concerne l'accouchement de la fille enceinte : la prévision de ce fait peut et doit être l'objet de prescriptions légales. Toutefois, même à ce sujet, il faut encore distinguer l'accouchement qui a lieu a

A domicile

domicile (celui-là ne peut, en général, donner lieu à aucune intervention de

Chez
les accoucheurs

la part de l'autorité) et l'accouchement qui a lieu chez des accoucheurs ou accoucheuses, lequel seul, sauf des cas exceptionnels, peut être soumis à une surveillance.

Difficultés
et dangers
de
la surveillance

La surveillance même d'une maison d'accouchement peut donner lieu à de nombreuses difficultés. N'est-il pas à craindre, par exemple, qu'un des premiers et plus dangereux effets d'une surveillance mal entendue ou inintelligente ne soit d'éloigner les filles enceintes de la maison d'accouchement, de pousser à l'accouchement clandestin, c'est-à-dire à la plus malheureuse de toutes les extrémités, pour la mère comme pour l'Enfant?

Nécessité
de les vaincre

Une telle crainte cependant ne doit pas arrêter, parce que la somme des avantages de la surveillance dépasse la mesure des dangers qui peuvent en résulter, et qu'en toutes choses il y a des inconvénients qu'il faut balancer avec le bien qui peut en advenir : en sorte que, dans mon opinion, loin d'affranchir les maisons d'accouchement d'une surveillance, je suis d'avis, au contraire, qu'elles doivent y être strictement soumises.

M. ALFRED BLANCHE :

Je vais plus loin que le préopinant; je crois qu'il y a quelque chose à faire à l'égard de la fille en état de grossesse, non par la loi, non par voie de dispositions réglementaires, mais bien par voie d'instructions ministérielles

Grossesse

Dès que l'autorité locale est avertie qu'une fille est enceinte, il est bon de l'engager à conserver son Enfant et à préserver cet Enfant de l'abandon dont il peut être menacé.

Exhortation à la mère

En fait, c'est ce qui a lieu dans beaucoup de départements, où l'on va, non pas directement vers la fille enceinte, dont la position est toujours respectée, mais bien vers la femme qui fait commerce de provoquer à l'abandon des Enfants, vers le pourvoyeur des Tours, qui est toujours bien connu dans la localité, et auxquels ont dit : « Prenez garde! telle fille est enceinte : si son Enfant disparaît, c'est vous que l'on en rendra responsable! »

Menace à la complice

Bien entendu qu'une telle surveillance ne s'exerce que sur des filles dont la grossesse est de notoriété publique, ou dont l'état est venu à la connaissance de l'autorité

Ajoutons que dans les départements où une entière surveillance est exercée sur les filles enceintes il y a moins d'infanticides et moins d'abandons. Ces filles, se sachant observées, renoncent à l'espoir de cacher leur grossesse et leur accouchement, et, dès lors, sont moins travaillées par la pensée de délaisser leur Enfant.

Bons effets obtenus

M. VALENTIN-SMITH :

J'appuie la proposition de M. Blanche, par cette raison qu'une surveillance prudente aurait pour effet non-seulement de prévenir bien des abandons, mais sûrement aussi bien des infanticides. La plupart des infanticides sont commis par des filles mères dont la grossesse était connue, et auxquelles le plus souvent un avertissement paternel eût suffi pour les détourner de leur crime. Je dois à la complaisance de M. Arondeau, chef de bureau de la statistique criminelle au ministère de la justice, un document intéressant sur les infanticides jugés en 1838, seule année pour laquelle une constatation

I.

2

semblable ait été faite par le dépouillement de tous les dossiers sur ce crime.

Voici ce qui résulte de ce document :

Sur cent vingt-neuf infanticides jugés par les cours d'assises pendant cette année 1838, l'instruction a fait connaître que *dix-sept* fois seulement les mères accusées de ce crime avaient réussi *à peu près* à dissimuler leur grossesse ; *quatre-vingt-dix-huit* fois elles l'avaient essayé, mais malgré leur dénégation, la grossesse était généralement soupçonnée et à peu près notoire.

Ce même document constate que sur les cent vingt-neuf infanticides, l'accouchement a été clandestin cent vingt-cinq fois.

Douze fois seulement il y avait eu, de la part des femmes enceintes, aveu de leur grossesse à une ou plusieurs personnes.

M. DURAND-SAINT-AMAND :

La grossesse de la fille enceinte est un fait qui échappe entièrement, non pas seulement à la loi et au règlement d'administration publique, mais même à la simple instruction. Il n'y a que la voie prudente du conseil qui puisse être employée vis-à-vis d'une fille dans cette position; autrement, vous risquez de vous jeter dans une sorte d'inquisition, toujours fâcheuse dès l'instant que l'avertissement, quelle que fût la délicatesse dont on chercherait à l'entourer, aurait un caractère officiel.

D'ailleurs, qui pourrait être chargé d'épier, de surveiller une grossesse, de donner un avertissement à la fille enceinte?

Serait-ce le maire de la commune? Mais que l'on réfléchisse à ce que sont trop souvent les maires? Ont-ils toujours le tact nécessaire en pareil cas?

Serait-ce le commissaire de police, le gendarme? Mais on les craint; on ne voudra jamais s'ouvrir à eux; et de telles confidences, à leur égard, ne sont ni convenables ni possibles.

Le conseil, l'avertissement qui peuvent être donnés en pareil cas rentrent dans le domaine de ces choses qui doivent être abandonnées à la spontanéité et à la sagesse du magistrat, ou bien encore au zèle éclairé et charitable du prêtre.

M. GIRAUD ne partage point tous les scrupules du préopinant. Je crois, dit-il, que l'on peut surveiller, dans plusieurs cas abandonnés à la prudence de l'autorité supérieure, la conduite et la tenue de la fille enceinte. Par exemple, ne pourrait-on pas charger les officiers du ministère public, par une simple instruction ministérielle, d'exercer cette surveillance en employant l'intermédiaire du juge de paix, lequel ferait connaître à une fille mal famée que son état de grossesse n'est pas ignoré, que l'on veille sur elle, sur son Enfant, dans leur intérêt respectif comme dans l'intérêt de la morale publique ?

M. Alfred BLANCHE :

On ne peut confier la surveillance de la fille enceinte au procureur de la République; ce serait entrer dans un ordre d'idées un peu contraire au système de séparation des attributions des divers pouvoirs constitués. Le magistrat judiciaire, chez nous, a pour mission de réprimer, d'informer sur les crimes et sur les délits; mais il est en dehors de ses fonctions régulières de s'attacher à ce qui peut prévenir.

Je ne pense pas qu'on doive confier la surveillance des filles enceintes ni aux maires, ni aux commissaires de police; n'était la bizarrerie apparente de la proposition, je demanderais presque de la confier au gendarme, car personne ne possède à un plus haut degré que lui le véritable dévouement, la véritable intelligence de ses devoirs : mais je confierais volontiers cette mission à l'inspecteur des Enfants trouvés ou au médecin cantonal, dont l'institution me paraît une chose fort bonne et fort désirable, que l'on verra sans doute se réaliser. L'un ou l'autre pourrait intervenir dans les maisons d'accouchement et même, dans quelques cas, donner des conseils et des espérances à la fille qui a succombé, tout en lui montrant une protection légale qui veille sur elle.

Enfin, pour traduire toute ma pensée en deux mots : Menaces à la sage-femme, encouragement à la fille enceinte, pour l'amener à garder son Enfant, voilà comment je comprends la surveillance qui peut intervenir en cette matière.

M. Victor LEFRANC résume la discussion

Nul, dit-il, ne propose :
Une disposition législative;
Un règlement d'administration publique;
Ni même une instruction ministérielle précise.
Mais on propose :
Des conseils d'intervention prudente;
Des offres de soins,

Marginal notes:
Inconvénients
Inspecteur et médecin cantonal
Résumé

Des promesses de secours.

Quels seront les agents de cette surveillance? Les magistrats, le procureur de la République? Mais ils sont trop éloignés des personnes qu'il s'agirait de surveiller; une telle surveillance, d'ailleurs, serait en dehors de leur action ordinaire

Les officiers de police? Mais on les redoute, on se cacherait d'eux.

Les maires? Ils sont peu intelligents. Cependant ils sont dans le vrai milieu de la surveillance à exercer.

Les curés? Ils peuvent avoir leur rôle utile dans une pareille surveillance.

Les médecins? Leur discrétion peut les rendre utiles ou inutiles, suivant leur caractère et leur intérêt.

Les inspecteurs des Enfants trouvés? Ce sont eux surtout qui peuvent servir d'intermédiaire entre tous les autres et la fille enceinte.

RÉSOLUTION.

La Commission est d'avis que si la surveillance à exercer sur les filles enceintes, dans le but de prévenir l'infanticide ou l'exposition, peut être désirable à beaucoup d'égards, néanmoins une telle mesure ne saurait faire l'objet ni d'une prescription légale, ni d'un règlement administratif, ni même d'une instruction ministérielle d'application générale. Cependant, convaincue de l'utilité d'une investigation paternelle, accompagnée de conseils, d'encouragements, elle recommande à l'Administration de confier cette investigation officieuse au zèle et à l'intelligence des divers fonctionnaires qui ont été désignés dans la discussion, avec le caractère propre à chacun d'eux; elle lui signale notamment l'*Inspecteur des Enfants trouvés* comme étant l'intermédiaire le plus naturel et le plus utile.

La Commission renvoie sa première séance à mardi prochain, 4 septembre 1849, huit heures du matin.

Elle fixe, pour son ordre du jour, la continuation de la discussion sur la première période de la vie de l'Enfant trouvé, et particulièrement sur la question relative à la surveillance des Maisons d'accouchement. La Commission prie M. le Secrétaire de réunir, pour la prochaine séance, tous les documents qu'il pourra se procurer sur les Maisons privées et sur les Maisons hospitalières d'accouchement, dont il fera connaître l'état actuel au point de vue judiciaire et au point de vue administratif.

La séance est levée à onze heures.

Le Ministre de l'Intérieur, Président de la Commission,

Signé DUFAURE.

Le Secrétaire de la Commission,

Signé VALENTIN-SMITH.

3ᴱ SÉANCE.

Mardi 4 septembre 1849, 8 heures du matin

Présidence de M. Victor LEFRANC.

Présents :

MM. Victor LEFRANC, DURAND-Sᵗ-AMAND, BAILLEUX DE MARIZY, Alfred BLANCHE, GIRAUD, et VALENTIN-SMITH, Secrétaire, et Louis HAMELIN, Secrétaire adjoint.

Absents :

MM. DE LURIEU et DE WATTEVILLE, en mission par suite de leurs fonctions; M. NICOLAS, pour cause de maladie d'un membre de sa famille.

Le procès-verbal de la séance du 30 août dernier est lu et adopté.

ORDRE DU JOUR.

Les Maisons d'accouchement doivent-elles être soumises à la surveillance de l'autorité administrative ?

M. VALENTIN-SMITH donne lecture de l'exposé qu'il a été prié de présenter à la Commission sur l'état actuel des Maisons privées et des Maisons hospitalières d'accouchement, envisagées au point de vue judiciaire et au point de vue administratif.

Exposé sur les Maisons privées et sur les Maisons hospitalières d'accouchement, envisagées sous les rapports administratifs et judiciaires, par M. Valentin-Smith

Messieurs,

Suivant le désir que vous m'avez exprimé, j'ai cherché à réunir tous les documents qu'il m'a été possible de me procurer sur les Maisons d'accouchement, envisagées au point de vue administratif et judiciaire. Vous avez jugé avec raison que, dans une loi à faire sur les Enfants trouvés, la première pensée devait se reporter sur les Maisons d'accouchement, afin de savoir comment, dans l'état actuel des choses, elles sont surveillées, et de quelle surveillance elles pouvaient être susceptibles.

Ancien règlement sur les accouchements et les sages femmes

Autrefois, divers règlements locaux prescrivaient aux logeurs, accoucheurs et sages-femmes de faire connaître au clerc de la prévôté les accouchements des filles et des femmes étrangères, sous peine d'une amende, et de demeurer personnellement chargés des Enfants dont ces filles et ces femmes étaient accouchées (1).

Absence de toute législation sur les Maisons d'accouchement.

Tous ces règlements ont été abrogés depuis 1789, mais sans que rien les ait remplacés Ainsi, aujourd'hui, il n'existe au sujet de la tenue et de la surveillance des Maisons d'accouchement ni lois, ni règlements, ni instructions ministérielles quelconques

On compte, à Paris et dans la banlieue, quatre ou cinq cents Maisons d'accouchement tenues par des sages-femmes, qui s'affranchissent en quelque sorte complétement de la police, dont l'action, sur ces établissements, est presque toujours repoussée ou tout au moins contestée

Cependant, si un besoin se fait énergiquement sentir à Paris et dans toute la France, c'est surtout celui d'une surveillance active sur les Maisons d'accouchement, foyer où se préparent et s'accomplissent si souvent tous les crimes contre l'Enfant

Je vais essayer de vous parler des diverses questions que soulèvent les Maisons privées et les Maisons hospitalières d'accouchement, en me bornant simplement à indiquer ces questions à votre examen, sans chercher à vouloir les traiter ici.

---

(1) Voir au tome II, page 687, une ordonnance du 11 juin 1739, touchant l'habitation des étrangers dans la ville et la banlieue de Lille

§ Iᵉʳ.

Des Maisons privées d'accouchement

La question de savoir si, dans l'état actuel de la législation, l'Administration a légalement le droit de réglementer les Maisons d'accouchement est des plus difficiles à résoudre. Il y a mieux aux termes de la jurisprudence constante de la section criminelle de la Cour de cassation, ces Maisons échappent entièrement à la vigilance de l'autorité municipale ou administrative. Tel est aussi l'avis conforme du Conseil d'État.

Le premier arrêt rendu à cet égard par la Cour de cassation est à la date du 30 août 1833. Il renferme les motifs qui ont servi de base à toutes les décisions judiciaires intervenues postérieurement sur cette question.

Arret de la Cour de cassation

L'autorité municipale de Strasbourg avait pris, le 16 vendémiaire an XIII, un arrêté, renouvelé le 16 avril 1833, dont l'article 1ᵉʳ défendait aux accoucheurs, aux sages-femmes et à toutes autres personnes de recevoir chez eux, à Strasbourg, ou d'y placer ailleurs en pension, des femmes enceintes étrangères à cette ville, à moins que celles-ci n'eussent justifié d'une autorisation du maire d'y séjourner.

En 1833, la dame Couleaux, sage-femme à Strasbourg, fut traduite devant le tribunal de police de cette ville pour avoir contrevenu aux arrêtés municipaux de l'an XIII et de 1833.

Mais, par jugement du 10 décembre 1833, la prévenue fut renvoyée des poursuites, sur le motif que les deux arrêtés précités ne rentraient dans aucun des objets confiés à la vigilance de l'autorité municipale par les lois de 1790 et de 1791

Sur le pourvoi formé contre ce jugement, la Cour de cassation a rendu, le 30 août 1833, l'arrêt suivant

Attendu, en fait, que la prévenue est sage-femme, et qu'à ce titre elle ne peut être assimilée aux personnes qui, par profession, sont aubergistes, hôteliers, logeurs ou loueurs de maisons garnies, que ledit règlement ne rentre pas dans l'exercice du pouvoir que l'autorité municipale tient, en cette matière, des lois des 16-24 août 1790 et de celle des 19-22 juillet 1791, qu'à l'égard, d'ailleurs, des sages-femmes et des accoucheurs, il est manifestement contraire à l'article 56 du Code civil, combiné avec l'article 378 du Code penal, qu'en décidant donc qu'il n'est pas obligatoire pour eux, le jugement dénoncé n'a fait qu'une juste application desdites lois.

En ce qui touche le règlement du 16 vendémiaire an XIII attendu que l'article 1ᵉʳ de ce règlement, qui défend aux accoucheurs, aux sages-femmes et à toutes autres personnes de recevoir chez elles, à Strasbourg, ou d'y placer ailleurs en pension, des femmes enceintes étrangères à cette ville, pour y faire leurs couches, à moins que celles ci n'aient justifié d'une autorisation du maire d'y séjourner, ne rentre pas non plus dans aucune des dispositions des lois précitées, qu'en jugeant dès lors qu'il n'y avait pas lieu d'appliquer à la prévenue aucune loi pénale, le tribunal s'est renfermé dans les limites de sa compétence · — Rejette.

Quelque positif que fût l'arrêt de la Cour de cassation que nous venons de rapporter, et ajoutons quelque fondé qu'il fût dans l'état de la législation en vigueur, le préfet des Landes rendit néanmoins, le 10 novembre 1835, un arrêté qui prescrivait aux Maisons d'accouchement la tenue d'un registre, lequel devait contenir notamment les *noms* de toutes les femmes ou filles enceintes admises dans l'établissement

L'arrêté du préfet des Landes ayant été soumis au Conseil d'État, ce Conseil émit, le 10 novembre 1835, l'avis que cet arrêté était sans fondement légal, comme inconciliable avec les articles 56 du Code civil et 378 du Code pénal, et comme ne rentrant ni dans les dispositions de l'article 475 du même Code, ni dans les pouvoirs conférés à l'autorité municipale par les lois des 24 août 1790 et 19-22 juillet 1791. Voici les termes mêmes de cet avis

Le Conseil,

Considérant que l'arrêté du préfet des Landes, du 10 novembre 1835, ne s'applique qu'aux sages femmes considérées dans l'exercice de cette profession, en les obligeant à tenir registre des filles enceintes qu'elles reçoivent chez elles, que cette prescription est contraire aux principes des articles 56 du Code civil, et 378 du Code pénal, et ne rentre ni dans les dispositions de l'article 475 du même code, ni dans les pouvoirs conférés à l'autorité municipale par les lois des 24 août 1790 et 19 22 juillet 1791,

Est d'avis que l'arrêté du préfet du département des Landes, du 10 novembre 1835, dans la disposition citée, n'a pas de fondement légal, et que l'autorité judiciaire ne pourrait en assurer l'exécution (1).

Désormais, la question semblait irrévocablement décidée, aussi bien au point de vue administratif que sous le rapport judiciaire

Cependant les expositions d'Enfants se multipliaient toujours, et il était aisé de voir que les Maisons d'accouchement fournissaient aux hospices un très-grand nombre d'Enfants trouvés enlevés, par les suggestions intéressées des sages femmes, aux mères qui venaient faire leurs couches dans leurs établissements, et que ces sages femmes omettaient presque toujours de faire la déclaration de naissance prescrite par l'article 56 du Code civil (2)

---

(1) Voir, tome II, page 688, l'Avis du Conseil d'Etat du 19 juillet 1837

(2) Dans la circulaire du préfet du Cantal, en date du 24 mars 1847, on lit

« Les quatre cinquièmes des enfants exposés au Tour d'Aurillac y étaient apportés par des sages
« femmes, et cependant aucune de ces nombreuses naissances dont elles avaient été les témoins
« n'était dénoncée par elles a la mairie. »

En conséquence, malgré la jurisprudence si formelle de la Cour de cassation, malgré l'avis du Conseil d'État du 10 novembre 1835, plusieurs préfets prirent des arrêtés par lesquels ils soumirent les Maisons d'accouchement à la surveillance de l'autorité municipale, en les considérant comme des maisons de santé, et astreignirent les personnes qui tenaient ces Maisons à avoir un registre sur lequel seraient inscrits notamment les noms des femmes ou filles enceintes qui y seraient admises.

Il nous suffira de citer, à cet égard, l'arrêté du préfet du Gard, du 30 mai 1842; l'arrêté du préfet du Tarn, du 10 décembre 1842, l'arrêté du préfet du Pas-de-Calais, du 30 décembre 1842, l'arrêté du préfet de l'Aveyron, du 28 novembre 1844; l'arrêté du préfet de la Manche, du 10 avril 1845, l'arrêté du préfet du Cantal, du 10 janvier 1847, etc.

Tous ces arrêtés ont reçu l'approbation ministérielle. Le ministre de l'intérieur a toujours déclaré que l'autorité administrative avait le droit de soumettre les Maisons d'accouchement à la surveillance de l'autorité municipale, de même que les Maisons de santé, auxquelles elles devaient être assimilées, se fondant sur un avis donné par le comité de l'intérieur, le 17 septembre 1828, approuvant une ordonnance du préfet de police de Paris qui prescrivait une autorisation pour l'ouverture et la tenue des Maisons de santé (1).

Vous jugerez sans doute, Messieurs, que, pour vous bien pénétrer de l'état de la question relative à la surveillance des Maisons d'accouchement, il convient que je vous fasse connaître au moins les principales dispositions des arrêtés préfectoraux qui les prescrivent Il me suffira, à cet égard, de vous citer textuellement l'arrêté du préfet de l'Aveyron : il est à la date du 28 novembre 1844, a été approuvé par le ministre de l'intérieur le 15 mai 1845. Il est bon, toutefois, avant de vous reproduire cet arrêté, de vous dire de quelle manière le préfet de l'Aveyron en recommandait l'exécution aux sous-préfets et aux maires de son département.

Si vous devez, dit il, vous montrer vigilants, sévères même, c'est surtout envers les sages-femmes, dont un trop grand nombre se livrent au honteux trafic des expositions ou facilitent les moyens de les exécuter.

Toute sage-femme munie d'un diplôme régulier peut exercer l'art des accouchements, mais elle ne peut, sans votre autorisation, établir et tenir une Maison d'accouchement Vous n'accorderez cette autorisation qu'aux sages femmes qui présenteront des garanties suffisantes de probité et de moralité, et vous la refuserez à toutes celles qui, sous ce rapport, ne vous inspireront pas une entière confiance.

Toute sage-femme qui aura été par vous autorisée à ouvrir une Maison d'accouchement

---

(1) Voir, tome II, pages 690 et suiv , l'Ordonnance du préfet de police du 9 août 1828 et l'Avis du Comité de l'intérieur du Conseil d'État, du 17 septembre 1828.

devra se munir du registre prescrit par l'article 69 du règlement. Ce registre devra être coté et parafe par vous

Vous voudrez bien vous assurer par de fréquentes visites que ce registre est tenu avec toute l'exactitude désirable, et que l'on *y inscrit toutes les pensionnaires reçues dans l'établissement*, inscription qui aura le grand avantage de tenir constamment l'autorité et la justice sur la trace de faits qu'elles ont tant d'intérêt a surveiller C'est vous dire quel intérêt il y a a ce qu'une mesure d'ordre aussi utile s'exécute ponctuellement. Elle pourra se concilier, d'ailleurs, avec les menagements et le mystère dus à certaines positions, si, de votre côte, vous ne vous départez jamais de la prudence et de la discretion qu'elles commandent.

Comme il vaut mieux prévenir le mal que d'être obligé de le punir, faites venir pres de vous les sages-femmes de votre commune tenant des maisons d'accouchement, et même les simples sages-femmes, qui plus tard pourraient prétexter cause d'ignorance, et eclairez-les sur leurs obligations, qu'elles sachent surtout que toute exposition est un délit que la loi poursuit et punit, et après les avoir ainsi averties, ne balancez pas à provoquer contre celles qui s'en rendraient coupables toute la rigueur des lois, en commençant, si la délinquante tenait une Maison d'accouchement, par lui retirer son autorisation, et par la forcer ainsi a fermer son etablissement

Voici maintenant dans quels termes le préfet de l'Aveyron a formulé les prescriptions qu'il a établies sur la *tenue des Maisons d'accouchement*

Art. 67. Les Maisons d'accouchement dirigées par des médecins, chirurgiens, officiers de sante et sages-femmes ne pourront exister qu'avec l'autorisation du maire de la commune, les directeurs de ces maisons qui ne seraient pas pourvus de cette autorisation devront la demander immédiatement.

Art. 68 Toute Maison d'accouchement tenue sans permission écrite de l'autorité locale sera fermée, et la personne qui la dirigeait sera poursuivie pour cause de violation de règlements administratifs

L'autorisation accordee devra être representee a l'inspecteur des Enfants trouves lorsqu'il l'exigera

Art. 69 Il sera tenu, dans chaque Maison d'accouchement un registre sur lequel seront inscrits, jour par jour, *les noms, prenoms, profession et demeure des pensionnaires,* les noms et domicile des parents, les circonstances de l'accouchement, à terme ou prématuré, le sexe de l'Enfant, le nom du medecin ou chirurgien qui aura opéré, dans le cas où les sages-femmes sont obligées par la loi de les appeler, la date de la déclaration faite a l'officier de l'etat civil, conformement a l'article 56 du Code civil, la date de la sortie de la mere et l'indication de ce qu'est devenu l'Enfant

Art. 70 Ce registre, qui devra être cote et parafe par le maire de la commune de la residence de la sage-femme, demeurera secret pour toutes les personnes autres que celles qui ont droit d'en prendre connaissance, et qui sont le procureur du Roi, le maire, le commissaire de police et l'inspecteur des Enfants trouves

Art. 71 Les personnes tenant des Maisons d'accouchement, qui ne feront pas, dans le

3ᵉ SÉANCE

délai de la loi, les déclarations de naissance prescrites par l'article 56 du Code civil, seront déférées au procureur du Roi, pour l'application des peines portées par l'article 346 du Code penal, et la clôture de leur etablissement pourra être ordonnée par l'Administration.

Art. 72 En cas d'exposition d'un Enfant né dans une Maison d'accouchement, cette Maison sera interdite, à moins qu'il ne soit justifié, par le registre dont il est parle en l'article 69, que la mere avait quitté la Maison d'accouchement en emportant son Enfant, le tout sans préjudice des poursuites auxquelles pourra donner lieu la complicité du delit, si cette complicité existe.

Art. 73. MM. les maires ou leurs delegués s'assureront, par de frequentes visites, si les sages-femmes se conforment à ces prescriptions, ainsi qu'à celles résultant des articles 56 et 57 du Code civil; ils vérifieront avec soin si, dans leurs declarations, les sages-femmes donnent exactement le nom de la mere aux Enfants naturels et le nom du père aux Enfants legitimes. Toute contravention a cet egard sera constatée et deférée a M. le procureur du Roi.

Tel est l'arrêté du préfet de l'Aveyron, qu'il suffit de citer, puisqu'il résume à peu près toutes les dispositions contenues dans les autres arrêtes.

Si le mode de surveillance prescrit par les préfets pouvait être légalement admis, l'on ne peut se dissimuler qu'il aurait pour effet de faire cesser les abus de clandestinité des accouchements que la loi aujourd'hui semble protéger et favoriser. Alors, l'abandon des Enfants devenant plus difficile, il n'est pas douteux que l'on verrait bientôt s'opérer une diminution notable dans le nombre des Enfants trouves, et que les suppressions d'état cesseraient de se produire à l'ombre de la loi

Mais comment obliger le médecin, l'officier de santé ou la sage-femme à inscrire, sur un registre destiné à être communiqué à la police, le nom de la femme ou de la fille enceinte qu'ils reçoivent dans leur établissement, lorsqu'il n'y a pas obligation légale pour la mère de faire connaître son nom dans l'acte de naissance de son Enfant ? C'est ce que la Cour de cassation a très nettement décidé in terminis par arrêt du 16 septembre 1843

Second arrêt de la Cour de cassation

Attendu que l'article 56 du Code civil n'impose aux personnes y dénommees qu'une obligation formelle, celle de declarer le fait de la naissance de l'Enfant à laquelle elle aurait assisté, — que cet article n'exige pas que l'on déclare le nom des pere et mere de l'Enfant, — attendu que les dispositions de l'article précite ne sauraient être etendues, alors surtout qu'il s'agit d'appliquer la disposition de l'article 346 du Code penal qui lui sert de sanction, — attendu que ledit article se refere uniquement à l'article 56 du Code civil, et ne s'occupe que de la declaration qu'il prescrit, — attendu que, dans l'espèce, il est déclaré par le jugement attaqué que Mallet avait déclaré à l'officier de l'état civil le fait de la naissance de l'Enfant à laquelle il avait assisté en qualité de médecin accoucheur, ainsi que le sexe de cet Enfant et les prénoms qu'il lui donnait, et qu'en refusant de déclarer le nom de la mere de cet Enfant, il n'a point contrevenu aux dispositions de l'article 346 du

3.

Code pénal ; que, par conséquent, le jugement attaqué, en relaxant ledit Mallet de la poursuite dirigée contre lui, n'a violé ni méconnu lesdits articles... Rejette, etc. (1).

Ainsi, dès l'instant que la mère est libre de ne pas faire connaître son nom dans l'acte de naissance de son Enfant, par la même raison aussi elle ne peut être astreinte à le faire connaître dans une Maison d'accouchement, pour qu'il soit inscrit dans un registre particulier. Ces deux choses sont essentiellement connexes, et se lient de la manière la plus intime l'une à l'autre ; en sorte que, suivant la jurisprudence consacrée, les arrêtés préfectoraux ne peuvent imposer aux Maisons d'accouchement la tenue d'un registre contenant le nom de la mère, sans que les articles 56 du Code civil et 348 du Code pénal n'aient été modifiés, ou tout au moins législativement interprétés en ce sens.

Enfin, un nouvel arrêt de la Cour de cassation, du 18 juin 1846, décide de la manière la plus formelle qu'on ne peut assimiler les directeurs de Maisons d'accouchement à des hôteliers, pour leur imposer la tenue d'un registre. Il est relatif à l'arrêté pris le 10 avril 1845 par le préfet de la Manche :

Attendu que l'arrêté pris le 10 avril 1845 par le préfet de la Manche pour la suppression des Tours ordonne, par son article 10, aux propriétaires de toutes Maisons d'accouchement, de tenir un registre sur lequel sont inscrites toutes les femmes ou filles qui y séjourneront pendant leur grossesse, ou pour y faire leurs couches ; que cette disposition est appuyée sur l'article 475, n° 2, du Code pénal, et sur la qualification de lieux publics donnée dans l'arrêté à ces maisons ; — Attendu que l'article 475 ne peut rendre légale la disposition dont il s'agit ; que les sages femmes ne peuvent être assimilées aux aubergistes, hôteliers, logeurs ou loueurs de maisons garnies, ni être tenues des obligations imposées à ceux ci par les lois et règlements qui les concernent ; qu'il ne peut appartenir à l'autorité administrative d'ajouter aux dispositions dudit article en les étendant à d'autres professions que celles qui y sont dénommées ; — Attendu que la mesure, considérée en elle-même, ne peut se justifier davantage, puisqu'elle est contraire au vœu de l'article 378 du Code pénal, qui soumet les sages-femmes à garder les secrets dont elles sont dépositaires à raison de leur profession, — Attendu dès lors que le renvoi de la prévenue ne contient aucune violation de la loi · — Rejette.

Vous connaissez, Messieurs, tout ce qui existe, ou du moins tout ce qu'il y a d'essentiel, sur la question de surveillance des Maisons privées d'accouchement A vous maintenant d'aviser à ce qui doit exister. Dans cette question, et dans le conflit qu'elle a soulevé entre l'Administration et la justice, vous avez remarqué, d'une part, que l'Admi

---

(1) Le *Journal du Palais*, en rapportant cet arrêt (tome Iᵉʳ de 1844, page 92), a publié une consultation délibérée par Mᵉ Amable Boullanger, et revêtue des adhésions de MMᵉˢ Chaix-d'Est-Ange, Philippe Dupin, Marie, Duvergier, Paillard-de-Villeneuve, Thureau et Durand Saint-Amand, avocats au barreau de Paris.

nistration, tutrice avancée des besoins qui se révèlent dans la société, a obstinément prescrit la surveillance des Maisons d'accouchement comme l'un des moyens les plus nécessaires pour prévenir et arrêter l'abus des expositions, le crime des suppressions d'état; et que cependant, d'autre part, la justice, gardienne vigilante de la loi, n'a pas sanctionné les mesures prises pour cette surveillance, parce qu'elle se croyait enchaînée par cette loi même, telle qu'elle a été conçue et telle qu'elle existe toujours. A vous, Messieurs, de voir si vous ne devez pas signaler les changements qu'il faut apporter à la législation en vigueur, pour répondre à d'impérieux besoins d'ordre privé et d'ordre public.

Parlons maintenant des Maisons hospitalières d'accouchement.

Des Maisons hospitalières d'accouchement.

Autant il convient de se montrer sévère pour prévenir les abus qui peuvent se manifester dans les Maisons d'accouchement, autant l'on doit chercher à fournir aux femmes enceintes des moyens charitables de pouvoir faire leurs couches dans des maisons hospitalières. Telle est aussi la pensée que l'Administration supérieure poursuit avec sollicitude, surtout depuis 1840.

Dans la circulaire du 31 janvier 1840, portant règlement pour le service intérieur des hospices et hôpitaux, le Ministre de l'intérieur a, pour la première fois, compris les femmes enceintes dans la nomenclature des malades qui devaient être traités dans les établissements hospitaliers.

Je sais, dit il, que certains maux ne sont pas volontiers traités par les congrégations religieuses, dont les statuts s'opposent à ce qu'elles donnent leurs soins soit aux vénériens, soit aux femmes enceintes. Ces restrictions, ces scrupules doivent sans doute être respectés, comme tout ce qui tient au devoir et à la conscience; mais il ne faudrait pas non plus laisser ces maux sans assistance; et les administrations charitables dont les établissements sont desservis par des sœurs comprendront que, dans ces circonstances, elles doivent chercher à secourir les malades rangés dans ces catégories, en faisant préparer, autant que possible, des salles distinctes, où ils seront soignés par des personnes laïques. . . . .

. . . .

ART. 11. *Les femmes enceintes indigentes ne sont reçues dans l'hôpital qu'en cas d'urgence, ou lorsqu'elles ont atteint le terme de leur grossesse.*

Dans ce dernier cas, elles devront représenter un certificat constatant leur indigence.

En cas d'admission d'urgence, l'administrateur de service vérifiera l'état d'indigence de la femme admise.

Dans tous les cas, les femmes accouchées dans l'hôpital sont tenues d'en sortir, avec leur Enfant, dans la quinzaine qui suivra leur accouchement, à moins que le médecin ne déclare qu'il y aurait danger pour elles.

Les dispositions indiquees pour l'admission des femmes enceintes sont indispensables, afin d'évitei un encombrement ruineux pour l'hôpital. En général, les femmes qui se trouvent dans ce cas y sont admises beaucoup trop tôt, et y restent par consequent trop longtemps.

Un autre inconvenient tres grand est produit par l'habitude qui s'est etablie, dans les hos pices ou les femmes sont admises à faire leurs couches, de garder leurs Enfants dès qu'elles veulent les abandonner. L'indigence et la maladie ne disposent que trop facilement les malheureuses mères à meconnaître ainsi les devoirs de la natuie. Depuis deux ans l'on a tenté avec succes, a Paris, de s'opposer à cet abus, bien plus assurément dans l'intérêt de la morale et des bonnes mœurs que dans celui d'une économie qui, toute legitime qu'elle pourrait être en principe, serait odieuse dans ses résultats des qu'elle tendrait à tarir la source de secouis reconnus necessaires. Loin de laisser les meres se livrer a ce que leur inspirent la honte quelquefois, et plus souvent la pauvreté, on ne garde leurs Enfants que lorsqu'elles l'exigent formellement Mais beaucoup cèdent aux bons conseils, a la voix de la nature, et lorsqu'on les a amenées a donner le sein a leurs Enfants, il faut les motifs les plus sérieux pour qu'elles ne consentent pas avec empressement à les garder. Beaucoup s'y decident en recevant un secours en argent qui les met a même de pourvoir aux besoins des premiers moments, en attendant que leur santé leur permette de reprendie leur travail.

Rien ne constate, au ministère de l'intérieur, le degré d'exécution qu'a reçu jus-qu'à ce jour la circulaire du 31 janvier 1840, que nous venons de rapporter.

Les Maisons hospitalières d'accouchement ressortent du ministère de l'instruction publique. Il y a mieux . tout ce qui concerne les Maisons charitables d'accouchement, en France, est considéré bien plus au point de vue de la science, c'est-à-dire de la clinique des accouchements, qu'au point de vue hospitalier, en sorte que tout ce qui est relatif à leur service se trouve centralisé au ministère de l'instruction publique. Mais, dans ce ministère, on le comprend, le caractère charitable de ces établisse ments n'excite qu'une attention fort secondaire, et tout à fait subordonnée au carac tère scientifique et médical

Il y a hâte de prendie des mesuies à cet égard pour assurer et développer l'exé-cution de la circulaire de 1840, et pour faire rentier complétement tout ce qui em-brasse ce service dans les attributions du Ministre de l'intérieur.

Maintenant, si certains départements, tels que ceux de l'Ain, de la Corrèze, de la Charente-Inférieure, etc. subventionnent des salles de maternité, c'est également plutôt dans le but de favoriser la science medicale et la pratique des accouchements, que dans la pensée secourable de fournir une assistance aux femmes enceintes qui sont dans l'indigence.

Si donc il est une institution de charité à fonder ou à développer, c'est assurément celle dont l'objet serait de fournir à toute femme enceinte , qui est dans le dénû-ment, les moyens de pouvoir faire ses couches.

Il est vrai que quelques ordres de religieuses paraissent repousser ce moyen de pratiquer la charité. Mais la circulaire du 31 janvier 1840 est fort sage, lorsqu'elle dit que, dans ce cas, les soins devraient être donnés par des personnes laïques.

Ces scrupules, qu'il faut savoir respecter, sans les approuver ni les blâmer, font que l'on est plus porté à admirer les sœurs de la Charité maternelle de Metz, dont les fonctions consistent à accoucher les femmes pauvres à domicile, à les visiter, à les soigner et à les secourir (1), œuvre admirablement accomplie dans la Moselle, et dont l'exemple et la propagation ne sauraient être trop encouragés sur tous les points de la France.

Quelques mots maintenant sur l'hospice de la Maternité de Paris. Suivant le désir de M. le Ministre de l'intérieur, j'ai visité avec le plus grand soin cet hospice, l'ancienne et sévère maison de Port-Royal, aujourd'hui transformée en vastes salles d'accouchement, et dont l'église, auparavant entièrement dénudée, venait d'être dotée par le Ministre de l'intérieur d'un beau tableau de sainte Marguerite, patronne de cette église. Je ne puis trop remercier ici le directeur, M. Boivin, pour l'extrême obligeance avec laquelle il m'a fourni tous les renseignements à l'aide desquels je cherchais à m'éclairer.

Visite à l'hospice de la Maternité de Paris

Rien ne saurait produire une plus forte impression qu'une visite à la Maternité, où l'on peut surprendre à la fois tout ce que le cœur de la fille mère, qui a eu le malheur d'être séduite, renferme d'amour pour l'Enfant qu'elle vient de mettre au monde, comme aussi tout ce qu'il y a de corruption et d'odieuse indifférence chez la mère qui est abrutie par la débauche.

J'ai vu cet émouvant spectacle, et j'ai constaté aussi la sagesse la délicatesse, la haute raison des conseils et des encouragements donnés aux filles mères pour les amener à remplir les devoirs de la maternité et à sanctifier leur vie par le travail.

Aux termes du Code spécial de la Maternité, du 7 mars 1802, toute femme qui est dans le huitième mois de sa grossesse peut se présenter à l'hospice de Paris

Code spécial de la Maternité, de 1802

On demande à la femme qui se présente si elle veut déclarer ses nom, prénoms, âge, profession et domicile, et dans ce cas, on l'écrit au registre sous sa dictée, et on lui donne un bulletin contenant la note de sa déclaration.

Si elle dit ne vouloir faire aucune déclaration, le registre ne porte que le numéro et la date de l'entrée.

Le registre des déclarations est fermé à toute personne sans caractère légal pour le consulter (2)

M. le directeur m'a déclaré que, depuis quinze années qu'il remplit ses fonctions,

---

(1) Voir, tome II, page 696, l'Ordonnance royale du 2 mai 1814

(2) Articles 1069, 1070, 1072 et 1081 du Code spécial de la Maternité, du 7 mars 1802 Voir ces articles au tome II, page 698

il n'a pas reçu une seule femme qui ne se fût présentée sous un nom, quoique ce ne fût pas toujours le véritable. Il explique, au surplus, que bien qu'un assez grand nombre de femmes demandent, comme par une sorte de formule, le secret, dans la réalité, il y en a tout au plus dix pour lesquelles un secret absolu puisse être sérieusement nécessaire, sur les trois mille cinq cents personnes, en moyenne, qui accouchent annuellement dans l'hospice (1).

L'hospice de la Maternité de Paris fournissait, en 1816, soixante dix-neuf abandons, et, en 1836, soixante-neuf sur cent naissances.

En 1837, d'utiles et importantes mesures furent prises par le Conseil général des hospices pour prévenir, autant que possible, le grand nombre de ces abandons.

Ces mesures consistèrent dans trois moyens principaux

1° Allaitement des Enfants par leurs mères, et obligation de les emporter à leur sortie (2);

2° Enquête avant l'abandon,

3° Secours aux mères qui conserveraient leurs Enfants.

L'arrêté pris à cet égard par le Conseil général des hospices, le 25 janvier 1837, a été approuvé le 25 octobre de la même année par le préfet de police. Les articles 4 et 5 de cet arrêté sont ainsi conçus :

ART. 4. *Les femmes enceintes ne seront admises à la Maison d'accouchement qu'autant qu'elles prendront l'engagement de nourrir, pendant quelques jours, dans l'établissement, et d'emporter, à leur sortie, l'Enfant dont elles seront accouchées.*

ART 5. *Il n'y aura, pour l'allaitement, d'exception que pour les femmes qui seraient jugées par le médecin hors d'état de nourrir ou de continuer à nourrir leur Enfant.*

Il pourra être accordé, sur la fondation Monthyon, des secours aux femmes qui continueront à nourrir leur Enfant ou qui en prendront soin (3).

Les mesures prescrites par l'arrêté de 1837 ne tardèrent pas à produire les meil-

---

(1) L'hospice de Vienne, en Autriche, est ouvert à toutes les femmes qui s'y présentent, riches ou pauvres, mariées ou non Elles y sont admises à toute heure du jour ou de la nuit, sous tel nom qu'il leur convient de prendre, seulement, on exige que le véritable soit inscrit dans un billet cacheté qu'elles déposent en entrant et qu'on leur rend intact à leur sortie ce n'est qu'en cas de mort qu'il en est fait usage, dans l'intérêt de la famille ou de l'Enfant Plusieurs femmes joignent à ces précautions celle de venir à l'hospice couvertes d'un voile qu'elles gardent pendant tout le temps de leur séjour dans la maison (REMACLE, *Hospices d'Enfants trouvés*, page 98)

(2) Quant à l'obligation imposée a la mere d'emporter l'enfant a sa sortie de la Maison d'accouchement, l'Administration n'use jamais de contrainte, et conserve toujours l'enfant dès que les exhortations et les encouragements donnés a la mere ne peuvent la déterminer a ne pas l'abandonner

(3) Voir, tome II, page 757, l'arrêté du Conseil général des hospices de Paris du 25 janvier 1837 Voir, page 756, l'arrêté du Préfet de police du 25 octobre 1837, qui ordonne l'exécution du précédent arrêté du conseil général des hospices

leurs résultats, comme l'atteste M Boicervoise au Conseil général des hospices, dans son rapport du 15 mars 1845, où il s'exprime en ces termes.

Les Enfants envoyés à l'hospice par la Maison d'accouchement, qui avaient dès la première année (1838) éprouvé une réduction d'un tiers, se sont constamment maintenus dans cette proportion, et sont même restes en 1844 de 110 enfants au-dessous du chiffre de l'année 1838.

Ce résultat est d'autant plus remarquable, que le nombre des naissances dans cet Établissement s'est accru d'un tiers depuis l'adoption des mesures, et que, malgré une augmentation de 5,515 naissances pendant les sept dernières années, le nombre des abandons, loin de suivre une progression croissante, a éprouvé une légère diminution

Aujourd'hui, par l'effet des mesures prises par l'arrêté du 25 janvier 1837, les abandons sont tombés en moyenne à 36 sur 100 naissances Et cependant, malgré cette réduction, la Maternité fournit encore à l'hospice des Enfants-Trouvés de Paris le tiers des Enfants abandonnés

Deux questions importantes se sont présentées touchant l'hospice de la Maternité, toutes deux méritent au plus haut point de fixer l'attention Je me contente de les indiquer ici.

La première question est relative à la déclaration à faire devant l'officier de l'état civil pour la naissance des Enfants dont les mères sont accouchées à l'hospice

Le 16 octobre 1841, le procureur du roi de Paris écrivit au directeur de la Maternité, qu'en s'abstenant de présenter à l'officier de l'état civil les nouveau-nés, il contrevenait aux prescriptions de l'article 56 du Code civil «J'ai donc écrit, ajoutait-il, à M. le maire du 12ᵉ arrondissement, pour que désormais il ne reçoive aucune déclaration de naissance pour des enfants nés à l'hospice de la Maternité, sans que ces enfants lui soient présentés. »

Un rapport des médecins et chirurgiens de la Maternité, en date du 9 novembre 1841, signala, ainsi qu'une lettre de M de Gérando, du 20 du même mois, tous les dangers du transport des Enfants à la mairie (1), ensorte que l'autorité a renonce à exiger ce transport. La déclaration est faite par le directeur au secrétaire de la mairie, qui enregistre les naissances sur les notes prises, par le directeur, dans la Maison d'accouchement.

Permettez-moi ici, Messieurs, une simple réflexion lorsqu'une loi n'est pas d'une exécution possible, il faut de toute nécessité qu'on la change, en imprimant un caractère légal au fait dans tout ce qu'il a de raisonnable et de régulier.

La seconde question est relative aux femmes qui viennent à Paris pour y cacher

Déclaration des naissances des Enfants nes à l'hospice de la Maternité de Paris

Ordre du ministère public de présenter ces Enfants devant l'officier de l'état civil

Les Enfants ne sont pas présentés devant l'officier de l'état civil.

Femmes non domiciliées à Paris qui viennent y faire leurs couches

(1) Voir, tome 2, page 698, 1° la lettre du procureur du Roi, 2° une lettre du directeur de la Maison d'accouchement à M Valdruche, 3° le rapport des médecins de Paris et, enfin, 4° l'extrait de la lettre de M. de Gerando

I.   4

3ᵉ SÉANCE.

Rapport
au conseil général
des
hospices de Paris
sur la question

leur grossesse et pour y faire leurs couches, de tous les points de la France, et même des pays étrangers.

Dans le rapport que fit M. Boicervoise au Conseil général des hospices de Paris, le 15 mars 1845, il s'exprimait en ces termes sur cette question .

Depuis le 1ᵉʳ avril dernier, nous avions chargé le directeur de la Maison d'accouchement d'interroger les femmes accouchées qui abandonneraient leurs Enfants, afin de savoir depuis combien de temps elles habitaient Paris et si elles y avaient acquis domicile de secours

Cette enquête nous a appris que près de deux tiers des Enfants abandonnés, après leur naissance a la Maison d'accouchement, appartenaient à des mères qui étaient venues exprès a Paris pour y cacher leur grossesse ou pour y faire leurs couches, ou qui n'habitaient Paris que depuis quelques mois . . . .

La Maison
d accouchement
ne peut etre
interdite
aux femmes
étrangères
à la ville de Paris

Nous ne croyons pas qu'il y ait lieu, ni qu'il soit possible d'interdire l'entrée de la Maison d'accouchement ou des hôpitaux de Paris aux femmes étrangères à la ville de Paris, qui trouveraient d'ailleurs mille moyens d'éluder cette mesure, ou attendraient sur le seuil de vos établissements le moment d'accoucher.

Rapport
de la commission
des
hospices de Paris

Cette opinion ne fut pas adoptée dans le rapport fait au nom de la Commission des hospices, le 18 juin 1845 :

La Commission, y lit-on, n'a pas partagé l'avis du membre du Conseil et du membre de la Commission administrative, tous deux chargés de la Maison d'accouchement, qui demandaient que rien ne fût changé au mode actuel d'admission, pensant que les mesures que l'on adopterait réagiraient contre le but même que l'on voudrait atteindre, puisque les femmes étrangères, connues aujourd'hui, échapperaient aux recherches par des déclarations mensongères.

La Maison
d accouchement
de Paris
est
un établissement
communal
où ne doivent
etre admises
que les femmes
enceintes
domiciliées
depuis un an

« Votre Commission a considéré que la Maison d'accouchement n'était point un établissement national, ni un refuge mystérieux, destiné à voiler toutes les faiblesses ou les turpitudes de la débauche, mais qu'elle était un asile de secours pour l'indigence, asile essentiellement communal, que l'Administration avait le droit et le devoir d'imposer des restrictions au mode actuel d'admission et de réserver aux habitants de Paris la faveur d'être reçus avant terme à la Maison d'accouchement et à l'hôpital des Cliniques ; que ces deux établissements restant ouverts, ainsi que tous les hôpitaux, pour recevoir les femmes en péril imminent d'accoucher, à l'instar de tous les autres malades, sans distinction d'origine, ni conditions de résidence, l'Administration pourvoyait ainsi avec une large munificence à tous les maux qui avaient besoin d'un soulagement immédiat.

Votre Commission a été d'avis qu'il convenait d'exiger que les femmes enceintes qui se présenteraient avant terme à la Maison d'accouchement ou à la Clinique ne fussent reçues qu'autant qu'elles seraient dans le neuvième mois de leur grossesse (elles sont reçues aujourd'hui dans le huitième mois), et qu'elles justifieraient d'un an au moins de résidence à Paris, et de l'impossibilité où elles se trouveraient de faire leurs couches dans leur domicile ou en ville, l'Administration se réservant de faire vérifier l'exactitude de ces déclarations par une enquête à domicile..

Quant au secret réclamé en faveur des femmes admises a faire leurs couches, il sera gardé par l'Administration, qui maintiendra la mesure qui interdit l'entrée des salles aux personnes du dehors. Mais avec les nouvelles conditions préalables d'admission, les personnes qui voudraient conserver leur secret, et répugneraient à le dévoiler à l'Administration, iront le confier en d'autres mains.

Dans la séance du 6 août 1834, le Conseil général d'administration des hospices civils de Paris a arrêté les dispositions suivantes

ART. 1ᵉʳ. Les femmes enceintes qui se présenteront pour être reçues avant terme à la Maison d'accouchement et à l'hôpital des Cliniques ne seront admises dans ces deux établissements qu'autant qu'il aura été reconnu, par la sage femme en chef, qu'elles sont dans le neuvième mois de leur grossesse, et qu'elles auront justifié d'un certificat d'un bureau de bienfaisance ou d'un commissaire de police constatant, 1° qu'elles résident à Paris au moins depuis un an; 2° qu'elles n'ont ni les moyens, ni la possibilité de faire leurs couches en ville ou dans leur domicile.

Admission des femmes enceintes

Néanmoins, elles pourront être reçues d'urgence à la Maison d'accouchement, à la Clinique et même dans les hôpitaux, lorsqu'elles auront été reconnues être en péril imminent d'accoucher, par la sage femme en chef, le médecin sédentaire ou l'élève de garde Il ne sera exigé des femmes ainsi reçues à titre d'urgence aucune justification d'indigence ni de résidence.

Admission d'urgence

ART. 2. Les femmes enceintes admises dans les conditions ci-dessus exprimées devront allaiter pendant quelques jours et emporter, a leur sortie, l'Enfant dont elles seront accouchées

Les mères devront allaiter leurs enfants

Il n'y aura, pour l'allaitement, d'exception que pour les femmes qui seraient jugées hors d'état de nourrir ou de continuer à nourrir leur Enfant. Cette impossibilité sera constatée par un certificat signé par la sage femme en chef à la Maison d'accouchement et a la Clinique, et par le médecin dans les hôpitaux.

ART 3 Il y aura à la Maison d'accouchement, à la Clinique et dans les hôpitaux où cela sera reconnu nécessaire, des nourrices sédentaires en nombre suffisant pour allaiter, dans les cas prévus par l'article ci dessus, les Enfants jusqu'à la sortie de leurs mères.

Nourrices sédentaires

ART. 4 Les femmes enceintes, admises dans quelque établissement que ce soit, seront interrogées par les directeurs sur leurs nom, prénoms, profession et domicile de fait et habituel, etc Leurs déclarations seront consignées en un bulletin spécial, lequel, après avoir été transcrit sur le registre des entrées, sera transmis dans les vingt-quatre heures au membre de la Commission administrative chargé du service des Enfants trouvés, qui fera vérifier immédiatement, par une enquête a domicile, la véracité de ces déclarations, et recueillir tous les renseignements propres à l'éclairer sur la position des personnes admises

Enquête et vérification à domicile

Ces dispositions réglementaires, sur lesquelles l'Administration supérieure ne

4.

s'est pas encore prononcée, gissent, depuis 1845, dans les cartons du ministère de l'intérieur, d'où il est temps de les faire sortir pour étudier la matière et la régler

A vous, Messieurs, cette étude et le soin de préparer un projet de loi sur les questions compliquées et difficiles que présentent les Maisons privées et les Maisons hospitalières d'accouchement, sans doute, ces questions ne dominent pas d'une manière absolue toute la matière des Enfants trouvés, mais, ainsi que l'a très-bien compris l'Administration générale des hospices de Paris, elles s'y lient de la manière la plus essentielle et la plus intime, comme moyen de rendre plus étroits les devoirs de la maternité, et de prévenir, le plus possible, la dégradante immoralité de l'abandon des Enfants.

M. GIRAUD :

Lutte
entre le pouvoir
administratif
et
le pouvoir
judiciaire

De l'exposé qui vient de vous être présenté sur la question relative à la surveillance des Maisons d'accouchement, il résulte qu'il y a lutte entre l'autorité judiciaire et l'autorité administrative; et toutes deux paraissent bien fondées dans leur appréciation respective des questions à résoudre, au point de vue du pouvoir qui appartient à chacune d'elles.

L'Administration, qui a surtout pour mission de veiller à la conservation de la société, de prévenir tout ce qui peut compromettre cette conservation, pense que la loi en vigueur est assez souple pour autoriser une surveillance sur les Maisons d'accouchement, dans un grand intérêt d'ordre public.

En cela, l'autorité administrative use d'un arbitraire salutaire et tout à fait légitime, pour arriver au but qu'elle se propose.

De son côté, l'autorité judiciaire, dans son respect pour le texte de la loi, refuse d'accorder une sanction pénale aux arrêtés que l'Administration prend au sujet de la surveillance des Maisons d'accouchement, arrêtés qui lui paraissent rendus en dehors du cercle rigoureusement tracé par la législation en vigueur.

Mais pour nous, qui avons pour mission de préparer un projet de loi, de rechercher, non pas ce qui est, mais ce qui doit être : *Non quod observandum, sed quod fieri debet,* nous avons une grande liberté d'action.

Nécessité
d'une
surveillance

En principe, les Maisons d'accouchement doivent être considérées comme des lieux publics, comme des maisons de santé; et il y a lieu de les surveiller, parce qu'en fait elles sont un grand foyer d'abus.

Il y a nécessité et devoir de prévenir les abus.

Mais comment?

Je ne m'arrête point au règlement de Strasbourg : il n'est ni équitable, ni charitable.

Quel serait le meilleur mode de surveillance à établir sur les Maisons d'accouchement?

Pour moi, j'adopterais volontiers ce qui se pratique à l'hospice de la Maternité de Paris, dans lequel la femme enceinte est reçue sans être obligée de donner son nom, et où l'autorité exerce une surveillance pleinement abandonnée à sa prudente discrétion. Il me semble qu'une telle pratique, combinée avec d'autres mesures de sûreté, de moralité, d'humanité, pourrait porter de bons fruits.

M. BAILLEUX DE MARIZY :

Ce qu'il faut chercher à concilier, c'est le secret et la surveillance. Je crains que le mode proposé par M. Giraud ne présente de graves inconvénients dans la pratique. Comment constaterez-vous la bonne tenue du registre? Visiterez-vous les personnes? A Paris, et dans deux ou trois grandes villes, on pourrait peut-être le faire sans qu'il en résultât rien de bien fâcheux; mais on ne le peut pas en province, où tout le monde se connaît. Un tel mode éloignerait des maisons d'accouchement et pourrait présenter le danger de pousser aux accouchements clandestins.

M. GIRAUD :

Il faut juger les choses d'après ce qui se passe ordinairement.

En général, les femmes qui ont succombé et dont la position dans le monde est élevée, vont accoucher au loin; celles qui ont moins d'aisance, mais non moins d'intérêt à cacher leur faute, vont dans la ville voisine.

La pratique amoindrit les inconvénients signalés par le préopinant, si même elle ne les détruit pas complétement.

Au surplus, y eût-il des inconvénients réels, il faut voir si dans le mode que je propose ils ne seraient pas dépassés par la somme des avantages. La chose ne me paraît pas douteuse.

Ce qui importe essentiellement, c'est de remédier aux abus, qui sont intolérables, et que l'on ne saurait trop se hâter de prévenir

M. Alfred BLANCHE :

Pour moi, je veux la surveillance des Maisons d'accouchement, mais je ne

---

Marginal notes:

3ᵉ SÉANCE

Nécessité de concilier le respect dû au secret et la surveillance.

Possibilité de tout concilier

Surveillance Secret

veux pas qu'elle puisse s'exercer ni sur le nom ni sur le visage de la personne enceinte.

Nul doute que l'autorité ait parfaitement le droit de soumettre les Maisons d'accouchement à une surveillance. Elle tire ce droit de son devoir de veiller à tout ce qui tient à la conservation de l'homme, à la salubrité et à l'hygiène publiques.

L'autorité peut exiger des directeurs de Maisons d'accouchement la tenue de registres que tout agent de police ou administratif aura toujours la faculté de se faire représenter, mais sans pouvoir s'introduire dans la maison et voir les personnes admises. J'accorderais pourtant ce droit au juge de paix seul, qui, plus rapproché qu'aucun autre des populations, me semble, par sa juridiction paternelle, présenter toutes les garanties qui inviteraient à la confiance.

Surveillance directe des sages femmes

Quel est le but que nous devons nous proposer? C'est, par-dessus tout, de détruire l'industrie de l'exposition; car il est certain qu'aujourd'hui, dans un grand nombre de départements, on fait de l'exposition des Enfants une véritable industrie. Pour cela, il faut chercher surtout à atteindre les sages-femmes qui se livrent à ce trafic; mais il faut le faire de manière à ce qu'elles ne cherchent pas à échapper à la surveillance par un crime plus grand, par l'avortement ou par l'infanticide.

Nous ne pouvons aspirer à une surveillance absolue dans les Maisons d'accouchement, parce qu'il faut la concilier avec le secret dû aux personnes enceintes. Mais nous pouvons tout au moins demander la tenue et la représentation d'un registre, et l'intervention d'un magistrat qui pourrait peut-être confronter le nombre de personnes admises sans soulever, si l'on veut, le voile dont pourrait se couvrir celle qui réclame le secret.

Lorsqu'on a un adversaire à combattre, il y a deux moyens de l'attaquer : ou l'on va droit à lui, ou l'on cherche à l'enserrer de manière à le mettre dans l'impossibilité de nuire.

Surveillance indirecte de la femme enceinte

Nous ne pouvons aller droit à la femme enceinte; mais enserrons la difficulté au moyen de toutes les précautions les plus propres à donner à la femme enceinte les garanties dont il faut entourer sa personne et son Enfant, les plus propres à fournir tous éléments de conviction contre les infractions qui pourraient être tentées ou commises.

Songeons qu'avec la législation existante, l'autorité n'a point d'action sur les Maisons d'accouchement, et que par le mode proposé nous aurons introduit à cet égard un grand progrès, en faisant, sinon tout ce qu'il serait désirable de faire, du moins tout ce qu'il y a de possible.

M. DURAND-SAINT-AMAND dit qu'il est complétement d'avis que les Maisons d'accouchement doivent être soumises à la surveillance, mais qu'il a de grands scrupules, soit sur le mode, soit sur la mesure de cette surveillance.

Est-il bien convenable de permettre à un magistrat, quel qu'il soit, de s'introduire à tout instant, capricieusement, arbitrairement, dans une Maison d'accouchement? Ceci est fort grave et fort délicat.

Mode
de surveillance
a exercer

M. GIRAUD répond : qu'en ce qui concerne la question d'exécution, il convient de laisser une grande latitude au magistrat. Il s'en rapporterait même à cet égard à la prudence de l'Administration. Seulement, il désirerait qu'un médecin inspecteur fût toujours adjoint au magistrat pour l'accompagner dans ses visites. Au surplus, poursuit M. GIRAUD, la loi dispose d'une manière générale, le règlement d'administration publique et l'instruction ministérielle font le reste. Une loi ne peut prévoir toutes les difficultés, ni prescrire des règles d'action pour toutes les situations délicates dans lesquelles son exécution rencontrerait les justiciables.

Visite
du magistrat
Adjonction
du médecin

Quant à présent, nous devons nous arrêter à l'examen et à la solution de deux points principaux :

1° La police pourra-t-elle pénétrer dans la Maison d'accouchement?

2° Quelles seront les limites du pouvoir et de l'investigation de la police dans la Maison d'accouchement?

M. VALENTIN-SMITH fait observer qu'avant de décider les deux questions posées par M. GIRAUD, il y en a une qu'il est essentiel d'examiner et de décider préalablement. C'est la question de savoir si, pour pouvoir établir une Maison d'accouchement, il faudra être muni d'une autorisation de l'Administration, ou s'il suffira de faire une simple déclaration devant l'autorité administrative, en l'accompagnant de preuves établissant que l'on se trouve dans les conditions déterminées soit par la loi, soit par les règlements ou instructions.

Autorisation
préalable

Ceci est important, parce que, s'il faut une autorisation pour ouvrir une Maison d'accouchement, l'autorité administrative aura un pouvoir discrétionnaire pour accorder ou pour refuser cette autorisation.

Si, au contraire, une simple déclaration suffit, on pourra former une Maison d'accouchement par cela seul qu'on remplira les conditions déterminées par la loi et par les règlements d'administration publique ; mais alors il faut déterminer avec soin ces conditions. Entrons dès à présent dans cet examen.

Je suis porté à penser, continue M. VALENTIN-SMITH, que, pour pouvoir élever une Maison d'accouchement, il faudrait être muni d'une autorisation que l'Administration, dans sa mission de justice préventive, doit être libre de d'accorder ou de refuser sans contrôle, suivant les nécessités de l'intérêt public. Il peut y avoir des circonstances tirées de la moralité des individus qui peuvent justifier un refus d'autorisation de la part de l'Administration sans qu'elle ait à en rendre compte à qui que ce soit. Il est telles personnes qui, sans avoir jamais subi de condamnation judiciaire, peuvent cependant être loin de présenter toutes les garanties nécessaires. Il convient à cet égard de s'en remettre à la sagesse de l'Administration ; il ne faut pas toujours procéder par voie de défiance contre les dépositaires du pouvoir. On ne saurait, au contraire, trop les armer d'une salutaire autorité, sauf à bien choisir les hommes aux mains de qui doit être confiée l'administration du pays.

Examen
tue
des etablissements
d alienés
et des
ecoles primaires

La loi sur les aliénés exige que l'on obtienne une autorisation pour leur ouvrir un asile Il y a semblables raisons a l'égard d'une Maison d'accouchement, si même il n'y en a davantage.

On ne peut ouvrir une école primaire si, outre un brevet de capacité, outre un certificat de moralité, l'instituteur n'est pas agréé par le comité cantonal et autorisé à exercer.

Pourquoi ne faudrait-il pas également une autorisation pour ouvrir une Maison d'accouchement ? La, cette garantie est exigée dans l'intérêt de la raison de l'aliéné, de la vie morale de l'Enfant ; ici, on l'exigerait dans l'intérêt d'un être qui n'a encore ni force ni intelligence, qu'il s'agit de protéger jusque dans le sein de la mère contre les dangers de l'avortement, et ensuite contre les conséquences de l'infanticide ou contre le malheur de l'exposition.

M. DURAND-SAINT-AMAND :

Déclaration
préalable

Je suis d'avis qu'il n'y a pas nécessité d'obtenir une autorisation pour fonder une Maison d'accouchement lorsqu'on est médecin, officier de santé ou sage-femme. Dans ces cas, il devra suffire de faire une simple déclaration, à la charge, toutefois, de présenter les garanties désirables pour l'accomplissement de toutes les conditions qui seront posées avec soin par la loi. Lorsqu'une personne remplira complétement les conditions qui auront été déterminées, il ne faut pas que cette personne puisse être arbitrairement repoussée par l'autorité. Il ne s'agit, au surplus, que de bien déterminer dans la loi et dans le règlement toutes les conditions que l'on est en droit d'exiger.

M. Victor LEFRANC explique qu'il verrait un véritable danger à laisser au préfet un pouvoir absolu d'accorder ou de refuser l'autorisation. Il pourrait arriver que, sous la pression de l'opinion du pays ou du conseil général, ému par les dépenses des Enfants trouvés, ou quelquefois même entraîné par ses idées personnelles, un préfet reportât tout le mal sur les Maisons d'accouchement, sur les sages-femmes, et qu'alors, avec une sorte de parti pris, il refusât systématiquement l'autorisation.

Dangers de l'autorisation préalable

Après cette observation, M. LEFRANC résume la discussion.

Nous examinons, dit-il, la première période de l'Enfant, et, dans cette période, l'époque de la gestation. Nous nous sommes d'abord demandé si la surveillance de la grossesse était utile, si elle était morale et possible.

Résumé de la discussion

Puis, nous nous sommes demandé par qui cette surveillance devait être exercée, et quel devait en être le caractère.

Nous avons distingué entre l'accouchement à domicile et l'accouchement chez la sage-femme, et nous nous sommes dit :

A la mère, conseils, soins, promesses, secours;

A la sage-femme, avertissement, menaces au besoin.

Dès que nous abordons la sage-femme, nous commençons à entrer dans le domaine de la réglementation.

Nous ne parlons point encore de la Maison d'accouchement considérée comme établissement charitable, mais bien considérée comme établissement libre.

La Maison d'accouchement libre, telle qu'elle peut exister aujourd'hui sans surveillance et sans contrôle, est le plus souvent un véritable instrument d'exposition. Il faut aviser à en faire un instrument de conservation pour l'Enfant, d'asile propre à resserrer les liens de la maternité.

Nous sommes sur le seuil de la porte : faut-il l'ouvrir?

Nous sommes tous d'accord que ce qui existe aujourd'hui, c'est-à-dire l'absence complète de toute surveillance, de tout contrôle, ne peut continuer à subsister.

I   5

Comment! l'on ne peut ouvrir un cabaret sans faire une déclaration préalable, l'on ne peut élever une simple maison de santé sans une autorisation, et l'on pourra en toute liberté, sans justification de garanties quelconques, former un établissement d'accouchement, dans lequel il y a deux êtres à préserver : la femme et l'enfant; deux principes à sauvegarder : l'économie dans les finances de l'État, les devoirs sacrés de la maternité?

Que sera-ce si le mystère couvre l'acte suprême d'où dépendent ces graves intérêts?

Personne ne saurait vouloir d'un système semblable.

Ainsi la première disposition de la loi doit être celle-ci :

« Les établissements privés consacrés à l'accouchement des femmes en-
« ceintes seront placés sous la surveillance de l'autorité publique. »

Mais reste à savoir si, pour ouvrir une Maison d'accouchement, il faudra être muni d'une autorisation de l'Administration, ou s'il ne suffirait pas d'une simple déclaration entourée des garanties spécifiées par la loi ou par le règlement d'administration publique. Cette question formera l'ordre du jour de notre prochaine séance.

La Commission arrête qu'elle se réunira jeudi prochain, 6 du courant.

La séance est levée à onze heures du matin.

Signé VICTOR LEFRANC, *Président.*

Signé VALENTIN-SMITH, *Secrétaire.*

4ᶠ SÉANCE.

Jeudi 6 septembre 1849, 8 heures du matin

Président : M. Victor LEFRANC.

Présents :

MM. Victor LEFRANC, DURAND-SAINT-AMAND, BAILLEUX DE MARIZY, GIRAUD, VALENTIN-SMITH, Secrétaire, et Louis HAMELIN, Secrétaire adjoint.

Absents :

MM. DE LURIEU et DE WATTEVILLE, en mission par suite de leurs fonctions ;
M. Alfred BLANCHE, pour cause de service public, et M. NICOLAS, pour cause
de maladie d'un membre de sa famille.

Le procès-verbal de la séance du 4 septembre courant est lu et adopté.

ORDRE DU JOUR.

QUESTION. — *L'ouverture de la Maison d'acouchement sera-t-elle
soumise à l'obtention d'une AUTORISATION, ou pourra-t-elle avoir
lieu sur une simple déclaration accompagnée de certaines justifications ?*

M. VICTOR LEFRANC annonce que la discussion est ouverte sur le point de
savoir s'il y a lieu de soumettre l'ouverture des Maisons d'accouchement à la
nécessité d'une autorisation, ou si l'on se bornera à la faire précéder d'une
simple déclaration.

Dans le cas où une autorisation serait imposée, quel en sera le caractère ?

Dans le cas où une simple déclaration serait admise comme suffisante, de
quelles garanties faudra-t-il l'entourer ?

*Question
de l'autorisation
ou
de la déclaration*

M. LE SECRÉTAIRE ADJOINT met sous les yeux de la Commission des renseignements administratifs desquels il résulte que, dans le cas où une autorisation
est exigée par la loi ou par les règlements, il est de règle générale que le Gouvernement reste toujours maître d'accorder ou de refuser l'autorisation, ce
qui est pleinement abandonné à la prudence de son pouvoir discrétionnaire.
Le refus de l'Administration ne saurait donner lieu à un recours au Conseil
d'État, puisqu'il ne dénie pas un droit établi, mais une faveur. La production
des pièces exigée dans ce cas ne constitue pas un droit ; elle ne fait que constater une aptitude, qui permet au Gouvernement de délivrer l'autorisation, s'il
n'a par-devers lui aucune raison qui s'y oppose.

*État
de la législation
en matière
d'autorisation
préalable*

M. DURAND-SAINT-AMAND explique qu'il ne voit, dans les renseignements dont il vient d'être donné connaissance, que de nouveaux et plus puissants motifs de persister dans l'opinion qu'il a émise à la dernière séance, à

*Déclaration
préalable
Conditions
à exiger*

5.

savoir : que l'ouverture des *Maisons d'accouchement* ne doit être soumise qu'à une simple *déclaration*.

Mais, à côté de ce droit et de cette liberté, je désire, ajoute M. Durand-Saint-Amand, que certaines conditions soient imposées, afin de prévenir les abus.

La Commission aura à examiner quelles peuvent être ces conditions. Quant à moi, je m'en suis préoccupé ; mais je me borne, en cet instant, à indiquer celles qui doivent être exigées préalablement à toutes autres, en ce qu'elles ont pour objet les premières garanties auxquelles on doit s'attacher, celles de la capacité et de la moralité.

Je demanderai d'abord la production d'un diplôme de docteur en médecine ou en chirurgie, d'officier de santé ou de sage-femme, ensuite un certificat de moralité.

*Établissements
d'aliénés*
On a voulu établir un rapprochement entre les Maisons d'accouchement et les Maisons d'aliénés, pour l'ouverture desquelles la loi exige une autorisation.

Il n'y a pas les mêmes raisons de décider.

L'ouverture d'une Maison d'aliénés soulève à la fois les questions les plus graves d'ordre public, de liberté individuelle et de sûreté générale :

Pour l'*ordre public* au point de vue de la *liberté individuelle :* danger de séquestrations arbitraires, l'aliéné étant enfermé dans ces établissements sans la participation de sa volonté, souvent même sans qu'il ait la conscience de sa détention ;

Pour l'*ordre public* au point de vue de la *sûreté générale :* danger que dans des maisons mal tenues, ou insuffisamment surveillées, les fous furieux ne s'échappent et ne causent les plus déplorables accidents ;

Pour l'*aliéné lui-même :* danger qu'il ne soit soumis a des traitements mal dirigés, tenu dans de mauvaises conditions hygiéniques, contre lesquelles il n'est pas en état de réclamer.

Toutes ces circonstances appellent une surveillance incessante de la part de l'autorité publique : et quand cette autorité consent à se départir de cette surveillance pour s'en reposer sur le directeur d'un établissement privé, elle fait à ce directeur une véritable délégation de ses droits et de ses devoirs!.. alors, je comprends l'*autorisation*.

*Maison
d'accouchement*
Mais de telles conditions ne se rencontrent ni toutes, ni au même degré, quand il s'agit d'une *Maison d'accouchement*.

La femme enceinte n'entre dans cette maison que de son plein gré, pour un temps déterminé, en général assez court.

Sans doute, il importe de prévenir les dangers qui, pendant cet espace de temps, pourraient compromettre ou la mère ou l'enfant qu'elle doit mettre au jour.

Mais, pour atteindre ce but, il suffit que l'ouverture des Maisons d'accouchement soit soumise à de sérieuses conditions, en tête desquelles je place la constatation de capacité et de moralité.

M. VALENTIN-SMITH dit :

Je préférerais l'autorisation à la simple déclaration ; mais enfin je comprends que la déclaration puisse très-bien suffire lorsque, d'ailleurs, elle sera entourée de fortes garanties, soit sur la moralité des personnes, soit sur la tenue de la Maison d'accouchement.

En tenant compte de la différence bien réelle qui existe entre les Maisons d'aliénés et les Maisons d'accouchement, l'on pourrait prendre dans la loi du 3o juin 1838, pour les appliquer aux Maisons d'accouchement, les dispositions qui peuvent être communes aux deux établissements.

Dispositions de la loi sur les aliénés, à appliquer aux maisons d'accouchement

Ainsi la loi à intervenir pourrait porter :

Art. 1ᵉʳ. *Les établissements privés consacrés aux Maisons d'accouchement sont placés sous la surveillance de l'autorité publique.*

Art. 2. *Nul ne pourra ouvrir ni diriger un établissement privé consacré aux accouchements sans l'accomplissement des conditions imposées par la loi et par les règlements.*

Art. 3. *Des règlements d'administration publique déterminent les conditions imposées aux personnes qui voudront former des établissements destinés aux accouchements, et les obligations auxquelles seront soumis ces établissements.*

Les conditions à imposer devraient porter, comme on l'a fort bien dit, d'abord sur la capacité et la moralité des personnes, et ensuite sur toutes les garanties d'hygiène et de sûreté dans l'établissement ; ce qui, conformément à la loi du 3o juin 1838, devrait faire exiger, 1° un plan de l'établissement ; 2° la déclaration du nombre de personnes enceintes qu'il devrait recevoir.

Conditions à exiger

Quant à la constatation de la moralité des impétrants, je désirerais quelque chose de plus qu'un certificat du maire. On sait avec quelle facilité l'on peut obtenir ce certificat sous l'influence d'une sorte de crainte, de faveur ou de camaraderie. Je désirerais, par exemple, qu'un certificat d'aptitude et de moralité fût délivré par un corps quelconque organisé, c'est-à-dire par une sorte de chambre de discipline que je voudrais voir instituer parmi les médecins.

C'est ainsi que l'instituteur, muni de son brevet et d'un certificat, a besoin, pour ouvrir une école, d'être agréé par le comité d'instruction primaire.

M. VALENTIN-SMITH fait observer, au surplus, que le règlement d'administration publique devra s'occuper avec soin de ce qui concerne la surveillance des Maisons d'accouchement tenues par les sages-femmes, qui souvent ne reçoivent que deux ou trois personnes enceintes. Il propose de voter dès à présent sur ce point essentiel.

M. le Président met aux voix cette proposition, qui est adoptée dans les termes suivants :

RÉSOLUTION.

LOI, a 120

La loi dont s'occupe actuellement la Commission devra s'appliquer à toutes les Maisons d'accouchement, quel que soit le nombre des personnes qui y sont admises, soit à part, soit simultanément.

M. Victor LEFRANC, Président :

Maintenant, les questions à résoudre se divisent en deux parties fort distinctes :

Premièrement, conditions de l'ouverture même de la Maison d'accouchement;

Secondement, conditions de la tenue de l'établissement.

Sur la première partie de la question, M. Durand-Saint-Amand a la parole.

Conditions
a exiger

M. DURAND-SAINT-AMAND demande, comme première garantie :

1° La production d'un diplôme attestant la capacité;

2° La production d'un certificat attestant la moralité.

Le diplôme sera celui de docteur en médecine ou en chirurgie, d'officier de santé ou de sage-femme.

La loi du 29 ventôse an XI détermine les conditions de l'obtention de ce diplôme.

Mais à qui appartiendrait-il de délivrer le certificat de moralité? Ici la question n'est pas sans quelque difficulté. 4ᵉ SEANCE

Demandera-t-on aux maires d'attester la moralité du requérant? Mais, on l'a déjà dit, une sorte de prévention de complaisance ou de trop grande facilité pèse, à cet égard, sur l'autorité municipale.

Ira-t-on demander cette attestation aux préfets?

Mais le préfet n'est pas sur les lieux; il ne connaît pas les faits; il ne peut apprécier la moralité de la personne : la garantie est illusoire.

J'ai cherché un *certificat spécial* qui répondît mieux au but que nous désirons atteindre.

Il m'a paru convenable que le certificat demandé ne se bornât pas aux indications banales qu'offrent souvent ces sortes de pièces, mais fût délivré en vue de la garantie qu'il doit donner.

Je demanderais donc qu'il fût délivré par les jurys médicaux institués par la loi de ventôse an XI sur l'exercice de la médecine. Jurys médicaux

La composition de ces jurys me paraît de nature à offrir toutes les garanties désirables d'une appréciation spéciale, saine et équitable.

Pour les docteurs, le certificat porterait sur la moralité seulement : leur titre préjuge leur capacité.

Pour les officiers de santé et les sages-femmes, le certificat porterait à la fois sur la capacité et sur la moralité.

Le jury aurait, en effet, à apprécier si les requérants présentent, au point de vue de l'art qu'ils se proposent d'exercer, toutes les conditions nécessaires de capacité.

Pour plus de garantie encore, ce certificat pourrait n'être déclaré valable que temporairement; par exemple, pour une, deux ou trois années, et devrait être ensuite renouvelé dans la même forme.

Quant aux médecins, peut-être faudrait-il émettre le vœu de voir organiser pour eux une sorte de conseil de discipline analogue aux conseils de discipline des avocats.

Ce conseil serait chargé de délivrer, pour les docteurs en médecine, les certificats que nous demandons aux jurys médicaux pour les officiers de santé et les sages-femmes.

M. BAILLEUX DE MARIZY donne son approbation à cette théorie, mais il fait observer qu'en fait les jurys médicaux n'existent pas; que la garantie cherchée auprès d'eux serait illusoire. Inaction des jurys médicaux

L'institution du jury médical est, dit-il, une de ces bonnes et importantes créations de Bonaparte qu'on a eu le tort de laisser tomber.

Le jury médical ne fonctionne aujourd'hui que dans un très-petit nombre de départements; dans la plupart, il n'est pas du tout ou il est en vain convoqué par les préfets.

Vous ne pouvez arriver, par ce moyen, qu'à l'arbitraire ou à l'incohérence de mesures prises sans règle et sans direction unitaire; mieux vaut ne pas inscrire une disposition dans la loi que de l'y insérer pour la livrer dès l'origine à la désuétude et au peu de respect qui entoure les lois inappliquées.

M. DURAND-SAINT-AMAND :

Facilité de réveiller cette inaction

Je ne peux admettre que des corps constitués par la loi ne fonctionnent pas régulièrement. Il dépend de l'Administration d'obtenir, à cet égard, l'exécution complète de la loi : il suffit pour cela d'une ferme volonté.

En fait, il ne peut y avoir, dans aucun des départements de la France, de difficultés sérieuses à la création des jurys médicaux institués par la loi de l'an XI; et il suffirait qu'au besoin le ministre rappelât aux préfets leur devoir, pour que toute satisfaction fût acquise à cet égard.

Utilité de maintenir l'organisation des jurys médicaux

M. GIRAUD répond que la loi promise sur l'exercice de la médecine facilitera, sans doute, le recours aux jurys médicaux.

Dans tous les cas, il n'est pas possible de ne pas régler le point dont il s'agit. La Commission aura rempli sa tâche en émettant le vœu de voir donner à l'utile institution du jury médical une nouvelle vigueur, ou une organisation plus complète.

M. GIRAUD termine en disant qu'il faut marcher au but, et propose la rédaction suivante, destinée à former les trois premiers articles de la loi :

Aʀт. 1ᵉʳ. Les Maisons d'accouchement seront soumises à la surveillance de l'autorité administrative.

Aʀт. 2. Il ne pourra être établi, à l'avenir, aucune Maison d'accouchement sans une déclaration préalable faite à la mairie.

Aʀт. 3. Sont considérées comme Maisons d'accouchement les établissements dans lesquels on reçoit, à titre onéreux, des femmes enceintes pour y faire leurs couches.

M. VALENTIN-SMITH dit qu'afin d'éviter un croisement d'articles et une confusion dans les diverses rédactions présentées, il serait à désirer, comme il l'avait proposé dans l'origine, que chacun des membres de la Commission fît un rapport particulier sur chaque point spécial, rapport à la suite duquel seraient formulés des articles de loi. La Commission pourrait ainsi discuter avec plus d'ordre et de méthode.

4ᵉ SLANCL

—

Utilité
d'un conseil
spécial
sui chaque point
essentiel
de la matièie

M. LEFRANC, Président, répond qu'il y a avantage à étudier en commun la matière, après l'avoir méditée à part. Il résulte de cette marche que l'on ne discute pas sur une idée préconçue, mais bien sur ce qui peut ressortir de la causerie intime par laquelle on s'éclaire mutuellement.

Au surplus, il ne s'agit pas encore de formuler le projet de loi dont nous devons nous occuper, mais seulement d'arrêter certaines conditions, sauf à distribuer ensuite ce travail et à assigner à chaque partie la place convenable.

J'ai, a cet effet, préparé la rédaction d'un ensemble de dispositions comprenant les conditions d'ouverture et de tenue des Maisons d'accouchement.

Réservant la question d'*autorisation* et de simple *déclaration,* je me proposais de soumettre à la Commission, aussitôt la discussion close sur ce point, quelques propositions relatives à l'énonciation des pièces qui doivent accompagner la demande ou la déclaration: justifications, quant à la personne qui se propose d'ouvrir l'établissement; justifications, quant à l'état matériel de l'établissement lui-même; déclaration du nombre de personnes qu'on se propose d'y recevoir à la fois; sanction pénale en cas de fausse déclaration.

Ces diverses propositions sont, je le répète, moins une rédaction définitive qu'une constatation de l'état de nos esprits au point de la discussion où nous sommes arrivés.

J'appellerai d'abord l'attention de la Commission sur la rédaction de l'article 1ᵉʳ proposé par M. GIRAUD.

Cet article est mis aux voix. Il est adopté avec la rédaction suivante :

RÉSOLUTION.

« Les établissements privés consacrés aux accouchements sont « placés sous la surveillance de l'autorité publique. »

Loi, a 120, 142, 145

4ᵉ SÉANCE.   L'article 2 proposé par M. GIRAUD est mis aux voix. Il est adopté avec la
——   rédaction suivante :

RÉSOLUTION.

LOI, a 123   Il ne pourra être formé, à l'avenir, aucun établissement privé
destiné aux accouchements, sans une déclaration préalable faite à
la mairie du lieu de l'établissement.

Definition   M. BAILLEUX DE MARIZY demande que la définition des Maisons privées
d'accouchement soit inscrite dans la loi et devienne le paragraphe second de
l'article 1ᵉʳ. — Adopté.

L'article 3 proposé par M. GIRAUD est adopté avec la rédaction suivante:

RÉSOLUTION.

LOI, a 122   Sont considérés comme établissements privés destinés aux accouchements, toutes Maisons dans lesquelles des femmes enceintes
seront admises, à titre onéreux, pour y faire leurs couches.

M. VICTOR LEFRANC propose d'ajouter la disposition suivante, qui est
adoptée.

RÉSOLUTION.

L'ouverture de la Maison d'accouchement ne pourra avoir lieu
que dans le mois qui suivra le dépôt des pièces exigées par la loi
ou les règlements.

Capacité   M. VICTOR LEFRANC dit que la discussion est établie maintenant sur le
des directeurs point de savoir si la faculté d'ouvrir une Maison d'accouchement sera accordée
de Maisons   à toute personne remplissant les conditions requises, en s'adjoignant un mé-
d'accouchement decin, un officier de santé ou une sage-femme; ou si cette faculté ne sera

accordée qu'aux personnes justifiant d'un titre médical, de celui de docteur en médecine ou chirurgie, d'officier de santé, ou de sage-femme.

M. BAILLEUX DE MARIZY témoigne la crainte que, dans le but d'obtenir des garanties désirables, la Commission n'entoure l'ouverture des Maisons d'accouchement de trop grandes difficultés. Il signale l'inconvénient qui pourrait en résulter, par exemple, pour l'établissement des Maisons religieuses d'accouchement.

M. GIRAUD :

La tenue des Maisons d'accouchement par des corporations religieuses me semble être une idée malheureuse, compromettante, et peu convenable. On y trouverait sans doute toutes les garanties de moralité, mais la position serait trop délicate pour qu'on pût s'exposer aux chances qu'elle entraîne. Au surplus, cette question doit être réservée et traitée à part.

Quant aux Maisons privées d'accouchement, le titre médical ne me paraît pas seulement une garantie de capacité, mais encore une véritable garantie de moralité.

Il y a dans ce titre, dans la position sociale qu'il suppose et qui peut être atteinte par la pénalité, des garanties que n'offrent pas toujours les meilleurs certificats.

M. Victor LEFRANC voit aussi dans l'exigence du titre médical imposé aux directeurs des Maisons d'accouchement une excellente garantie. Un des moyens de répression les plus efficaces, c'est la crainte de perdre sa profession. C'est quelque chose, sans doute, de risquer une Maison qui a plus ou moins de valeur; mais, s'il s'agit de hasarder sa profession, son aptitude, on y regarde bien davantage.

M. BAILLEUX DE MARIZY fait observer que nombre de Maisons de santé reçoivent des femmes enceintes, et il demande si la Commission entend les soumettre aux conditions exigées pour les Maisons d'accouchement.

M. Victor LEFRANC répond :

La pratique des accouchements demande, de la part de ceux qui s'y livrent, des connaissances et une aptitude spéciales.

4ᵉ SÉANCE

Dans le cas où les Maisons de santé voudraient recevoir, indépendamment des autres malades, des femmes enceintes pour y faire leurs couches, la personne chargée de diriger la maison de santé devrait être munie du diplôme requis.

Infanticide

Autrement, l'infanticide pourrait se réfugier dans ces établissements avec trop de facilité.

Avortement

En outre, l'avortement pourrait s'y pratiquer sans qu'il fût possible de pouvoir bien déterminer sur qui, du médecin ou du directeur de l'établissement, devrait porter la responsabilité.

Ces graves considérations font qu'on ne doit pas hésiter à décider que, dans tous les cas, pour pouvoir ouvrir une maison où se pratiquent des accouchements, il faudra être muni d'un titre médical.

Je propose donc de le décider ainsi.

Cette proposition est mise aux voix et adoptée dans les termes suivants

RÉSOLUTION.

Loi, a 123

Nul ne pourra ouvrir une maison où se pratiquent des accouchements, sans être muni d'un titre médical.

Certificat de moralité

M. LEFRANC propose de passer au certificat de moralité, à la discussion de savoir à quelle autorité il appartiendra de délivrer ce certificat.

De qui doit émaner le certificat

M. DURAND-Sᵗ-AMAND déclare qu'il persiste dans les raisons qu'il a présentées pour que ce certificat soit demandé d'abord au maire du domicile de la personne qui voudra élever une Maison d'accouchement, et en second lieu,

Maire

Jury médical

comme double garantie, au jury médical du département.

Détermination du domicile

M. VALENTIN-SMITH demande qu'on précise nettement ce qui constituera le domicile dans ce cas.

M. GIRAUD :

La question est sérieuse aux points de vue envisagés par les deux préopinants.

Certificat judiciaire

Quant à moi, je voudrais de plus une attestation émanant de l'autorité judiciaire, constatant que le requérant n'a encouru aucune condamnation.

Si je considère ce qui se pratique à l'égard des chefs de pension et d'institution, je vois que l'on s'enquiert de toute leur vie, qu'on recherche ce que nous appelons le *curriculum vitæ*.

Pourquoi ne serait-on pas admis à faire les mêmes investigations sur la personne qui veut fonder une maison d'accouchement, fondation qui réclame tant de garanties au point de vue de la mère et de l'Enfant?

M. BAILLEUX DE MARIZY fait observer qu'il faut se défendre d'exiger un luxe de garanties, et ne pas gêner la création d'établissements qu'il y aurait avantage à protéger.

M. VALENTIN-SMITH :

J'adopte volontiers le certificat de moralité qui serait délivré par le jury médical du département, indépendamment de celui qui serait délivré par le maire; mais il faut que le jury médical soit institué d'une manière sérieuse dans chaque département.

Certificat de moralité

Au surplus, je n'admets pas que l'on doive obliger une personne a se procurer un certificat des maires de toutes les communes dans lesquelles l'impétrant a pu successivement demeurer, et à produire, en outre, une attestation judiciaire de chaque arrondissement dans lequel elle a pu habiter : ce serait presque demander l'impossible.

Domiciles successifs

Je serais d'avis, en ce qui concerne le domicile, que, conformément a ce qui existe pour les aliénés, l'on fût tenu de rapporter un certificat de la commune ou de chacune des communes dans lesquelles le demandeur aura résidé depuis trois ans.

M. VALENTIN-SMITH propose la résolution suivante, qui est adoptée.

RÉSOLUTION.

La personne qui se proposera d'ouvrir une Maison d'accouchement devra en faire la déclaration à la mairie du lieu où l'établissement devra être ouvert et à la préfecture.

Ouverture des Maisons d'accouchement

La déclaration remise au préfet devra être accompagnée :

Déclaration

1° D'un acte de naissance constatant que l'impétrant a atteint sa majorité;

Pièces à produire

2° D'un diplôme de docteur en médecine ou en chirurgie, d'officier de santé ou de sage-femme.

3° D'un certificat de moralité, délivré par le maire de la commune du requérant, ou de chacune des communes où il aura résidé depuis trois ans.

4° D'un certificat spécial de moralité et de capacité délivré par le jury médical du département.

L'ouverture de la Maison d'accouchement ne pourra avoir lieu que dans le mois qui suivra le dépôt à la mairie de la déclaration et des pièces ci-dessus énoncées.

M. LEFRANC dit qu'après avoir adopté les garanties qui doivent être exigées pour la personne, il reste à déterminer celles relatives à l'ouverture de l'établissement.

A cet égard, il propose les résolutions suivantes, qui sont adoptées :

RÉSOLUTION.

Loi, a 124　　　Indépendamment des conditions ci-dessus exigées, les deux déclarations remises, soit au préfet, soit au maire, devront être accompagnées :

1° De l'indication de la commune et du lieu où sera situé l'établissement;

2° De l'indication du nombre de personnes enceintes que l'établissement est destiné à recevoir, et du personnel de l'établissement.

Lorsque le directeur ou la directrice voudront augmenter le nombre des personnes enceintes énoncé dans la première déclaration, ils devront faire une nouvelle déclaration, tant à la préfecture qu'à la mairie.

Cette déclaration devra être accompagnée du plan des modifications et additions faites à l'établissement.

Il sera délivré un récépissé de la déclaration déposée par l'impétrant.

Il sera, dans le délai de quinzaine, à partir du jour du dépôt des pièces, donné connaissance à l'impétrant de l'omission des formalités ou du défaut d'accomplissement des conditions requises par la loi ou par les règlements, pour pouvoir former un établissement privé destiné aux accouchements.

M. LEFRANC :

Nous avons déterminé, quant aux personnes et par rapport à l'établissement, les diverses conditions à remplir pour être admis à ouvrir une Maison d'accouchement

Passons au règlement à intervenir, et voyons par qui il doit être fait.

Un règlement est susceptible de varier, suivant les circonstances et suivant les lieux, soit dans le mode de surveillance, soit à raison de la diversité des conditions hygiéniques.

C'est donc par l'autorité administrative locale qu'il doit être fait, sous l'approbation des préfets.

M. le Président propose la résolution suivante, qui est adoptée·

RÉSOLUTION.

Un règlement arrêté par le maire, et approuvé par le préfet, indiquera la dimension des appartements, le nombre de lits qu'ils pourront contenir, suivant leur dimension, et les autres conditions générales d'hygiène et de salubrité auxquelles devra satisfaire le local destiné à ce genre d'établissement.

M. Victor LEFRANC, Président :

Nous allons maintenant entrer dans la question de sanction pénale, et exa-

4ᵉ SEANCE. miner quelle est l'autorité qui sera juge du défaut d'accomplissement des conditions posées par la loi ou par les règlements.

Sera-ce l'autorité administrative ou l'autorité judiciaire?

M. DURAND-SAINT-AMAND :

Administration. L'autorité administrative doit être juge de l'accomplissement des conditions
exigées pour l'ouverture d'une Maison d'accouchement, comme aussi de
l'inexécution des obligations imposées, lorsque la maison sera ouverte. Ceci
est fondé sur la nécessité des choses et sur les principes.

Sur la *nécessité des choses :*

Une Maison d'accouchement est ouverte sans que les conditions prescrites
aient été accomplies. Il peut y avoir urgence à la faire fermer, et il ne faudrait pas qu'on pût être arrêté par les lenteurs inséparables des décisions judiciaires.

Sur les *principes :*

Les tribunaux ne peuvent être saisis que lorsqu'il y a un délit à réprimer.
Ici, il ne s'agit que de l'accomplissement de conditions dont la sanction est
dans la fermeture de l'établissement

M. Victor LEFRANC :

Administration Il faut distinguer : s'il y a inaccomplissement des conditions exigées, et que
l'on ait ouvert une Maison d'accouchement, dans ce cas, ce sera le préfet qui
pourra la faire fermer.

Tribunaux Mais, s'il y a contravention dans la tenue de l'établissement une fois ouvert,
alors aux tribunaux devra appartenir la connaissance de cette contravention,
et le droit de faire fermer la Maison.

M. GIRAUD :

Maisons En matière d'instruction publique, l'intervention des tribunaux est nécessaire
d'éducation pour retirer à l'instituteur primaire son brevet, s'il a manqué aux conditions
de garantie publique.

Différence Mais remarquez la différence :

L'instituteur exerce publiquement;

Sa maison est ouverte à tous.

En matière d'accouchement, tout est mystérieux et caché.

A l'égard des pensionnats, il n'y a pas la même position de publicité : aussi c'est l'autorité universitaire qui statue sans procès, et le retrait du brevet peut être immédiatement prononcé.

Oui, répond M. Lefranc ; mais, remarquez que ce n'est pas un homme seul qui statue, c'est un tribunal administratif.

Alors, réplique M. Giraud, l'on pourrait dire que le préfet ne pourra prononcer que sur l'avis du conseil de préfecture.

Tribunal administratif

M. VALENTIN-SMITH :

Distinction

On comprend très-bien, que, si, malgré l'avertissement donné à celui qui a déclaré vouloir ouvrir une Maison d'accouchement, qu'il n'était point en règle, il a passé outre à l'ouverture, il appartienne au préfet de la faire fermer.

Mais, une fois que l'établissement a été ouvert en vertu des conditions remplies, c'est une propriété importante dont la fermeture ne doit pouvoir être ordonnée que par un tribunal, avec la garantie de tous les recours admis par la loi.

Il y a, dans la nécessité qui peut se révéler de fermer une Maison d'accouchement, deux ordres de faits à considérer, les uns matériels, les autres moraux.

Les faits matériels résulteront de l'inobservation des conditions imposées pour la tenue de la maison ; ceci est facile à constater, comme tous les faits matériels.

Mais vient ensuite la question de moralité du directeur ou de la directrice

Dans le principe, à l'époque de l'ouverture de la Maison, cette moralité pouvait présenter toutes les garanties désirables ; depuis lors, le directeur ou la directrice ont pu cesser de les offrir au même degré. Il faut, dans ce cas, que quelqu'un soit appelé à vérifier, et prononce si l'établissement doit être ou non maintenu. Mais vous ne pouvez pas abandonner au préfet seul le droit de juger cette question.

Voyez ce qui se passe au sujet de l'instituteur primaire. Si sa moralité paraît suspecte depuis qu'il a été admis à ouvrir une école, il est jugé par les tribunaux en chambre du conseil, qui décident, non pas arbitrairement, mais sur l'appréciation des faits, et qui motivent leur décision.

Je voudrais que quelque garantie de cette nature fût accordée à la personne

I.

qui a été admise à former et à diriger une Maison d'accouchement, quand il s'agirait de menacer l'existence de cette maison.

M. DURAND-SAINT-AMAND :

Jury medical Retrait du certificat

Il faut être conséquent : vous avez admis que le jury médical délivrerait un certificat de moralité, sans lequel l'officier de santé ou la sage-femme ne pourraient ouvrir une Maison d'accouchement; de même vous devez admettre que ce jury pourra la retirer, s'il croit que l'intérêt public l'exige

M. GIRAUD :

Danger de ce retrait

Prenez garde ! vous déplacez tout : le pouvoir et les droits, les compétences et les devoirs.

Un jury médical n'a pas et ne peut pas avoir pour mission de s'enquérir de la moralité des personnes, de délivrer des certificats de bonnes vie et mœurs : ce qui le pousserait dans une sorte d'investigation de police.

Déjà, dans la limite de ses droits, le jury ne remplit pas complétement sa mission; que pourrez-vous en espérer en lui conférant une mission exorbitante ? le but que vous cherchez ne serait point atteint

Puis, prenez garde encore ! tout ce qui tient à la défense et à la conservation de la société est essentiellement dans le droit et le devoir de l'Administration. Voudriez-vous laisser l'Administration désarmée en présence de graves révélations, qui pourraient faire de la fermeture de l'établissement une mesure urgente et nécessaire ?

M. DURAND-SAINT-AMAND :

Competence des tribunaux

Ou il s'agira de faits précis et susceptibles d'être déférés aux tribunaux, alors l'autorité judiciaire statuera ;

Competence des jurys medicaux

Ou il s'agira de bruits et de rumeurs qui peuvent avoir leur gravité, alors le préfet pourra saisir immédiatement le jury médical, afin d'obtenir son avis.

Le jury médical, appréciant les circonstances, examinera s'il convient ou non de retirer le certificat de moralité.

Competence du prefet

Mais dans le cas même où le jury se prononcerait pour le retrait du certificat de moralité, je reconnais que le préfet devra rester définitivement juge de la question, de savoir si l'établissement doit être ou non fermé.

M. Victor LEFRANC, Président, résume cette partie de la discussion.

Pour rendre efficace la sanction pénale, il faut prévoir tous les cas :

1° Ouverture d'une maison d'accouchement, sans déclaration aucune ;

2° Omission de quelqu'une des pièces qui doivent accompagner la déclaration ;

3° Retrait du certificat spécial de moralité délivré par le jury médical,

4° Découverte, postérieurement à l'ouverture, d'une condamnation judiciaire incompatible avec le certificat de moralité, ou condamnation intervenue contre le directeur de l'établissement ;

5° Désobéissance à l'injonction prescrivant la fermeture de l'établissement

Dans les quatre premiers cas, il s'agit d'un fait matériel que l'autorité administrative peut parfaitement apprécier. Nulle discussion possible; nulle intention à juger. Il ne s'agit que d'une simple constatation qui n'offrirait aucune prise à un débat judiciaire.

Dans le cinquième cas, il s'agit bien aussi d'un fait matériel, mais la répression administrative est devenue insuffisante, puisqu'on foule aux pieds sa décision. Les tribunaux répressifs doivent intervenir pour assurer l'exécution des injonctions du Gouvernement.

M. le Président met aux voix les résolutions suivantes, qui sont adoptées :

RÉSOLUTION.

1° En cas de contravention aux dispositions précédentes, l'établissement sera fermé par les soins de l'autorité administrative

Il pourra être également fermé si le jury médical, saisi par le préfet, retire le certificat obtenu par le directeur, ou, s'il est produit contre ce dernier un jugement définitif qui le condamne, soit pour cause de crime, soit pour cause de délit contre l'enfant, alors même que cette condamnation serait antérieure à l'ouverture de l'établissement.

2° Si l'établissement a été ouvert sans déclaration, ou s'il subsiste de quelque manière que ce soit, après notification de l'arrêté de fermeture, les coupables ou complices de cette contravention seront traduits devant les tribunaux de police correctionnelle, et condamnés à la prison ou à l'amende.

En cas de récidive, le tribunal pourra prononcer, en outre, le retrait du diplôme médical qui pourrait appartenir au condamné.

La séance est levée à midi, et renvoyée a mardi prochain 11 septembre, pour la discussion générale sur la tenue et la surveillance des Maisons d'accouchement régulièrement ouvertes.

Signe VICTOR LEFRANC, *Président.*

Signe VALENTIN-SMITH, *Secrétaire.*

5ᴱ SÉANCE.

Mardi 11 septembre 1849, 8 heures du matin

Président, M. Victor LEFRANC.

Présents :

MM. Victor LEFRANC, président; DURAND-SAINT-AMAND; BAILLEUX DE MARIZY, Alfied BLANCHE; GIRAUD; VALENTIN-SMITH, secrétaire et Louis HAMELIN, secrétaire adjoint.

Absents :

MM. DE LURIEU et DE WATTEVILLE, inspecteurs généraux des établissements de bienfaisance, pour une cause de service public ; M. NICOLAS, pour cause de maladie d'un membre de sa famille.

M. PISCATORY, Représentant du peuple, l'un des rapporteurs de la Commission du projet de loi sur l'assistance publique, est présent a la séance

Le procès-verbal de la séance du 6 septembre courant est lu et adopté.

ORDRE DU JOUR.

Discussion générale sur la TENUE ET LA SURVEILLANCE DES MAISONS D'ACCOUCHEMENT.

M. GIRAUD demande quelques explications sur le sens et la portée des expressions *Délit contre l'enfant* employées dans l'article qui permet de fermer la Maison d'accouchement, dans le cas où il serait produit contre le directeur un jugement définitif de condamnation pour crime ou *délit contre l'enfant*, alors même que cette condamnation serait antérieure à l'ouverture de l'établissement.

Délit contre l'enfant

M. LE PRÉSIDENT :

Ces expressions, *délit contre l'enfant*, ont été employées dans un sens général, et selon toute l'étendue de l'acception qui leur est donnée dans le Code pénal, liv. III, tit. II, chap. I, sect. 6, qui traite des crimes et délits tendant à empêcher ou à détruire la preuve de l'état civil d'un enfant, ou à détruire son existence, et dont le § 1ᵉʳ est intitulé : *Crimes et délits envers l'enfant*

Il est entendu, d'ailleurs, que les formules consignées aux procès-verbaux, jusqu'à présent, ne sont considérées comme définitivement arrêtées, ni quant a la codification, ni quant à l'expression. Elles devront être, sous ce rapport, l'objet d'un examen ultérieur de la Commission.

L'incident est terminé, et l'ordre du jour est repris.

Réserve de rédaction définitive

M. VICTOR LEFRANC, président, pose la question sur laquelle la commission est appelée à délibérer dans sa séance de ce jour.

Après avoir déterminé, dans les séances précédentes, les conditions d'ouverture de la Maison d'accouchement, nous avons à nous occuper, dit M. le président, du personnel de l'établissement.

Nous trouvons, en première ligne, le directeur, puis les aides ou domestiques de l'établissement.

Puis viennent la femme et l'enfant qui nous intéressent spécialement.

La partie du personnel faisant le service de l'établissement ne devra pas échapper à notre attention. Il est telle Maison d'accouchement où de malheureuses femmes, admises pour faire leurs couches, seront, ou paraîtront être

Surveillance du personnel employé dans les Maisons d'accouchement

attachées au service de la maison. Nous aurons à examiner si ce ne serait pas un moyen employé pour mieux dissimuler un accouchement clandestin.

Le moyen déjà indiqué pour faciliter les constatations nécessaires, c'est la tenue du registre.

Tenue du registre

Ce registre devra offrir une sorte de compte courant des entrées et des sorties de toutes les personnes quelconques de la maison, et permettra peut-être de prévenir bien des fraudes.

Le registre, le mode de tenue du registre, voilà donc le point capital de la discussion présente.

INSCRIPTION DU NOM DE LA MÈRE SUR LE REGISTRE DE LA MAISON D'ACCOUCHEMENT.

Mais, tout d'abord, se présente la grave question de savoir si vous devrez exiger sur ce registre l'inscription des noms et prénoms de la mère, sa désignation véritable.

Quant au père, il ne saurait y avoir le moindre doute à cet égard : la recherche de la paternité est interdite.

Recherche de la maternité

Mais il n'en est pas de même de la recherche de la maternité.

Dans quel sens toutefois ?

Il semble que les éléments de cette recherche ne puissent être puisés que dans des actes purement volontaires, émanant de la mère elle-même.

S'il y a refus, dénégation de la part de la mère, s'il n'y a pas le commencement de preuve par écrit exigé par la loi, la constatation du fait matériel de l'accouchement restera sans effet quant à l'établissement de la filiation.

Cependant ce fait a bien sa valeur.

Que déciderez-vous à cet égard ?

Permettrez-vous à l'enfant de prendre acte du fait de sa naissance, de s'en faire un appui pour la réclamation des droits de filiation qui pourraient lui être déniés plus tard ?

En un mot, n'y a-t-il rien à modifier dans la législation actuelle pour attacher l'enfant à sa mère, dans le cas même où celle-ci aurait la volonté de se soustraire à l'obligation naturelle qu'elle a contractée ?

M. GIRAUD :

Respect de la législation existante

Nous ne trouvons, en effet, dans notre droit civil, rien qui autorise l'établissement forcé de ce lien entre la mère et l'enfant; mais il est bien difficile, disons-le, il est dangereux de toucher à la législation en cette matière.

Toute innovation qui tendrait à donner à l'enfant, pour retrouver sa mère, quelques facilités de plus que la loi ne lui en accorde aujourd'hui, aurait pour résultat d'éloigner la mère de la Maison d'accouchement, de faire qu'elle cherchât à se soustraire à cette police salutaire que nous voulons introduire dans ces maisons.

Que deviendra la malheureuse femme placée entre l'obligation légale et le sentiment de la honte ? Elle cédera à de perfides conseils, à de mauvaises suggestions; elle se préoccupera d'abord des moyens de cacher son accouchement, mais souvent elle ne s'arrêtera pas là. Craignez alors l'accouchement clandestin, source la plus féconde du crime que nous voulons prévenir · l'infanticide.

Mais la législation actuelle est-elle vicieuse?

Non, à mon avis; ce n'est pas en ce point que pèche la législation qui nous gouverne, autant celle du décret de 1811 que celle de notre Code civil.

Cette législation est humaine; elle est sage, elle est adoptée par l'étranger Il y a toute raison de la maintenir.

Et quand je n'aurais pas tout le respect que j'ai pour la législation existante, dont j'approuve les dispositions en cette matière, la crainte d'écarter la mère des établissements publics d'accouchement me paraîtrait un motif suffisant de ne pas admettre d'innovations.

M. Victor LEFRANC, Président :

La question peut se restreindre :

Déciderez-vous qu'il y aura dans les déclarations relatives à l'accouchement un commencement de preuve par écrit dont l'enfant pourra se prévaloir?

Ce serait peut-être anticiper que de chercher à résoudre cette question dès à présent.

Commencement de preuve

M. DURAND-SAINT-AMAND :

Nous nous demandons quels droits peuvent donner à l'enfant les énonciations consignées sur le registre. La question de recherche de la maternité me paraît donc pouvoir être indiquée, sinon traitée, à cette occasion; et, sur cette question, je me rallie aux considérations émises par M. Giraud : je repousse toute critique qui serait dirigée contre la législation du Code civil.

La recherche de la paternité est interdite, celle de la maternité est admise à de certaines conditions, et ces conditions sont la sauvegarde du repos des familles.

Le Code a réglé, dans les articles 56 et 57, ce qui concerne les déclarations de naissance, et les énonciations à inscrire dans l'acte sur les registres de l'état civil.

Mais, pour peu que l'on examine sérieusement l'ensemble des énonciations demandées par l'article 57, il est aisé de se convaincre que le législateur n'a voulu se préoccuper dans cet article que des naissances légitimes, de celles, du moins, à l'occasion desquelles l'on croyait n'avoir rien à cacher.

Quant aux naissances illégitimes, le législateur n'a attaché un caractère sérieux aux déclarations portées dans l'acte de l'état civil que relativement aux faits matériels qu'elles constatent. Des cours d'appel, allant au delà, avaient jugé que l'enfant naturel pouvait y puiser un commencement de preuve par écrit à l'appui de sa recherche de maternité. La Cour de cassation a réformé cette erreur : nous devons respecter sa jurisprudence, dont les motifs bien connus de vous ne me paraissent susceptibles d'aucune attaque.

Tenons donc pour constant que le législateur n'a pu ni voulu soulever le voile prudent qui couvre certaines filiations ; qu'il a dû se contenter, dans certains cas, de la constatation du fait matériel de la naissance, de l'existence de l'enfant et de son inscription sur les registres de l'état civil, seule garantie qu'il pût exiger dans son intérêt.

Quant à nous, Messieurs, il nous est donné bien moins encore d'aller au delà de ce qu'a réglé le législateur en cette matière.

Nous sommes appelés à faire une loi sur les Enfants trouvés, non à régler les droits des enfants naturels.

Nos investigations peuvent et doivent porter sur le fait matériel de l'accouchement ; nous n'avons pas à nous prononcer sur les droits qui en découlent.

La seule déclaration que nous puissions véritablement exiger, c'est celle de la naissance.

Je n'entends pas dire que vous ne puissiez essayer d'obtenir, dans l'intérêt de l'enfant, de plus amples énonciations ; mais, si la mère refuse de se nommer, vous ne devez pas l'y contraindre. Nous reconnaîtrons plus tard, et dans une autre phase de la législation, les considérations graves qui peuvent légitimer son silence.

Que si, toutefois, l'enfant est présenté à l'hospice, alors vous avez, dans de certaines limites, le droit de vous informer de son origine ; mais là non plus vous ne pouvez absolument exiger le nom de la mère.

M. Victor LEFRANC, président :

Je savais bien que cette discussion ne pourrait pas aboutir, mais il m'a paru nécessaire qu'elle fût soulevée. Il n'est pas sans importance que nos procès-verbaux constatent que nous ne l'avons point omise.

M. VALENTIN-SMITH, contrairement aux opinions qui viennent d'être exprimées, demande que le véritable nom de la femme enceinte soit inscrit sur le registre de la Maison d'accouchement, d'autant plus que, suivant lui, les personnes chargées de déclarer la naissance de l'enfant devraient être astreintes par la loi à faire connaître le nom de la mère à l'officier de l'état civil, qui devrait l'inscrire dans l'acte de naissance.

Inscription du nom des pensionnaires sur le registre de la Maison d'accouchement

M. Alfred BLANCHE dit qu'il ne faut pas se faire illusion sur la portée de l'inscription du nom de la mère, soit sur le registre de la Maison d'accouchement, soit sur ceux de l'état civil ; dans l'un ni l'autre cas, cette inscription, n'émanant pas de la mère elle-même, ne saurait plus tard constituer pour l'enfant le commencement de preuve par écrit qui lui est nécessaire pour établir sa filiation naturelle.

M. VALENTIN-SMITH :

Il est vrai que, d'après la loi, la déclaration faite par les témoins, devant l'officier de l'état civil, ne constitue aucun titre en faveur de l'enfant naturel pour établir sa filiation.

Le vice de la loi, c'est de ne pas imposer à la mère l'obligation de déclarer son nom dans l'acte de naissance de son enfant.

La question de l'inscription sur le registre de la Maison d'accouchement est nécessairement subordonnée à celle de savoir si l'on imposera cette obligation

Voyons d'abord quelle est la loi et quelle est la jurisprudence

Les articles 56 et 57 du Code civil constituent la loi (1).

Inscription du nom de la mère dans l'acte de naissance

Législation du Code civil.

---

(1) Art 56 La naissance de l'enfant sera déclarée par le père, ou, à défaut du père, par les docteurs en médecine ou en chirurgie, sages-femmes, officiers de santé ou autres personnes qui auront assisté à l'accouchement, et, lorsque la mère sera accouchée hors de son domicile, par la personne chez qui elle sera accouchée

L'acte de naissance sera rédigé de suite, en présence de deux témoins

Art 57 L'acte de naissance énoncera le jour, l'heure et le lieu de naissance, le sexe de l'enfant, et les prénoms, noms, profession et domicile des père et mère, et ceux des témoins

I.

8

L'article 56 veut que la naissance de l'enfant soit déclarée par les personnes qui auront assisté à l'accouchement.

L'article 57 dit que l'acte de naissance énoncera le nom des *père* et *mère*.

Jurisprudence
Cours d'appel

Passons à la jurisprudence :

Deux arrêts de Cours d'appel, le premier de la Cour de Dijon, en date du 14 août 1840 (1), le second de la Cour de Paris, du 20 avril 1843 (2), ont décidé que les médecins, officiers de santé, et tous autres individus ayant assisté à un accouchement, sont tenus, sous les peines prononcées par l'art. 346 du Code pénal, de déclarer les noms des père et mère de l'enfant légitime, et le nom de la mère seulement, si l'enfant est né hors mariage.

« Considérant, dit l'arrêt de la Cour de Paris, que, lorsqu'il s'agit de filia-« tion naturelle, la déclaration du nom de la mère est de la plus grande im-« portance pour l'enfant, qui a le droit de rechercher sa maternité, et que « si ce nom n'était pas porté dans l'acte de naissance, il en résulterait une « omission qui empêcherait ou détruirait la preuve de l'état civil de celui « auquel il s'applique, etc. »

Cour de cassation

En sens contraire, un grand nombre d'arrêts conformes, rendus postérieurement par la Cour de cassation (3) ont décidé de la manière la plus tranchée « que l'article 56 du Code civil n'impose qu'une obligation formelle, celle de « déclarer la naissance de l'enfant à laquelle l'on a assisté; que cet article « n'exige pas que l'on déclare les noms des père et mère de l'enfant, etc. »

Ainsi, d'après cette jurisprudence, qu'il s'agisse d'enfant légitime ou d'enfant naturel, il n'y a d'autre obligation, pour celui qui a assisté à l'accouchement, que de déclarer le fait seul de l'accouchement, et rien de plus.

Quoique, à mon avis, le déclarant commette ou facilite une suppression d'état bien caractérisée, en faisant inscrire, comme né de père et mère inconnus, un enfant légitime dont il connaît très-bien les père et mère, néanmoins il ne pourrait être poursuivi ni comme auteur ni comme complice de ce crime

Si j'avais aujourd'hui à m'expliquer sur une question de jurisprudence,

_____

(1) Journal *le Droit,* du 21 avril 1843

(2) Voir t II, p 701, l'arrêt de la Cour de Paris du 20 avril 1843

(3) Arrêt *Mullet,* du 16 septembre 1843 (Sirey, 1843, t I, p 915 Dalloz, 1844, 1ʳᵉ partie p 137)

Arrêt *Romieu,* du 1ᵉʳ juin 1844 (Sirey, 1844, t I, p 670)

Arrêt *Demasson,* du 1ᵉʳ juin 1844 (Sirey, 1844, t I, p 671)

Arrêt *Prévost,* du 1ᵉʳ août 1845 (Sirey, 1845, t I, p 840)

Voir l'arrêt de la Cour de cassation du 1ᵉʳ août 1845, au t II, p 703 j'avoue qu'en présence des termes de la loi, et surtout en remontant à ses motifs, je partagerais l'opinion de MM. Giraud et Durand-Saint-Amand, et je dirais avec eux que les arrêts de la Cour de cassation me paraissent rendus en conformité de cette loi.

Mais, puisque nous sommes chargés de préparer une législation nouvelle, recherchons si la loi en vigueur est bonne; si elle est en harmonie avec les grands principes qui doivent la dicter; enfin, si nous devons ou la maintenir ou en proposer la modification.

Nécessité de réformer la loi

Quel est le but que nous poursuivons en ce moment?

C'est de prévenir l'exposition, l'abandon de l'enfant; d'entourer cet enfant de la plus grande protection.

Que fait la loi quand elle permet à la mère de cacher son nom, de ne pas le faire connaître dans l'acte de naissance? Est-ce que par là, sur le seuil de la vie, l'enfant n'est pas sacrifié aux mauvais instincts de sa mère, à la pensée d'un infanticide possible: car cette crainte paraît la grande et la véritable raison de la loi?

Aussi, voyez quelles contradictions et quelles inconséquences en découlent.

Contradictions et inconséquences de la loi existante

S'il y a un grand devoir sur la terre, c'est l'obligation pour toute mère légitime ou illégitime de nourrir son enfant, obligation qui ne saurait cesser qu'avec le *pouvoir* de la remplir.

Et cependant cette loi dit: « Je te permets de te cacher, et de préparer ainsi, au milieu du mystère, les moyens de jeter ton enfant à la merci de la charité publique. »

Il y a, comme on l'a dit, une loi qui veut que toute personne qui a trouvé un enfant nouveau-né le remette à l'officier de l'état civil, avec déclaration de toutes les circonstances du temps et du lieu où il aura été trouvé. (Art. 58 du Code civil.)

Elle a des peines contre ceux qui y contreviendraient. (Art. 346 du Code pénal.)

Cependant, il y a un lieu, dans chaque ville, un moyen d'échapper à cette obligation et d'éviter ces peines; ce moyen et ce lieu, c'est la loi elle-même qui les fournit.

La recherche de la maternité est admis comme un principe de protection naturelle due à l'enfant, comme un droit lui dérivant de la nature. (Art. 341 du Code civil[1].)

---

(1) *Lex naturæ est ut qui nascitur sine legitimo matrimonio, matrem sequatur*

Et cette loi dit à la mère : « Je te permets de te cacher; et tu peux laisser toi-même à l'ombre, dans l'acte de naissance de ton enfant, la première et la plus solennelle preuve de sa filiation. »

La loi pénale dit à la mère : « L'exposition et le délaissement d'un enfant sont une immoralité, un délit; et, en cela, la loi pénale n'est que l'écho de la nature. » (Art. 349, et 352 du Code civil, et 23 du décret du 19 janvier 1811.)

Et en même temps, la loi qui nous occupe jette à cette mère un voile légal pour couvrir l'abandon de son enfant.

La loi pénale dit enfin à la mère légitime : « La suppression d'état est un crime affreux qui trouble la société, qui enlève à l'enfant tout ce qu'il a de plus précieux en ce monde : son nom, sa famille et tous les droits qui y sont attachés. » (Art. 345 du Code pénal.)

Et, en même temps, il y a une machine légale à suppression d'état, et la loi, que nous devons réformer, dit à cette mère : « Je te permets de mentir et de faire inscrire ton enfant, comme né de *père et mère inconnus,* dans le dépôt authentique de l'existence civile des hommes. »

N'est-ce pas là, tout à la fois, condamner un crime, et cependant lui tendre la main?

Qu'on juge, d'après cela, combien une loi semblable est contraire au but que nous poursuivons, qui est de chercher à prévenir les expositions, à resserrer les liens de la maternité, à sauvegarder le plus possible les droits et les intérêts de l'enfant.

Rien ne saurait autoriser une mère à taire son nom dans l'acte de naissance de son enfant. La maternité a des devoirs dérivant de la nature, dont la loi humaine ne peut jamais la délier.

D'un autre côté, l'enfant, par son entrée au monde, a, lui aussi, droit à sa place dans la société; et ce droit, il ne saurait appartenir à aucun législateur d'en amoindrir les garanties.

Permettre à une mère de cacher son nom à son enfant, de lui ravir son état dans la société et dans sa famille, n'est-ce pas lui donner une sorte de droit de vie et de mort civile sur cet enfant?

N'est-ce pas véritablement rebrousser vers ces temps où la société accordait si peu de protection à l'enfance, lorsque la protection dont on l'a successivement entourée semble cependant avoir en quelque sorte marqué, dans la marche de la civilisation, les progrès de l'humanité?

Dans les temps antiques, le droit de vie et de mort sur l'enfant était consacré au nom de la puissance paternelle. Si l'abus était odieux, du moins le principe dans lequel il prenait sa source était respectable.

Mais aujourd'hui à quel principe, à quel sentiment obéit-on dans le droit de vie et de mort civile accordé à la mère par la dissimulation de son nom dans l'acte de naissance de son enfant? N'est-ce pas uniquement aux plus mauvais penchants de cette mère, à la crainte, comme nous l'avons dit, qu'elle ne se livrât à l'infanticide?

Puis, nous le demandons, dire à la mère qu'elle peut se cacher de son enfant, se soustraire au devoir de le nourrir, plutôt que de chercher à la rattacher à tous les devoirs de la maternité, n'est-ce pas rétrograder vers ces sortes de civilisation qui n'envisagent la femme que comme un instrument de plaisir?

En vérité, il n'y a pas seulement, dans la question qui nous occupe, de grandes raisons qui doivent passer dans la loi écrite, au nom de la morale, de la religion et de la philosophie, mais encore une haute pensée de civilisation et de dignité humaine au double point de vue de l'enfant et de la femme.

Maintenant, je reconnais combien il faut être circonspect, lorsqu'il s'agit de porter atteinte aux principes écrits dans notre Code; cependant il n'y a pas à hésiter quand la nécessité s'en fait sentir.

C'est ainsi qu'en un autre temps, en 1814, nous avons vu rayer le divorce de notre législation, et qu'aujourd'hui même une Commission, dont fait partie M. GIRAUD, s'occupe des moyens d'arriver à une révision du Code civil sur le régime hypothécaire.

Au surplus, il n'est nullement question de renverser l'économie du Code civil, mais simplement de consacrer législativement la jurisprudence des Cours d'appel de Paris et de Dijon, que l'Administration proclame et admet comme l'unique moyen de prévenir les graves abus de l'exposition et des suppressions d'état.

Loin ensuite de porter atteinte aux principes consacrés par notre droit en matière de filiation légitime, il ne s'agirait, au contraire, que de mettre ces principes en harmonie avec eux-mêmes, comme aussi de mettre la loi civile en harmonie avec la loi pénale.

M. DURAND-SAINT-AMAND :

Sans doute l'on peut soutenir, avec quelque fondement, que le devoir pour la mère de nourrir son enfant pourrait lui faire aussi un devoir de déclarer son nom dans l'acte de naissance.

Danger
de cette exigence

Mais qu'on prenne garde aux sages motifs du législateur, qui n'a pas voulu placer la mère dans l'alternative ou de subir son déshonneur, ou de détruire le fruit qu'elle a porté dans son sein. Le législateur a donc été bien inspiré en laissant à la mère la faculté de ne pas faire connaître son nom.

En cela, il est vrai, on enlève à l'enfant une garantie propre à assurer son état civil, mais c'est dans un intérêt élevé d'ordre social; il y a mieux, dans l'intérêt le plus puissant pour l'enfant lui-même, dans celui de sa conservation.

Après tout, mieux vaut pour lui que son état civil puisse être compromis, que si son existence était menacée.

Ce n'est pas tout : le préopinant n'a pas pris garde à une chose essentielle, c'est qu'il demande l'impossible. En effet, il faudrait, dans son système, que la mère fît elle-même la déclaration de la naissance, pour établir la preuve de sa maternité, la déclaration par des tiers ne pouvant jamais fournir cette preuve légale.

Or, l'article 55 du Code civil veut que la déclaration de naissance d'un enfant soit faite dans les trois jours devant l'officier de l'état civil. Est-ce que la mère peut jamais se présenter à la mairie dans ce délai?

M. VALENTIN-SMITH :

Je constate d'abord que le fondement du principe général que j'ai posé n'est pas attaqué, à savoir qu'il y aurait devoir pour la mère de ne pas cacher son nom dans l'acte de naissance.

Je n'admets pas que la loi consacre jamais que l'on peut manquer à un devoir des plus sacrés, parce que l'on pourrait être tenté de commettre un crime.

D'ailleurs, en fait, il y a erreur sur ce point; il y a très-peu d'infanticides qui soient le résultat de la honte.

Maintenant, je réponds à l'argument tiré de l'impossibilité pour la mère de faire la déclaration dans les trois jours de la naissance de son enfant.

Je sais bien que la mère ne peut pas faire cette déclaration, si l'on veut que l'enfant soit transporté à la mairie.

Constatation des naissances à domicile. Mais l'on commence à comprendre qu'il faut en agir autrement, et déjà quelques villes, telles que Douai et Versailles, ont organisé un service pour la constatation des naissances à domicile.

Je n'ai pas besoin d'expliquer qu'un tel service est parfaitement conforme à l'article 55 du Code civil, qui n'exige nullement que l'enfant soit transporté à la mairie, mais simplement que *l'enfant soit présenté à l'officier de l'état civil* (1).

Dans une publication faite en 1846, sur l'exécution de l'article 55 du Code civil et sur la constatation des naissances, M. Loir, docteur-médecin à Paris, a parfaitement démontré non-seulement la légalité, mais encore la nécessité de constater les naissances à domicile, au point de vue hygiénique de la santé des nouveau-nés (2). Cette mesure, appliquée avec succès dans les villes de Douai et de Versailles (3), pourrait devenir, à plusieurs titres, féconde en résultats heureux si elle était généralisée en France, et si l'on investissait la personne qui serait chargée de se transporter pour constater l'identité d'un caractère officiel propre à recevoir légalement la déclaration faite par la mère.

Cette mesure peut prévenir un grand nombre d'abandons, et ensuite, elle peut tendre à établir la filiation de la plupart des enfants naturels, que leurs mères ont parfaitement l'intention de reconnaître, mais qui, par l'effet du mode vicieux des déclarations, restent le plus souvent sans état civil.

Voyez ce qui se passe :

La mère, comme on l'a très-bien dit, ne peut pas faire la déclaration par elle-même ; on la fait pour elle.

Que prouve cette déclaration ? l'accouchement : voilà tout. Mais elle ne donne point de filiation, point de droit à l'enfant. Elle n'établit aucun rapport, aucun lien légal de l'enfant à la mère. Il faut que celle-ci fasse une déclaration de sa maternité ; et c'est ce qu'elle ne fait jamais ou presque jamais, parce qu'elle ne le sait pas, ou parce qu'elle n'y songe point.

Je le demande, est-ce là un moyen de resserrer les liens de la maternité, d'établir la famille ? Il ne faut pas oublier que, pour un enfant naturel, une mère est toute la concentration de la famille.

Au reste, l'article 55 du Code civil est généralement sans application en France, si l'on en excepte quelques grandes villes.

On ne transporte pas les enfants à la mairie ; et là, d'ailleurs, où on les

---

(1) ART 55 Les déclarations de naissance seront faites, dans les trois jours de l'accouchement, a l'officier de l'état civil du lieu   *l'enfant lui sera présenté*

(2) Voir t. II, p 704,

(3) Voir t, II, p. 706 et 707, 1° L'arrête de 1846 du maire de Versailles, 2° Une lettre du maire de Douai, du 6 octobre 1849, et une lettre du maire de Versailles, du 18 du même mois, adressées à M Valentin Smith, sur les avantages de la mesure

transporte, la constatation que l'on y fait est tout à fait illusoire, au point de vue de l'identité.

« Les cas de maladie, la rigueur du temps, les chemins impraticables, l'é-« loignement de la municipalité, peuvent rendre impossible le transport du « nouveau-né, et justifier les localités où la loi n'est pas observée (1). »

Dans le travail que je vous ai présenté au sujet des Maisons d'accouchement, j'ai déjà eu occasion de vous expliquer que les enfants qui naissent a l'hospice de la Maternité de Paris ne sont pas présentés à la mairie pour la constatation de leur naissance. Vous vous rappelez que, malgré les prescriptions du ministère public à cet égard, pour exiger que, conformément à l'article 55 du Code civil, ces enfants fussent transportés devant l'officier de l'état civil, on a été obligé de renoncer à ce transport, à raison des graves inconvénients qu'il présentait, et qui ont été si énergiquement signalés, soit par les médecins de la Maternité, soit par le Conseil général des hospices de Paris.

Pour conclure sur tout cela, mon opinion est qu'un nouveau système de constatation des naissances est l'un des moyens les plus essentiels pour atteindre notre but, qui est la diminution des expositions, dans l'intérêt, tout à la fois, de l'enfant, de la mère et de la société.

M. Alfred BLANCHE :

Si les délibérations de la Commission pouvaient atteindre les lois mêmes qui régissent l'état civil, et ne devaient pas se borner à la préparation d'une loi spéciale sur les Enfants trouvés, peut-être entrerais-je dans quelques-unes des vues de M. Smith; il y a, je le crois, quelque chose de désirable dans les idées qu'il a exposées. Mais nous n'avons pas à prononcer sur la législation concernant l'état civil; nous avons, au contraire, a reconnaître son état actuel et a nous renfermer dans ses limites.

Nous sommes, il est vrai, amenés forcément par le cours de nos discussions à examiner les résultats de cette législation dans ses rapports avec la question des Enfants trouvés, que nous devons traiter dans toute son étendue.

Peut-être pourrions-nous trouver dans cette considération quelques raisons d'émettre un vœu, de donner des indications sur les points de droit civil dont la réforme paraîtrait salutaire en cette matière. Mais je ne pense pas que nous devions aller au delà.

---

(1) *Du service des actes de naissance*, par M Loir, docteur-médecin, 1845, page 11

M. Victor LEFRANC, président :

Il est de principe que le commencement de preuve par écrit ne peut résulter que d'une pièce émanant de la personne même à qui on l'oppose.

Voilà pourquoi le législateur s'est refusé à voir un commencement de preuve par écrit dans l'inscription du nom de la mère sur les registres de l'état civil : cette inscription, faite par des tiers, peut être un acte authentique qui a toute sa valeur quant à l'enfant; mais elle ne saurait constituer le commencement de preuve par écrit contre la mère ou la famille de la mère.

Voilà, en réalité, l'état de la législation civile en cette matière; nous verrons plus tard si des modifications devront résulter de la loi que nous préparons

M. Victor LEFRANC propose que le directeur de la Maison d'accouchement soit tenu de reproduire sur le registre, à la première page, une copie de la déclaration faite à l'autorité municipale avant l'ouverture de l'établissement, la désignation des pièces qui ont dû être déposées a l'appui, et l'énonciation des conditions morales et matérielles dont il a dû être justifié préalablement à cette ouverture.

M. Alfred BLANCHE propose que le registre soit coté par première et dernière et parafé sur chaque page, et tenu par année, ou plutôt qu'il ne reste valable que pour une année seulement.

Il signale l'inconvénient de la trop longue durée du registre; ce qui, dans l'espèce, pourrait offrir trop de facilité à la fraude.

Il sera utile, d'ailleurs, de rappeler, en le faisant inscrire sur le registre (à l'instar de ce qui se pratique sur les billets de banque, ou de toute autre manière), les peines que les sages-femmes encourent dans les cas où elles procurent ou favorisent, soit l'avortement, soit la suppression d'état.

M. Victor LEFRANC demande par qui le registre devra être coté et parafé.

M. Alfred BLANCHE propose de confier ce soin au juge de paix du canton.

M. GIRAUD exprime la crainte qu'il n'y ait en cela une sorte de déplacement d'attributions.

C'est auprès de l'autorité municipale que les pièces et la déclaration sont déposées avant l'ouverture de l'établissement; c'est à l'autorité municipale

surtout que doit être dévolue la surveillance des Maisons d'accouchement.
L'autorité municipale lui paraîtrait également devoir être investie du pouvoir de coter et parafer le registre.

M. BAILLEUX DE MARIZY pense que le Maire, dans beaucoup de localités, pourrait s'acquitter avec trop de négligence de ce devoir, dont il n'apprécierait peut-être pas toute l'importance.

Un membre demande s'il conviendrait de faire coter et parafer par le Procureur de la République.

M. DURAND-SAINT-AMAND.

Peut-être, en confiant cette attribution au Maire, descendez-vous trop bas; en remontant jusqu'au Procureur de la République, vous vous adressez trop haut.

Vous diminuez votre garantie dans les deux cas

Le Juge de paix me paraît d'un accès plus facile, plus prompt et moins dispendieux pour celui qui veut ouvrir l'établissement; il est plus a portée de connaître et de vérifier les faits qui, plus tard, seront inscrits sur le registre, il est lui-même chargé d'une sorte de haute surveillance sur la Maison d'accouchement; il me paraît plus que personne en position de remplir utilement et efficacement cette mission.

Clôture
du registre
Le Juge de paix serait, en outre, chargé de clore et arrêter le registre, qui, a cet effet, devrait lui être présenté, à l'expiration de l'année, par le directeur de la Maison.

Nom du mari
de
la femme enceinte
M. Victor LEFRANC demande si l'on veut obliger la sage-femme à déclarer le nom du mari quand la femme inscrite est mariée.

M. DURAND-SAINT-AMAND rappelle que la Commission a consenti à n'exercer aucune inquisition sur la femme enceinte.

Vous avez voulu, dit-il, respecter son secret; acceptez ses déclarations : vous ne pouvez la contraindre.

Mais vous allez, dit-on, laisser une porte de plus ouverte à l'abandon d'enfants même légitimes. C'est un inconvénient grave, je l'avoue ; mais, par le système contraire, vous amenez inévitablement l'infanticide et l'avortement : c'est ce que je veux empêcher. J'aime mieux l'abandon que la mort. Nous verrons, d'ailleurs, plus tard si nous ne pouvons pas remédier au danger signalé.

M. Alfred BLANCHE :

Il ne peut nous appartenir de changer l'état de la législation générale, ni d'être plus exigeants que la loi.

Mais on peut faire consigner sur le registre même toutes les observations faites ou recueillies par les autorités chargées, soit de contrôler ce registre, soit d'inspecter la maison.

Si l'on découvre par ces moyens ou autrement que la sage-femme s'est prêtée à la fraude, elle peut être dûment poursuivie et condamnée.

La sage-femme, avertie par cette disposition, devra se prêter plus difficilement à la fraude; elle sera même portée à prévenir la femme enceinte, à lui dire : « Prenez garde ! on peut découvrir que vous êtes mariée; je ne puis, « quant à moi, consentir à inscrire une déclaration fausse : je serais pour- « suivie. »

M. Victor LEFRANC insiste, et demande si l'on ne peut alors interdire l'entrée des Maisons d'accouchement aux femmes mariées qui feraient refus de déclarer cette qualité, qui profiteraient de ce moyen pour mettre leur enfant à la charge de la charité publique.

Si vous ne prenez quelque moyen pour empêcher ce désordre, votre Maison d'accouchement devient le Tour des enfants légitimes.

Ce sera même un instrument d'abandon cent fois pire que le Tour; car l'abandon ne se pratiquera plus en secret : il ne laissera aucune crainte, aucun remords (la sage-femme portera l'enfant à l'hospice en plein jour), bravera toutes les questions de l'officier de l'état civil, amortira tous les scrupules de la mère. L'enfant seul sera sacrifié, et le crime dont il sera victime deviendra une simple cérémonie.

M. DURAND-St-AMAND maintient son opinion précédemment exprimée :

Nous ne faisons pas, dit-il, une loi sur la filiation; notre but n'est pas d'assurer d'une manière absolue une filiation à l'enfant qui naît dans la Maison d'accouchement.

D'ailleurs, le moyen proposé ne serait pas efficace.

Vous serez toujours dans la nécessité de respecter le secret, de vous arrêter devant le refus de déclaration de la femme.

Faire plus, c'est faire de l'inquisition, c'est pousser directement à l'infanticide

Votre Maison d'accouchement, si vous êtes par trop exigeants, on ne s'y rendra pas, on la fuira.

On fera ses couches, on préparera l'avortement chez soi, dans le mystère; chez une amie complaisante; dans un repaire d'infamie ouvert en secret à ces abominables pratiques.

Non, n'entrez pas dans cette voie !

Faites une loi sur les Enfants trouvés; faites disparaître, autant que possible, les abandons, mais surtout les avortements, les infanticides.

M.Alfred BLANCHE réplique :

Sans doute, la loi que nous préparons est une loi sur les Enfants trouvés; mais prenez garde, à cette occasion, de présenter aux femmes, qui sont assez malheureuses et assez coupables pour manquer à la foi conjugale, de regrettables facilités.

Il faut bien que vous preniez quelques précautions à cet égard.

M. DURAND-SAINT-AMAND :

L'inconvénient existe : il est grave, je le reconnais, mais il n'est pas sans compensation : vous sauvez les enfants, vous évitez des crimes.

M. Victor LEFRANC :

Ainsi, il est entendu que le contrôle du registre devra moins porter sur les déclarations de la femme, qui sont de nature à rester secrètes, que sur celles qui ne dépendent pas d'elle; sur celles qui concernent l'enfant; sur le nombre des personnes admises dans l'établissement; sur celui du personnel, aides ou domestiques; sur les observations que la sage-femme aura dû inscrire au registre.

Maintenant, Messieurs, quelqu'un a-t-il réuni quelques idées, préparé quelque projet relatif a l'ensemble des énonciations qui doivent être comprises au registre?

Resumé des énonciations à inscrire au registre

M. Louis HAMELIN, secrétaire adjoint :

Je demande à la Commission la permission de lui présenter un travail que j'ai préparé sur cette partie de la question.

Ce travail n'est que la concentration des idées recueillies au sein de la Commission.

Il a pour bases le dépouillement des conditions imposées, par l'Administration elle-même, dans les divers départements où l'essai du registre a déjà été pratiqué.

Je l'ai formulé en projet de règlement, afin de le présenter sous une forme plus concise.

Ce projet est précédé d'un très-court exposé de motifs et terminé par un tableau du registre et des diverses énonciations qu'il doit contenir.

Voici ce travail :

Dispositions relatives au registre qui devra être tenu dans les Maisons d'accouchement.

MOTIFS. — Le *registre,* non plus que la surveillance ordonnée, n'a pas pour but l'*inquisition* sur la *personne* de la mère, mais bien plutôt sa propre sauvegarde, et surtout celle de l'enfant, qui ne peut, lui, se protéger, et doit trouver dans l'autorité publique l'assistance que trop souvent lui refuse sa propre mère.

Ce registre doit contenir des énonciations concises, mais aussi complètes que possible, pour servir à assurer ce double objet : la sécurité de la mère, celle de l'enfant.

Il doit être d'une vérification facile; embrasser, s'il se peut, d'un seul coup d'œil, sur une seule ligne, toutes les constatations nécessaires: 1° quant à la mère; 2° quant à l'enfant : ═ Tableau synoptique.

Dans ce but encore, il est bon qu'un modèle uniforme soit tracé à l'avance et prescrit par les règlements.

Cette mesure facilitera la vérification et pourra souvent arrêter la pensée de la fraude.

Les principes ou les données qui doivent présider à la composition de ce modèle me paraissent être les suivants.

1° Partir de la supposition que la grossesse est légitime; — la faute, ni la fraude, ne se présument pas. Il est naturel, en conséquence, de prescrire l'inscription de toutes les énonciations désirables et importantes, dans l'intérêt de la mère et dans celui de l'enfant.

2° Avoir et montrer un respect sincère du *secret,* exceptionnellement il est vrai, mais réellement nécessaire en certains cas

Laisser la mère juge et arbitre de la mesure dans laquelle elle entend garder le secret en ce qui la concerne personnellement; mais, en ce qui concerne l'en-

5ᵉ SEANCE   fant, exiger et prendre soigneusement toutes les constatations compatibles avec
le secret de la mère.

M. HAMELIN lit ensuite le projet, qui est adopté dans les termes suivants :

RÉSOLUTION.

Loi, a 127, 129   ART. 1ᵉʳ. Il sera tenu, dans chaque Maison d'accouchement, un
registre sur lequel seront inscrits les noms, prénoms, âge, qualité
ou profession des femmes ou filles admises à y séjourner pour y
être traitées ou y faire leurs couches; leur domicile ou demeure
actuelle; le lieu de leur naissance; les noms, prénoms, qualité ou
profession de leur mari, père ou tuteur.

Loi, a 130   ART. 2. Les diverses énonciations ci-dessus indiquées seront
inscrites sur la déclaration-de la personne admise.

Si la personne refuse de faire une ou plusieurs de ces déclarations, il en sera fait mention sur le registre par le simple mot *refus*
inscrit à la place qu'aurait occupée l'énonciation refusée.

Loi, a 131.   ART. 3. Le registre sera tenu par numéros d'ordre, et divisé
par colonnes et par cases, conformément au modèle ci-annexé.

Chaque colonne portera en tête le titre de l'énonciation qu'elle
est destinée à recevoir; chaque case correspondra au numéro
d'ordre en tête de la ligne, et contiendra également l'intitulé des
énonciations qu'elle est destinée à recevoir, conformément au modèle ci-joint.

Loi, a 132   ART. 4. Les personnes admises devront être inscrites sur le
registre avec un numéro spécial, par ordre successif, sans interversion ni lacune.

Loi, a 133   ART. 5. Quel que soit le nombre des déclarations refusées, le
registre devra toujours contenir, pour chaque personne, son numéro d'ordre; la date, par jour et heure, de son entrée; le jour et
l'heure de sa sortie ou de son décès.

Art. 6. Le registre devra également constater s'il y a eu accouchement; le jour et l'heure où l'accouchement aura eu lieu; la
circonstance de l'accouchement, à terme ou prématuré; le sexe de
l'enfant; la mention s'il est né mort ou vivant; la date du jour où
la déclaration de la naissance aura été faite à la mairie du lieu ; le
nom ou les noms sous lesquels il aura été inscrit; la date, par jour
et heure, de sa sortie de la maison, soit avec sa mère, soit par décès,
soit par dépôt à l'hospice; l'indication, s'il y a lieu, de l'hospice où
l'enfant aura été déposé.

Le registre indiquera le jour et l'heure du décès; le lieu de l'inhumation; la mention que la déclaration en a été faite à la mairie
de la localité, conformément à l'article 80 du Code civil.

Art. 7. Le registre contiendra, en outre, une colonne *Observa-*
tions, où seront consignés les renseignements ou déclarations qui
peuvent éclairer sur les intérêts de la mère et de l'enfant, notamment, en ce qui concerne l'accouchement, le nom du médecin, chirurgien, officier de santé ou de la sage-femme par qui il aura été
pratiqué; la mention si l'accouchement a été naturel, ou s'il a nécessité des opérations pour lesquelles il y aura eu obligation d'appeler
un médecin ou chirurgien étranger à la direction de la maison ; le
nom de ce médecin ou chirurgien; la mention de ce qu'est devenu
l'enfant; l'indication des signes naturels dont il est marqué, et qui
peuvent aider à sa reconnaissance; s'il y a eu dépôt à l'hospice,
la description des vêtements ou objets qui l'entouraient au moment du dépôt, et qui pourraient servir de moyen de reconnaissance.

Il sera laissé, enfin, une colonne en blanc, d'un espace suffisant
pour que les inspecteurs, ou autres personnes à qui appartiendra
de se faire représenter le registre, puissent y consigner toutes observations qu'ils jugeront convenables, soit sur les personnes, soit
sur la tenue de la maison.

Art. 8. Ce registre sera coté et parafé sur chaque page par le juge de paix du canton ; il devra être renouvelé chaque année.

Art. 9. En tête du registre devront être reproduits les articles du Code pénal énonçant les peines dont se rendent passibles les médecins, chirurgiens, officiers de santé ou sages-femmes, dans les cas où ils procureraient ou favoriseraient, soit l'avortement, soit la suppression d'état.

Le registre devra aussi porter copie, sur la première feuille, de la déclaration faite à l'autorité municipale avant l'ouverture de l'établissement et la mention des pièces justificatives déposées conformément à la loi ou aux règlements.

Le tracé du tableau est mis ensuite sous les yeux de la Commission.

M. GIRAUD demande que, parmi les énonciations relatives à l'enfant, soient indiqués les signes naturels dont il peut être marqué et qui peuvent servir à le faire reconnaître.

Cette proposition est adoptée dans les termes suivants :

RÉSOLUTION.

Art. 10. Le registre contiendra, en outre, la mention des signes naturels qui pourront faciliter la reconnaissance de l'enfant.

Le modèle de registre ci-annexé est adopté pour être joint aux pièces justificatives.

M. Victor LEFRANC demande à qui il appartiendra de visiter et de contrôler ce registre.

M. BAILLEUX DE MARISY :

Il me semble que tout magistrat, tout agent de l'Autorité, ayant droit d'instrumenter et d'instruire, devrait pouvoir prendre connaissance du registre.

Il n'y a pas le même inconvénient pour la visite du registre que pour celle de l'établissement.

M. Alfred BLANCHE demande que la visite du Juge de paix soit faite, non à jour fixe, mais au moins une fois tous les trois mois, et qu'il en reste trace consignée sur le registre.

Il demande qu'à cet effet une colonne *Observations* soit ouverte sur le registre pour recevoir cette consignation, et, de plus, les observations que les personnes chargées de l'inspection du registre croiront nécessaires, relativement, soit au personnel et à la tenue de la Maison, soit à la femme enceinte et à l'enfant qui naît dans l'établissement.

Cette proposition est adoptée dans les termes suivants :

RÉSOLUTION.

Art. 11. Le registre sera vérifié, au moins une fois tous les trois mois, par le Juge de paix.

Loi, a 137

Une colonne, ouverte sur ledit registre, sera destinée à recevoir les observations de ce magistrat relatives, soit à la tenue ou au personnel de la Maison, soit à la situation de telle ou telle des femmes enceintes qui y ont été admises, soit aux enfants qui y sont nés.

Loi, a 136

M. Victor LEFRANC propose de décider, d'une manière générale, que, durant la visite de la Maison d'accouchement, le visage des pensionnaires qui ne voudront pas se faire connaître pourra être caché par un voile ou par tout autre moyen capable de dérober leurs traits, sans empêcher de constater leur présence.

Observation du secret

Cette proposition est adoptée dans les termes suivants :

RÉSOLUTION.

Art. 12. Lors des visites qui seront faites dans les Maisons d'accouchement par les magistrats investis de ce droit, les pensionnaires qui ne voudront pas être connues peuvent se voiler le visage,

Loi, a 139

ou dérober leurs traits de toute autre manière, sans cependant pouvoir empêcher que leur présence soit constatée.

Inspecteur
des
Enfants trouvés

M. Victor LEFRANC demande si la Commission n'est pas d'avis de permettre l'entrée et la visite de la Maison à l'Inspecteur des Enfants trouvés.

Il vous a déjà inspiré assez de confiance, dit-il, pour que vous pensiez qu'il pourrait utilement être chargé de donner des conseils aux filles ou femmes enceintes.

C'est en quelque sorte un magistrat spécial, appelé par la nature de ses fonctions à faire cette visite.

Y voyez-vous de l'inconvénient?

M. Alfred BLANCHE entre dans la pensée indiquée par M. le président:

Dans beaucoup de cas, dit-il, l'inspecteur sera admis volontairement par les directeurs des Maisons d'accouchement, avec lesquels il entretiendra naturellement de fréquentes relations.

La nature de ses fonctions, sa connaissance des faits, quelquefois celle des personnes, lui fournissent des éléments et des moyens d'appréciation qui permettent d'espérer de sa visite les meilleurs résultats.

RÉSOLUTION.

Loi, a 138

La Commission décide que l'inspecteur des Enfants trouvés devra être admis à visiter les Maisons d'accouchement.

Penalites
en matière
d avortement
Sage femme.

M. DURAND-SAINT-AMAND :

J'appellerai votre attention sur un point qui ne concerne pas moins les sages-femmes qui vont exercer leur art à domicile, que celles qui exercent dans leur établissement.

L'article 317 du Code pénal porte :

« § 1. Quiconque, par aliments, breuvages, médicaments, violences, aura procuré l'avortement d'une femme enceinte, soit qu'elle y ait consenti ou non, sera puni de la reclusion.

« § 3. Les médecins, chirurgiens et officiers de santé, ainsi que les pharmaciens qui auront indiqué ou administré ces moyens, seront condamnés à la peine des travaux forcés à temps, dans le cas où l'avortement aurait eu lieu. »

Vous le voyez, le § 3 parle des médecins, chirurgiens et autres officiers de santé ; et, parce qu'il ne désigne pas nommément la sage-femme, des commentateurs ont prétendu que l'aggravation de pénalité ne lui est pas applicable, si c'est elle qui a perpétré le crime.

Des contestations se sont élevées a ce sujet, et la jurisprudence n'a donné que des résultats opposés.

Votre opinion sur cette application ne me paraît pas douteuse.

Ne serait-ce pas l'occasion de demander une modification à cet article du Code pénal, afin que la sage-femme soit expressément comprise avec les officiers de santé dans le § 3 de l'article 317 du Code pénal ?

RÉSOLUTION.

La Commission est d'avis, à l'unanimité, de proposer une disposition ainsi conçue :

« La peine portée par l'article 317 du Code pénal, § 3, sera applicable à la sage-femme, dans les cas prévus par ledit article relativement aux médecins, chirurgiens et officiers de santé. »

Loi, a 160

M. DURAND-SAINT-AMAND fait observer que la tentative d'avortement n'est pas non plus expressément assimilée par le Code pénal à l'avortement lui-même, tandis qu'en général cette assimilation est admise pour les autres crimes.

Tentative

Il cite un fragment de la discussion de cette loi au Conseil d'État, d'où il résulte que cette disposition n'a pas été admise par le motif que le corps du délit est difficile à saisir ; que si la tentative n'a pas abouti, il est difficile de prouver qu'elle ait eu lieu.

Il est des cas, cependant, ajoute M. DURAND-SAINT-AMAND, où l'intention de perpétrer le crime peut être parfaitement établie, où l'administration de certaines substances, la pratique de certaines manœuvres destinées à procurer l'avortement, peuvent être positivement constatées, où le résultat n'en a failli, en un mot, que par des motifs indépendants de la volonté du médecin ou de la sage-femme qui a administré ces substances, pratiqué ces manœuvres.

10.

Dans ce cas, du moins, ne devrait-on pas demander que la tentative d'avortement, dûment constatée, fût assimilée au crime lui-même ?

La décision contraire ne laisse-t-elle pas la porte ouverte à une foule de faits évidemment criminels ? Ne porte-t-elle pas à concevoir d'odieuses espérances, et à perpétrer des crimes dont une crainte salutaire eût pu éloigner la pensée ?

M. ALFRED BLANCHE appuie la proposition de M. DURAND-SAINT-AMAND, d'autant plus que, dans beaucoup de cas, même quand la tentative d'avortement dont on parle ne réussit pas, elle peut avoir pour résultat de porter une atteinte grave à la santé de la femme qui y est soumise et, entre autres conséquences, de produire pour la suite une véritable stérilité.

RÉSOLUTION.

La Commission arrête qu'il sera proposé une disposition ainsi conçue :

Loi, a 160

« La tentative d'avortement sera punie comme le crime d'avortement, conformément à l'article 2 du Code pénal. »

Refus des secours de l'art aux femmes enceintes indigentes

M. DURAND-SAINT-AMAND demande s'il n'y aurait pas lieu d'infliger une pénalité au médecin ou à la sage-femme qui refuseraient le secours de leur art à une femme indigente en état de grossesse.

M. VICTOR LEFRANC fait observer qu'il y aurait danger d'aller trop loin, en adoptant cette proposition. Nombre de femmes simuleraient l'indigence pour priver le médecin ou la sage-femme d'honoraires légitimement dus.

La proposition ne lui paraît pas réalisable.

M. ALFRED BLANCHE :

La pensée de M. DURAND-SAINT-AMAND va trop loin, sans doute, mais elle met sur la trace d'une disposition qui me paraîtrait utile et susceptible d'application : celle qui infligerait une pénalité au médecin qui refuse ses secours à une femme actuellement en mal d'enfant.

Resterait à préciser la rédaction, afin de ne frapper que le médecin véritablement coupable par ce refus, en raison des circonstances.

RÉSOLUTION.

La Commission émet le vœu qu'il soit examiné s'il y a lieu d'infliger une pénalité au médecin ou à la sage-femme qui aurait refusé les secours de son art à une femme indigente en état de grossesse.

La séance est levée à midi et renvoyée à jeudi 13 septembre, à huit heures du matin, pour continuer la discussion relative à la surveillance des maisons d'accouchement.

Signé Victor LEFRANC, Président.

Signé VALENTIN-SMITH, *Secrétaire.*

6ᵉ SÉANCE.

Jeudi 13 septembre 1849, 8 heures du matin

Présidence de M. Victor Lefranc.

Sont présents :

MM. Victor Lefranc, Durand-Saint-Amand, Bailleux de Marizy, Alfred Blanche, Giraud, Valentin-Smith, secrétaire, et M. Louis Hamelin, secrétaire adjoint.

MM. de Luriou et de Watteville, absents, en mission pour cause de leurs fonctions; M. Nicolas, absent pour cause de maladie d'un membre de sa famille.

Le procès-verbal de la séance du 11 septembre courant est lu et adopté.

ORDRE DU JOUR.

Suite de la discussion relative à la surveillance sur les Maisons d'accouchement.

M. Victor LEFRANC, président :

Nous avons fixé les conditions nécessaires pour pouvoir établir une Maison

Maisons
d accouchement
Sanctions pénales

d'accouchement; il nous reste à assurer la sanction des dispositions que nous avons arrêtées, c'est-à-dire à déterminer la pénalité en cas de contravention à ces dispositions. Il ne suffit pas d'avoir réservé à l'Administration le droit de refuser l'ouverture ou de prononcer la fermeture de l'établissement, dans le cas où la déclaration n'est pas régulière et dans les cas où les conditions ne sont pas remplies; il faut encore prévoir le cas où il y aurait désobéissance à un arrêté de refus ou de fermeture, et celui où il y aurait infraction aux conditions établies.

Or, dès l'instant que nous supposons que l'établissement existe et a été régulièrement constitué, c'est aux tribunaux seuls qu'il peut appartenir de prononcer sur la nature des peines en cas d'infraction aux conditions stipulées. Sans cette précaution, on pourrait se jouer des arrêtés de l'Administration et braver les peines légères attachées à ces infractions.

Nous devons créer des peines plus sérieuses, qui seront:

L'amende,

La prison,

La fermeture de l'établissement,

La privation du titre médical.

Ces peines devront être graduées suivant la nature des cas, c'est-à-dire suivant qu'il y aura insuffisance dans les mentions de chaque numéro du registre, omission d'un numéro en son entier, ou, enfin, absence complète de registre.

RÉSOLUTION.

Loi, a 154, 155,
156, 157,
158, 161 162 Outre le droit de fermeture de l'établissement attribué à l'Administration, les contraventions aux dispositions de la présente loi seront punies de l'amende, de la prison, avec fermeture de l'établissement et privation du titre médical, ou de l'une de ces peines seulement, suivant qu'il y aura infraction aux règles prescrites dans l'intérêt de l'hygiène, insuffisance dans les mentions de chaque numéro du registre, omission d'un numéro dans son entier, absence complète du registre, désobéissance à un arrêté de fermeture, ré-

cidive; le tout sans préjudice des peines établies contre les crimes ou délits prévus par les autres lois.

La rédaction sera complétée et précisée ultérieurement.

M. Victor LEFRANC :

Nous allons nous occuper maintenant de l'examen de la question du Tour.

M. DURAND-SAINT-AMAND :

Admission, aux hospices, des femmes enceintes indigentes

Avant de passer à la question des Tours, je pense que nous devrions formuler, sinon une disposition, du moins un vœu pour que toutes les maisons charitables destinées au traitement des malades fussent tenues de recevoir la femme enceinte pauvre qui se présente pour faire ses couches, de manière à ce que, sur tous les points du territoire français, une malheureuse femme qui se trouve dans cette position fût toujours assurée de rencontrer l'assistance dont elle a besoin. Ma pensée, en formulant ce vœu, est celle-ci : que des secours assurés pour le moment de l'accouchement sont le plus sûr moyen de prévenir les abandons d'enfants, ou les infanticides auxquels pousse la misère.

M. Victor LEFRANC :

Le vœu dont parle M. Durand-Saint-Amand pourrait peut-être excéder les bornes de notre compétence.

M. DURAND-SAINT-AMAND :

Puisque nous traitons ce qui concerne l'enfant abandonné, ce n'est pas sortir de la question que de s'occuper du sort de la pauvre femme enceinte qui a besoin d'un asile charitable pour faire ses couches. La constitution de 1848 a garanti l'assistance à toutes les misères : c'est nous conformer à son vœu que de prescrire qu'à l'avenir la femme enceinte qui n'a point de ressources ne soit pas abandonnée, comme elle l'est trop souvent aujourd'hui, où l'entrée des hospices, qui ne sont pas spécialement affectés aux accouchements, lui est partout refusée, ce qui n'est pas seulement cruel pour elle, mais aussi périlleux pour l'enfant, dont le sort doit nous occuper et nous a occupés à toutes les périodes de son existence.

M. ALFRED BLANCHE :

La question est digne d'intérêt. Faut-il des hospices spéciaux pour les accouchements, pour les enfants abandonnés?

Ou bien créera-t-on dans tout hospice général une salle particulière pour chaque catégorie de malades à traiter, de misères à soulager?

Là, au surplus, pourrait se présenter la question de domicile qu'a poursuivie avec tant de dévouement M. HYDE DE NEUVILLE, c'est-à-dire de savoir si, comme le veut d'ailleurs la loi existante, si rarement obéie, tout hospice est tenu de recevoir un malade indigent, par cela seul qu'il est souffrant et a besoin de secours, sans s'inquiéter d'où il vient et où il va, ou si, au contraire, l'hospice ne sera tenu de recevoir que le malade de la commune ou du canton.

Quant à la femme enceinte dont l'accouchement peut être imminent, elle devrait toujours et partout trouver dans les maisons charitables des secours qui ne peuvent être ajournés sans péril pour son enfant comme pour elle-même.

M. VICTOR LEFRANC fait observer que nous nous occupons en ce moment des femmes enceintes qui accouchent dans des Maisons privées d'accouchement, et qu'il convient de renvoyer à un examen ultérieur tout ce qui pourra concerner les établissements charitables envisagés par rapport à la femme enceinte. Dans tous les cas, il convient de se borner à régler tout ce qui doit prendre la forme précise de la législation, sauf plus tard à donner la forme du vœu à tout ce qui n'aurait pu y prendre place.

RÉSOLUTION.

La question des Maisons charitables d'accouchement sera l'objet d'un examen ultérieur et spécial.

M. DURAND-SAINT-AMAND :

Allaitement de l'enfant

Avant de passer à l'examen de la question du Tour, il conviendrait encore de s'occuper de l'allaitement de la mère, des conseils à lui donner pour l'engager à nourrir son enfant; pratique qui est si heureusement employée par l'hospice de la Maternité de Paris, et dont l'un des bienfaits est de prévenir de nombreux abandons.

C'est bien le moment d'entrer dans cette discussion, parce qu'avant de s'occuper de l'abandon de l'enfant, il est tout naturel de chercher d'abord les moyens de le retenir auprès de sa mère; or, entre ces moyens, l'allaitement paraît être l'un des plus heureux, l'un des plus efficaces.

M. Victor LEFRANC rappelle que nous nous occupons des Maisons libres d'accouchement, et que là nous ne possédons pas l'instrument intelligent destiné à exciter la mère à allaiter son enfant.

La loi est impuissante à régler ce qui n'est que du domaine de l'exhortation.

La question ne sera pas abandonnée pour cela; elle devra nécessairement revenir lorsque nous nous occuperons des Maisons charitables d'accouchement.

RÉSOLUTION.

La question de premier allaitement des enfants par les mères sera réglée dans le chapitre relatif aux Maisons charitables d'accouchement.

M. Victor LEFRANC.

La Commission va passer enfin à l'examen de la question du Tour, et engage M. Durand-Saint-Amand à faire connaître sur cette question le résultat du vote des conseils généraux, en 1848, dont il a fait le dépouillement.

M. DURAND-SAINT-AMAND donne connaissance à la Commission du travail analytique auquel il s'est livré sur ce point, et dont l'original sera annexé au présent procès-verbal.

M. Victor LEFRANC:

Nous abordons la question la plus sérieuse entre toutes celles que nous avons à examiner, puisqu'à plusieurs égards elle domine toutes les autres : je veux parler de la question du Tour.

Nous sommes dans la Maison d'accouchement.

La femme mariée ou la fille mère veulent abandonner leur enfant ; elles obéissent, soit aux conseils de la misère, soit aux mauvais sentiments de leur cœur, soit aux suggestions perfides qui les entourent.

I.

11

Marginal notes:

6ᵉ SÉANCE

Question du Tour

Vœux des conseils généraux

Gravité de la question

6ᵉ SEANCE

Nécessité
du discernement

Interet moral

Interet financier

Intéret de l'enfant

Que devons-nous faire ?

Devons-nous leur tendre une main facile, les convier, pour ainsi dire, à cet abandon, en leur fournissant des moyens secrets, protecteurs, en recevant enfin l'enfant d'une manière aveugle, sans examen et sans contrôle ?

N'oublions pas que la loi ne peut pas agir comme la charité chrétienne, qui se penche avec amour sur toutes les infortunes sans leur demander compte de leur origine ou de leur résultat. La loi doit penser à tout, et prendre garde d'encourager le vice ou la faiblesse, en leur prodiguant les secours dont elle doit réserver la meilleure part au malheur. Il ne faut pas que, frappée des dangers de l'enfant, elle donne à la faute de la mère, à la spéculation de la sage-femme, ce qu'elle devra, dans son impuissance, refuser au malade, au vieillard. Rien n'est plus dangereux, chez le législateur, qu'une trop grande concentration de sympathie sur la plaie spéciale qu'il s'occupe a sonder, à guérir.

Il y a des souffrances de mille sortes, les unes dues au malheur, les autres au vice, d'autres enfin au crime.

Il faut chercher à tout secourir, mais dans les limites du possible, selon les règles d'une juste proportion.

Il ne faut pas, dans l'assistance publique, donner la plus large part au crime dans la prison, au vice dans les Tours.

Il ne faut pas donner au malheur la plus mauvaise part dans les hospices.

N'accordons pas trop d'importance aux statistiques : elles fournissent des arguments à toutes les opinions ; les changements qu'elles accusent viennent souvent de l'amélioration même du mode d'informations. Ce qui est certain, indépendamment de toute statistique, c'est que les Enfants trouvés ruinent les hospices et les finances départementales, et détruisent ainsi le moyen de soulager d'autres misères.

Il faut aviser à tous ces points de vue ; ce que j'indique a moins pour but de tracer la marche à suivre dans cette question que de montrer quelles en sont les limites.

Et même, en se renfermant dans l'intérêt dû aux Enfants trouvés, il ne faut pas oublier qu'il ne s'agit pas seulement de les sauver de l'infanticide, qu'il ne s'agit pas seulement d'épargner à la mère la honte de sa faute, la douleur de sa misère ; qu'il s'agit aussi, qu'il s'agit surtout de sauvegarder un grand intérêt, la filiation ; d'encourager un grand devoir, la maternité : c'est là le lien que nous devons resserrer, loin d'aider à le rompre, car, aux yeux de la nature comme à ceux de la loi, l'abandon de l'enfant sera toujours un grand malheur et un grand crime, qu'il ne faut pas faciliter par des secours aveugles

Est-il bien digne, on le demande, d'un peuple civilisé, d'offrir un crime comme un appât, et une compensation à un autre crime ? N'y a-t-il pas là quelque chose qui ressemble à un véritable sacrifice humain au Dieu de nos jours, a l'égoïsme ?

M. VALENTIN-SMITH :

Lorsque la question sur les Tours commence à être engagée d'une manière si nette et si énergique, je demande pardon d'appeler l'attention sur une autre question qui me paraît devoir nécessairement la précéder : je veux parler de la déclaration de naissance de l'enfant et de la nécessité de constater la naissance a domicile.

Je n'ai point le projet de revenir sur l'opinion que vous avez implicitement décidée, sans vouloir cependant la résoudre d'une manière positive, à savoir qu'une mère n'est pas tenue de faire connaître son nom dans l'acte de naissance de son enfant. J'ai la conviction que lorsque cette question sera mieux expliquée que je n'ai pu le faire, et mieux comprise, l'on n'hésitera pas à imposer cette obligation à la mère et à ceux qui l'assisteront dans son accouchement; c'est-à-dire dès que le principe de la protection due à l'enfance aura pénétré plus profondément dans la société, qui n'est pas encore entièrement dépouillée du vieux préjugé qui faisait considérer l'exposition et l'abandon comme un fait social acceptable.

Mais, dans cet ordre même de choses, je demande que l'on admette un autre mode que celui qui existe aujourd'hui pour la constatation des naissances.

L'article 55 du Code civil veut que les déclarations de naissance soient faites, dans les trois jours de l'accouchement, devant l'officier de l'état civil. Cet article porte que *l'enfant lui sera présenté*.

Dans la vérité, jamais l'enfant n'est présenté à l'officier de l'état civil, ni à Paris, ni nulle part en France. Dans les campagnes, on ne le porte même jamais à la municipalité; et dans les villes où on l'y porte, c'est toujours devant le secrétaire de la mairie qu'il est présenté, et jamais devant l'officier de l'état civil.

J'ai déjà expliqué qu'il y avait souvent impossibilité, dans le plus grand nombre des campagnes, de se conformer à l'article 55 du Code civil pour le transport de l'enfant a la mairie; j'ai dit aussi quels inconvénients offrait ce transport, sous les rapports hygiéniques.

11.

Quand une loi n'est ni exécutée, ni exécutable, la raison publique commande de la changer bien vite.

Que l'on juge de la singulière position que le mode actuel des constatations de naissances fait aux enfants illégitimes en particulier. Leur acte de naissance, quoiqu'indiquant le nom de la mère, n'établit cependant à leur égard ni preuve de la maternité, ni filiation, ni état civil (1).

Et alors voyez l'étrange position de ces enfants dans la société, parmi ceux qui ne sont pas ultérieurement authentiquement reconnus! Ils n'ont, aux yeux de la loi, ni père, ni mère, ni famille, ni tuteur; en cela, ils se trouvent dans une condition légale bien plus défavorable que l'Enfant trouvé, qui a au moins pour tuteur la Commission administrative de l'hospice dans lequel il a été déposé.

Convient-il raisonnablement qu'un tel état de choses continue à subsister?

Faites que, comme à Versailles et comme à Douai, l'on établisse un service de constatation de naissances à domicile! Donnez à la personne qui sera chargée de se rendre au domicile pour visiter l'enfant, un caractère officiel, non-seulement pour reconnaître et constater son identité, mais encore pour constater le fait même de la naissance, pour voir la mère, pour recevoir sa déclaration de maternité, et alors vous éviterez les suppressions d'état; vous donnerez à l'enfant naturel un état civil, celui qui lui appartient réellement, et que, dans la vérité, la mère a l'intention de lui conférer, qu'elle croit même toujours lui conférer, et que cependant il n'a point, par le vice de la loi.

Singulière chose que ce qui existe aujourd'hui avec ce qui se pratique pour

---

(1) Voir tome II, page 164, l'arrêt de la cour d'appel de Bordeaux, du 18 février 1846, suivant lequel l'Enfant naturel qui réclame sa mère est obligé de prouver qu'il est identiquement le même que celui dont elle est accouchée, et qu'il n'est reçu a faire cette preuve par témoins que lorsqu'il a déjà un commencement de preuve par écrit. Et bien que l'acte de naissance d'un Enfant naturel, portant qu'il est né d'une femme désignée par ses noms, mais qui n'a point assisté à cet acte, tende à prouver le fait de l'accouchement, il ne peut cependant servir de commencement de preuve par écrit de l'identité de l'Enfant

« Attendu qu'à défaut de reconnaissance et de possession d'état, la filiation maternelle de l'Enfant naturel peut être prouvée par témoins, mais que, suivant l'article 341 du Code civil, l'Enfant qui réclame sa mère est obligé de prouver qu'il est identiquement le même que l'Enfant dont elle est accouchée, et qu'il n'est reçu à faire cette preuve par témoins qu'autant qu'il y a déjà un commencement de preuve par écrit,

« Attendu que l'acte de naissance, qui est un indice de l'acte d'accouchement, ne peut, dans aucun cas, servir de commencement de preuve par écrit pour établir que l'Enfant qui désigne une femme comme étant sa mère, est identiquement le même que celui dont elle serait accouchée, etc »

les déclarations de naissance! le premier acte par lequel celui qui vient au monde est associé à la vie civile est un faux. faux en ce que cet acte constate une identité qui n'est jamais vérifiée; faux, ensuite, en ce qu'il constate une présentation de l'enfant devant l'officier de l'état civil, auquel il n'est jamais présenté.

Au surplus, examinons cette question spécialement sous le rapport de l'abandon de l'enfant. Quelle est la cause la plus réelle et la plus active de cet abandon?

C'est que la pauvre mère elle-même est presque toujours abandonnée par tout le monde, et souvent même artificieusement invitée par la sage-femme qui l'a accouchée à livrer son enfant à l'hospice. Il n'est pas rare que la sage-femme ne soit l'agent intéressé du séducteur, qui veut se débarrasser à la fois d'une charge et d'un remords. Tout le mal est en quelque sorte là. L'abandon de la mère prépare l'abandon de l'enfant.

Faites qu'une personne officielle puisse et doive arriver à cette mère; que cette personne, l'abordant avec délicatesse, la conseille, l'encourage, lui remontre ses devoirs, la rattache par la loi à son enfant.

Alors, soyez-en sûrs, vous obtiendrez d'heureux résultats; vous préviendrez bien des abandons, surtout lorsqu'à côté de la parole du fonctionnaire se placera le conseil charitable et dévoué de l'inspecteur du service des Enfants trouvés.

Au lieu de cela, que se passe-t-il maintenant?

Trop souvent une fille mère est à peine accouchée, que la sage-femme dérobe son enfant à ses regards pour le livrer aussitôt à la charité publique

Et pourquoi? parce que la sage-femme sait que personne ne peut la troubler dans ses manœuvres; que sa maison est inviolable de par la loi et les arrêts; que le nom de la mère est inconnu, et qu'il restera toujours inconnu à l'officier de l'état civil.

Que d'abus disparaîtraient si, par lui ou par un délégué, ce fonctionnaire était chargé de se rendre dans la Maison d'accouchement pour y recevoir la déclaration de naissance de l'enfant!

Bien entendu que, pour respecter votre décision sur le secret que la mère pourra toujours garder, l'officier de l'état civil ne l'obligera nullement à donner son véritable nom; elle pourra même, si elle le juge convenable, et vous l'avez décidé, lui dérober sa figure par un voile. Au reste, plus la femme cherchera à s'entourer de mystère, et plus aussi le magistrat devra comprendre la nécessité de redoubler de conseils, de prudence et de délicatesse.

Par cela seul qu'une mère aura été mise en rapport avec un fonctionnaire public, avec un organe de la société, par cela seul qu'elle aura eu un confident légal de sa maternité, soyez certains qu'elle fera de salutaires réflexions, dont l'effet sera le plus souvent, en la rappelant aux devoirs de la maternité, de la détourner de la pensée d'abandonner son enfant.

Quand la loi entoure un abandon de mystère, ce mystère n'est-il pas considéré par la femme comme une sorte de protection, d'encouragement qui soulage sa conscience en éloignant bien vite d'elle toute pensée de remords?

Qu'on en juge par ce qui se passe chez le père.

Tel individu, citoyen fort honoré, qu'on tient pour doué de toutes les qualités qui constituent le bon père de famille, chérit ses enfants légitimes avec amour, et reporte sur eux tout son bonheur et toutes ses espérances.

Et cependant, quelquefois, ce même individu a d'autres enfants auxquels jamais il ne songe; à l'égard desquels sa conscience, parfaitement tranquille, ne ressent jamais le moindre trouble, la plus légère agitation.

Il n'a jamais vu ces malheureux enfants, en sorte que s'illusionnant avec une incroyable facilité, il s'encourage lui-même dans l'idée qu'ils ne lui appartiennent point; et, s'accoutumant bien vite à cette idée, il les laisse dans le plus profond oubli.

Et pourquoi?

C'est parce que rien, absolument rien d'apparent ne les rattache à lui; qu'en ce qui les concerne, il est entièrement couvert par la loi et par la société, et convié, en quelque sorte, au repos de sa conscience par le mystère et les soins de la charité publique.

Quant à ses enfants légitimes, au contraire, il en fait son orgueil; il les regarde comme son unique survivance dans le monde.

Et pourquoi encore?

Parce qu'il est lié à eux par la force de la loi, par la sainteté de la famille; en un mot, par tout ce qu'il y a de plus fort, de plus éclatant, et, ajoutons, de plus précieux dans la société.

Mobile, inconstant, et porté, comme il l'est, à l'oubli de toutes choses, l'homme est ainsi fait, qu'il a besoin d'être, sinon rivé, du moins toujours rattaché de quelque manière, non-seulement à ses devoirs, mais souvent même aux sentiments les plus vivaces de la nature. Lorsqu'on voit avec quelle facilité il façonne, au gré de l'opinion, jusques à ses devoirs et ses sentiments de paternité, prodiguant ici des soins tendres et orgueilleux à l'enfant qui doit faire vivre son nom, tandis qu'ailleurs il repousse, sans pitié et sans trouble, le pauvre être qui, né de ses désordres. ne demandait pas à venir au monde, il est permis de se demander si là il n'y aurait pas aussi un jour quelque chose à faire au nom de la protection due à l'enfant, comme au nom du dogme de la responsabilité humaine.

Mais enfin ce que notre loi fait pour l'homme, à raison de toutes les incertitudes de la paternité, elle ne peut le vouloir ni directement, ni indirectement pour la femme, dont la maternité est toujours facile à constater. Pour rendre, en un mot, toute ma pensée : relier par la loi la mère à l'enfant, l'enfant à la société, me paraît l'un des moyens les plus sûrs et les plus dignes de prévenir l'abandon.

M. GIRAUD .

La matière qui nous occupe est bien difficile à régler. Il est prudent de se montrer, à cet égard, très-sobre de dispositions nouvelles.

Il faut bien voir la triste réalité des choses.

Parmi les filles mères, il y en a fort peu sur qui l'officier de l'état civil pourrait exercer une influence quelconque pour les ramener aux devoirs de la maternité.

Et d'ailleurs, en fait, que voyons-nous, soit dans les grandes, soit dans les petites villes, ou bien dans les communes rurales?

Qui reçoit la déclaration des actes de naissance?

Ce sont de simples commis. Ce sont ces mêmes commis que l'on enverrait à domicile ou dans les Maisons d'accouchement pour constater les naissances.

Quelle influence pourraient-ils exercer? Quels conseils seraient-ils capables de donner?

Il n'y aurait aucune convenance, aucune utilité, à les charger d'une mission pareille.

Mais il y a une objection plus sérieuse contre la mesure que l'on voudrait introduire.

Une femme va faire mystérieusement ses couches dans une Maison d'accouchement; elle espère y rencontrer le secret dont elle cherche à s'envelopper. Vous avez reconnu la nécessité de protéger ce secret dans une certaine mesure. Si vous mettez la mère en présence d'un fonctionnaire qui vient lui demander la reconnaissance de son enfant, la Maison d'accouchement ne devient-elle pas une véritable piége?

Et qu'en résultera t-il? qu'on éloignerait des Maisons d'accouchement: c'est un grand danger qu'il importe d'éviter.

M. ALFRED BLANCHE :

Avantages
de l'introduction
de l'officier
de l'etat civil
dans la Maison
d'accouchement

Il y a une préoccupation, à mon avis, dont nous devons nous dégager: c'est la crainte d'éloigner des Maisons d'accouchement par un trop grand luxe de prescriptions.

Ceci ne saurait nous arrêter dans notre examen. Toute la question est d'apprécier la valeur des prescriptions, et de savoir si elles sont bonnes ou non, dangereuses ou salutaires.

Quel est aujourd'hui notre but? de chercher les moyens de prévenir le plus possible les abandons et les expositions.

M. SMITH, dans cette vue, propose d'exiger que l'officier de l'état civil, ou un délégué, se transporte dans la Maison d'accouchement pour recevoir la déclaration de la naissance de l'enfant, en s'adressant à la mère elle-même; il voit dans cette mesure comme un œil de plus pour surveiller, comme une voix de plus pour persuader.

J'appuie la proposition de M. SMITH. Je la trouve généralement bonne; cependant, je la modifierais en quelques points.

Je m'explique.

La mesure du transport de l'officier de l'état civil ou de son délégué dans la Maison d'accouchement, pour constater la naissance d'un enfant illégitime, serait une bonne chose à introduire :

D'abord, au point de vue hygiénique;

Ensuite, comme un moyen de prévenir bien des abus dans l'abandon.

Comme on l'a dit, dès qu'une fille mère est accouchée, souvent, sous l'influence du père qui reste dans l'ombre, la sage-femme enlève l'enfant à sa mère, quelquefois même en lui insinuant des doutes sur son existence.

Quand la sage-femme saura que l'officier de l'état civil devra venir dans sa Maison, qu'aucun enfant ne peut en sortir sans que la déclaration de naissance ait été préalablement faite, elle se livrera bien moins à toutes les manœuvres dont elle use aujourd'hui si largement et si facilement pour pousser à l'abandon.

Voici, au surplus, comment la mesure pourrait peut-être se combiner. C'est une idée que j'émets, sur laquelle j'appelle votre attention; ce n'est pas une proposition que je formule :

Toutes les fois que la sage-femme irait à la mairie faire la déclaration de la
naissance d'un enfant illégitime, l'officier de l'état civil devrait se transporter
dans la Maison d'accouchement; et alors, et dans le cas où cela serait nécessaire, il userait de toutes les voies de la raison et de l'influence pour faire
comprendre à la mère les devoirs de la maternité; il lui promettrait, suivant
ses besoins, des moyens d'assistance : en un mot, il emploierait pour prévenir
un abandon, tous les moyens que la prudence pourrait lui suggérer.

Maintenant, quand la mère voudrait ne pas faire connaître son nom, ne pas
découvrir son visage, son secret serait pleinement respecté. Il y a moyen de
concilier toutes les exigences

M. DURAND-SAINT-AMAND :

Je repousse complétement toute idée d'une intervention quelconque de la Opinion contraire
part de l'officier de l'état civil dans la Maison d'accouchement pour y constater la naissance d'un enfant. Vous ne pouvez adopter une mesure semblable
sans tomber dans une contradiction radicale avec vous-mêmes, avec ce que
vous avez déjà arrêté.

Vous avez décidé que la femme enceinte pourrait toujours, dès qu'elle en
aurait manifesté la volonté, s'envelopper du secret le plus absolu.

Vous avez arrêté qu'elle pourrait ne pas donner son véritable nom sur le
registre de la Maison d'accouchement.

Vous avez si bien reconnu la nécessité de respecter le secret réclamé,
qu'avec raison, suivant moi, vous avez refusé au maire le droit de s'introduire dans la Maison d'accouchement pour voir la femme enceinte, et faire le
rapprochement du nombre des personnes reçues dans la Maison, avec le nombre
de celles qui sont déclarées sur le registre. Le juge de paix et l'inspecteur
seuls ont ce droit.

Comment, après cela, voudriez-vous permettre, enjoindre au maire d'entrer dans la Maison d'accouchement pour faire bien plus qu'une inspection : pour voir la mère, pour l'entretenir, pour recevoir d'elle une déclaration, la révélation solennelle d'une faute que vous lui laissez la faculté de
cacher ?

Il est impossible que vous puissiez concilier des choses tout à fait inconci-
liables entre elles.

Pour être conséquent, il faut dire nettement que l'officier de l'état civil ne
pourra pas entrer dans la Maison d'accouchement.

I.   12

6ᵉ SÉANCE

Nécessité
de subordonner
la solution
à celle
qui sera prise
sur les Tours

M. Alfred BLANCHE :

Ce que je vois de bon dans le système de M. Smith, c'est qu'il introduit chez la sage-femme, à côté de la mère, une personne étrangère à la Maison d'accouchement, personne qui, le cas échéant, peut venir en aide à l'accouchée pour lui conserver son enfant, que peut-être ceux qui l'entourent peuvent avoir entrepris de lui enlever.

Du reste, la résolution à prendre sur ce point tirera son importance de la solution à laquelle nous nous arrêterons sur la question du maintien ou de la suppression du Tour.

En effet, si nous maintenons le Tour, il nous faut absolument trouver le moyen d'introduire assez tôt dans la Maison d'accouchement, auprès de la mère, une personne qu'elle puisse encore une fois appeler à son aide pour lui conserver son enfant. Ceci est nécessaire, rigoureusement indispensable, si l'on veut aboutir à quelque amélioration sérieuse.

Si, au contraire, vous fermez les Tours, en leur substituant l'admission à bureau ouvert, on peut alors, par de sages mesures, trouver des moyens charitables de tout concilier : le secours aux enfants que la mère abandonnera, avec le secret à garder, soit au moment de l'abandon, soit dans la Maison même d'accouchement.

Ainsi je m'inquiéterais peu du secret que la femme voudrait garder dans la Maison d'accouchement, ou plutôt je l'accepterais entier, complet, dès qu'il serait réclamé.

En effet, à une personne qui ne vous demande rien, vous n'avez rien à demander vous-même ; vous n'avez pas le droit de la rechercher.

Elle a un enfant, elle le fait élever mystérieusement. Qu'avez-vous à dire? A quoi bon votre intervention?

Mais la chose change bien dès l'instant où la mère veut abandonner son enfant pour le mettre à la charge de la société.

Alors la société, la loi, peuvent très-bien lui demander son nom, rechercher quels peuvent être, en réalité, ses besoins; arriver, enfin, à savoir qui elle est et ce qu'elle est.

Après cette utile et nécessaire recherche, la société jugera si elle doit recevoir son enfant, si elle doit lui accorder le secret qu'elle réclame.

Là commence seulement le droit de la société, et là aussi seulement doit être l'action de la loi.

M. GIRAUD :

6° SÉANCE

Incompétence
de la police
en matière
d'exhortation

Je repousse, en fait et en droit, le système proposé par M. SMITH.

En fait, quand il s'agira, par exemple, d'un accouchement à domicile, comment l'officier de l'état civil sera-t-il averti de s'y présenter? Où se rédigera l'acte de naissance? Est-ce dans le domicile? Est-ce là que paraîtront les témoins?

En droit, est-ce que vous pouvez faire de l'officier de l'état civil, instrument de la loi pour constater un fait matériel, un instrument de conseils et d'exhortations?

Si maintenant je m'occupe des Maisons d'accouchement, j'avoue que j'aimerais peu à voir l'officier de l'état civil se transporter dans ce triste asile pour y faire des actes. Il faut prendre les hommes comme ils sont. Je craindrais qu'une telle mission ne devînt pour le fonctionnaire une occasion de perdition, de diffamation, ou d'intervention ridicule.

Les Maisons d'accouchement sont des ateliers d'avortement, souvent des officines de prostitution, et, quelquefois, le repaire d'un odieux commerce de substitution d'enfants.

Jusqu'à présent, ces Maisons se sont abritées derrière la loi pour fermer leur porte aux investigations de l'Autorité. Ce que nous devons vouloir, c'est que l'Autorité puisse y pénétrer, y exercer une salutaire surveillance: c'est aussi ce que nous avons admis.

Mais nous ne pouvons pas aller plus loin. Les conseils charitables et philanthropiques sont au-dessus des pouvoirs de la police; ils rentrent essentiellement dans le domaine de la religion, dont le rôle est de persuader, tandis que la loi commande et ordonne.

M. VALENTIN-SMITH :

J'ai à répondre à de nombreuses et bien graves objections. J'en comprends toute la force; cependant je crois qu'on peut les aborder.

Exemples
à l'appui
de la mesure
proposée

Et d'abord, à M. GIRAUD je dirai: Je ne veux point d'impossibilité; je ne veux que ce qui se pratique déjà de la manière la plus heureuse à Versailles et à Douai. La constatation des naissances à domicile est une mesure de la plus grande simplicité, sollicitée, non-seulement par la science, mais encore par tous les hommes les plus pratiques

Pour justifier cette mesure, je crois utile de mettre sous vos yeux les dispositions de l'arrêté du maire de Versailles, en date du 6 novembre 1846, qui vous feront connaître la marche et l'organisation de ce service.

« A compter de ce jour, toutes les familles sans exception pourront se dispenser de présenter ou de faire présenter à la mairie leurs enfants nouveaunés, à la charge par elles de donner immédiatement, et au plus tard dans les vingt-quatre heures, avis à la mairie et au bureau de l'état civil, de dix heures du matin à quatre heures du soir. Un médecin, délégué à cet effet par le maire, se transportera, sans frais, pour reconnaître la naissance et vérifier le sexe de l'enfant.

« La déclaration de la naissance devra être faite ensuite sur les registres de l'état civil, selon l'usage et conformément a la loi, sur la remise du certificat de constatation que le médecin aura laissé à la famille.

« Les présentations de l'enfant à la mairie continueront d'être admises, et pourront même, s'il y a lieu, être exigées dans certains cas. »

Il n'entre pas dans ma pensée de vouloir que l'on s'explique en aucune manière au sujet du conseil que l'officier public, ou son délégué, pourrait donner à la fille mère : ceci est la partie morale de la loi, qui se comprend et ne s'explique pas. D'ailleurs, est-ce que l'officier de l'état civil n'est pas le protecteur né des citoyens, le gardien des premiers et des plus essentiels titres de l'homme ? et, sous ce rapport, n'entre-t-il pas dans ses fonctions d'user de tous ses moyens d'influence pour assurer à celui qui vient au monde la véritable place qui lui appartient dans la famille et dans l'État ?

Maintenant, à M. Durand-Saint-Amand, je réponds : Je reconnais la difficulté qu'il y a de concilier l'interdiction faite au maire de pouvoir entrer dans la Maison d'accouchement pour vérifier l'exactitude des déclarations du registre de l'état civil, et l'autorisation qui lui serait donnée d'y venir constater la naissance de l'enfant, en s'adressant à la mère.

Mais, d'abord, je demande la permission de constater qu'en ce qui me concerne, avec l'opinion que j'avais émise, il n'y a point de contradiction à m'imputer.

Toutefois, comme on l'a déjà dit, il n'est pas impossible de combiner le secret que voudrait garder la mère avec la déclaration qu'elle devrait faire à l'officier de l'état civil, en admettant cette mère, comme vous le voulez, à cacher son nom dans l'acte de naissance de son enfant lorsqu'elle manifestera cette intention, ce à quoi, pour mon compte, je ne pourrais jamais souscrire, parce que je ne puis comprendre qu'il puisse appartenir à qui que ce soit, et surtout à une mère, de ravir légalement à celui qui vient au monde la place qui lui appartient dans les tables de la famille et de la société.

Enfin, je réponds à M. Blanche : Mon but est de chercher à prévenir les expositions. Lorsque la mère présente ou fait présenter son enfant à l'hospice, à ce moment sa résolution est prise, et c'est cette résolution que je voudrais empêcher : voilà pourquoi je voudrais que la loi et les conseils charitables pussent pénétrer, dans la Maison d'accouchement ou dans son domicile, auprès de cette mère, pour l'unir d'abord à son enfant par un lien légal, et ensuite pour l'éclairer, la guider et l'encourager, au besoin, par quelques promesses et quelques moyens de travail et de secours.

Maintenant, lorsque je vais à la mère, quoiqu'elle ne demande rien, je ne songe pas elle à seule, mais à son enfant, dont je veux assurer la filiation et l'état civil.

Au reste, ce que l'on doit surtout désirer, c'est qu'une personne étrangère à la Maison d'accouchement vienne se placer entre la sage-femme et l'accouchée : c'est aussi ce que je demande, ce que cherche. J'accepterais avec bonheur la sœur de charité pour cet intermédiaire, si l'on pouvait me montrer quelque moyen pratique de lui donner cette mission, d'allier, dans ce grand acte de charité, l'élément religieux avec l'élément civil, c'est-à-dire la garantie des formes légales avec ces précieuses garanties du dévouement qui ne cherche que dans le ciel sa force et sa récompense.

M. Victor LEFRANC résume cette partie de la discussion et expose que la question de savoir si l'officier de l'état civil, par lui ou par un délégué, devra se transporter dans la Maison d'accouchement pour y prendre la déclaration de la mère, paraît subordonnée, à beaucoup d'égards, à la conservation des Tours ou à l'admission à bureau ouvert. En conséquence, il propose de s'occuper d'abord de cette dernière question, et d'ajourner après sa solution celle relative au transport de l'officier de l'état civil dans la Maison d'accouchement (1).

RÉSOLUTION.

La question de constatation des naissances à domicile ou dans les Maisons d'accouchement ne sera examinée qu'après la solution

---

(1) Voir la séance du 21 novembre 1849 (page 516), dans laquelle la Commission a pris la résolution suivante, qui forme l'article 140 du projet de loi

« Lorsqu'il y aura déclaration d'un Enfant né dans une Maison d'accouchement charitable ou autre, l'officier de l'état civil devra s'y transporter, il pourra adresser à la mère des conseils et des exhortations pour l'accomplissement de ses devoirs de maternité, si elle consent à les recevoir »

de la question des Tours, et la réglementation du mode d'admission par lequel ils pourraient être remplacés.

La Commission se réunira mardi prochain, 18 septembre 1849.

Elle fixe pour son ordre du jour la discussion sur le maintien ou la suppression des Tours.

La séance est levée à midi.

Signé VICTOR LEFRANC, *président,*

Signé VALENTIN-SMITH, *secrétaire*

7ᴱ SÉANCE.

Mardi 18 septembre 1849, à 8 heures du matin

Présidence de M. Victor LEFRANC.

Sont présents :

M. Victor LEFRANC, M. DURAND-SAINT-AMAND, M. BAILLEUX DE MARIZY. M. Alfred BLANCHE, M. NICOLAS, M. GIRAUD; M VALENTIN-SMITH, secrétaire; M. Louis HAMELIN, secrétaire-adjoint.

Absents :

MM. DE LURIEU et DE WATTEVILLE, en mission pour service d'inspection générale de bienfaisance.

M. PISCATORY, représentant du peuple, l'un des rapporteurs à l'Assemblée législative sur les questions d'assistance publique, est présent à la séance.

Le procès-verbal de la séance du 13 septembre courant est lu et adopté.

ORDRE DU JOUR.

Question de la suppression et du remplacement des Tours (1).

M. VICTOR LEFRANC, président, dit:

Dès l'origine de vos travaux, vous avez compris que la question des Enfants trouvés avait trois époques, comme la vie même de l'enfant :

(1) Voir tome II, pages 708 et suivantes 1° des *Tours*, 2° des *Bureaux d'admission*, par M. de GERANDO

1° L'époque de la gestation;

2° L'époque d'éducation;

3° L'époque de tutelle.

Vous avez considéré la gestation sous deux aspects .

1° La gestation isolée à domicile;

2° La gestation dans les Maisons d'accouchement.

Vous avez pensé que la gestation à domicile ne pouvait être réglementée que d'une manière paternelle et discrète :

1° Avertissement aux agents de l'accouchement;

2° Menaces aux spéculateurs d'avortement, d'infanticide, d'abandon ,

3° Conseils, encouragements, promesses, secours à la mère.

Vous avez compris que la gestation dans les Maisons d'accouchement devait être réglementée d'une manière plus précise, quoique discrète aussi.

Vous avez établi diverses conditions :

1° Conditions personnelles pour les directeurs de cet établissement,

2° Conditions matérielles pour l'établissement lui-même ;

3° Conditions de moralité, de capacité, de salubrité;

4° Tenue et contrôle d'un registre donnant le compte courant : des femmes enceintes entrées, des mères sorties, des enfants nés, des enfants morts, des enfants déclarés devant l'officier de l'état civil.

Vous avez enfin institué des pénalités.

Vous alliez arriver au moment de la naissance de l'enfant, terme essentiel de transition; réglementer la déclaration à l'officier de l'état civil; déterminer les conditions d'admission à l'hospice.

Vous avez rencontré alors, se dressant de toute sa hauteur, la question du Tour, qui domine toutes les autres.

Influence
de la question
des Tours
sur
toutes les autres

Vous vous êtes arrêtés.

La question du Tour, en effet, domine toutes celles de la gestation, où se trouvent engagés les intérêts les plus graves :

1° Au point de vue de la mère, comme : sa vie, son honneur, ses devoirs ;

2° Au point de vue de l'enfant, comme : sa vie aussi, son avenir, son nom, sa famille, sa propriété, sa reconnaissance comme enfant naturel, son état d'enfant légitime, sa moralité, son intelligence, sa santé;

3° Au point de vue de la profession médicale tout entière, comme : sa discrétion, sa moralité, sa science

Or, quelle influence le Tour a-t-il sur ces grands intérêts ?

Les sauve-t-il, ou bien les compromet-il ? Sauve-t-il ou compromet-il les plus précieux ?

La question du Tour supprime-t-elle, dans cette période, les questions de recherche, de conseil, de secours envers les filles enceintes; les questions de déclaration a l'officier de l'état civil, d'abandon d'enfants légitimes, d'indices de filiation à conserver, de sentiment maternel à réveiller, à saisir, à protéger?

Supprime-t-elle enfin les questions de surveillance a exercer sur la sage-femme, etc. etc. ?

La question du Tour domine également toutes celles qui sont relatives a la législation hospitalière.

Période de l'éducation

Tout n'est-il pas dans la manière dont un enfant entre à l'hospice ? N'est-ce pas là une adoption, une tutelle véritable ?

Maternité

Cette adoption, cette tutelle ne laissent-elles pas au dehors une maternité naturelle ?

Le Tour donne-t-il à l'État le sentiment complet de sa paternité adoptive? Cette paternité est-elle sans hésitation, sans regret, sans inquiétude, sans arrière-pensée d'abandon, combinée avec une vague espérance de découvrir une mère qui exonère l'État? Est-elle sans crainte de tenir trop haut ou trop bas le niveau de l'éducation hospitalière?

Finances

D'un autre côté, l'État exerce-t-il son action sans compter avec ses finances? sans spéculer un peu sur l'adoption soudaine des nourrices, par exemple, par le déplacement des enfants? sans compromettre ainsi cette adoption elle-même par une menace constante d'enlèvement?

Le Tour donne-t-il ou enlève-t-il à l'enfant le sentiment de la reconnaissance de la résignation et du grand devoir du travail?

Le Tour soulage-t-il une misère ou en déshérite-t-il plusieurs? Compromet il ou laisse-t-il saufs les deniers départementaux? la dotation des chemins, celles des écoles, des vieillards, des infirmes, les dotations enfin de toutes les souffrances que font naître l'âge ou les faiblesses de l'humanité?

Période de la tutelle

La question du Tour domine enfin toutes les questions de tutelle des enfants sortis des hospices.

Les enfants n'en sortent-ils pas comme ils y sont entrés, par un abandon tout aussi mystérieux, ne laissant aucune trace certaine, aucun lien, aucun intérêt entre l'enfant et la société?

Quelle est l'influence du Tour sur cet etat de choses ?

Il faut donc résoudre cette question du Tour en songeant à toutes les autres, car elle entraînera nos délibérations ultérieures; elle réagira même peut-être sur nos résolutions antérieures.

7e SEANCE

Nécessité de résoudre avant tout la question du Tour

L'étude doit donc être complète, autant qu'elle sera consciencieuse.

N'oublions pas, en l'abordant, qu'il y a deux écoles bien tranchées sur cette question :

Deux écoles opposées

Les uns disent :

École charitable

Sauvez la mère de la honte, de la misère, du crime!

Sauvez l'enfant de la mort!

Les autres disent :

École financière

Sauvez les finances du département!

Sauvez les hospices!

Sauvez la morale!

Quant à nous, tâchons de dire :

École maternelle

Sauvons l'enfant de l'abandon!

Sauvons la mère de l'oubli de son nom de mère!

Sauvons la loi du triple reproche d'immoralité, d'inhumanité, d'imprévoyance!

M. GIRAUD parcourt rapidement l'histoire de l'exposition et du Tour, montrant d'abord l'exposition consacrée dans les temps anciens, dont elle fait la honte, et montrant ensuite le Tour sortant de la civilisation moderne, comme un de ces heureux progrès de la charité sociale dont la religion chrétienne a, la première, véritablement jeté la semence et les bienfaits dans le monde.

M. GIRAUD, après cet aperçu historique, montre les abus, qui corrompent tout, jusqu'aux meilleures institutions, s'emparant du Tour, devenu désormais un encouragement à l'immoralité, à l'abandon, devenu l'une des causes les plus actives de l'effrayante mortalité qui règne parmi les Enfants trouvés, hors de toute proportion avec celle des autres enfants. Il fait ressortir que la population des Enfants trouvés ne présente aucune garantie de moralité, d'ordre et de travail; il se demande si l'Angleterre n'a pas été mieux avisée que nous, lorsqu'elle n'a point admis de dénomination d'*Enfants trouvés*, qu'elle confond avec les *Orphelins*.

Inconvénients des Tours

M. GIRAUD explique par quelles hésitations il a été longtemps agité sur cette difficile question, et dit que ses réflexions l'ont amené à se prononcer pour la suppression des Tours, en ce qu'ils laissent une trop grande place à l'abus.

Mais, poursuit M. GIRAUD, tout en les supprimant, je veux les remplacer par

Nécessité d'un équivalent

un équivalent qui permette, autant que possible, de conserver tout ce qu'il y a de bon dans l'institution, en repoussant ce qu'elle offre d'abusif.

Ainsi, je veux un asile pour la misère, un refuge à la honte, quelquefois aussi une sauvegarde pour la femme adultère; car, malgré ses abus, le Tour est un préservatif contre les excès du vice, un moyen de sauvetage pour l'enfant, en ce qu'il prévient les infanticides.

En le supprimant, il faut chercher par quels moyens on pourrait reproduire ses bienfaits.

Quant à moi, je les retrouve en partie dans les Maisons d'accouchement. Aujourd'hui c'est un repaire de vices odieux; je les transformerais pour en faire un lieu de conservation pour l'enfant et de secours pour la mère.

Pour cela, il faudrait proclamer que tout hospice devra recevoir une femme enceinte, avoir une salle spéciale destinée aux accouchements. Et, ensuite, je me demande si l'on ne pourrait pas organiser encore dans chaque hospice des moyens d'assistance secourable pour l'enfant, qui resterait pourtant confié aux soins de sa mère.

Si une fille enceinte était admise, sur tous les points du territoire français, à faire ses couches dans un hospice où elle rencontrerait des secours, de bons conseils, d'utiles encouragements pour supporter une position pénible, je suis convaincu que l'on parviendrait à prévenir beaucoup d'infanticides et beaucoup d'abandons.

Dépenses
des
Enfants trouvés

Enfin, M. GIRAUD termine en faisant observer qu'il y a une question qu'il ne fait qu'indiquer en ce moment sans la traiter, à savoir s'il ne conviendrait pas de faire de la dépense des Enfants trouvés, au lieu d'une dépense départementale, une dépense générale de l'État, ce qu'elle est dans la réalité, et ce qui, peut-être, serait un moyen de parer à bien des difficultés.

M. NICOLAS :

Difficultés
de la question

La question de conservation ou de suppression des Tours est décourageante, lorsque l'on veut en sonder toutes les difficultés. Il n'y a véritablement que le travail en commun qui puisse la faire envisager avec quelque confiance.

Déjà j'ai eu occasion de me prononcer sur cette question; mais je l'oublierai en ce moment pour ne me préoccuper que de la réexaminer avec la plus complète indépendance, en me défendant surtout avec le plus grand soin de l'aborder avec un esprit de système.

Dans la réalité, qu'est-ce que le Tour? C'est un exutoire, en quelque sorte, et un égout, mais un exutoire et un égout nécessaires pour sauver l'enfant de la mort ou de la perversité, la mère du crime, la société du scandale. Si vous le supprimez, ne croyez pas pour cela que vous supprimerez le mal; vous le ferez refluer dans l'intérieur du corps.

Il faut se garder de l'empirisme !

Là où le Tour n'existe pas, croyez-vous que le mal soit moins grand, les abus moins graves ? Non sans doute : seulement le mal est plus confondu dans la masse et l'infecte plus librement.

Dans tous les pays où l'institution du Tour n'a pas été acceptée, la dépense des Enfants trouvés est plus considérable, et il y a moins de moralité publique.

Ainsi, en Angleterre, la dépense des Enfants trouvés, dégagée de la dépense générale occasionnée par le paupérisme, s'élève à 17 millions pour une population de 15,927,000 habitants (1), tandis qu'en France, pour une population de 34,214,000 habitants (2), cette dépense ne s'élève qu'à 10 ou 11 millions au plus, tombée même aujourd'hui à 7 ou 8 millions.

Il y a moins de moralité, disais-je, là où il n'y a pas de Tour; le fait se justifie à divers points de vue.

On compte, en France, un enfant naturel sur environ 13 naissances légitimes, tandis que la plupart des états d'Allemagne comptent un huitième, un septième et quelquefois près d'un quart de naissances naturelles (3).

En France, l'infanticide suit la proportion des autres crimes; le Tour en prévient un grand nombre. La proportion de ce crime et des crimes, en général, contre l'enfant est énorme en Norwége, dans la Suède et dans la Bavière, qui repoussent le Tour.

Tant il est vrai qu'il faut toujours que le mal ait son équilibre !

Le Tour n'enfante pas le mal, il n'est pas la cause du mal ; il ne fait que le dégager.

Le Tour et sa perspective ne déterminent pas les dérèglements dont l'Enfant trouvé est le fruit et la victime. Sa suppression ne détruirait pas le nombre de ces conceptions désordonnées.

Le Tour ne fait pas la honte : ce sont les mœurs ; la honte, après tout, n'est

---

(1) Recensement de 1841
(2) Recensement de 1841
(3) Voir l'abbé Gaillard. Enfants trouvés, pages 305 et 309.

13.

qu'un hommage rendu aux mœurs publiques : elle est d'autant plus farouche et impitoyable que les mœurs sont plus pures ; tellement, qu'il est avéré par toutes les statistiques que les pays, que les provinces où il y a le moins d'enfants illégitimes sont ceux où il y a relativement le plus d'infanticides et d'expositions. Cela se conçoit et doit être pris en grande considération.

Respect à la honte dans l'intérêt de l'enfant, qu'elle immole ; dans l'intérêt de la mère, qu'elle achèverait de pervertir par ce crime ; dans l'intérêt des mœurs publiques, pour qui sa révélation serait un scandale, et qui, par l'habitude de la braver, descendraient bientôt à ne plus la sentir.

Tout est abus dans le Tour si l'on veut voir les choses à un point de vue absolu de moralité et de perfection, car le fond de cette matière des Enfants trouvés est l'immoralité même, avec laquelle il faut nécessairement traiter pour en amoindrir les tristes effets. *Minima in malis,* telle doit être notre devise.

Aussi, avant l'existence des Tours, l'avocat général Omer Talon, malgré la sévérité de ses mœurs et de son ministère, défendait-il de poursuivre le crime d'exposition, pour ne pas pousser à celui d'infanticide. C'est le même sentiment qui me fait dire : Ne fermez pas les Tours, de peur de porter au double crime d'exposition et d'infanticide.

Education des enfants

Une considération plus générale me frappe après toutes les autres, c'est celle-ci : que tous ces enfants qu'on nous jette dans le Tour, quand ils ne sont pas sauvés de la mort, sont sauvés d'une éducation perverse qui, en entretenant en eux les vices dont ils sont le fruit, en leur en donnant le continuel scandale, les dévouent au malheur, au crime, à la révolte contre une société dont ils sont les ennemis naturels et a qui ils rendent les malédictions qu'ils en ont reçues. Vous ne voulez pas qu'ils pèsent dans le Tour ; craignez qu'ils ne pèsent un jour dans la rue. Il y a là un grave sujet de préoccupation.

Il y a cependant quelque chose à faire, et qu'il faut poursuivre avec soin, c'est de réprimer et de prévenir les horribles facilités qui accompagnent le Tour et qui y conduisent.

Agents intermédiaires

Il y a là, en vérité, tout un personnel d'agents scélérats qu'il faudrait atteindre, ou plutôt réduire à l'impossibilité d'exercer leurs coupables manœuvres, manœuvres d'autant plus dangereuses, qu'elles s'emparent de la mère dans un moment où, brisée et affaissée par la souffrance, les moyens de tentation peuvent si aisément l'entraîner à l'abandon de son enfant.

Il faudrait d'abord frapper avec rigueur sur ces manœuvres, tout en ménageant la victime qu'elles circonviennent.

Mais, après cela, il faudrait surtout chercher de bons agents qui pussent entourer cette mère, des agents de moralité, de véritable moralité.

Ceci a souvent fait l'objet de mes préoccupations en cette question des Enfants trouvés, si grave et si difficile, comme en toutes celles qui ont pour objet le soulagement des misères humaines; je me suis demandé s'il ne pourrait pas exister quelques moyens d'engrener la charité privée avec l'action officielle. C'est là tout le problème.

Pour cela, il faudrait pouvoir placer a l'extrémité de l'action officielle une personne charitable comme intermédiaire entre la loi et le malheur, mais intermédiaire discret, dévoué, à qui il faudrait laisser une entière liberté d'action, une indépendance qui n'eût de compte à rendre qu'à sa conscience, s'inspirant de son devoir et de ce sentiment de la charité chrétienne qui, en tombant d'en haut, acquiert une force d'impulsion et de pénétration irrésistible

Alors, cet intermédiaire userait de tous les moyens qui lui sembleraient les plus efficaces pour détourner la mère de l'abandon de son enfant, pour la dissuader du Tour, de manière à ce que le Tour, en définitive, ne restât plus que comme une dernière ressource pour la honte que rien n'aurait pu apprivoiser.

Entre ces moyens, deux surtout semblent se présenter comme pouvant donner les meilleurs résultats, l'un moral et l'autre matériel: celui-ci consistant a donner quelques secours raisonnables proportionnés avec les besoins sainement étudiés; celui-la consistant dans de pieux conseils, accordés avec cette intelligence du dévouement que la religion inspire et qui seul connait véritablement le chemin du cœur.

M. de Gérando a fait des catégories d'Enfants trouvés, et il résulte de ses travaux qu'il n'y a que 38 enfants sur 100 dont la naissance réclame le mystère absolu: c'est donc 62 enfants sur 100 dont on pourrait ainsi exonérer le Tour.

Je vous ai exposé, sans ordre et comme me parlant à moi-même, des idées très-générales sur cette grave question. Je me réserve de les préciser et de les reprendre dans le cours de la discussion.

Quant à présent, je me borne à cette conclusion: maintien du Tour, chercher, par tous les moyens possibles, à en détourner et à en dissuader, sans le supprimer.

M. BAILLEUX DE MARIZY:

Quand il s'agit de modifier une législation antérieure ou d'établir une loi nouvelle, deux préoccupations doivent être constamment présentes à l'esprit du législateur : il lui faut se conformer, d'une part, aux principes éternels, base de toute société morale ; de l'autre, aux usages, aux besoins véritables du pays où cette législation sera appliquée.

Manquer à la première de ces conditions serait faire une mauvaise loi ; manquer à la seconde, heurter trop violemment les habitudes réelles des localités, serait faire une loi suspecte, non respectée, et accroître encore cette indifférence pour l'Autorité, cette absence de prestige dans le pouvoir et d'esprit légal dans les populations qui ont engendré la triste manie révolutionnaire dont les déplorables effets se font sentir.

Devoirs de la famille

Quels sont les principes applicables au sujet qui nous préoccupe ? D'une part, les parents ont des devoirs à remplir envers leurs enfants ; d'autre part, la société a des devoirs à remplir envers les malheureux et les faibles. Mais nous ne pouvons prescrire d'une manière absolue l'accomplissement d'aucun de ces devoirs. Si d'un côté, en effet, l'abandon des enfants est un crime, ce crime est également répréhensible chez le père et la mère ; et cependant, conforme en cela à la nature, la loi civile a établi une notable différence entre tous les deux : la mère seule peut être recherchée, et seule pourrait être tenue de remplir ses devoirs dans toute leur étendue. Mais n'y aurait-il pas là une inégalité choquante ? Vous l'avez cru ainsi, et vous avez repoussé déjà toute disposition qui, en créant pour la mère l'obligation de déclarer sa maternité, préviendrait absolument l'abandon.

Devoirs de la société

Les devoirs de la société, non plus, ne peuvent être absolus La société ne doit que ce qu'elle peut : si l'accomplissement de ces devoirs, par rapport aux enfants qu'elle adopte, devait entraîner sa ruine ou dépasser la mesure des sacrifices qu'elle s'impose pour le soulagement d'autres infortunes, cet accomplissement ne serait plus obligatoire pour elle.

Envisagée au point de vue de ces principes et des limites dans lesquelles ils veulent être appliqués, la mesure de la suppression des Tours ne saurait causer la moindre hésitation. Le Tour, en effet, c'est non plus l'exception permise à la règle qui déclare que l'abandon est un crime ; mais c'est l'abandon devenu règle générale ; le Tour, c'est aussi la bienfaisance de l'État exercée sans conditions, sans limites, *ultra vires*.

État des mœurs Vœux des conseils généraux

Mais il semble plus difficile d'adopter cette mesure de la suppression, si l'on considère l'état des mœurs, des habitudes, si l'on veut se conformer aux opinions générales du pays.

Le Gouvernement a voulu le consulter sur une pareille question; il s'est adressé à ses représentants les plus directs. à ceux qui, vivant le plus près possible des localités, savent le mieux quels sont leurs désirs et leurs besoins, Les conseils généraux, ainsi interrogés, ont répondu tous à l'exception de neuf. Vingt et un se sont prononcés pour la suppression des Tours, mais six ont fait des réserves. Cinquante-cinq, au contraire, ont demandé le maintien des Tours; quatre, il est vrai, tout en demandant le maintien des Tours en général, en ont voté la suppression chez eux, et douze ont réclamé le maintien des Tours, mais avec surveillance.

Quoi qu'il en soit, n'est-il pas vrai de dire que, sur cette question, les esprits sont plus que partagés, et que la majorité est favorable à la mesure du maintien des Tours? Ne convient-il pas dès lors d'examiner sur quels motifs cette opinion se fonde, et quels ont été les résultats de la mesure dont il s'agit, afin d'établir, d'une part, que ces motifs sont sérieux ou futiles, que ces résultats ont été satisfaisants ou déplorables, afin de se décider, soit à céder devant une telle manifestation de sentiments, soit à n'en tenir aucun compte.

Il faut bien le reconnaître, ce sont les départements les plus religieux qui semblent le plus attachés à la conservation des Tours; c'est le parti religieux qui s'en est fait le plus ardent défenseur : d'où cela vient-il? La religion est inflexible quant aux principes : elle n'admet aucune transgression avec les devoirs du mariage et les obligations de la famille; mais elle est pleine d'indulgence quant aux personnes, et sa charité est absolue à l'égard du malheur Le Tour ne semble-t-il pas présenter ce double caractère d'inflexibilité et d'indulgence? Sous ce point de vue, n'est-il pas essentiellement catholique et chrétien? Le Tour s'ouvre à l'enfant dont les parents sont entièrement inconnus. On ne compose point avec le crime qui lui a donné naissance, puisqu'on l'ignore, on est seulement miséricordieux et charitable envers un être malheureux.

Point de vue religieux

J'interprète sans doute fort mal les sentiments dont je cherche ici les causes, mais ces causes doivent être sérieuses, car ces sentiments sont profonds, et ils sont d'autant plus respectables qu'ils ont pénétré plus de consciences.

Elles se résigneraient sans doute si l'on pouvait substituer aux Tours d'autres mesures propres à satisfaire les mêmes intérêts et à présenter les mêmes caractères.

Quelles mesures pourraient leur être substituées?

Les secours aux filles mères! Cinquante-deux départements en accordent : mais, d'une part, ils emploient ce système concurremment avec les Tours et hospices; d'autre part, ce n'est point un système général et absolu : il n'est

Secours aux filles mères

jamais obligatoire. Partout une somme est mise par le conseil général à la disposition du préfet, qui ne peut la dépasser. Si d'ailleurs le mode de secours aux filles mères remplaçait tout autre régime, il serait trop inique de refuser toute assistance aux mères légitimes d'enfants pauvres : c'est ce qu'a compris le département de la Moselle, où des secours leur sont également accordés. Ne serait-ce pas enfin retomber dans les erreurs de la législation de 1793, si unanimement repoussée, et constituer de véritables primes au désordre?

L'hospice dépositaire avec bureau d'admission remplacera-t-il plus utilement les Tours? et il est bien entendu que je ne veux juger ici la valeur de ce système qu'au point de vue des défenseurs des Tours.

Mais dans ses rapports forcés avec les deux fléaux qu'elle ne peut espérer détruire, mais seulement amoindrir, la misère et le vice, la société, contrainte de traiter, avec ce dernier surtout, ne l'a jamais fait qu'en secret, d'une manière occulte, presque en rougissant. Elle n'a eu de rapports avec la prostitution, le jeu, l'espionnage, que par des intermédiaires infimes et presque dégradés. Les règlements qu'elle a institués pour arrêter et circonscrire les effets du vice plutôt que pour le combattre ont été occultes, pour ainsi dire. Avec le bureau de réception, avec la magistrature instituée pour admettre ou repousser l'enfant qui lui est présenté, ces conditions changent radicalement, et l'on verrait cet étrange spectacle des représentants les plus élevés de la morale et de la loi se montrer d'autant plus faciles, d'autant plus complaisants, que les crimes seraient plus flagrants et les vices plus monstrueux. Plus les auteurs d'un enfant seraient coupables, et plus les juges, baissant les yeux devant le manquement à la loi, admettraient aisément l'enfant présenté.

Vis-à-vis du crime, le Gouvernement se montrerait complaisant pour cet autre crime qui est l'abandon; vis-à-vis de la misère, il s'en ferait le complice et l'instigateur. Assurément on maintiendrait la misère des parents comme un motif d'admission pour l'enfant; mais la misère peut n'être pas permanente et éternelle, mais le sentiment de la maternité est un puissant mobile pour le travail : un secours présent serait peut-être suffisant pour empêcher les liens naturels de se rompre, et cependant la société, détruisant le mobile, rompant le lien, pour un mal passager, peut-être, commettrait un crime irrémédiable, l'abandon.

Sans doute ce double résultat vis-à-vis du crime et de la misère est obtenu aussi bien avec le Tour qu'avec l'hospice; mais, aux yeux de l'opinion dont je me préoccupe, il y a cette aggravation avec l'hospice, que la société agit dans le second cas avec réflexion, avec jugement, presque avec préméditation.

Il est inutile d'envisager enfin le système des Tours surveillés, puisque c'est le même régime que celui des hospices à bureau ouvert, avec moins de garanties encore.

Examinons maintenant si, dans les faits, dans les conséquences des différents systèmes, nous pourrons trouver des arguments capables de modifier par ce qui est la plus puissante de toutes les raisons, c'est-à-dire l'expérience, l'opinion favorable au maintien des Tours.

Et d'abord, il ne s'agit point d'étudier les conséquences de la législation de 1811. Ces conséquences ont été déplorables : une augmentation de 30,000 Enfants trouvés en quatorze années; les dépenses portées de 4 millions à plus de 10. Aussi, dès 1833, le gouvernement central autorisa-t-il les autorités départementales à modifier cette législation et à adopter les mesures les plus capables de porter remède à cet état de choses dans chaque localité.

C'est cette nouvelle législation, ce sont ces mesures diverses dont il s'agit de constater les effets.

Trois sortes de régimes furent adoptées simultanément ou séparément : les Tours, les hospices dépositaires, les secours aux filles mères. Je ne parle point du déplacement, mesure secondaire et aujourd'hui à peu près condamnée. Sous l'empire de ce régime varié, d'excellents résultats furent obtenus.

Les Tours furent réduits au nombre de 65, dont 25 seulement sans surveillance 185 furent supprimés de 1833 à 1845.[1]

Le nombre des hospices dépositaires, de 273, tomba à 241.

52 départements accordèrent des secours aux filles mères. Grâce à cet ensemble de restrictions, les abus signalés en 1833 diminuèrent sensiblement.

Les dépenses, de plus de 10 millions, tombèrent à moins de 7.

Le nombre des Enfants trouvés, de 130,000, se réduisit à celui de 95,000.

Leur mortalité fut moindre, soit par suite de meilleurs soins donnés dans les hospices, soit par suite des secours accordés aux filles mères. L'enfant laissé chez sa mère se conserve mieux qu'à l'hospice. M. Remacle déclare que cette proportion est au moins d'un tiers, et il estime que, de 1834 à 1845, 30,000 enfants furent ainsi sauvés.

Enfin le nombre des infanticides ne s'accrut point proportionnellement avec la population générale du pays, et celui des morts-nés présenta de même un résultat si satisfaisant, que, sous ce rapport, la France occupe le premier rang parmi les nations européennes.

I. 14

Certes, ce tableau a de quoi rassurer et réconcilier avec leur temps et leur pays les esprits sérieux qui ne se payent point de vaines déclamations. Il peut faire juger l'excellence des systèmes adoptés depuis l'année 1833.

Mais, d'une part, ces systèmes n'ont-ils pas produit tout ce qu'ils pouvaient produire, puisque, depuis 1838, le nombre des Enfants trouvés et le chiffre des dépenses sont restés stationnaires? d'autre part, chacun de ces trois régimes, et en particulier celui des Tours, est-il responsable du bien obtenu? C'est ce qu'il importe d'examiner en finissant, pour le juger définitivement.

Infanticides

Les Tours semblent porter à l'infanticide, loin d'en détourner, en offrant à la honte une garantie de secret. Ainsi, M. Remacle établit que les 52 départements où les Tours ont été fermés depuis 1833 ne sont compris dans l'augmentation générale des infanticides que pour 0,42; les 21 départements qui ont maintenu le nombre de leurs Tours y sont compris pour 0,44; les 8 qui n'ont jamais eu de Tours figurent pour 0,23, tandis que les 3 départements qui ont créé de nouveaux Tours s'élèvent au chiffre de 0,61.

Ainsi, plus il y a de Tours, plus il y a d'infanticides.

Il est vrai que, d'un autre côté, on peut dire avec M. REMACLE lui-même : Moins de Tours, plus d'expositions, et sans doute aussi plus d'avortements.

Mais cette question des Tours est-elle bien liée à celle des infanticides? Voyons-le. Si, par hasard, ces mêmes départements où les Tours ont été fermés depuis 1833, et où les infanticides ont été moins nombreux depuis lors, présentaient aussi moins de cas d'infanticides alors que les Tours y existaient, on conviendra que ces deux questions n'auraient aucun rapport : c'est ce que les chiffres établissent. Dans la période de dix ans pendant laquelle les Tours ont été ouverts, on remarque que les 52 départements ci-dessus comptent en moyenne 12,80 infanticides, les 21 en comptent 11,38; les 8 sans Tours, 15,75, et les 3 derniers, 11,66. Ainsi, à cette époque, il y avait plus d'infanticides dans les départements sans Tours que dans tous les autres, et, si l'on voulait admettre avec M. REMACLE, pour l'époque de suppression, que le maintien des Tours a poussé à l'infanticide, il faudrait dire, pour l'époque de leur établissement, qu'il était également cause de la différence en moins, ce qui est contradictoire.

Accroissement et diminution du nombre des Enfants trouvés

La vérité est que les Tours ne sont pour rien dans la question de l'infanticide, et qu'ils sont plus ou moins nombreux selon l'aisance, la civilisation, l'esprit de famille, les mœurs des diverses localités.

Le nombre des Enfants trouvés a singulièrement diminué: à quelle mesure faut-il plus particulièrement attribuer ce résultat?

M. DE WATTEVILLE établit que 38 départements n'ont pas de Tour et que l'on y compte 1 Enfant trouvé sur 372 habitants; 34 départements ont 1 Tour, et il y a 1 Enfant trouvé sur 287; 11 départements ont 2 Tours, alors on y voit 1 Enfant trouvé sur 307; 3, enfin, ont 3 Tours, et on y remarque 1 Enfant trouvé sur 450 habitants.

Ceci semble concluant; mais cette différence de proportion ne résulte-t-elle pas plutôt de causes locales que de l'existence des Tours? J'ai voulu voir quelles parties de la France avaient fait les plus grands progrès depuis 1833 sous le rapport de la diminution du nombre des Enfants trouvés, et voici le résultat que j'ai obtenu :

En 1833 l'Est de la France comptait 1 Enfant trouvé sur 296 habitants; en 1845, la proportion est de 1 sur 400. Au Sud, en 1833, 1 sur 218; en 1845, 1 sur 318. Au Centre, en 1833, 1 sur 261; en 1845, 1 sur 325. A l'Ouest, 1 sur 316, en 1833; et en 1845 1 sur 369. Au Nord, enfin, 1 sur 341, en 1833, et en 1845, 1 sur 362.

Ainsi l'Est a fait le plus de progrès, et c'est à l'Est que sont les départements qui n'ont jamais eu de Tours. C'est après l'Est, le Sud et le Centre, et c'est au Sud et au Centre qu'existent le plus grand nombre de Tours. Évidemment les Tours n'y sont pour rien. En veut-on une autre preuve? Si l'existence du Tour poussait à l'accroissement des Enfants trouvés, le Tour non surveillé y pousserait plus que le Tour surveillé. Il y a 30 départements où les Tours sont surveillés et 10 sur 30 comptent un nombre d'Enfants trouvés au-dessus de la moyenne, qui est, pour toute la France, de 1 sur 353 habitants. Il y a 18 départements dont les Tours ne sont pas surveillés, et 5 sur 18, c'est-à-dire également le tiers, sont dans le même cas.

L'accroissement du nombre des Enfants trouvés ou leur diminution sont dus, comme les infanticides, à des causes locales, et il n'est pas plus juste de les imputer au Tour qu'à l'hospice dépositaire.

Mais il est une autre remarque qu'il est important de faire, car tout s'enchaîne dans les questions d'assistance, et, si vous extirpez quelque part un vice de nos sociétés vieillies, il est à craindre qu'il ne renaisse plus vivace et plus dangereux sur un autre point. Sans doute, il est intéressant de voir diminuer le nombre des Enfants trouvés; mais il ne faudrait pas que cette diminution fût compensée par une notable augmentation du nombre des Enfants naturels. Les pays où les Enfants naturels sont le plus nombreux, c'est-à-dire où il y a le plus d'atteintes portées à la sainteté du mariage, sont également ceux

14.

qui présentent, sous tous les aspects, le spectacle le plus affligeant pour le moraliste et l'homme d'État : les Enfants naturels figurent en plus forte proportion que les Enfants trouvés sur les statistiques du crime, et en voyant les parties de la France qui comptent le moins d'Enfants trouvés compter aussi le plus d'Enfants naturels, je ne sais trop ce qu'il faut préférer sous ce rapport.

Évidemment l'institution des Tours, si elle a quelque influence sur ce point, semble moins favoriser l'extension des unions illégitimes que les hospices à bureau de réception, que les secours aux filles mères qui semblent, au contraire, sinon des encouragements, au moins des mesures de complaisance avouée et réfléchie pour le relâchement des mœurs.

Enfin, si nous envisageons la diminution du chiffre de la mortalité parmi les Enfants trouvés, il n'est pas possible d'en faire plus honneur aux hospices avec Tours qu'aux hospices dépositaires. On en a vu plus haut les causes.

Liberté
à laisser
aux départements
Il résulte donc de tout ceci que d'excellents résultats ont été obtenus sans qu'on puisse les attribuer plus exclusivement à un régime qu'à l'autre; ou plutôt il faut reconnaître que le Gouvernement, en invitant les autorités départementales à appliquer les mesures les plus utiles dans chaque localité, en instituant de fait une législation diverse, a pris l'initiative la plus utile et la plus conforme aux vrais intérêts du pays.

Partout où les mœurs accueillaient facilement l'Enfant naturel, où les opinions pouvaient venir en aide aux mesures prises, les Tours ont été fermés; dans le cas contraire, ils ont été maintenus. En vain, on prétendrait que les départements qui n'ont pas fermé leurs Tours ont souffert de l'avantage que leurs voisins obtenaient en les fermant. Il faut que ce sacrifice n'ait pas été bien lourd, puisqu'ils l'ont imposé à leurs finances et qu'ils ne sont pas revenus sur leur détermination : rien assurément ne leur était plus facile.

Pourquoi donc aujourd'hui, alors surtout que 55 départements partagent la même opinion, imposer de force une mesure dont rien ne démontre l'urgence et changer un état de choses qu'il suffirait peut-être d'améliorer en le régularisant?

Laisser les départements libres d'appliquer tel ou tel régime suivant leurs besoins ou leurs vœux, mais perfectionner chacun de ces régimes, ne serait-ce pas le meilleur moyen de conserver les avantages obtenus, d'aller même au dela de ces avantages, qui n'augmentent pas depuis plusieurs années?

La France comptait, en 1845, 95,000 Enfants trouvés; elle dépensait pour eux 7 millions de francs; est-ce trop? Assurément non. Ce qui lui importe, c'est de ne pas dépasser ces chiffres, et surtout de ne pas dépenser inutilement cette somme.

Pour obtenir le premier résultat, nous avons déjà introduit dans la loi le principe de la surveillance des Maisons d'accouchement : nous avons été peut-être trop méticuleux à cet égard et nous avons trop craint l'arbitraire du pouvoir; mais c'est néanmoins une innovation utile.

Pour obtenir le second résultat, nous pouvons, je le répète, perfectionner chacun des régimes variés qui existent, Tours, hospices à bureaux ouverts, secours aux mères ; nous pouvons indiquer de nouvelles mesures : hospices de maternité, crèches, asiles, etc .... Nous devons enfin songer à l'avenir de l'Enfant trouvé et l'élever de telle sorte qu'il ne devienne pas le plus souvent, comme par le passé, un danger pour la société qui l'adopte

En un mot, l'objet de la loi qui nous occupe, pour faire tout ce qui est possible, dans l'état actuel, mais rien que ce qui est possible, doit être plus d'instruire et de moraliser les Enfants trouvés que de les faire disparaître, ou même d'en réduire considérablement le nombre. Nous n'y parviendrions pas.

La Commission se réunira jeudi prochain 20 septembre 1849. Elle fixe pour l'ordre du jour de sa prochaine séance la continuation de la discussion sur la conservation ou la suppression des Tours.

La séance est levée à onze heures et demie du matin.

Signé VICTOR LEFRANC, *Président.*

Signé VALENTIN-SMITH, *Secrétaire.*

8ᴱ SÉANCE.

Jeudi 20 septembre 1849, 8 heures du matin

Présidence de M. Victor LEFRANC.

Sont présents :

MM. Victor LEFRANC, DURAND-SAINT-AMAND, BAILLEUX DE MARIZY, Alfred

BLANCHE, NICOLAS, GIRAUD, VALENTIN-SMITH, secrétaire, et M. Louis HAMELIN, secrétaire adjoint.

Absents :

MM. DE LURIEU et DE WATTEVILLE, en mission pour service d'inspection générale de bienfaisance.

M. PISCATORY, représentant du peuple, rapporteur de la Commission d'assistance publique à l'Assemblée législative, est présent à la séance.

Le procès-verbal de la séance du 18 septembre courant est lu et adopté.

ORDRE DU JOUR.

Suite de la discussion relative à la question du maintien ou de la suppression des Tours.

M. VICTOR LEFRANC, président :

La parole est à M. DURAND-SAINT-AMAND pour la continuation de la discussion à l'ordre du jour.

M. DURAND-SAINT-AMAND :

La question de suppression ou de maintien des Tours a fait un grand pas dans la dernière séance. En effet, si les membres de la Commission qui ont porté la parole, ont exprimé une consciencieuse hésitation sur la solution à donner au problème, aucun d'eux n'a hésité à reconnaître les vices et les déplorables abus de cette institution. Lorsqu'un principe est ainsi jugé, lorsque ses abus et ses inconvénients ont acquis un degré d'évidence tel que ses défenseurs même ne peuvent les méconnaître ni en dissimuler la gravité et l'étendue, n'est-il pas vrai de dire que l'institution est condamnée, et qu'il n'y a plus qu'un effort à faire pour en obtenir la suppression?

Nécessité d'une loi

Cependant l'utilité d'une mesure radicale n'est pas unanimement reconnue, et M. BAILLEUX DE MARIZY, sans contester la gravité du mal, est d'avis qu'il n'y a rien à faire pour le guérir. C'est cette conclusion à laquelle il s'est arrêté qui demande à être combattue la première. Comment laisser le pays abandonné aux tristes effets d'une législation incohérente, contradictoire, subordonnée aux lumières ou aux erreurs des hommes que la carrière des emplois publics ou les hasards de l'élection placent à la tête des divers départements? Comment d'ailleurs M. DE MARIZY ne tient-il pas compte ici de l'opinion des Conseils généraux, lui qui s'est appuyé avec tant de raison sur leur autorité quand il a traité le fond même de la question? Or, sur 63 départements seulement, qui ont répondu à la première des questions posées par la circulaire ministérielle du 8 novembre 1848, 48 demandent une législation uniforme; 15 seulement ont émis un avis contraire.

Et quelle a été la raison déterminante de ces 15 Conseils pour demander que les mesures relatives aux Enfants trouvés soient laissées à l'appréciation souveraine des administrations locales? M. DE MARIZY vous l'a dit : cette raison, c'est la diversité des mœurs dans une nation d'une aussi grande étendue que la France. Je ne puis admettre une telle raison : ni la diversité des mœurs, ni, ce qu'il serait plus vrai de dire, la différence existant dans l'état de la moralité publique, ne doivent arrêter le législateur. Au contraire, est-ce que la morale n'est pas une? est-ce qu'elle n'est pas partout la même? est-ce que le devoir du législateur n'est pas précisément de la faire prévaloir et de ramener sous son niveau par la voie des réformes et des saines prescriptions, les mœurs qui s'en écartent?

D'ailleurs l'expérience peut ici être consultée avec fruit. Je ne puis l'invoquer sans parler de la statistique; mais je dois dire en commençant que la statistique n'occupera qu'un faible rôle dans ma discussion, parce qu'elle n'a pas exercé une grande influence sur les convictions que je vais tout à l'heure exprimer. Je trouve rarement, en effet, dans les recherches d'ailleurs curieuses de la statistique, des raisons de décider satisfaisantes pour l'esprit. Rarement elle résiste au travail de l'analyse; et ses tableaux et ses chiffres me semblent presque toujours être plutôt l'ornementation d'un système que la démonstration d'une vérité. En outre, la statistique ne peut fournir de lumières que par la comparaison des résultats qu'elle constate. Mais quels résultats certains peuvent être recueillis, quelles comparaisons utiles peuvent être tirées dans la matière qui nous occupe, au milieu même de ces diversités absolues qui se produisent sur toute la surface du pays? Ainsi nous avons les départements qui possèdent des Tours, et ceux qui n'en ont jamais eu; ceux qui les ont supprimés, et ceux qui les ont soumis à la surveillance; ceux qui se sont bornés à conserver un Tour au chef-lieu et ceux qui en ont conservé ou institué plusieurs. Dans les départements même soumis en apparence à la même loi, nous voyons de graves différences dans le régime d'administration, et il n'est pas deux régions en France où les mêmes moyens soient employés à combattre des abus pareils et nés de la même origine. Il ne paraît donc pas qu'il y ait aucune conclusion exacte a tirer de la comparaison de situations aussi diverses.

Mais il est un fait remarquable qui domine la question et dont il n'est pas possible de méconnaître l'importance, c'est celui de la diminution des expositions produite par la suppression des Tours. M. Giraud a rapporté, à la dernière séance, cette intéressante observation, que le décret de 1811, ayant reçu son application à Mayence après l'occupation française, les expositions, jusque-là fort rares, y devinrent aussitôt très-fréquentes ; mais, après la chute de l'Empire, notre législation fut abandonnée, le Tour supprimé, et les expositions disparurent avec lui.

A ce fait curieux, je demande la permission d'en ajouter un autre, dont j'ai pu moi-même faire l'observation, avec soin, dans un département remarquable par sa situation, par son étendue, par le nombre et la nature de sa population, le département du Nord, que j'avais l'honneur d'administrer en 1848.

Dans le département du Nord, antérieurement à 1836, il existait cinq Tours, et la moyenne des expositions annuelles s'élevait à environ 600.

De 1836 à 1843, les cinq Tours furent successivement supprimés, et le nombre des expositions n'atteignit plus que le chiffre de :

11 en 1844;

7 en 1845,

2 en 1846;

8 en 1847.

Et, pour le dire en passant, le crime d'infanticide, qui dans le département du Nord, sur une population de plus d'un million d'habitants, ne dépasse pas la moyenne de 6 à 6 ½, n'a présenté que deux exemples en 1848, durant cette année de détresses et de misères de toute nature.

Enfin, ces observations locales, dont je ne puis multiplier ici les citations, sont confirmées par l'observation générale que rapporte M. de Watteville. Or, voici ce qu'il constate pour toute la France :

De 1819 à 1833, le nombre des Enfants trouvés et abandonnés s'est élevé de 99,346 à 129,699.

De 1834 à 1838, 185 Tours ont été supprimés dans les divers départements.

En 1838, le nombre des Enfants trouvés n'était plus que de 95,624.

En 1845, dernière année relevée par lui, il était de 96,788.

Et durant cette période de huit années, le chiffre le plus fort qui ait été atteint a été celui de l'année 1841, qui s'est élevé à 97,948.

Ainsi, il est certain qu'une réduction considérable dans cette triste population a été le résultat de la suppression partielle des Tours. Il y a, sans contredit, dans un tel fait un puissant enseignement, qui doit nous encourager à marcher dans la voie du progrès si heureusement tentée déjà. Il ne s'agit plus aujourd'hui que de généraliser ce progrès par l'application d'une loi uniforme sur toute l'étendue du pays.

Mais quelle sera cette loi, et quel en devra être le fondement? Je l'ai fait pressentir, en disant que la morale est *une* et qu'elle est partout la même. Oui, plus que toute autre, la loi qui nous occupe, et qui aura pour but de mettre une digue aux débordements de l'immoralité, cette loi devra être basée sur les règles éternelles de la morale ; et, pour préciser, j'invoquerai ici deux principes qui se recommandent au double point de vue religieux et philosophique.

Le premier de ces principes, je le définis : le droit de vie inhérent au fait de la naissance, droit d'où découle pour la société un devoir corrélatif, celui de combattre les chances de mortalité qui menacent l'enfance, et de lui assurer une protection qui l'aide à se développer et à grandir.

Le second principe, je le fonde sur le dogme de la responsabilité humaine. Tout acte impose à celui qui l'accomplit la nécessité d'en subir les conséquences : l'enfantement impose le devoir de la maternité.

Ces vérités sont incontestables : elles sont absolues en elles-mêmes ; mais leur application peut-elle être contestée? Ainsi, la responsabilité doit-elle être appliquée avec une rigueur absolue, — ou bien peut-il être permis de transiger quelquefois avec l'accomplissement du devoir de la maternité, soit en sacrifiant l'intérêt de l'enfant à celui de la mère par la garantie du secret donnée aux naissances illégitimes, soit, au contraire, en faisant prévaloir l'intérêt de l'enfant sur celui de la maternité, en dépouillant quelquefois celle-ci lorsqu'elle sera trouvée indigne ?

C'est ce qu'il faut examiner.

Il est une pensée qui semble avoir tous les caractères d'une éclatante vérité, car elle se retrouve chez tous les écrivains et les moralistes qui se sont occupés de la question des Tours : elle a fait la raison principale des 55 Conseils généraux qui, avec plus ou moins de conviction, en ont demandé le maintien ; et, chose remarquable, elle s'est retrouvée, à votre dernière séance,

I.

15

marginal notes:
8ᵉ SÉANCE

Principes de la loi à faire

Vie de l'enfant

Responsabilité humaine

Refuge à la pudeur

formulée, par la même expression, dans la bouche de l'honorable M. GIRAUD, qui conclut à la suppression des Tours, et de l'honorable M. NICOLAS, concluant à leur maintien. Cette pensée est celle-ci : que le Tour est un refuge *offert à la pudeur*. Je demande la permission de rechercher si cette pensée n'est pas plutôt un préjugé que l'expression d'un sentiment vrai, et si elle n'appartient pas à cette multitude d'idées en quelque sorte préconçues qui ont comme un cours forcé dans le monde, qui s'imposent à nous par cela seul qu'elles sont généralement reçues, et qui dominent le jugement des consciences les plus fortes et les mieux éclairées, faute peut-être d'avoir été soumises à une analyse suffisamment solide.

Rien de plus sacré sans doute et de plus touchant que la pudeur ! Et la honte de la faute commise, ainsi que le repentir, efface presque la faute, mais à la condition de ne pas en entraîner une seconde. Or, quel est ce respect pour la pudeur qui vous conduit à encourager, à faciliter tout au moins l'abandon par le Tour, pour sauver, quoi ? l'apparence d'une vertu trompeuse, les dehors d'une virginité perdue ou d'une fidélité conjugale trahie ? N'est-ce pas là plutôt consacrer l'hypocrisie et honorer le mensonge ? Et c'est pour arriver à ce résultat de protéger quelquefois une pudeur au moins douteuse, que vous assurez toute espèce de facilité et d'encouragement à l'impudicité flagrante, au vice éhonté.

Ce n'est pas tout : vous dites que le Tour est un *refuge offert à la pudeur*. Prenez garde que le Tour ne soit, au contraire, une facilité offerte à la violation des saintes lois de la pudeur. Il est vrai, la passion a des entraînements irrésistibles, et dans les cœurs qu'elle embrase, nulle réflexion ne peut précipiter ou retenir la chute de la pudeur. Mais quoi ! dans l'étude qui nous occupe, la passion violente, irrésistible, n'est jamais qu'un fait exceptionnel. La dépravation et le vice ne sont-ils pas le fait le plus commun ? Or, avant de succomber aux perfides conseils du vice, la pudeur résiste et se défend, soit qu'il parle par la bouche d'un maître dissolu s'efforçant de débaucher sa servante, ou d'une femme abominable recrutant pour son infâme industrie. Aux séductions et aux promesses que tous deux font briller, la pudeur alarmée offre d'abord une vive résistance, et, près de succomber, elle laisse échapper encore ce dernier cri : « Mais si je deviens mère, que ferai-je de mon enfant ? » Alors se montre la perspective du Tour, la consolante pensée que l'enfant, qu'elle ne pourrait garder sans afficher sa honte et sans accroître sa misère, sera reçu par des mains tendres et bienfaisantes, que ses premières années seront entourées de

soins, son avenir protégé et assuré. Ah! si, au contraire, la voix du démon ten-
tateur n'avait à répondre à ce cri de la nature que par la perspective du crime,
de l'infanticide, de l'abandon, la résistance ne serait-elle pas plus énergique,
et la pudeur ne trouverait-elle pas un puissant auxiliaire dans le sentiment de
la maternité et dans la prévision d'une responsabilité terrible?

C'est ainsi que la réflexion nous amène à une plus juste appréciation des
faits, et cette appréciation plus vraie, la philosophie viendra la fortifier et la
confirmer. Comment envisager dans le Tour ce prétendu *refuge offert à la pudeur* sans songer aussitôt à ces *asiles* sacrés que les anciens offraient autrefois
aux criminels? Car la honte n'est pas l'apanage de la femme seule : le repentir
efface également toutes les fautes; et c'était aussi une pensée de pitié qui pro-
tégeait alors les coupables prosternés sous le poids de leurs remords et em-
brassant humblement les saints autels. Mais la loi moderne, plus morale parce
qu'elle est plus éclairée, plus juste à la fois et plus sévère, attend le criminel
avec le châtiment et lui inflige les peines de la responsabilité. Sachant trop
bien que la sincérité du repentir et l'efficacité de la honte sont des replis les
plus secrets du cœur humain, la loi humaine laisse à Dieu, qui seul peut lire
dans les cœurs, le jugement éternel qu'il lui appartient de porter dans sa miséricorde ou dans sa rigueur.

Est-ce à dire, cependant, qu'il faille proscrire d'une manière absolue toute
espèce de tempéraments à l'inflexibilité de la loi? Non, et tout à l'heure nous
proclamerons la nécessité contraire. Nous saurons reconnaître en effet que, dans
ces choses qui nous occupent, la fragilité humaine apparaît de telle façon, que
nul ne pourrait, sans frayeur, lui appliquer dans toute sa sévérité le dogme
de la responsabilité. Nous constaterons, en outre, au nom de la vérité, que l'inégalité de condition entre l'homme et la femme, qui arme l'un d'un ascendant
si souvent fatal sur l'autre, et lui permet de se soustraire par l'incertitude et
la dénégation au partage de la responsabilité après le partage de la faute, impose à la loi un devoir de commisération et de pitié. Mais ce que je demande
à la loi, c'est d'exercer cette commisération et cette pitié avec sagesse et discernement, et non d'ouvrir une porte béante à tous les fruits du vice et de la
dépravation, à tous les calculs de la perversité.

Ainsi, lorsque je proscris le Tour, je respecte la morale, je n'offense pas la
pudeur, et, vous le savez déjà, je ne provoque pas à l'infanticide. Ici surtout
je pourrais invoquer le secours de la statistique, montrer l'exemple de la Belgique, où les infanticides sont plus nombreux dans les provinces qui possèdent

des Tours, plus rares dans celles qui n'en ont pas, m'appuyer enfin sur les chiffres rapportés par M. REMACLE. Mais c'est encore à la philosophie et à l'étude du cœur humain que je préfère demander un guide plus sûr pour la solution d'un problème qui tout d'abord étonne l'esprit.

La question est de savoir si le Tour provoque l'infanticide ou s'il en éloigne? Eh bien, n'est-il pas vrai que le Tour est un encouragement à la dissimulation de la grossesse, que la clandestinité de la grossesse conduit à celle de l'accouchement? Mais la fille infortunée qui s'est promis le mystère et préparé l'isolement a-t-elle pu calculer l'effrayante étendue du sacrifice fatal qu'elle s'est imposé d'accomplir? A-t-elle prévu les douleurs inouïes qui l'attendent, cette prostration infinie des forces physiques et morales qui suit l'acte de la délivrance, et l'impossibilité où elle sera d'atteindre à elle seule le but qu'elle s'est proposé, l'accès du Tour? Non, et alors, dans un état impossible à décrire de douleur, d'épuisement, de désespoir, l'égarement s'empare d'elle : livrée au découragement de l'abandon, loin de toute consolation, elle sent se réveiller avec une force nouvelle la honte, cette honte que vous avez cru préserver, et dont l'exaltation ne lui permet plus d'apercevoir d'autre ressource que le crime, le crime d'infanticide ou celui de délaissement. Dites-moi qui l'a conduite à cet abîme, si ce n'est l'espoir du Tour? Le sentiment de la maternité, ce premier germe d'amour éveillé par les premiers tressaillements, par les premiers signes de vie de l'être qu'elle porte dans ses flancs, elle l'a combattu, étouffé durant neuf mois entiers, par la pensée du Tour, par la perspective de cet asile doux et humain, qui doit protéger à la fois et son secret et la vie de son enfant. Ah! si elle pouvait calculer à l'avance de quels périls l'accès du Tour est entouré, l'impossibilité d'y porter elle-même son enfant, la lutte qu'il lui faudra subir, l'égarement auquel elle pourra succomber, qui vous dit que cette pudeur, que cette honte que vous voulez tardivement protéger, ne ferait pas place à un autre sentiment aussi pur, aussi élevé, mais plus humain et plus fertile en bonnes inspirations, le sentiment de la maternité?

Ainsi, je vois dans le Tour non un refuge à la pudeur, mais un encouragement à la violation de ses lois, non une ressource contre l'infanticide, mais un encouragement à la clandestinité qui y conduit; j'y vois l'oubli de toute responsabilité, j'y vois la protection du mystère offerte à la prostitution, à la débauche, et favorisant jusqu'à l'abandon des enfants légitimes.

La loi qui repose sur l'institution des Tours n'est donc pas une loi essentiellement morale. Et j'ai eu raison, en vous conviant à rappeler dans la loi nouvelle les prescriptions seules éternellement vraies de la morale, d'invoquer la responsabilité, source d'avertissements salutaires, et de ramener la société au devoir sacré pour elle de protéger l'enfance et d'écarter d'elle les chances effrayantes de mortalité qui pèsent aujourd'hui sur la classe si nombreuse des Enfants trouvés ou abandonnés.

C'est dans l'accomplissement des devoirs de la maternité que nous trouverons l'application de ces principes. La nécessité de pratiquer ces devoirs, si elle est impuissante contre les entraînements exceptionnels de la passion, sera du moins un frein contre les spéculations du vice et les conseils de la dépravation. Elle sera enfin une garantie certaine contre l'accroissement désastreux de la mortalité, puisqu'ici du moins la statistique est l'image fidèle de la vérité, lorsqu'elle met en présence les chiffres des décès chez les enfants abandonnés aux hospices et chez ceux élevés par leurs mères.

Devoirs de la maternité

Ce ne seront pas là les seuls bienfaits de l'encouragement donné à la pratique des devoirs maternels.

Influence salutaire de la maternité

Une première faute, l'abandon de la chasteté, ne sera pas suivie d'une seconde, l'oubli de la maternité.

Sur la femme

La maternité relèvera la femme flétrie à ses propres yeux; ne dites pas qu'elle affichera sa faute, si elle proclame en même temps sa résignation, son courage à en subir les conséquences.

La maternité sera un secours, un auxiliaire contre la rechute: car autant la maternité légitime est une source d'ineffables jouissances, autant la maternité illégitime est un fardeau pénible à supporter, une charge pesante pour la misère, même allégée par l'assistance publique.

Enfin, la maternité sera plus qu'un auxiliaire; elle sera un préservatif contre la rechute. Combien de fois n'éloignera-t-elle pas le séducteur? Et, dans ces unions passagères et coupables, si fréquentes parmi les populations industrielles, la présence d'un enfant éloignera souvent l'homme qui, cherchant une femme pour la satisfaction de ses désirs, craindra de se charger d'un fardeau trop lourd, lorsqu'il lui faudra subvenir et à l'existence de sa concubine et à celle de l'enfant dont elle ne pourra pas se séparer.

Il faut donc encourager la maternité.

Mais ici se présente une objection qui a été souvent faite, qu'un de nos collègues rappelait au nom d'un administrateur des hospices de Lyon, et qui a été reproduite devant la Commission sous une forme pittoresque et énergique par un honorable représentant qui assiste à nos séances.

Sur l'enfant

Faut-il laisser l'enfant livré aux mauvais exemples, à la plus pernicieuse éducation? faut-il le laisser naître et grandir au sein du vice et de la débauche? faut-il, en un mot, le confier à une mère prostituée? et n'est-il pas à la fois plus moral, plus juste, plus humain, de l'enlever à cette atmosphère viciée pour le donner à l'État? enfin, la loi peut-elle autoriser la confiscation de l'enfant sur la perversité?

Non, mille fois non; et je repousse énergiquement un tel système. Qui ne sait d'abord que la maternité a parfois relevé des filles perdues, et que la dure expérience des tristes résultats de la débauche les a conduites à changer de métier pour en apprendre un moins abject à leurs filles?

Mais ces exemples consolants n'eussent-ils été que rarement donnés, j'invoquerais encore ici, et avec ses conséquences inévitables, la loi de la responsabilité. Et songez-y, cette loi, ce n'est pas une loi arbitraire, une loi inventée d'hier et due aux progrès d'une civilisation plus ou moins éclairée! C'est une loi de toutes les époques et de toutes les nations, et dont la divine origine ne peut être méconnue. Le premier criminel a-t-il été déshérité du droit d'élever ses enfants, à cause du fatal exemple qu'il leur avait enseigné? Caïn, réprouvé, a-t-il été, par le doigt de Dieu, séparé de ses fils? Non! ni la loi divine, ni la loi humaine ne le veulent. Si vous confisquez l'enfant sur la prostituée, comment ne le confisquerez-vous pas sur le voleur, sur le faussaire, sur l'escroc, sur tout criminel enfin, quel que soit le degré de son crime? et où vous arrêterez-vous alors dans cette échelle de la perversité et de l'immoralité des hommes? Craignez qu'une logique fatale vienne vous enserrer dans ses liens inflexibles et vous conduise par la main jusqu'à ces novateurs insensés qui, sans respect pour les éternelles et saintes lois de la famille, la font disparaître pour lui substituer l'État: l'État, selon eux, la famille universelle, dont la moralité n'est pas suspecte, dont les enseignements ne peuvent être que salutaires.

Non, ne vous laissez pas séduire par ces décevantes pensées; revenez à la vérité. Que le culte et la pratique des devoirs de la maternité soient les assises de la loi que vous allez faire. Que ce soient là vos premières prescriptions; que le devoir de la maternité ne soit plus décliné que dans le cas d'une impossibilité absolue; qu'il soit aidé chez celles que la misère et la nécessité d'un travail manuel et quotidien pourraient en éloigner. Donnez cette assistance, donnez-la par l'exhortation à l'allaitement, par l'institution de la crèche, par de sages et bienfaisantes allocations de secours pécuniaires. Et ne dites pas que de telles prescriptions seront un affaiblissement de plus donné à la morale publique! Je ne saurais comprendre ce que gagne la morale publique à voir ériger 8ᵉ SÉANCE en institution l'abandon du plus naturel, du premier et du plus saint de tous les devoirs? Je n'y vois pour mon compte qu'un outrage permanent à la morale, et la source fatale d'une mortalité dont l'humanité se rend sciemment complice.

Mais, jusqu'ici, je n'ai fait que critiquer l'institution des Tours. Suffit-il, pour sanctionner cette critique, de proposer leur suppression? Faut-il placer la femme coupable dans cette rigoureuse alternative, ou d'accomplir en toute circonstance et aux dépens de l'honneur, le devoir maternel, suite et conséquence de sa faute, ou de n'y échapper que par la perpétration d'un crime, l'infanticide ou le délaissement, que la société se réserverait de châtier avec une juste sévérité?

Nécessité de remplacer le Tour par une institution nouvelle

Non, sans doute, car ce serait procéder par l'intimidation, et ce n'est pas à l'aide de l'intimidation que l'on parvient le mieux à prévenir les crimes. La loi, d'ailleurs, faite par les hommes et pour les hommes, doit tenir compte de la fragilité humaine et lui tendre une main secourable; sinon, cette fragilité, s'élevant incessamment contre les digues impuissantes opposées par une législation draconienne, ne tarderait pas à les renverser et à ouvrir une carrière illimitée à ses débordements.

Il y a donc quelque chose à faire. Mais, si la difficulté de la solution à donner à ce problème est grande, n'arrive-t-il pas que peut-être on se l'exagère? Cessons d'envisager constamment les faits par le verre grossissant de la lorgnette, regardons-les de près. Les cas auxquels il nous faudra pourvoir ne nous paraîtront pas aussi nombreux que nous l'avions cru. Reconnaissons-le en effet : il n'arrive pas si fréquemment que la pudeur aux abois vienne après un fatal égarement, réclamer pour les suites de sa faute un asile protecteur.

Dans la vie agricole, l'impossibilité de cacher une faute commise est presque Campagnes absolue : la nature et l'habitude des relations du voisinage, la nécessité même des travaux de la campagne rendent difficile la dissimulation de la grossesse. Supprimez la perspective du Tour, exercez une surveillance discrète et intelligente sur l'état des filles enceintes, faites apparaître à leurs yeux l'inévitable responsabilité de l'accomplissement d'un devoir ou d'un crime, assurez à la misère une assistance protectrice et charitable, et vous aurez tari les sources les plus fécondes des abandons et des infanticides. La population des Enfants naturels ne diminuera pas par l'effet de telles mesures; mais, dût-elle s'accroître, j'aime mieux les Enfants naturels (au moins ils ont une mère, une famille peut-être, des proches, l'espoir du retour d'un père et de la légitimation) que les Enfants délaissés et abandonnés aux hospices.

Villes

La vie des villes offre un aspect différent; la corruption et la débauche s'y présentent sous d'autres formes. Si, dans la classe industrielle, l'oubli des mœurs est plus fréquent, la maternité est plus facilement acceptée. Dans la classe aisée, riche, et riche surtout des bienfaits de l'éducation, la démoralisation atteint plus rarement les filles, mais les dangers de l'adultérinité sont plus grands.

A toutes ces tristes hypothèses, à ces diverses éventualités du vice, un remède est nécessaire; et c'est pour elles qu'une protection peut quelquefois être due à la conservation du secret.

Nécessité du secret

La Commission ne m'accusera pas d'un esprit d'hostilité envers cette fatale nécessité du secret; j'ai été le premier à en proclamer la légitimité exceptionnelle. Rien ne m'a paru plus digne de compassion, et quelquefois de respect, que cette infortune de la femme voulant cacher sa faute, la voiler sous le mystère, et cherchant ainsi à épargner à sa famille, à la société, le scandale public d'une naissance illégitime. Mais je n'ai pas dit que je corroborerais ce droit du silence par le droit détestable de l'abandon. Je veux bien qu'une femme sauvegarde son honneur par le mystère; mais je ne veux pas qu'elle le sauve aux dépens de la vie de son enfant, ni même aux dépens de sa santé et de son avenir. Je ne veux pas que ce droit de l'abandon, bien différent du délaissement, que ce droit consacré exceptionnellement, et, si vous le voulez, à titre de *refuge à la pudeur,* devienne, grâce à la facilité du Tour, un encouragement à la débauche, à l'impudicité, à l'avarice, lorsque ces vices honteux sont poussés au point de dessécher la fibre maternelle. Enfin je ne reconnais à personne le droit de dire : « Cet enfant, fruit de mes faiblesses ou de mon crime, ou cet enfant, fardeau de ma misère, obstacle à mes vues, à mes spéculations, à mon ambition peut-être, je m'en débarrasserai par ma seule volonté, je m'en débarrasserai sans crime, ou du moins sans qu'il en rejaillisse sur mes mains aucune souillure de sang; je le rejetterai à la charge de l'État, sans que l'État puisse jamais connaître son origine, ni me demander aucun compte, à moi ni à personne. » Et ce sont là, remarquez-le, les fatales et inévitables conséquences de l'institution du Tour; l'honorable M. NICOLAS espère en vain que le Tour pourra être conservé exceptionnellement pour des cas rares et dignes de la pitié du législateur. L'exception, croyez le bien, s'effacera devant l'abus, la spéculation et le vice ne manqueront jamais de prendre la place que vous voulez réserver à la pudeur.

Deux causes seules peuvent, sinon légitimer, au moins excuser l'abandon : la première, c'est la nécessité, non pas imaginaire, mais sérieuse et réelle, de sauvegarder l'honneur d'une famille, d'écarter l'enfant adultérin d'un foyer dont sa présence altérerait la pureté, de protéger les dehors d'une virginité évanouie devant une faiblesse, dont le plus coupable auteur échappe à toute recherche; la seconde, c'est l'extrême misère, dont je m'occuperai séparément.

Reconnaissons que le premier cas ne se présentera que très-rarement. Vous ne voulez pas assurément proclamer entre toutes les classes de la société une égalité que démentent les mœurs, les habitudes, l'éducation. Quelque désir que vous ayez d'écarter ces distinctions, de les omettre surtout lorsqu'il s'agit de ce sentiment si naturel et si puissant chez les femmes de toutes les classes, la pudeur, vous devez assurément tenir compte des faits et des habitudes sociales. Or, n'est-il pas vrai que la femme du peuple, qui aura accompli une conception adultérine, aura bien moins de moyens de la dissimuler à son mari que la femme riche ou tout au moins aisée? elle n'aura pas les ressources de l'appartement et du lit séparés, de l'éloignement momentané, du voyage coloré des mille prétextes que peuvent fournir les affections de famille, les combinaisons de l'intérêt, ou les soins dispendieux à donner à la santé. De même, la fille du peuple n'aura pas auprès d'elle cet entourage de soins, de prévenances, de précautions, qui permettent de dissimuler au monde un fatal accident, de nature à éloigner d'elle ce qu'il est d'usage d'appeler un établissement sortable. La femme et la fille du peuple, par cela seul qu'elles n'auront pas ces facilités de dissimulation, n'en concevront même pas la pensée. Elles se résigneront plus facilement à l'aveu, à la notoriété, en un mot à la responsabilité de la faute.

À toutes ces classes, d'ailleurs, la loi nouvelle garantira la protection, l'asile de l'hospice ou de la Maison d'accouchement, et c'est pour elles que je vais organiser les bureaux d'admission d'Enfants abandonnés, avec la suprême garantie du secret.

Bureau d'admission

Ces bureaux d'admission seront de véritables tribunaux de famille, appelés à décider souverainement si le secret demandé doit ou non être gardé. Remarquez-le, je ne laisse rien ici à la liberté individuelle.

À la femme qui veut demeurer seule maîtresse de son secret, je réponds au nom de la société : « Gardez votre enfant. Je ne vous demande pas votre nom, ni par conséquent celui qu'il aurait le droit de porter; qu'il reste donc sans état civil, sans autre déclaration que celle d'être né de père et mère inconnus. Mais, pour prix de ce secret que je ne cherche pas à pénétrer, gardez votre enfant, éle-vez-le, ou faites pourvoir aux soins de son éducation; ne me demandez rien, je ne vous demanderai rien à vous-même. Mais, si vous implorez mon assis-tance, si vous voulez vous décharger sur moi de l'accomplissement de vos de-voirs de mère, j'ai le droit d'examiner pourquoi, moi, société, je vous tiendrais quitte de ces mêmes devoirs, pourquoi j'accepterais de me substituer à vous, et de prendre, aux dépens de l'intérêt public, la charge de vos intérêts privés. Cette charge ne peut tomber sur moi qu'en vue d'une grande nécessité; cette nécessité, seule, j'ai le droit de l'apprécier et de la reconnaître. »

Vous le voyez donc, il est indispensable de créer cette juridiction tutélaire, et de lui conférer un pouvoir discrétionnaire et absolu.

Pour créer cette juridiction, je m'adresserai à la fois à l'État, directement intéressé dans de si graves questions, à la religion, digne appréciatrice de ces points délicats de moralité, et enfin à une profession dont les membres comptent au nombre de leurs premières lois et de leurs plus précieux apa-nages la discrétion et la réserve.

Je proposerai de composer la commission du bureau d'admission de cinq membres, savoir :

1° Un membre, délégué par le préfet, des commissions administratives des hospices, c'est-à-dire un de ces hommes qu'une ardeur volontaire voue à la pra-tique des œuvres de bienfaisance, et que distinguera l'esprit de silence et de respect de l'infortune uni à l'esprit de charité;

2° L'inspecteur des Enfants trouvés, également délégué au nom de l'État;

3° La sœur hospitalière;

4° Le curé, gardien des secrets du confessionnal;

5° Enfin, le médecin de l'hospice.

Cette commission aurait toujours au moins deux de ses membres siégeant en permanence, et prononçant sur tous les cas qui leur seront présentés, sauf à eux a appeler un troisième membre en cas de désaccord sur l'admis-sion ou le rejet.

Elle recevrait la déclaration qui lui serait faite, soit par la mère elle-même, soit, ce qui arriverait plus souvent, par le médecin accoucheur ou la sage-femme, soit par une personne choisie ou envoyée par la mère.

Elle aurait le droit de vérifier la sincérité des déclarations, par des investi-gations dirigées avec discernement et prudence.

Ne me dites pas que cette institution péchera par l'imperfection des hommes qui la composeront; que la discrétion est une vertu rare et d'une pratique difficile. L'imperfection est la loi de l'humanité : qui a jamais proposé de ne point instituer une magistrature, parce qu'il a pu se rencontrer des magistrats prévaricateurs? Ne me dites pas qu'un tel système est compliqué ou qu'il fonctionnera avec peine. Je le nie; et d'ailleurs, si vous craignez toutes les difficultés, vous n'en résoudrez aucune. Enfin, ces difficultés m'effrayent d'autant moins, qu'à mon sens les cas auxquels nous nous occupons de pourvoir seront plus rares; encore une fois, supprimez les abandons causés par la dépravation et la misère, et le nombre en deviendra infiniment petit.

Quant à cette seconde cause des abandons, la misère, j'y pourvoirai sans peine par la réception à bureau ouvert. Ici nulle nécessité de mystère. La misère n'est point un fait honteux; elle est presque toujours un fait notoire. Enfin le droit à l'assistance ne peut évidemment être exercé qu'à la condition d'être avoué.

Un de nos honorables collègues disait à la dernière séance que la misère est un fait changeant, et l'abandon un fait permanent. C'est par le Tour que l'abandon devient permanent. Que la fortune ou l'aisance vienne a remplacer la misère, l'enfant mis au Tour a été oublié; il peut à peine être retrouvé; il est comme à jamais perdu dans cet abîme sans fond du Tour; et, par un tel abandon, le sentiment de la famille a été de nouveau et plus complétement étouffé.

Au contraire, la réception à bureau ouvert permet d'entretenir ces liens sacrés de la famille; elle maintient, d'ailleurs, une surveillance de l'autorité qui ne permet pas aux parents revenus à une meilleure fortune de se soustraire plus longtemps aux devoirs dont l'extrême misère avait seule permis de les exonérer.

Enfin, vous le savez, la réception a bureau ouvert n'aura lieu qu'après les plus vives exhortations adressées aux parents et appuyées de secours nécessaires.

Telles sont les bases que je propose à la Commission d'adopter pour la loi qu'elle est appelée à préparer.

Cette loi sera une loi morale, car elle cessera de donner au vice de funestes encouragements.

Elle sera une loi humaine, car elle fera la part des plus douloureuses faiblesses, et préviendra l'infanticide par la garantie du secours ou l'allégement de la misère.

Elle réhabilitera la maternité, et par cet immense bienfait, elle diminuera,

16.

dans des proportions considérables, les chances de mortalité non moins affligeantes pour l'humanité que pour la religion, et enfin elle apportera aux charges publiques, grevées du poids de tant d'autres infortunes, un notable adoucissement.

L'ordre d'inscription appelle M. Alfred BLANCHE à prendre la parole. M. BLANCHE fait connaître que sa conclusion sera la même que celle de M. DURAND-SAINT-AMAND, qu'il ne pourra l'exprimer qu'en des termes bien moins bons et bien moins puissants; que peut-être conviendrait-il d'entendre un représentant d'une opinion contraire. Il n'aurait, en ce moment, en réalité, que des observations secondaires et peu nombreuses à ajouter à celles de M. DURAND-SAINT-AMAND.

M. le président pense qu'il vaut mieux compléter les observations contraires au Tour, pour qu'elles puissent être embrassées dans leur ensemble dans les réponses qu'elles provoqueront. M. le président maintient la parole à M. BLANCHE

M. ALFRED BLANCHE :

Je pensais devoir me borner à voter dans le sens de M. DURAND-SAINT-AMAND, ou à attendre qu'il me fût donné de répliquer. Cependant, il est quelques mots de l'argumentation de M. BAILLEUX DE MARIZY auxquels ma position antérieure dans l'Administration me fait peut-être un devoir de répondre.

Ces points, à vrai dire, se sont trouvés dans l'argumentation de M. DE MARIZY moins comme son opinion personnelle que comme le résumé d'opinions avec lesquelles il considérait qu'il y aurait lieu de compter.

La première de ces opinions que j'éprouve le besoin de combattre est celle qui tend à dire que, dans cette question des Tours, le Gouvernement se serait placé spécialement au point de vue financier. C'est là plus qu'une erreur, c'est une injustice.

C'est sans doute pour le Gouvernement un devoir impérieux de se préoccuper du meilleur emploi des fonds publics, surtout de ceux qui doivent être appliqués à l'exercice de la charité publique; mais j'ai eu l'honneur d'appartenir pendant cinq ou six ans au ministère de l'intérieur et, en dernier lieu, en qualité d'inspecteur général des établissements de bienfaisance, et j'affirme que, dans aucun des actes émanés du ministère, la question financière n'a jamais tenu le premier rang; qu'elle n'a jamais été qu'une préoccupation secondaire chez ceux qui étaient appelés à préparer des études sur la matière.

Quant à nous, qui ne sommes ici après tout, qu'une émanation du Gouvernement, il faut que, quelle que soit la solution à laquelle nous nous arrêterons, il soit bien su de tous, que ce que nous voulons, avant tout et par-dessus tout, c'est de remplir aussi complétement que possible, dans la partie de l'administration publique dont nous nous occupons, le bienfait de la charité légale, dirigée et inspirée par les grands principes de la charité chrétienne : les ressources financières devront ensuite se prêter à tout ce que nous aurons reconnu nécessaire.

Une prétention tout aussi peu fondée, selon moi, est celle qui tend à faire croire que la religion est en cause dans la question du maintien ou de la suppression des Tours.

Et quand je dis que l'intérêt religieux, ou plutôt, comme on le dit à tort avec une expression plus restreinte, l'intérêt catholique n'est pas engagé dans la question des Tours, je suis heureux d'avoir à m'appuyer sur les études sérieuses d'hommes dont les sentiments religieux et catholiques même sont hors de toute contestation : j'entends parler, entre autres travaux, des études si consciencieuses et si complètes de M. REMACLE, et de la brochure si remarquable de M. Adolphe BAUDON.

Et l'épiscopat lui-même n'est pas sans venir à notre aide : nous avons sur notre bureau un document qui constate l'adhésion de l'honorable Évêque de Gap aux mesures prises par le préfet des Hautes-Alpes à l'égard des Enfants trouvés, parmi lesquelles figure en premier lieu la complète suppression des Tours.

Il est bien entendu que je ne parle pas de saint Vincent de Paul, parce qu'il n'y a rien de commun entre lui et les Tours. Près de deux siècles se sont écoulés entre l'admirable institution par laquelle saint Vincent de Paul remettait à la charité le soin d'enlever les enfants à l'exposition et l'établissement des Tours, qui, en multipliant au contraire les expositions, sont venues, comme j'y insisterai tout à l'heure, contrarier l'œuvre de celui dont le nom restera toujours vénéré

On a aussi, pour blâmer la mesure du secours donné aux filles mères, rappelé l'espèce d'encouragement qui leur fut prodigué à une autre époque. Il est à peine nécessaire de dire ici qu'il n'y a rien de commun entre la mesure à laquelle on fait allusion et celle des secours aux filles mères. Dans aucun document ministériel, dans aucun travail préfectoral, dans aucune discussion de Conseil général, on ne peut trouver la moindre trace d'aucune idée ayant quelque analogie avec une prime donnée à la procréation des enfants. Nous ne nous arrêtons donc pas à un reproche qui n'a rien de sérieux.

J'arrive maintenant à une observation beaucoup plus grave, moins grave peut-être par elle-même que par la réponse qui me paraît devoir y être faite.

On a fait au bureau d'admission, que l'on suppose avec raison ne pas être fermé à l'indigence, le reproche de constituer un secours permanent pour des misères qui, la plupart du temps, ne sont que momentanées.

On peut d'abord répondre, avec M. Durand-Saint-Amand, que le Tour a bien plus que le bureau d'admission ce caractère de permanence. Mais je vais plus loin : je prends le reproche, je m'en saisis, je m'en fais le plus fort argument en faveur des bureaux d'admission.

C'est précisément un des bienfaits du bureau d'admission que de venir au secours de la misère momentanée; d'y venir, non plus en aveugle, comme le Tour, mais d'une manière intelligente.

Le Tour est une bouche constamment béante où vous engouffrez les enfants sans prévision de l'avenir; le bureau d'admission, c'est un asile ouvert pour le moment du besoin, devant une misère constatée, qu'il soulage sans la rendre paresseuse et sans la perpétuer.

S'il en était autrement, si vous prétendiez fermer à l'enfant ce refuge momentané, si vous laissiez l'indigence s'aggraver sur la famille, père, mère, enfants retomberaient à votre charge, et peut-être pour toujours.

Un des meilleurs résultats du bureau ouvert est donc de pouvoir et de savoir exercer la plus efficace, la plus salutaire des bienfaisances, la bienfaisance chrétienne par excellence, la bienfaisance préventive. Le Tour n'en est pas capable.

Tout en avouant les inconvénients du Tour, on en réclame la conservation comme celle d'un remède nécessaire. Le Tour, a dit M. Nicolas, est un exutoire, un égout qui sert à débarrasser le corps social d'une humeur vicieuse qui le travaille.

Il s'agit de savoir si cette comparaison n'est pas plus spécieuse que fondée, et, fût-elle fondée, si le remède dont on parle ne serait pas encore pire que le mal.

Vous n'ignorez pas qu'il est dans la nature de certains remèdes de ronger le corps sur lequel on les applique; il faut donc ne s'en servir qu'avec précaution. Il y a plus, s'il devient constaté par les résultats que le remède est dangereux, qu'il augmente le mal au lieu de le guérir, je dis qu'il y faut renoncer, le remplacer par un autre mieux approprié.

C'est justement ce qui nous arrive dans la question présente. La plaie morale de la société pour laquelle vous considérez les Tours comme un exutoire résulte des naissances illégitimes. Eh bien, si j'apprécie les Tours par les effets qu'ils ont produits, je suis amené à conclure que leur institution est une mesure détestable. Maintenant serait-il exact de dire que tout remède est supprimé si vous supprimez les Tours? non sans doute, puisqu'il ne s'agit que de remplacer une institution reconnue vicieuse par une institution dont vous attendez de meilleurs résultats.

Vous craignez le mal du scandale, le mauvais exemple qui sera offert à tous les yeux par la présence des Enfants naturels élevés auprès de leurs mères. M. Durand-Saint-Amand a répondu à cette objection, en faisant ressortir tout ce qu'il y a d'avantages pour la moralité de la mère, pour celle de l'enfant, pour la morale publique même, à fortifier le sentiment de la maternité même naturelle. Et si, malgré tout cela, vous redoutiez encore la présence au milieu de la société d'Enfants naturels élevés par leurs mères, je vous demanderai si vous pensez n'avoir rien à craindre de ces Enfants trouvés ou abandonnés que la complaisante facilité de vos Tours va jeter en immense multitude, isolés au sein de cette même société, sans aucun frein ni lien de famille. Croyez-moi, le remède dont vous parlez trahirait votre confiance, il n'enlèverait pas le mal, il le ferait refluer, plus abondant et plus pernicieux, vers une autre partie du corps social.

Point de vue moral

On a beaucoup insisté sur cette pensée: Sauvez la honte, ménagez la honte de la mère afin de ne pas la pousser par le désespoir à commettre un crime.

Pudeur

Déjà M. Durand a répondu sur ce point: il vous a montré qu'en effet ce sentiment de la honte est tutélaire; il vous a fait voir le parti qu'il est possible d'en tirer dans l'intérêt bien compris de la morale publique, dans l'intérêt personnel de la mère et de l'enfant, mais à une condition, c'est que ce sentiment, vous ne le flatterez pas, mais vous le dirigerez.

Je n'ai pas à reproduire son argumentation si vive et si pénétrante. Mais j'arrêterai encore un instant vos regards sur les effets que ce sentiment de la honte peut produire, surtout parmi les populations des campagnes, où il conserve le plus de sa force native. Vis-à-vis la fille de la campagne, la séduction, en général, rencontre plus de scrupules à vaincre, plus d'inquiétudes à apaiser.

Eh bien, avec les Tours, vous offrez au séducteur les moyens de combattre et de dissiper ces scrupules et ces craintes, vous offrez le moyen facile et sûr d'échapper à la honte en dissimulant sa faute, d'en ensevelir le résultat dans l'abîme du Tour, où personne ne le découvrira.

Cet obstacle était le seul peut-être qui pût conserver quelque puissance: votre Tour l'aplanit.

Vous avez ménagé la honte de la malheureuse fille au détriment de sa moralité.

Mais, dit-on, les conséquences du système contraire sont terribles : la fille séduite, n'ayant plus la facilité de cacher sa honte, détruira son enfant.

Croyez-vous que le mal de la séduction ne s'arrêtera pas devant l'horrible perspective d'une pareille extrémité?

Mais enfin, nous en sommes à considérer les conséquences de cette situation sur la morale publique : eh bien, j'aime mieux, je le déclare hautement, j'aime mieux, à ce point de vue, un infanticide qui, avec toutes ses conséquences judiciaires, sera un effroi pour les filles du pays, pour les maîtres tentés d'abuser de leurs servantes; j'aime mieux, dis-je, pour l'avenir de la morale dans le village, cette terreur de Cour d'assises que cette facilité offerte de s'abandonner au vice en toute sécurité, de se débarrasser pour 3 francs du fardeau qui vous gêne, et de l'accomplissement d'un devoir.

Est-il vrai de dire, d'ailleurs, qu'en supprimant les Tours je veuille enlever tout refuge à la honte, je veuille la réduire aux nécessités du désespoir?

Non, c'est le contraire qui est vrai. J'ai demandé le secret, le secret inviolable pour la mère toutes les fois qu'elle juge à propos d'y recourir.

Il serait désirable, a dit M. NICOLAS, de faire en sorte que le Tour ne fût plus nécessaire.

C'est précisément à cela que nous travaillons tous, c'est vers ce but que se sont jusqu'à présent dirigés tous nos efforts; et je suis convaincu que si de regrettables nécessités n'avaient empêché M. NICOLAS de prendre part à nos premières séances, il se sentirait moins éloigné de nous qu'il ne croit l'être en ce moment. Nous avons voulu entourer la grossesse de secours et de soins; nous avons environné d'une surveillance protectrice la Maison d'accouchement; nous avons voulu remplacer par une sécurité qui sera due à cette surveillance les dangers de toute sorte qui y attendent la mère et l'enfant; mais nous y avons respecté le secret de la mère.

Nous avons posé le principe et réservé la discussion de l'établissement de maisons publiques où les femmes enceintes seraient reçues pour faire leurs couches.

Là aussi la pudeur de la femme sera respectée quand elle aura besoin de recourir au secret : mais au moins elle n'y sera pas entourée de suggestions perfides et intéressées qui la poussent à l'abandon de son enfant, des mains mercenaires ne le lui arracheront pas quand elle aura le désir de le conserver.

J'indiquerai une autre mesure, toujours dans le même ordre d'idées, celle d'établir dans chaque hospice, en dehors des infirmeries, une ou plusieurs chambres destinées aux femmes enceintes. Ces chambres seraient entourées du plus religieux secret ; la grossesse serait, à elle seule, un titre suffisant pour y être admis, une femme enceinte se présenterait à la porte de l'hospice, demandant asile : je l'accueillerais, sans rien lui demander de plus

Telle est ma conviction sur ce point, que je vous accorderais, s'il était possible, le Tour de la mère : je ne veux pas de celui de l'enfant

On vous reproche de vouloir qu'une femme se présente au bureau d'admission et fasse l'aveu de sa honte : sachez-le bien, dit-on, elle ne s'y résoudra jamais

Ce n'est pas là une objection sérieuse . presque jamais la mère ne vient elle même déposer son enfant; c'est un agent salarié ou complaisant qui remplit cet office : la mère n'est ordinairement pas en état de l'accomplir.

Eh bien, j'irai assez loin dans la protection du secret que vous voulez, que je veux comme vous, pour mettre a couvert la réputation de la mère;—j'irai jusqu'à permettre que cet agent, quelque peu de confiance qu'il m'inspire dans bien des cas, ne soit pas obligé à révéler le nom de la femme qui a voulu rester cachée en faisant déposer son enfant à l'hospice.

Vous dites, mais autant vaut le Tour !

Non, certes ! Avec le Tour, je ne sais pas qui apporte, je ne vois pas qui dépose ; je ne puis ni découvrir, ni prévenir ou réprimer les abus.

Avec le bureau ouvert j'accueille, sans la moindre observation, un premier dépôt; mais si la même personne vient deux fois, vient trois fois, s'en fait une habitude, j'ai lieu de penser que ce n'est plus le besoin qui l'amène, que c'est un métier qu'elle pratique; mon attention est éveillée : je prends des mesures de surveillance qui me mettent peut-être sur les traces d'un infâme trafic, peut-être d'un foyer de crimes

Et ici je n'ai pas besoin de lois nouvelles : la législation actuelle me prescrit de poursuivre; elle veut qu'on punisse l'habitude de l'exposition d'enfants, même par dépôt a l'hospice

Que si les misérables, ainsi découverts, ont plus tard recours à l'exposition,

I. 17

— eh bien, ce n'est pas a eux que je dois des ménagements. — L'exposition est un crime ; je les poursuivrai avec toute la rigueur des lois.

Je me montre, vous le voyez, assez partisan du secret, et, toutefois, je ne me fais pas illusion sur le nombre de cas où il est véritablement nécessaire, sur le nombre de cas mêmes où il est demandé par la mère, bien que sans nécessité.

Permettez-moi de vous rappeler, à ce sujet, l'appréciation qui en est faite par un homme qui fut remarquable par sa science de l'économie charitable, et non moins grand par l'excellence de son cœur, M. DE GÉRANDO .

Opinion
de M. de Gérando.

« Le but que se proposent les créateurs et les partisans des Tours, c'est la « faveur du mystère absolu, de l'admission sans contrôle.

« En contraignant la personne qui apporte l'enfant à se montrer au bureau « d'admission, vous allez, s'écrient-ils, vous allez violer le secret des familles !

« Mais, avant tout, quel est donc ce secret que l'on réclame ?

« Est-ce le secret nécessaire à la femme qui a commis une faute, pour échap- « per à l'ignominie, pour conserver, avec sa réputation, la bienveillance de sa « famille, la situation qu'elle occupe, la profession qu'elle exerce ? oh ! un tel « secret, nous le respectons, mais sous la condition qu'il sera confié à l'admi- « nistration hospitalière.

« Eh quoi ! cette condition vous étonne, vous blesse ! Vous n'y voulez pas « consentir, et pourquoi ?

« Oseriez-vous hésiter à vous fier à l'Administration hospitalière, qui, en se « chargeant de vous remplacer auprès de l'enfant, vous promet la discrétion la « plus entière ? Ne lui confiez-vous pas un dépôt aussi précieux, plus précieux « que celui de votre réputation, votre enfant lui-même ? Ce secret, ne le lui con- « fiez-vous pas vous-même, mère de l'enfant, lorsque vous venez franchir le « seul de la Maison d'accouchement, vous montrer aux employés, aux gens « de service, aux compagnes de votre malheur ? Jamais avez-vous eu lieu de « vous en repentir ? Votre confiance a-t-elle jamais été trompée ? Chaque an- « née, 3,000 femmes sont venues faire leurs couches à l'Hospice de la Ma- « ternité de Paris ; chaque année, 1,000 enfants ont été déposés à l'Hospice « des Enfants trouvés de la même ville, avec des actes de naissance ou des « renseignements suffisants pour indiquer leur famille. A-t-on cité un seul « exemple d'une indiscrétion commise ? Les personnes estimables qui régissent « les maisons hospitalières mériteraient-elles moins de confiance que les merce- « naires aux mains desquelles les mères remettent leurs enfants pour les déposer ?

« Ne faut-il donc considérer ici que l'embarras et la honte que peuvent
« causer à quelques femmes l'aveu d'une faute fait sous le sceau du secret?
« Est-ce ici leur seul, leur premier intérêt? Ah! certes! il en est d'un ordre
« bien plus relevé, et que l'examen préalable, fait par le bureau d'admission,
« donnera le moyen de servir. L'infortunée qui a failli, digne de pitié même
« après sa faute, obtiendra une protection inespérée; elle recevra des conseils,
« des exhortations salutaires, un appui efficace, si elle n'a été qu'entraînée;
« victime de la séduction et de la surprise, elle sera encouragée à se mettre en
« garde contre le retour du péril. Si elle est plus coupable, elle entendra des
« paroles qui pourront la ramener au sentiment de ses devoirs. L'espoir de la
« réhabilitation morale naîtra pour elle du secours qu'elle aura reçu. Nous ver-
« rons bientôt, dans l'un des chapitres suivants, que cet espoir n'est pas une
« illusion; nous verrons quels immenses services, attestés par de nombreux
« exemples, peuvent être rendus à la moralité d'un sexe, qui exerce un si
« grand empire sur les mœurs publiques.

« Cet examen préalable, qu'une molle indulgence pour des écarts répréhen-
« sibles accuse d'être une vexation, devient, au contraire, une assistance d'un
« grand prix.

« Cependant, on insiste : on veut le secret.

« Vous voulez le secret! mais le secret que vous désirez, le seul que vous
« puissiez légitimement solliciter, c'est le secret vis-à-vis des étrangers, vis-à-
« vis du public; celui qui est nécessaire pour ne pas vous compromettre. Il
« vous est assuré si, en effet, il mérite d'être respecté.

« Vous voulez le secret! eh! n'avez-vous pas déjà des confidents, et des con-
« fidents moins dignes d'en être les dépositaires?

« Vous voulez le secret! mais, il est dans votre intérêt même que ce secret ne
« soit pas absolu, qu'une administration charitable en soit confidente. Car, un
« jour, vous regretterez votre faute; vous redemanderez à voir cet enfant que
« vous avez répudié.

« Vous voulez le secret, dites-vous! oh! soyez vrai, vous voulez plus, vous
« voulez commander à l'Administration hospitalière; vous exigez qu'elle adopte
« votre enfant, à la condition qu'elle ignorera de quel droit, à quel titre, par
« quel motif vous lui en imposez le fardeau; vous prétendez vous constituer
« juge, juge suprême, seul juge, de la légitimité de ce délaissement; vous osez
« interdire ce jugement, précisément à l'autorité compétente, à l'établissement
« qui doit en subir les conséquences! Encore une fois, soyez vrai : ce secret

17.

« peut-être, vous ne voulez le confier à qui que ce soit, parce que vous n'avez
« pas, en délaissant l'enfant, de motif que vous puissiez avouer. Le mystère
« peut-être couvre un crime. Et, en effet, il n'est que trop de motifs criminels
« qui conduisent au délaissement des enfants, motifs qui ne sauraient être ac-
« cueillis par l'Administration hospitalière. Si de tels motifs vous conduisent
« a envoyer votre enfant à l'hospice, la porte ne peut s'ouvrir, l'Administration
« ne deviendra pas votre complice

    « Le mendiant, lui aussi, prétend s'imposer à la charité publique, sans jus-
« tifier de la réalité de ses besoins. Mais lui, du moins, montre sa personne,
« répond a qui l'interroge, étale ses haillons; ses cheveux blancs, ses infirmités
« frappent les yeux de tous.

    « Il est vraiment impossible qu'on oppose rien de raisonnable au désir d'une
« administration charitable, qui, en consentant à adopter un enfant, veut
« savoir au moins pourquoi on lui demande un tel service (1). »

    Il me reste un dernier mot à dire sur cette erreur produite, sans doute, et
entretenue par une association d'idées peu réfléchies, celle qui consiste a placer les Tours sous l'invocation de saint Vincent de Paul.

    Il faut en finir avec cette imputation, au moins inexacte, qui prétend abriter
sous un patronage vénéré une mesure qu'il conviendrait dans tous les cas d'apprécier par ses résultats.

    Voyons donc ce qu'a fait saint Vincent de Paul à l'égard des Enfants-
Trouvés.

    J'emprunte mes autorites a une source qui ne sera pas suspecte, a la citation
reproduite dans la brochure de M. Nicolas, page 22 (2).

    « En ce temps-là, disent les historiens, on voyait un déplorable effet de la
« détresse des familles et de la dépravation des mœurs : on exposait, dans les
« places publiques et à val les rues de la capitale, les enfants abandonnés en
« naissant: on les vendait pour une pièce de 20 sous; les pauvres surtout les
« achetaient à vil prix, comme des instruments de pitié pour exciter la com-
« misération publique. On en portait beaucoup à Notre-Dame, et il était
« permis, à ceux qui les voulaient, de les prendre, ce qui donnait lieu a de
« grands abus; des gueux les prenaient et les estropiaient, leur rompaient un

---

(1) *De la Bienfaisance publique*, par M de Gerando, t II, p 305 et suiv
(2) *Du Tour des Enfants trouvés*, par Nicolas, *avocat a la cour royale de Bordeaux*, 1840.

« bras ou une jambe pour exciter davantage la compassion, quelquefois même
« on les dépeçait pour faire servir leurs entrailles aux opérations de la ma-
« gie Au retour d'une de ses missions, saint Vincent de Paul trouve, sous
« les murs de Paris, un de ces enfants entre les mains d'un mendiant, occupe
« a déformer ses membres, saisi d'horreur, il accourt . — Eh! barbare, s'ecrie-
« t-il, vous m'avez bien trompé, je vous avais pris de loin pour un homme !
« Il lui arrache sa victime, l'emporte dans ses bras, traverse Paris en invo-
« quant la commisération publique, assemble la foule autour de lui, raconte
« ce qu'il vient de voir, appelle la religion au secours de la nature, et, entouré
« de ce peuple frémissant qui le suit sans pénétrer son projet, il se rend dans
« la rue Saint-Landry, où l'on entassait ces malheureuses victimes. La, ce père
« des orphelins donne l'exemple; il en ramasse douze, qu'il met a part, et
« les bénit, en déclarant qu'il se charge de les nourrir, et c'est la sa pre-
« mière allocution en faveur de ces infortunés » (Maccarthy, l'avocat général
Talon.)

Eh bien, saint Vincent de Paul est frappé de la multiplicité des expositions,
des abandons d'enfants; il voit ces enfants, il est touché de leur misère et se
dit . élevons-les, nous les aurons sauvés pour eux et pour la société

Mais le Tour, lui, que fait-il? Il reçoit en aveugle, il provoque a l'abandon,
il entasse ses victimes sans discernement; le Tour est un gouffre; c'est une
oubliette, pire que celles d'où l'on ne sortait pas, car on n'y trouvait que la
mort, et de celle-ci l'on en sort, il est vrai, mais trop souvent pour finir par
le bagne ou les lieux de prostitution

Est-ce la, croyez-vous, les accomplissements de la pensée chrétienne de
saint Vincent de Paul?

Le Tour produit précisément le mal auquel saint Vincent de Paul a voulu
apporter un remède; ce que nous voulons, nous, c'est rendre, autant que
possible, a l'admirable institution des Enfants trouvés, qui est l'œuvre de
saint Vincent de Paul, l'esprit et l'âme de son vénérable fondateur

Ce que nous voulons, c'est mettre à la place d'un morceau de bois, qui ne
voit pas, qui ne sent pas, qui ne peut pas être la charité, l'affection humaine
qui s'émeut et qui a pitié, qui s'attache a l'orphelin qu'elle a recueilli, l'affection religieuse qui se voue à être la mère des Enfants délaissés, le Tour
ne saurait produire ces sentiments; il les étouffe; voilà pourquoi je crois suivre la noble inspiration même de saint Vincent de Paul en votant pour la
suppression des Tours.

Je terminerai par une simple observation sur la convenance de décréter le
remplacement des Tours dans une loi d'application générale.

J'ai pu montrer à cet égard quelques hésitations au début de nos confé-
rences. Je me préoccupais alors de l'effet que pourrait produire la mesure
dans les grands centres de population.

Les recherches auxquelles je me suis livré depuis ont fait disparaître mes
craintes.

A Paris, le Tour a été supprimé pendant quelque temps sans beaucoup d'inconvénients ; il n'y existe aujourd'hui que nominativement en quelque sorte, et
concurremment au bureau d'admission dont l'usage est beaucoup plus fréquent.

A Lyon, le Tour est surveillé ; ce qui équivaut à moins que son existence.

A Lille, Strasbourg, Colmar, Nantes, Toulouse, il a été supprimé sans difficultés, sans réclamations.

Je ne puis croire que la mesure du remplacement des Tours, proposée
aujourd'hui, trouve de sérieuses et longues résistances.

Je me déclare donc pour la suppression des Tours au moyen d'une loi
d'application générale

M NICOLAS.

Je ne veux adresser à personne le reproche d'être exclusif, mais je crois
pouvoir me rendre le témoignage de ne pas l'avoir été moi-même.

Ainsi j'ai reconnu qu'il y avait des abus dans l'emploi du Tour et j'ai dit
que j'étais disposé à adopter un ensemble de mesures qui auraient pour but
d'en prévenir, d'en dissuader l'usage, tout en le maintenant pour les cas extrêmes d'une honte qu'il importait de ménager

J'ai même été plus loin · j'ai consenti à abandonner entièrement le Tour,
pourvu qu'on me donnât à sa place la Sœur de charité seule et libre dans la
faculté d'admission.

Il semble, après tous ces pas en avant vers l'opinion contraire, que nous
soyons bien près de nous entendre. C'est possible, je me plais à le croire ; cependant les développements que les honorables préopinants viennent de donner a leur opinion contre le maintien du Tour m'ont révélé une distance
immense, je n'ose pas dire un abîme, entre leur doctrine et la mienne, distance qu'une discussion plus complète fera peut-être, et je l'espère, disparaître,
mais qu'il importe de constater et de faire ressortir pour mieux en dégager
les causes.

Pour moi, je dois déjà aux paroles éloquentes de M. Durand-Saint-Amand, je ne veux pas dire à son discours, car il a su leur enlever la pompe du discours, en leur en laissant toute la force et tout l'intérêt; je leur dois, dis-je, d'avoir vu se dégager dans mon esprit les motifs qui m'avaient fait me prononcer pour les Tours, et si je lui oppose actuellement ces motifs avec quelque persuasion et quelque force, c'est à lui que je le devrai

Il y a dans cette question deux pôles, deux principes distincts, sinon opposés, d'où nous sommes partis, M. Durand-Saint-Amand et moi, principes dont la conciliation n'est pas impossible, et doit être même, selon moi, la base de la loi à la préparation de laquelle nous sommes conviés, mais qui, pour cet effet, doivent être au préalable respectivement constatés dans toute leur puissance.

Le principe de *la responsabilité humaine,* a dit M. Durand-Saint-Amand, voilà la loi qui régit les sociétés; la femme a failli, qu'elle subisse les conséquences de sa faute! qu'elle la répare et qu'elle se réhabilite par la pratique du devoir de la maternité! L'appel à ce sentiment de la maternité, ses devoirs, voilà les *assises* de la loi que nous devons faire. Quant à cette *honte* pour laquelle on nous demande ménagement et respect, si on l'analyse, on trouvera que ce respect pour elle est un *préjugé,* et que l'usage permanent du Tour est plus nuisible aux mœurs publiques que ne le serait la recherche de la maternité, suivie de la pratique de ses devoirs.

Principe
de
la responsabilité

Je ne crois pas dénaturer ni trop affaiblir, en la condensant ainsi, la thèse soutenue par M. Durand-Saint-Amand.

Je m'empresse de reconnaître qu'il y a du vrai dans tout ce qu'il a si bien dit : oui, cette loi de la responsabilité est une loi vraie de notre nature humaine et sociale; c'est la juste condition de notre liberté, oui, la *maternité* impose des *devoirs sacrés,* dont l'accomplissement en lui-même peut améliorer la femme et profiter à l'enfant : cela est très-vrai; mais là n'est pas tout le vrai, et cela même deviendrait faux en devenant exclusif de cet autre vrai, dont il faut tenir grand compte.

La loi de la *réversibilité des mérites* dans la société est une loi aussi certaine que la loi de la *responsabilité des fautes,* et si de celle-ci découle exigence, justice, de celle-là descend pardon et charité

Principe
de
la réversibilité

Et pour m'élever de suite à toute la hauteur où mon honorable contradicteur a lui-même placé ces considérations, je conviendrai avec lui que, dans le principe, le premier coupable n'a pas été séparé de ses enfants, et que la *loi de responsabilité* s'est appesantie fatalement sur lui et sur eux, et les a enchaînés dans ses terribles conséquences

Mais je ferai observer qu'un jour est venu dans le monde ou une autre loi a été introduite, qui nous a relevés ou nous a donné le pouvoir de nous relever des rigueurs de celle-là C'est cette loi, promulguée sur le Calvaire, qui s'appuie sur les mérites infinis d'un Dieu pour en opérer sur nous la réversibilité, et qui, en nous pardonnant, nous autorise, nous commande de pardonner

En ce sens, on peut dire que, si nous sommes tous des enfants abandonnés, exposés, dans le premier coupable, nous sommes tous des enfants trouvés et sauvés dans notre commun et divin Rédempteur

Je n'ai pas la prétention d'imposer à la discussion des principes qui ne seraient pas ceux de tout le monde, quoique j'aie le bonheur de les voir accueillir ici avec sympathie; mais je me permettrai de vous faire observer qu'il ne s'agit pas des principes et de la foi de chacun de nous ici, ni des législateurs quels qu'ils soient, mais des principes et de la foi de la société pour laquelle la loi doit être faite et dont elle doit être l'expression, la traduction, dans ce qu'elle a de plus élevé et de plus pur; car, Messieurs, quand une notion de moralité existe dans le monde, le monde ne peut pas vivre sciemment dans un état inférieur à cette notion, quoique relativement supérieur à l'état d'autres sociétés qui ont vécu dans son ignorance. C'est la loi glorieuse de notre nature de tendre sans cesse à la réalisation de tout le bien que nous connaissons, d'y être condamné en quelque sorte, et de ne trouver notre équilibre et notre aplomb que dans cette équation admirable du fait et de l'idée, de la loi et des mœurs.

Or, Messieurs, nos mœurs, les mœurs générales des sociétés modernes sont toutes imprégnées des principes que je viens d'évoquer.

Dans le monde ancien, la loi de la responsabilité, de la solidarité humaine, régnait en quelque sorte seule impitoyablement. On demandait *œil pour œil, dent pour dent;* on poursuivait même le crime du père jusque dans les générations les plus reculées

Le monde moderne connaît une loi plus douce et plus heureuse, la loi de la réversibilité, la loi du pardon et de la charité, que nous nous appliquons les uns aux autres, comme elle nous a été appliquée à tous, qui a changé les mœurs et qui doit se faire sentir dans les institutions.

Déjà le paganisme avait admiré ces paroles de sympathie .

Non ignara mali miseris succurrere disco

Le Christ devait donner un plus grand enseignement.

Placé, lui, pur de toute faute, exempt de toute souillure, non plus en présence des malheureux, mais en face du coupable, il fait entendre des paroles de miséricorde et de bonté que nous n'avons plus le droit, après lui, de nous refuser les uns aux autres. C'est là le sublime exemple qu'il nous a laissé dans la pitié qu'il donne à la confusion de la femme adultère, dans le pardon qu'il accorde au repentir de la pécheresse.

Et remarquez-le, Messieurs, cette pitié, ce pardon, ce respect pour la honte de la femme, prescrits par la loi évangélique, il serait d'autant plus injuste de les lui refuser, que c'est cette même loi évangélique qui nous a donné ce haut degré de pureté et de moralité qui fait ressortir sa faute, et qui l'expose à la sévérité de nos jugements.

La loi chrétienne, la plus sainte de toutes, est en même temps la plus charitable; et cette charité est l'admirable correctif des rigueurs de cette sainteté.

Ce qu'il y a de plus pur dans nos mœurs modernes, les rendant plus exigeantes et plus sévères que les mœurs anciennes, les rendraient plus cruelles et plus impitoyables si elles n'étaient en même temps plus charitables, et si, par une admirable pondération, la miséricorde ne venait y contre-balancer la justice.

Et, Messieurs, poussant mon observation encore plus loin, je dirai que cette charité en étendant son manteau entre la femme coupable et la rigoureuse pureté de nos mœurs, n'importe pas moins au maintien de ces mœurs qu'au juste égard qui est dû à la faiblesse humaine; car si elle préserve celle-ci d'un châtiment trop excessif, elle préserve celles-là du scandale; et le résultat immanquable de son refus serait d'affaiblir les mœurs publiques, en leur exposant trop indiscrètement des fautes contre lesquelles elles sévraient d'abord avec trop de sévérité, mais dont elles subiraient à la fin la réaction démoralisante.

Oui, Messieurs, et pour traduire ici ma pensée en une conclusion directe au sujet de la discussion, je dirai : si vous supprimez les Tours, ou tout moyen de discrétion charitable équivalent, vous aurez d'abord plus d'*infanticides,* et vous finirez par avoir plus d'*enfants naturels.*

Vous aurez d'abord plus d'*infanticides,* parce que le sentiment de la honte livré aux prises avec la première rigueur des jugements publics, cherchera à dérober la faute à tout prix.

Infanticide

Vous aurez ensuite plus d'enfants naturels, parce que l'exemple continu de la faute divulguée, acceptée, affichée, habituera à la commettre, et, comme je le disais, comme on le voit dans tous les pays où le sentiment charitable que je défends est repoussé, et où il n'y a presque pas de mariage dans le peuple qui n'ait été précédé de la grossesse de la femme, c'est-à-dire de son avilissement, *on vivra de la honte et l'on n'en mourra plus.*

Ce n'est donc pas moins au nom de la pureté qu'au nom de la charité de nos mœurs que je parle ainsi. Ne les séparons pas l'une de l'autre : elles ont jailli à la fois de la même morale, du même cœur, qui était en même temps le plus miséricordieux et le plus saint; elles sont inséparables; la méconnaissance de l'une entraînerait la perte de l'autre et la ruine de la morale publique, dont elles sont les fondements.

Les considérations d'où j'ai déduit cette conclusion, vraies en elles-mêmes et dans leur application à l'humanité chrétienne, ont un caractère plus rigoureux de vérité et de force si on les applique à la femme et à la situation que le christianisme lui a faite dans nos sociétés.

Opinion
publique
à l'égard
de la femme

On a fait souvent ressortir la différence des jugements de l'opinion publique entre l'homme et la femme, et combien cette opinion était plus sévère à l'égard de celle-ci. L'homme faillit à la loi de continence et il se relève aisément, il se dépouille de sa faute comme d'un vêtement facile, et reprend l'estime de lui-même et des autres sans avoir à redouter la solidarité de son passé. La femme, au contraire, ne peut glisser en quelque sorte sans tomber, et ne peut tomber sans rester avilie : partialité d'autant plus révoltante, ce semble, que le plus souvent elle est moins la complice que la victime de l'immoralité de l'homme.

Qu'elle ne se plaigne pas cependant de cette rigueur excessive, car c'est là mesure du respect et du culte dont elle est l'objet quand elle reste fidèle au devoir. La femme est élevée si haut par le christianisme, elle est constituée dépositaire de si graves intérêts, qu'on a dû la prémunir et la fortifier par un rempart élevé de respect et un abîme profond de mépris.

Je ne réclame pas contre cette disposition de nos mœurs publiques, mais je ne la voudrais que comme préventive, et je crois qu'il en résulte une obligation d'autant plus grande de charité, quand la faute est commise, à dérober la victime à une rigueur également funeste et pour elle et pour la société.

Il résulte en effet de cette rigueur pharisaïque que la femme coupable, lapidée par l'opinion publique, est à jamais déconsidérée et repoussée de la so-

ciété, et que dans le désespoir où on la jette de pouvoir jamais en reconquérir
l'estime, elle prend son parti du mépris et se fait une profession du vice C'est
là, Messieurs, une des premières causes de la prostitution.

Si, au contraire, la femme est couverte ou se croit couverte par le manteau
d'une discrète charité, elle aura à subir assez de conséquences personnelles et
morales de sa faute pour être portée au repentir, et pourra se relever encore
derrière ce manteau d'une clandestinité qui l'aura dérobée à une responsabilité d'opinion et de convention qui ne corrige pas, mais qui tue la coupable et
en fait un agent de corruption pour la société.

Cette clandestinité, Messieurs, contre laquelle on s'est élevé et qu'on a faus-   Clandestinité
sement, selon moi, qualifiée d'hypocrisie, est le juste droit de refuge ouvert   de
a la honte de la femme pour protéger son retour à la vertu dont cette honte   l accouchement
est la dernière étincelle : ne mettons pas le pied, Messieurs, sur la mèche qui
fume encore.

Voyez toutes les précautions instinctives que prend la malheureuse qui a
failli pour s'envelopper d'ombre et de mystère. Que d'efforts pour cacher sa
grossesse, pour dérober son accouchement! Le moment fatal arrive ; son enfant
naît : que va-t-elle faire ? que doit-elle faire ? Le même sentiment qui l'a portée à dérober sa grossesse, à dérober son accouchement, va la porter à en dérober le fruit accusateur : c'est immanquable; et si elle le peut *sans crime*, elle
aura satisfait jusqu'au bout ce sentiment de la honte qui est la dernière planche
de salut jetée sur l'abîme de sa faute, entre sa vertu passée et sa vertu fu-
ture.

Que si vous lui rejetez son enfant à la face de la société, si vous la dé-
noncez par là à l'opinion publique, sa grande ennemie, le grand objet de son
effroi, si vous lui retirez de dessous les pieds cette planche du secret au
moment où elle achève d'y passer, le même sentiment qui l'a portée jusque-
la à se dérober, la portera naturellement, conséquemment à résister, à se
défendre contre votre dénonciation ; et craignez alors, craignez que dans ce
fatal moment elle ne jette son enfant dans l'abîme pour y échapper elle-
même.

Vous flattez-vous de lui faire garder son enfant ? Mais alors soyez conséquents
vous-mêmes, et ne vous étonnez pas qu'elle soit conséquente avec vous. Dès
lors que l'enfant doit venir révéler la mère, à quoi bon la clandestinité de
l'accouchement ? Pourquoi la clandestinité de la grossesse ? Blâmez, pour-
suivez cette clandestinité, non-seulement dans son dernier acte, mais encore

18.

dans tous ceux qui précèdent; étouffez-la dans son principe, dans ce sentiment de la pudeur et de la honte qui permet encore à la malheureuse de repasser à la vertu, et que dès le rapide et souvent aveugle instant de sa faute, elle soit clouée à tout jamais à l'infamie, qu'elle l'accepte, c'est-à-dire qu'elle ne la sente plus; car, Messieurs, on ne l'accepte pas tant qu'on la sent.

Vous lui reconnaissez, dites-vous, le droit au secret, à la condition qu'elle gardera l'enfant.

Ceci me paraît contradictoire; car c'est l'enfant lui-même dans ses rapports avec elle qui est le grand divulgateur de son secret, et il faut lui retirer le droit au secret ou lui permettre de vous confier l'enfant.

La pratique des devoirs de la maternité est bien à désirer sans doute, et je ne repousse pas toute mesure prudente qui aurait pour objet d'y déterminer la mère; mais vous êtes-vous bien rendu compte de tout ce qu'il faut de vertu héroïque à une femme pour se réhabiliter par la pratique d'un devoir qui divulgue en même temps sa honte, qui en dépose contre elle et l'en accuse constamment, qui la réhabilite devant Dieu et sa conscience, il est très-vrai, mais qui la diffame devant la société? Car la société est ainsi faite, Messieurs, qu'une fille-mère n'y retrouve jamais sa place, que sa famille la repousse, que le mariage lui est fermé, que la confiance se retire d'elle, que la charité seule lui tend la main. La société est ainsi faite, et il est bon peut-être qu'il en soit ainsi.

Eh bien, je dis que vous trouverez difficilement une fille avilie disposée à se réhabiliter par la pratique d'un devoir qui suppose une vertu héroïque. Le sentiment maternel n'est pas aussi impérieux que vous le croyez, ni aussi fort dans le cœur d'une femme coupable. Le premier sentiment chez elle c'est la honte, qui suppose bien dans son cœur un reste de disposition à la vertu, mais qui par cela même s'oppose à la pratique d'un devoir qui la blesse et prévaut contre le sentiment de ce devoir. Que si vous la faites passer sur ce sentiment de honte, si vous le lui faites braver, alors elle court grand risque de tomber dans celui de l'impudeur et de se trouver par cela même au-dessous du sentiment et des devoirs de la maternité.

La honte ou l'impudeur également contraires au développement du sentiment maternel dans le cœur de la femme : voilà, pour la généralité des cas, les écueils du système qui prendrait la confiance en ce sentiment pour les seules assises de la loi.

J'ajoute ou plutôt je rappelle, ce qu'il ne faut jamais perdre de vue dans cette question, ce à quoi il faut toujours revenir comme à la question même, que l'*intérêt de l'enfant* serait gravement compromis, sinon sacrifié, en étant ainsi livré à la honte ou à l'impudeur de la mère; car la honte de celle-ci menace sa vie, et, s'il y échappe, il ne vit que pour être élevé à l'école de l'impudeur, que pour grandir dans le désordre où il est né, que pour en devenir l'imitateur précoce et d'autant plus éhonté qu'il n'aura, pour ainsi dire, jamais connu l'innocence, que pour grossir enfin ces hordes de parias de la civilisation qui hurlent autour d'elle comme des animaux dressés à dévorer une proie.

Mais le système contraire est-il tolérable? se récrie-t-on. Se peut-il qu'une mère puisse *se décharger de son enfant, et que la société tende à cet abandon une main secourable?*

Je réponds que, sans doute, cela ne devrait pas être dans un état absolu de perfection, mais que c'est là un moindre mal, relativement à un plus grand que nous devons empêcher; et qu'en cette matière essentiellement infectée, nous ne devons jamais oublier notre devise : *Minima in malis.*

Je reconnais après cela, j'ai reconnu dès l'abord, que les cas de nécessité du secret d'admission sont moins nombreux que l'usage du Tour ne le ferait supposer; qu'il y a donc abus du Tour; qu'il faut tendre à prévenir et à écarter cet abus en facilitant des déclarations qui n'ont pas une raison invincible de se refuser.

Mais je dis que pour celles-ci il faut le Tour ou tout moyen de clandestinité analogue.

M. Durand-Saint-Amand l'a reconnu lui-même ; il a reconnu un certain *droit au secret;* mais, alors même, dans la mesure qu'il propose pour y satisfaire, se retrouve et se prolonge toute la différence de principes d'où nous sommes partis en commençant.

Il propose, à cet effet, une commission qui recevrait le secret de la mère intéressée à se cacher, et il compose cette commission d'un magistrat, d'un inspecteur, d'un prêtre, d'une Sœur de charité et d'un médecin.

Et d'abord, Messieurs, ôtons cette Sœur de charité, ôtons ce prêtre de cette commission ; ils y seraient évidemment déplacés entre le médecin, l'inspecteur et le magistrat, qui, n'apportant pas toujours à l'audition de révélations essentiellement scandaleuses une assez grande sévérité, une assez grande pureté de mœurs, feraient rejaillir autour d'eux le scandale en raison même de la simplicité et de la pureté de ce prêtre et de cette Sœur de charité.

Reconnaissons ensuite que la confidence n'est pas multiple de sa nature, et qu'un secret déclaré à cinq personnes n'est déjà plus un secret; il est par cela même divulgué.

La confidence, d'ailleurs, ne s'impose pas, elle s'obtient. Ce n'est pas à un tribunal de juges qu'on la fait, mais dans un sein compatissant qu'on la verse.

Il faut encore que le confident présente toute garantie de discrétion, et pour cela qu'il soit discret non par fonction officielle et momentanée, mais par caractère indélébile, par profession continue, par engagement de religion, par situation d'éloignement et de dégagement du monde. Quelque honorables qu'on s'efforce de choisir le magistrat, le médecin et l'inspecteur, il arrivera très-souvent, et on le reconnaît, que ces confidents officiels failliront à la loi de discrétion, alors que chacun d'eux, au sortir de la confidence, ira en oublier la gravité dans la légèreté de ses relations mondaines.

Je ne saurais donc adopter l'idée de cette commission ; elle n'inspirera pas la confiance qu'elle doit inspirer pour attirer, pour déterminer les déclarations mystérieuses de la honte et parer aux dangereuses conséquences de la suppression du Tour. On la fuira, on s'en défendra comme d'un guet-apens : j'aime mieux le Tour.

Vainement m'oppose-t-on que la femme coupable s'est bien déjà confiée pour cacher sa grossesse, pour dérober son accouchement, à des agents indignes, souvent infâmes, et que le secret qu'elle leur a livré, elle le confiera à plus forte raison à des hommes honorables.

Je réponds qu'il y a dans ce raisonnement une méconnaissance ou un oubli du cœur humain.

Il est dans la nature d'un cœur coupable d'aimer mieux souvent confier le secret de sa faute à des agents immoraux qu'à des hommes honorables, par la double raison qu'il n'a pas à rougir devant ceux-là autant que devant ceux-ci, ni à redouter autant les conséquences de leur indiscrétion dépourvue de tout crédit et qu'on peut facilement taxer de calomnie.

Plus la personne à qui la faute doit être confiée est honorable, plus on redoute son jugement, plus on redoute les conséquences de son indiscrétion.

Et cependant je voudrais que le confident, appelé à remplacer le Tour, fût honorable, plus qu'honorable, fût pur, fût saint. Je le voudrais, pour qu'il ne devînt pas complice des abus qu'il devrait corriger, et qu'il purifiât même de son contact, de ses inspirations, de ses conseils, la femme égarée qui déposerait dans son sein le fruit et le secret de sa maternité; mais je voudrais, en même temps, que ce confident fût la discrétion, la charité même, le *Tour vivant* de la charité.

Je voudrais pour remplacer le Tour quelque chose qui participât, s'il était possible, du caractère sacré et de la puissance de la confession. Dans cette institution admirable, vous le savez, le pénitent a la confiance, je dirai plus, la conscience que celui à qui il déclare ses fautes n'est pas un homme en ce moment, qu'il ne révélera rien; qu'il ne s'en souviendra pas lui-même : c'est-à-dire qu'il y a un abîme entre lui et la société, plus que cela, entre lui et lui.

Voilà ce que je voudrais pour remplacer le Tour.

En un mot, Messieurs, vous m'avez tous compris, je voudrais pour la femme coupable et égarée une *sœur* et une *sœur de charité*. Si nous avions à la créer, a l'instituer, je concevrais qu'on rejetât cette conception comme le plus chimérique de tous les rêves; mais nous avons au milieu de nous cette merveille: sachons l'employer.

La séance est levée à onze heures trois quarts.

Signé Victor LEFRANC, *président.*

Signé VALENTIN-SMITH, *secrétaire.*

9ᴱ SÉANCE.

Mardi 25 septembre 1849, 8 heures du matin

Présidence de M. Victor LEFRANC.

Sont présents :

MM. Victor LEFRANC, DURAND-SAINT-AMAND, Alfred BLANCHE, NICOLAS, GIRAUD, VALENTIN-SMITH, secrétaire, et HAMELIN, secrétaire adjoint.

Absents :

MM. DE LURIEU et DE WATTEVILLE, en mission à raison de leurs fonctions, M. BAILLEUX DE MARIZY, pour cause de maladie.

Le procès-verbal de la séance du 20 septembre dernier est lu et adopté.

ORDRE DU JOUR.

Suite de la discussion sur LE MAINTIEN OU LA SUPPRESSION
DES TOURS.

M. VALENTIN-SMITH:

Nécessité
de la suppression
des Tours

J'ai eu occasion de m'expliquer, comme membre du conseil général
de la Loire, sur la question qui nous occupe. En présence du décret de
1811, qui consacre l'existence des Tours, je ne pouvais comprendre comment
la loi pouvait être violée par les dépositaires du pouvoir, c'est-à-dire par ceux-là
même qui ont mission et devoir de la faire respecter. Je me prononçai alors
pour le maintien des Tours (1). Aujourd'hui qu'il s'agit non plus d'une loi à
exécuter, mais d'une loi à préparer, plus éclairé d'ailleurs par une étude appro-
fondie des faits, mon avis est que le Tour doit être supprimé, par ces grandes
raisons surtout, d'une part, qu'il brise les liens et les devoirs de la maternité,
et que, d'autre part, il ravit à l'enfant son état civil et ses droits de famille,
c'est-à-dire tout ce qu'il y a de plus intime dans l'homme et de plus précieux
au monde.

Il n'entre assurément pas dans ma pensée de vouloir embrasser cette question à ses divers points de vue; je veux seulement répondre aux principales
objections qui ont été faites contre la suppression du Tour par MM. BAILLEUX
DE MARIZY et NICOLAS, et vous soumettre ensuite quelques idées sur le mode
d'admission par lequel, suivant moi, on pourrait peut-être le remplacer.

Origine
de l'institution
des Tours

Mais, auparavant, je crois utile de vous dire quelques mots sur le résultat
de mes recherches, soit au Conseil d'état, soit aux Archives nationales, sur ce
qui fait aujourd'hui l'objet de nos travaux.

---

(1) En 1842, en combattant la surveillance des Tours, je m'exprimais ainsi dans la *Revue de
Riom*

« Je concevrais la suppression des Tours si l'on introduisait quelque réforme profonde dans le
soulagement des misères humaines, dans l'organisation du travail, dans les devoirs de la paternité,
dans les garanties offertes à la mère . . .   .

« Améliorez vos institutions, réformez vos lois, retrempez vos mœurs, serrez les liens de la famille,
ce grand rempart contre les dangers de la séduction En un mot, poussez à tous les moyens qui
peuvent concourir à détruire l'exposition, et il faut que le progrès humanitaire atteigne un jour ce
but !   . »

Malgré toutes mes investigations, je n'ai trouvé aucune trace écrite sur l'introduction du Tour en France. Mais voici les renseignements et les traditions que j'ai pu recueillir à cet égard :

L'existence des Tours, en France, date du commencement du dix-neuvième siècle. Le décret du 19 janvier 1811 est le premier acte de législation qui renferme l'expression de *Tour*.

Les Tours furent établis, sur divers points de la France, sous l'influence de l'heureuse réaction qui se fit sentir, au commencement du dix-neuvième siècle, après tous les orages et tous les maux de la révolution de 93.

La loi du 21 juin 1793, portant que *toute fille mère qui déclarera vouloir allaiter elle-même son Enfant, aura le* DROIT *de réclamer le secours de la Nation*, avait produit le plus mauvais effet moral, même au milieu du désordre des idées de cette époque. Autant alors les sentiments de la pudeur publique avaient pu être blessés, autant l'on s'attacha désormais à offrir à la fille mère des moyens de cacher sa faute. De là, chez nous, l'origine du Tour.

Mais, le mystère du Tour, loin de réaliser les espérances qu'on en avait conçues, ne tarda pas à offrir les plus tristes abus.

En 1784, d'après M. Necker, l'on comptait en France 40,000 Enfants trouvés

En 1810, d'après un état dressé par M. de Montalivet, ministre de l'intérieur, le nombre de ces Enfants s'élevait à 70,752 pour les 118 départements de l'Empire, — et à 55,763 pour les 85 départements qui forment la France actuelle, non comprise la Corse.

Ce nombre s'élevait :

Au 1ᵉʳ janvier 1815, à................ 82,748.
——————— 1820, à................ 101,158.
——————— 1825, à................ 119,389.
——————— 1830, à................ 118,485.
——————— 1831, à................ 122,645.
——————— 1832, à................ 127,677.
——————— 1833, à................ 130,945.
——————— 1834, à................ 129,222.

Sous l'influence des mesures prises, à partir de 1834, par le déplacement des Enfants, par la suppression de plusieurs Tours ou hospices dépositaires, le nombre des Enfants trouvés n'a pas tardé à successivement diminuer.

Ce nombre était :

Au 1ᵉʳ janvier 1835, de..... .... 121,563.

———————— 1836, de.............. 109,656.

———————— 1837, de.............. 99 695.

———————— 1840, de..... .... 96,269.

———————— 1846, de.............. 97,094.

———————— 1847, de.............. 98,461

———————— 1848, de.............. 98,872.

But du decret de 1811

Je mets sous vos yeux le tableau des Enfants trouvés en 1811, ainsi que les rapports de M. de Montalivet, qui ont précédé le décret du 19 janvier (1). Il résulte de ces documents inédits que, sans songer aux conséquences du Tour, l'on espérait à cette époque diminuer le nombre des Enfants trouvés, en diminuant le nombre des hospices dépositaires : de là, la disposition de l'article 4 du décret, portant qu'*il y aura* AU PLUS DANS CHAQUE ARRONDISSEMENT *un hospice où les Enfants trouvés pourront être reçus.*

Par cette disposition, un grand nombre d'hospices cessèrent d'être dépositaires.

Le but et l'esprit du décret du 19 janvier 1811 se révèlent pleinement dans les termes de la circulaire du 15 juillet de la même année :

« Aux termes du décret du 19 janvier, y est-il dit, il doit y avoir au plus un « seul dépôt par arrondissement. Le but principal de cette disposition est de « faire cesser l'abus résultant de la multiplicité des hospices où ces Enfants « étaient précédemment admis. ....

« ....

« Si le nombre des dépôts excède celui des arrondissements, les préfets les « réduiront, ainsi que le veut le décret du 19 janvier, à un au plus par arron- « dissement.

« Cette dernière expression, *un au plus par arrondissement,* indique suffisam- « ment qu'il faut réduire, autant que possible, le nombre des dépôts ; il faut le « borner aux besoins des localités, et tendre à rompre, sans nuire à la conser- « vation des Enfants, toutes les habitudes funestes qui sembleraient légitimer « l'exposition des Enfants, que l'ordre social a destinés a être élevés par leurs « parents. »

Saint Vincent de Paule n'a pas institue le Tour

Lorsqu'en 1838 je me prononçai, devant le Conseil général de la Loire, en

(1) Voir les rapports et le tableau au tome II, page 101 et suivantes

faveur des Tours, je partageais cette erreur si répandue, que cette institution, ayant pour elle, dans notre pays, l'autorité du temps, était l'œuvre de saint Vincent de Paule, lorsqu'elle ne date véritablement que d'hier en France.

« Saint Vincent de Paule réunissait chaque jour, sous le parvis des églises, ces pauvres petits êtres que la froide cruauté de leurs mères y avait exposés, et, après les avoir arrachés à la mort, il les transportait et les faisait élever dans une maison qu'il avait consacrée à cette pieuse destination.

« Voilà ce que faisait Vincent de Paule : il recueillait les Enfants abandonnés, mais il ne provoquait pas les abandons ; il prévenait, autant qu'il était en lui, les conséquences funestes de l'inconduite et de la débauche, mais il n'encourageait pas de pareils désordres. Dans les nobles inspirations de son cœur, l'idée du Tour ne lui vint jamais, et jamais il n'eut la pensée d'ouvrir cette espèce de tombe toujours béante où viennent disparaître tous les Enfants qu'il plaît à l'indifférence, au vice, au crime même, d'y entasser (1). »

Je partageais aussi cette opinion fort accréditée, que la suppression des Tours avait déterminé un grand nombre d'infanticides; mais, éclairé par l'expérience et en présence des faits si bien mis en lumière par M. Remacle, dans son Rapport au Ministre de l'intérieur du 4 juin 1845, je n'ai pas hésité à reconnaître mon erreur.

Infanticides

Ce qui, au premier abord, pourrait faire naître des doutes, c'est que l'on voit le crime d'infanticide s'accroître considérablement en France, à partir surtout de 1836, époque où des mesures commencèrent à être prises contre les Tours.

De 1827 à 1847, l'accroissement de la population, en France, a été de 11 pour cent, et l'accroissement des crimes contre les personnes, de 2 pour cent seulement; dans cette même période, l'accroissement des infanticides a été de 42 pour cent.

---

(1) Le Tour de la Charité, a Lyon, a ete ouvert dans les premiers jours de mars 1804. Le premier Enfant placé dans le Tour l'a été le 15 de ce même mois (M. TERME, *Discours de reception a l'Academie de Lyon.*)

Le Tour de Paris n'a ete ouvert qu'en 1827, sur les ordres de M. Péligot, l'un des membres de la Commission administrative des hospices de Paris, sans qu'il soit intervenu aucun arrête du Conseil général de ces hospices.

(2) *Rapport au préfet de la Loire Inférieure, par M. J. Gohier,* inspecteur des Établissements de bienfaisance, 1848.

Mais les relevés statistiques que j'ai faits avec la plus rigoureuse exactitude montrent que la progression de l'infanticide s'est manifestée dans toute la France, à partir de 1836 (1), dans les pays qui ont des Tours comme dans ceux qui n'en ont point; tant il est vrai qu'il ne faut jamais vouloir induire une loi d'un fait, sans apprécier ce fait par toutes ses combinaisons d'ensemble.

Chose tres-remarquable, la statistique prouve que la progression de ce crime a été plus forte dans les départements qui ont conservé les Tours, tels que l'Aube, la Charente-Inférieure, les Côtes-du-Nord, etc., que dans les départements où il n'y a jamais eu de Tour, tels que le Doubs, la Meurthe, le Bas-Rhin, etc (2).

Question
de moralité

J'aborde les objections présentées contre la suppression du Tour.

« Les faits, dit M. Nicolas, montrent qu'il y a moins de moralité dans les pays où il n'y a pas de Tours. Ainsi, en Allemagne, où cette institution n'a pas été acceptée, l'on compte un bien plus grand nombre d'Enfants naturels qu'en France. »

« Dans l'Est, ajoutent d'autres personnes, où les Tours n'ont jamais été établis, il y a un bien plus grand nombre d'Enfants naturels que dans l'Ouest, où ils n'ont pas été supprimés; et si, dans cette dernière contrée, il y a plus d'Enfants trouvés et plus d'infanticides, cela s'explique par le sentiment de la honte qui y domine, comme un hommage rendu à la moralité publique »

« Le Tour, dit M. Bailleux de Marizy, est essentiellement catholique et chrétien; ce sont les départements les plus religieux qui semblent le plus attachés à la conservation des Tours »

On risque toujours de s'égarer, lorsque l'on veut rapprocher et comparer ensemble des pays qui diffèrent entre eux de mœurs ou d'institutions, et où les faits ont toujours une cause qui se rattache essentiellement à des habitudes et à des circonstances locales.

Ainsi, il y a en effet certains États de l'Allemagne dans lesquels on compte un grand nombre d'Enfants naturels; mais pourquoi? C'est que le mariage y

---

(1) C'est un fait à etudier Ne serait-ce point qu'à partir de cette epoque les parquets ont mon tre plus de sollicitude et d'activite pour poursuivre ce crime ?

(2) Voir, tome II, tableau XII, états v et vi

est interdit à ceux qui ne justifient pas de moyens d'existence suffisants pour pouvoir nourrir et élever une famille.

Il y a peu d'Enfants trouvés dans les départements de l'Est par deux raisons : la première, précisément parce qu'il n'y a jamais eu de Tours dans cette contrée ; et la seconde, parce que l'ouvrière qui a un Enfant a bien plus de ressources pour le garder, dans ces pays industriels, que la malheureuse domestique de l'Ouest, pour qui la charge d'un nouveau-né serait la perte de sa place, et par suite la perte de ses moyens d'existence.

J'avoue que je comprends peu comment on peut considérer les Tours comme une sorte d'expression et de témoignage de la moralité d'un pays, parce que les départements qui les ont toujours conservés ont moins d'Enfants naturels, quoique plus d'abandons et plus d'infanticides, que les départements où les Tours n'ont jamais été introduits.

Singulière chose, il faut en convenir, que de vouloir réputer un pays plus moral et plus catholique, parce qu'il a le triste privilége d'avoir un plus grand nombre d'abandons et un plus grand nombre de meurtres d'Enfants !

Sans doute, le grand nombre d'Enfants naturels révèle un désordre ; mais est-ce que, devant la religion comme devant la morale humaine, l'abandon n'est pas un grand crime, et l'infanticide un plus grand crime encore ; crimes qui témoignent bien autrement d'un haut degré d'immoralité ?

Le plus sage, à mon avis, est de reconnaître qu'il ne peut y avoir de rapprochements à établir entre des faits si divers procédant de causes différentes, pour en tirer des conséquences d'un pays à un autre.

Maintenant, j'arrive à un autre ordre d'objections, à celles présentées par M. NICOLAS dans notre dernière séance ; toutefois, je me garderai bien de me lancer dans les hauteurs de la science dont M. NICOLAS possède si bien et la langue et les sentiments.

Je dis de suite qu'il y a une chose qui me préoccupe vivement dans le système de M. NICOLAS, c'est que, en quelque sorte exclusif en faveur de la femme, il me semble, je n'ose pas dire sacrifier l'Enfant, mais l'oublier, trop l'oublier du moins, lorsque cependant c'est sur lui d'abord que la loi doit surtout porter ses pensées de protection, au nom de son innocence et de sa faiblesse.

Il y a une autre chose aussi qui me frappe dans les déductions de M. Nicolas; c'est que, dans le pardon qu'il accorde a la faute de la mère, M. Nicolas a peut-être trop confondu la loi humaine avec la loi divine. Sans doute la loi humaine doit être indulgente, tenir compte de toutes les imperfections et de toutes les fragilités de ce monde; et c'est en cela que la civilisation chrétienne est si heureusement entrée dans l'esprit des législations! Mais on ne doit pas oublier que cette loi n'est jamais faite pour les individus, mais bien pour la société qu'elle doit régir. Aussi, la loi humaine ne pardonne ni ne punit; elle protége, elle répare, elle frappe pour l'exemple, et rien que pour l'exemple. Telle est sa grande, mais unique mission.

Après tout, qu'est-ce donc qu'un pardon qui ne repose pas essentiellement sur le repentir, et qui, pour couvrir une faiblesse, protége une grande immoralité, l'immoralité de l'abandon?

M. Durand-Sᵗ-Amand avait parfaitement raison de dire que le Tour est essentiellement contraire au dogme de la responsabilité individuelle, et que, sous ce rapport, il ne saurait être consacré dans une loi conséquente avec les grands principes sur lesquels doit reposer toute législation.

M. Nicolas répond que le dogme de la responsabilité individuelle était le principe de l'ancienne société, mais qu'elle l'avait exagéré; que désormais, depuis la venue du christianisme, c'est par d'autres lois que la société moderne est régie.

N'y a-t-il pas là une erreur?

Le monde ancien était surtout gouverné par deux grands principes qui dominaient d'une manière à peu près absolue : ici, par la fatalité, qui faisait remonter en haut la responsabilité des choses de la terre; là, par une autorité absolue qui donnait au père de famille, irresponsable, droit de vie et de mort sur la femme, sur l'Enfant et sur l'esclave.

La responsabilité individuelle, fondement de notre ordre social, est un principe éminemment chrétien, marchant parallèlement avec l'égalité, la charité, avec le libre arbitre, ces grandes bases de la religion chrétienne. Aussi, est-ce à cette religion que l'on doit l'abolition du duel judiciaire, dont la pratique, sortie de la vieille barbarie, reposait sur le principe de la force; de l'abolition du système de composition, venu aussi des barbares, qui permettait de racheter un crime moyennant une somme d'argent; l'abolition enfin de la transmission des peines et de l'infamie aux générations futures d'un coupable

La charité ne peut vouloir qu'une chose, c'est que l'on accorde des secours
a la mère, si elle est dans le besoin; c'est que la société prenne son Enfant à sa
charge, si cette mère est dans l'impossibilité de le nourrir, et justifie de cette
impossibilité; mais voilà tout : voilà seulement ce qui est digne, moral, véritablement charitable et véritablement chrétien.

Un seul mot à présent, non pas sur la *réversibilité*, car, pour moi, profane   Principe
de la science, c'est un mot que j'ose à peine prononcer, mais sur la charité   de
chrétienne envisagée par rapport à la loi humaine.   la réversibilité
                                                                                    Charité
On l'a déja dit avec une véritable puissance de raison, la loi humaine faite   chrétienne
par tous et pour tous n'a pas et ne peut pas avoir une mission de charité, de
cette charité qui pardonne; en voici la raison :

C'est qu'il est de son essence de régir les faits extérieurs, d'être réparatrice
et conservatrice, comme je l'ai déjà dit, mais non pas miséricordieuse. Il ne
lui appartient point de sonder les intentions postérieures de l'agent d'un fait
coupable, pour entrer dans une voie de rémission et de pardon dont Dieu
seul peut être le dispensateur; rémission ou pardon que la religion chrétienne
commande à l'individu, qui doit toujours être charitable, mais non à la loi
humaine, qui ne peut jamais cesser d'être exemplaire.

Ces principes posés ou plutôt rétablis, demandons-nous ce que c'est que le
Tour?

N'est-on pas fondé à dire que le Tour est la plus haute expression du so-   Le Tour,
cialisme, acceptant, de la manière la plus aveugle, tous les Enfants qu'il plaît expression
a chacun de mettre à la charge de la communauté; du socialisme, anéantis-   du socialisme
sant la famille et dispensant la paresse de l'énergie et de l'activité individuelles; du socialisme, enfin, proclamant, non pas le droit au travail, mais le
droit au vice, rejetant sur toute la société la faute et le fardeau des actes
mauvais !

« Le Tour, dit M. de Gérando, est un avis donné au public, une affiche ap-
« posée dans la rue et portant : Quiconque veut se débarrasser du soin d'éle-
« ver son Enfant, pour en donner la charge à la société, est invité à le déposer
« ici et sera dispensé de toute justification. »

Le Tour est un véritable privilége qui fournit à celui qui peut n'en avoir
nul besoin le moyen de dérober une part dans le denier du pauvre.

Le Tour est un appât immoral, offert à la mère légitime ou illégitime
pour la dispenser du devoir que lui impose la nature de nourrir et d'élever
son Enfant, devoir qui ne peut cesser qu'avec le pouvoir de le remplir.

Le Tour, en favorisant les suppressions d'état, est une grave infraction aux garanties que la loi a créées pour établir et conserver l'état civil des Enfants et les droits de la famille, ces bases de l'édifice social.

Le Tour, en rendant les parents arbitres absolus de la condition de l'Enfant, dépouille la société du droit de souveraineté qui lui appartient sur tous et sur chacun de ses membres; droit dont la haute pensée est de resserrer les liens sociaux par les liens naturels, en conservant les Enfants au sein de la famille

Le Tour est une voie ouverte, non-seulement à l'irresponsabilité des actes, mais au mensonge, à l'hypocrisie, sans garantie, ni pour la pudeur, ni pour le repentir.

Le Tour précipite l'Enfant vers une mort presque certaine, et ne prévient pas l'infanticide.

Le Tour, enfin, contraire au droit naturel, au droit civil, au droit public, est une atteinte à la morale humaine et à la loi divine.

Au reste, personne mieux que M. NICOLAS n'a défini et énergiquement caractérisé le Tour. C'est un égout, nous disait-il. Mais ajoutons que c'est un égout dans lequel ne va pas se déverser l'écume de la société. Ce qu'on y jette, ce sont des victimes, et la main qui les lance se retire : l'écume rentre dans la société.

Il n'est personne qui ne convienne que l'abandon est une grande immoralité. Comment comprendre dès lors une loi qui, non-seulement le tolère, mais le facilite et l'organise, qui dit à la mère : Je te dispense de nourrir ton Enfant; tu peux fouler aux pieds cette première loi de la nature, ce premier devoir de la société; qui lui dit : Qui que tu sois, mère légitime ou illégitime, tu peux laisser ton Enfant sans nom, sans famille, sans état social, sans soins et sans foyer.

Et voilà la femme dont on dit qu'il faut couvrir la pudeur. Commencez donc par lui fermer la voie du crime, car c'est un grand crime que l'abandon.

Ce dont je ne puis me rendre compte, c'est qu'une femme qui consent a ne plus voir son Enfant, à placer entre elle et lui un abîme, au fond duquel elle le sait respirant et souffrant, puisse inspirer plus de confiance, exciter plus de pensées charitables que la mère qui fait effort sur elle-même pour nourrir le sien, pour l'élever, pour lui donner toute la part de famille qu'elle peut lui transmettre; en l'associant à toutes ses peines et à toutes ses espérances; que la mère enfin qui se livre avec dévouement et courage aux devoirs toujours épurants de la maternité.

Ce sont toutes ces considérations qui me portent à me prononcer pour la suppression des Tours, en disant avec M. Durand-Saint-Amand : « Cherchons à ériger les devoirs de la maternité comme les assises du projet de loi que nous allons faire! »

Engageons d'abord la mère, aux prises avec le besoin, à conserver son Enfant; employons pour cela les encouragements, les secours intelligemment distribués. Quand il n'y aura pas possibilité pour elle de garder son Enfant, que la loi mette cet Enfant à la charge de la société, pour exercer envers lui la charité sociale d'une manière véritablement tutélaire, sans lui imprimer de stigmate, sans lui ravir sa famille, son état civil, c'est-à-dire tout ce qu'il y a de plus intime dans l'homme, sans condamner enfin, comme cela existe aujourd'hui, la mère qui est reconnue malheureuse à ne pas connaître son Enfant, à ne plus le voir, à rompre enfin tout à fait avec lui; ce qui, pour vous dire toute ma pensée, me paraît véritablement sauvage.

Aussi, Messieurs, je suis d'avis que nous devons rayer de notre projet de loi la dénomination d'*Enfant trouvé,* appliquée surtout à l'Enfant dont la mère sera connue; et je suis d'avis qu'au système du Tour, qui fait de l'abandon une chose légale, il faut substituer le système d'admission, qui offrira à la mère et à l'Enfant la protection qui leur est due, dans les limites de la raison, du devoir social, et ajoutons dans le véritable esprit de la charité chrétienne.

La me paraissent être le progrès et la civilisation!

Quelques mots maintenant sur le mode d'admission qui me paraît le plus convenable.

Vous le savez, le système d'admission à bureau ouvert est en pratique dans un grand nombre de départements, mais sans aucune uniformité. Ici, c'est le préfet seul qui décide de l'admission des Enfants trouvés; là, c'est la commission administrative de l'hospice; ailleurs, c'est le maire de la ville; quelquefois c'est le commissaire de police, et souvent l'inspecteur des Enfants trouvés.

M. Durand-Saint-Amand propose de former un bureau spécial d'admission composé de cinq membres.

Mon opinion serait de concentrer tous les pouvoirs, soit pour l'admission, soit pour les secours à accorder aux filles mères, sur une seule personne. Je ferais de cette personne un fonctionnaire investi d'une grande confiance, convenablement rétribué, et réunissant dans ses mains tout ce qui concerne l'administration et la tutelle des Enfants trouvés.

Le service des Enfants trouvés, aujourd'hui conduit d'une manière tout a fait brisée, demande cependant une suite d'actions combinées qui embrassent a la fois l'admission, l'administration et la tutelle de ces Enfants; ce qui ne peut avoir lieu, avec toutes les garanties désirables, qu'au moyen d'un fonctionnaire spécial, rétribué, permanent, responsable, dont je ferai volontiers un membre de droit de toutes les commissions charitables de l'arrondissement, sauf à aviser plus tard si ce fonctionnaire ne pourrait pas devenir l'intermédiaire qui, suivant l'expression et la pensée de M. Nicolas, engrénerait la charité privée à l'action officielle.

Afin que ce fonctionnaire ait plus d'indépendance vis-à-vis du préfet, tout en restant naturellement son subordonné comme agent de l'Administration, je voudrais que, participant de l'élection, sa nomination émanât du Ministre de l'intérieur, sur la présentation de trois candidats désignés par le conseil général, qui se trouverait ainsi intervenir dans le choix d'un agent chargé d'un des services qui affectent le plus les deniers dont la répartition lui est confiée.

A côté de ce fonctionnaire, que je me borne maintenant à désigner sous le nom de Préposé du service des Enfants confiés à la charité publique, je voudrais, ainsi que cela a lieu pour le service des aliénés, une Commission de surveillance à laquelle il rendrait compte de sa gestion. Cette Commission de surveillance me paraîtrait devoir être composée des administrateurs de l'hospice, auxquels on pourrait adjoindre le sous-préfet et le curé.

Le mode que je propose me paraît faire à chaque chose la part qui lui est due.

Le service des Enfants trouvés est un service départemental ; leur dépense est départementale, sauf le concours des communes et des hospices.

Dès lors, il est tout naturel que ce service soit spécialement administré par le préfet, ou, ce qui est la même chose, par un agent spécial agissant sous ses ordres, et sous la haute surveillance du conseil général.

Les Commissions administratives des hospices ont bien assez de la charge et de l'administration des hospices confiés à leurs soins, sans qu'il soit besoin de compliquer encore leur honorable et pénible tâche de la charge et de l'administration des Enfants trouvés. Il doit suffire qu'ils aient un droit de surveillance sur ce service.

Tel est le système d'admission que j'adopterais, et qui, peut-être, pourrait se combiner ultérieurement avec quelque grand système d'assistance publique qui imposerait le travail comme devoir à tout valide oisif qui n'a point de moyens d'existence, qui viendrait charitablement au secours de l'invalide sans ressources, mais sans énerver le devoir de la prévoyance; qui, enfin, offrirait de tutélaires moyens de sauvetage et d'éducation à l'Enfant que ses parents ne peuvent nourrir et élever, en le protégeant dans son existence matérielle et dans sa vie morale.

Voici comment je formule mon système, plutôt à l'état de conclusions qu'à l'état de projet de loi :

A.

Il y aura, dans chaque arrondissement, un hospice dépositaire dans lequel seront reçus les Enfants dont les père et mère sont inconnus, ainsi que les Enfants naturels que leurs mères seraient reconnues ne pouvoir conserver

B.

Il y aura, près de chaque hospice dépositaire, un Préposé chargé du service des Enfants confiés à la charité publique. Le Préposé placé près de l'hospice du chef-lieu du départe. ment sera le Préposé en chef

C

La nomination du Préposé en chef sera faite, par le Ministre de l'intérieur, sur une liste de trois candidats présentés par le conseil général du département. La nomination des Sous-Préposés sera faite par les Préfets.

Le traitement de ces agents sera fixé par le Ministre de l'intérieur, sur la proposition du conseil général et l'avis du Préfet.

D.

Le Tour, dans les hospices où il en existe, sera remplacé par le mode d'admission ci-après déterminé.

Les conseils généraux qui seraient d'avis que les Tours doivent être transitoirement maintenus dans leur département auront la faculté d'en voter la conservation pendant un délai de trois ans, à partir de la promulgation de la présente loi.

E.

Il sera établi près de chaque Préposé une Commission de surveillance. Cette Commission sera composée des administrateurs de l'hospice dépositaire et du plus ancien curé de la ville.

F.

L'admission faite par le Préposé n'est que provisoire. Le Préfet prononcera, sur l'avis du conseil de surveillance, l'admission définitive de l'Enfant ou son renvoi à la mère

G

Toute personne qui présentera un Enfant pour le mettre à la charge de la charité publique devra justifier de la déclaration de naissance de cet Enfant devant l'officier de l'état civil, et de la mission dont elle est chargée; déclarer le nom et le domicile de la mère, donner, sur les circonstances de l'accouchement, toutes les informations qui lui seront demandees, et fournir un certificat de l'autorite municipale constatant que la mère est dans un état d'indigence qui ne lui permet pas d'élever ou de faire élever son Enfant

H

Si c'est la mère qui présente elle même son Enfant, elle sera tenue de fournir les mêmes justifications que celles enoncees en l'article précedent.

I

Dans le cas où une personne présenterait un Enfant sans representer son acte de naissance, en alléguant qu'il a eté trouvé exposé sur la voie publique, l'Enfant sera immédiate ment reçu à l'hospice, sauf l'application des peines pour delit d'exposition, ou même, sui vant les cas, pour crime de suppression d'état, contre la personne qui serait reconnue coupable d'avoir fait une fausse déclaration

K

Les titres d'admission seront verifies à diverses époques determinees par la Commission de surveillance Si cette Commission est d'avis qu'un Enfant doit être rendu à sa mère, il en sera refere au Préfet. Dans le cas où le Préfet croirait devoir adopter cet avis, il sera immédiatement donne connaissance à la mere de son arrêté, et, à defaut par celle-ci de retirer son Enfant, elle sera poursuivie, en remboursement de la dépense qu'il occasionnera, dans les formes determinées par l'article 22 de la loi du 10 mai 1838

L

Les Enfants, autres que ceux compris dans l'article A, devront être secourus par les bu reaux de bienfaisance et par les hospices, auxquels l'État sera tenu d'accorder une subven tion à cet effet

Voilà la base de mon système. Il est fort simple, et ne constitue, en quelque sorte, qu'un développement et une amélioration de ce qui existe aujourd'hui à peu près partout où a été introduite l'admission à bureau ouvert.

Ce système, dans ma pensée, ne devrait s'appliquer qu'aux Enfants exposés sur la voie publique, dont les père et mère sont inconnus, et aux Enfants naturels que leurs mères seraient reconnues ne pouvoir conserver. Ceux-là seuls doivent être présentés au bureau d'admission.

J'abolirais donc toutes les distinctions et toutes les catégories d'Enfants trouvés, d'Enfants abandonnés, d'Orphelins pauvres, qui sont consacrées par le décret de 1811, et dans lesquelles souvent on se perd, pour ainsi dire.

Les Enfants abandonnés, dont les père et mère sont connus, sans qu'on puisse recourir à eux, ainsi que les Orphelins pauvres, me paraissent devoir être secourus dans un tout autre ordre d'idées que les Enfants naturels ou exposés, c'est-à-dire devoir toujours être religieusement secourus par l'assistance publique, spécialement par le bureau de bienfaisance et par l'hospice, qui sont des instruments de cette assistance, sauf à l'État à leur venir en aide dans l'accomplissement de cette œuvre. Ces Enfants, en effet, ont une existence civile et une famille qui font qu'ils ne peuvent être confondus avec les Enfants naturels confiés à la charité publique; ils ne doivent jamais, aux mêmes titres que ceux-ci, tomber sous la tutelle et la domination du Gouvernement, qui doit les secourir, sans qu'il puisse en disposer comme des autres, ni les refuser, en cas de réclamation, à leur famille, à laquelle ils ne cessent point d'appartenir.

Dans mon système, le Préposé en chef du département devrait être le tuteur des Enfants qui ont été reçus par le bureau d'admission. C'est lui qui, comme du reste c'est le devoir de tout tuteur, devra veiller sur la personne et l'éducation de ces Enfants, qu'il faudrait, suivant moi, toujours chercher a fondre le plus possible dans les populations, principalement avec la population rurale, en les associant à la vie active et moralisante de l'agriculture.

Je maintiendrais, au surplus, pour la dépense, le triple concours de l'État, du département et de la commune.

Enfin, je voudrais accorder au Gouvernement, qui adopte, nourrit et élève ces Enfants, les mêmes droits sur eux que ceux qui appartiennent à un père, c'est-à-dire le droit de leur imposer le travail comme devoir, le droit même, quand il le jugerait convenable, de les placer dans la marine, dans les armées de terre, non pas en les catégorisant jamais, en les parquant dans des corps spéciaux; loin de là! en les mêlant toujours à la vie commune du militaire, comme dans le cours de leur existence ils doivent toujours être mêlés à la vie du citoyen.

Maintenant, pour ceux qui veulent que le secret du nom de la mère soit garde,

Dissimulation
du nom
de la mère
dans l acte
de naissance
de
son Enfant

lorsqu'il sera demande et jugé nécessaire, le Préposé pourrait être dépositaire de ce secret, sans être tenu d'en rendre compte à la Commission de surveillance, ni à qui que ce soit, excepté au Préfet, qui a la haute direction et la responsabilité des services départementaux.

Du reste, en ce qui me concerne, je persiste à penser que la mère devrait toujours être tenue de faire connaître son nom devant l'officier de l'état civil, et dès lors aussi devant l'administration à laquelle elle devrait s'adresser pour confier son Enfant à la charité publique, d'autant plus que cet Enfant ne saurait jamais être présenté et admis sans être accompagné de son acte de naissance.

La suppression du Tour me paraît devoir entraîner nécessairement l'obligation pour la mère de faire connaître son nom dans l'acte de naissance de son Enfant. Ce sont deux choses qui doivent marcher ensemble, parce que le Tour et la dissimulation du nom de la mère dans l'acte de naissance partent de la même pensée, d'un principe commun, et sont ainsi entachés tous deux de la même erreur et du même vice.

Je veux bien sans doute que cette mère ait droit à la discrétion des dépositaires auxquels elle remettra son Enfant, mais je n'admets pas qu'elle puisse garder le secret vis-à-vis d'eux.

Avec le secret, de quelque façon que vous vous y preniez pour l'organiser, vous aurez toujours les inconvénients et les dangers du Tour, car avec ce systeme, comme avec le Tour, vous acceptez et vous légalisez l'abandon ; de plus, vous vous créez mille difficultés sans cesse renaissantes ; vous soulevez des conflits, tantôt au sein de la Commission charitable elle-même, et tantôt entre le dépositaire du secret et l'administration publique

Toutefois, je comprends que, dans une nouvelle loi à fonder, l'on veuille tenter cet essai comme moyen de transition ; mais quand l'opinion sera plus mûre, la raison publique plus formée sur cette question, on sentira sûrement que l'on ne doit pas accepter un mensonge légal qui dépouille un Enfant de son nom, de son état civil, de ses droits de famille.

Dans l'obligation que je veux imposer à la mère de déclarer son nom dans l'acte de naissance de son Enfant, se trouvent véritablement, je le crois, la raison, le droit, la moralité, et j'ajoute l'avenir de la question.

M. Victor LEFRANC dit :

Il y a dans la question du Tour :

L'argument religieux;

L'argument moral;

L'argument légal;

L'argument humain;

L'argument politique;

L'argument financier.

Il y a enfin la question de remplacement de cette institution, dans le cas où elle serait supprimée.

La loi doit tenir compte de tous ces arguments et de cette question d'organisation nouvelle.

Son but doit être de tout concilier, dans la mesure qu'indique l'importance relative de chaque intérêt.

Aussi bien, la loi, comme l'a très-bien définie Domat, est une limite intelligente entre les extrémités des principes opposés.

Nous étudions une matière qui intéresse tout à la fois la loi et la religion.

Mon intention, notre devoir, est de l'aborder surtout au point de vue d'une législation à établir, d'une loi dont nous avons à préparer la base.

Examinons d'abord l'argument religieux.

Argument religieux

Sur ce terrain, l'on a posé en présence l'un de l'autre le double principe de la responsabilité individuelle et de la réversibilité des mérites.

Devant le législateur, du moins en matière ordinaire, c'est toujours le principe de la responsabilité qui a prévalu.

Responsabilité dogme légal

Les lois civiles le consacrent dans le cas du dol, de la faute, de la négligence, de l'ignorance même et de la simple impéritie.

Elles le consacrent contre le tuteur, le mandataire, le père et la mère; contre celui qui agit, celui qui laisse faire, celui qui omet; contre celui qui se trompe sur son droit.

Elles le consacrent de mille manières : par l'action donnée aux intérêts individuels, au ministère public, aux simples intérêts moraux et d'affection; ici par des nullités ou par des déchéances de plein droit, là par des incapacités; ailleurs, soit par des condamnations qui ordonnent de faire ou de ne pas faire, de payer, de garantir, soit par des dommages-intérêts, des réparations publiques, par des amendes, des dépens, soit même par la contrainte corporelle.

Les lois pénales pratiquent le dogme de la responsabilité d'une manière plus énergique encore.

Elles ne le pratiquent pas seulement contre le crime, le délit, la contravention intentionnelle, mais même contre l'imprudence, contre la négligence, contre la seule inobservation des règlements, contre la simple contravention matérielle;

Elles l'appliquent avec rigueur :

Contre la fortune, par l'amende;

Contre la liberté, par la prison.

Elles l'appliquent par l'infamie, malgré le droit de l'expiation et de la personnalité des fautes;

Par la surveillance, malgré le droit du repentir;

Par la perpétuité, la mort civile, et même par la mort naturelle, au mépris des chances de l'erreur.

Les unes comme les autres ne font fléchir le dogme de la responsabilité que par des considérations personnelles, locales, circonstancielles, discrètes, soigneusement appréciées.

Elles ne l'adoucissent qu'en faveur de l'excuse, du repentir, de la réparation.

Elles ne le font disparaître que devant ce qui l'exclut, savoir : la force majeure ou la défense légitime.

Donc le dogme de la responsabilité n'est pas un dogme païen, c'est un dogme légal.

Nous faisons une loi, donc c'est le dogme de la responsabilité que nous devons suivre.

Au point de vue religieux même, le dogme de la réversibilité est-il donc exclusif du dogme de la responsabilité?

Oui, sans doute, en ce sens que la peine est ajournée jusqu'après la mort par respect pour le repentir, pour les mérites de la rédemption.

Mais il y a une peine, un pardon, pendant la vie.

La peine consiste dans le maintien de la faute, le pardon, dans la remise

Sans doute, ce pardon est dû au nom de la rédemption.

Mais n'est-il pas subordonné à l'accomplissement de certaines conditions de la part du coupable, comme : l'aveu, le repentir, le ferme propos, la fuite de l'occasion prochaine d'une rechute, et surtout l'humilité aux yeux des autres, la réparation et la restitution?

C'est là de la responsabilité au premier chef.

Sans doute, le pardon est chrétien. On a les exemples, qu'on a souvent cités, de la Madeleine, de la femme adultère, on a celui de Pierre lui-même.

Mais le pardon n'était pas inconnu à la loi, divine aussi, du peuple juif, et cependant le dogme de la responsabilité y dominait encore. Dès les premiers jours de l'homme, Dieu, en promettant un pardon ajourné jusqu'à la rédemption, établissait une responsabilité immédiate et directe dans l'enfantement douloureux, dans le travail par la sueur, dans le châtiment par les Enfants.

Est-ce que ces effets de la responsabilité ont disparu avec la loi chrétienne ? Non.

Ils ne doivent donc pas disparaître des lois humaines.

Dira-t-on que le principe de la responsabilité, bon pour les lois civiles et répressives, cesse de l'être dans les lois charitables et d'assistance ?

Ce qui vient d'être dit à l'instant semble une réponse suffisante.

D'ailleurs, il y a trois idées dans ces mots : loi charitable et d'assistance publique :

Il y a l'assistance qui est du domaine de la charité libre, libérale, prodigue ;

Il y a l'assistance publique, ce qui implique l'idée d'une association d'efforts, d'un concert de volontés, d'un contrat ;

Il y a la loi, ce qui implique une obligation, un droit, une règle.

L'assistance pure, c'est-à-dire la charité libre, peut ne tenir aucun compte du mérite de ceux à qui elle donne, ni même de leur véritable intérêt. Elle donne, pour la rémission de ses propres fautes, pour l'amour de Dieu, autant que pour l'amour du pauvre Et, en agissant ainsi, elle est même souvent blâmable ; elle est souvent nuisible ; elle est souvent impuissante ; il en est qui lui préfèrent la charité bien ordonnée, qui songe aussi à soi.

Ce devoir de songer à soi est bien plus étroit encore pour l'assistance publique

Toute association doit : respect aux volontés qui la forment ; efficacité aux efforts qui la fécondent ; règle aux intérêts qui l'inspirent ; bon exemple et bon précepte aux faiblesses qu'elle secourt ; aide et respect aux lois du pays où elle surgit.

Ce devoir devient plus grand quand il s'agit de la charité légale.

La loi charitable elle-même ne peut écrire et pratiquer l'impunité, sa propre complicité, la provocation réglée au crime. Elle ne peut racheter un crime en en donnant la monnaie en délits, en payant la faute en secours aveugles.

La loi charitable doit commander et défendre comme il convient à l'assistance, c'est vrai ; mais elle doit aider et secourir comme il convient à la loi Son indulgence doit être intelligente, sa sévérité doit être prudente Elle doit appliquer sainement les deux dogmes.

I.   21

C'est ainsi qu'on les a toujours pratiqués en pareille matière. Je me borne à citer les bureaux de bienfaisance, les ateliers de charité et les hospices.

C'est ainsi qu'il faut les pratiquer en matière d'Enfants trouvés.

Argument moral

Venons à l'argument moral :

Il y a longtemps qu'on a écrit, avec l'exagération de la poésie comique :

Et ce n'est pas pécher que pécher en silence

Avec la prétention du moraliste :

« L'hypocrisie est un hommage que le vice rend à la vertu. »

Ce langage n'est ni celui de la morale religieuse, qui a écrit : « Malheur à celui par qui viendra le scandale ! » ni celui de la loi, ni celui de la nature.

Vrai scandale

La faute est rarement inconnue ; si elle est connue et exempte de châtiments, elle est le vrai scandale.

Ce scandale devient monstrueux quand la loi, au lieu de conseiller, de surveiller, d'empêcher, de punir, a peur de la révolte du méchant, et se fait son complice, son provocateur.

Le devoir naît aussi de la faute : en effet, accompli, il l'atténue ; méprisé, il l'aggrave.

Le scandale naît avec elle, il augmente et diminue comme elle, mais le châtiment exemplaire n'est pas un scandale.

Châtiment salutaire

Le signe visible de la faute est un châtiment, car il emporte l'aveu, il entraîne la gêne, il impose le devoir. Il est parfois une réhabilitation, car il exerce l'amour, il réveille le repentir, il crée une sorte de sauvegarde.

Effet moral

On dit que là où il y a plus d'Enfants trouvés, il y a moins d'Enfants naturels.

Je viendrai plus tard aux arguments statistiques.

En tout cas, là où il y a moins d'Enfants trouvés, il y a moins d'abandons, et, à plus forte raison, moins d'infanticides, moins d'avortements. Il y a, comme on dit, plus de courage dans le vice : et, puisqu'on ne va pas, pour le cacher, jusqu'à l'exposition, on ne doit pas aller jusqu'au meurtre ; par conséquent, les conceptions y égalent les naissances, le chiffre est un total.

Là où il y a plus d'Enfants trouvés, au contraire, la bonté des mœurs, comme on dit encore, la sévérité des jugements, que sais-je ? la honte, toutes ces causes en augmentent le nombre

Or, l'infanticide, l'avortement, conséquences analogues, doivent aussi résulter de ces mêmes causes, suivant que les cas sont plus graves, que les consciences sont plus timides, les lieux plus sévères et les situations plus délicates.

Totalisez ce qu'on perd avec ce que l'on trouve, et comparez ce total avec ce que l'on garde, et osez affirmer que l'inégalité ne change pas de place.

Il n'y aurait qu'un moyen de supprimer le scandale, et ce moyen, que nul ne proposa jamais, serait de séquestrer la mère comme on séquestre l'Enfant. Des Enfants prisonniers de la charité, tandis que la mère est libre dans son oubli et son égoïsme, voilà le scandale public, universel, démoralisateur.

Ceci répond à la critique que l'on fait, au point de vue du scandale, des secours aux filles mères. On ne les donne que dans le cas de misère, et on ne les refusera pas aux mères légitimes.

Ce scandale général devient plus grave encore en se concentrant sur le corps médical; ce corps, en effet, entrevoit l'abandon au bout de tous ses soins. il finit par le favoriser.

Il moissonne ainsi la déconsidération; il apprend de la loi a excuser, à préférer l'abandon, et bientôt il pousse logiquement jusqu'à l'extrême la doctrine de l'horreur du scandale, la doctrine de la transaction avec le vice, avec le crime.

De l'abandon, longtemps toléré, il arrive à l'avortement, qu'il raffine, qu'il dissimule, et dont il finit par faire une simple affaire d'hygiène : voilà le vrai scandale, d'autant plus grand qu'il ne rougit plus.

Passons a l'argument légal.

Argument légal

Loi civile

Dans la loi civile, la recherche de la paternité est interdite, et cela à raison de l'incertitude; mais la recherche de la maternité ne l'est pas.

Il ne faut pas faire a cette dernière une incertitude égale à celle de la paternité.

Or le Tour a ce résultat : il ferme les yeux à la lumière; il ferme la bouche aux témoins; il désarme l'Enfant qui cherche sa mère; il désarme la mère qui cherche son Enfant; il désarme l'État, qui doit sa protection aux deux.

Dans la loi criminelle, l'abandon avec délaissement est un délit.

Loi criminelle

Notre loi ne doit pas encourager ce délit.

Elle ne doit pas le faciliter, et surtout le récompenser.

Le Tour légal est illogique; il dément tout, il rend tout impuissant.

Vient l'argument humain :

Argument humain

Une loi d'assistance doit renfermer ses libéralités dans la limite des prin-

21.

cipes religieux, des règles de la morale. Elle doit en outre renfermer ses exigences dans les limites de l'humanité.

Une loi sur les Enfants trouvés doit être humaine : pour la mère, pour le père, surtout pour l'Enfant.

Or le Tour est une cruauté pour ces trois intérêts; il est une cruauté comme le sont toutes les faiblesses.

Statistiques　Nous n'invoquerons pas les statistiques pour prouver qu'il ne fait qu'encourager les relations illégitimes, multiplier les abandons, et augmenter, ou du moins laisser croître les naissances illégitimes, les avortements, les infanticides et le nombre des mort-nés.

Une bonne statistique est impossible, car elle a une date trop récente; et d'ailleurs elle s'applique a des lieux trop divers et à des circonstances trop différentes; ces différences viennent surtout du mode de tenue des Tours, de leur nombre et de leur situation, eu égard à l'étendue du ressort, à l'importance de la population, et à la nature des mœurs et des industries locales.

La statistique n'a pas assez étudié la réaction d'une mesure prise en un point sur l'état de choses maintenu ou établi sur un autre point.

Constatons du moins que, malgré ces reproches, elle est contre le Tour, on ne peut l'invoquer contre nous.

En attendant, nous ne devons faire d'autre statistique que celle de la conscience humaine, celle des sentiments naturels, celle des déductions logiques Etudions-les avec détail.

Les partisans du Tour disent.

La misère n'est parfois qu'accidentelle; vous n'auriez rien fait en la constatant au moment de la naissance; elle pourra cesser bientôt.

Ils disent encore :

La honte est farouche, il faut la respecter. En l'effarouchant, on ferme la porte au repentir; on pousse a un crime plus grand.

Misère　Nous répondons au premier argument, celui de la misère :

C'est précisément parce que la plus grande cause de l'abandon est la misère que nous voulons la constater, afin de la soulager, de la suppléer, de la suivre pour lui adresser un appel nouveau quand elle s'améliore, et même pour répondre à son appel quand elle redevient puissante et qu'elle redemande son Enfant. Le Tour en décharge l'avenir aisé, comme le présent misérable; le Tour le confisque sur les ressources de demain, comme sur l'indigence d'aujourd'hui.

Nous répondrons au second argument, celui de la honte .

1° La honte n'est pas, de beaucoup, le mobile habituel de l'abandon L'abandon puise bien plus abondamment aux sources de l'immoralité et de la misère

2° Il est des hontes qu'il n'est pas possible de respecter : celle par exemple qui va droit à la suppression d'état, d'état légitime surtout ; car ceci est un crime égal à tous les autres, et n'admet pas de transaction.

3° On ne peut respecter que ce que l'on connaît : donc, il faut connaître les motifs de cette honte après la faute, honte tardive, égoïste, inhumaine ; donc, il faut s'assurer qu'elle n'est pas l'immoralité, la misère.

Ces deux plaies ont besoin d'un autre remède que de celui du respect.

Or le Tour confond les produits de la honte, de l'immoralité, de la misère ;

Il confond les Enfants légitimes avec les Enfants naturels,

Il accueille les bonnes et mauvaises hontes.

4° On ferme la porte au repentir en supprimant, au lieu de les maintenir, et le châtiment et le remords ;

5° Nous allons démontrer que l'abandon supprime, a la fois, et la résistance des jeunes filles, et les scrupules des séducteurs, et les chances de moralisation ultérieure ;

Qu'il ouvre une voie criminelle qui va s'élargissant et se creusant sans cesse par une pente irrésistible.

Or il est évident que le Tour facilite l'abandon, et mérite par suite les mêmes reproches.

On l'avoue en disant qu'il n'effarouche pas la pudeur, la honte, dont le Tour est, dit on, le seul refuge assuré.

Le Tour est donc, en réalité, il est l'abandon facile, prémédité, il est l'abandon aveugle, l'abandon inépuisable, permanent.

Après avoir constaté cette identité, examinons quel doit être l'effet de l'abandon ou de la conservation de l'Enfant sur la fille mère, sur le père inconnu, sur l'Enfant

1° Sur la fille mère : La perspective de l'abandon facile de l'Enfant, fruit preuve et châtiment de la faute qu'on lui montre et qu'on lui demande comme un plaisir, la fera succomber plus vite.

La crainte de la maternité est la seconde pudeur de celle qui a déjà fait le sacrifice de sa vertu : la supprimer, c'est lui enlever son dernier, son plus sérieux moyen de défense.

Elle succombe : débarrassée de son Enfant, elle reconquerra physiquement une disponibilité nouvelle, elle redeviendra fille, sans remords, sans gêne, sans témoin, sans leçon; elle conservera une apparence de pureté, et elle en recueillera les avantages. Elle ne verra pas clairement les maux qui en suivent la perte; elle ne les ressentira pas. Elle confondra la réalité avec les apparences, et perdra le sens moral.

De deux choses l'une : ou elle continuera ses relations avec le père de l'Enfant abandonné, et alors pas de mariage possible réhabilitant le père et la mère par l'Enfant. Un crime, entre eux deux, habitera avec leur première faute, avec leur criminelle habitude. Ce sera l'amour sans lien, sans frein, au sein duquel les rechutes seront fréquentes. Bientôt fatigués, inquiets ou blasés, ils passeront de l'abandon à l'avortement, de l'avortement a l'infanticide. Ils passeront de l'amour à la débauche, de la débauche a la prostitution. L'homme deviendra le proxénète de sa concubine, de sa complice. Tous deux feront pour les autres le métier qu'ils ont fait pour eux-mêmes Ils seront l'exemple, le précepte, l'auxiliaire de tous les vices. Ce sera une tentation organisée, active, avide, irrésistible.

Ou bien la fille mère abandonnera le père comme l'Enfant.

Ils fuiront, l'un dans l'autre, cette aptitude matérielle à la paternité, a la maternité.

Ils fuiront ce remords, cette honte, cette crainte, vivant dans chacun de leurs regards, dans chacune de leurs paroles, de leurs caresses et de leurs disputes

La conscience de sa faute, la facilité du crime qui la cache, rendront la femme ou faible ou hardie vis-a-vis des autres hommes. De séduite elle deviendra séductrice. Elle cumulera, en les variant, les concubinages, les abandons; elle se fera une réputation de bonheur ou d'habileté, grâce à laquelle elle leurrera, moissonnera ou enhardira toutes les moralités, toutes les pudeurs, toutes les timidités qu'elle trouvera sur son passage.

Elle gagnera le titre de prostituée en effaçant en elle toute aptitude maternelle

Et si le ciel veut qu'elle devienne encore mère, après avoir eu toute honte bue, hélas! et toute honte payée, elle se relèvera peut-être dans un cri de douleur reconnu par ses entrailles; elle se relèvera dans la plainte de l'Enfant, pleine de souvenirs pour elle; elle se relèvera dans la joie ou la jalousie de l'allaitement.

Et si, en goûtant ce fruit des hasards d'une dernière débauche, elle se souvient du fruit abandonné de sa première faute, de son Enfant de jeune fille, craignez qu'elle ne le redemande en vain au Tour qui l'aura dévoré

Elle n'oserait même l'y chercher. Comment le montrer à son père? Comment se montrer à eux?

Que sera-ce si la jeune fille, trompée ou coupable, ne devient pas la prostituée que je viens de peindre? Que sera-ce si, par impossible, elle échappe aux conseils, aux persécutions, aux exigences, aux moqueries des hideux confidents qu'elle a dû se donner? Que sera-ce si, par miracle, elle supplée, dans sa faute persistante, aux bons conseils dont le mutisme et la cécité du Tour l'ont privée, si elle y supplée par le calcul de son intérêt, de sa conscience?

Ou elle ira tromper un galant homme, pour à jamais fermer ses bras à son Enfant, pour changer en un vol tout secours qu'elle détournerait de sa nouvelle famille, en un crime toute recherche qu'elle ferait de son Enfant perdu; pour partager un amour impossible, incomplet, honteux; enfin, pour rougir et souffrir d'un bonheur immérité.

Ou même elle restera seule et courageuse; et quand elle sera libre, résignée, seule, elle ne pourra, ni relever son Enfant, ni s'appuyer sur lui.

Et si elle le retrouvait, elle en serait épouvantée: on lui rendrait peut-être un voleur, un assassin ou une prostituée.

Le Tour tue donc, dans la mère, tous les devoirs, tous les droits, tous les enseignements, toutes les espérances de la maternité.

Quel est l'effet du Tour sur le père? Intérêt du père

L'histoire de la mère est la sienne aussi.

Il fera, soit avec elle, soit avec d'autres femmes, ce qu'elle fera de son côté, soit avec lui, soit avec d'autres hommes.

Il n'aura ni le seul châtiment, ni la seule menace, ni le seul remède qui puisse arrêter ses débauches: il n'aura ni la notoriété, ni le doute, ni la dépense, ni la gêne, ni la honte, ni la pensée de la réparation, du mariage.

3° Étudions maintenant l'effet du Tour sur l'Enfant abandonné. Intérêt de l'Enfant

C'est de lui que nous devons surtout nous occuper.

Nous faisons sa loi; elle doit sauver ses intérêts, sa vie, son avenir.

Le seul motif, la seule excuse du Tour, c'est la conservation de la vie de l'Enfant.

On a bien dit aussi qu'il fallait le confisquer à l'immoralité des parents, mais on a, selon moi, victorieusement réfuté cette exagération d'un bon sentiment.

Ce droit de confiscation n'existe pas pour la société. Elle ne l'a pas sur le fils du voleur, sur le fils de l'assassin, sur le fils de celui qui garde son Enfant par effronterie, par calcul.

Ce droit serait la négation même de la famille. On ne saurait le puiser dans le besoin de le préserver d'une immoralité que le Tour légal crée ou augmente, et que l'Enfant pourrait mieux corriger lui-même a l'aide d'une moralité que le Tour ne lui donne pas, qu'il ne trouve pas sans la tutelle de l'État, ainsi que le prouvent de reste les statistiques.

Les raisonnements qui vont suivre le démontreraient, alors même que des faits irrécusables, unanimes, ne suffiraient pas à cette démonstration.

Revenons a la vie de l'Enfant, que le Tour, dans l'esprit des partisans qu'il a, est destiné a sauver.

Et d'abord il est loin de le préserver de la naissance : car la naissance, le Tour l'encourage, et c'est là un funeste présent, outre que c'est une exhortation au mépris de la loi et de la morale.

Le premier, le meilleur moyen de sauver sa vie, c'est de lui épargner sa naissance.

En second lieu, le Tour n'assure pas le respect de la vie de l'Enfant.

La statistique fournirait plutôt un enseignement contraire Mais la raison parle plus haut encore que la statistique.

Il faut écarter d'abord les abandons pour cause de misère. C'est la plus grande part, et le secours en fera raison.

Il reste l'abandon pour cause de honte. Mais le secret des Tours peut être remplacé par la discrétion de l'admission, et la discrétion est encore le secret; elle est, de plus, le discernement. On pourra même vendre cette discrétion au profit de l'Enfant, et à la décharge de l'État.

D'ailleurs, le Tour, promis à la mère, ennuie parfois ceux qui le lui promettent, et souvent l'Enfant reste en route.

A la récidive, elle secoue cette gêne, elle retranche ces ennuis, elle fuit ses confidents, elle en vient à l'avortement, elle va jusqu'à l'infanticide.

Il y a mieux ou pire, l'expérience le prouve; la mère qui tue son enfant se dit :

« Si l'on m'accuse, je répondrai que je l'ai fait déposer au Tour, » et l'on sait l'influence d'une défense facile sur la facilité du crime.

Enfin, le Tour fait espérer un secret complet, définitif; et, à ce titre, il inspire le besoin du plus grand secret dans la naissance, dans la gestation et dans le choix des confidents, choix qui va droit aux plus mauvais, aux plus dangereux pour l'Enfant.

Dans l'accouchement, toutes ces précautions sont mortelles.

Le Tour mène à l'Hospice ceux qui ont survécu à ces précautions

L'Hospice est une étape meurtrière.

La nourrice se fait attendre;

L'Enfant n'attend pas toujours.

Puis, vient un voyage;

L'Enfant n'arrive pas toujours.

De tous ces dangers, il résulte une mortalité de 80 p. o/o.

L'Enfant conservé par sa mère est moins dissimulé pendant sa grossesse, et moins caché à sa naissance.

Tout le reste lui est épargné : aussi la mortalité est beaucoup moins considérable.

Donc le Tour excite à la procréation illégitime. Il ne défend pas de l'infanticide; loin de là, il hâte la mort à chaque mouvement secret que l'Enfant subit pendant les deux premières périodes de sa vie officielle

Donc le Tour manque huit fois sur dix le but qui l'excuse, le but qui l'explique, le but qui le motive

Veut-on que le Tour, au moins, sauve quelques existences (et quelles existences, grand Dieu!) parmi ce cinquième qui échappe? Il faut savoir quelle rançon on jette en pâture à l'abandon, ce monstre insatiable, pour racheter ces quelques malheureux? Nous ne parlons plus de la mère, nous ne parlons plus du père ni de l'Enfant qui meurt, ni de l'honneur du corps médical, ni de la vraie morale, ni de la dignité de la loi. ... Nous ne parlons que de l'Enfant qui survit au Tour, grâce au Tour.

On donne pour cette vie : la vie de ceux qui auraient été arrachés à l'abandon par la suppression du Tour; on donne sa propre santé à lui, on donne toute sa force pour le travail: pour le travail de sa jeunesse, de son âge mûr, de sa vieillesse. L'hospice est un mauvais berceau.

Voilà pour l'ordre physique

Vous donnez pour cette vie : son intelligence, son aptitude d'inclination, de raison, de naissance. L'hospice est une mauvaise école.

Voilà pour l'ordre intellectuel.

Vous donnez pour cette vie : le cœur de l'enfant, tout sentiment de la famille, la connaissance même de l'existence, des bienfaits, des devoirs de ce lien sacré et fécond.

Vous donnez : et tout mouvement de reconnaissance, et tout mouvement de résignation; ils sont remplacés par le regret, l'amertume, le doute, la haine de la société, par le mépris des femmes, des mères surtout, car parmi elles est la sienne. Ils sont remplacés par l'envie de la propriété d'autrui.

Vous donnez pour cette vie, tout sentiment filial, duquel seul peut naître le sentiment paternel, et en le rendant incapable de ces deux sentiments, vous créez en lui toute une génération d'abandons.

Vous donnez pour cette vie : tout esprit de séjour, de patrie, car la famille est le type de tout cela.

Voilà pour l'ordre moral.

Vous donnez trace de ses droits, même de ses droits légitimes, toutes chances de garder ou retrouver ses droits à des secours, à des aliments, à une reconnaissance, à un héritage, à une légitimation, à une réhabilitation; tout ce qui est la famille même.

Vous donnez toute possibilité de conquérir ces droits, soit en se créant des titres, soit même en tâchant de toucher un cœur, d'intéresser un amour-propre, de satisfaire un besoin, de rendre un bienfait pour une cruauté.

Voilà pour l'ordre civil.

N'avais-je pas raison de dire que c'était-là un véritable sacrifice humain?

Examinons l'argument politique.

On a proposé de respecter les vœux des conseils généraux. Pour être logique, on a dû proposer de respecter à la fois, et les vœux de ceux qui n'établissent pas de Tours, et les vœux de ceux qui en suppriment, et les vœux de ceux qui en maintiennent, et les vœux de ceux qui en établissent, et les vœux de ceux qui les surveillent, et les vœux de ceux qui les suppléent, c'est-à-dire l'anarchie! Est-on sûr que tous ces vœux soient du moins bien réfléchis ou suffisamment étudiés? Les préfets sont-ils d'accord avec les conseils, et les mandants avec les mandataires? Les suppressions, les maintiens, les surveillances, ne se commandent-ils pas entre départements voisins, par le simple reflux des expositions. Je peux citer le département des Landes.

C'était, avec son Tour unique, la sentine de tous les départements voisins. Une étude raisonnée sortirait-elle du moins de cette liberté?

Non : il n'y aurait aucun esprit de suite, dans le fait ou dans l'étude du fait

La loi du Tour doit être une Elle doit être la suppression ou le maintien du Tour, obligatoire pour toute unité administrative.

La loi est faite précisément pour niveler la moralité et pour répartir les charges suivant les besoins, et non suivant les caprices, les préjugés ou les opinions.

Vient l'argument financier.

Nous n'avons pas de caisse de retraite pour les ouvriers, pas d'assistance organisée pour les temps de chômage, pas de maisons de refuge pour la mendicité, pas de secours assurés pour toutes les misères honnêtes.

Et le budget de l'État est en déficit;

Les budgets départementaux sont impuissants;

Les budgets communaux sont dérisoires.

Les budgets hospitaliers sont condamnés à la dureté par la pénurie;

Le budget même des Enfants trouvés est insuffisant;

Le Tour tend à les obérer tous.

On a dépensé 10 millions; on dépense 7 millions.

Cette diminution n'est due qu'à la surveillance des Tours, qui est une vraie suppression; au déplacement des Enfants, qui entraîne le décuplement des causes de mortalité et n'est qu'un second abandon et une nouvelle suppression de la famille adoptive, comme de toute chance de retrouver la famille naturelle; qui est un moyen violent, incapable de frapper deux fois le même coup, parce qu'il décourage l'adoption, qu'il immobilise le mal en mobilisant les victimes, et qu'il crée une dépense croissante en créant une économie momentanée.

Il faut diminuer cette dépense, il faut l'empêcher d'augmenter, il faut la mieux consacrer à d'autres besoins, à d'autres misères, à cette misère même des Enfants trouvés. Il faut supprimer le Tour.

Mais comment remplacer cette institution?

Le Tour supprimé, que faut-il mettre à la place?

On propose :

Remplacement
du Tour

Admission
aveugle
Admission
débattue

1° L'admission à bureau ouvert, qui serait le Tour sans sa pudeur;

2° L'admission débattue, avec offre de secours: dans ce cas, tout est dans le choix du juge, qui doit être discret, ferme. Cette admission suppose la confidence et amène l'exhortation.

Le secret est gardé ou plutôt conservé, quelquefois même payé, plus souvent secouru.

Nous choisirons.

Pour moi, j'opine pour la suppression du Tour. Dussé-je me contenter de l'exhortation et du secours offert, dussé-je me condamner à la répression de l'abandon accompli sans confidence légale, sans demande de secours, sans offre de subvention.

Faisons autre chose que le Tour; nous ne saurions faire pire.

Cette conclusion, la plus rigoureuse de toutes, se justifie;

On dit aux filles mères par la voix de la loi:

Voulez-vous le secret? faites l'aveu. Nous vous refusons le secret gardé. Nous vous offrons le secret conservé Nous vous demandons de contribuer aux soins de l'Enfant que vous nous confiez, avec votre secret. Vous l'avez confié a de moins dignes.

Voulez-vous un secours? si vous le voulez, montrez votre misère; gardez votre Enfant; soyez prête à le reprendre.

Voulez-vous, au contraire, le scandale de la recherche, de la poursuite, du châtiment? Abandonnez votre Enfant sans nous faire la confidence de votre maternité, sans en remplir aucun devoir : ce sera justice.

Je vote pour la suppression du Tour.

M. GIRAUD dit :

Je ne me place dans aucune des deux thèses soutenues par M NICOLAS, d'un côté, et par MM LEFRANC et DURAND-Sᵗ-AMAND, de l'autre

Sans doute il y a dans l'exposition de chacune de ces deux thèses d'imposantes vérités; mais l'une me paraît forcer le ressort et l'autre le détendre.

Si j'examine d'abord le système de M NICOLAS, je crains qu'il n'offre le danger de porter au relâchement du lien moral, à la destruction de la morale sociale, et que ce système ne confonde la morale individuelle du chrétien avec ce que j'appellerai la morale chrétienne de l'État.

Vos arguments sont justes au point de vue religieux, exclusivement religieux, de la charité individuelle; mais ils cessent de l'être au point de vue que vous me permettrez d'appeler gouvernemental et au point de vue de la raison d'État. ce sont deux choses bien distinctes qui ne peuvent procéder ni agir de la même manière. Aussi, voyez lorsque le christianisme a passé a l'état de gouvernement, sa pratique collective et son action ne sont plus les préceptes et l'action de la religion chrétienne envisagée sous les rapports de l'homme privé et dans les liens qui rattachent au ciel toutes les choses de la terre. Ainsi il ne fait pas a la loi humaine un devoir du pardon, qu'il commande cependant à l'homme privé. La religion accompagne le criminel a l'échafaud, et c'est la assurément une de ses plus grandes et plus touchantes missions; mais la sentence s'exécute

C'est que la raison d'agir de l'individu chrétien est dans la conscience individuelle éclairée par la loi divine, et que la raison d'agir de l'État est dans son intérêt, dans la nécessité de sa conservation, dans la sûreté, dans l'intérêt de la société, intérêt si impérieux et si élevé qu'il a le droit d'exiger le sacrifice de l'intérêt particulier, et qu'il fait taire, en plus d'un cas, les sentiments individuels du chrétien lui-même.

Dans le système de M. Nicolas, il y a confusion et déplacement de la question. La question n'est pas dans la faute où le pardon de la mère, elle est tout entière dans le salut de l'enfant et dans le respect de la morale publique, morale conservatrice de l'État.

Maintenant, si je passe au système de MM. Lefranc et Durand-Saint-Amand, je trouve qu'il tend vers une autre extrémité, et qu'il a le défaut de trop forcer l'argument dans un sens opposé.

Vous ne tenez pas assez compte des misères sociales, des vices de l'humanité. Ne vous faites pas illusion, vous aurez toujours des Enfants trouvés!

Le grand mal du Tour, c'est qu'étant aveugle, muet et sourd, comme on l'a dit, il ne conseille, ni ne prévient, ni ne réprime. Loin de là, il encourage le désordre moral, il énerve le sentiment du devoir, il facilite le crime, il étouffe toute crainte, toute pudeur; il tend une main secourable, mais plus souvent au crime qu'à la faiblesse; il ôte au vice ses dangers; il offre aux calculs coupables les plus singulières commodités.

D'un autre côté, le système de M. Lefranc est trop inflexible; il ne tient pas suffisamment compte de la fragilité humaine et de misères inévitables.

Il faut, dans ce monde, faire la part du vice; il faut lui laisser, non pas une porte ouverte, grande et facile comme fait le Tour, mais enfin une issue par laquelle il puisse s'échapper confus, effrayé, pour n'y plus revenir.

Est-ce que la loi ne capitule pas avec le vice, même pour l'infanticide?

Le système trop absolu de M. Lefranc offre les graves inconvénients de n'ouvrir aucun asile à la pudeur, qu'il faut protéger, en songeant que c'est une des grandes lois de l'espèce humaine et l'une des forces de la société. Vous forcez, dans bien des cas, la fille mère à opter entre un crime secret et l'impudeur affichée; je redoute cette alternative, pour la femme qui n'aura pas toute honte bue, et pour la société elle-même.

Assurément, il n'y a rien au monde de respectable comme la résignation de la femme tombée qui se relève de sa chute avec honneur, avec courage, pour accomplir le devoir que sa chute même lui impose, et qui fait taire la honte pour accomplir la loi de la nature, en élevant l'enfant qui fut le fruit de sa faiblesse, et en purifiant par l'avenir la misère du passé.

Cependant, au point de vue général, il faut reconnaître qu'il y a une sorte de spectacle public d'immoralité dans le fait de la fille mère affichant sa maternité. Cet exemple est une cause d'affaiblissement des mœurs; il faut craindre de propager le scandale.

Si une malheureuse domestique devient enceinte, personne ne voudra la conserver chez soi; c'est un déplorable exemple que l'on cherchera toujours à soustraire aux regards des Enfants.

Je voudrais qu'un asile, qu'un refuge fût ouvert à des fautes, à des hontes légitimes, parce qu'il y a des secrets qu'il faut respecter, pour la mère, pour l'Enfant, pour le repos des familles.

Je partage l'opinion qui vient d'être émise par M. SMITH; nos idées sont les mêmes; mais je ne suis pas d'accord avec lui quant aux moyens d'exécution. Dans ma pensée, il faudrait laisser plus d'action à la charité personnelle qu'à l'autorité administrative, et se garder de créer de nouveaux fonctionnaires Nos hospices peuvent suffire à tout pour administrer, comme ils le font aujourd'hui, le service des Enfants trouvés.

Point de vue financier

En présence des misères qui désolent notre société, je trouve que la dépense de nos Enfants trouvés n'est pas aussi grande qu'on l'a dit, et qu'on peut faire mieux sans dépenser beaucoup plus. Fallût-il dépenser davantage, je ne m'en affligerais pas, si j'obtenais de meilleurs résultats.

La dépense des Enfants trouvés est, proportion gardée, moins considérable en France qu'en aucun autre pays. Lorsqu'on se reporte au nombre de ces Enfants sous l'ancien régime et à celui qui existe aujourd'hui, l'on voit qu'il n'a pas suivi le progrès de la population et surtout le progrès de l'expansion des vices et des désordres moraux, désormais si tristement descendus des classes supérieures dans les classes inférieures.

En donnant une trop grande action à l'administration locale sur la dépense des Enfants trouvés et sur la charité à exercer envers eux, vous vous jetterez inévitablement dans la question de provenance des Enfants. Cette malheureuse question de provenance est celle qui trouble toute la matière.

L'on marche ici entre deux écueils : entre une compression aveugle et une facilité exagérée; il faut faire en sorte d'éviter l'une sans tomber dans l'autre.

M. VALENTIN-SMITH répond :

En proposant la création d'un nouveau fonctionnaire public investi de la direction et de la haute tutelle des Enfants trouvés, lequel serait en même temps membre de droit de toutes les Commissions des établissements charitables du département, je me reporte d'abord à cette pensée que, dans l'état actuel des choses, il n'y a point d'agent responsable placé, pour le service des Enfants trouvés, entre l'Administration et les hospices dépositaires.

A part quelques rares et heureuses exceptions, l'inspecteur des Enfants trouvés est sans action comme sans influence réelle.

Quelle garantie sérieuse présentent les maires dans leurs procès-verbaux d'exposition, qui ne sont souvent qu'une chose arrangée et convenue ? Quelles garanties offrent-ils dans leur surveillance sur les nourrices, dans leur protection envers l'Enfant, dans la demande des secours qu'ils sollicitent?

Quant aux Commissions administratives des hospices, je reconnais que quelques-unes ont un zèle admirable pour le service des Enfants trouvés comme pour tous les autres services; mais ce sont des exceptions, en cela d'autant plus louables; et l'on ne peut disconvenir qu'en général ces Commissions n'ont qu'une initiative molle, une surveillance insouciante, une action brisée.

Cependant, il ne faut pas oublier qu'il s'agit ici d'un service départemental, qui, envisagé sous le seul rapport financier, comprend une dépense de huit à dix millions.

Je comprends qu'une Commission administrative des hospices ait une sorte de part et d'immixtion dans le service des Enfants trouvés, à raison de la dépense intérieure qui est à la charge de l'hospice dépositaire. Mais cette part et cette immixtion sont tout ce qu'il faut, en investissant cette Commission d'un simple droit de surveillance.

Ce n'est pas aujourd'hui, où l'on reconnaît tout ce qu'il y a de défectueux dans les administrations collectives aux pouvoirs multiples, partagés et irresponsables, qu'il convient d'en établir de nouvelles, alors que généralement l'on abandonne ces sortes d'administrations, derniers débris de la forme du gouvernement dictatorial.

Déjà, dans ces dernières années, les administrations collectives ont disparu de la Bibliothèque nationale et du Collège de France, qui ont été placés sous la main d'un directeur. Ainsi encore, les Commissions qui administraient les Maisons de santé de Charenton, l'Institution des Jeunes Aveugles, celle des Sourds-Muets, l'établissement des Quinze-Vingts, ont été remplacées par des Commissions de surveillance. Enfin les asiles d'aliénés, créés et réorganisés en vertu de la loi du 30 juin 1838, ont tous été mis sans exception, par l'ordonnance du 18 décembre 1839, sous le régime d'un directeur unique, assisté d'une Commission de surveillance. Il y a les mêmes raisons, plus puissantes volontiers, pour placer le service hospitalier des Enfants trouvés sous un régime semblable.

Combien seraient nécessaires l'action et la surveillance continues d'un fonctionnaire spécial, non-seulement en ce qui concerne les Enfants placés en nourrice, mais encore en ce qui concerne ceux qui ont atteint leur douzième année, aujourd'hui tristement délaissés par le mode illusoire de tutelle qu'exercent les administrations des hospices?

L'expérience montre que les administrations gratuites et collectives manquent le plus souvent d'activité et de suite. Elle apprend qu'il ne peut y avoir, en France, de service véritablement bien organisé, bien conduit, qu'avec un agent rétribué, permanent et responsable. La charité officielle ne fait pas exception à cette règle née de nos mœurs.

Si le service des Enfants trouvés, malgré tous les sacrifices qu'il exige, présente des résultats si peu satisfaisants, c'est qu'il manque d'une administration spéciale, d'une direction unitaire, d'une marche complète et suivie; c'est qu'il est dirigé tout à la fois par le préfet, par les Commissions administratives, par les sœurs hospitalières, par les maires, sans lien qui combine ces actions divergentes.

Lorsque ensuite, je voulais rattacher le fonctionnaire chargé des Enfants trouvés à l'assistance publique, c'est que, dans la réalité, l'Enfant trouvé semble y toucher par tous les points.

Rien ne demande plus une pensée commune que l'exercice de la charité publique, depuis le sauvetage de l'Enfant trouvé jusqu'à l'éducation de cet enfant, ou jusqu'à l'hospice du vieillard.

Au lieu de cela, que voit-on? Des établissements charitables qui ne sont pas précisément rivaux, mais qui, loin de s'entr'aider, se contrarient, ou du moins isolent leur action.

D'où cela vient-il? De ce qu'il n'y a pas de point de contact, de pensée commune pour combiner leurs efforts et relier leur œuvre. Est-ce que tous les établissements charitables ne devraient pas former une seule chaîne dont les anneaux se tiendraient? Il n'en est pas ainsi, parce que la charité publique s'exerce, chez nous, par une combinaison moitié officielle, moitié privée, chacun allant dans sa ligne, sans graviter autour d'un centre commun.

C'est ce centre commun que je voudrais voir établir quelque part, au moyen d'un fonctionnaire qui, sans être trop dépendant de l'Administration, serait néanmoins son agent; qui administrerait le service des Enfants trouvés et pourrait être en même temps membre de droit de toutes les Commissions charitables de l'arrondissement, auxquelles il imprimerait une impulsion d'ensemble et une marche unitaire.

La séance est levée à midi. Elle est renvoyée à jeudi prochain 27 septembre, pour la continuation de la discussion sur le maintien ou la suppression du Tour, et pour aviser aux moyens de le remplacer dans le cas où sa suppression serait admise.

10ᴱ SÉANCE.

Mardi 27 septembre 1849, 8 heures du matin

Présidence de M. Victor LEFRANC.

Sont présents :

M. Victor LEFRANC, président; M. DURAND-SAINT-AMAND; M. GIRAUD; M. Alfred BLANCHE; M. NICOLAS; M. VALENTIN-SMITH, secrétaire, et M. Louis HAMELIN, secrétaire adjoint.

Absents :

MM. DE LURIEU et DE WATTEVILLE, inspecteurs généraux des bureaux de bienfaisance, pour cause de service; M. BAILLEUX DE MARIZY, pour cause de maladie.

M. PISCATORY, représentant du peuple, l'un des rapporteurs de la commission du projet de loi sur l'*assistance publique*, est présent à la séance.

Le procès-verbal de la précédente séance, du 25 septembre courant, est lu et adopté.

ORDRE DU JOUR.

Suite de la discussion générale snr la question du MAINTIEN
ou de la SUPPRESSION *des* TOURS.

M. VICTOR LEFRANC, président :

La parole est à M. DURAND-SAINT-AMAND pour la continuation de la discussion sur le maintien ou la suppression des Tours.

M. DURAND-SAINT-AMAND :

Messieurs, en prenant la parole, j'ai en vue un double objet : répondre à l'appréciation inexacte, selon moi, faite par M. GIRAUD de l'opinion que j'ai eu l'honneur de vous exposer; faire faire un pas a la question.

Dissiper d'injustes préventions, ce sera précisément avancer d'autant la solution à laquelle, je l'espère, nous touchons en ce moment.

M. GIRAUD a témoigné la crainte que, par l'application rigoui euse du principe de la *responsabilité* sur lequel je me suis appuyé, nous n'arrivassions, selon l'expression dont il s'est servi, à trop forcer le ressort, et à compromettre ainsi le succès de la loi que nous voulons créer.

M. GIRAUD a paru redouter que la sévérité de notre principe ne nous entraînât à tenir trop peu de compte du secret dont le respect est, il est vrai, plutôt commandé par l'intérêt de l'Enfant que mérité par la conduite de la mère.

Eh bien! je réponds, ou plutôt je répète que cette crainte n'est pas fondée : loin de conseiller une rigueur extrême, loin de forcer le ressort, j'ai soutenu énergiquement une tendance contraire.

Ce secret que réclame M. GIRAUD, qui préoccupe M. NICOLAS, je l'ai réclamé comme eux : mon insistance à cet égard ne peut être douteuse si l'on se reporte à la partie de la discussion qui avait pour objet la surveillance des Maisons d'accouchement. Oui, je l'ai dit, il faut que la loi elle-même proclame le respect dû quelquefois à certains actes de la vie intime qui intéressent l'honneur et le repos des familles. Mais je ne puis consentir, pour la faveur due à ces cas exceptionnels, à maintenir les déplorables abus qui résultent pour la société de la facilité aveugle, de l'encouragement scandaleux accordés au vice et à la débauche par le système de l'admission sans contrôle au moyen du Tour.

[marginal note] Application du principe de la responsabilité

C'est cet abus que je combats sans hésitation; c'est ce mal dont je veux réso-
lument empêcher la reproduction.

On a trouvé bien sévère l'invocation du principe de la responsabilité. Il
faut s'entendre : je crois nécessaire de rattacher notre loi à un principe vrai,
invariable; je n'ai pas prétendu pour cela que l'application dût en être faite
sans ménagement, sans indulgence. Si je n'admets pas de transaction possible
avec le principe lui-même, je conçois très-bien qu'il soit tempéré dans l'application par cet esprit de transaction qui tient compte de la faiblesse humaine, qui entre avec elle dans une sorte de composition.

D'un autre côté, N. Nicolas a paru préoccupé de cette pensée, que si nous *Devoir*
ne maintenons pas les Tours, la société ne fera plus rien pour les Enfants *de l'assistance*
trouvés; que si nous retirons cette assistance exagérée que donnent les Tours,
nous retirons l'assistance tout entière.

C'est encore là une appréciation inexacte, une imputation sans fondement;
et il est d'autant plus important de la signaler et de la rectifier, que cet injuste
préjugé a servi et servira encore de thème à bien des déclamations, dont il
est temps de faire justice.

Nous avons tous, sans exception, la pensée, le désir, non de supprimer,
mais de remplacer le Tour. Si nous n'avions voulu que la suppression du
Tour, il nous eût suffi de proclamer d'un commun accord l'abrogation du
décret de 1811, ou du moins de décréter cette suppression par un seul
article.

Mais nos recherches, nos discussions, les décisions déjà arrêtées, attestent
que notre pensée ne s'est pas renfermée dans cette étroite limite, et si, d'accord entre nous sur l'évidence des abus que le Tour amène essentiellement
avec lui, et sur la nécessité d'y porter remède, nous avons sursis à prononcer
la condamnation qui est dans nos esprits et presque sur nos lèvres, c'est que
nous n'avons voulu briser l'instrument aveugle et matériel, qui trahit la bienfaisance beaucoup plus qu'il ne la sert, qu'après nous être assurés du mérite
réel de l'agent éclairé et charitable que nous entendons lui substituer.

Il faut bien le reconnaître, en effet, nous ne différons plus que sur le choix
des moyens.

D'un côté, M. Nicolas préconise l'emploi de la charité religieuse, ou, pour *Charité religieuse*
mieux dire, de la charité catholique; de l'autre, M. Giraud vous avertit de ne
pas vous trop livrer à cet entraînement, si louable qu'il soit dans son principe,
de ne pas aller trop loin même dans cette voie.

M. Giraud a raison : la perfection chrétienne, catholique, est infiniment respectable, cela est hors de doute ; mais ce qui n'est pas moins certain, c'est
qu'elle ne saurait servir de base, de guide ou d'agent à une loi, à des règlements applicables à une société composée d'éléments imparfaits.

La loi ne peut pas supposer la perfection dans les agents qu'elle emploie ;
elle est chaque jour aux prises avec les passions humaines qu'elle est appelée
a contenir ou à réprimer : pour qu'elle soit pratique, il faut qu'elle se fasse
humaine.

Il faut que le législateur sache tolérer dans l'agent auquel il confie l'exécution de ses volontés, l'imperfection qui tient à sa nature, à celle de la société même.

Vous parlez de la confiance qu'inspire le ministre qui reçoit le secret de la
confession, et vous voudriez un agent presque semblable, qui eût presque la
même consécration, pour recevoir un aveu différent par les circonstances dans
lesquelles il se produit, différent surtout par les conséquences toutes tempo-
relles de la charge que cet aveu doit imposer à la charité publique.

Je me borne à vous répondre que nous sommes ici sur un terrain essentiellement humain, que notre loi a pour objet de remédier à l'une des plaies les
plus tristes et les plus intarissables de l'humanité, et que vous ne pouvez exiger
de nous l'emploi de moyens en quelque sorte divins.

Encouragement
aux
filles mères

On m'oppose le scandale résultant des secours donnés aux filles mères, de
l'assistance qui leur est promise.

On fait appel à nos sentiments personnels ; on nous dit : « Si vous aviez dans
votre maison une domestique qui aurait failli, dont la faute serait près de
devenir patente, de se produire aux yeux de votre fille, de votre femme, de
votre fils, la garderiez-vous ? Non, vous la chasseriez.

« Comment conciliez-vous donc le respect de la morale publique avec la
présence des filles mères, que la suppression des Tours et les secours que
vous leur destinez vont mettre en évidence au milieu de la société ? »

Je réponds sans hésiter : Oui, dans l'hypothèse où vous me placez, je chas-
serais cette fille, bien qu'avec humanité, bien qu'en usant des ménagements
et de l'indulgence que pourrait réclamer son malheur ; mais, enfin, je ne la
garderais pas, parce que j'ai un profond respect de la moralité publique, de
la moralité de la famille.

Mais c'est là un de ces cas où l'intervention de la charité chrétienne a mission de venir adoucir ce que les nécessités de la loi humaine peuvent avoir de
trop inflexible.

Vous-mêmes, seriez-vous plus indulgents ? Non ; et bien qu'adoucissant le triste sort de la fille perdue par des consolations, par des secours, donnés en dehors de la famille, vous ne pourriez empêcher qu'elle ne subît les conséquences forcées de sa faute : vous auriez beau faire, vous ne pourriez jamais la soustraire à la loi inévitable de la responsabilité.

Cette loi est fatale : vous la rencontrerez toujours, et vous êtes d'accord avec moi pour la reconnaître et pour en proclamer la légitimité.

Mais à côté de la responsabilité il faut placer la miséricorde, car si vous délaissez la malheureuse qui a commis une faute, vous ne lui laissez plus de ressources que dans le crime ou dans la prostitution.

Ce que je vous propose, au contraire, c'est de la relever, de la réhabiliter, s'il est possible, à ses propres yeux et à ceux du public.

Ce sont précisément les déplorables facilités du Tour qui lui suggèrent, avec l'espoir d'ensevelir sa faute dans un abîme sans fond, la tentation d'y succomber de nouveau, l'habitude de la fraude et de la dissimulation ; c'est le Tour qui engloutit ce qui pouvait lui rester de vertu, de pudeur, de moralité.

Le Tour, c'est l'oubli des devoirs de la maternité, de tous les sentiments honnêtes qui l'aideraient à se relever, et qu'assurément vous voulez lui conserver.

La mère qui jette son enfant dans le Tour est-elle donc innocente ? Non, sans doute, elle commet un crime.

Vous voulez que votre loi soit chrétienne ? Eh bien ! donnez à votre loi le véritable esprit de l'institution chrétienne : montrez à la malheureuse femme qui n'a été que faible et non vicieuse, que vous êtes véritablement disposés à venir à son secours.

Apprenez-lui qu'elle n'est pas réduite à commettre un crime, qu'un asile lui est ouvert, qu'elle peut obtenir pour sa misère une discrète assistance.

Là est l'indulgence intelligente et non pernicieuse ; là est l'œuvre de la charité ; là est, selon moi, la véritable application de l'esprit du christianisme.

Mais aussi là reste encore le juste châtiment de sa faute : ce châtiment, c'est l'expulsion de la famille, de la maison honnête où elle occupait une place, un emploi ; c'est la nécessité de reconquérir par une bonne conduite l'estime qu'elle a perdue. Ce châtiment, cette responsabilité, vous ne devez pas chercher à l'y soustraire.

C'est ce que fait le Tour, et cela n'est ni moral, ni sage, soit pour les intérêts de cette femme, soit pour ceux de la société.

Je me résume : dans tous les systèmes imaginables, vous auvez toujours des Enfants trouvés.

Vous ne pouvez prétendre à faire à leur égard une loi parfaite : toute la question se réduit à suivre le parti qui présente le moins d'inconvénients.

Vous ne voulez pas encourager le vice, faciliter l'abandon des Enfants ; c'est ce que fait le Tour.

Vous voulez conserver ou rétablir la moralité dans le cœur de la femme qui a failli ; c'est pour cela que je vous propose de fortifier ses instincts maternels, de la ramener à la pratique d'un devoir, en l'aidant, en la secourant, mais par une charité réglée, organisée, exercée avec intelligence, en sorte que son bienfait tombe sur qui le mérite et en a besoin, et non sur qui voudrait l'usurper et le dissiper.

Un tel système satisfait à la fois à la loi morale et à la loi économique : — nous sauvons les Enfants et nous moralisons les mères.

Quant à l'action directe de la religion, elle n'a de prise que sur les consciences ; vous ne pouvez l'imposer au nom de la loi : vous ne le pouvez, surtout, dans un pays où règne la diversité des croyances religieuses, où la tolérance en matière de religion est la véritable loi d'État.

Bureau
d admission

Ceci me conduit à examiner les moyens proposés pour l'admission des Enfants dans les hospices, en cas de suppression des Tours, et à discuter les objections que l'on a faites à l'établissement de la commission que j'ai indiquée je le ferai rapidement.

Fonctionnaire
special

M. SMITH a proposé la création d'un fonctionnaire spécial, chargé de ces admissions.

Ce système a été combattu par M. GIRAUD ; et je me joins à M. GIRAUD pour le repousser.

Il n'y a déjà que trop de fonctionnaires : gardons-nous d'en augmenter le nombre.

Puis, il n'est pas sans danger d'ériger un seul homme juge unique et arbitre souverain des graves questions que peut soulever l'admission d'un Enfant.

Il y a là une autorité que vous confieriez à peine à un préfet ; pouvez-vous la remettre à un employé subalterne ?

Ordre religieux

M. NICOLAS a proposé d'emprunter à un ordre religieux l'agent auquel cette mission serait confiée.

Je l'ai déjà dit, je craindrais qu'un pareil choix, auquel j'accorde tout le respect qu'il mérite, ne parût blessant pour la liberté des consciences.

Il faut donc, selon moi, recourir à une commission.

L'objection faite contre cette commission, c'est que le secret ne serait pas gardé, parce qu'il serait partagé.

Cette objection n'est que spécieuse.

La commission est multiple. — Qu'importe, si elle est bien composée?

Les hommes, ajoute-t-on, sont par leur nature même portés à l'indiscrétion. — Est-ce là une vérité attestée par l'expérience?

Est-ce que la loi parmi nous n'est pas plus confiante? Est-ce qu'elle ne suppose pas, est-ce qu'elle n'enjoint pas le secret?

N'avons-nous pas le secret professionnel, si généralement et si honorablement gardé?

Je ne parle pas du secret de la confession : on pourrait l'expliquer par son caractère sacré; mais je parle du secret dans les affaires purement humaines : du secret gardé par les médecins, les avocats, les juges, les notaires.

Vous savez quel discrédit de déplorables scandales ont jeté sur cette institution, si digne par elle même, du notariat. — Entendez-vous dire que le secret ait été violé, même par les agents dont la prévarication a été éclatante sur d'autres points?

La foi du dépôt a été violée par eux, mais non la foi du secret; et cependant, de combien de secrets importants, de secrets de famille, de secrets honteux quelquefois, les notaires ne sont-ils pas dépositaires?

Parlerai-je des médecins? La loi compte sur leur discrétion; elle leur en fait un devoir, et cette discrétion traditionnelle parmi eux, ils sont les premiers à l'invoquer comme un devoir et comme un apanage de leur profession.

J'en pourrais dire autant des juges, des avocats : eux aussi sont fréquemment dépositaires de secrets de famille; eux aussi savent respecter la sainteté d'un pareil dépôt. Entendez-vous dire qu'ils y aient jamais forfait?

Ce respect du secret n'est donc pas impraticable : et ce n'est pas demander l'impossible que de demander qu'il soit observé par une commission.

Et remarquez qu'aucun de ceux dont je la compose ne sera, si je puis parler ainsi, *le premier venu*.

Pour être notaire, avec une instruction fort ordinaire, il suffit en général de pouvoir réunir par soi ou ses amis un capital plus ou moins considérable : ce n'est presque qu'une question d'argent; et l'on ne regarde pas de bien près à la moralité de ceux qui vont être ainsi admis à devenir les dépositaires des secrets de famille.

Pour être avocat, médecin, pour devenir magistrat, que faut-il également? Rien autre chose que de certaines épreuves de capacité, trop souvent même incomplètes

Mais pour les membres de notre commission, vous avez le choix, et le choix doit être, a vos yeux, une garantie rassurante. Ne nous exagérons donc pas les difficultés du problème qui nous occupe : si le principe de la création d'une commission est bon, n'hésitons pas à l'inscrire dans la loi, et laissons à l'Administration le soin de parer aux difficultés d'exécution : j'ai la confiance qu'elle en saura aisément triompher.

On trouve le nombre de cinq membres trop considérable; mais j'ai pensé que le bureau d'admission devait siéger en permanence, que la présence simultanée de tous les membres ne pouvait être exigée, que la présence de deux suffirait.

C'est donc à deux membres, en réalité, que le secret sera confié dans la plupart des cas.

Maintenant, si nous examinons les caractères particuliers de chacun de ces membres, les qualités qu'il suppose, nous y trouvons encore de nouveaux mo tifs de confiance et de sécurité.

Vous avez d'abord un membre de la Commission administrative des hospices; ils sont tous généralement, vous le savez, hommes de bien, jouissant dans leur localité de l'estime et de la considération de leurs concitoyens.

Il sera facile au préfet de faire parmi eux un bon choix, dans lequel il sera guidé par des renseignements recueillis avec soin.

Vous avez ensuite l'inspecteur des Enfants trouvés; je n'ai pas besoin de vous rappeler la confiance que déjà vous avez placée en lui. La discrétion est, en quelque sorte, sa fonction et son habitude. Déjà, dans bien des cas, il se sera trouvé en relations, par suite de ses fonctions même, avec la mère dont l'enfant est présenté à la commission; souvent il pourra arriver qu'il soit indiqué, choisi de préférence, pour recevoir une confidence qu'il possède déjà : il épargnera la confusion d'une seconde révélation.

Viennent ensuite la sœur de charité, le prêtre.

J'espère, à juste titre, le silence et le secret de la part du prêtre.

J'attends la même discrétion de la sœur de charité.

Elle est revêtue d'un caractère presque divin; par sa foi même, par la sublimité de sa mission, elle se sentira appelée à ajouter au mérite de ses fonctions habituelles : elle se montrera digne de cette vocation.

Je ne voudrais pas la charger seule de cette mission, malgré la confiance qu'elle m'inspire. S'il y a ceux que la religion appelle, il y a aussi ceux que la religion intimide; mais, entourée des autres membres de la commission, je regarde son adjonction comme précieuse.

Enfin, le cinquième membre que je propose est le médecin de l'hospice. Le secret, c'est sa loi, c'est la loi de la profession qu'il exerce; mais lui, personnellement, a déjà, par sa qualité de médecin de l'hospice, un degré de distinction particulière, une sorte de supériorité sur ses confrères : il mérite toute confiance.

En résumé, la composition de la commission me paraît de nature à justifier toutes les espérances et à dissiper toutes les craintes.

Le mode suivant lequel elle fonctionnera devra répondre à tous les besoins, puisque nous la supposons permanente, prête à recevoir, à toute heure du jour et de la nuit, le dépôt que le malheur ou la honte vient confier à la charité publique.

La charité publique, a-t-on dit, veut, pour être bien organisée, que l'action de la charité privée s'engrène avec l'action de la bienfaisance officielle; eh bien! c'est ce que nous rencontrons dans le système que j'ai proposé.

Chacun des membres de la commission appartient à la charité privée · leurs fonctions, sauf celles de l'inspecteur, sont gratuites; ils les acceptent, ils les exercent par sentiment de bienfaisance; et ces fonctions consistent à se tenir sur le seuil même de la charité publique, pour en ouvrir la porte à toute misère, à toute infortune qui vient, à juste titre, implorer son secours et non dérober ses bienfaits.

Ne faites pas à l'humanité, en doutant d'elle, une injure qu'elle ne mérite pas. Il faut s'habituer à compter sur les hommes, c'est le meilleur moyen de les élever à la hauteur à laquelle ils peuvent atteindre : plus vous leur demandez, plus vous obtenez d'eux. Si vous désespérez de l'humanité, si vous témoignez d'elle cette triste opinion qu'il n'y a rien à en attendre, l'humanité restera sans ressort; si vous la stimulez, elle répondra à vos espérances, elle les dépassera peut-être.

Ce sont là les pensées encourageantes et grosses de progrès que consacre notre nouvelle Constitution.

Elle veut que l'humanité se fasse vraiment fraternelle, religieuse, dévouée, elle développe ces sentiments et tend à les faire passer dans l'administration du pays. Nous ne saurions mieux faire que de diriger nos efforts dans le même esprit

I.   24

Faisons de ces fonctions si importantes qui nous occupent un objet d'ambition, une distinction, un honneur, et nous les verrons recherchées et dignement remplies. Nous entrerons de la sorte dans une voie meilleure, sinon parfaite. En un mot, vous voulez faire quelque chose, ne commencez pas par regarder votre tâche comme impossible.

Je termine par une dernière considération :

On se préoccupe beaucoup de la difficulté du secret; mais se présente-t-elle bien souvent? N'avons-nous pas déjà démontré combien est restreint le nombre des personnes qui demandent le secret, pour qui il sera nécessaire? N'a-t-il pas été constaté, dans les grands centres de population, a Paris, a Lyon, que le nombre des cas où le secret est réclamé s'élève à moins de 1 sur 200?

L'admission pure et simple, sans mystère aucun, suffit la plupart du temps.

Nous avons vu que dans le nombre des filles séduites les domestiques figurent pour un chiffre très-considérable; mais presque toujours pour elles l'abandon est la suite de la misère, de la difficulté réelle de garder et d'élever leur enfant. Souvent elles sont attachées a cet enfant; elles espèrent, elles désirent le retrouver. Celles-là ne refusent pas leur nom; je ne dis pas qu'elles le publient, mais elles ne cherchent pas à le taire, quand il leur est demandé dans l'intérêt de leur enfant.

Quant à celles que la honte, que les difficultés morales de leur position dominent d'une manière absolue, insurmontable, nous ne les repoussons pas de notre bienfaisance : notre asile est un abri sûr pour leur pudeur comme pour leur souffrance. N'ouvrirons-nous pas, dans les hospices, cette chambre du secret que proposait M. Blanche? Nous n'écartons pas la honte, nous la voilons.

Dans quel cas enfin ce secret absolu paraît-il nécessaire? n'est-ce pas, en général, dans le cas où la femme qui a commis la faute appartient à une famille plus relevée, honorablement posée au milieu du monde? et ces cas sont heureusement assez rares; car dans ces familles il y a ordinairement plus de moralité, comme il y a plus d'aisance, souvent parce qu'il y a plus d'aisance.

Mais là des soins de famille, d'amitié, entourent la malheureuse femme dans les moments pénibles de ses couches. Elle n'a pas besoin de recourir a vos hospices; elle ne vient pas frapper à la porte de la charité publique.

Si cependant elle vient a vous, si elle demande un asile et des soins, eh bien, que risque-t-elle? Qui la trahira? Qui ne sentira ce que sa position a de recommandable? Qui, parmi les membres de la commission, sera tenté de se jouer de son secret?

Enfin, dans la plupart de ces cas, déjà si rares, c'est dans un autre arrondissement, dans un pays éloigné du sien que l'accouchement aura lieu. Quel intérêt s'attacherait alors à la révélation du secret? On ne connaîtra ni la personne, ni la famille qu'il intéresse; la malice de l'indiscrétion n'aurait pas même d'aliment ou d'écho. Mais, je le répète, ces cas sont extrêmement rares, et c'est se créer un obstacle imaginaire que de s'en préoccuper à un trop haut degré.

M. Alfred BLANCHE :

Avant de combattre, en partie du moins, les propositions de notre honorable collègue M. Durand-Sᵗ-Amand, car cette fois j'ai le regret de ne pouvoir adopter toutes ses conclusions, je demande à revenir très-brièvement sur certaines appréciations présentées à la dernière séance. Ces appréciations portent sur la différence de moralité qui a été indiquée comme existant entre les pays protestants et les pays catholiques.

A ceux d'entre nous qui insistaient sur ce point que les pays qui n'ont pas de Tours (et ce sont particulièrement les pays protestants) comptent peu ou point d'Enfants trouvés, on a répondu qu'en revanche ces pays, moins soucieux de la pudeur de la femme, étaient moins moraux, et que l'on y rencontrait plus d'Enfants naturels. On a présenté la foi religieuse de ces pays comme étant un des principaux motifs de cet état de choses. Cette appréciation est-elle bien exacte? Est-elle juste? Soutient-elle un examen sérieux? — Cette différence, quand elle existe, se rattache-t-elle à la croyance religieuse?

On a cité l'Allemagne; j'insisterai peu sur ce pays, parce que déjà M. Smith a fait la réponse.

Je n'ai pas besoin de vous rappeler qu'en Allemagne des entraves nombreuses sont apportées aux mariages, pour prévenir les *mariages imprudents*. Il faut, pour se marier, justifier de certains moyens de fortune, justifier qu'on sait lire et écrire, etc., etc.

On a aussi parlé de la Suisse; mais il eût été juste de distinguer la Suisse française et la Suisse allemande.

Les cantons français protestants présentent-ils l'exemple de mauvaises mœurs? Genève est protestante, et la sévérité, disons mieux, la pureté de ses mœurs est parfaitement reconnue.

24.

Quant à l'Angleterre, je ne sache pas que la France eût à se plaindre d'a-
voir au même degré les mœurs et le sentiment de la famille

Sans m'étendre sur ce point en ce qui concerne l'Angleterre, j'ajouterai
que si l'on considère le sentiment et l'exercice de la charité personnelle, nous
sommes loin de compter en France autant d'institutions privées de bienfaisance.

Qu'on me permette de rappeler à cette occasion une indication précieuse
dans la question qui nous occupe, et qui nous a déjà été donnée par M. Giraud
En Angleterre, l'Enfant trouvé est recueilli, élevé, mais non pas sous ce nom,
qui lui reste chez nous comme une tache ineffaçable quoique imméritée Tous
sont appelés orphelins, élevés comme orphelins; toute autre désignation est
prohibée; et la conséquence de cette précaution est immense pour l'avenir de
l'Enfant trouvé Chez nous, la charité publique elle-même inflige, ou du moins
conserve à ces malheureux Enfants un titre qui les signale d'une manière déplorable à l'attention publique: les populations des campagnes au milieu des
quelles ils sont élevés les désignent et les distinguent continuellement sous les
nom de *petits bâtards*.

J'arrive à la question qui nous préoccupe, celle du secret et de ses difficultés.

Je suis partisan du secret dans de certaines limites, mais je ne puis lui accorder une importance telle, qu'elle aille jusqu'a dominer toute la question des
Enfants trouvés; et, pour le dire encore une fois, il s'en faut de beaucoup
que la condition du secret absolu, soutenue par quelques esprits, puisse invoquer l'autorité de saint Vincent de Paule

En effet, si nous consultons l'édit de Louis XIV pour la fondation de l'hospice des Enfants trouvés et l'arrêté du Conseil du 21 juillet 1670, nous y
trouvons toute autre chose que la pensée du secret absolu. Je lis ce qui suit
dans le Traité de la bienfaisance publique de M de Gerando, et la Commission m'excusera si j'étends peut-être cette citation intéressante au dela des
besoins de la question actuelle :

« Comme il n'y a pas de devoir plus naturel ni plus conforme à la piété chré-
« tienne que d'avoir soin des pauvres Enfants exposés, que leur faiblesse et
« leur infortune rendent également dignes de compassion, les rois nos prédé-
« cesseurs ont pourvu a l'établissement et à la fondation de certaines maisons
« et hôpitaux où ils pussent être reçus pour y être élevés avec piété, en quoi
« leurs bonnes intentions ont été suivies par notre cour de parlement de Paris,

« qui, conformément aux anciennes coutumes de notre royaume, aurait or-
« donné, par son arrêt du treizième août 1552, que les seigneurs hauts-justi-
« ciers, dans l'étendue de notre bonne ville et faubourgs de Paris, contribue-
« raient chacun de quelque somme aux frais nécessaires pour l'entretien,
« subsistance et éducation des Enfants exposés dans l'étendue de leur haute jus-
« tice, et depuis le feu roi, notre très-honoré seigneur et père, voyant com-
« bien il était important de conserver la vie de ces malheureux destitués du
« secours des personnes mêmes desquelles ils l'ont reçue, leur aurait donné la
« somme de trois mille livres, et mille livres aux sœurs de la charité qui les
« servent, à prendre chaque année, par forme de fief et aumône, sur le do-
« maine de Gonesse. Et considérant combien leur conservation était avanta-
« geuse, puisque les uns pouvaient devenir soldats et servir dans nos troupes,
« les autres, ouvriers ou habitants des colonies que nous établissons pour le
« bien du commerce de notre royaume, nous leur aurions encore donné, par
« nos lettres patentes du mois de juin 1644, huit mille livres à prendre par
« chaque an sur nos cinq grosses fermes. Mais comme notre bonne ville de
« Paris s'est beaucoup accrue depuis ce temps, et que le nombre des Enfants
« exposés s'est fort augmenté, la dépense que l'on a été obligé de faire depuis
« quelques années pour leur nourriture s'est trouvée monter à plus de 40 mille
« livres par chaque an, sans qu'il y ait presque pour y subvenir autres fonds
« que les aumônes de plusieurs dames pieuses, les charités desquelles excitées
« par le feu sieur Vincent, premier supérieur général de la mission, et insti-
« tuteur des filles de la Charité, ont contribué, de notables sommes, de leurs
« biens et de leurs soins et peines, à la nourriture et éducation de ces Enfants.
« Notre cour de parlement de Paris aurait estimé de convertir l'entretènement
« et subsistance que les hauts-justiciers sont obligés de donner aux Enfants
« exposés dans leur haute-justice, en une somme de quinze mille livres annuel-
« lement, pour être mises ès mains de personnes pieuses qui, charitablement, en
« prennent soin, suivant notre arrêt du 3 mai 1667, ce que nous aurions con-
« firmé par arrêt rendu en notre conseil le 20 novembre 1668. Mais comme
« l'établissement de cette maison n'a point été spécialement autorisé par nos
« lettres patentes, quoique nous l'ayons approuvé par les dons que nous y avons
« faits, étant bien aise de maintenir et confirmer une si bonne œuvre, et de
« l'établir le plus solidement qu'il nous sera possible... . »

Le roi confère ensuite au nouvel hospice la plénitude des droits civils. Il le
dote de 12 mille livres de revenus, payables par le domaine et les fermes géné-

rales ; il règle la forme de son administration, et, ce qui est remarquable, il confirme, dans les termes suivants, la part que prenaient quelques dames d'élite à cette administration :

« Et comme plusieurs dames de piété ont pris très-grand soin jusqu'à pré-
« sent desdits Enfants trouvés, et contribué notablement à leur nourriture et
« éducation, nous les exhortons, autant qu'il nous est possible, de continuer leur
« zèle et charitable soin envers lesdits Enfants, ainsi qu'elles ont fait par le
« passé, pour avoir part à ladite administration, suivant les articles de règlement
« ci-attachés, que nous voulons être exécutés selon leur forme et teneur. »

Voici les principales dispositions de l'arrêté du Conseil du 21 juillet 1670 :

« Art. 4. Visiteront toutes les semaines le registre où l'on écrit le nom des
« Enfants trouvés que l'on apporte dans l'hôpital, et après l'avoir vérifié sur les
« procès-verbaux des commissaires du Châtelet et ordonnances des officiers qui
« en doivent connaître, et parapheront les feuilles, et feront mettre lesdits
« procès-verbaux dans le lieu qui sera destiné pour les garder.

« Art. 5. Examineront tous les mois la recette et la dépense dudit hôpital et
« en arrêteront les comptes.

« Art. 6. Les dames qui seront choisies par celles de la Charité pour avoir
« soin desdits Enfants pendant quatre ans iront les visiter le plus souvent qu'il
« leur sera possible.

« Art. 7. Prendront garde que les sœurs de la Charité qui y seront les servent
« bien, et leur administrent toutes les choses nécessaires.

« Art. 8. Auront soin que les sœurs de la Charité aillent visiter les Enfants
« qui seront mis en nourrice hors dudit hôpital, dans les temps qu'elles esti-
« meront à propos, et se feront rendre compte de l'état auquel elles les auront
« trouvés, et des nécessités dont ils pourront avoir besoin, pour y pourvoir ainsi
« qu'elles le jugeront nécessaire. »

Cet édit, cet arrêté, étaient conçus, en quelque sorte, sous l'inspiration charitable du fondateur, et pour donner à son œuvre une consécration légale et une existence assurée.

Les mêmes idées se retrouvent dans le règlement si remarquable des hospices de Lyon. M. REMACLE, dans son Histoire des Enfants trouvés, donne l'extrait suivant du règlement de l'hôtel-Dieu :

« On reçoit tous les petits Enfants exposés de la ville, lorsque, après une
« exacte recherche, on n'aura pu découvrir les père et mère de l'Enfant ; car,
« étant reconnus, le recteur, qui a cette charge, les oblige à les reprendre. Pour

« les autres Enfants exposés à la campagne, comme les seigneurs du lieu en
« sont chargés, on ne les reçoit point s'ils ne contribuent à leur éducation.

« Les Enfants abandonnés dont le père et la mère sont absentés, étant au-
« dessous de l'âge de sept ans, sont aussi reçus dans la maison, après que due
« information en sera faite par un des recteurs, et qu'on aura retiré son acte
« baptistaire, dont on fera mention sur le livre des Enfants exposés.

« Les Enfants qu'on a reçus dans la maison sont envoyés à la campagne jusqu'à
« ce qu'ils aient atteint l'âge de sept ans, d'où ils sont retirés pour être envoyés
« à la Charité.

« On ne donne point d'Enfants à nourrir que la sœur qui a soin des accou-
« chements n'ait vu si les femmes qui les veulent prendre sont propres à les
« nourrir, si elles ont du lait suffisamment ; on ne leur donne point d'Enfants
« de même qu'on n'ait jugé n'avoir aucun mal dangereux à communiquer aux
« nourrices ; il faut, de plus, que les nourrisseurs apportent une attestation de
« leur curé qu'ils sont gens de bonnes mœurs, et qu'ils ont suffisamment du
« bien pour les nourrir. On leur donne pour chaque Enfant de mamelle, lors-
« qu'ils le prennent, un berceau, trois langes de cordillat, six drapeaux faits des
« draps qui ont servi aux malades, afin qu'ils soient moins rudes, deux bandes,
« deux béguins et un bonnet de laine. Six mois après avoir reçu l'Enfant, on
« leur donne une aune et demie de toile neuve, de deux tiers de largeur, tout
« ce qui est noté sur un livre où sont écrits tous les Enfants de la maison, leur
« nom avec celui du nourrisseur, la paroisse d'où il est, le jour et l'heure qu'il
« l'a reçu, avec le numéro attaché au cou de l'Enfant, afin qu'on ne le puisse
« changer, et qu'étant mort on n'en suppose un autre à sa place. Si l'Enfant
« meurt, on doit rendre les hardes qu'il a reçues comme elles seront, avec le
« plomb ou numéro qu'il avait attaché au cou, et apporter un certificat du curé
« que l'Enfant sera mort, pour être payé jusqu'à ce temps-là.

« On donne pour la nourriture des Enfants trente livres par an pour chacun
« Un des frères de la maison note sur le livre le jour et l'argent qu'on aura
« donné au nourrisseur. On n'en paye point qu'il n'apporte un certificat du
« curé qui atteste que l'Enfant se porte bien, et que le nourrisseur ne l'ait au
« moins gardé trois mois, et que le cordon où est attaché le numéro ne soit
« point rompu.

« Les Enfants remis à la campagne sont visités une fois l'an par le recteur qui
« en a soin, pour voir s'ils sont bien nourris et entretenus, si on ne fait point
« servir à d'autres les hardes qu'on leur donne ; si le cordon où est attaché le

« numéro est entier ou rompu; alors il en remettra un autre, s'il trouve qu'il « n'y ait point de supposition d'un Enfant pour un autre. Il changera les Enfants « qui sont mal, et les donnera à ceux qui ont plus de soins et de quoi les « nourrir.

« Tous les Enfants exposés reçus par le bureau sont écrits sur un livre, par le « portier, où est noté le jour, mois et an de sa réception, le lieu et l'heure à « laquelle il l'a trouvé exposé; les hardes qu'il avait sur lui sont spécifiées; le « billet ou marque, s'il s'en trouvait quelqu'une; le nom de ceux qui l'ont « apporté, et par qui ils ont été envoyés. Lorsque quelqu'un viendra à décéder, « il le marquera a côté de l'exposition; il marquera de même le jour et an qu'il « a été retiré de la campagne, l'âge qu'il avait quand il y fut envoyé, et le jour « et an qu'il a été remis à la Charité.

« Tous les Enfants de l'Hôtel-Dieu seront marqués et numérotés chacun d'un « numéro différent, lesquels numéros, avec les armes dudit Hôtel-Dieu seront « mis sur une médaille de plomb attachée au cou de l'Enfant par un cordon « de soie bleue, d'une manière à ne l'en pouvoir tirer qu'en rompant ledit « cordon.

« Les Enfants de la ville dont les mères reçoivent de l'Hôtel-Dieu des se- « cours pour leur nourriture seront numérotés et marqués de même que ceux « de la campagne, avec cette différence que les mots d'*Enfant légitime* seront « gravés sur la médaille. »

Les mêmes principes ont présidé à la rédaction du règlement de l'aumône générale de Lyon, chapitre XXIII, contenant les observations pour les recteurs chargés de la direction des Enfants délaissés ou abandonnés, appelés petits passants et petites passantes :

« Les communautés des petits passants et petites passantes doivent être uni- « quement composées des Enfants qu'on amène chaque année de l'Hôtel-Dieu, « en même temps que les bâtards ou bâtardes, sous la dénomination d'Enfants « délaissés et abandonnés; ce qui fait un chapitre particulier dans le registre, « où les noms des uns et des autres sont inscrits.

« L'on y reçoit aussi ceux et celles qu'on présente au bureau après l'âge de « sept ans jusqu'à douze ans accomplis, en conséquence du procès-verbal des « officiers du quartier, par lequel il paraît que les père et mère desdits Enfants « ont disparu après les avoir abandonnés, sans qu'on puisse savoir ce qu'ils « sont devenus.

« On doit joindre au procès-verbal l'extrait baptistaire desdits Enfants,

« ensemble l'acte mortuaire du père ou de la mère, si l'un des deux est décédé,
« en conséquence desdites pièces, le recteur, dans la distribution de qui se
« trouve le quartier où l'on a délaissé lesdits enfants, fait l'information sur la
« vérité du fait rapporté dans le procès-verbal, de même que les autres actes
« ci-joints.

« S'il se trouve, par l'information, que lesdits père et mère se soient véri-
« tablement sauvés de la ville; qu'on ne puisse en avoir connaissance; que le
« décès de l'un ait occasionné la fuite de l'autre et l'abandon de ses enfants,
« pour lors, après avoir interrogé lesdits enfants et tâché de tirer d'eux quelque
« indication, ils seront conduits dans ladite communauté, enregistrés dans le
« livre que les recteurs doivent tenir à cet effet, et les pièces énoncées ci-
« dessus seront remises aux archives dans le même ordre que celles rendues
« sur le même fait par MM. de l'Hôtel-Dieu.

« Comme il arrive souvent que les père et mère desdits enfants, après avoir
« averti leurs voisins qu'ils seront contraints de les abandonner, faute de pou-
« voir les nourrir, disparaissent pour aller prendre un logement dans un quartier
« plus éloigné ou dans les faubourgs, les recteurs chargés desdits corps feront
« leur possible, de concert avec les recteurs distribuants, pour découvrir le lieu
« de leur domicile, afin qu'on puisse les faire reprendre, en leur donnant du
« pain pour les aider à les nourrir; on les y obligera même, au cas qu'ils fissent
« quelque difficulté.

« Comme ces sortes de délaissements sont quelquefois la suite de l'intelli-
« gence de certaines personnes qu'un zèle indiscret porte à s'employer pour
« charger la maison de ces enfants, sous le faux prétexte d'une fuite simulée,
« les recteurs ne négligeront rien pour en éclaircir la vérité; ils feront leur pos-
« sible, même après qu'ils seront reçus, pour savoir s'ils n'ont aucun parent en
« état de les soulager; si leurs père ou mère ne seront point revenus, afin de
« les leur rendre, ou si l'un et l'autre sont décédés, afin de les faire adopter
« par la maison, supposé qu'ils aient les conditions requises.

« Comme l'on envoie à la campagne tous lesdits enfants, ainsi que les bâ-
« tards, lorsqu'on les ramène de l'Hôtel-Dieu, et que leurs père ou mère parais-
« sent quelquefois sans être connus pour demander qu'on leur en laisse le soin
« jusqu'à l'âge de dix ans qu'ils doivent revenir dans la maison, les recteurs
« tâcheront d'éclaircir le fait, afin de les leur laisser pour toujours, et auront
« soin dans ce cas-là, comme dans ceux énoncés ci-dessus, de les faire rayer du
« registre.

« Pour diminuer autant qu'il est possible ces deux communautés, qui devien-
« draient trop nombreuses, si on ne s'opposait avec attention aux abus qui en
« causent les progrès, il est à propos que lesdits recteurs engagent leurs con-
« frères, lors de la visite des enfants de la campagne, à y laisser ceux-ci sans les
« faire revenir, et à conclure des engagements pour eux qui puissent les remettre
« en état de se passer de la maison.

« Quant à ceux qui en sont revenus et qui, avec les autres qu'on reçoit sans
« les y envoyer, composent lesdites communautés, les recteurs les inscriront
« dans un registre à ce destiné, dont ils feront, tous les deux mois, la vérifica-
« tion en présence des commissaires nommés par le bureau, afin qu'on en
« sache le nombre; ils veilleront à ce qu'on leur fasse lire tous les mois et
« observer avec exactitude le règlement qui les concerne; prendront garde s'ils
« sont habillés suivant l'uniforme prescrit, si on les tient avec propreté, si on
« leur apprend à travailler, à lire et à écrire; si on les instruit comme il faut
« dans leur religion, et empêcheront qu'on ne les maltraite sans cause légi-
« time. »

Maintenant, si nous portons nos regards sur d'autres pays tout religieux, et
dont plusieurs sont éminemment catholiques, que trouvons-nous à l'égard du
secret absolu, ou du Tour, qui est sa plus complète expression ?

En Belgique, le Tour avait été rétabli; il n'existe plus maintenant.

En Autriche, à Vienne, le Tour n'existe plus.

En Russie, les Enfants étaient d'abord reçus aux hospices de Saint-Péters-
bourg et de Moscou, à toute heure, sans condition, sans préparation. Les abus
de ce mode d'admission sont arrivés à un tel point, que l'empereur Nicolas a
dû, pour y remédier, supprimer cette liberté illimitée d'admission sans contrôle qui en était la véritable cause (1).

Parmi les pays protestants qui n'ont pas de Tours, nous voyons l'Angleterre,
le plus protestant de tous; elle a reconnu, depuis, les inconvénients du secret
absolu en ce qui concerne l'admission des Enfants trouvés. Elle a modifié sa
législation; les Enfants trouvés n'y sont acceptés que sous la condition de certaines déclarations, de certaines justifications qui entraînent l'aveu, la confidence de la mère, et l'on sait que le secret ainsi confié est scrupuleusement
observé. Voici ce qu'on lit à cet égard dans M. de Gérando :

---

(1) Voir M. de Gérando, seconde partie, livre I, chapitre v, paragraphe 2 *Hospices d'Enfants
trouvés en Russie*

« L'admission était d'abord illimitée, aucune condition n'était prescrite; les « abus se firent bientôt sentir. On apportait à l'hospice des Enfants incurables « ou même expirants, et les Enfants des paroisses éloignées qui eussent dû en « assister les parents. On crut reconnaître que la faveur accordée aux Enfants « illégitimes encourageait la corruption des mœurs. Ces inconvénients croissant « toujours, et devenant de plus en plus sensibles, attirèrent l'attention du par-« lement. En 1759 et 1760, à la suite d'enquêtes qui confirmèrent les fâcheuses « conséquences du système adopté, et en revélèrent toute l'étendue, le bill de « 1756 fut révoqué. Le législateur mit un terme aux réceptions indéterminées; « en 1771, il se décida à retirer les subventions qui avaient été accordées sur « les fonds publics.

« L'hospice des Enfants trouvés fut rendu ainsi au caractère d'un établisse-« ment local entretenu par des dons et des souscriptions privés, ses propor-« tions furent considérablement réduites; un nouveau système d'admission fut « adopté.

« Les Enfants illégitimes sont le premier objet de la sollicitude des admi-« nistrateurs de cet hospice. Une pétition doit être présentée pour obtenir « l'admission; le comité procède à un examen; la mère est interrogée; on s'at-« tache à reconnaître si elle est dans la misère, si elle est abandonnée du père « de l'Enfant, s'il est nécessaire de recueillir l'Enfant, pour sauver la vie de « celui-ci ou la réputation de celle-là, enfin, si l'on peut espérer de réhabiliter « la mère elle-même. C'est d'après le résultat de ces informations, que, dans « une des séances suivantes, le comité prononce. L'hospice n'exclut pas entière-« ment les Enfants légitimes, il recueille même sans examen ceux des matelots « et des soldats; les autres sont reçus, lorsque, après une information préa-« lable, il est reconnu que la famille est absolument hors d'état de les élever.

« L'appréciation attentive des circonstances qui déterminent la mère à se « séparer de son enfant, et qui peuvent solliciter en faveur de l'une et de « l'autre l'assistance de la charité publique, est donc le fondement sur lequel « repose aujourd'hui le système adopté dans l'hospice des Enfants trouvés de « Londres. »

Mais laissons maintenant de côté les considérations générales qui rattachent cette partie de la question des Enfants trouvés à l'opinion religieuse.

Une autre objection a été faite, en rapport plus direct avec la morale.

On a dit: La fille mère que vous aidez, à laquelle vous laissez son enfant, vous la perdez à jamais, vous l'empêchez de se marier. Au moyen du Tour, sa faute est couverte; elle peut, revenue au bien, trouver à former un établissement honorable, devenir bonne mère de famille.

Cette objection n'est pas fondée : c'est le contraire qui arrive. Je sais, du moins, plusieurs cas où des filles, trompées par un séducteur, se sont réhabilitées dans l'opinion publique, précisément par les bons soins qu'on les a vues donner à leur enfant; qui ont trouvé, par suite, des mariages avantageux. Le mérite de la mère avait effacé la faute de la jeune fille.

Ici, M. SMITH fait observer d'abord combien il regrette que la Commission soit forcément privée du concours de M. DE WATTEVILLE, qui pourrait apporter la preuve de faits les plus propres à appuyer les observations de M. BLANCHE. M. SMITH dit qu'il tient de M. DE WATTEVILLE que, dans l'une de ses inspections, il a été à même de constater qu'une fille avait eu sept enfants, qu'elle les avait tous mis au Tour; ce qui a été révélé par elle-même, lorsque, des circonstances heureuses de fortune lui étant survenues, elle avait voulu retirer ses sept enfants de l'hospice. Mais, sur ce nombre, cinq étaient morts; les deux autres lui furent rendus.

M. BLANCHE :

Vous voyez donc bien que le Tour, en couvrant la faute, est loin de prévenir la rechute; il y excite.

Ma conclusion reste toujours la même; il faut supprimer le Tour, ou plutôt, il faut le remplacer : le Tour est inerte, dangereux, immoral; il faut mettre à sa place un agent dont l'âme soit sensible, l'intelligence élevée, le cœur pur; il faut y mettre la vraie charité.

Mais quel devra être cet agent?

État moral de la fille mère

M. DURAND-SAINT-AMAND s'est prononcé contre l'idée de l'emprunter à un ordre religieux catholique. Il craint que ce choix ne donne à l'institution un caractère trop exclusif de religion. Impossible, pense-t-il, de placer l'admission des enfants sous l'influence catholique dans un pays de tolérance religieuse, où les professions de foi sont différentes.

On pourrait répondre peut-être que les catholiques sont en France en majorité tellement considérable, que l'inconvénient se trouve fort diminué, que, d'ailleurs, c'est dans les congrégations catholiques que se recrute le personnel de nos établissements charitables. Mais je crois qu'il y a à l'appui de la proposition combattue par M. DURAND-SAINT-AMAND, et que je défends, des raisons plus précises encore a donner. Mon opinion à cet égard ne peut être suspecte, puisque j'appartiens à la religion protestante. Eh bien, je n'hésite pas à demander à la religion catholique l'agent dont nous avons besoin en ce moment; et si c'est à elle que je m'adresse, c'est que, plus que les autres, elle me présente les qualités nécessaires à la mission qu'il s'agit de remplir, les qualités d'expansion, de dévouement et d'amour.

Maintenant je passe à l'examen de la commission d'admission que propose M. DURAND-SAINT-AMAND.

Déjà une objection a été faite contre le trop grand nombre de membres que M. DURAND-SAINT-AMAND appelle à composer une commission chargée de recevoir une confidence et de garder un secret. M. DURAND-SAINT-AMAND a répondu que, de fait, il n'y aurait, le plus souvent, que deux membres présents à la fois; que sa combinaison répondait aux nécessités de la permanence, sans présenter jamais l'appareil imposant de la réunion de cinq personnes.

Je ne puis vraiment admettre ces espèces de relais de membres de la commission : car, où serait, avec une pareille pratique, l'homogénéité, l'ensemble des décisions?

Je suppose donc, comme je crois devoir le faire, que la commission fonctionne au complet, et j'examine, l'un après l'autre, les membres dont M. DURAND-SAINT-AMAND propose de la composer.

Il y a, d'abord, au nombre des cinq membres de cette commission, deux personnes dont le rapprochement, dans une circonstance donnée, me blesse : ce sont la sœur et le curé.

La sœur hospitalière est admirable de pureté et de discrétion : devant le malheur et la souffrance, elle oublie son sexe, pour ne penser qu'au devoir et au dévouement; mais cela n'empêche pas qu'il y a des choses, des détails, que je ne voudrais pas que la sœur eût à entendre, en présence d'un certain nombre d'hommes, et, plus particulièrement, en présence d'un prêtre. Il y a là un sentiment de convenance qui me touche profondément.

Je ne voudrais donc pas la présence simultanée de la sœur et du curé dans la commission, et c'est le curé que je n'y ferais pas entrer.

Je ne rangerais pas davantage au nombre de ses membres, mais pour d'autres motifs, l'inspecteur des Enfants trouvés.

On peut le craindre, précisément parce qu'il connaît trop bien le personnel où se recrutent les Enfants trouvés, parce qu'il a dans ce personnel une sorte de clientèle. Si l'admission n'a pas lieu; on peut s'en prendre à lui, injustement, sans doute, mais il ne faut pas l'exposer à ce soupçon.

Puis une raison péremptoire, à mon avis, contre son introduction parmi les membres de la commission, c'est qu'il n'y siégera pour ainsi dire jamais.

S'il veut accomplir son devoir, il passera sa vie sur les grandes routes; il exercera sur sa clientèle, dont nous parlions, une continuelle surveillance. Il ne faut pas le mettre dans la commission; il n'y figurerait que nominativement.

Vient ensuite un membre de la Commission administrative des hospices, et M. Durand-Saint-Amand propose de le laisser à la désignation du préfet. Il est superflu de dire que j'admets l'administrateur de l'hospice, mais je ne crois pas qu'il doive être choisi par le préfet : il doit être élu par ses collègues. Je crois que ce qui est convenable, c'est que le préfet dise à la commission : « Choisissez vous-mêmes, parmi vous qui vous connaissez les uns les autres, celui que vous jugerez le plus capable de remplir les fonctions délicates attribuées au bureau d'admission. Faites votre choix le mieux possible, car c'est vous que j'en rendrai responsables. »

Ce mode ne blesse personne, ne compromet aucun intérêt et il justifie parfaitement le compte qui pourra être demandé plus tard par le préfet à la commission.

Le cinquième membre désigné par M. Durand-Saint-Amand, c'est le médecin. J'admets le médecin. Une des œuvres les plus importantes à poursuivre aujourd'hui, c'est un rapprochement désirable, nécessaire, indispensable entre les administrations hospitalières et le corps médical. Ces deux parties essentielles de l'organisation hospitalière restent trop étrangères l'une à l'autre, et se trouvent, par cela même, en état presque continuel de rivalité, de désunion. Et je m'empresse de le dire : si le corps médical n'est pas, à cet égard, sans avoir des reproches à se faire, l'Administration a souvent le tort de laisser de côté le corps médical, dans des cas où ses lumières paraîtraient au contraire indispensables.

Je conserve donc, des cinq membres proposés par M. Durand-Saint-Amand, le membre de la Commission administrative de l'hospice, la sœur et le médecin; mais le mode d'admission que je propose n'est pas celui de mon honorable collègue; voici le mien :

La sœur de charité, confidente unique du secret.

Je ne chargerais qu'une seule personne de recevoir le secret à confier par le déposant, et de procéder à la réception de l'enfant, sauf à elle à en rendre compte au bureau d'admission. Ainsi, réception du secret et de l'enfant par une seule personne, ratification de la réception par un bureau d'admission : telle est ma proposition.

Quant à la personne que j'appelle à recevoir le secret, que j'investis du droit de recevoir l'enfant, c'est la sœur de charité.

Elle a déjà un sacerdoce, elle aura une magistrature. Elle est peut-être le seul agent qui puisse réaliser d'une manière efficace cette alliance de la charité privée et de la charité légale que réclamait M. Nicolas. Elle remplit, d'ailleurs, plus que tout autre, une condition indispensable dans la matière qui nous occupe : la permanence de jour et de nuit.

Cette sœur serait naturellement la supérieure de l'hospice dépositaire :

La supérieure, parce que sa position est déjà une garantie; c'est la règle ordinaire, en effet, que la supérieure soit distinguée de ses sœurs par l'intelligence, par les qualités personnelles, par la confiance qui lui a valu sa dignité.

Je dois, pour compléter ma proposition, dire que j'autoriserais, dans des cas exceptionnels, la sœur de charité, à garder, même vis-à-vis du bureau d'admission le secret qui lui aurait été confié, et à pouvoir dire au bureau : « Le secret, je le connais; mais j'ai promis d'être seule à le connaître. »

Je ne dissimule pas que nulle institution humaine ne saurait être parfaite, et je n'attends pas que celle que je propose rende dès son début tous les bons effets que je la crois appelée à produire.

Mais j'ai confiance dans les ressources de l'humanité; je suis aussi de ceux qui pensent qu'il ne faut pas craindre de demander beaucoup au cœur de l'homme, et qui croient que le plus souvent il répondra à l'appel qui lui sera fait. Si une institution est bonne, établissez-la, cherchez des agents pour la soutenir, vous en trouverez; accomplissez le précepte du Christ : soyez *pécheurs d'hommes*.

J'ai, d'ailleurs, pris une précaution qui n'a rien de blessant pour la sœur chargée de la réception, qui la soutiendra, au contraire, et ne nuira en aucune façon à l'inviolabilité du secret que je l'appelle à recevoir. Sauf les cas exceptionnels que j'ai réservés, la sœur devra rendre compte de ses réceptions au bureau d'admission que je compose d'elle, d'un des membres de la Commission administrative et du médecin.

Que si la condition absolue du secret paraît revenir trop fréquemment, la Commission avertira la sœur ; si cet avertissement était encore insuffisant, s'il y avait abus évident, système adopté, ou insuffisance dans la personne, alors le

bureau trouverait moyen, par les voies régulières, en s'adressant à la supérieure générale, d'obtenir un changement qui ne blesserait personne et assurerait de meilleurs résultats.

M. DURAND-SAINT-AMAND dit qu'entre son système et celui proposé par
M. BLANCHE, il n'y a de différence bien sensible qu'en ce que le bureau d'admission devient une sorte de bureau de ratification. Le bureau d'admission
offrait cet avantage, que la personne chargée de déposer l'enfant pouvait, sur
les cinq membres de la commission, choisir celui à qui elle préférait confier
le secret s'il y avait lieu.

En ne donnant qu'à une seule personne la mission de recevoir les enfants,
cette faculté d'option n'existe plus, et cela est regrettable.

Il peut en coûter à certaines personnes d'être forcées d'accepter la sœur
pour confidente.

Puis, que faire s'il n'y a pas de sœur dans l'hospice, et il est des cas où
les sœurs, pour un motif plus ou moins plausible, se retirent de l'administration, où l'Autorité peut être amenée à confier l'hospice aux soins de personnes
choisies dans l'ordre laïque. M. DURAND-SAINT-AMAND cite un fait de cette nature, qui s'est passé dans un hôpital de Valenciennes. Il y a donc inconvénient
à confier cette mission à un seul ordre de personnes. Avec la commission multiple vous laissez subsister la faculté du choix.

Enfin M. DURAND-SAINT-AMAND repousse avec énergie l'idée exprimée
par M. BLANCHE du peu de convenance qu'il y aurait à rapprocher dans le bureau d'admission le curé et la sœur hospitalière; il soutient qu'aucune préoccupation sérieuse ne peut être soulevée à cet égard, et il insiste sur les avantages que présente, au contraire, la réunion de personnes de caractère divers,
mais reliées entre elles par une pensée commune de charité et de dévouement.

M. ALFRED BLANCHE répond que cette facilité du choix, dont parle M. DU-
RAND-SAINT-AMAND, ne paraît pas devoir lui être offerte; il importe, dit-il, que
nulle suspicion ne soit attirée sur aucun des membres de la commission.

Quant à l'objection tirée de ce qu'il pourrait ne pas y avoir de sœurs à
l'hospice, cela ne se rencontrera que dans deux cas : soit parce que les sœurs
auront momentanément quitté l'hospice, comme dans le cas cité par M. DU-
RAND-SAINT-AMAND, fait nécessairement très-exceptionnel; soit parce que l'hos-

pice sera tenu par des dames laïques : dans ce cas, ce serait la dame supérieure qui ferait partie de la commission, car ce n'est pas seulement l'habit religieux qui fait la sœur de charité, c'est aussi, c'est surtout le dévouement de la femme qui se consacre à la bienfaisance. A cette occasion, M. BLANCHE cite l'hospice de Cherbourg, tenu par des dames laïques, dont il se fait un devoir de constater l'admirable et intelligent dévouement.

M. ALFRED BLANCHE demande à M. NICOLAS s'il admet l'obligation du compte à rendre par la sœur à la Commission administrative des hospices

M. NICOLAS répond affirmativement, en réservant toutefois a la sœur la faculté de garder le secret qui lui aurait été confié

Peril d un jugement unique et special

M. DURAND-SAINT-AMAND insiste pour que M. BLANCHE veuille bien expliquer plus complétement l'organisation, telle qu'il l'entend dans son système, de la Commission administrative et des droits qu'il lui confere relativement à l'admission des enfants.

Que la sœur soit chargée seule de recevoir le secret; je le comprends; car, bien qu'en ait dit l'honorable M. NICOLAS, je rends à la sœur de charité les mêmes hommages que lui, et c'est pour cela que je l'appelle a faire partie de l'organisation que je propose pour le remplacement du Tour. Mais il y a dans l'admission d'un enfant autre chose qu'une question de confiance; il y a une appréciation à faire, un jugement à porter, une décision a prendre sur l'enfant.

Voulez-vous remettre à la sœur cette autorité, le droit de prononcer ce jugement?

Est-elle bien en position de discuter, de reconnaître la vérité ou la fausseté des déclarations qu'on vient lui faire ?

Le bureau, par ses membres, le pouvait faire ; il pouvait se livrer a des investigations pour lesquelles la sœur sera impuissante ou inhabile.

Devra t-elle rapporter la confidence qui lui a été faite ? Mais alors que devient la loi du secret? Devra-t-elle, au contraire, le garder d'une manière complète? que pourra faire alors la commission ? Quelle sera son action pour favoriser ou pour retenir le plus ou moins de facilité que la sœur apportera dans les admissions d'enfants abandonnés?

En un mot, si vous faites de la commission une sorte de tribunal d'appel, précisez donc son action, et dites comment elle s'exercera.

M. Alfred BLANCHE :

Le Tour reçoit *hic* et *nunc* l'enfant abandonné au moment précis où un secours immédiat est nécessaire à la conservation de son existence; mais il reçoit sans information, sans réflexion, sans contrôle; et l'enfant qui vous est arrivé par cette voie, vous êtes obligé de le garder.

Cependant, la différence est grande entre recevoir et garder : recevoir, s'applique au besoin actuel de l'enfant, et ce besoin, vous êtes bien obligés d'y pourvoir, dans l'intérêt même de sa conservation; garder, s'applique à ses besoins permanents : il ne s'agit plus alors d'un dépôt de quelques heures, de quelques jours, mais d'une charge permanente que la charité publique est appelée à supporter. Là commence le droit et le devoir de l'Administration de rechercher si cette demande est justifiée, s'il y a abus ou non dans l'imputation de cette charge au compte de la charité publique. C'est sur ce principe qu'étaient fondées les sages prescriptions de l'édit de Louis XIV et du règlement de Lyon, relativement à la recherche des parents de l'enfant déposé ou recueilli.

Avec le Tour, non-seulement vous n'avez pas de secret confié, mais encore vous n'avez aucune déclaration, aucun indice, aucune constatation possible. Tout s'arrête au fait matériel d'un dépôt que vous ne voyez pas faire, qui ne laisse aucune trace à vos investigations.

Avec la sœur, le dépositaire ou son mandataire, du moins, se présente; vous le voyez, vous l'entendez, vous pouvez reconnaître sa figure; vous recueillez ses dires et déclarations, vous êtes en mesure d'en vérifier l'exactitude. S'il prétend au bénéfice du secret, il faut bien au moins qu'il vous confie ce secret, qu'il vous fasse un aveu, et enfin la sœur apprécie; elle n'est pas tenue de s'en rapporter à son dire : elle arrivera devant la commission avec cette mention de secret absolu, non pas dans tous les cas où ce bénéfice aura été réclamé, mais dans le cas seulement où, appréciant les circonstances, elle aura jugé que ce secret est respectable et doit être respecté; et ces cas, on le sent bien, seront les moins ordinaires.

En attendant, l'enfant sera reçu, du moins provisoirement; il sera mis hors de danger.

La commission pourra ensuite faire faire ses recherches et prononcera sur l'admission définitive.

Voilà comment j'entends remplacer le Tour inerte et aveugle par le Tour vivant, par la charité éclairée.

M. NICOLAS :

J'accepte la réception à bureau ouvert, avec la sœur de charité pour rem
placer le Tour, et non autrement.

Si vous vous reportez à l'époque qui a précédé en France l'institution légale
du Tour, vous aviez la sœur de charité seulement ou un mode de discrétion
charitable équivalant.

Napoléon a voulu davantage : il a voulu le Tour; il a compris ce qu'il y
avait de charité dans le mystère de la réception, et il a organisé, complété par
l'institution du Tour cette charité :

Voilà ce qu'il a fait, et vous voudriez le défaire, en supprimant le Tour,
en suppprimant même la sœur, et pour le remplacer par quoi? Par une commission d'admission qui ne fonctionnera pas ou qui fonctionnera mal.

En effet, ou les fonctions de ses membres seront gratuites, et alors ils les
rempliront bientôt avec indifférence, sans esprit de suite, en dehors de toutes
les conditions qui caractérisent l'accomplissement de la véritable charité.

Ou ces mêmes fonctions seront rétribuées, et cette combinaison serait, dans
l'espèce, la pire de toutes les choses; je n'ai pas besoin de développer ma pensée à cet égard.

M. Victor LEFRANC, président, réclame contre l'extension trop grande qui
lui paraît avoir été donnée par le préopinant à la pensée de Napoléon en ce
qui concerne l'institution des Tours.

Il est bien vrai, dit-il, que l'application légale des Tours aux hospices date du
décret de 1811, mais il est tout à fait inexact de dire que Napoléon ait voulu
cette mesure dans le sens qu'on lui attribue, qu'il ait entendu par là favoriser
la clandestinité des abandons et par suite l'admission illimitée dans les hospices. Le décret de 1811, décret dont la sagesse est, d'ailleurs, fort contestable,
a précisément un tout autre caractère.

Le secrétaire adjoint, sur l'invitation de M. le président, lit plusieurs ex-
traits de la circulaire du 15 juillet 1811, émanant du ministère de l'intérieur
et destinée à donner aux préfets des instructions détaillées pour servir à l'exécution du décret précité.

« En exécution de la loi du 27 frimaire an v (17 décembre 1796), les enfants
« devaient être transportés à l'hospice le plus voisin de l'exposition. Cette dis-
« position, en multipliant les dépôts, a favorisé dans plusieurs localités l'aban-
« don des enfants. Aux termes du décret du 19 janvier, il doit y avoir, au plus,

26.

« un seul dépôt par arrondissement. Le but principal de cette disposition est
« de faire cesser l'abus résultant de la multiplicité des hospices où ces enfants
« étaient précédemment admis. »

Plus loin, la circulaire insiste sur cette prescription, et la motive plus fortement encore :

« Si le nombre des dépôts excède celui des arrondissements, les préfets les
« réduiront, ainsi que le veut le décret du 19 janvier, à un, au plus, par arron-
« dissement. »

« Cette dernière expression, *un, au plus, par arrondissement*, indique suffi-
« samment qu'il faut réduire, autant que possible, le nombre des dépôts : il
« faut le borner aux besoins des localités, et tendre à rompre, sans nuire à la
« conservation des enfants, toutes les habitudes funestes qui sembleraient légi-
« timer l'exposition des enfants, que l'ordre social a destinés à être élevés par
« leurs parents. »

Il ressort évidemment de ces citations, dit le secrétaire adjoint, que le décret de 1811 a été conçu dans la pensée, et a eu pour but de restreindre et
non de faciliter l'exposition des enfants, même par le moyen de l'hospice; la
circulaire qui vous a été citée ne laisse pas de doute à cet égard ; mais elle
n'est pas le seul document officiel qui appuie cette interprétation.

Ainsi peut s'expliquer cette espèce de contradiction que présente, dans ses
dispositions mêmes, le décret du 19 janvier 1811 : ce décret semble retirer de
la main gauche ce que la droite a concédé.

L'article 3 du décret porte : « Dans chaque hospice destiné à recevoir des
« Enfants trouvés, il y aura un Tour où ils devront être déposés. »

Mais, en même temps, l'article 4 réduit à un, *au plus*, par arrondissement,
le nombre des hospices où les enfants pourront être reçus; mais l'article 23
menace de punition ceux qui feraient du Tour un usage habituel. Cette dernière disposition semble autoriser et justifier la surveillance des Tours ; or
vous savez que cette surveillance équivaut à la suppression, ou pis encore.

Il semble que les auteurs du décret aient eu une sorte de conscience, de
pressentiment, des mauvais effets que la mesure nouvelle des Tours pouvait
produire. Et il est permis de croire que, si Napoléon avait pu, dès le jour où le
décret fut présenté à son approbation, prévoir les résultats que l'expérience
vous fait connaître aujourd'hui, il l'eût repoussé avec indignation, au lieu d'y
apposer sa signature.

M. NICOLAS dit qu'il serait désirable que des recherches fussent faites dans le but d'établir l'état précis de la législation en cette matière, à l'époque qui a précédé immédiatement le décret de 1811.

M. le président charge M. le secrétaire adjoint de préparer ce travail et de réunir ces documents.

M. NICOLAS, reprenant la discussion :

On oppose aux principes que je crois devoir influer gravement sur cette question, qu'il en résulterait un relâchement trop grave du principe humain et nécessaire de la responsabilité, que le système contraire, reconnaît-on, pousse de son côté à outrance.

On fait observer que : autre est la morale religieuse, essentiellement de perfection individuelle, et trouvant sa fin dans une autre vie; autre *la morale de l'Etat;* que, si celle-là doit pardonner, celle-ci doit se défendre, défendre la société, et par conséquent poursuivre la faute et la frapper.

La question, après tout, ajoute-t-on, n'est pas dans la faute de la mère et les ménagements ou les sévérités qu'on doit avoir pour elle, mais dans *l'intérêt de l'enfant,* et la recherche des moyens de le sauver de l'abandon de ses parents sans l'exposer à de plus grands dangers.

Enfin, on dit que nous devons nous placer sur le *terrain humain,* le terrain de la *loi;* que les moyens, les agents que nous aurons à employer doivent être humains et pris dans la sphère de notre société telle qu'elle est; que c'est le meilleur moyen de l'améliorer que de la faire participer à la guérison de ses propres maux; que c'est là le principe qui a fait concevoir et qui doit faire adopter la commission d'admission de cinq membres, savoir : un magistrat, un inspecteur, un prêtre, une sœur de charité et un médecin. On s'attache à défendre cette commission du reproche d'indiscrétion dont je l'ai, dit-on, trop inconsidérément accusée, et on termine en écartant la sœur de charité comme agent unique de réception, par une double fin de non-recevoir, celle de son propre mérite, trop élevé, trop supérieur aux nécessités légales, et celle de la liberté des cultes, qui ne permet pas à la loi civile d'employer un agent exclusivement catholique, sans blesser la juste susceptibilité des autres cultes.

Je réponds :

La question est bien principalement dans l'intérêt de l'enfant : je le reconnais et je l'ai déjà dit moi-même; mais l'intérêt de l'enfant dépend bien évidemment de la disposition morale de la mère. Il est exposé à deux écueils, suspendu entre deux abîmes, celui du sentiment de la honte de cette mère qui peut la porter à l'immoler, celui du mépris de ce sentiment, qui ne lui laisse la vie que pour l'élever à l'école du vice et de l'impudeur. Eh! messieurs, permettez-moi de vous le dire ici franchement, si le maintien des Tours est plus particulièrement demandé par les âmes catholiques, c'est qu'elles se préoccupent par-dessus tout de l'intérêt de l'enfant à ce dernier point de vue, et qu'en l'arrachant à un avenir de perdition que leur foi prolonge au delà de cette vie, elles veulent lui assurer une éducation morale chrétienne dans l'hospice qui fera de lui un homme utile à la société, honorable et sauvé de tous les maux que l'immoralité engendre. C'est, en un mot, comme on l'a dit énergiquement, qu'elles veulent confisquer l'enfant sur la perversité de la mère, ou plutôt ne pas le lui laisser immoler ou pervertir, en acceptant l'abandon qu'elle en fait elle-même, et qui suppose la perversité même dont on veut le préserver Car une mère qui jette son enfant au Tour est presque immanquablement une mère qui l'étoufferait sans ce moyen de s'en délivrer, ou qui ne le garderait que pour l'élever dans la corruption d'un cœur qui a méconnu le premier sentiment de la nature. Voilà comment l'intérêt de l'enfant se trouve lié à la faute de la mère, et comment ce n'est pas sortir de la question que de se préoccuper de celle-ci. J'ajoute que cette question est complexe, et que l'intérêt moral de la mère, en elle-même et pour elle-même, doit être sérieusement envisagé, et qu'enfin celui de la morale publique, qui en dépend si directement, ne doit jamais être perdu de vue.

Je ne crois donc pas être sorti de la question.

Maintenant je viens à la distinction qu'on fait et qu'on veut maintenir entre la morale religieuse et la morale de l'État.

J'ai à faire deux réponses : l'une générale, l'autre particulière. En général, il est vrai que l'État a des exigences qui ne lui permettent pas de suivre la loi évangélique dans tous les degrés de sa perfection, et que, pendant que celle-ci accompagne de sa miséricorde et de son pardon le meurtrier sur l'échafaud, l'État est autorisé, est obligé de l'y immoler. Cela est vrai; cependant je soutiens que ce qu'on appelle la morale de l'État doit tendre à se pénétrer de plus en plus de la morale évangélique, et que c'est là la marche même de la vraie civilisation Nous serions restés païens sans cela. Si nous avons cessé de l'être, si toutes les abominables lois qui régissaient le monde moral païen ont disparu, si notamment les Enfants ne sont pas publiquement exposés, vendus, immolés, c'est grâce à cette influence du christianisme sur le droit civil, dont M. Troplong a si bien raconté les premières conquêtes, et qui n'a pas cessé depuis lors, qui ne doit pas cesser de passer de plus en plus dans nos lois comme dans nos mœurs. Voilà la réponse générale que j'avais à faire à la distinction.

Mais il y a plus, les institutions secourables pour les Enfants abandonnés sont exclusivement dues aux inspirations de la morale chrétienne individuelle. Dans cette matière, le christianisme est en possession. Ce n'est pas lui qui peut être accusé d'envahir la morale de l'État; c'est l'État qui vient pénétrer dans les créations de la charité privée, de la charité spontanée et religieuse. La distinction même qu'on fait l'écarterait plutôt qu'elle n'écarterait l'action de la morale chrétienne. Il doit, au moins, se montrer réservé et tolérant.

Il le doit, non pas seulement par justice et par reconnaissance, sentiments qui doivent se subordonner à l'intérêt présent et à venir de la société, je le reconnais; mais il le doit en vue de cet intérêt même, et par conséquent a tous les titres.

Il ne faut pas se le dissimuler, en effet, sans l'action directe, immédiate et spontanée de la charité personnelle, de la morale religieuse à sa plus haute source, les hospices d'Enfants trouvés, pas plus que les autres hospices, n'existeraient pas : c'est ce souffle divin qui les a tous fait naître et qui les fait encore tous vivre. C'est s'abuser étrangement que de croire que, parce qu'ils existent, ils peuvent continuer d'exister sans l'esprit qui les a créés, et que la morale de l'État peut se substituer à cet esprit et l'écarter sans dommage pour ces admirables institutions. C'est un héritage qui excéderait les forces de l'héritier et qui bientôt l'écraserait de son poids surhumain et tomberait lui-même en ruines. La sœur de charité n'est pas trop élevée pour cette œuvre, qui est la sienne, et pour laquelle elle-même a été faite. C'est l'État qui ne l'est pas assez pour atteindre à la hauteur des sacrifices que son maintien exige et que la religion seule peut inspirer. Le terrain humain n'est donc pas, comme on l'a dit, exclusivement le terrain de la question.

Et, pour en venir à l'application, si honorables que soient les divers membres de la commission qu'on propose pour recevoir les déclarations de maternité, et d'où M. Alfred Blanche et moi écartons le prêtre et la sœur de charité par une convenance qui se sent plus qu'elle ne s'exprime, si honorables, dis-je, que soient les membres de cette commission, ils ne seront pas pénétrés d'un zèle de dévouement et de sacrifice surhumain; et alors comment répondront-ils a

Bureau d'admission

cette tâche énorme et à laquelle vous n'avez peut-être pas bien songé, d'être en fonctions permanentes tout le jour, toute la nuit, sans cesse : car il le faut pour répondre aux apports d'Enfants qui peuvent avoir lieu à tout instant, et qui ne peuvent pas souffrir, dans l'intérêt de l'Enfant, le moindre retard? Ou les membres de cette commission seront rétribués, et alors vous n'en faites que des agents vénaux, qui par cela même sont condamnés; ou ils ne seront pas rétribués, et alors, soyez-en sûrs, ils finiront par rejeter les uns sur les autres un fardeau si exorbitant et qui emporte le sacrifice de tous leurs intérêts, de toute leur existence.

Vous le reconnaissez vous-même, en les autorisant à n'être que deux en fonction et à se relayer les uns les autres, pour être toujours en permanence, mais alors toutes les garanties qui résulteraient de la combinaison de votre commission disparaissent, et elle fonctionnera avec un tout autre esprit selon que ce sera l'inspecteur et le médecin qui la composeront, ou le prêtre et la sœur de charité.

Quant à la discrétion dont vous les jugez capables, je ne veux pas la leur contester; je vous accorde même qu'ils n'y failliront jamais, qu'ils en seront les modèles: mais la n'est pas la question. La question n'est pas de savoir s'ils seront discrets, mais s'ils seront *réputés* discrets; si cette commission, sous ce rapport, aura la confiance populaire : car, en cette matière, l'apparence importe autant et plus que la réalité, puisque c'est d'elle, de l'opinion, de la confiance publique et populaire, que dépendra le but que vous vous proposez, d'attirer, d'obtenir des déclarations ombrageuses qui veulent se dérober, et qui, n'en doutez pas, éviteront, au grand péril de l'enfant, une commission dont on redoutera le jugement et, quoi que vous en disiez, l'indiscrétion.

Vous le sentez encore vous-mêmes en proposant de laisser aux déclarants le choix de celui des membres de la commission à qui ils voudront confier leur secret; mais alors votre commission disparaît entièrement : vous l'aviez déjà réduite de cinq membres à deux; vous la réduisez maintenant à un, et en même temps, remarquez-le bien, vous rétablissez les cinq membres en fonction permanente, car, pour que le choix se fasse sur tous, il faut que tous soient présents.

J'admettrai cependant pour mon compte cette étrange combinaison, certain d'une chose : c'est que le choix tomberait toujours sur le même membre, la Sœur de charité; et qu'ainsi, le système que je crois le meilleur pour remplacer le Tour sortirait naturellement, par la force des choses, de votre système même, tant il est le seul, en définitive, qui soit vrai et adapté à la misère à laquelle nous voulons remédier.

La Sœur de charité, Messieurs, est en effet la création la plus heureusement faite pour ce but que nous poursuivons Si elle n'existait pas et que nous voulussions chercher le moyen le plus convenable et le plus propre a remplacer utilement le Tour, nous arriverions à l'imaginer, à la désirer naturellement Nous trouverions en effet convenable et naturel que la déclaration d'une femme que le dépôt d'un enfant fussent faits dans le sein d'une femme. Nous voudrions que cette femme fût la plus pure de toutes pour être à l'abri des faiblesses, des condescendances coupables à laquelle son ministère l'exposerait, et en même temps la moins redoutée, la plus populaire, la plus abordable par la confiance publique en sa charité. Nous voudrions que cette femme ne fût pas telle ou telle femme changeante et diverse, exclusive et personnelle, selon ses relations et ses préventions, mais que ce fût la femme toujours la même pour tous, la confidente, l'amie, la sœur, la sainte sœur de cette autre femme malheureuse que nous voulons attirer et purifier.

Voilà, Messieurs, ce que nous imaginerions dans les élans les plus sublimes de nos conceptions et de nos désirs. Or c'est précisément là ce que nous avons dans la Sœur de charité, la Sœur de saint Vincent de Paul, dans cette angélique merveille, née avec les hospices des Enfants trouvés, faite plus particulièrement pour les servir, pour les préserver des abus humains; pour être, par le génie religieux et humain, charitable et administratif, doux et ferme, intérieur et extérieur qui la distinguent, ce moyen même que nous cherchons pour remplacer le Tour, pour être le Tour vivant de la loi et de la charité. Voilà, dis-je, ce que nous avons, et nous cherchons mieux! et nous cherchons autre chose! et nous nous jetons dans les combinaisons les plus aventureuses pour éviter cet admirable agent! En vérité, Messieurs, je ne le conçois pas

Que dirai-je maintenant de la fin de non-recevoir tirée de la liberté des cultes? Y pense-t-on? Exclure la Sœur de saint Vincent de Paul de l'œuvre de saint Vincent de Paul, au nom de la liberté des cultes! Mais vous-mêmes vous avez été heureusement inconséquents en introduisant la Sœur de charité dans votre bureau, en y ajoutant même un prêtre.

Et, dans notre propre Commission, j'ai l'avantage de pouvoir vous opposer l'un de nous qui a plus particulièrement connu les Sœurs de charité par sa première éducation et, plus tard, par ses fonctions, qui a eu le bonheur d'être catholique, et, plus que personne, devrait éprouver, aujourd'hui qu'il ne l'est plus, cette atteinte que vous dites portée à la liberté des cultes, et qui, cependant, propose et soutient avec moi, pour remplacer le Tour, la Sœur de charité qu'il appelle si justement Notre Sœur

C'est qu'en effet, Messieurs, il y a dans la perfection de dévouement et de charité de l'admirable Sœur de saint Vincent de Paule, quelque chose de si achevé, de si humainement secourable à la société, qu'on s'en honore plus comme homme qu'on ne peut en être blessé comme étranger à la religion dont elle est la fille. Le bien qu'elle fait est si général et si universel, qu'il la fait ressembler à Dieu, en quelque sorte, et la rend la sœur de tous comme Dieu est le père de tous.

Voilà, Messieurs, les principales considérations qui me paraissent devoir ecarter les objections qu'on fait contre la substitution de la Sœur de charité au Tour, et qui, au défaut de celle-là, me feraient préférer celui-ci a tout autre nouveau système.

La séance est levée a midi. L'ordre du jour indiqué pour la prochaine séance, qui aura lieu mardi 2 octobre prochain, est la continuation de la discussion sur le maintien ou la suppression du Tour.

<hr/>

11ᴱ SÉANCE.

(Mardi 2 octobre 1849, 8 heures du matin)

<hr/>

Présidence de M. Victor Lefranc.

Sont présents :

MM. Victor Lefranc, Durand-Saint-Amand, Alfred Bianche, Nicolas, Giraud, Valentin-Smith, secrétaire ; et Hamelin, secrétaire adjoint

Absents :

MM. de Lurieu et de Watteville, en mission pour cause de service public, et M. Bailleux de Marizy, pour cause de maladie

M. Piscatory, l'un des rapporteurs a l'Assemblée nationale du projet de loi sur l'assistance publique, est présent a la séance.

Le procès-verbal de la séance du 27 novembre est lu et adopté.

ORDRE DU JOUR.

Suite de la DISCUSSION *sur le* MAINTIEN *ou la* SUPPRESSION *des* TOURS, *et, en cas de suppression, sur les moyens de les remplacer.*

M GIRAUD dit :

Avant d'aborder la question dans laquelle je dois entrer, je veux faire remarquer à M. NICOLAS qu'il a mal saisi ma pensée et le sens de mes paroles, s'il a cru entendre que je ne reconnais pas l'influence du christianisme sur les lois ; c'est un grand fait de l'histoire du droit, que j'ai, l'un des premiers peut-être, mis en relief, et qui, dix ans après mes publications sur ce sujet, a été si bien développé par mon très-savant et très-honoré confrère M. TROPLONG

J'avais dit à M. NICOLAS que la religion chrétienne commandait a l'homme l'oubli de l'injure et la charité envers le prochain ; mais que là où souvent l'individu doit pardonner, la loi doit être sévère, parce que la loi ne peut être empreinte du même esprit que la charité individuelle, et qu'une diverse raison d'agir anime l'une et l'autre. J'ajouterai que, pour cela, la loi ne cesse point d'être miséricordieuse et chrétienne, mais qu'elle ne peut l'être que dans la mesure de la part qu'il faut faire à la fragilité humaine en sauvegardant la société, dont la protection tutélaire est la grande mission de la loi.

Il y a un milieu dans la loi, et c'est ce milieu que nous cherchons

Quant au point de vue appelé catholique, sur lequel M. NICOLAS a si spécialement insisté, M. GIRAUD attaque vivement cette forme d'argumentation : il soutient que ni le dogme catholique ni la discipline de l'Église n'ont rien à démêler avec la question du Tour ; que le catholicisme n'y peut intervenir que pour flétrir et proscrire l'abdication du plus sacré des devoirs, c'est-à-dire l'abandon, et qu'autre chose est la charité exercée envers l'enfant abandonné, autre chose est une fausse pitié pratiquée envers les auteurs de l'abandon.

M GIRAUD ne reconnaît à personne le droit de se constituer défenseur plus sincère que lui du catholicisme. Il invoque l'autorité d'hommes connus par leurs sentiments religieux et qui professent sur cette question la même opinion que lui.

Ma position est difficile, ajoute M. GIRAUD. Dans l'avant-dernière séance je disais à M. DURAND : Vous forcez trop les ressorts ; et à M. NICOLAS : Vous les relâchez trop. Aujourd'hui je trouve qu'ils les détendent trop l'un et l'autre.

Influence
du catholicisme
sur
la question

27.

11e SÉANCE.

—

Pour arriver à cette démonstration, j'ai besoin de prendre la question de haut, de remonter aux grands principes qui la dominent.

Criminalité
de l'abandon

Partons de ce principe incontestable que l'abandon est un crime : un crime contre nature, un crime contre Dieu, un crime contre la loi sociale, un crime contre la loi civile de notre pays.

L'abandon est un grand crime, puisqu'il traîne avec lui le mépris des sentiments et des devoirs les plus sacrés de la nature, qui imposent à toute mère l'obligation de nourrir son enfant. C'est un grand crime, puisqu'il a pour résultat de violer un principe nécessaire à la propagation et à la conservation de l'espèce humaine. C'est un grand crime enfin, puisqu'il porte dans la société la plus grande perturbation qui puisse y être jetée, lorsque, par la suppression d'état, il enlève à l'homme qui naît le droit et la place qu'il avait dans cette société, le droit et la place qui lui appartenaient dans la famille.

La protection
donnée au secret
légitime
à abandon

Voyez bien ce que vous faites avec l'organisation que vous proposez dans le but de protéger le secret. Peu importe que vous vouliez confier ce secret à la religieuse, comme M. BLANCHE et M. NICOLAS, ou, comme M. DURAND-SAINT-AMAND, à l'administrateur que choisira la mère : le résultat sera le même.

Vous ne voulez plus du Tour, parce qu'il encourage et facilite l'abandon, vous le reconnaissez hautement ; et vous voulez le remplacer, par quoi ?

Vous imaginez un moyen qui offrira les mêmes inconvénients, les mêmes dangers.

Je me trompe, vous allez bien plus loin.

Vous supprimez le Tour, mais c'est pour donner bien pis que le Tour, c'est pour légitimer l'abandon par une confession et par l'accomplissement de quelques formalités.

Le Tour, au moins, reçoit l'enfant, sans approbation, comme une douloureuse nécessité ; celui qui l'apporte ou l'envoie se cache. Mais avec l'admission secrète que vous imaginez, l'enfant sera accueilli, accepté par les organes et les intermédiaires de la loi.

À mes yeux, c'est tout à la fois le renversement de l'ordre légal et de l'ordre social.

Ainsi, vous aurez une loi qui punira l'abandon, et vous en aurez une autre qui le protégera ; il n'y aura qu'à s'entendre, et le même acte deviendra crime ou vertu . cela n'est pas admissible.

Déclaration
à la
sœur hospitalière

Assurément, personne ne porte plus de vénération que moi à la religieuse, cette touchante personnification de la charité chrétienne ; mais remarquez qu'en

la faisant juge d'une admission avec secret, vous la faites entièrement sortir de
son ministère pour l'élever à une magistrature impossible, parce que son
œuvre serait révoltante : de bienfaitrice qu'elle est, vous lui préparez un rôle
de complice; vous dénaturez son institution; vous lui ménagez les malédictions
de l'enfant abandonné. En supposant même l'absence du crime de suppression d'état, il lui faudrait juger un fait, des faits multiples, dans lesquels
peuvent être tout à la fois engagées les finances du pays, des questions judiciaires de filiation et d'état civil. Soyez-en convaincus, la Sœur de charité
n'accepterait jamais une semblable mission; et, si elle l'acceptait un jour, elle
la rejetterait le lendemain.

D'ailleurs, la Sœur n'est qu'un simple agent que l'on ne doit pas détourner
de son rôle de charité pour la lancer dans une sphère d'action administrative.

Je n'admets pas plus que l'on puisse, comme le demande M. DURAND-SAINT-
AMAND, rendre un administrateur dépositaire du secret de l'abandon.

Dès l'instant que vous ferez de cet administrateur un instrument de la loi,
une sorte de magistrat, il ne pourra prêter une oreille légale à une proposition
d'abandon; il ne le pourra pas plus que la Sœur de charité.

Et que ce soit l'administrateur ou la Sœur de charité, peut-on les constituer
juges de la vie ou de la mort d'un être qui vient au monde et qu'on vous
propose de recevoir sous menace de délaissement? Peut-on les constituer juges
de son état civil, de sa fortune et de sa position sociale? Je demande si ce ne
serait pas là reculer dans l'échelle de la civilisation jusqu'à l'enfance des sociétés?

Qu'y a-t-il donc à faire? Ou laisser le Tour, ou le supprimer. Les deux
principes sont radicalement opposés. Il faut nécessairement opter pour l'un ou
pour l'autre.

Si vous voulez conserver le Tour, il ne faut plus s'occuper que de l'améliorer ou d'en corriger les abus.

Si vous voulez le supprimer, il faut le faire nettement, franchement, en
marchant droit au but. Peut-être, en le supprimant, il y aura des malheurs
particuliers; mais le propre de toute œuvre humaine est d'offrir des conditions d'imperfection, et lorsque nous sommes appelés à préparer un projet de
loi, nous devons juger ces malheurs non pas à un point de vue individuel,
mais en hommes d'État, considérant avec maturité les inconvénients et les
avantages des deux systèmes.

Qu'est-ce donc que le Tour? Nous sommes tous d'accord à ce sujet, c'est un encouragement public à l'abandon, qui, aujourd'hui surtout, a pour objet de jeter, d'une manière sauvage à la fois et facile, a la charge de la société des enfants dont les parents honteux, vicieux ou dénaturés, veulent se débarrasser.

L'institution du Tour a trompé ses inventeurs.

Lors de l'émission du décret de 1811, personne ne pensait que le Tour produirait les effets qui en ont été la suite. Il en serait de même de l'institution par laquelle on veut le remplacer. J'ai la conviction que vous seriez trompés par ses résultats désastreux.

Je craindrais, en vérité, si vous adoptiez l'un des modes réclamés par MM. DURAND-SAINT-AMAND, BLANCHE et NICOLAS, qu'il n'eût pour conséquence des résultats beaucoup plus déplorables que ceux qui existent actuellement avec l'institution du Tour.

Ce que je trouve de plus sage, à mon avis, en cette difficile et périlleuse matière, c'est de se taire absolument sur l'abandon. Vous ne pouvez pas vous ingérer dans l'organisation de l'abandon.

Il faut supprimer le Tour, en laissant une porte ouverte au vice, comme je le disais dans une de nos dernières séances, mais une porte étroite, difficile, fort difficile à ouvrir.

Recueillez l'enfant délaissé; acceptez l'abandon comme un fait matériel, mais ne l'organisez pas comme une procédure légale, car le devoir social, magistral, humain, est de le poursuivre comme délit; et c'est sous ce seul rapport qu'il peut prendre place dans la loi.

Supprimez le Tour, mais n'ouvrez pas un bureau spécial destiné à légaliser l'abandon de l'enfant. En d'autres termes, si vous ne voulez pas de l'exposition, ne préparez pas à l'exposition des moyens légaux de se produire.

C'est ce que n'admet pas la raison d'État, ni la raison civile la plus vulgaire.

Autre chose est l'admission, c'est-à-dire l'adoption par l'hospice, autre chose est la réception immédiate de l'enfant délaissé; il faut bien se garder de confondre l'une et l'autre.

Un enfant, dès qu'il est présenté, doit toujours être reçu: c'est l'humanité qui le veut.

Mais l'admission, c'est une déclaration de paternité publique de l'enfant, elle ne doit être donnée qu'à bon escient.

Ce que je comprends, c'est l'action d'une mère qui, véritablement malheureuse, apporte son enfant, a bureau ouvert, à l'hospice, en exposant et justifiant qu'elle est dans l'impossibilité de le nourrir et de l'élever. La charité publique reçoit cet enfant, voilà qui est moral; mais quelle différence entre cette action et votre abandon accepté par des administrateurs, des magistrats; l'abandon, par exemple, d'un enfant par une mère qui se présente à vous, mais qui veut que son nom reste secret, et qui peut-être commet un crime de suppression d'état que vous aidez à consommer.

Le vice ou la misère seront toujours assez ingénieux pour arriver a votre cœur; mais craignez d'accélérer la désorganisation de la société par des lois dont l'effet serait, contre vos intentions, de détruire ou de relâcher les liens civils de la famille. Organisez tout ce qui sera nécessaire pour le sauvetage et l'éducation de l'enfant; mais n'invitez pas à l'abandon, en créant un bureau d'admission déclaré permanent la nuit comme le jour, comme une sorte d'enseigne, ou bien comme une sentinelle tantôt ridicule, et quelquefois abominable.

L'ordonnance de Louis XIV sur les Enfants trouvés, ne dit rien, absolument rien de l'abandon; faisons de même.

Nous avons encore à ce sujet un précédent et un modèle précieux a imiter c'est le *règlement de la Charité et Aumône générale de Lyon,* dont je vous demande la permission de vous lire le beau préambule et quelques principales dispositions :

« Rien n'est plus ordinaire que de voir régner le désordre dans les villes les « plus considérables, et quelque attention qu'apportent pour y remédier ceux « qui les gouvernent, leurs soins deviendraient inutiles, si la compassion « n'inspirait les sentiments que mérite le rebut infortuné du dérèglement et de « l'inhumanité.

« On se persuade difficilement qu'une mère puisse étouffer des principes « dictés par la nature, mais l'honneur et le besoin les lui font méconnaître, la « rendent sourde à leur voix; et la plus triste expérience ne nous prouve que « trop combien la honte ou le désespoir sont peu sensibles aux cris de l'inno- « cence abandonnée.

« Il était donc essentiel de suppléer par le christianisme a ce que le sang refuse « avec dureté, et l'on crut en accomplir les préceptes en arrachant à la mort les « victimes qu'on lui destinait.

« Pour lors on vit les administrateurs des hôpitaux remédier par leurs soins « a de pareils malheurs : les uns s'approprièrent ces infortunés dès le berceau,

« pour les confier ensuite à ceux qui devaient les mettre en état de gagner leur
« vie; ceux-là se chargèrent de les faire chrétiens et de fournir aux besoins
« de leur tendre enfance, tandis que ceux-ci les instruiraient dans les pratiques
« de leur religion, dans les devoirs d'une vie laborieuse et dans la nécessité
« d'acquérir des talents; en un mot, ils mirent en œuvre les moyens de se dis-
« puter entre eux le titre de père.

« Comme il ne s'agit ici que des derniers, et que les observations suivantes
« les regardent uniquement, on ne peut trop leur faire apercevoir combien il
« est avantageux de mériter cette qualité, en se conformant avec exactitude a
« la sagesse des lois et des principes qu'ils doivent suivre dans la conduite
« d'une famille aussi nombreuse que celle qui leur est confiée.

« Ces deux corps ne doivent être composés que des enfants qui sont véri-
« tablement bâtards, ou exposés par leur père et mère, sans aucune indication
« pour les découvrir.

« On ne doit jamais y introduire ceux qu'on présente à la maison, en vertu
« d'un extrait mortuaire de père ou mère, et procès-verbal d'absence de l'un
« ou de l'autre, comme il arrivait autrefois; et il est nécessaire de se conformer
« en cela à la différence qu'en font MM. de l'Hôtel-Dieu dans leur registre, lors
« de la délivrance des Enfants trouvés.

« Comme lesdits Enfants sont quelquefois réclamés par gens qui donnent
« leur signalement, ou des marques par lesquelles il est aisé de les distinguer,
« Messieurs les recteurs, après en avoir informé le bureau et obtenu son con-
« sentement, ne doivent cependant les livrer à ceux qui les demandent qu'après
« s'être assurés qu'ils sont en état de leur procurer un établissement et qu'ils s'y
« engagent; ils doivent, en outre, exiger un répondant connu, avec qui on puisse
« passer acte par lequel, en se chargeant de l'Enfant, il s'oblige de le repré-
« senter à la première réquisition.

« Les recteurs doivent avoir une attention particulière d'envoyer à la campagne
« tous les Enfants que MM. de l'hôpital rendent à la Charité, et d'empêcher
« qu'on n'en cache aucun, soit en les amenant, soit en les laissant malades a
« l'Hôtel-Dieu ou même dans la maison. »

Après quelques observations sur le règlement de Lyon, après avoir notamment fait remarquer que ce règlement ne prend les Enfants que sur la voie
publique, M. GIRAUD dit qu'il veut qu'il y ait recherche et répression de l'exposition par le magistrat, tempérée par la prudence, qui est la première règle
de son devoir, et il conclut en ces termes :

Supprimer le Tour;

Organiser tout ce qui sera nécessaire pour le sauvetage et l'éducation de l'enfant délaissé.

Recevoir tout enfant qu'une mère véritablement malheureuse apportera à l'hospice pour le confier à la charité publique;

Recevoir tout Enfant exposé, ou déclaré tel ;

N'admettre ou adopter qu'en connaissance de cause.

S'en remettre à la sagesse du magistrat pour poursuivre l'exposition.

M BLANCHE fait observer que la raison pour laquelle le règlement de *l'Aumône* de Lyon ne dit rien de l'admission des Enfants, c'est que cet établissement n'était chargé de l'éducation des enfants qu'après que ceux-ci avaient été reçus à l'*Hôtel-Dieu,* comme l'explique M. REMACLE dans son ouvrage sur les Enfants trouvés M. BLANCHE ajoute, du reste, que ceci ne détruit en rien l'appui que M GIRAUD a recherché dans l'exemple de l'administration charitable de Lyon. En effet, la citation faite par M. REMACLE, page 49, montre qu'à l'Hôtel-Dieu aussi on faisait, avant de garder les Enfants, toutes les recherches possibles :

« On reçoit tous les petits Enfants exposés de la ville, lorsque, après une exacte recherche, on n'aura pu découvrir les père et mère de l'Enfant ; car, étant reconnus, le recteur qui a cette charge les oblige à les reprendre. Pour les autres Enfants exposés à la campagne, comme les seigneurs du lieu en sont chargés, on ne les reçoit point s'ils ne contribuent à leur éducation.

« Les Enfants abandonnés dont le père et la mère sont absentés étant au-dessous de l'âge de sept ans, sont aussi reçus dans la maison, après que due information en sera faite par un des recteurs, et qu'on aura retiré son acte baptistaire, dont on fera mention sur le livre des enfants exposés. »

M. DURAND-SAINT-AMAND :

Je croyais être d'accord avec M. GIRAUD sur les bases et les principes de la question que nous agitons. Aussi, je me rends difficilement compte de l'immense différence de nos conclusions respectives.

Nous voulons l'un et l'autre la suppression du Tour. Ce que je reproche au système de M. GIRAUD, c'est de constater le mal, et de ne rien faire pour y parer.

Le Tour est une source d'abus; mais ce n'est pas éteindre l'abus que de se borner à supprimer le Tour, au risque de jeter l'Enfant sur le pavé.

Le Tour assurait un asile prochain à l'Enfant, vous le lui ravissez.

Votre Tour à vous, c'est la rue, c'est la place, c'est la voie publique.

Prenez garde, au lieu d'une loi d'assistance, de faire une loi d'inhumanité.

En quoi consiste l'abandon

L'abandon, dites-vous, est un crime.

Sans doute, ce qui est un crime, c'est l'abandon par le Tour, parce qu'il protége ostensiblement le vice et l'immoralité.

Mais ce que je propose est loin d'être l'abandon, c'est un appel à l'assistance publique, c'est un dépôt commandé par une situation exceptionnelle, c'est l'application d'un principe nouveau écrit dans la Constitution, qui érige en devoir la charité publique.

Je veux pourvoir également à la misère morale et à la misère matérielle; je veux que l'une et l'autre soient examinées, jugées par une commission charitable. Cet examen, ce jugement, substitués à l'action aveugle du Tour, constitueront un acte essentiellement libre de la société. Si, par suite du jugement réfléchi qui sera porté, un enfant est accepté pour être nourri et élevé par la charité publique, certes il n'y a rien là qui constitue une protection accordée à un abandon, mais bien une protection accordée au malheur, par le pays, au nom de la Constitution.

Ne dites donc pas que j'invite au crime, que je propose de légitimer un crime. Ce qui invite au crime, c'est le Tour avec son mystère, c'est la licence, fruit d'une liberté individuelle, absolue; au contraire, ce que je vous demande, c'est quelque chose d'intelligent, qui voie, qui entende et qui sache; c'est enfin une réunion d'hommes choisis, qui sonde une plaie pour la soulager.

On ne transige pas avec le délit ou le crime, mais il faut transiger avec le malheur; aussi je veux comme vous poursuivre et frapper le délaissement; mais je veux protéger la confiance que la mère malheureuse place dans une institution charitable.

Pour être conséquent, il vous faudrait arriver au système de M. Smith, qui veut que la mère soit tenue de faire connaître son nom dans l'acte de naissance, et ne puisse, à défaut de cette révélation, obtenir aucune assistance.

Vous dites qu'admettre un enfant, dont la mère pourra cacher son nom, après en avoir fait la confidence à un agent de l'autorité, c'est établir une contradiction dans la loi; c'est faire qu'il y ait une loi qui punisse l'abandon et une loi qui le protége.

Mais n'oubliez pas que la législation actuelle autorise la mère à taire son nom; que c'est là le système du Code civil, système consacré par la jurisprudence, qui ne permet pas à l'enfant d'invoquer, à titre de commencement de preuve par écrit, la déclaration de maternité contenue dans son acte de naissance, lorsque cette déclaration n'émane pas de la mère elle-même. Ce système, M. Smith nous proposait de le modifier, mais nous l'avons maintenu, et M. Giraud a été, sur ce point, d'accord avec la majorité de la commission.

Ainsi je ne crée rien, je fais une chose dont le principe est déjà dans la loi, et que je conduis seulement à des conséquences nouvelles.

Encore une fois, vous reconnaissez le désordre moral, vous constatez le mal et vous ne faites rien pour le guérir.

Impossibilité d'une répression absolue

J'avoue que je comprendrais mieux que l'on gardât le Tour.

Vous vous confiez, pour la poursuite du crime d'abandon, d'exposition, a l'arbitraire du magistrat, c'est-à-dire du procureur de la République, ici plus ou moins actif, là plus ou moins éclairé, ailleurs plus ou moins indifférent sur cet ordre de questions.

Mon arbitraire à moi sera celui de plusieurs hommes réunis dans un but charitable, présentant en eux toutes garanties de lumières et de droiture, d'hommes enfin qui, après avoir réfléchi, après s'être recueillis, décideront, prononceront.

La création que j'organise est celle d'un corps constitué, dont l'arbitraire, dans tous les cas, sera toujours moins fâcheux que celui du magistrat unique auquel vous vous référez.

En un mot, c'est une recherche de répression que vous voulez; ce que je demande, c'est une appréciation et un examen préalables.

M. Giraud fait observer qu'il est pleinement d'accord avec M. Durand-Saint-Amand, dans tout ce qu'il a dit sur l'assistance à accorder à la mère malheureuse; qu'il ne diffère avec lui, d'une manière essentielle, que lorsqu'il paraît vouloir réglementer l'abandon; toute autre portée, dit-il, donnée à mes paroles n'en rendrait ni le sens ni la pensée.

Je supprime le Tour, mais en même temps je veux que l'enfant de la mère malheureuse, de même que l'enfant abandonné, soit toujours accueilli; c'est ainsi que la chose se pratique aujourd'hui à Paris.

28.

M. le Président annonce qu'il vient de recevoir de M. BAILLEUX DE MARIZY, qu'une indisposition éloigne momentanément de la Commission, un mémoire sur la question générale du Tour, dont il va être donné lecture.

M. le secrétaire-adjoint donne lecture de ce mémoire, ainsi conçu :

MESSIEURS,

Je viens tenter un dernier et sans doute un inutile effort en faveur d'une cause déjà con damnée, le maintien des Tours. La discussion qui se prolonge sur cette question, la diversité des moyens de solution qui sont proposes, me prouvent, toutefois, qu'une grande incer titude regne dans les esprits, sinon quant aux abus que présentent les Tours, au moins quant à la possibilité de suppleer aux avantages qu'ils ne cessent d'offrir.

Necessite
du secretSi nous sommes unanimes à reconnaître les abus du Tour, ne peut on pas dire également que nous sommes unanimes à vouloir que, dans certains cas, le secret de l'accouchement soit conservé ? C'est pour maintenir ce secret, et obeir ainsi au principe de charité, dont le Tour me semble la seule et sincère application, que plusieurs de nos collègues vous ont pro posé divers modes d'admission dans les hospices depositaires que nous voulons tous con server.

M. Durand Saint Amand propose une commission juge des abandons apres examen des conditions de la naissance, et tenue, par caractère et par devoir, à se taire sur ces naissances et ces abandons.

M. Nicolas demande que l'enfant abandonne soit reçu sur la déclaration seule de la sœur de charité.

M. Blanche admet la sœur de charité comme intermediaire entre la mère et la commission instituée par M. Durand-Saint-Amand.

M. Smith substitue à la sœur de charité et à la commission un fonctionnaire spécial.

Tous les systèmes
autres
que le Tour
detruisent
le secretA tous ces systèmes, on peut opposer la même objection sous prétexte d'assurer le secret, ils le detruisent.

Vous savez, Messieurs, ce que sont partout les commissions de surveillance gratuites, composées d'hommes ayant chacun, en dehors de ces fonctions, leurs professions, leurs affaires La négligence ne tarde pas a se glisser dans l'accomplissement de ces devoirs sans responsabilité ; l'indifférence vient ensuite, et dans la pratique, il arrive qu'une seule vo lonté, plus perseverante et plus louable, se substitue a celle du corps tout entier. Non seule ment, je le repète, dans ce systeme le secret ne sera pas assuré, car on ne confie pas un secret à la fois à cinq confidents, mais les devoirs de surveillance, d'impartialite, de dis cernement dans l'admission ne seront pas remplis comme l'espère l'honorable auteur de ce système.

Celui de M. Blanche est absolument identique · il y a joint seulement un rouage de plus.

Dans la pensée de MM. Smith et Nicolas, le secret semble mieux assuré . il n'y a qu'un seul confident des fautes de la mère, et, si surtout ce confident est revêtu d'un caractère religieux, la confiance sera plus facile. C'est, à proprement parler, le Tour vivant, selon l'expression pittoresque de M. Piscatory.

Mais quel avantage y a-t il à substituer le Tour vivant, multiple, présent partout, au Tour muet, rare et disséminé. Quel avantage y a-t-il à créer cette quantité de Tours mobiles, allant, pour ainsi dire, au devant de l'abandon, qu'on peut chercher, atteindre à toute heure, en tout lieu, et qui, s'il s'ouvre ou se ferme, s'expose à voir ses décisions attaquées, suspectées, flétries.

Je cherche en vain ce qui distingue ces deux derniers systèmes de celui des Tours, et je n'y découvre qu'une supériorité d'abus.

Or, Messieurs, je repousse tous ces systèmes comme je repousserais celui du maintien des Tours lui même, s'il se présentait sous une forme absolue. Ce n'est pas le Tour que je défends tel que l'a établi le decret de 1811, c'est le Tour réduit, maintenu dans quelques localités ou il est conforme aux vœux du pays; ce que je repousse dans les diverses combinaisons qui vous sont proposées, c'est l'application absolue, uniforme, d'un système et la destruction absolue d'un autre systeme.

Je pretends que tout autre système absolu n'est ni plus moral que le Tour lui-même, ni moins fécond en abus de tous genres.

On a reconnu la nécessité du *secret* après avoir posé les axiomes les plus sévères contre l'abandon des enfants, on n'a pu s'empêcher de reconnaître neanmoins qu'il ne fallait pas sevir trop rigoureusement contre cet abandon, d'une part, parce qu'il n'etait pas possible de poursuivre le pere, et qu'il y aurait, par consequent, injustice à atteindre toujours et seulement la mère, d'autre part, parce qu'il y a tel cas où la societé, pour remplir un devoir de charite envers ses membres les plus innocents, ne peut s'empêcher de reconnaître qu'il vaut mieux souvent pour quelques enfants substituer l'adoption de l'État à la maternité elle même

Mais cette concession, faite malgré la logique du moraliste et du philosophe à la logique inexorable des faits, on s'est efforcé immédiatement d'en diminuer la portée, et l'on a dit Si le secret est nécessaire dans quelques cas, il ne faut pas lui sacrifier d'autres intérêts plus precieux, ceux de la morale, ceux de l'Etat, et maintenir l'institution des Tours malgré ses abus, quand d'autres systèmes peuvent remédier à ces abus et assurer le secret

Assurer le secret, je n'y compte pas, diminuer les abus, je l'espere encore moins.

Et d'abord, ainsi que je me suis deja efforcé de le demontrer, toute réception, apres *réflexion et jugement,* d'un enfant abandonne dans un hospice, me semble la plus choquante des immoralités. Dans le Tour, je ne vois que la charité, aveugle si l'on veut, mais par cela même entiere et au dessus de toute suspicion, c'est-à-dire de toute souillure. Dans cette magistrature officielle, je vois, au contraire, une prime accordee aux plus détestables passions, la société baisse les yeux devant le vice, la loi proclame la plus grave de toutes les inegalites, en accordant l'adoption aux produits, à coup sûr les plus malheureux et les plus innocents de tous, des plus grands égarements. Approfondissez, Messieurs, cette considération, voyez les distinctions qui peuvent s'elever entre les habitants des campagnes et ceux des villes, les classes pauvres et les classes riches, faites vous juges pour ainsi dire de ces admissions qu'on viendra solliciter, pesez les considérations qui devront influer sur vos esprits en dehors de toutes les notions morales, et comparez ce système d'admission clair voyante, intelligente, avec le Tour muet et aveugle.

Mais le Tour rompt à tout jamais les liens naturels, tout système qui lui substitue un confident *anime et doué de mémoire* laisse une chance a la reprise de ces liens.

Il est facile, même avec les Tours, que toute trace de la maternité ne soit pas perdue, et qu'une mère ramenée à de meilleurs sentiments, puisse retrouver son enfant.

Mais, dans l'un ou l'autre système, de tels cas sont exceptionnels. L'affection croît et se fortifie par l'habitude, les mères qui auront pu abandonner leurs enfants, soit à cause du crime de leur naissance, soit par une dépravation odieuse, ne les reprendront pas quand elles en auront été longtemps séparées, et la confidence qu'elles auront été obligées de faire ne les empêchera pas plus de les laisser a l'hospice, qu'elle ne les avait empêchées de les y déposer.

S'imagine t-on qu'on pourra les contraindre a reprendre leurs enfants dans certaines situations? Mais quels en seraient les moyens? et n'est-ce pas manquer précisément a ce devoir de charite sociale, qui recommande plus particulierement l'adoption des enfants dont les pères sont les plus criminels et les plus portés aux violences envers eux!

A ce point de vue, tout autre systeme que celui du Tour ne sauvegarde point l'interêt moral du maintien des liens naturels entre la mere et l'enfant : il y ajoute cette triste conse quence que, par suite de plus grandes précautions prises pour établir les traces de la filia tion, plus d'Enfants trouvés seraient en état de connaître leur mère, et de pouvoir publi quement leur reprocher leur abandon Est-ce un spectacle plus satisfaisant pour le moraliste?

Le Tour offre un appât au vice pour la facilité du secret, il enleve à la vertu ses der nieres défenses, et la crainte d'un scandale public. La réception, après jugement, la divul gation de la maternité dans certains cas, inspireront un effroi salutaire.

Comparons, Messieurs, des entraînements semblables. Toutes les formalités prescrites, toutes les precautions prises contre la prostitution en ont elles arrêté notoirement les excès? Est ce l'inscription a la police, la visite du dispensaire qui a diminué le nombre des filles soumises dans les localites où les mœurs ne suffisent pas seules à réprimer leurs desordres? Comptons pour des resultats utiles, quant a l'abandon des Enfants, sur les mœurs, et non sur les lois.

Les mesures de police pour la prostitution n'ont fait qu'ajouter un scandale de plus à un vice scandaleux, celui de l'effronterie et du cynisme à braver la honte. N'en serait il pas de même pour les abandons d'Enfant? et la plupart des malheureuses que la misere ou le crime entraîne à cette nécessité ne se prêteraient elles pas aisément à toutes les formalités possibles pour se decharger de leur fardeau? J'ai donné, à ce sujet, une comparaison pleine d'enseignements entre les Tours surveillés et les Tours non surveillés la différence est nulle

Sous ce rapport encore, les systemes opposés au maintien du Tour ne semblent pas pre senter des consequences plus morales,

Eviteraient ils plus d'abus? J'ai deja repondu, quant au nombre d'infanticides, aux pre tendues améliorations signalées par M. REMACLE; on a vu quelles étaient les véritables causes de ces améliorations, l'état des mœurs, les habitudes religieuses des populations A mes calculs, aux conséquences tirées de l'examen des chiffres, on a répondu par les erreurs de la statistique, les incertitudes des calculs, et la supériorité de la théorie. Je ne professe pas, Messieurs, un respect idolâtre pour la statistique, mais je suis loin de la dédaigner C'etait dans une pensée toute contraire a celle que j'ai l'honneur de vous soumettre que j'avais abordé l'étude des documents que nous a confiés M. le ministre de l'intérieur je ne suis donc point suspect de parti pris, je n'ai point voulu faire servir les chiffres a une opinion préconçue : au contraire, j'ai admis l'experience pour ce qu'elle était; j'ai vu les faits et j'en ai cherché la cause apres coup n'est ce pas la un procédé rationnel et la methode vraiment philosophique? De nouveau j'ai refait les calculs dont je vous avais donne le resultat, et en voici un autre qui me permet d'affirmer encore que les Tours ne poussent pas, plus que les hospices depositaires, à l'abus, c'est-à-dire à l'augmentation du nombre des Enfants trouvés.

37 departements out des hospices depositaires,

49 ont des Tours

Mais, sur ces 49 départements, 31 ont des Tours surveillés, et 18 seulement des Tours non surveilles. Les 31 premiers peuvent être assimilés aux hospices depositaires.

Eh bien, sur ces 68 départements avec hospices ou Tours surveillés, 36 sont compris dans la premiere moitié de la liste generale des départements, dressee suivant le moins grand nombre proportionnel d'Enfants trouvés 31 sont dans la seconde moitié

Sur les 18 départements, au contraire, où les Tours ne sont l'objet d'aucune surveillance 13 sont compris dans la première moitié de la liste, 5 seulement dans la seconde.

Ai je raison de prétendre que le Tour n'entraine pas plus d'abus que l'hospice?

Je me suis surtout attaqué, jusqu'ici, à l'hospice dépositaire, parce que c'est le seul système pour lequel on ait réclame une application uniforme, en modifiant de diverses manieres les combinaisons par lesquelles il pourrait assurer le secret Avec toutes ces combinaisons, c'est toujours, au fond, l'hospice dépositaire, et je me suis efforcé de montrer qu'il ne satisfaisait pas mieux que le Tour aux principes de morale et à la diminution des abus

Dans une semblable matière il est impossible, par un côté ou par un autre, de ne pas contrevenir à la morale; ou plutôt il n'y a qu'un moyen · c'est de se placer à un point de vue plus élevé que celui de la morale, c'est à dire au point de vue chrétien, au point de vue de la charité Si vous voulez éviter de mentir aux principes que vous avez posés, de vous contredire vous mêmes, il n'y a que deux partis à prendre : ou maintenir le Tour, ou déclarer que l'abandon est un crime, et le proscrire partout et toujours

Et ici je me demande si nous ne semblons pas, jusqu'à présent, avoir plutôt pour objet de faire une loi contre, que sur les Enfants trouvés. Toutes nos préoccupations semblent pour la mère · nous avons oublié l'enfant. Nous voulons que les meres ne les abandonnent pas, qu'elles soient vertueuses, exemplaires, qu'elles rachètent une premiere faute par leurs soins pour celui qui en est le fruit, et nous paraissons ne pas nous souvenir que la charité sociale nous recommandait, au contraire, de faire venir à nous ces enfants de parents dégradés, pour les arracher aux mauvaises impressions d'un exemple criminel, et les sauver aussi bien du vice que de la mort. A ce sujet, je ne puis que répéter ce que j'avais l'honneur de vous dire, que l'objet principal de notre loi me semblait plus d'instruire et de moraliser les Enfants trouvés que d'espérer en réduire considérablement le nombre.

Danger des principes absolus

Messieurs, chacun est poursuivi par une préoccupation particuliere; la mienne est de conserver à l'autorite, au pouvoir, tout son prestige.

Aussi me défié je grandement des principes absolus. Je suis tout a fait contraire à ces declarations de droits supérieurs, naturels, préexistants, que des lois successives viennent éternellement restreindre. Je sais trop qu'il y a des logiciens cruels, faciles à armer au nom de ces prémisses dont les conclusions absolues ne peuvent être tirees en ce monde, et toujours prêts à tenir le serment d'Annibal, qu'ils ont prête contre la société

Dans le sujet qui nous occupe, je repousse donc tout principe absolu, comme tout système absolu, afin de ne pas montrer la loi se contredisant elle-même, et le pouvoir mentant a ses promesses. S'il fallait adopter un principe, je vous l'ai dit, mon principe serait la charité chretienne, un système, mon systeme serait le Tour mais l'expérience de la loi de 1811 est faite, et je me soumets a l'experience.

Quant aux hospices dépositaires, avec telle combinaison que vous imaginerez pour assurer le secret dans certain cas, permettez-moi de vous dire que l'expérience aussi en est faite, et qu'elle les repousse comme systeme absolu. La diminution du nombre des hospices depositaires a ete tout aussi favorable aux heureux résultats obtenus depuis 1833 que la suppression d'un grand nombre de Tours.

Aujourd'hui, si vous voulez mener à fin l'œuvre que je crois irréalisable d'une législation définitive sur cette matière, apres avoir adopte un systeme de préférence à un autre, vous devrez vouloir, sous peine de contradiction, que votre loi uniforme soit uniformément appliquée

Comment vous y préterez vous ? Ferez vous, comme le demande un écrivain d'un talent reel, M. Baudon, qui trouve nécessaire la multiplication des hospices dépositaires ? Inter direz-vous aux départements qui l'ont adoptee les secours aux filles mères comme seule mesure à l'egard des Enfants trouvés, leur enjoindrez-vous au moins, concurremment avec cette mesure, d elever un hospice ? Quel nombre de refuges etablirez vous par departement ?

Mais ne voyez vous pas que vous retombez dans les erreurs de la législation de 1811, et croirez vous avoir oppose une digne efficace, au déficit financier, a l'accroissement du nombre des Enfants trouvés pour avoir substitué un jury d'admission, ou un Tour vivant au tour actuel ?

Difficultes d application des principes absolus

Mais, direz vous peut être, le principe une fois écrit dans la loi, l'application s'en fera avec mesure, graduellement. Gardons nous, je le répète, de ces promesses non tenues, de ces institutions admirables en theorie et n'existant que sur le papier

D'ailleurs, qui vous fait juges de l'application immediate ou non de l érection de l'hospice ? Sans doute les intéressés, les conseils generaux

N est ce pas des-lors les rendre à peu pres juges, comme aujourd hui, et arbitres souve

.ains en cette matière, et quelle différence essentielle y a-t-il entre le droit de modifier une loi ou d'en modifier l'application ?

Mais un de nos honorables collègues, prévoyant sans doute l'objection, demandait que la dépense des Enfants trouvés fût une dépense de l'Etat et non une dépense départementale S'il était possible qu'elle fût au contraire une simple charge communale, il y aurait une véritable amélioration et une grande équité à le décréter. Quoi de plus inique que de payer pour les désordres des autres, mais centraliser encore un service qui est tout local, enlever à la surveillance immédiate, au contrôle rapproché de la localité des enfants dont la tutelle est déjà si mal faite, revenir aux abus dont, en 1817 déjà et sous l'Empire même de la loi de l'an II, on s'est affranchi, ne serait-ce pas commettre une véritable imprudence ?

Je me demande, en finissant, Messieurs, quel intérêt peut nous solliciter pour vouloir tout changer en cette matière et la réglementer à nouveau.

Le présent est-il si regrettable, les résultats obtenus sont-ils si funestes? Non Mais pourquoi, me dira t on, s'est on arrêté dans cette voie du progrès où l'on convient que nous avons marché jusqu'en 1845? A mon tour je demanderai comment on aurait pu continuer de marcher dans la voie ouverte, et si, après avoir fermé un grand nombre de Tours, un aussi grand nombre d'hospices, il fallait les fermer tous, si, après avoir accordé des secours aux filles mères, il fallait en accorder d'indéfinis?

Améliorer l'état de choses actuel, c'est, ce me semble, le parti le plus sage, mais l'améliorer sans détruire son caractère véritable, l'origine, à mon avis, de tous les bons résultats qu'il a produits, c'est-à dire la variété des mesures et la diversité des moyens.

Et, comme je crains les principes absolus, comme je ne crois pas à une application uniforme, je proposais que le législateur évitât toute contradiction dans sa loi d'abord, dans son application ensuite, en tranchant, par une *mesure administrative,* ce que j'appelle une *impossibilité lég010slative*, et en laissant les départements libres de choisir en droit, comme ils le sont aujourd'hui en fait, un des trois modes de secours pour les Enfants trouvés employés aujourd'hui, mais perfectionnés et amendés s'il se peut.

En présence des divers systèmes proposés, que je repousse d'abord comme systèmes absolus et uniformes, ensuite parce qu'ils ne me semblent ni plus moraux, ni moins fertiles en abus de tout genre que celui des Tours, je ne puis m'empêcher de persévérer dans mon opposition à la fermeture complète des Tours.

Si la Commission croit devoir l'ordonner, je lui propose l'amendement suivant, dont il n'est pas besoin de développer les motifs et dont j'ai eu déjà l'honneur d'entretenir, il y a plusieurs semaines, notre honorable secrétaire, M. Smith.

« Les corporations religieuses autorisées pourront ouvrir des Tours pour les Enfants abandonnés dans des établissements dits Refuges d'Orphelins.

« Les départements pourront, en subventionnant cesdits établissements, les adjoindre ou les substituer à leurs hospices dépositaires »

M. LEFRANC :

Au point où en est la discussion, je ne crois pas pouvoir tarder davantage à vous soumettre la rédaction que j'ai préparée. Si je ne me trompe, elle satisfera à la fois M. Giraud et M. Durand-Saint-Amand, qui me paraissent différer entre eux, moins qu'ils ne le pensent eux-mêmes.

Si la mère garde l'enfant, ou le confie à quelqu'un qui le garde, nous n'avons pas à nous en occuper dans cette partie de la loi.

Je me suis placé en face de l'enfant qu'on présente à l'hospice, et je me suis demandé ce qu'il fallait faire, de l'enfant d'abord, du déposant ensuite, soit qu'il parle, soit qu'il se taise ; de la mère enfin, soit qu'elle se révèle, soit qu'on vienne à la découvrir.

J'ai cru qu'on devait toujours commencer par admettre l'enfant.

J'ai cru qu'il fallait demander la vérité au déposant, et le punir s'il ne la disait pas.

J'ai cru qu'il fallait offrir un asile à l'enfant dont la mère avait des motifs de secret, révélés et appréciés, ou des motifs de misère bien constatés ; demander à l'une une contribution proportionnée à ses forces ; offrir à l'autre les secours indispensables, si elle reprend son enfant ; punir l'une et l'autre si elles ne prennent conseil que de leur égoisme.

J'ai cru qu'il fallait, avant tout, tenter de faire le départ de ce qui revient à la justice, et de ce qui appelle la charité. La première ne peut laisser passer la suppression d'état ; la seconde a le droit de mettre des conditions morales et humaines à son indulgence et à ses secours.

Voici mon projet :

Mode d'admission des Enfants dans les hospices.

CHAPITRE 1ᵉʳ. — ORGANISATION.

Analyse 1 Hosp ces depositaires — Bureau d'admission — 2 Secrétaire de la Commission — Administration de l hospice — Serment — 3 Foi due aux procès-verbaux dressés par le secrétaire

Art 1ᵉʳ. Il y aura dans chaque cheflieu d'arrondissement un hospice destiné à recevoir les Enfants trouvés

Art. 2. A chaque hospice dépositaire sera attaché indépendamment de la Commission administrative, un bureau d'admission composé de cinq membres la supérieure de l'hospice ou une sœur designée par son ordre, le curé de la ville, le medecin de l'hospice, un membre de la Commission administrative désigné par le préfet, l'inspecteur des Enfants trouvés.

ART 3 Le secrétaire de la Commission administrative de l'hospice sera chargé de faire les constatations préalables, prescrites par les titres Iᵉʳ et II de la présente loi; il prêtera devant le tribunal du ressort le serment suivant

« Je jure de rédiger avec une exactitude scrupuleuse les déclarations que je recevrai; d'interroger avec soin les comparants sur toutes les circonstances que je suis chargé de recueillir, de leur donner tous les avertissements prescrits, en un mot de bien et fidèlement remplir les fonctions qui me sont confiées par la loi. »

ART 4 Les procès verbaux dressés en exécution de la présente loi par le secrétaire de la Commission administrative, feront foi comme ceux des officiers auxiliaires des procureurs de la République

CHAPITRE II — DEPÔT DES ENFANTS

TITRE 1ᵉʳ — PRESENTATION

Analyse 5 Avertissement préalable — 6 Déclaration et serment spécial — 7 Dépôt d'un extrait du registre de la Maison d accouchement

ART 5 Toute personne qui se présentera à l'hospice pour y déposer un enfant sera introduite dans une salle spéciale et mise en présence du secrétaire de la Commission administrative de l'hospice.

Ce fonctionnaire avertira le déposant des peines que les lois portent contre la suppression d'état, contre le délaissement des Enfants et contre la fausseté des déclarations et serments qu'elles prescrivent.

ART 6. Après avoir décliné ses nom, prénoms, profession et domicile, le déposant devra affirmer, par un serment spécial, qu'il n'est pas à sa connaissance, directement ou indirectement, que l'Enfant soit un Enfant né en mariage légitime ou un Enfant naturel reconnu par son père ou par sa mère et par l'un d'eux.

ART 7 Si le déposant est directeur d'une Maison d'accouchement, il déclarera en outre si l'enfant est né dans son établissement, et, dans le cas de l'affirmative, il déposera l'extrait de son registre, dans la partie qui concerne l'enfant

TITRE 2 — INFORMATIONS PREALABLES

Analyse 8 Refus de serment — Déclaration — 9 Procès verbal du refus — 10 Envoi, poursuite — 11 Bureau d'admission

ART. 8. Dans le cas ou le déposant déclarera ne pouvoir prêter ce serment spécial, il sera tenu de faire dans la forme du témoignage en justice et sous la foi du serment une déclaration détaillée contenant

1° L'indication du lieu de la naissance ou de la découverte de l'enfant,

2° Les circonstances qui ont précédé, accompagné ou suivi, soit la naissance, l'abandon ou la découverte de l'enfant, soit la remise qui en aurait été faite entre ses mains,

3° Les nom, profession et domicile des personnes qui le lui auraient remis ou fait remettre, et de celles qui pourraient avoir connaissance de l'origine de l'enfant ou de quelqu'un des faits relatifs a sa naissance, à son abandon et à la cause de cet abandon,

4° Les nom, profession et domicile de la mere ou du père de l'enfant, le tout a moins que le déposant ne demande à être renvoyé devant le bureau d'admission pour y faire les declarations qui precèdent.

Art 9. Le refus du serment special et la declaration seront redigés en un seul proces-verbal relu au deposant et signé de lui, mention expresse sera faite du tout ainsi que de la declaration s'il y a lieu, que le déposant ne sait ou ne peut signer.

Art 10 Le proces verbal sera immediatement adresse au procureur de la République ainsi qu'à l'officier de l'etat civil, qui procederont, conformément aux lois, tant envers l'enfant que contre les auteurs ou complices de la suppression d'état ou de l'abandon, et contre les auteurs et complices des fausses déclarations.

Art 11 Le serment special, et en cas de refus de le prêter, la demande en renvoi devant le bureau d'admission seront rediges de la même maniere, et transmis à ce bureau, qui sera immédiatement convoqué, et entendra le deposant dans ses declarations

TITRE 3 — EXAMEN

Analyse — 12 Formation du Bureau — 13 Declaration — 14 Insuffisance — Renvoi au Procureur de la Republique — 15 Causes de l'abandon — Misere — Secret — 16 Procès verbal — 17 Description et conservation des effets

Art 12 Le bureau sera suffisamment constitue s'il y a deux membres présents

Aucun membre étranger au bureau ne pourra y être admis

Art 13 Le deposant fera, devant le bureau d'admission, toutes les declarations ci des sus prescrites et pour lesquelles il a demande à être renvoyé devant le bureau.

Art 14 S'il ne veut ou ne peut declarer le lieu de la naissance ou de la decouverte de l'Enfant, les nom, profession et domicile de la mere, il en sera, seance tenante, dans la forme prescrite pour la reception du temoignage, et sous la foi du serment dresse proces verbal, qui sera immédiatement transmis au procureur de la Republique Dans le cas contraire, le proces verbal, rédige de la même maniere, restera entre les mains du bureau

Art 15 Le déposant donnera en outre les explications ou preuves qui seront en son pouvoir, pour etablir l'etat de misere de la mere ou pour faire connaître les causes qui la determinent a demander que l'on garde le secret sur sa maternite Il dira de qui lui vient l'ordre de reclamer ce secret

Art 16 Dans tous les cas, les declarations reçues par le bureau seront rédigées en la forme déjà indiquée, les procès verbaux feront foi de la même maniere et resteront en minute entre les mains des membres du bureau

Art 17 Outre les déclarations emanant du deposant, ces proces verbaux contiendront a description minutieuse de toutes les circonstances et de tous les objets propres a faciliter plus tard la reconnaissance de l'enfant. Les objets de cette nature seront soigneusement conservés

TITRE 4 — ADMISSION

Art 18. Quels que soient les dires, serments ou refus du serment, dans tous les cas, l'Enfant sera provisoirement admis jusqu'à ce qu'il en ait été autrement decidé dans les de libeiations ultérieures du bureau d'admission.

Art 19 Ces délibérations ne seront valables qu'autant qu'il y aura au moins trois membres presents

Art 20 Le bureau pourra, a la majorité, décider qu'un Enfant est définitivement admis

Art. 21 Il pourra aussi decider que l'Enfant doit être rendu à sa mere, soit parce qu'il jugera qu'elle a les ressources nécessaires pour l'élever, soit parce que les motifs alle gues pour demander que le secret de sa maternité soit garde, n'auront pas paru justifies, soit parce que, avec des motifs suffisants, la mère se sera refusé à contribuer dans la limite de ses facultés aux depenses de l'Enfant. Il sera donne avis à la mere de cette decision

Art 22 Cette decision pourra être prise alors même que l'Enfant aurait été admis par une premiere délibération, si le bureau est convaincu qu'un changement, survenu pos terieurement dans la situation de la mere, permet qu'on lui rende son Enfant

CHAPITRE III — DÉPENSES.

Art 23 Les mères qui consentiront a reprendre leurs Enfants pourront obtenir des secours Ces secours seront accordes conformement aux prescriptions de la presente loi

Art 24. Toutes les dépenses des Enfants admis aux hospices seront fournies, réglees et administrees ainsi qu'il sera prescrit par les dispositions ulterieures de la presente loi

Art 25 Toutes les fois qu'il sera démontre qu'il y a eu erreur sur le departement, l'arrondissement ou la commune dans lesquels auront eu lieu la naissance ou la decouverte de l'Enfant, il sera, s'il y a lieu, procédé à la rectification de l'imputation de la depense

CHAPITRE IV — DISPOSITIONS PENALES.

Art 26. Tout directeur de maison d'accouchement, qui presentera ou fera presenter un enfant à l'hospice sans deposer en même temps l'extrait de son registre, en ce qui concerne l'enfant et la mère, sera puni des peines établies contre les témoins de la naissance qui refusent de faire à l'officier de l'état civil les déclarations prescrites par la loi.

Ces peines pourront même être élevées jusqu'au double du maximum. En cas de récidive, les tribunaux pourront, suivant les circonstances, prononcer l'emprisonnement et même la fermeture de l'établissement; et, s'il y a fraude, le retrait du titre médical

Art 27. Tout dépôt ou abandon d'un enfant accompli contrairement aux dispositions de la présente loi sera considéré comme le délaissement de cet enfant, ou, s'il y a lieu, comme la suppression de son état, et les coupables, complices ou donneurs d'ordres, seront punis des peines portées par les lois contre ce délit. Cette disposition est applicable à la mère de l'enfant

Art. 28. Elle sera punie des mêmes peines, et, s'il y a lieu, des peines portées contre la suppression d'état, si, contrairement à la décision du bureau d'admission, elle refuse de reprendre son enfant ou de concourir à ses dépenses.

Art 29 Tout déposant qui prêtera à faux un des serments spéciaux prescrits par la présente loi, ou qui fera, soit devant le secrétaire de la commission administrative, soit devant le bureau d'admission, une fausse déclaration, sera puni, dans le premier cas, des peines établies contre la suppression d'état; dans le deuxième, des peines établies contre le délaissement des enfants. Le tout sans préjudice des peines établies contre les auteurs et complices ordinaire de ces crimes ou délits

Art. 30. Si le coupable est un médecin, chirurgien, officier de santé, sage-femme ou directeur de Maison d'accouchement, les peines pourront être doubles du maximum, sans préjudice des conséquences que la loi attache, pour l'existence de leur établissement, a certaines peines par eux encourues.

Art. 31 Si le coupable est directeur d'une Maison d'accouchement, et que sa déclaration ait été fausse, en ce qui touche le fait que l'enfant est né dans son établissement ou hors de son établissement, quelle que soit d'ailleurs la commune qu'il a désignée, il sera condamné a une amende de 100 francs par chaque année que l'enfant aura été à la charge de l'hospice, sans que cette amende puisse être supérieure à 1,000 francs.

L'amende sera perçue au profit de la caisse qui aura indûment supporté la dépense par suite de la fausse déclaration. A défaut, elle sera perçue au profit de l'hospice où l'enfant aura été élevé

DISPOSITIONS TRANSITOIRES.

Analyse 32 Suppression des Tours — Delai

Art 32. Tous les Tours établis dans les hospices pour le dépôt des Enfants trouvés sont supprimés

Ils seront fermés et détruits dans les trois mois qui suivront la promulgation de la présente loi.

La séance est levée a onze heures et demie et renvoyée à jeudi prochain,

4 courant. La commission fixe pour son ordre du jour la discussion du projet de loi présenté par M. Victor Lefranc.

Signé VICTOR LEFRANC, *Président*

Signé VALENTIN-SMITH, *Secrétaire.*

12ᴱ SÉANCE.

Jeudi 4 octobre 1849

Présidence de M. Victor LEFRANC.

La séance est ouverte à huit heures du matin.

Présents :

MM Victor LEFRANC, président; DURAND-SAINT-ARMAND, GIRAUD, Alfred BLANCHE, VALENTIN-SMITH, secrétaire, et Louis HAMELIN, secrétaire-adjoint

Absents :

MM. DE LURIEU et DE WATTEVILLE, inspecteur généraux des Établissements de bienfaisance, pour cause de service public; M. BAILLEUX DE MARIZY, pour cause de maladie; M. NICOLAS, pour affaire de famille.

M. PISCATORY, représentant du peuple, rapporteur de la commission du projet de loi sur l'assistance publique, est présent à la séance.

Le procès-verbal de la précédente séance, 2 octobre courant, est lu et adopté.

ORDRE DU JOUR.

Suite de la discussion sur la question du MAINTIEN *ou de la* SUPPRESSION *des Tours.*

M. DURAND-SAINT-AMAND dépose sur le bureau la suite de son travail d'analyse des vœux des conseils généraux, dans la session de 1848, sur la question des Enfants trouvés, en ce qui concerne les secours aux filles mères.

Analyse des vœux des Conseils généraux

Secours aux filles mères

La Commission, par l'organe de son président, prie M. Valentin-Smith de lui présenter, dans une des prochaines séances, un Exposé sur la question des secours aux filles mères; spécialement en vue de faire connaître de quelle manière ces secours sont appliqués dans les départements qui ont adopté cette mesure.

M. Victor LEFRANC, président, ouvre la discussion sur les matières à l'ordre du jour.

J'ai eu l'honneur de vous présenter, Messieurs, un projet formulé sur le mode d'admission des Enfants trouvés dans les hospices, pour le cas où vous prononceriez la suppression du Tour.

Des copies de ce projet ont dû vous être remises, et sans doute vous aurez remarqué une légère modification dans l'ordre des dispositions.

L'article 1ᵉʳ portait : « Tous les Tours établis dans les hospices pour le dépôt des Enfants trouvés sont supprimés.

« Ils seront fermés et détruits dans les trois mois qui suivront la promulgation de la présente loi. »

Cette idée se présentait en effet, dès l'abord, comme le point capital de la question que nous avons à décider. — Faut-il ou non supprimer les Tours?

Venaient ensuite les dispositions au moyen desquelles nous organisions l'admission des Enfants dans les hospices, dans le cas d'une décision affirmative sur l'article 1ᵉʳ.

Mais, en revoyant ce travail, j'ai considéré que si la question de la suppression des Tours se présentait comme la question principale, celle du mode de remplacement des Tours est en réalité préjudicielle, puisque, si les moyens d'admission que nous proposons sont acceptés, le résultat inévitable de cette acceptation est la suppression des Tours, devenus dès lors aussi inutiles qu'ils sont déjà reconnus mauvais.

J'ai donc pensé que l'article portant cette suppression ne devait venir que comme conséquence de l'adoption de tout le reste de la loi et à la suite des autres articles, comme une sorte de disposition transitoire.

Par suite de cette modification, le § 1 de l'article 2 est devenu l'article 1ᵉʳ et le second paragraphe devient l'article 2, afin de ne pas changer le numérotage.

La discussion est ouverte sur l'article 1ᵉʳ ainsi rédigé .

Art. 1ᵉʳ. Il y aura, dans chaque arrondissement, un hospice destiné à recevoir les Enfants trouvés.

M. GIRAUD demande s'il est nécessaire de fixer le nombre d'hospices par arrondissement; s'il ne conviendrait pas de laisser plus de liberté à cet égard, afin de suivre les conditions variables de population et de ressources des différentes localités.

M. Alfred BLANCHE dit que le nombre de 1 par arrondissement lui paraît suffisant pour satisfaire à tous les besoins.

Il rappelle que le décret du 19 janvier 1811 était encore plus affirmatif à cet égard, puisqu'il porte art. 4 : « Il y aura, *au plus*, dans chaque arrondissement, un hospice où les Enfants trouvés pourront être reçus. »

M. BLANCHE préférerait même voir cette indication positive de un *au plus*, par arrondissement, adoptée par la commission; elle ne laisserait pas à tout hospice quelconque la faculté de s'ériger en bureau de réception.

La commission entre dans cette pensée, et l'article premier du projet est adopté, avec la rédaction suivante :

RÉSOLUTION.

ARTICLE PREMIER.

Il y aura, au plus, dans chaque arrondissement, un hospice destiné à recevoir les Enfants trouvés.

Hospices dépositaires
Loi, a 3

La Commission passe à l'examen de l'article 2, rédigé comme suit dans ce projet :

Art. 2. A chaque hospice dépositaire sera attaché un bureau d'admission composé de cinq membres : la supérieure de l'hospice ou une sœur désignée par son ordre; le curé de la ville, le médecin de l'hospice; un membre de la commission administrative de l'hospice désigné par le préfet; l'inspecteur des Enfants trouvés.

Bureau d'admission

M. Victor LEFRANC :

Le nombre de cinq membres devant composer le bureau d'admission est celui de la Commission d'admission proposée antérieurement par M. Durand-

I.

30

Saint-Amand; les personnes sont les mêmes. J'ai cru devoir les adopter sans attacher à ce nombre ni à toutes ces personnes une importance absolue. Mais il m'a paru utile que le nombre total et que chacun des membres fussent l'objet d'une discussion spéciale. La Commission en prononcera le rejet ou l'adoption en connaissance de cause.

La sœur

M. GIRAUD demande l'explication de ces paroles « ou par son *ordre* » dans le membre de phrase qui indique la supérieure de l'hospice, ou une sœur désignée par son *ordre*.

M. Victor LEFRANC répond qu'il a choisi tout d'abord la supérieure de l'hospice, parce que si la sœur de charité doit faire partie du bureau d'admission, la supérieure de l'hospice se trouve tout naturellement indiquée; sa qualité, son titre, sont apparemment fondés sur une certaine supériorité d'intelligence ou d'autorité, qui présente une garantie de plus.

Néanmoins, il peut arriver que la supérieure, atteinte par l'âge, ou par des infirmités quelconques, devienne moins apte à remplir la mission à laquelle nous l'appellerions, et cependant, pour des motifs que nous n'avons pas à apprécier, conserve le titre de supérieure. Dans ce cas, j'ai voulu laisser à l'ordre même la possibilité de désigner une sœur suppléante, qui remplit pour nous le même office.

M GIRAUD ;

Je n'avais pas pris cette rédaction dans le même sens ; mais je crois qu'il serait préférable que la supérieure elle-même désignât parmi les sœurs de l'hospice celle qui devrait la suppléer, toutes les fois qu'elle ne pourrait, pour un motif quelconque, remplir les fonctions que vous lui destinez

M. Victor LEFRANC ne voit aucune objection à cette modification. Elle est proposée et adoptée.

Présence
de la sœur
et
du curé

M. Alfred BLANCHE rappelle l'inconvénient, déjà signalé précédemment, qu'il pourrait y avoir à ce que, la Commission étant composée comme l'indique le projet, la sœur et le curé se trouvassent seuls chargés de l'admission des enfants. Il se préoccupe de cette situation en elle-même, et en raison des critiques du dehors. Cette considération était une de celles qui

lui avaient fait demander que l'admission fût confiée à la sœur de charité
seule.

M. Victor LEFRANC répond que la personne chargée de recevoir les enfants présentés à l'hospice se trouvera investie d'une fonction très-importante,
ayant à apprécier des faits très-délicats, à découvrir les traces de fraude, et à
la déjouer; qu'elle aura à recevoir plusieurs serments et déclarations.

Or, la sœur ne lui paraît pas dans des conditions de caractère et d'aptitude
telles, qu'elle puisse être prudemment chargée d'une telle mission.

Osera-t-elle faire, par ses interrogations, toute l'enquête nécessaire? Saura-
t-elle dresser procès-verbal exact et complet des diverses déclarations.

Je ne voudrais pas, ajoute M. Victor LEFRANC, confier cette mission à une
seule personne.

Je ne suppose pas à l'avance la prévarication; mais, toutes les fois qu'il s'agit
de prendre par écrit des déclarations importantes, la présence de deux personnes me paraît nécessaire. La présence de l'une est une garantie de fidélité
dans le rapport même, sans que le rapporteur en ait pour ainsi dire conscience.
Je ne me fierais pas autant au juge d'instruction, s'il n'avait son greffier, encore
moins au greffier, s'il était seul. Je ne puis admettre la sœur chargée seule de
l'importante fonction de recevoir les enfants à leur présentation à l'hospice.

M. Alfred BLANCHE :

La considération du secret n'est pas la seule ni la plus importante de celles
qui m'ont fait penser que la sœur de charité devrait être appelée à recevoir
seule les enfants présentés à l'hospice. Je me suis déjà expliqué, à cet égard,
et j'y reviendrai en temps utile.

Je passe maintenant au curé, et je me demande en quoi sa présence vous
paraît nécessaire dans le bureau d'admission. Vous paraît-il important de donner à ce bureau une couleur aussi complétement catholique ?

M. GIRAUD pense qu'il faut tenir grand compte de la majorité catholique
de la population française.

La présence du curé dans le bureau d'admission me paraît de nature à satisfaire à cet intérêt.

Le curé, dans les chefs-lieux d'arrondissement surtout, est un homme intelligent, qui a de l'expérience, qui prononcera sagement, parce que son âge

3o.

lui donne la maturité; il peut n'en pas être de même du vicaire, ordinairement plus jeune et souvent moins éprouvé.

J'admettrais donc sans crainte, je désirerais même la présence du curé dans le bureau d'admission.

M. DURAND-SAINT-AMAND :

J'ai proposé le concours du curé; il est à mes yeux, dans le bureau d'admission, à la fois l'homme de bon conseil et le représentant de la morale publique.

Mais je voudrais préciser cette expression : *le curé de la ville.* S'il y en a plusieurs, lequel choisira-t-on?

M. GIRAUD fait observer que des termes identiques se rencontrent dans la loi sur l'instruction publique pour le cas où le curé est appelé au sein de la Commission chargée d'examiner les titres des postulants au grade d'instituteur primaire. Il est reçu que, dans le cas où il y a plusieurs curés dans la même ville, c'est le plus ancien qui se trouve désigné dans l'esprit de la loi.

M. Victor LEFRANC fait remarquer qu'il est plus simple et plus sûr de ne laisser aucun doute à cet égard en écrivant cette indication dans la loi même. Il propose d'ajouter à ces mots : « le curé de la ville, » ou le plus ancien, s'il y en a plusieurs.

Cette proposition est adoptée.

M. VALENTIN-SMITH :

Remplacer
le Bureau
d'admission
par
la Commission
administrative
de l'hospice

M. LEFRANC, par l'article 2 de son projet, propose de composer le bureau d'admission de cinq membres, savoir : de la supérieure de l'hospice; du curé de l'hospice; d'un membre de la Commission administrative de l'hospice; et de l'inspecteur des Enfants trouvés.

Je suis d'avis qu'il conviendrait bien mieux, sous tous les rapports, de confier le soin d'admettre les Enfants à la Commission administrative des hospices, qu'à un bureau spécial dont quatre membres sont pris en dehors de l'Administration de l'hospice, et dont trois, désignés de droit, sont dès lors complétement indépendants de l'action préfectorale. Il ne faut pas oublier que l'admission constitue l'acte qui affecte le plus essentiellement les deniers des départements, et qui affecte aussi l'hospice pour les dépenses intérieures.

M. Alfred BLANCHE répond :

C'est précisément cette préoccupation toute naturelle des intérêts de l'hospice, l'un des devoirs de la Commission administrative, qui m'empêcherait de l'appeler à prononcer sur la réception des enfants. Je craindrais que l'esprit de l'Administration hospitalière ne fît trop sentir son influence et ne rendît le bureau par trop difficile sur les admissions. Quand la Commission aura parfaite connaissance de la modicité des ressources, de la pénurie de son hospice, est-il possible qu'elle ne se montre pas sévère sur des admissions qui en augmenteraient les charges.

Puis enfin, les intérêts de l'Hospice se trouveront représentés dans le bureau d'admission, puisque le projet y introduit un membre de la Commission administrative. Seulement j'insisterai pour que ce membre soit choisi par la Commission elle-même dans son sein, et non désigné par le préfet. C'est à cette seule condition que la Commission administrative pourra se croire, et sera, en effet, représentée. J'ai déjà développé cette pensée.

Je passe à une considération d'un autre ordre, qui me fait rejeter l'idée de confier à la Commission administrative les fonctions de bureau d'admission.

Nous sommes tous d'accord que, dans certains cas, le secret est nécessaire. Mais il n'importe pas seulement que ce secret soit gardé, il importe qu'on croie à son inviolabilité, qu'on y ait confiance. Eh bien, ce secret me paraît devoir être plutôt confié à certaines personnes déterminées, ayant reçu mission spéciale à cet égard qu'à la Commission administrative tout entière.

Puis, je vous rappellerai cette objection fort grave à mes yeux. Dans beaucoup de villes, au nombre des membres de la Commission administrative, vous rencontrerez quelques membres des tribunaux de l'ordre judiciaire. N'y aurait-il pas une contradiction flagrante entre le devoir du secret que leur imposerait leur situation de membres du bureau d'admission, et le devoir non moins impérieux qui leur est imposé comme magistrats, celui de ne laisser sans poursuite aucun fait coupable venu à leur connaissance ? Cette difficulté vous arrêtera peut-être neuf fois sur dix dans la pratique, et je ne vois aucun moyen de l'éviter, si vous confiez les admissions à la Commission administrative.

Au contraire, avec un bureau spécial, vous pouvez faire que l'on n'introduise pas dans ce bureau celui des membres de la Commission administrative qui se trouverait dans la position que je viens de signaler. La Commission administrative portera son choix sur un autre de ses membres.

M. VALENTIN-SMITH :

Puisque la Commission est décidée à ne pas adopter le principe d'un agent unique pour tout ce qui concerne le service des Enfants trouvés, je suis obligé de me placer au point de vue d'une administration collective chargée du soin de statuer sur l'admission des Enfants. Dès lors, et je le déclare hautement, je préfère laisser ce soin aux Commissions hospitalières actuelles, plutôt que de l'attribuer à un bureau spécial. Il y a quelque chose de peu rationnel à exclure ces Commissions hospitalières de la partie du service charitable qui affecte le plus les ressources des établissements qu'elles dirigent. On dirait en vain que ces Commissions ont une action suffisante sur les admissions par la présence d'un de leurs membres dans le sein du bureau. Ce membre, fût-il quelquefois soutenu par l'inspecteur départemental, se trouvera constamment en minorité, et ainsi hors d'état de soutenir les intérêts de l'hospice. On ne saurait concevoir l'existence d'un bureau d'admission constitué en dehors de la Commission administrative, qu'autant que l'ensemble des dépenses du service des Enfants trouvés serait mis à la charge des départements et que les hospices en seraient complétement exonérés. Confier à un bureau spécial le soin de statuer sur l'admission des Enfants et laisser aux commissions hospitalières le soin de pourvoir à l'entretien et à l'éducation des Enfants admis, c'est créer deux administrations parallèles, et, quelque soin qu'on prenne de définir leurs attributions respectives, on ne parviendra pas a prévenir les conflits, et le premier résultat de ces dissentiments sera de porter un grand nombre de conseils municipaux à refuser les subventions communales qui sont aujourd'hui la principale ressource de la plupart des hospices dépositaires.

Je pense qu'il convient de laisser aux Commissions hospitalières le soin de statuer sur l'admission des Enfants. On pourrait leur adjoindre la supérieure de l'hospice et l'inspecteur départemental. Si un conseil, composé de sept personnes paraît trop nombreux, qu'on ne laisse que trois membres de la Commission administrative : de cette manière, les administrateurs de l'hospice continuent de former la majorité, et les intérêts qu'ils représentent sont sauvegardés. Ces administrateurs, obligés de partager, entre toutes les infortunes, les ressources de l'hospice qu'ils représentent, ne se laisseront préoccuper, d'une manière exclusive, par aucune d'entre elles.

Il résulte de ce qui précède que j'exclus le curé de la ville et le médecin de l'hospice. Le curé, occupé des soins de son ministère, ne viendra que rarement aux séances, et, s'il y assiste, il influera de toute la supériorité de sa position sur le vote de la supérieure. Il est inutile d'appeler dans un conseil deux personnes dont les votes seront toujours identiques.

Le médecin de l'hospice est toujours un médecin occupé, et le soin de sa clientèle l'empêchera d'assister régulièrement aux séances.

Ce qui m'avait porté à combattre l'existence des administrations collectives, qui fonctionnent sous le nom de Commissions hospitalières, c'est le peu de soins que la plupart d'entre elles ont jusqu'ici apporté au service des Enfants trouvés; mais il est permis d'espérer que, ranimées par une législation nouvelle, connaissant désormais d'une manière précise l'étendue de leurs attributions et de leurs devoirs, elles suffiront à la tâche honorable qui leur serait laissée. Dans tous les cas, je préfère les Commissions administratives à un bureau d'admission composé d'éléments peu homogènes, obligé, pour justifier son existence, d'empiéter sur les attributions de ces Commissions administratives et jetant nécessairement, par d'inévitables conflits, une sorte de confusion dans un service qui, plus que tout autre, a besoin d'une direction rapide et constante avec elle-même.

M. GIRAUD fait observer qu'il est également d'avis que le médecin de l'hospice ne devrait pas faire partie du bureau d'admission.

M. Victor LEFRANC répond qu'il a compris au nombre des membres du bureau d'admission le médecin de l'hospice, parce qu'il pourra dans plus d'un cas avertir, guider le jugement de ses collègues par l'appréciation de faits qui sont du domaine de ses connaissances spéciales.

Il peut reconnaître, dans la santé même de la mère ou l'Enfant, des motifs d'admission qui échapperaient à ses collègues; il peut découvrir, sous la déclaration de maladies mensongères, une fraude ou un artifice, là où ses collègues céderaient à un sentiment de pitié indûment excité. Souvent aussi il connaît l'état de fortune des familles, et peut apprécier ce qu'il y a de fondé dans l'exposé de leurs misères. Le médecin est certainement admis. Il reste à statuer sur l'inspecteur des Enfants trouvés : celui-là me paraît être le représentant essentiel des véritables intérêts des Enfants trouvés. Il me semble appelé de droit à faire partir du bureau d'admission.

On objecte qu'il n'y a le plus souvent qu'un inspecteur par département, et que le nombre des hospices dépositaires est porté à un par arrondissement; que l'inspecteur ne pourra donc que rarement assister à la réunion des bureaux.

Il me suffit qu'il ait le droit d'y assister; le droit de prendre connaissance officielle du registre des admissions; le droit d'être consulté comme collègue; de donner des avis à des collègues; de prendre des renseignements au nom des collègues et pour des collègues.

Il sera le plus souvent comme le Commissaire, comme le rapporteur des bureaux d'admission. A ce titre, il n'est pas seulement utile, il est indispensable.

Resume
de la question
du fond

M. BLANCHE fait observer qu'il y a sur l'admission de l'article 2 , au fond et dans son ensemble, des questions qui ne sauraient être bien résolues qu'après que la Commission aura apprécié les déclarations que l'on sera tenu de faire en présentant l'Enfant, et avant qu'il soit prononcé sur son admission définitive.

Il propose que la Commission, tout en constatant les points de forme adoptés, réserve le fond.

La rédaction de l'article 2 est adoptée ainsi qu'il suit, quant à la forme, sauf à revenir sur le fond, s'il y a lieu.

RÉSOLUTION.

ART. 2.

Bureau
d admission
Loi, a 4

A chaque hospice dépositaire sera attaché un Bureau d'admission composé de cinq membres :

La supérieure de l'hospice ou la sœur désignée par elle; — le curé de la ville, le plus ancien s'il y en a plusieurs; — le médecin de l'hospice; — un membre de la commission administrative de l'hospice délégué par elle; — l'inspecteur des Enfants trouvés.

Les articles 3, 4 et 5 sont adoptés avec la rédaction suivante :

RÉSOLUTION.

ART. 3.

Le secrétaire de la Commission administrative de l'hospice sera chargé de faire les constatations préalables prescrites par les articles 1 et 2 du chapitre II de la présente loi.

Il prêtera, devant le tribunal civil du ressort, le serment suivant :

« Je jure de rédiger avec une exactitude scrupuleuse les décla-
« rations que je recevrai, d'interroger avec soin les comparants sur
« toutes les circonstances que je suis chargé de recueillir, de leur
« donner tous les avertissements prescrits; en un mot, de bien et
« fidèlement remplir les fonctions qui me sont confiées par la
« loi. »

Secrétaire
Loi, a. 5

Serment

ART. 4.

Les procès-verbaux dressés, en exécution de la présente loi, par le secrétaire de la Commission administrative feront foi comme ceux des officiers auxiliaires des procureurs de la République.

Procès-verbaux
Loi, a. 6

ART. 5.

Toute personne qui se présentera à l'hospice pour y déposer un Enfant sera introduite dans une salle spéciale et mise en présence du secrétaire de la Commission administrative de l'hospice.

L'Enfant recevra immédiatement tous les soins que réclame sa situation.

Le secrétaire de la Commission administrative avertira le déposant des peines que les lois portent contre la suppression d'état, contre le délaissement des Enfants et contre la fausseté des serment et déclarations qu'elles prescrivent.

Réception
de l'Enfant
Loi, a 7

Avertissement
donné
au déposant

—

Declaration
sous serment

M. le Président donne lecture de l'article 6, ainsi conçu :

Apres avoir décliné ses nom, prénoms, profession et domicile, le déposant devra affir
mer, par un serment spécial, qu'il n'est pas a sa connaissance, ni directement ni indirectement, que l'Enfant soit un enfant légitime, ou un enfant reconnu par son pere et par sa
mere, ou par l'un des deux

M. DURAND-SAINT-AMAND demande qu'à la place de ces mots *affirmer
par un serment spécial,* on mette *affirmer spécialement sous la foi du serment.*
Cette modification est adoptée.

Acte de naissance
Déclaration
du nom
de la mère

M. VALENTIN-SMITH demande si l'on ne doit pas exiger l'acte de naissance, ou la déclaration du nom de la mère, toutes les fois qu'on viendra
déposer un Enfant. Il ajoute que c'est ce qui se pratique aujourd'hui dans tous
les bureaux d'admission. Le déposant est toujours obligé de rapporter l'acte de
naissance de l'Enfant et de faire connaître sa mère, sauf le cas où il allègue
que l'Enfant qu'il apporte a été exposé et abandonné, et qu'il ne peut fournir
aucun renseignement sur son origine.

M Victor LEFRANC répond qu'il peut arriver, en effet, que l'Enfant soit
un enfant réellement trouvé, ou que, par toute autre cause, le déposant ignore
complétement sa filiation; qu'il est donc des cas où il est impossible d'exiger
de telles déclarations.

L'article 6 est adopté en ces termes :

RÉSOLUTION.

ART. 6.

Declaration
sous serment
Loi, a 9

Après avoir décliné ses nom, prénoms, profession et domicile,
le déposant devra affirmer spécialement, sous la foi du serment,
qu'il n'est pas à sa connaissance, ni directement ni indirectement,
que l'Enfant soit un enfant légitime, ou un enfant naturel reconnu
par ses père et mère, ou par l'un des deux.

Les articles 7, 8 et 9 sont adoptés sans discussion en ces termes :

RÉSOLUTION.

ART. 7.

Si le déposant est le directeur d'une Maison d'accouchement, il déclarera aussi, sous la foi du serment, si l'Enfant est né dans son établissement, et, dans le cas de l'affirmative, il déposera l'extrait de son registre dans la partie qui concerne l'Enfant et la mère.

Directeur
d'une Maison
d'accouchement

Loi, a 10

ART. 8.

Dans le cas où le déposant déclarerait ne pouvoir prêter ce serment spécial, il sera tenu de faire, dans la forme du témoignage en justice et sous la foi du serment, une déclaration détaillée contenant :

Refus
de serment

Declaration

Demande
en renvoi
devant le bureau
d'admission

Loi, a 11

1° L'indication du lieu de la naissance ou de la découverte de l'Enfant;

2° Les circonstances qui ont précédé, accompagné ou suivi, soit la naissance, l'abandon ou la découverte de l'Enfant, soit la remise qui en aurait été faite entre ses mains;

3° Les noms, prénoms, profession et domicile des personnes qui le lui auraient remis ou fait remettre, et de celles qui pourraient avoir connaissance de l'origine de l'Enfant, ou de quelqu'un des faits relatifs à sa naissance, à son abandon et à la cause de cet abandon,

4° Les noms, profession et domicile de la mère et du père de l'enfant.

Le tout, à moins que le déposant ne demande à être renvoyé devant le bureau d'admission pour y faire les déclarations qui précèdent.

ART. 9.

Le refus du serment spécial et la déclaration seront rédigés en un seul procès-verbal, qui sera relu au déposant et signé de lui; men-

Procès verbal.

Loi, a 12

31.

tion expresse sera faite du tout, ainsi que la déclaration, s'il y a lieu, que le déposant ne sait ou ne peut signer.

M. le Président donne lecture de l'article 10, ainsi conçu:

Etat civil de l'Enfant

ART. 10. Le procès verbal sera immediatement adressé au procureur de la République, ainsi qu'à l'officier de l'état civil, qui procéderont conformément aux lois, tant envers l'enfant que contre les auteurs ou complices de la suppression d'état ou de l'abandon, et contre les auteurs ou complices des fausses déclarations.

Poursuites Article 327 du Code civil

M. BLANCHE se demande si l'obligation que l'article proposé met à la charge du procureur de la République peut, en effet, être écrite dans la loi en présence de l'article 327 du Code civil, aux termes duquel l'action contre un délit de suppression d'état ne peut commencer qu'après le jugement sur la question d'état. Il faut donc, avant que le procureur de la République puisse entreprendre l'action criminelle que la question civile ait été résolue. Dans l'état actuel, personne ne s'en occupe pour l'Enfant trouvé. Peut-être pourrait-on nommer à l'Enfant un *tuteur ad hoc,* chargé de veiller à l'accomplissement de cette poursuite, dans les intérêts de l'Enfant.

Renvoi au chapitre de la tutelle

M. LEFRANC dit que cette question sera plus opportunément examinée quand viendra la question de la tutelle des Enfants trouvés.

M. BLANCHE est aussi de cet avis; mais il appelle l'attention de la Commission sur ce point, comme pour poser une pierre d'attente.

M. GIRAUD :

Distinction entre l'action criminelle et l'action civile

L'action criminelle et l'action civile sont parfaitement indépendantes l'une de l'autre, et peuvent être intentées séparément. Le cas prévu dans l'article 327 n'est pas celui de notre article.

RÉSOLUTION.

La question de savoir s'il faut rendre l'action criminelle distincte de l'action civile en matière de suppression d'état, s'il faut faire de cette dernière une simple exception préjudicielle amenant un

sursis, et quel sera le protecteur de l'Enfant trouvé en cette matière, est renvoyée au chapitre de la tutelle.

M. DURAND-SAINT-AMAND propose de retrancher dans l'article en discussion l'obligation faite à l'officier de l'état civil, et de laisser subsister seulement
celle qui concerne le procureur de la République et l'oblige à poursuivre l'action criminelle quand il y aura lieu.

Cette proposition est adoptée ; en conséquence, l'article 10 est adopté avec
la rédaction suivante :

RÉSOLUTION.

ART. 10.

Le procès-verbal sera immédiatement adressé au procureur de Action publique
la République, qui procédera, conformément aux lois, contre les   Loi, a 13
auteurs ou complices de la suppression d'état ou de l'abandon et
contre les auteurs de fausses déclarations.

Les articles 11 et 12 sont adoptés en ces termes :

RÉSOLUTION.

ART. 11.

Le serment spécial, et, en cas de refus de le prêter, la demande   Convocation
en renvoi devant le bureau d'admission, seront rédigés comme il   du Bureau
d'admission
est dit dans l'article 9 et transmis à ce bureau, qui sera immédia-   Loi, a 14
tement convoqué, et entendra le déposant dans ses déclarations.

ART. 12.

La présence de deux membres suffit pour constituer le bureau.   Sa constitution
Aucun membre étranger au bureau n'y pourra être admis.   Loi, a 15.

Les articles 13, 14, 15, 16, 17, 18, 19 et 20 sont adoptés sans discussion.

RÉSOLUTION.

ART. 13.

Déclarations du déposant
Loi, a. 16

Le déposant fera devant le bureau d'admission toutes les déclarations ci-dessus prescrites, et pour lesquelles il a demandé à être renvoyé devant ce bureau.

ART. 14.

Procès verbal
Loi, a 17.

S'il ne veut ou ne peut déclarer le lieu de la naissance ou de la découverte de l'Enfant, les noms, profession et domicile de la mère, il en sera, séance tenante, dans la forme prescrite pour la réception du témoignage, dressé un procès-verbal, qui sera immédiatement transmis au procureur de la République; dans le cas contraire, le procès-verbal restera entre les mains du bureau.

ART. 15.

Demande du secret

Loi, a 18

Le déposant donnera, en outre, les explications ou preuves qui seront en son pouvoir pour établir l'état de misère de la mère, ou pour faire connaître les causes qui la déterminent à demander que l'on garde le secret sur sa maternité. Il dira de qui lui vient l'ordre de réclamer le secret.

ART. 16.

Foi due aux procès verbaux.
Loi, a 19

Dans tous les cas, les déclarations reçues par le bureau seront rédigées dans la forme déjà indiquée; les procès-verbaux feront foi de la même manière, et resteront en minute entre les mains des membres du bureau.

ART. 17.

Description.
Loi, a 20

Outre les déclarations émanant du déposant, ces procès-verbaux contiendront la description détaillée de toutes les circonstances et de tous les objets propres à faciliter plus tard la reconnaissance de l'Enfant. Les objets de cette nature seront soigneusement conservés.

ART. 18.

Quels que soient les dires, serments ou refus de serment, dans tous les cas, l'Enfant sera provisoirement admis, jusqu'à ce qu'il en ait été autrement décidé, dans les délibérations ultérieures du bureau d'admission.

Admission
provisoire
de l'Enfant.
Loi a 21

ART. 19.

Ces délibérations ne seront valables qu'autant qu'il y aura au moins trois membres présents.

Validité
des délibérations
Loi, a 22

ART. 20.

Le bureau pourra décider à la majorité que l'Enfant est définitivement admis.

Admission
définitive
Loi, a 23

La discussion s'engage sur les articles 21 et 22, ainsi conçus :

« ART. 21. Il pourra aussi décider que l'Enfant doit être rendu a sa mère, soit parce qu'il jugera qu'elle a les ressources nécessaires pour l'élever, soit parce que les motifs allégués pour demander que le secret de sa maternité soit gardé n'auront pas paru justifiés, soit parce qu'avec des motifs suffisants la mère se sera refusée à contribuer, dans la limite de ses facultés, aux dépenses de l'Enfant

« Il sera donné avis à la mère de cette décision.

« ART. 22. Cette décision pourra être prise alors même que l'Enfant aura été admis par une première délibération, si le bureau est convaincu qu'un changement survenu postérieurement dans la situation de la mère permet qu'on lui rende son enfant »

M. Alfred BLANCHE :

Nous sommes ici au cœur de la question, nous touchons à la véritable difficulté : le secret, et la limite dans laquelle il peut être reçu et gardé. Et d'abord je vous demanderai : Admettez-vous le secret absolu, sauf appréciation de la gravité des cas par le bureau d'admission?

Question
du secret

12ᵉ SÉANCE

—

Secret
Enfant adultérin

M. Victor LEFRANC :

Afin que ma réponse ne laisse subsister aucun doute, je me place de suite dans l'un des cas les plus 'extrêmes, celui de la présentation d'un enfant né d'une femme mariée.

Eh bien, l'admission de cet enfant doit être possible, sous la condition que le secret de sa naissance sera confié au bureau d'admission. Sous la foi des garanties que nous avons proposées, nous devons compter que ce secret sera inviolablement gardé. Or, notre système est celui-ci, que personne ne puisse s'imposer à la charité publique sans se confier à elle; nous l'offrons discrète on ne peut exiger qu'elle soit aveugle.

M. Alfred BLANCHE :

Quid au cas d'aveu
d'un délit
ou d'un crime

Ainsi, dans tous les cas, l'aveu sera livré au bureau tout entier : et vous voulez que le secret soit gardé! J'ai quelque scrupule sur la possibilité de concilier cette disposition de notre projet de loi avec les termes formels de l'article 29 du Code d'instruction criminelle, qui est ainsi conçu :

Art. 29. — « Toute autorité constituée, tout fonctionnaire ou officier public, « qui, dans l'exercice de ses fonctions, acquerra la connaissance d'un crime « ou d'un délit, sera tenu d'en donner avis sur-le-champ au procureur du roi « près le tribunal dans le ressort duquel ce crime ou délit aura été commis, « ou dans lequel le prévenu pourrait être trouvé, et de transmettre à ce magis- « trat tous les renseignements, procès-verbaux et actes qui y sont relatifs. »

Ce texte est formel; toute autorité constituée qui, dans l'exercice de ses fonctions, acquiert la connaissance d'un crime ou d'un délit, est tenue d'en donner avis sur-le-champ au procureur de la République. — Le bureau d'admission est une autorité constituée : plus d'une fois les révélations qui lui seront faites porteront à sa connaissance un fait coupable aux yeux de la loi et cependant le secret sera gardé!

M. GIRAUD :

La question
ne doit pas être
résolue
par la loi

On ne peut garder
le silence
sur la révélation
d'un crime

La rédaction de l'article me paraît satisfaisante; elle dit ce qu'il faut dire, et ne va pas au delà: elle n'engage pas la question du secret, et réserve tous les droits Je l'admets par cette considération : je le repousserais s'il en était autrement Je vais plus loin que M. BLANCHE : je n'entends pas que le bureau d'admission, quels que soient les membres qui le composent, puisse recevoir une confidence, et garder le secret sur un fait de suppression d'état, lequel fait est un crime

Chacun d'eux pourrait taire le secret qui lui aurait été confié individuelle- 12ᵉ SEANCE
ment, mais agissant comme membres d'institution organisée, fonctionnant au
nom de la charité publique , un pareil rôle, une telle connivence, deviennent
impossibles

Des exceptions ont été posées au secret de la confession lui-même, dans Exception
au secret
de la confession.
certains cas où des projets de crime étaient révélés. Vous pouvez voir, dans
les Institutes de Pasquier, l'exemple d'un gentilhomme conduit à l'échafaud
par suite d'un fait de ce genre. Si les conséquences, dans la matière qui nous
occupe, ne sont pas aussi importantes , elles ont cependant une gravité considérable

Elles compromettent des droits acquis, et vous ne pouvez vous prêter à
cette combinaison.

Je me place au point de vue de l'Enfant légitime exposé, abandonné; on Etat civil
de l'Enfant
lui soustrait son état civil et sa fortune. Je n'admets pas qu'un bureau charitable puisse, par son silence, se rendre complice de cette soustraction

Je n'admets pas même que l'on puisse se prêter à enlever à l'Enfant naturel
son droit d'Enfant naturel reconnu.

Je n'admets pas enfin que le secret que vous recevez lie l'Enfant qui aura
un jour, en sortant de votre hospice, ses droits à réclamer.

En principe, je dis que vous ne pouvez pas faire une pareille loi : ce serait La loi du secret
absolu
serait immorale
détruire la morale publique et soulever la loi contre la loi Je dirai, comme
Bossuet, qu'il n'y a pas de droit contre le droit.

Votre projet ainsi présenté, l'exposé des motifs surtout, ne soutiendraient
pas la discussion devant une assemblée législative.

Le Code civil admet que l'officier de l'état civil doit se contenter des déclarations qui lui sont faites; mais il n'est la qu'un instrument passif; il écrit ce
qu'on lui dicte : là s'arrête sa mission.

Celle du bureau d'admission est tout autre : il demande un aveu, il reçoit
des déclarations qui lui font connaître la filiation de l'Enfant, qui révèlent les
droits de cet Enfant.

Ces droits, le bureau d'admission doit les lui conserver, les lui rendre au
jour de sa rentrée dans la société.

C'est, du moins, ce que nous examinerons plus tard en traitant de la tutelle
de l'Enfant trouvé.

On m'a objecté l'autorité de M. DE GÉRANDO, que je respecte beaucoup. Je fais
remarquer qu'on interprète plutôt qu'on n'invoque l'opinion de ce savant phi-

I 32

lanthrope M. DE GÉRANDO ne dit pas ce qu'on croit qu'il professe. Je suis convaincu que sa pensée ne se reportait point sur la proposition actuellement discutée J'ajoute que si tel était l'avis de M. DE GÉRANDO, il ne m'ébranlerait pas, et que je n'hésiterais pas à me séparer de lui en cette circonstance.

En résumé, j'admets la rédaction de l'article en tant qu'il me semble réserver tous les droits et tous les devoirs.

M. DURAND-SAINT-AMAND :

Si le bureau d'admission n'est pas rigoureusement astreint a l'observation des secrets qui lui sont confiés, votre loi sera un piége tendu à la bonne foi publique. Il n'en peut être ainsi.

Le bureau d'admission sera libre d'admettre ou de repousser l'Enfant qui lui sera offert. Mais ce pouvoir illimité que nous lui conférons ne peut s'exercer qu'à la condition pour lui d'oublier, en quelque sorte, a l'instant où il les a reçues, les confidences qui lui sont faites.

Autrement la femme dont le sort vous préoccupe, celle au nom de laquelle vous avez si instamment réclamé *un refuge offert à la pudeur,* n'osera aborder votre bureau d'admission, si elle ne peut compter sur sa discrétion; elle le fuira, et, plutôt que de s'exposer à être déshonorée par lui, elle se résoudra au crime, au délaissement ou à l'infanticide.

Par un tel scrupule vous brisez notre système, vous anéantissez les effets que nous attendons de notre loi.

M. Victor LEFRANC :

Nous voulons que la femme qui réclame l'assistance publique dise son secret. Pour que nous puissions l'exiger d'elle, il faut bien, à son tour, qu'elle soit assurée de n'être pas trahie. Si elle veut garder son secret sans vous le confier, elle n'aura qu'à garder son Enfant; alors, les droits de tous, même ceux de l'action publique, seront réservés. Mais si elle vous confie ce secret, et vous en fait reconnaître et agréer la nécessité, vous devez le recevoir, et par cela même le garder. Les membres du bureau d'admission ne sont plus de simples citoyens, ils ne sont plus des magistrats de répression; ils revêtent une qualité différente, et tout aussi sacrée, celle de fonctionnaires discrets et charitables. Croit-on donc que, même dans l'exercice de leur mission la plus rigoureuse, les procureurs de la République ne reçoivent pas souvent des confidences graves, faites à l'homme même; et les blâme-t-on, dans ce cas, de

ne pas montrer immédiatement le magistrat, de ne pas ouvrir immédiatement
la prison à l'homme qui s'adresse à son semblable et qui cherche un conseil⁆

M GIRAUD :

Mais si un crime vous est révélé? Pouvez vous garder le secret sur un crime ?
Ce serait la destruction de la famille, et votre loi ne peut pas vouloir organiser
cette démolition.

M. ALFRED BLANCHE ·

Le point où nous nous sommes arrêtés en commun est la véritable difficulté de notre loi, et il y a quinze jours déjà qu'il nous entrave. Nous en
avions ajourné la solution; mais la question est restée exactement la même.
Je l'avais constaté dès lors, et c'est pour cela que je crois pouvoir y revenir
aujourd'hui.

La solution me paraît presque impossible avec le mode d'admission proposé. *Solution impossible à trouver*
Vous vous heurterez toujours à cette impossibilité de vous prêter, vous fonctionnaire et membre du bureau d'admission, a une connivence immorale.

Et cependant le secret est nécessaire dans certains cas, je l'ai reconnu constamment, et voilà pourquoi je vous offrais le moyen pratique de tourner la
difficulté.

Je vous demandais, pour recevoir ce secret, la sœur de charité, revêtue d'un *Le secret ne peut être gardé que par la sœur*
caractère moins officiel, offrant, il est vrai, je le reconnais, un peu moins de
garantie pour les admissions, au point de vue légal et administratif, mais satisfaisant a la charité indulgente dans le petit nombre de cas où le secret est
necessaire, et laissant pour tous les autres cas, beaucoup plus nombreux, toute
son action au bureau d'admission.

M VICTOR LEFRANC :

Mais ne voyez-vous pas que la sœur de charité recevra toujours l'enfant dès *Elle ne saura jamais le refuser*
qu'on le lui présentera avec instance, gardera toujours le secret qui lui sera
confié au nom d'une famille éplorée, au nom de tous les sentiments qu'on
invoquera pour toucher son cœur, au nom de la charité même dont elle est
l'instrument vivant! Que peut alors gagner la société a la suppression du Tour?
J'aime mieux le Tour que la sœur de charité seule Le résultat serait le même
et du moins vous n'auriez pas un agent sur lequel la loi croirait pouvoir compter et dont l'action serait illusoire

3 2.

M ALFRED BLANCHE :

Si j'ai présenté la sœur avec quelque insistance, c'est que j'ai la conviction qu'elle peut mieux que le bureau d'admission répondre à vos intentions, attirer la confiance et garder le secret dans des cas rares et d'une extrême gravité

Dans ceux-là même je ne la dispense pas de rendre compte au bureau d'admission ; seulement, je l'autorise à garder le secret par-devers elle, précisément en raison de la gravité de la situation.

Je vous ai dit au moyen de quelles précautions j'empêchais que ces réceptions, dont le secret absolu reste entre les mains de la sœur, ne devinssent par trop fréquentes ou abusives. La vigilance et le contrôle du bureau d'admission vous garantissent contre ces abus. Et, d'ailleurs, je ne me défie pas à ce point de l'intelligence et de l'appréciation de la sœur. Si vous n'arrivez pas dès le début à trouver tout ce que vous pouvez espérer sous ce rapport, les sujets se formeront. Vous trouverez des sœurs capables d'entrer dans l'esprit de votre loi et de l'exécuter selon son esprit.

Il me paraît inutile d'insister plus longuement sur les avantages de ce système. J'y suis revenu, j'ai fait un dernier effort en sa faveur, parce que je le crois plus satisfaisant que celui du bureau d'admission, dont il ne diffère au fond que pour les cas d'une nature très-délicate. Je le soumets à votre appréciation, prêt à m'incliner devant la décision de la majorité, tout en conservant mes convictions.

M. DURAND-SAINT-AMAND.

Le système du bureau d'admission a été critiqué à un double point de vue

Je ne parle que de l'hypothèse des faits graves, de la nécessité fort rare du secret. Pour les cas ordinaires, il ne s'élève aucune objection importante.

On a dit : Vous ne pouvez formuler en loi un tel système ; l'exposé des motifs ne soutiendrait pas l'examen d'une assemblée législative. On ajoute qu'en supposant la nécessité du secret, c'est le compromettre que de le confier à plusieurs personnes.

Enfin on va jusqu'à dire que nous nous heurtons, ou contre une impossibilité invincible, ou contre une connivence immorale.

Exposé de motifs à faire Je repousse ces critiques, et quant à l'exposé des motifs de la loi que nous soutenons, M. LEFRANC et moi, je le trouve tout fait dans un auteur dont la haute autorité, dont les profonds sentiments de moralité et de respect pour la loi religieuse et civile, sauront peut-être vous rassurer. Voici comment s'exprime M DE GÉRANDO (*De la Bienfaisance publique*, tome II, 2ᵉ partie, livre Iᵉʳ, chapitre VIII, pages 324-325).

« L'examen préalable peut avoir lieu à l'hospice même des Enfants trouvés « pour les enfants qui y sont directement apportés. Alors tout à l'hospice sera « disposé pour inspirer et justifier la confiance des familles. La personne qui « présidera à la réception des Enfants devra réunir la discrétion à la gravité « du caractère : elle se bornera à exiger les informations les plus indispen- « sables, elle les recevra sous le sceau du secret Les détails, ainsi recueillis, ne « seront point livrés aux tribunaux, ne pourront devenir les éléments d'une « instruction judiciaire. Une seule exception sera faite à cette règle : c'est le cas « où le mensonge aurait été employé en présentant un enfant.

« L'asile du malheur ne saurait être le théâtre de l'action de la police, et la « rigueur des lois criminelles ne doit point se combiner avec les actes de la « bienfaisance; mais une semblable protection n'est pas due à ceux qui, loin de « la mériter par les témoignages d'une juste confiance, chercheraient a obtenir « l'impunité à l'aide de la mauvaise foi. Une déclaration expresse fera bien « connaître ces conditions à quiconque voudra déposer un enfant; on lui tien- « dra ce langage : *Entrez ici sans crainte de voir vos secrets trahis; vous pouvez* « *tout dire, pourvu que vous disiez vrai.*

« La déclaration étant reçue, consignée par écrit, il reste à en vérifier la « sincérité, mission délicate et qui exige autant de perspicacité que de sagesse ! « C'est parmi les dames de charité, parmi les commissaires chargés de la dis- « tribution des secours publics qu'on rencontrera, suivant nous, les ministres « les plus propres à s'en acquitter, et ceux aussi dont les investigations excite- « ront le moins de défiance ou d'alarmes. »

Certes, Messieurs, voilà bien la défense la plus éloquente de notre loi ! Et nous trouvons dans M. DE GÉRANDO les mêmes pensées, les mêmes principes que nous avons adoptés, et presque complétement le même mode d'exécution.

Nous créons la charité intelligente, l'examen préalable, au lieu de la charité aveugle, de la réception imprudente, illimitée. Nous ouvrons un asile au mal- heur, à la misère constatée, appréciée, et non à la cupidité, a la paresse, qui veulent vivre aux dépens de la bienfaisance publique.

Nous assurons un refuge à la faiblesse, à la honte, mais à la condition de la confiance, de cette confiance qui assure, comme le dit M. DE GÉRANDO, la pro- tection de la bienfaisance publique à ceux qui en sont dignes, non à ceux qui chercheraient a obtenir l'impunité à l'aide de la mauvaise foi

Tout notre système repose sur cette double pensée : vérité, sincérité absolue chez celui qui déclare; discrétion, silence assuré chez celui qui écoute.

Mais quoi! M. GIRAUD, M. BLANCHE, s'effrayent de la révélation d'un crime! Précisons : qu'il n'y ait rien de vague dans notre pensée. Le déposant apporte un enfant qui est le fruit de l'adultère, allons plus loin, qui est le fruit de l'inceste; et vous ne songez qu'à une chose, la punition du crime! Moi, j'ai une autre préoccupation, celle de la vie de l'enfant. Nous ne faisons pas une loi judiciaire, une loi de répression; nous faisons une loi d'assistance, ne l'oubliez donc pas. Je vous dis ceci : cet enfant né d'un crime, sa coupable mère le fera disparaître par un crime. Est-ce là ce que vous voulez? Loin de là : offrez à cette malheureuse mère un asile de charité, un refuge impénétrable a ses tristes confidences, et l'enfant sera sauvé. N'est-ce donc pas là un résultat préférable à votre Tour, où arrive aussi, avec l'impunité, le fruit du crime, mais qui reçoit en même temps et les enfants simplement naturels et jusqu'aux enfants légitimes?

Maintenant, le secret confié au bureau d'admission sera-t-il gardé par lui? M. BLANCHE me fait remarquer que le texte de M. DE GÉRANDO porte : « *La personne* qui présidera à la réception des enfants devra réunir la discrétion à la « gravité du caractère. » C'est donc, selon lui, une personne unique que M. DE GÉRANDO a en vue et non une commission multiple. Mais la pensée de M. DE GÉRANDO s'est évidemment formulée d'une manière générale, autrement il ne se serait pas borné à dire *la personne;* il aurait déterminé quelle personne spéciale il jugeait digne d'une telle mission.

Il ne l'a pas fait, et j'ai cru compléter sa pensée en me préoccupant, dans le choix des membres du bureau d'admission, du caractère, de la gravité, de l'esprit de charité, de reserve, de délicatesse, qui m'ont paru devoir le guider dans ses opérations.

Voyez, en effet, ce qu'ajoute M. DE GÉRANDO : « La déclaration étant reçue, « consignée par écrit, il reste a en vérifier la sincérité, mission délicate, et « qui exige autant de perspicacité que de sagesse. »

Eh bien! je le demande, en présence de telles nécessités que reconnaît M. DE GÉRANDO, sur lesquelles il insiste, est-il bien possible de penser qu'il attache une importance exclusive à l'unité numérique de la personne chargée de recevoir les enfants? Et n'avez-vous pas la preuve du contraire, lorsque vous le voyez réclamer le concours des dames et des commissaires de charité?

Il faut donc le reconnaître, une seule personne ne pouvait suffire a l'ac-

complissement difficile des obligations que nous nous occupons de régler Il
faut ou ne rien faire, ou créer une commission, un bureau. Modifiez sa composition si vous le voulez, mais vous ne pouvez faire autre chose.

M. GIRAUD:

Mon objection ne portait pas sur le plus ou moins de considération que
mérite le bureau auquel vous conférez le droit d'admettre des enfants à l'hospice, mais sur la nature même des confidences que vous l'appelez légalement
à recevoir sous le sceau du secret.

Je persiste à dire que vous ne pouvez consacrer légalement l'obligation du
silence des membres de votre bureau d'admission sur certains faits criminels
qui leur seraient révélés dans l'exercice de leurs fonctions.

Je conçois que si votre loi se taisait sur ces cas, vous pourriez dans la pratique, agissant sous votre responsabilité personnelle, agir avec indulgence,
avec tolérance, avec discrétion; mais, je le répète, une pareille obligation
inscrite dans la loi me paraît une contradiction, une immoralité.

M. BLANCHE:

La est toujours le vrai point de la difficulté; il ne me paraît pas cependant
impossible d'en sortir, et voici ce que je vous propose :

Nécessité
d'expliquer
dans la loi
l'obligation
du secret

Je ne reviendrai pas sur l'emploi de la sœur.

Vous voulez la suppression du Tour, en raison de ses abus : sur ce point,
je suis complétement d'accord avec vous.

Vous voulez, la majorité du moins, je le crois, veut la conservation du
secret dans les cas graves, et cela au prix d'un aveu sincère de la part de qui
réclame votre assistance. Sur ce point, je partage encore votre pensée.

Nous différons sur le choix de la personne qu'il conviendrait de charger de
la mission délicate de recevoir les aveux et d'apprécier la nécessité du secret.

Je ne vous parlerai plus de la sœur de charité

Mais enfin, comme vous, je veux le secret, le secret intelligemment reçu, inviolablement gardé, et pour cette fonction j'aime encore mieux le bureau d'admission que le Tour. Or, je suis frappé de la nécessité où, plus d'une fois peut-être,
tel membre du bureau d'admission pourra se croire obligé, en vertu de ses
fonctions et des prescriptions de la loi, de révéler ce que lui aura appris la
confidence du déposant. L'aveu d'une faute grave lui est fait, et cependant il
se peut que les considérations tirées de l'intérêt de l'enfant, de celui de la

mère, de l'intérêt bien entendu de la société, commandent le silence sur cet aveu. Afin donc de ne pas placer les membres du bureau d'admission entre l'obligation légale de la révélation et la nécessité de réclamer le secret, je voudrais qu'une disposition spéciale de la loi autorisât leur silence.

Je voudrais pour leur fonction spéciale de membres du bureau d'admission le droit du secret professionnel que la loi impose au médecin. Je voudrais que le bureau d'admission fût autorisé à inscrire sur son registre, dans les cas où il croirait devoir garder le secret, ces mots : « *Tel Enfant reçu sous le sceau du secret, en vertu d'une délibération du bureau d'admission.* » Le bureau d'admission n'aurait à transmettre que cette simple note au procureur de la République; cette déclaration n'apporterait aucune entrave à l'action judiciaire qui peut surgir d'ailleurs; mais elle n'en fournirait pas par elle-même les éléments, et le bureau d'admission serait autorisé à garder le silence sur les faits relatifs à l'admission ainsi accomplie sous le sceau du secret. Ce serait aussi cette déclaration que l'on transmettrait a l'officier de l'état civil, pour lequel elle remplacerait avantageusement la formule aujourd'hui suivie : *Enfant né de père et mère inconnus.* Évidemment cette dernière formule ne saurait être conservée, car ce serait un mensonge officiel devenu un acte authentique.

M. DURAND-SAINT-AMAND déclare qu'il n'a aucune objection à faire à cette proposition

M. Victor LEFRANC :

Pour ma part, j'accepte cet amendement. Il autorise le bureau sans préjudicier à ses droits. Il est bien entendu, en effet, que, dans les cas où le bureau d'admission viendra a découvrir lui-même la fraude ou le mensonge, la fausseté des serments ou déclaration qui lui ont été faits, il restera libre de réclamer la poursuite des délinquants.

Dens ces conditions, je mets aux voix l'amendement proposé par M. Blanche.

L'amendement est adopté en ces termes, et deviendra l'article 23 du projet :

« Le bureau d'admission pourra constater la réception d'un enfant en ces termes : *Tel enfant reçu sous le sceau du secret.* L'acte de naissance contiendra la même mention : *Tel enfant reçu sous le sceau du secret, en vertu d'une délibération du bureau d'admission*

En conséquence, les articles 21, 22 et 23 sont adoptés ainsi qu'il suit :

RÉSOLUTION.

ART. 21.

Il pourra aussi décider que l'enfant doit être rendu à sa mère, soit parce qu'il jugera qu'elle a les ressources nécessaires pour l'élever, soit parce que les motifs allégués pour demander que le secret de sa maternité soit gardé n'auront pas paru justifiés, soit parce que la mère se sera refusée à contribuer, dans la limite de ses facultés, aux dépenses de l'enfant.

Il sera donné avis à la mère de cette décision.

Restitution de l'Enfant à la mère
Loi, a 24

ART. 22.

Cette décision pourra être prise alors même que l'enfant aura été admis par une première délibération, si le Bureau est convaincu qu'un changement survenu postérieurement dans la situation de la mère permet qu'on lui rende son enfant.

Restitution de l'Enfant précédemment admis
Loi, a 24

ART. 23.

Le Bureau d'admission pourra constater la réception d'un enfant en ces termes : *Tel enfant, reçu sous le sceau du secret.*

L'acte de naissance contiendra la même mention : *Tel enfant, reçu sous le sceau du secret, en vertu d'une délibération du Bureau d'admission.*

Mode de réception au cas du secret
Loi, a. 26

A la suite de cette discussion, la Commission décide que l'article 2, précédemment adopté quant à la forme, demeure définitivement adopté quant au fond.

La séance est levée à 11 heures et demie, et renvoyée au mardi 9 courant.

L'ordre du jour indiqué pour cette séance est la suite de la discussion sur le projet de loi relatif au mode d'admission des Enfants trouvés dans les hospices.

13ᴱ SÉANCE.

Mardi 9 octobre 1849, a 8 heures du matin

Présidence de M. Victor LEFRANC.

Sont présents :

MM. Victor LEFRANC, DURAND-SAINT-AMAND, BAILLEUX DE MARIZY, Alfred BLANCHE, NICOLAS, VALENTIN-SMITH, Secrétaire, et Louis HAMELIN, Secrétaire adjoint.

Absents :

MM. DE LURIEU, DE WATTEVILLE, en mission pour service d'inspection générale de bienfaisance; M. GIRAUD.

Le procès-verbal de la séance du 4 octobre courant est lu et adopté.

ORDRE DU JOUR.

Suite de la discussion du projet de loi sur le mode d'admission des Enfants dans les hospices.

Exposé de l'état de la discussion

Depot de l'Enfant

Decision sur le secret demande

M. VICTOR LEFRANC :

Je reviens un instant sur mes pas, et, pour préciser la marche de la discussion, j'indique la situation de l'Enfant dans les termes et dans l'application de l'article 21 du projet.

Un individu se présente devant le secrétaire de la Commission, et lui demande à être renvoyé devant le bureau d'admission, auquel seul il veut faire connaître le nom de l'Enfant qu'il apporte, pour être mis à la charge de la charité publique.

Devant le bureau, cet individu dit : « Cet enfant est né en mariage légitime ; voici le nom de sa mère. »

Si le bureau reconnaît qu'il peut y avoir de justes motifs de recueillir l'enfant, mais que la mère peut, de quelque manière, pourvoir à sa subsistance, il répondra : Nous le recevons, mais la mère contribuera à ses dépenses dans une proportion que nous lui faisons connaître.

L'Enfant est donc admis

Sans doute, il se trouvera privé par là de son état légitime.

Mais remarquons bien, cependant, que sa position est loin d'être celle que lui aurait faite le Tour, qui lui dérobait toute espèce de traces propres à établir sa filiation.

En effet, la mère a confié le secret de la naissance à quelqu'un. C'est déjà quelque chose de considérable pour aider l'Enfant dans la découverte de son état.

Sans doute, les procès-verbaux de la Commission, devant être secrets, ne sauraient constituer pour l'Enfant un élément de constatation ni de recherche.

Mais la déclaration faite à l'officier de l'état civil constatera qu'il a été admis à l'hospice sous le sceau du secret, et par décision du bureau d'admission... Cette déclaration pourra, par cela même, venir encore en aide à cet enfant dans la recherche de sa mère.

Ainsi l'hospitalité et l'humanité de la charité publique auront jeté un voile sur l'origine de l'Enfant accueilli à l'hospice, mais sans effacer tous les indices qui peuvent le mettre sur les traces de sa famille. Elles auront été assez discrètes et assez prévoyantes pour sauvegarder sa vie et l'honneur de sa mère, sans leur ravir toute chance de se retrouver un jour.

M. NICOLAS exprime ses regrets qu'une méprise de sa part l'ait privé d'assister à la dernière séance.

S'il eût été présent, dit-il, à la lecture du procès-verbal de cette séance, il aurait fait observer que ses paroles comme sa pensée avaient été bien mal comprises par M. GIRAUD, s'il avait cru y voir une allusion quelconque aux sentiments qu'il a pu personnellement manifester sous le rapport du catholicisme dans son application à la question qui nous occupe.

Autant et plus que qui que ce soit, ajoute M. NICOLAS, je sais reconnaître,

33.

par la preuve qu'il nous en a fournie dans nos discussions, que personne n'a le droit de se dire plus catholique que M. GIRAUD.

J'explique donc que je n'ai dit qu'une chose générale et parfaitement exacte, c'est que la majorité des catholiques se prononce pour le maintien du Tour sous l'influence de ce sentiment que non-seulement, au nom de la charité comme au nom de la moralité publique, il faut offrir à la mère illégitime les moyens de cacher sa faute, mais qu'il faut surtout arracher l'enfant à la contagion du vice au milieu duquel l'a plongé sa naissance. Voilà ce que j'ai dit : rien de plus, rien de moins.

M. LEFRANC :

Nous allons reprendre la discussion du projet de loi au point où nous l'avons laissée, et passer à la question de savoir si, en principe général, ce qui se passera au bureau d'admission ne devra pas être secret, même pour la justice, et s'il ne faudra pas excepter le cas où l'individu qui aurait apporté un enfant aurait fait une fausse déclaration ou un faux serment.

Je propose d'ajouter au projet un article ainsi conçu :

Les procès verbaux du bureau d'admission ne pourront servir d'élément dans une instruction judiciaire.

Il ne sera fait d'exception que pour le cas où il y aurait eu faux serment ou fausse déclaration. Dans ce cas, celui qui aura fait le faux serment ou la fausse déclaration pourra être poursuivi sur la plainte du Bureau d'admission, et puni des peines ci après déterminées

M NICOLAS :

Serait-il bien raisonnable de livrer aux tribunaux la personne qui apportera un enfant à votre bureau d'admission, et qui, pour ne pas violer la religion du serment promis à la mère, aura préféré s'envelopper d'un mensonge plus miséricordieux que criminel?

M. LEFRANC :

Je suppose que la personne dont vous parlez apporte un enfant au bureau d'admission, en lui déclarant que cet enfant est celui de telle femme; et cependant, dans la réalité, c'est l'enfant d'une autre femme, d'une femme, par exemple, qui est riche.

Ou bien encore, je suppose que cette personne fasse admettre un nouveau-né en déclarant, sous la foi du serment, qu'elle a trouvé cet enfant sur le pavé, qu'elle ignore le nom de la mère, que dans la vérité elle connaissait bien et qui est une femme légitime.

On découvre la fraude. Vous voyez que l'on a mis, dans le premier cas, à la charge de la charité publique un enfant que ses parents pouvaient très-bien nourrir et élever; et, dans le second cas, un enfant auquel on a cherché à enlever son état d'une manière frauduleuse, sans user, pour le faire admettre, des voies légitimes ouvertes par la loi. Comment voudriez-vous qu'une pareille fraude restât impunie?

M. NICOLAS:

Vous frapperez donc la mère dans la personne de l'agent qui aura menti?

M. LEFRANC:

Nous frapperons également la mère, si c'est elle qui a donné l'ordre du mensonge. Ce que nous voulons atteindre, c'est la fraude, de quelque part qu'elle vienne.

M. NICOLAS:

Cela peut être juste, mais il faut y réfléchir.

Le peuple ne jugera pas votre œuvre avec le calme et la réflexion que vous aurez mis à la composer. Il la prendra en défiance, parce qu'il n'y verra pas les conditions du secret que vous lui accordez.

L'effet de votre loi sera de produire le mensonge, toujours le mensonge.

L'inconvénient du Tour est moins grand Il fait ce que l'homme ne peut pas faire : l'homme ne peut pas approuver, sanctionner un abandon. C'est cependant ce que vous faites avec votre bureau d'admission. Vous faites que des magistrats seront appelés à légaliser, d'un côté, ce que la loi défend et condamne de l'autre; vous faites de ces magistrats les intermédiaires, les complices, pour ainsi dire, d'un crime qu'ils seront appelés à faciliter et à régulariser, quand, par exemple, ils accepteront l'abandon d'un enfant légitime qu'on leur dira être adultérin.

N'y a-t-il pas là quelque chose qui blesse tout à la fois la dignité de la loi et la dignité de la magistrature spéciale que vous voulez créer?

Nouvelle critique du Bureau d'admission

M. LEFRANC:

La loi actuelle institue un instrument de bois qui enlève l'état civil de l'Enfant en recevant toujours, d'une manière aveugle, tout enfant qui lui est présenté.

Est-ce qu'à cet instrument de bois je ne puis pas substituer un instrument intelligent, qui fera intelligemment la véritable part de la raison et de la charité, en repoussant tout ce qui est mensonge et vol envers la bienfaisance publique?

Principes
déjà admis
dans
la discussion
Toute notre loi, tout ce qui a été adopté jusqu'à présent, repose sur ce que vous attaquez, c'est-à-dire sur la sincérité de la déclaration et sur la poursuite de la fraude et du faux témoignage.

Au surplus, permettez-moi de vous dire que je ne m'explique pas vos impressions contradictoires.

En effet, on met un Enfant au Tour : il est jeté dans cet abîme où vont s'engloutir sa vie, son état civil, tous ses liens et tous ses droits de famille. Ceci ne vous étonne pas, ne vous émeut point! Dans ce dépôt au Tour, vous ne voyez point un scandale.

Et si on le remet à une Commission composée des hommes les plus honorables, à une Commission qui ne consentira à le recevoir sous le sceau du secret qu'après avoir examiné, pesé, jugé qu'il y a prudence et convenance à l'accueillir, aussitôt vous vous récriez et vous dites : Voilà le scandale!

Encore une fois, permettez-moi de vous le dire, je ne comprends pas cette contradiction.

M. NICOLAS :

Intervention
de
la sœur de charité
préférable
au Tour
et au Bureau
d'admission
Ne vous méprenez point, ce n'est pas un esprit de parti pris pour le Tour qui me le fait regretter. J'en ai reconnu les inconvénients, les abus. J'ai dit que la Sœur de charité aurait pu le remplacer de la manière la plus heureuse, et en reproduire les bienfaits sans en perpétuer les inconvénients.

Mais ce que je ne comprendrai jamais, ce qui me choque cent fois plus que le Tour, c'est une magistrature acceptant une suppression d'état, comme vous le voulez; c'est la violation de la loi par les organes intelligents de la loi elle-même. Je comprends, comme vous le dites, que le Tour est aussi l'instrument de la loi; mais, comme vous le répétez souvent, c'est un instrument aveugle, sourd et muet qui, du moins, ne porte pas une décision, une sentence, comme votre bureau d'admission.

En hérissant votre loi de tant de formalités, de précautions, de menaces, en faisant apparaître à travers ses dispositions le procureur de la République et les gendarmes, en inscrivant des articles du Code pénal jusque sur les portes de l'hospice, je crains que vous ne supprimiez non-seulement le Tour, mais l'hospice même, et que, à vous dire toute ma pensée, l'Enfant ne soit jeté dans le buisson ou sur la place publique avant de vous être apporté.

On se trompe étrangement lorsqu'on répète sans cesse que les Enfants trouvés sont en très-grand nombre dans les bagnes et dans les maisons centrales, et que parmi eux il règne une mortalité hors de toute proportion avec la mortalité qui se manifeste parmi les autres enfants du même âge. C'est une double erreur.

Je m'explique d'abord en ce qui concerne la mortalité

Qu'elle s'élevât pour les Enfants trouvés au-dessus de celle des autres enfants, ceci n'aurait rien de surprenant lorsque l'on songe que l'Enfant trouvé arrive souvent au monde mortellement blessé, pour ainsi dire, par toutes les tentatives d'avortement qui ont précédé sa naissance, ayant une constitution faible, maladive ou viciée.

On exagère la mortalité des Enfants trouvés

Quoi qu'il en soit, M. DE GÉRANDO nous montre que la mortalité a considérablement diminué dans la classe des Enfants trouvés depuis le siècle dernier, et surtout depuis quelques années. Ainsi, de 1826 à 1836, suivant M. DE GÉRANDO (1), la mortalité de ces Enfants a été de 16 pour cent seulement, au lieu de 84 pour cent, à laquelle elle s'élevait en 1784.

Je ne cherche pas à expliquer le fait, je me borne à le constater

Je passe maintenant à la version souvent reproduite, souvent acceptée parce qu'on ne prend pas la peine de recourir aux faits, de les étudier, à savoir que les Enfants trouvés peuplent les bagnes, sont des agents de crime et d'immoralité qui pèsent sur la société.

On exagère le nombre des Enfants trouvés existant dans les bagnes

Il n'en est rien.

Ce reproche, adressé aux Enfants trouvés, n'est pas nouveau, et déjà, dès 1786, M. Desbois-Rochefort avait pris soin de les justifier à cet égard (2)

Mais personne ne les justifia mieux sous ce rapport que M. DE GÉRANDO, précieuse autorité à laquelle tous nous aimons tant à recourir.

« En France, dit-il, le nombre des prévenus de crimes et délits parmi les « adultes qui sont sortis des hospices d'Enfants trouvés, est au-dessous de la « moyenne des prévenus pris sur l'ensemble des habitants, telle qu'elle résulte

---

(1) *Bienfaisance publique*, t II, p 355
(2) Voir *Encyclopédie méthodique*, au mot *Enfants trouvés*

« de la statistique criminelle ; on rencontre aussi moins de filles corrompues
« parmi celles qui ont eu la même origine, qu'il n'y en a dans la masse entière.
« De cette classe sortent quelquefois des mendiants, mais rarement des sujets
« pervers. Ces faits sont établis par des informations positives ; ils s'expliquent
« même par l'existence que les Enfants mènent à la campagne, par les habitudes
« laborieuses qu'ils contractent de bonne heure et par le besoin qu'ils éprou-
« vent d'obtenir l'estime pour trouver et conserver des appuis : ils ont eu l'édu-
« cation de l'adversité.

« Si, comme l'expérience semble l'attester, les enfants illégitimes, pris en
« général, donnent un plus grand nombre de criminels et de filles perverties,
« il ne faudrait pas être surpris, sans doute, que la même proportion vînt à se
« reproduire parmi les Enfants trouvés qui ont la même origine ; alors nous
« devrions en accuser leur origine et non les hospices qui les recueillent. »

Effets probables
de l'adoption
du Bureau
d'admission

Pour rentrer dans la question qui nous occupe, je dis que par l'institution
de votre bureau, par l'appareil de pénalités et de menaces dont vous l'entou-
rez, vous diminuerez sûrement le nombre des Enfants trouvés, je le reconnais,
vous les supprimerez peut-être.

Mais qu'arrivera-t-il des enfants illégitimes qui ne seront pas sacrifiés,
immolés ? vous les rejetterez au sein de leurs familles, au milieu de la contagion du vice d'où ils sont sortis, au foyer de tous les désordres et de toutes
les immoralités. En un mot, toute votre œuvre consistera à répercuter le mal
dans la société en diminuant les Enfants trouvés.

M. DURAND-SAINT-AMAND :

Explications
sur
la mortalité.

Pour m'expliquer d'abord sur ce qu'a dit M. NICOLAS touchant la mortalité
des Enfants trouvés, je me bornerai à lui répondre que M. REMACLE, dans son
rapport au ministre de l'intérieur, en 1845, a constaté que les enfants conservés par leurs mères avec les secours de la charité publique ont trouvé auprès
de leurs mères des chances de vie supérieures de moitié à celles que l'hospice
leur eût laissées (1).

J'ajoute que M. BOICERVOISE, dans le rapport qu'il a présenté, en 1845, au
Conseil général de la Seine, constate à peu près les mêmes résultats (2).

Mais rentrons plus directement dans notre question.

(1) Page 17
(2) Voir *Avis et Délibérations des Conseils généraux*, p 411

Qu'y avait-il à faire?

13ᵉ SÉANCE
—
Rappel
à la question

Trois choses : ou maintenir les Tours, ou les supprimer sans rien mettre à leur place, comme le demandait M. Giraud, ou enfin supprimer les Tours et les remplacer par quelque chose.

C'est ce dernier système qui a prévalu dans la Commission.

Nous avons créé un personnel pour l'admission des Enfants dont la bienfaisance nationale doit se charger. Ce personnel, nous l'avons composé des personnes les plus capables, sous tous les rapports et à tous les titres, de présenter les garanties les plus complètes de raison, de justice et de charité éclairée : c'est le curé de la paroisse, c'est la sœur hospitalière, c'est tout ce qu'il y a de plus honorable dans le pays. Nous avons dit à ce corps ainsi constitué : Vous remplacerez le Tour, vous serez le Tour; vous serez un Jury qui admettrez ceux qui devront être admis, qui garderez le secret qui doit être gardé.

Dites-moi, je vous prie, si cela ne vaut pas votre Tour de bois; si ce n'est pas là quelque chose d'honnête, d'éclairé, un Tour vivant, organisé, intelligent. Au surplus, ce que M. Nicolas discute en ce moment n'est plus en question, et le vote, qui a eu lieu à la dernière séance, des articles 20 et 21 du projet de M. Victor Lefranc a clos cette discussion.

M. NICOLAS :

Motif
pour lesquels
il est revenu
sur la discussion

Vos intentions assurément sont bonnes, très-bonnes. Mais cela ne suffit pas. L'essentiel, en toutes choses, c'est d'aboutir, d'aboutir à de bons résultats.

Eh bien! soyez-en sûrs, vos intentions seront trompées, parce que vos moyens manquent de toutes les conditions de succès.

Votre bureau, comme vous l'organisez, avec ce prétendu secret jeté dans l'oreille de cinq personnes, n'inspirera aucune confiance. Je l'ai déjà dit, et les vérités qui ont pour but d'éclairer un projet de loi surtout ne sauraient trop se répéter, il est de la nature du secret de ne se verser que dans le sein d'une seule personne.

Si vous eussiez adopté la Sœur pour confidente de ce secret, je vous aurais compris: la Sœur, par son caractère, par sa douceur, par sa popularité, par toutes les qualités qui la relèvent, attire, invite et rassure. Mais, de bonne foi, pouvez-vous appeler du nom de secret la chose confiée a trois ou cinq personnes?

Aux yeux du public, et c'est de lui qu'il s'agit ici, est-ce que votre Commission inspirera jamais la confiance que l'on accorderait à la Sœur de charité?

Croyez-vous que l'on ira se livrer à votre bureau? Détrompez-vous; il n'en sera rien.

Ne perdez pas de vue que l'opinion est ombrageuse; et quand on fait une loi, comme la première chose est de la faire entrer dans les mœurs du pays, il faut de toute nécessité faire une large part à l'opinion.

Tenez pour certain que vous n'aboutirez pas!

Au surplus, vous avez décidé: je ne poursuis pas davantage cette discussion, mais je tenais, à raison surtout de mon absence dans la dernière séance, à dire toute ma pensée.

Reprise
de l'article
en
discussion

M. LEFRANC : Nous allons reprendre la discussion de l'article qui portera le nº 24, et dont je propose maintenant la rédaction suivante :

Les membres du bureau d'admission garderont le secret sur les déclarations qu'ils auront reçues. Les procès-verbaux ne pourront servir d'élément à une instruction judiciaire. Il ne sera dérogé a ces prescriptions que dans les cas où, des recherches opérées, il résulterait qu'il y a eu faux serment ou fausse déclaration de la part de la personne qui aurait apporté un Enfant. Dans ce cas, le procureur de la République ne pourra, toutefois, commencer des poursuites que sur la plainte du bureau d'admission, accompagnée de la déclaration arguée de faux.

M. BAILLEUX DE MARIZY : Il y a dans la composition de votre bureau, et dans la manière surtout dont vous le faite fonctionner, une sorte de confusion, ou tout au moins quelque chose que l'on ne saisit pas de suite. Je vois même une contradiction entre le secret imposé au bureau d'admission et la faculté qui lui est laissée de déférer au ministère public les cas de faux serments et de fausses déclarations.

Ainsi, vous admettez le secret dès qu'il est réclamé, et en même temps vous le violez; vous dites au commencement de votre article que les procès-verbaux ne pourront pas servir d'élément judiciaire, et, à la fin, vous dites que la Commission pourra les adresser au ministère public, en cas de fausse déclaration Je sais bien que ces dispositions contradictoires s'adressent à des cas différents le secret est la récompense de l'aveu, la poursuite est la punition du mensonge; mais qu'arrivera-t-il si vos recherches vous ont trompés une fois seulement, si la déclaration que vous avez dénoncée comme fausse se trouve vérifiée en justice? Vous aurez donc livré aux tribunaux, au scandale public, la confidence que vous avez provoquée, le secret que vous deviez garder! Que cette éventualité se présente une seule fois, et vous aurez détruit le laborieux échaufaudage sur lequel repose votre loi : votre bureau d'examen ne peut attirer à lui que si son influence morale est entière ; une seule erreur la détruira sans remise.

Tout votre système constitue enfin des rouages compliqués qui entraînent la confusion et créent de fausses idées. C'est une ingénieuse théorie, mais elle est trop ingénieuse pour être pratiquée.

M. BLANCHE : La suppression du Tour n'est nullement celle de l'hospice, comme le dit M. NICOLAS. Il ne faut pas perdre de vue que le plus grand nombre des expositions a pour cause la misère.

La suppression du Tour n'éloigne pas de l'hospice

Et comment pourrait-on avancer que la suppression du Tour doive entraîner la suppression de l'hospice, quand on sait que dès 1811 un grand nombre d'hospices dépositaires n'ont jamais eu de Tours, quand on considère que dans les dernières années les Tours ont été supprimés dans des hospices qui cependant n'ont pas été fermés et qui n'ont pas cessé d'être dépositaires ? Enfin, j'insisterai sur cette circonstance très-considérable dans la question : c'est que, dans les hospices où un bureau d'admission a été ouvert à côté du Tour conservé, c'est au bureau et non au Tour que le plus grand nombre d'Enfants a été apporté.

Je prie M. NICOLAS de le remarquer, la Sœur de charité, que j'aurais désirée comme lui, n'aurait pas reçu sous le secret tous les Enfants qu'on lui aurait présentés à ce titre sans faire observer à ceux qui les apportent de ne pas s'exposer à commettre le crime de suppression d'état.

M. VALENTIN-SMITH :

Avec le sytème du secret, de quelque manière qu'on l'organise, il y aura toujours d'inévitables et énormes inconvénients. Voilà pourquoi, en ce qui me concerne, je l'ai toujours combattu. Mais enfin ce système a prévalu, et il reste à apprécier les diverses objections qui sont présentées pour le cas où la personne qui apporte un Enfant aurait fait un faux serment devant le secrétaire ou une fausse déclaration devant le bureau d'admission, et mis ainsi à la charge de la charité publique un Enfant que les parents auraient pu et dû nourrir et élever.

Repousse le reproche de contradiction présenté contre l'article 24.

Est-il possible de laisser impuni un semblable fait, ce faux serment et cette fausse déclaration ? S'il en était ainsi, toute l'économie du projet de loi se trouverait renversée. L'on ne s'arrêterait jamais devant le secrétaire, l'on irait toujours vers le bureau d'admission, que toujours aussi on tromperait, parce qu'on pourrait le tromper impunément.

Il n'y a pas de confusion, comme le dit M. DE MARIZY, dans les deux dispo-sitions de l'article en discussion. Il y a une disposition générale, qui est celle du secret ; il y a ensuite une exception pour le cas où l'on a trompé, par exemple, sur le nom de la mère ou sur sa véritable position. Ce sont deux choses parfaitement distinctes.

Dans un cas, il y a l'appel honnête, loyal, fait à l'action de la charité, d'une charité indulgente et éclairée, qui accueille ou rejette la demande. Dans l'autre cas, il y a une action coupable, un crime ou un délit, que l'on recherche et dont on poursuit la répression. Voilà assurément deux idées auxquelles on ne peut faire aucun reproche d'immoralité ou de confusion.

Et d'ailleurs, lorsqu'un crime a été commis, un crime qui ne constitue pas seulement un véritable vol fait à la charité publique, mais aussi une suppression d'état, il ne pourrait appartenir à une loi, dérogeant aux prin-cipes qui doivent dominer toute législation, d'anéantir l'action publique, dont le droit et le devoir est de poursuivre la répression. Ce serait là renverser les bases de la société et de la famille ; ce serait oublier que le but de toute loi est de punir la fraude et le crime, surtout en vue de les prévenir.

Maintenant, je suis porté à croire avec M. DE GÉRANDO et M. NICOLAS qu'il n'y a pas parmi les Enfants trouvés cette exubérance d'immoralité que leur prêtent souvent ceux qui n'ont pas étudié les faits, et ne font que répéter une opinion aussi légèrement transmise qu'elle a été légèrement accueillie.

Mais je ne puis comprendre, non plus, que M. NICOLAS prétende s'armer de ce fait pour en tirer cette étrange conclusion, qu'il ne faut pas s'alarmer du nombre des Enfants trouvés ; que bien mieux vaut voir les Enfants illégitimes livrés à l'hospice que s'ils restaient au foyer vicieux de leur naissance, pour aller ensuite peupler les bagnes et les maisons centrales.

Sans reproduire ici tout ce qui a été dit sur l'immoralité de l'abandon, je me borne à faire remarquer que, s'il n'y a pas erreur, il y a tout au moins de l'exagération dans le langage de M. NICOLAS. La statistique criminelle, à l'exac-titude de laquelle on rend si souvent hommage, prouve que les Enfants natu-rels sont loin de figurer, parmi les criminels, dans la proportion de leur po-pulation en France.

Déjà M. l'abbé GAILLARD (1) avait constaté ce fait dans son ouvrage sur les

_____

(1) « Depuis 1831, dit l'abbé Gaillard, page 249, la Statistique criminelle distingue parmi les

Enfants trouvés, couronné en 1836 par l'accadémie de Mâcon, etc. Depuis lors, les mêmes résultats se sont reproduits chaque année. Il faut prendre garde, toutefois, de ne pas perdre de vue, dans cette supputation, que la mortalité est bien plus grande chez les Enfants naturels que chez les Enfants légitimes.

Au surplus, afin d'éclaircir désormais ce fait d'une manière irrésistible, j'ai formé le projet de faire dresser des tableaux statistiques comprenant le relevé : 1° des Enfants naturels traduits devant les assises depuis 1831, époque où leur distinction avec les Enfants légitimes a commencé a être établie dans la statistique criminelle; 2° des Enfants naturels et des Enfants trouvés placés dans les maisons centrales ou détenus correctionnellement. Ces tableaux, comprenant les diverses catégories d'Enfants naturels, d'Enfants trouvés et d'Enfants légitimes, contiendront les divers rapports entre eux. J'ai demandé ces divers documents aux différents ministères, et aussitôt qu'ils seront parvenus, je vous les soumettrai avec les divers résultats qu'ils pourront présenter (1).

13ᵉ SÉANCE
—
Statistique établissant le rapport entre les Enfants naturels, les Enfants trouvés et les Enfants légitimes, pour les accusés de crimes et pour les condamnations

M. BAILLEUX DE MARIZY demande ce que le bureau d'admission fera de l'Enfant après que la fausse déclaration aura été reconnue.

Quel sera le sort de l'Enfant, en cas de fausse déclaration ?

M VICTOR LEFRANC répond que l'on invitera la mère à reprendre son Enfant, et que si elle ne le reprend pas, elle sera poursuivie pour délaissement.

Il sera repris par la mère, ou reçu à l'hospice

M. BAILLEUX DE MARIZY :

Votre Commission jouera encore un double rôle que je m'explique difficilement.

Au reste, à la manière dont vous voulez faire fonctionner cette Commission, vous reviendrez bientôt à tous les inconvénients qui résultent du décret de 1811.

« accusés ceux qui ont été reconnus pour être Enfants naturels La proportion des naissances illégitimes, au total des naissances, étant de 72 sur 1,000, le nombre des accusés Enfants naturels devait être dans le même rapport avec le total des accusés Il est loin d'en être ainsi, car ce rapport n'est que de 23 Enfants naturels sur 1,000 accusés, mais il faut dire qu'un grand nombre de ces Enfants meurent en bas âge, et que leur état civil n'est pas toujours connu lors de leur jugement »

(1) Voir, tome II, pages 638 et suivantes, les VIIIᵉ et IXᵉ tableaux De la comparaison de ces deux tableaux, il résulte qu'il y a, parmi les condamnés pour crimes, un bien plus grand nombre d'Enfants naturels que ne le constate la statistique criminelle

L'on est arrivé à diminuer le nombre des Enfants trouvés en supprimant plusieurs hospices dépositaires. Pour vous, vous créerez un hospice dépositaire par arrondissement; la conséquence de cette création, comme de tout votre système, est que vous verrez rapidement s'accumuler les Enfants dans les hospices.

M. LEFRANC :   -

M. Nicolas nous accuse de diminuer considérablement, par notre système, le nombre des Enfants trouvés.

D'un autre côté, M. Bailleux de Marizy soutient que notre système aura pour effet d'accroître le nombre de ces Enfants, en les accumulant dans les hospices.

Ne serait-ce pas là une preuve que nous sommes dans le vrai, parce que nous sommes dans le milieu des systèmes extrêmes?

M. BAILLEUX DE MARIZY dit que, quant à lui, il n'adopte aucun principe absolu, ainsi qu'il l'a expliqué et développé; mais qu'entre les deux systèmes absolus du Tour ou du Bureau d'admission, il est pour la supériorité du principe absolu du Tour.

M. NICOLAS reproche au système d'admission organisé avec un Bureau qui sera dépositaire du secret de présenter tous les inconvénients du Tour, sans en présenter les avantages; il lui reproche, surtout, de ne prévenir en aucune manière l'infanticide, et de faire refluer au sein du vice des Enfants qui, à tous les points de vue et de la société et de l'individu, seraient bien plus heureux d'être confiés à la charité publique.

M. LEFRANC :

Comment! je ne vous comprends pas! Est-ce qu'avant le malheur d'être le fils d'un homme misérable, il n'y a pas le malheur de n'être le fils de personne?

Est-ce que la société, quand elle le peut, ne doit pas toujours chercher à rattacher l'Enfant à sa famille, à sa mère?

Permettez, ne m'interrompez pas; je ne puis laisser à personne le soin de formuler ma pensée.

Je serais l'enfant d'un forçat, qu'assurément l'on ne me verrait jamais dé-

savouer mon père. Ma résignation, ma tristesse, ma piété filiale, ma dignité
dans le malheur, seraient à la fois et une protestation contre une solidarité
douloureuse, et un remords ou une réhabilitation pour mon père et une consolation pour la société offensée. Cette chance, vous ne pouvez l'enlever ni à
l'Enfant, ni au père, ni à la société.

Je résume la question :
Un Enfant a été présenté par une personne, en désignant le nom d'une
mère qui n'est réellement pas la mère de cet Enfant; cette personne prête
serment devant le Secrétaire ou fait sa déclaration devant le Bureau d'admission.

Le Bureau découvre qu'il y a un faux serment ou une fausse déclaration,
alors il prévient la mère qu'elle doit reprendre son Enfant.

Ensuite, s'il y a lieu, le Bureau dénonce le fait au ministère public, ce
qui est pleinement laissé à sa prudente discrétion. Je vais mettre la question
aux voix.

M. BAILLEUX DE MARIZY demande la division.

La première partie de l'article 24 est mise aux voix et adoptée à l'unanimité, et la deuxième à la majorité, dans les termes suivants :

RÉSOLUTION.

ART. 24.

Les membres du Bureau d'admission garderont le secret sur la
déclaration qu'ils auront reçue. Les procès-verbaux ne pourront
servir d'élément à une instruction judiciaire.

Il ne sera dérogé à ces prescriptions que dans le cas où il résulterait des recherches qu'il y a eu faux serment ou fausse déclaration; dans ce cas, le Procureur de la République ne pourra commencer les poursuites que sur la plainte du Bureau d'admission
accompagnée de la déclaration arguée de faux.

La séance est levée.

La Commission se réunira le 11 octobre 1849. Elle fixe, pour son ordre du jour, la continuation de la discussion sur la partie du projet de loi relative au mode d'admission des Enfants dans les hospices.

14ᵉ SÉANCE.

Jeudi 11 octobre 1849, 8 heures du matin

Présidence de M. Victor LEFRANC.

Présents :

MM. Victor LEFRANC, Président; DURAND-SAINT-AMAND, GIRAUD, Alfred BLANCHE, BAILLEUX DE MARIZY, et Louis HAMELIN, Secrétaire adjoint.

Absents :

MM. DE LURIEU et DE WATTEVILLE, inspecteurs des établissements de bienfaisance, pour cause de service public; VALENTIN-SMITH, pour cause de maladie; NICOLAS, pour cause de service public.

Le procès-verbal de la séance du 9 octobre courant est adopté.

ORDRE DU JOUR.

Suite de la discussion du projet de loi sur le mode d'adoption des Enfants dans les hospices.

M. LEFRANC :

Secours aux filles mères

La discussion est ouverte sur le chapitre 3 du projet, où se trouve posé le principe des secours aux mères indigentes que la misère pousserait à l'abandon de leurs Enfants. Je n'ai voulu m'occuper ici que du principe. Quant au mode d'application, à la distribution, à la question de savoir qui supportera les dépenses, ce sera l'objet d'une discussion ultérieure.

Il est bien entendu, dit M. LEFRANC, par les termes mêmes de l'article proposé, qu'il s'agit d'un secours à la fille mère indigente, pour l'aider à supporter les charges de la maternité, mais que sa demande devra toujours être soumise à une appréciation. En effet, cette disposition ne constitue un droit pour personne. J'ai voulu de l'assistance, mais de l'assistance intelligente, accordée à des besoins constatés, faite avec mesure, avec appréciation, et dans le but de prévenir un abandon. Voilà pourquoi j'ai dit : *peuvent obtenir*. Je n'ai pas besoin d'ajouter qu'il n'y a rien, ni dans les termes ni dans l'esprit de cette disposition, qui ressemble en quoi que ce soit à ce que l'on s'est plu à présenter comme une prime d'encouragement offerte aux filles mères.

Personne ne demandant la parole, l'article 25 est mis aux voix et adopté dans les termes suivants :

RÉSOLUTION.

ART. 25.

Loi, a 30

Les mères qui consentiraient à reprendre leurs Enfants peuvent obtenir des secours; ces secours seront accordés conformément aux prescriptions de la présente loi.

M. Victor LEFRANC :

Règlement et imputation des dépenses

Les articles 26 et 27, comme le précédent, réservent, ainsi que je l'ai dit, les détails pour une discussion ultérieure. L'attribution des dépenses tient, en effet, à un ordre d'idées différent de celui qui nous préoccupe en ce moment. Ces articles ont seulement pour but d'établir que les dépenses auront lieu.

Rectification de l imputation des dépenses

Les articles 26 et 27 sont adoptés sans discussion dans les termes suivants :

RÉSOLUTION.

ART. 26.

Toutes les dépenses des Enfants mis à la charge des hospices seront fournies, réglées et administrées ainsi qu'il sera prescrit par les dispositions ultérieures de la présente loi.

ART. 27.

Toutes les fois qu'il sera démontré qu'il y a erreur sur le département, l'arrondissement ou la commune dans lequel auraient eu lieu la naissance ou la découverte de l'Enfant, il sera, s'il y a lieu, procédé à la rectification de l'imputation des dépenses.

M. Victor LEFRANC :

Nous passons maintenant aux dispositions pénales contenues au chapitre 4 du projet : c'est la clef de voûte de notre système.

Nous offrons la charité à qui se présente de bonne foi et la réclame pour des besoins réels.

Nous devons rejeter, poursuivre et punir la fraude.

Il est donné lecture de l'article 28, qui est adopté sans discussion dans les termes suivants :

RÉSOLUTION.

ART. 28.

Directeurs
de Maisons
d accouchement
Penalites

Loi, a 157

Tout directeur de Maison d'accouchement qui présentera ou fera présenter un Enfant à l'hospice, sans déposer en même temps l'extrait de son registre en ce qui concerne l'Enfant et la mère, sera puni des peines établies contre les témoins de la naissance qui ont négligé de faire à l'officier de l'état civil les déclarations prescrites par la loi.

Loi, a 162
Ibid

Ces peines pourront être élevées jusqu'au double du maximum.

En cas de récidive, les tribunaux pourront, suivant les circonstances, prononcer l'emprisonnement, et même la fermeture de l'établissement, et, s'il y a fraude, le retrait du titre médical.

Il est donné lecture de l'article 29.

M. BAILLEUX DE MARIZY témoigne la crainte que par les dispositions de cet article on n'arrive à rechercher la mère et à l'obliger à faire la déclaration de sa maternité, par conséquent, à produire tous les malheurs que peut entraîner la crainte de cette révélation.

M. Victor LEFRANC répond que s'il y a des poursuites pour cause de dépôt accompli en fraude de la loi, c'est à la fraude elle-même et à ses auteurs qu'il faut s'en prendre, et non à la loi, dont les dispositions sont incontestablement marquées au coin de la bienveillance.

Cette bienveillance n'a pu aller jusqu'à tolérer la désobéissance à la loi; il a fallu punir, non-seulement l'agent direct, mais le donneur d'ordres, alors même que ce donneur d'ordres serait la mère.

L'article 29 est adopté dans les termes suivants :

RÉSOLUTION.

ART. 29.

Tout dépôt ou abandon d'Enfant, accompli contrairement aux dispositions de la présente loi, sera considéré comme le délaissement de cet Enfant, ou, s'il y a lieu, comme la suppression de son état, et les coupables, complices ou donneurs d'ordres seront punis des peines portées par les lois contre ce délit.

Cette disposition est applicable à la mère de l'Enfant.

Abandon
de l'Enfant

Pénalités

Loi, a 153

L'article 30 est ensuite adopté dans les termes suivants :

RÉSOLUTION.

ART. 30.

Les mêmes peines seront appliquées à la mère qui, contrairement à la décision du bureau d'admission, refuse de reprendre son Enfant ou de concourir à sa dépense.

Refus de la mère
de reprendre
son Enfant

Pénalité

Loi, a 153.

Il est donné lecture de l'article 31, ainsi conçu :

Tout déposant qui prêtera à faux un des serments spéciaux prévus par la présente loi, ou qui fera, soit devant le secrétaire de la Commission administrative, soit devant le Bureau d'admission, une fausse déclaration, sera puni, dans le premier cas, des peines établies contre la suppression d'état, et, dans le deuxième cas, des peines établies contre le délaissement des Enfants

Le tout sans préjudice des peines établies contre les auteurs et complices ordinaires de ces crimes et délits.

M. Victor LEFRANC :

Le projet suppose deux cas : le faux serment prêté ou les fausses déclarations.

Les conséquences peuvent être semblables quant à l'abandon de l'Enfant ; mais la nature de la faute est différente : voilà pourquoi j'ai cru devoir inscrire dans le projet des pénalités diverses.

Sur quelques observations de M. BAILLEUX DE MARIZY, le paragraphe 1ᵉʳ de l'article 30 est rédigé de la manière suivante :

« Le faux serment et la fausse déclaration seront punis, suivant les cas, des peines portées contre la suppression d'état ou contre le délaissement des Enfants. »

Sur le second paragraphe, une discussion s'engage sur la question de savoir s'il n'y aurait pas application d'une double pénalité, contrairement au principe *non bis in idem*.

M. BLANCHE suppose que la maxime *non bis in idem* n'est point violée par la disposition de l'article 31, qui réserve les peines ordinaires, non pas contre les coupables désignés et déjà atteints par le paragraphe précédent, mais contre les individus coupables d'abandon dans les termes du droit commun. Cependant, il préférerait, afin d'éviter toute équivoque, la substitution du mot *poursuites* à celui de *peines*.

M. Victor LEFRANC :

C'est précisément là le but de l'article, et j'admets la substitution du mot *poursuites* au mot *peines*.

L'article 31 est adopté avec les modifications ci-dessus indiquées, et dans les termes suivants :

RÉSOLUTION.

ART. 31.

Le faux serment et la fausse déclaration seront punis, suivant les cas, des peines portées contre la suppression d'état ou contre le délaissement des Enfants.

Le tout sans préjudice des poursuites qui pourront être exercées contre les auteurs ou complices de ces crimes et délits.

Il est donné lecture de l'article 32 :

Si le coupable est directeur d'une Maison d'accouchement et que la déclaration ait été fausse en ce qui touche le fait que l'Enfant est né dans son établissement, quelle que soit d'ailleurs la commune qu'il ait indiquée, il sera en outre condamné à une amende de cent francs par chaque année que l'Enfant aura été à la charge de l'hospice, sans que cette amende puisse être supérieure à mille francs

L'amende sera perçue au profit de la caisse qui aura indûment supporté la dépense par suite de la fausse déclaration ; à défaut, elle sera perçue au profit de l'hospice ou l'Enfant aura été élevé.

Fraude
Amende

M Victor LEFRANC fait remarquer que le motif de cette disposition est évident ; il demande si la Commission ne serait pas disposée à en étendre l'application à tous les cas où la fausse déclaration aurait pour résultat une erreur dans l'imputation des dépenses, et s'il ne vaudrait pas mieux mettre la formule facultative.

La Commission donne son assentiment à cette modification, et l'article 32 est adopté en ces termes :

RÉSOLUTION.

ART. 32.

Dans tous les cas d'application d'une des peines portées par la présente loi, les tribunaux pourront prononcer, à titre de dom- Loi, a 155, 161, 163

14ᵉ SÉANCE
—

mages-intérêts, une condamnation à une amende de 5o francs à 1,ooo francs au profit de l'hospice auquel l'Enfant aura été déposé.

L'amende sera perçue au profit de la caisse qui aura indûment supporté les dépenses par suite de la fausse déclaration; à défaut, elle sera perçue au profit de l'hospice où l'Enfant aura été élevé.

Il est donné lecture de l'article 33, ainsi conçu :

Suppression
des Tours

Les Tours établis dans les hospices pour le dépôt des Enfants trouvés sont supprimés
Ils seront fermés ou détruits dans les trois mois qui suivront la promulgation de la presente loi.

M. DURAND-SAINT-AMAND demande que le délai de trois mois indiqué au projet soit porté à une année.

Cette proposition est adoptée.

M. BAILLEUX DE MARIZY déclare qu'en présence de cette disposition, il renonce à la proposition qu'il avait formulée en sens contraire dans son opinion, et ne demande plus qu'elle soit soumise à un vote, puisque les votes déjà émis sur l'ensemble du projet, et celui qui va avoir lieu sur l'article 33, qui n'en est qu'une conséquence, en emportent naturellement le rejet.

L'article 33 est mis aux voix et adopté dans les termes suivants:

RÉSOLUTION.

ART. 33.

Loi a 28

Les Tours établis dans les hospices pour le dépôt des Enfants trouvés sont supprimés.

Ils seront supprimés ou détruits dans l'année qui suivra la promulgation de la présente loi.

M. Victor LEFRANC, Président, provoque la fixation des questions qui formeront l'ordre du jour de la séance prochaine.

Après avoir entendu diverses observations, la Commission décide qu'il y a lieu de continuer l'examen des moyens à employer pour remplacer efficacement les Tours, et fixe pour son ordre du jour la question des secours aux filles mères.

La séance est levée à 9 heures et demie du matin.

15ᴱ SÉANCE.

Mardi 16 octobre 1849, 8 heures du matin

Présidence de M. Victor LEFRANC.

Sont présents :

MM. Victor LEFRANC, DURAND-SAINT-AMAND, BAILLEUX DE MARIZY, Alfred BLANCHE, NICOLAS, VALENTIN-SMITH, Secrétaire, et Louis HAMELIN, Secrétaire adjoint.

Absents :

MM. DE LURIEU et DE WATTEVILLE, en mission pour cause d'inspection générale de bienfaisance; M. GIRAUD, pour cause de maladie d'un membre de sa famille.

Le procès-verbal de la séance du 11 octobre courant est lu et adopté.

ORDRE DU JOUR.

Examen des questions de secours aux filles mères.

M. VALENTIN-SMITH donne lecture d'un Exposé, qu'il a été prié de présenter à la Commission, sur la question des secours aux filles mères.

Application actuelle des secours aux filles mères

Exposé sur la question des secours aux filles meres.

MESSIEURS,

Je viens vous entretenir des secours aux filles mères. Personne de nous n'ignore tout ce que cette délicate question a souvent, sous l'influence d'une confusion déplorable, soulevé de controverses ardentes et passionnées, mais rien, dans le travail que j'ai l'honneur de vous soumettre, ne saurait exciter de semblables controverses Je viens simplement, en homme d'affaires chargé de préparer une decision, vous dire quel est l'état de la législation sur les secours aux filles mères; quels sont, à cet égard, les faits administratifs, vous exposer, enfin, sur cette difficile question, ce qui a été, ce qui est, sauf à vous à juger, après cela, ce qui doit être, ce qu'il convient de conserver, de rejeter ou d'établir. J'entre de suite en matière.

La loi du 28 juillet 1793 est la première qui ait posé, en France, le principe des secours aux filles mères « Toute fille mère, porte cette loi, qui déclarera elle-même vouloir allaiter son Enfant, AURA LE DROIT de réclamer le secours de la nation, elle ne sera tenue qu'aux formalités prescrites pour les mères de famille. »

Il y avait un grand vice dans ce principe, tel qu'il avait été émis par la Convention, et, ajoutons, une grande immoralité On élevait scandaleusement au rang d'un *droit* ce qui ne devait et ne pouvait être, pour la fille mère, qu'une assistance dans les limites de ses vrais besoins et d'une sage prévoyance. Le vice et l'immoralité consistaient dans l'encouragement accordé, par une espèce de prime, à la procréation des naissances illégitimes.

« Quoi qu'il en soit, comme l'exprime M. BOICERVOISE dans son rapport du 15 mars 1845 au Conseil général des hospices de Paris, on trouve dans cette loi, qui se ressent de l'époque à laquelle elle a été rendue, une pensée qui, bien appliquée, peut produire de bons résultats, celle d'offrir des secours aux mères que la misère pourrait porter à abandonner leurs Enfants. »

« Tout, dit M. GASPARIN dans son rapport au Roi, du 5 avril 1837, sur les hôpitaux, n'est pas à blâmer dans la loi du 28 juin 1793. Ainsi la pensée d'offrir des secours aux mères, pour arrêter celles que la misère pouvait porter à exposer leurs Enfants, avait l'avantage d'encourager l'amour maternel et de le faire tourner au profit de l'Enfant. Appliquée dans un système mieux réfléchi, et peut-être aussi au milieu d'une société plus calme, cette idée pouvait produire de bons résultats. » (Page 38)

La loi du 28 juin 1793, restée à l'état de pompeuse et stérile promesse, n'a jamais reçu d'exécution réelle et sérieuse. Au milieu des orages de ce temps, la misère, compagne inséparable de toutes les révolutions, resta toujours sans soulagement.

La mesure des secours promis aux filles mères fut implicitement repoussée par la loi du 27 frimaire an v (17 décembre 1796), en ce qu'elle ouvrit tous les hospices à l'abandon des Enfants; implicitement aussi repoussée par le décret du 19 janvier 1811, lorsque, par l'établissement des Tours, il consacra le secret absolu des abandons.

Le système d'admission sans contrôle établi par la loi de 1796, et surtout le système du Tour, consacré par le décret de 1811, eurent pour effet d'accroître rapidement le nombre des abandons, au point que le nombre des Enfants trouvés, que l'on évaluait à 50,000 environ en 1796, s'élevait, en 1833, à 164,319.

« Une conséquence qui doit être rapportée au décret du 19 janvier 1811, c'est l'habitude qui s'est introduite, principalement dans les campagnes, de considérer comme une chose toute simple et fort naturelle de faire élever ses Enfants aux frais du pays.

« L'exemple de l'abandon des Enfants est contagieux; la société favorise les expositions en les rendant trop faciles · elles cessent d'être un délit aux yeux de la masse, et deviennent une habitude qui entre peu à peu dans les mœurs du peuple. C'est évidemment ce qui est arrivé depuis 1811. » (*Rapport de M. GASPARIN au Roi, de 1837, sur les hôpitaux*, pages 72 et 73.)

Cet état de choses fixa l'attention de l'autorité centrale, qui s'occupa dès lors des moyens d'y remédier. Les trois principales mesures auxquelles elle s'arrêta furent 1° la suppression d'un certain nombre d'hospices dépositaires; 2° les déplacements généraux d'enfants, et 3° enfin, les secours temporaires accordés aux mères naturelles.

Le rapport de M. Gasparin, du 5 avril 1837, sur les hospices, fut le premier acte officiel qui posa théoriquement le principe tel qu'il fut appliqué peu d'années après

« Si la femme, *véritablement indigente*, y est-il dit, avait l'espoir d'obtenir un secours alimentaire qui lui permettrait d'élever son Enfant pendant le premier temps, elle le garderait et ne s'en séparerait plus.....

« Il s'agirait donc de remplacer, par un bon système de secours à domicile pour la mère, le secours que l'on donne aujourd'hui à l'Enfant dans l'hospice; il s'agirait de payer à la mère les mois de nourrice qu'on paye actuellement à une nourrice étrangère.

« Comme économie, ce système aurait un avantage incontestable; car, en supposant qu'on payât pendant deux ans des mois de nourrice à la mère, le département n'aurait plus l'Enfant à sa charge pendant les dix années suivantes, comme dans l'état actuel des choses, où, d'après le décret de 1811, il doit supporter la dépense jusqu'à l'âge de douze ans

« Comme résultat moral, il n'est pas besoin de faire observer combien il y a d'importance à ne pas séparer l'Enfant de la mère et à ne pas briser le lien de famille au préjudice de tous deux.

« Ce système semble, en effet, présenter au premier aperçu des avantages qui doivent,

I. 36

sans doute, en recommander l'examen sérieux à l'attention du Gouvernement; mais n'ouvrirait-il pas la porte à quelques abus, en encourageant toutes les mères à réclamer les secours alimentaires ⸮ N'y aurait-il pas à redouter de retomber dans tous les inconvénients de la législation de l'an II ⸮ Il est vrai que la législation de l'an II rendait le secours obligatoire, qu'elle en faisait une espèce de prime, en raison du nombre d'Enfants donnés au pays. Or rien de semblable n'existerait dans la mesure dont il s'agit; les secours ne seraient accordés qu'à l'indigence bien constatée, et il suffirait de quelque fermeté pour empêcher les abus. Quoi qu'il en soit, c'est, je le répète, une question grave, sur laquelle des essais récemment tentés, notamment par l'Administration des hospices de Paris, pourront fournir d'utiles renseignements.

« Cette mesure, au surplus, n'est pas entièrement nouvelle; les sociétés de charité maternelle, dont l'action est si bienfaisante, fournissent un exemple dont l'autorité est imposante, et il suffirait peut-être d'organiser ces sociétés sur une échelle plus étendue (1). »

Déjà, avant le rapport de M. Gasparin, le Conseil général des hospices de Paris avait pris, le 25 janvier 1837, un arrêté qui statuait qu'aucun Enfant ne serait reçu à l'hospice des Enfants-Trouvés de Paris, que sur le vu d'un procès-verbal du commissaire de police, et portant, article 5 : « Il pourra être accordé, sur la fondation « Monthyon, des secours aux femmes qui continueront à nourrir leur Enfant, ou qui « en prendront soin. »

Le premier secours fut donné le 15 novembre 1837.

Le 7 mars 1838, M. Valdruche rendit compte au Conseil général des hospices de Paris de l'application de la mesure. A cette époque, 3,047 fr. 50 cent. avaient été accordés aux mères de 155 nouveau-nés, dont 105 étaient accouchées dans leur domicile et 50 à la Maison d'accouchement de la Maternité.

Il est bon de connaître les résultats d'une semblable mesure à son origine, afin d'y puiser d'utiles leçons sur ses avantages et ses abus.

Voici comment s'exprime à cet égard M. Valdruche dans son rapport :

« Le premier secours donné, à titre d'encouragement, aux mères qui gardent leurs Enfants est utile; mais il faut éviter de céder facilement aux instances des familles qui ne demandent des secours que parce qu'ils savent que l'Administration en distribue.

« J'ai remarqué que certaines femmes, sur les 155 que j'ai visitées, qui avaient déjà élevé 84 enfants sans avoir obtenu de secours de l'Administration, en ont réclamé cette fois. Plusieurs de ces femmes ont été engagées à former cette réclamation par les sages-femmes chez lesquelles elles étaient accouchées. »

Les secours accordés aux femmes enceintes qui accouchent à l'hospice de la Ma-

---

(1) *Rapport au Roi, du 5 avril 1827, sur les hôpitaux, les hospices et les services de bienfaisance*, page 74 — Voir, tome II, page 303 et suivantes, l'extrait de ce rapport

ternité de Paris sont bornés à la délivrance d'une demi-layette, au payement du ¹⁵ᵉ SLANCL
premier mois de nourrice, et à la garantie envers la nourrice des neuf mois suivants
Ce n'est pas tout à fait la mesure telle qu'elle est pratiquée dans les autres départements. Il est à regretter que l'Administration hospitalière de Paris n'ait pas cru devoir
donner à ces secours l'extension qu'ils comportent, ainsi qu'elle eût pu le faire en
les imputant sur le sous-chapitre 10 du budget départemental de la Seine. Une expérience, à cet égard, tentée à Paris avec le développement convenable, eût été de
nature à éclairer beaucoup nos discussions.

Par une circulaire du 31 janvier 1840 (1), le ministre de l'intérieur engagea les
administrations hospitalières à assurer des secours en argent aux mères indigentes
des Enfants naturels, à l'effet de pourvoir aux premiers besoins, jusqu'à ce qu'elles
pussent reprendre leurs travaux, afin d'amener la mère à donner son sein à l'Enfant,
dans l'espoir qu'elle éprouverait ensuite bien plus de peine à s'en séparer.

Cette circulaire est le premier acte par lequel, après le rapport de M. Gasparin,
le pouvoir central se soit prononcé officiellement en faveur des secours aux filles
mères.

Le 6 août de la même année 1840 (2), le ministre de l'intérieur adressa une circulaire aux conseils généraux, dans laquelle il s'exprimait en ces termes .

« En repoussant des hospices les Enfants que leurs parents étaient reconnus en état de
nourrir, le Gouvernement a rempli un devoir de morale et de bonne administration : mais
en s'efforçant d'empêcher les abandons et de rattacher l'Enfant à la mère, il n'a pas en
tendu que l'un et l'autre resteraient privés des secours dont ils pourraient avoir réellement
besoin. En même temps que l'Administration a prescrit une certaine surveillance sur les
expositions, elle a voulu que des secours fussent accordés, pendant un temps plus ou
moins long, aux mères qui, au lieu d'abandonner leurs enfants, consentaient à les garder
et à les nourrir (3). »

Entre les divers départements, sept seulement consentirent, conformément aux
vœux manifestés par la circulaire ministérielle, à accorder des secours aux filles
mères, savoir l'Ariége, la Haute-Garonne, le Gers, la Gironde, l'Hérault, les Landes
et le Lot-et-Garonne.

Parmi les départements qui rejetèrent la mesure, l'Eure-et-Loir me paraît être celui

(1) Voir, tome II, page 364, la circulaire du 30 janvier 1840
(2) Voir, tome II, page 372, la circulaire du 6 août 1840.
(3) L'administration des hospices de Grenoble a été des premieres, après celle de Paris, à engager les filles mères à élever leurs Enfants, en leur assurant à domicile, après leur délivrance, des
secours necessaires

qui présenta ses motifs de la manière la plus énergique. Je les reproduis ici, parce qu'ils résument à peu près toutes les raisons que font valoir ceux qui sont opposés au système des secours aux filles mères.

Le Conseil général est convaincu qu'on ne pourrait adopter une pareille mesure sans créer une charge départementale nouvelle, dont on ne pourrait calculer le poids. Il serait accordé un droit à la mère, lorsque la loi, d'accord avec l'intérêt de l'humanité, n'en a reconnu que pour l'Enfant, à raison même de son abandon. Ce serait heurter de vive force le principe sur lequel repose tout le système de la législation concernant les Enfant trouvés. La pudeur de la fille qui expose son Enfant a été respectée, parce qu'elle peut avoir de louables motifs. La demande de la mère étant assurée de recevoir un accueil favorable, vous créerez un titre aux mères, tandis que les pères et mères légitimes ont des charges pesantes qu'il n'est pas possible aux Conseils généraux d'alléger. (*Extrait des procès-verbaux du Conseil général d'Eure-et-Loir, année 1840*)

Le Conseil général d'Eure-et-Loir, qui, comme vous le voyez, était fort opposé en 1840 aux secours à accorder aux filles mères, se rangeant ultérieurement à ce principe, en a secouru 24 en 1847 et 28 en 1848.

Peu à peu l'on est successivement entré dans cette voie, tellement qu'au 1ᵉʳ janvier 1848 l'on comptait cinquante-trois départements donnant des secours aux filles mères de 7,904 Enfants.

L'objection, tirée des souffrances de la mère légitime restant sans secours à côte des secours donnés à la fille mère, ne saurait être sérieuse jamais personne n'a prétendu que la mère légitime qui a des besoins dût être délaissée dans sa misère. Là n'est pas la question. Tout ce qui concerne les secours à accorder aux mères légitimes doit être réglé, dans un autre ordre d'idées, par la loi sur l'assistance publique.

Tous les départements, au surplus, qui ont accordé des secours aux mères naturelles, se sont applaudis des résultats qu'ils ont obtenus, et, à l'exception du département de l'Ain, il n'en est point qui, après être entré dans cette voie, l'ait abandonnée. Tous ont regardé que cette mesure était économique pour les deniers départementaux, moralisante au point de vue des devoirs de la mère, et essentiellement propice à la vie de l'Enfant.

Un bon emploi des secours aux filles mères a toujours amené une réduction sensible dans le nombre des expositions, et partant dans la dépense du service des Enfants trouvés. Ceci s'explique naturellement M. Nicolas nous disait avec raison, dans la septième séance, que sur cent Enfants trouvés l'on en compte soixante-deux dont la naissance ne réclame pas le mystère absolu (1). La raison, c'est que les

_____

(1) Voir page 100.

expositions sont le plus souvent le résultat de la misère, et rarement l'effet de la honte ou de la pudeur de la mère.

Mais l'économie, après tout, ne doit être que secondaire dans la question. Ce qui justifie et recommande surtout la mesure des secours aux mères naturelles, c'est qu'en rattachant à leurs mères des Enfants qui eussent été livrés à la charité publique, cette mesure prévient une grande immoralité, l'immoralité de l'abandon; c'est qu'en réveillant les sentiments de la nature, elle réveille des idées de morale que renferment toujours en eux les devoirs de la maternité.

Voyons maintenant quelles sont les questions que les secours aux filles mères ont soulevées dans la pratique, et de quelle manière elles ont été résolues. Je ne veux pas les discuter, mais uniquement vous montrer comment elles ont été le plus communément envisagées par l'Administration.

Ces questions sont au nombre de trois principales:

1° Quel est le principe qui doit présider à la distribution des secours?

2° Par qui et comment les secours doivent-ils être réglés?

3° Comment se détermine le domicile de secours?

Je terminerai en faisant connaître l'opinion d'un vénérable prélat sur la question des secours accordés aux filles mères considérée au point de vue moral et religieux

1ʳᵉ QUESTION.

Quel est le principe qui doit présider à la distribution des secours?

Tous les départements qui accordent des secours aux filles mères stipulent comme règle à cet égard, 1° que ces secours, ne pouvant jamais constituer qu'une assistance, ne doivent dès lors être donnés qu'aux filles mères dont les besoins sont parfaitement vérifiés et constatés; 2° qu'ils doivent toujours être retirés lorsqu'il est reconnu qu'ils cessent d'être véritablement nécessaires, ou que l'inconduite de la mère ne permet plus d'en faire la distribution.

Je me borne à citer, sur ces deux points, l'article 3 de l'arrêté du préfet de Vaucluse du 18 juin 1844, qui pose et résume à ce sujet les règles à peu près généralement adoptées.

« Art. 3. Le secours ne pourra être alloué qu'aux filles mères qui justifieront d'une indi-« gence absolue de leur part et de la part de leurs ascendants, et qui, abstraction faite de « la faute qu'elles ont commise, seront reconnues avoir une bonne conduite. »

Quelques départements, comme celui de la Haute-Garonne, sont d'avis que les secours accordés à la fille mère doivent être inférieurs au tarif des mois de nourrice des Enfants trouvés de l'hospice. Le plus grand nombre des préfets stipulent, au surplus, dans leurs arrêtés, que le secours ne pourra pas dépasser le montant des mois de nourrice payés pour les Enfants trouvés.

Le grand point, en cette question, est de n'appliquer les secours que dans les cas où la nécessité en est pleinement justifiée, et en faveur de mères qu'ils pourront soutenir et exciter dans le sentiment de leur devoir.

Personne n'a mieux tracé la marche que devait suivre à cet égard les administrateurs qu'un habile administrateur lui-même, M. Curel, ancien préfet des Hautes-Alpes, dans sa remarquable brochure sur la *Question des Enfants trouvés*.

Voici de quelle manière il s'exprime à ce sujet :

Secourir les mères qui ont besoin d'aide, sans décourager, sans ébranler chez les autres les bonnes résolutions; repousser les demandes de ces dernières sans que ces refus aient pour conséquence des abandons d'Enfants, faire comprendre aux autorités municipales, qui saisissent mal ces distinctions, et qui sont par position toujours portées à accueillir les prières qu'on leur fait, la nécessité de se maintenir et de se renfermer dans d'étroites limites, tout cela présente des difficultés sérieuses et des sujets de méditations. J'avais prévu ce que l'expérience a confirmé : que de tous les points du département les demandes de secours arriveraient en foule ; j'en ai reçu concernant des Enfants de trois ou quatre ans, que bien certainement on n'aurait pas la pensée d'exposer; mais on profitait de l'occasion. Les vues de l'Administration, celles mêmes du conseil général, étaient restées confuses dans les esprits. Le temps, les réponses de l'Administration, sa conduite, le même genre de satisfaction constamment donné à ces nouveaux besoins du service, pouvaient seuls redresser les idées, faire apprécier la marche invariablement suivie, et convaincre, administrateurs et administrés, que les demandes d'assistance motivées selon l'esprit de la nouvelle réforme auraient, à l'exclusion de toutes les autres, chances de succès. Patience et persévérance dans une pratique épineuse était le seul moyen de se faire comprendre avec le temps. D'abord tout renseignement fourni à l'appui d'une demande devait être soumis à une vérification sévère, et presque toujours l'inspecteur des Enfants trouvés était envoyé sur les lieux, pour s'assurer de la vérité des faits. Cette précaution indispensable, et sans cesse renouvelée, amenait graduellement les esprits à l'intelligence de la règle que nous avions dû nous prescrire.

Tel est l'exposé de la situation depuis le début. lutte constante qui se présente à l'origine de chaque branche de paupérisme comme une première et impérieuse nécessité, et ensuite affaiblissement graduel de la résistance, à la suite du progrès qui se fait à la longue dans les esprits par l'effet même de cette lutte, mieux comprise.

Au surplus, parmi les filles mères plongées dans la misère, il y a une distinction qu'il ne faut pas négliger de faire: les secours en question n'ont d'autre objet que de prévenir les expositions et d'en diminuer le nombre; autrement nous manquerions le but que nous voulons atteindre, nous tomberions d'un genre d'abus dans un autre. Ils sont donc exclusivement réservés aux filles qui, ayant failli, ne se sentent pas le courage, surtout à cause de leur entier dénûment et de la solitude qui se fait autour d'elles, de remplir les devoirs de la maternité, de nourrir ou de faire élever leurs Enfants à leurs frais; qui se laissent abattre à la vue des peines qui les attendent, qui cèdent à une sorte de nécessité physique et morale en abandonnant leurs Enfants. C'est dans ce cercle qu'il faut renfermer les secours par lesquels nous cherchons à les relever et à les encourager. C'est cette position que l'Administration doit étudier avec le plus grand soin et s'efforcer de démêler au milieu de beaucoup d'autres faussement présentées comme identiques (1).

Le rapport, fait en Conseil général des hospices de Paris, le 15 mars 1845, par M. Boicervoise, présente également, sur la question des secours aux filles mères, de très-utiles observations, que je vous demande la permission de vous faire connaître.

Le nombre des personnes, dit-il, qui ont sollicité des secours a été en augmentant chaque année

La facilité à admettre toutes les demandes a fini par persuader à chaque famille peu fortunée, à chaque fille mère à laquelle il survient un Enfant, qu'elle avait droit de recevoir de l'Administration une demi-layette et le premier mois de nourriture, et qu'il suffisait pour l'obtenir de justifier de l'accouchement.....

Tout nouveau secours fait surgir, non pas de nouveaux besoins, comme on l'a prétendu à tort, mais il les met à découvert, et l'on voit bientôt s'augmenter rapidement le nombre de ceux qui demandent à y participer.....

On marche entre deux écueils : refuser des secours à des personnes nécessiteuses, ou en accorder à des personnes qui n'en ont pas absolument besoin pour éviter le premier écueil, on est peut-être tombé dans le second. ...

Dans l'allocation des secours, plusieurs circonstances sont à considérer : le degré de misère, la nature des moyens d'existence, l'allaitement de l'Enfant par sa mère ou par une nourrice, la moralité de la mère ou des parents, leur situation réciproque, c'est à dire l'état de mariage, de concubinage ou d'abandon.................................

Les secours à délivrer devraient, pour prévenir efficacement l'abandon, *être répétés à différentes époques, et durer, s'il y a lieu, plusieurs années;* puisque les difficultés de l'éducation d'un Enfant se prolongent au delà de la première année, et que la présence d'un Enfant est, **pendant longtemps,** un obstacle à ce que sa mère puisse se placer ou travailler en ville.

Toutes ces observations, fruit de l'expérience et de la sagesse des hommes les plus pratiques comme les plus éclairés dans les questions de charité sociale, peuvent se

---

(1) *Parti à prendre sur la question des Enfants trouvés,* par M. T. CUREL, Préfet du département des Hautes Alpes, 1845, pages 143 et 144.

traduire et se résumer en ces mots · Il faut accorder des secours aux filles mères pour prévenir les abandons, pour rattacher l'Enfant à la mère, afin de réveiller en elle les sentiments et les devoirs de la maternité, que le système du Tour corrompt et anéantit, pour protéger l'existence de l'Enfant; mais il ne faut accorder ces secours qu'aux besoins, aux seuls et vrais besoins parfaitement justifiés, en se gardant bien d'affaiblir les grands devoirs de la prévoyance et du travail, ces sauvegardes de toute société et de toute civilisation.

2ᵉ QUESTION.

Par qui et comment les secours doivent-ils être distribués ?

Dans quelques départements, l'Inspecteur des Enfants trouvés, et, dans d'autres la Commission administrative de l'hospice, peuvent accorder provisoirement des secours aux filles mères ; mais partout c'est le préfet qui statue définitivement sur la concession des secours. Au préfet seul, en effet, peut appartenir le droit de prendre une décision qui affecte aussi intimement les deniers départementaux.

Je me bornerai, dans ces deux ordres de dispositions, à vous citer l'arrêté du préfet du Tarn, du 15 novembre 1847, et l'arrêté du préfet de la Haute-Loire, en date du 26 février 1841.

L'article 71 de l'arrêté du préfet du Tarn porte .

L'inspecteur des Enfants trouvés s'occupera de l'examen des demandes d'admission d'Enfants, ou de secours aux mères indigentes, il établira, s'il y lieu, les arrêtés d'admission ou de secours qu'il soumettra à notre approbation.

L'arrêté du préfet de la Haute-Loire porte :

La Commission administrative de l'hospice dépositaire pourra accorder provisoirement lesdits secours sur la production de l'acte de naissance de l'Enfant, et d'un certificat d'indigence délivré par le maire de la commune du domicile de la mere. Il nous en sera rendu compte immédiatement par la Commission, qui nous communiquera les pièces présentées.

La concession de ces secours ne deviendra définitive que par un arrêté préfectoral, et seulement en faveur des filles mères que les investigations de M. l'inspecteur départemental auront signalées comme dignes de cette concession. (*Arrêté préfectoral du 26 février 1841*)

Voici de quelle manière le service des secours est organisé dans le département du Nord, ainsi que le fait connaître une lettre du préfet de ce département, en date du

20 août 1845. Les détails dans lesquels il entre sont des plus complets, et des plus utiles à recueillir

Les personnes qui demandent l'admission d'un Enfant le présentent à l'hospice avec un extrait de son acte de naissance, ou un certificat propre à lui en tenir lieu, et indiquant les prenoms, nom, âge, profession, domicile et demeure de la mère. L'Enfant est reçu provisoirement, et il m'en est donné avis dans les vingt quatre heures. Je fais prendre de suite des renseignements je décide si l'Enfant sera conservé a l'hospice, ou rendu à sa famille

Quelquefois aussi les demandes me parviennent par l'intermédiaire des autorités locales dans ce cas, j'autorise ou je refuse l'admission, selon la nature des renseignements fournis ou recueillis postérieurement aux propositions qui me sont faites.

Des secours sont presque toujours accordés aux meres quand le dépôt n'est pas déclaré définitif, ou quand l'admission est refusée.

Mais Votre Excellence a pu remarquer que les dépôts suivant l'un ou l'autre mode sont extrêmement rares.

Lorsqu'une fille mère malade est admise à l'hôpital, ou lorsqu'une indigente non mariée est reçue dans le même établissement pour y faire ses couches, son Enfant est provisoirement déposé à l'hospice comme Enfant trouvé, mais il m'en est immédiatement donné avis, et je tiens strictement la main à ce que cet Enfant soit remis à la mère à la sortie de l'hôpital

Quant aux demandes de secours, elles me sont transmises par les maires avec un extrait de l'acte de naissance de l'Enfant et un certificat du commissaire de police indiquant la position et le domicile de la mère Je charge l'inspecteur des Enfants trouves de se rendre en la demeure indiquée, de s'assurer sur les lieux et par tous les moyens qui peuvent être a sa disposition de la position de la famille, de l'état des ressources et de la moralité de la postulante, et de m'adresser son rapport sous bref délai. Après avoir conféré entre eux les renseignements fournis par l'inspecteur et le commissaire de police, j'accorde, s'il y a lieu, le secours pour trois, quatre, cinq ou six mois au plus, à raison de 4, 5 et 6 francs par mois, le secours est quelquefois plus élevé, mais cela est fort rare. L'administration des hospices, à laquelle je donne instantanément avis de mes décisions, fait délivrer à la mère une layette pour son Enfant.

Toutes ces affaires, du reste, s'expédient d'urgence, et bien qu'aucun délai ne soit fixé pour l'exécution des dispositions qu'elles nécessitent, six, huit et dix jours au plus suffisent pour qu'elles soient terminées par une décision

Je vous ai dit comment a lieu la distribution de secours aux filles mères dans le Vaucluse, dans la Haute-Loire et dans le Nord. Par là vous connaissez aussi ce qui se pratique à peu près partout en France en cette matière.

Plusieurs choses sont à considérer et à retenir :

1° C'est toujours le préfet qui est juge définif des secours, et il ne saurait en être autrement, puisqu'il s'agit de la distribution de deniers départementaux.

I.   37

2° Il faut bien distinguer entre la femme qui accouche à domicile, la femme qui accouche dans un hospice, enfin la femme dont l'Enfant est présenté au bureau d'admission. Suivant ces divers cas, les secours sont accordés provisoirement ou par l'inspecteur de bienfaisance, ou par le directeur de l'hospice, ou enfin par le bureau d'admission. Avis en est immédiatement donné au préfet, qui statue définitivement.

3° Il y a des cas où l'on doit exiger que la fille mère qui accouche dans un hospice allaite elle-même son Enfant, et d'autres cas où elle doit être autorisée à le placer en nourrice ceci est entièrement subordonné aux circonstances.

4° Il faut bien distinguer entre le secours en argent, qui est accordé par le préfet, et le secours en layette, qui est accordé par l'hospice.

5° Enfin, dans tous les cas, la mère qui reçoit un secours pour nourrir et élever son Enfant doit être soumise à la même surveillance que les nourrices auxquelles la charité publique confie des Enfants

Avant de passer à la troisième question, permettez-moi d'appeler votre attention sur un point que je recommande à votre examen.

Vous avez remarquez que l'extrait de naissance de l'Enfant est une des premières choses exigées pour admettre la mère à la participation de secours Rien assurément de plus convenable, de plus indispensable. Je demande si, à raison surtout du grand but des secours, qui est de prévenir l'abandon, en resserrant les liens de la maternité, il ne conviendrait pas d'exiger, de la part de la mère, une reconnaissance de son Enfant, puisque l'acte de naissance n'établit aucun lien ?

3ᵉ QUESTION.

Comment doit se déterminer le domicile de secours ?

Il ne saurait assurément entrer ni dans ma pensée ni dans mon plan de traiter ici la grave question du *domicile* de secours, envisagée au point de vue des Enfants trouvés. Je veux seulement constater son état administratif, si je puis parler ainsi, et dire quelques mots des difficultés si nombreuses qu'elle soulève.

Vous savez que le domicile de secours n'est point le même que le domicile civil

Le domicile de secours a été institué par le titre V de la loi du 24 vendémiaire an II, loi qui est la seule règle en vigueur sur ce point.

Aux termes de l'article 4 de cette loi « Pour acquérir le domicile de secours, il « faut un séjour d'un an. »

Aux termes de l'article 3 « Le lieu de naissance pour les Enfants est le *domicile habituel* de la mère au moment où ils sont nés »

Qu'est-ce que le *domicile habituel* ?

La loi ne s'explique ni sur son caractère, ni sur sa durée, en sorte qu'elle laisse a cet égard le plus vaste champ aux interprétations

Aussi, Messieurs, de ce vague de la loi il résulte qu'il y a en ce moment un grand nombre de contestations de département à département au sujet de l'admission et de la dépense d'Enfants trouvés, dont deux sont en ce moment soumises au Conseil d'État

La première est relative à une décision ministérielle rendue en faveur de la Seine contre le département de Seine-et-Oise, et l'autre à une décision rendue en faveur du département du Rhône contre le département de l'Ain

En attendant que les préfets s'accordent entre eux sur la question du domicile de secours d'un Enfant, ou que le Ministre de l'intérieur prononce entre eux, cet Enfant est toujours provisoirement secouru par l'hospice qui l'a recueilli Mais combien n'est il pas déplorable de voir de pareilles discussions, qui rappellent involontairement les scènes de certains cantons suisses dans lesquels l'on voit des mères ou des filles enceintes si tristement repoussées d'un pays dans un autre, dans le désir de chacun de ne pas avoir à supporter la charge de leurs Enfants!

Il y a là bien des choses à considérer Il faut prendre garde de ne pas établir une législation qui, avec les questions de provenances et de domicile, pourrait affaiblir l'action de la charité vis-à-vis de la fille mère et de son Enfant.

Dans cette question, les grandes villes ne doivent pas perdre de vue que si les départements voisins leur fournissent des charges, d'un autre côté, ils sont pour elles l'occasion aussi de nombreux avantages, que l'on ne saurait méconnaître

Enfin, il est une chose dont les départements riches, tels que ceux de la Seine et du Rhône, doivent tenir compte dans cette question je veux parler de la grande part qu'ils prennent dans le fonds commun général, précisément en vue de la part qu'ils ont à supporter dans le service des Enfants trouvés Tout ici est à rapprocher, à peser et à juger

Le domicile de secours entraîne, pour le département dans lequel un Enfant est reconnu avoir ce domicile, l'obligation de supporter la dépense de cet Enfant, et même de rembourser la dépense qui a été faite pour lui par un autre département

Toutefois, cette obligation ne comprend pas la dépense à laquelle a donné lieu l'accouchement de la mère, qui reste à la charge de l'hospice dans lequel la femme a été admise à faire ses couches.

Rien ne révèle à un plus haut degré l'urgence et la nécessité d'une loi d'application générale sur le service des Enfants trouvés, que toutes les questions et toutes les difficultés soulevées au sujet du domicile de secours, mais là aussi vous voyez combien toutes ces questions se relient de la manière la plus intime à la grande question d'assistance publique

Afin, Messieurs, d'éclairer encore davantage nos délibérations sur toutes ces ques-

37.

tions, et en vertu des pouvoirs les plus complets qui m'ont été confiés par le Ministre de l'intérieur auprès des bureaux de son ministère, j'ai cru devoir prier M. Follet, em ployé du bureau des Enfants trouvés, de faire un rapport sur les diverses questions qui se sont présentées devant l'Administration au sujet du domicile de secours, spe- cialement en ce qui concerne les Enfants trouvés J'aurai l'honneur de vous soumettre ce rapport aussitôt qu'il sera achevé (1).

§ 1ᵉʳ.

Examen de la question des secours aux filles mères, au point de vue moral et religieux.

Quelques personnes, sans aller au fond des choses, veulent voir dans les secours accordés aux filles mères une prime d'encouragement accordée à l'immoralité, prime, suivant ces personnes, également blessante pour la morale et pour la religion

Je me bornerai à leur répondre par la citation textuelle et complète d'une lettre de l'évêque de Gap, adressée le 14 avril 1841 au préfet des Hautes-Alpes, sur cette question.

J'ai exposé, disait le prefet des Hautes Alpes, dans son rapport de 1841 au Conseil ge néral de son departement, au prélat qui dirige le diocese, mes vues sur ce grave sujet Sa réponse révèle, au plus haut degré, l'experience de cette partie delicate de l'administration, parce que, accoutumé à exercer la charité dans une de nos grandes cités (Lyon), il a parfai tement connu cette plaie morale et en a sondé toute la profondeur

Voici la lettre du préfet et celle de l'évêque de Gap. Je ne saurais terminer plus heureusement un exposé sur cette grave et difficile matière, que par la lecture de ces deux lettres, dans lesquelles, à divers points de vue, la question des secours aux filles mères est traitée avec une sagesse qui témoigne d'une connaissance si éclairée de tout ce qui touche à la pratique et à la science de la charité sociale

Gap, le 14 avril 1841

MONSEIGNEUR,

J'ai cherché à réduire dans ce departement le nombre des expositions par différents moyens, au nombre desquels il en est un qui me paraît de beaucoup mériter la preférence, parce qu'il laisse à l'Enfant au moins une mère, les droits, les avantages qui découlent de la famille, qu'il diminue le trouble qu'un tel etat de choses apporte au soin de la société, et qu'enfin il tend à circonscrire une plaie qui a toujours été, jusqu'ici, s'elargissant par la

---

(1) Voir tome II, page 713 et suivantes, un extrait du rapport de M Follet, sur les questions relatives au domicile de secours en matière d'Enfants trouves.

deplorable facilité laissée aux expositions, et conséquemment par une habitude de depravation toujours croissante. Je veux parler de secours à accorder aux filles qui ont subi les conséquences de la séduction ou d'une conduite déréglée. Si les facilités données a l'exposition des Enfants accroissent l'immoralité et la dépravation, comme la simple réflexion le fait pressentir, et comme d'ailleurs l'expérience le démontre, il est évident, Monseigneur, qu'une mesure qui laisse à la charge de la mère des devoirs qu'elle ne saurait se dispenser de remplir, sans étouffer les premiers sentiments de la nature, qu'une mesure, en un mot, qui dirige les choses dans une voie contraire à la première, est par là même essentiellement morale En effet, elle a pour objet de prevenir les déplorables exemples si faciles a imiter de ces abandons nombreux, et dont la fréquence s'accroît d'elle même et par une suite de progression forcée. Elle rend nécessairement beaucoup plus rares les rechutes, car les peines et les soins de la maternité sont une sévère leçon qui retrempe l'ame et lui donne la force de résister aux mauvais penchants.

Il faut donc affermir dans cette résolution les filles qui ont failli, en les encourageant à garder et à nourrir leurs Enfants, on ne le peut que par des secours proportionnés à leurs besoins et déterminés par leur position. Et qu'on ne dise pas que ces secours ne sont qu'une prime accordée à l'immoralité. C'est là une vue qui manque de précision et une très fausse manière d'envisager la question. Car de quoi s'agit-il ? Ce n'est certainement pas de donner des secours à toutes les filles qui se trouvent dans le cas dont je viens de parler, mais de relever le courage de celles qui, par suite, il est vrai, en grande partie, de la faute qu'elles ont commise, sont réduites au dénûment, à la misère et au désespoir C'est cet état qu'il convient de soulager, comme on soulage tous les jours tant de malheureux, sans savoir ni s'enquérir s'ils le sont par leur faute. Ici, d'ailleurs, il y a un motif de plus, qui est de determiner celles qui sont l'objet de la bienfaisance à remplir un devoir

Je ne doute donc pas, Monseigneur, que vous ne voyiez là, comme moi, sous tous les rapports, une bonne œuvre C'est pourquoi je désirerais que vous voulussiez bien examiner sérieusement la question, que vous sauriez dégager de toutes les réflexions par lesquelles les esprits superficiels l'ont obscurcie et faussee, car elle a déja été livrée à la discussion Je joins ici d'autres documents qui completent mes vues sur cette matiere et me dispensent d'entrer dans de plus longs détails.

J'ai pris la liberté d'appeler votre sollicitude sur cette grave question, parce que, si mes idees obtenaient votre approbation, je vous prierais, Monseigneur, d'intéresser a leur réalisation MM. les curés et desservants, en leur demandant de me prêter leur concours, qui me serait de la plus grande utilite, et dont je ne puis guere me passer, sans laisser fort incomplet le succes de cette tentative

J'en avais entretenu MM. les vicaires généraux capitulaires pendant la vacance du siege Ces messieurs n'ont pas cru devoir prendre sur eux de s'associer à cette œuvre, si ce n'est d'une maniere qui me paraît insuffisante, et que je n'ai pas nettement saisie. La minute de leur réponse pourra sans doute être mise sous vos yeux.

J'ai l'honneur, etc.

Le Préfet,
Signé CUREL.

Gap, le 18 juin 1841

MONSIEUR LE PRÉFET,

J'ai lu avec beaucoup d'intérêt et d'attention la lettre du 14 avril dernier que vous m'avez fait l'honneur de m'adresser, ainsi que les petits imprimes renfermés sous ce pli, le tout relatif au service des Enfants trouvés. Ma réponse est bien tardive, et j'en suis vraiment confus Toutefois, je dois dire qu'en face d'une question aussi grave, un temps de réflexion assez long m'a paru nécessaire pour envisager la matière, non-seulement en soi, mais encore respectivement a notre localité. J'avais également besoin de connaître un peu l'o pinion du clergé

Je suis convaincu comme vous, monsieur le Préfet, que l'institution des Tours est vicieuse, abusive, ruineuse pour les hospices, qu'elle met tout a fait en défaut les règles de la justice et de la charité distributive, et que tôt ou tard on sera forcé partout de les sup primer

Mais quelle nouvelle mesure a établir, qui, sans donner lieu aux abus graves et toujours croissants de l'ancienne, pût présenter les mêmes garanties pour la vie des Enfants illégitimes, pour l'honneur des familles et la concorde parmi leurs membres ? C'est là une question a la fois de morale publique et d'économie sociale extrêmement difficile à resoudre, sur laquelle toutes les discussions jusqu'à ce jour n'ont pu conduire a un résultat satisfaisant. Toutefois, il est sage de faire ces essais, qui aideront à éclaircir la question, a l'avancer et a lui faire trouver la solution desirable. Et quand l'autorité entre dans cette voie, le clergé, sans s'immiscer dans les mesures de l'Administration purement civile, doit lui accorder son concours toutes les fois que ses prescriptions ne sont point en désaccord avec celles de la religion, et qu'elles se trouvent basées sur les grands principes d'ordre, de justice, de bienfaisance.

Les mesures que vous avez adoptees, monsieur le Préfet, pour réduire dans ce departe ment le nombre des expositions, temoignent évidemment de votre zele actif et intelligent pour la chose publique Elles sont destinees à un bon résultat, et, si elles ne satisfont pas complétement, je dois reconnaître qu'elles sont bonnes et sages dans l'application, et qu'elles ne renferment rien qui puisse meriter le blâme ou la désapprobation du clergé.

Je suis loin de partager l'opinion de ceux qui regardent les secours a accorder aux filles meres comme une prime d'encouragement à l'immoralité Avec les précautions indiquees par l'autorité et la vigilance de l'Administration, cet abus n'est pas a redouter. Les secours doivent être accordés toujours en proportion et sur la preuve bien constatée des besoins, et alors qui pourrait nier que c'est un devoir de charité des plus impérieux de venir en aide à une fille mère, tant coupable soit-elle, qui manquerait du nécessaire pour élever son Enfant ? Je reconnais aussi que, relativement aux filles dont la grossesse aura ete de notoriété publique, et que l'on pourra decider à remplir les devoirs de la maternité, la me sure est très-juste et me paraît bien appliquée.

Mais en même temps, je ne puis dissimuler combien je suis frappé et inquiet de plu sieurs conséquences tres fâcheuses que j'entrevois pour certaines positions fort critiques.

Ainsi, par exemple, qu'une fille parvienne à cacher sa grossesse, son accouchement aux yeux du public, quelquefois meme de sa famille (ce qui n'est pas tant rare, je puis l'affirmer), si elle peut placer ou exposer son Enfant et n'en pas conserver la charge, elle parvient a sauver son honneur, elle évite un scandale, elle peut s'etablir et devenir une tres honnête femme

Si, au contraire, on la force à garder son Enfant, on l'oblige à afficher son déshonneur, a s'attirer quelquefois pour la vie des maux incalculables.. N'est-ce pas une leçon trop dure pour une faute dont la pauvre mere n'est pas seule coupable? Serait elle toujours capable de la supporter? ou plutôt ne la pousserait on pas à une de ces trois extrémités l'infanticide, le suicide, la folie? Mais je suis porté a croire, d'après quelques informations, que ces cas particuliers sont tres-rares, peut-être à peu pres nuls dans ce département.

Au surplus, des exceptions auxquelles on ne satisfait pas attestent au plus l'insuffisance de la mesure, mais ne peuvent la rendre mauvaise lorsqu'elle atteint le bien général qu'elle s'est proposé.

Tout ce qui précède m'amène naturellement à conclure que le clergé doit prêter son concours à l'autorité dans la mesure administrative dont il s'agit, et lui fournir, quand il en sera requis, tous les renseignements en son pouvoir sur la position reelle des filles meres. Je me ferai un devoir de parler en ce sens à tous les prêtres de mon diocèse, lorsque des occasions pour le faire se présenteront en particulier et dans les réunions générales du clergé

Voilà, monsieur le Préfet, ma pensée tout entière sur la grave question pour laquelle vous avez réclamé mon examen et mon approbation J'ai lieu d'espérer que vous en agréerez l'expression franche, et que vous ne douterez jamais de mon empressement à seconder vos vues toutes les fois que j'en aurai la possibilite.

J'ai l'honneur d'être, etc

Signe т L , EV DE GAP

M. DURAND-SAINT-AMAND :

J'ai formulé en projet de loi mon opinion sur les secours aux filles mères. Permettez-moi de soumettre ce projet à votre appréciation.

Le secours
ne constitue pas
un droit

Avant de vous en donner lecture, je crois essentiel de vous expliquer nettement que mon point de départ a été celui-ci, à savoir : qu'a la différence de la loi du 28 juin 1793, le secours aux filles mères ne doit jamais être un droit, mais, comme le disait tout à l'heure M. SMITH, une simple assistance que l'Administration est toujours libre de refuser ou d'accorder dans les limites qu'elle croit convenables, et dont elle est le seul juge.

Ce secours ne doit être qu'un allégement à la misère, qu'il ne peut ni éteindre, ni complétement soulager; car il est juste, il est moral de laisser toujours aux indigents le sentiment de la nécessité, dont l'énergie seule peut les pousser à sortir de leur triste état par le travail et la bonne conduite.

Le secours doit donc aider; il ne doit jamais donner une entière satisfaction aux besoins.

Maintenant j'ai dû rechercher dans ce projet à qui et comment le secours devait être distribué, ainsi que les restrictions qui pourraient y être apportées. Je ne me suis point occupé, comme l'a fait M. SMITH dans le travail dont il vient de nous donner lecture, de ce qui concerne le domicile de secours, parce que j'ai pensé que cette importante et difficile question devait trouver ailleurs sa place.

M. DURAND-SAINT-AMAND donne lecture de l'ensemble de son projet, qui a été distribué à la Commission, et sur lequel la discussion est ouverte.

M. NICOLAS :

Principe
des secours
aux
filles mères
Je demande si dans la dernière séance, à laquelle il m'a été impossible de pouvoir assister, l'on a décidé en principe que des secours seraient accordés à la fille mère. Quant à moi, la conviction qui me porte à m'élever contre ce principe est des plus énergiques, et je désirerais pouvoir l'exprimer, afin qu'elle fût consignée dans le procès-verbal.

M. LEFRANC :

Le principe des secours aux filles mères se trouve inscrit dans le projet de loi (1) sur lequel la Commission a voté d'une manière définitive; seulement, les détails ont été réservés pour une discussion ultérieure, et ces détails font précisément l'objet du projet de loi conçu par M. DURAND-SAINT-AMAND.

Toutefois, comme notre unique désir à tous est de nous éclairer le plus complétement possible, j'appelle la contradiction, même sur le principe, dans ses plus longs développements.

M. BAILLEUX DE MARIZY :

La question
doit être laissée
aux
autorités locales
Je suis d'avis, en ce qui me concerne, que la liberté locale soit plus étendue, que l'état des choses se continue, en laissant aux conseils généraux le soin de décider ce qui leur paraît le plus convenable et le plus approprié aux besoins et aux intérêts de leurs départements.

Je comprends combien ma position est difficile, parce que je soutiens un système qui n'en est pas un.

Je reconnais les abus du Tour, et cependant je maintiens le Tour.

_____

(1) Voy art 25, voté dans dans la séance précédente, page 273

Je reconnais les avantages qui résultent du secours aux filles mères, et cependant je combats le système de ces secours.

Mais, en définitive, ce que je repousse, c'est ce qu'il y a de trop absolu dans votre loi, qui ferme la porte aux améliorations.

Accordez une grande liberté aux autorités locales; attendez qu'elles aient complété les études et les essais; laissez-leur les plus larges moyens d'application.

N'empêchez pas le développement de l'action morale de la loi dans un pays où cette action a déjà si peu de force.

Vous dénaturez le secours aux filles mères en faisant un principe de ce qui est un fait.

Le secours, dans votre loi, est un droit. En l'élevant à la hauteur d'un principe, vous élevez la réclamation à la hauteur d'un droit.

Vous faites une loi sur les Enfants trouvés, et ce qui dans cette loi paraît surtout vous toucher, ce n'est pas l'Enfant, mais bien la mère, en sorte que vos préoccupations portent bien plus sur l'indignité morale que sur la misère.

Votre loi est bien loin de valoir le décret de 1811, auquel vous voulez la substituer; elle vous fait reculer jusqu'à la loi de 93, dont vous adoptez le principe.

Vainement vous prétendez que vous ne créez point de droit à la fille mère Dites plutôt que vous ne prononcez pas le mot, mais que vous faites la chose.

Je vous demande comment vous repousserez la fille mère qui se présentera à vous dans les conditions de misère auxquelles vous déclarez vouloir subvenir.

Est-ce que vous pourrez faire un triage entre les besoins? Vous ne voudrez ni ne pourrez accueillir telle réclamation pour en rejeter telle autre

Quant à moi, ce que je voudrais faire, je l'avoue, c'est à peu près la même chose; mais je ne voudrais pas le proclamer en principe dans une loi.

Un des grands inconvénients de votre système, c'est de détendre les ressorts de la charité privée, qui n'a déjà subi que trop d'atteintes.

Maintenant, si j'envisage votre système au point de vue financier, je vois que vous allez établir des accroissements considérables de dépenses dans les budgets départementaux. Il est vrai qu'il y a cinquante-deux départements qui accordent des secours aux filles mères; mais il y en a aussi trente-quatre qui les repoussent comme dangereux pour la morale. Je comprends peu que votre loi prétende s'imposer à eux. Il me semble qu'il serait bien plus simple de ne rien faire qu'avec et par le concours du département. Nul mieux que lui ne saurait apprécier ses véritables intérêts, et se faire juge de ce qu'il faut adopter ou rejeter dans la condition qui lui est propre.

Le grand inconvénient de poser en principe ce qui est aujourd'hui en fait, c'est que vous allez multiplier les prétentions, et partant enfler les dépenses.

Vous tomberez bientôt dans tous les abus qui suivirent le décret de 1811 Non-seulement vous verrez toutes vos prévisions rapidement dépassées, mais bientôt aussi le fait se substituer à la loi comme cela existe aujourd'hui.

Cette pensée d'innovation que je vois se produire et que je combats n'a · pour elle que l'autorité des théoriciens, et pour mon compte je la repousse par des considérations toutes tirées de la pratique.

En résumé, dans mon opinion, il n'y a point d'amélioration législative a introduire, il n'y a à faire que des améliorations de détails dont vous devez laisser l'application aux autorités locales.

Abus
qui découleront
de
la loi projetée

Si vous procédez autrement, vous arriverez à enter les abus de 1811 sur les abus de 93. Ce sera toute votre œuvre.

Voyez déjà jusqu'où vous êtes allés dans votre projet.

Vous avez déshonoré la charité publique; vous l'avez entourée de tant de précautions, soumise à tant de restrictions, qu'elle est devenue presque inaccessible.

Vous avez tué le secret : car, ne vous y trompez pas, si j'étais la personne qui eût besoin du secret, je ne vous le confierais jamais.

Enfin, vous avez tué l'économie, en partant de ce principe que si la dépense est nécessaire il faut la faire, et cette nécessité, qui n'existe pas dans l'état actuel, car le service des Enfants trouvés est partout assuré, au moins en ce qui concerne leur réception, vous la créez en provoquant l'abus.

Je repousse votre projet de loi par toutes ces considérations, qui me paraissent également fondées au point de vue moral et au point de vue financier.

Tableau
du service
des
Enfants trouvés
dans
le département
de
la Corrèze

A l'appui des indications que je vous ai présentées, je soumets à la Commission un relevé statistique que j'ai fait faire de tout ce qui embrasse le service des Enfants trouvés dans le département de la Corrèze, que j'ai administré comme préfet (1). Il en résulte que toute nouvelle mesure, après quel-

(1) Voir, tome II, page 728, le tableau du mouvement et de la dépense des Enfants trouvés dans le département de la Corrèze

ques bons résultats, se termine par un accroissement de dépenses et des abus
auxquels il faut remédier.

C'est pour laisser la porte toujours ouverte à ces remèdes et aux améliorations que je voulais qu'une part plus grande fût faite aux autorités locales, et qu'on ne se trouvât pas toujours enfermé dans le cercle étroit d'une loi qu'il faut *briser* sans pouvoir l'élargir.

M. BLANCHE :

Depuis plus de dix ans, la question des Enfants trouvés est à l'étude. En ce qui concerne le Gouvernement, cette étude se fait par la pratique en même temps que par la théorie.

La question est suffisamment étudiée

Depuis dix ans, la question est soumise aux conseils généraux, et, pour quiconque étudie les documents qui sont le fruit de leurs délibérations, il est évident que la question en est arrivée à ce point de maturité, qu'aucun argument nouveau ne se produit plus depuis plusieurs années.

Si j'ai bien compris l'argumentation de M. BAILLEUX DE MARIZY, elle se réduit à ceci : Laissez faire, les améliorations se produiront d'elles-mêmes et avec le temps.

M. BAILLEUX DE MARIZY répond :

Mon système est on ne peut plus simple, et je puis vous l'établir en trois mots :

Pour principe :

L'assistance publique ;

Pour moyens :

1° Les Tours ;

2° Les hospices dépositaires ;

3° Les secours aux filles mères.

Ces trois modes seront admis simultanément ou exclusivement, suivant l'appréciation des autorités locales.

M. LEFRANC fait observer qu'avec ce système, il arrivera tout simplement ceci : c'est que le département qui conservera le Tour au milieu de ceux qui l'auront supprimé se trouvera recevoir les Enfants des départements voisins.

38

M. BLANCHE :

L'argumentation de M. Bailleux de Marizy me paraît difficile à saisir, et c'est pour cela que je le prie de nous dire d'une manière positive s'il admet ou non le secours aux filles mères.

Latitude
à laisser
aux départements

M BAILLEUX DE MARIZY :

Oui, j'admets le secours aux filles mères; je l'admets comme fait, et non comme principe absolu. C'est un excellent fait et un détestable principe. Aussi, voudrais-je que le département, laissé arbitre en cette matière, pût l'appliquer dans la mesure des nécessités locales, et, le jour où il jugerait à propos de modifier son système, pût le changer sans violer la loi.

Mon absence de système absolu est, je crois, le meilleur système.

Nécessité
de réglementer
le principe

M. BLANCHE :

Dégageons d'abord la question des objections qui ne peuvent plus être présentées. Vous admettez le secours aux filles mères, vous vous refusez dès lors le droit de nous dire que le secours aux filles mères est immoral.

Dès l'instant que vous admettez le principe, vous ne pouvez pas faire autrement que de le réglementer d'une manière quelconque. Vous ne pouvez pas non plus dénier au Gouvernement, dont à tort, suivant moi, vous déclinez l'action sur l'exercice de la charité publique, vous ne pouvez lui dénier le droit et le devoir d'intervenir dans ces règlements.

Si vous contestez au Gouvernement le droit d'organiser et d'exercer la charité publique, prenez garde que la conséquence de votre argumentation soit qu'il faudrait fermer les hospices, fermer tous les établissements et bureaux de bienfaisance ; car c'est bien là de la charité publique, de la charité organisée par le Gouvernement.

Droit
au secours

Vous dites ensuite qu'organiser le secours aux filles mères, c'est créer en faveur de celles ci un droit à ces secours.

Ce même reproche, s'il était fondé, pourrait en quelque sorte s'adresser à la charité privée: qui ne sait que, dans les localités où l'aumône s'exerce à jour fixe, les pauvres ont coutume d'arriver par bandes, et que chacun d'eux, s'il a manqué à une distribution, entend toujours réclamer le double à la distribution suivante? La prétention constitue-t-elle pour cela un droit?

Repousser l'assistance en disant : Vous allez créer des droits, c'est s'opposer systématiquement au soulagement de misères que la société doit secourir.

Enfin, il est un côté de la question dont je ne me dissimule pas l'importance, c'est le côté financier; mais je dois dire tout d'abord que depuis dix ans que, je m'occupe de ces questions dans la pratique administrative, je n'ai pas vu que l'application de secours aux filles mères ait jamais été une cause d'accroissement dans les dépenses.

15ᵉ SÉANCE

Point de vue financier

L'augmentation de la dépense des Enfants trouvés, là où elle a lieu, a le plus souvent pour heureux motif la diminution de la mortalité, comme vous le disait naguère M. SMITH : ce n'est pas là ce qu'on oserait regretter.

Sans doute il ne faut pas faire trop bon marché de la question de dépenses, mais enfin elle ne doit pas non plus exclusivement dominer la charité publique.

Il est remarquable que cette préoccupation ait servi de thème à la critique constante de toutes les améliorations en matière de bienfaisance publique, notamment en ce qui concerne les aliénés. Qui pourrait regretter le sacrifice qu'il a fallu faire pour arriver à adoucir leur sort?

Notre préoccupation doit donc moins se porter sur les dépenses nécessaires que sur les moyens de trouver des agents dévoués et capables de remplir les intentions de la loi.

Soins à prendre pour l'exécution de la loi

Ce sont des hommes qu'il faut chercher et trouver, et là je vous répéterai encore ce que j'ai déjà dit précédemment et ce qui me paraît être l'esprit comme l'expression de la charité chrétienne : *soyons pêcheurs d'hommes.*

Je n'ajoute plus qu'un mot pour répondre à cette dernière objection qu'il faut prendre garde de détendre les ressorts de la charité privée en organisant la charité publique.

Charité privée

Je n'hésite pas à le dire, parce que c'est un fait que l'on ne saurait trop hautement proclamer, jamais à aucune époque la charité privée ne fut plus féconde et plus éveillée que de nos jours pour venir au secours de la charité publique. Je n'en veux pour preuve que ces nombreux legs et donations faits de notre temps aux établissements de bienfaisance.

Je me résume par ces deux mots : fécondité du concours prêté par la charité privée à la charité publique; utilité, dans la plupart des cas, d'indications à donner par la charité publique à la charité privée.

M. NICOLAS :

Je souscris à tout ce que nous a dit M. DE MARIZY. Il a parfaitement fait ressortir tout ce que le projet de secours aux filles mères entraîne de fâcheux inconvénients et de funestes conséquences.

Principe des secours aux filles mères

J'éprouve cependant le besoin d'ajouter à ce qu'il a dit et d'exprimer en quelques mots la vive répulsion que m'inspire cette mesure. Mais au moment de le faire, je sens une espèce de découragement en voyant des esprits judicieux et des intentions droites abonder aussi aisément dans un système qui m'a toujours paru le rebours de toute convenance morale, de toute législation civilisatrice.

Mais vous y avez en quelque sorte été condamnés par les premiers pas que vous avez faits dans le projet général que nous préparons. Pour n'avoir pas voulu du secret de la honte, vous avez été condamnés à accepter le scandale de l'impudeur; et en écartant l'entremise de la Sœur de charité vous deviez arriver à la reconnaissance officielle si ce n'est à l'encouragement des filles mères.

Alliance entre la charité religieuse privée et la charité publique

Je ne suis pas de ceux qui ne veulent aucune alliance entre la charité religieuse privée et la charité publique; dès le principe, j'ai dit que le système que nous avions à résoudre consistait dans la recherche du moyen de les engrener. C'est vous qui excluez entièrement la charité privée par votre projet, qui substitue à son action discrète, délicate et moralisante, des moyens matériels et offensants, qui ne secourent la misère qu'en affichant le vice.

On a dit ailleurs que l'aumône déshonore; cela n'est pas vrai de l'aumône chrétienne privée, par la très-haute raison que celui qui la fait ne donne pas seulement le secours, mais se donne lui-même avec le secours, et que l'homme est d'un si grand prix, qu'il ne peut qu'honorer celui à qui il se donne; sans parler des autres considérations de foi chrétienne, qui font de celui qui donne un représentant de la Divinité miséricordieuse, de celui qui reçoit, un représentant de la Divinité souffrante, et leur donne à l'un et à l'autre une valeur infinie de respect et d'amour. Mais la charité officielle, et exclusivement officielle, ne faisant arriver le secours qu'au moyen d'un rouage administratif et fatal qui lui enlève tout ce qu'il a de libre, c'est-à-dire d'humain; qui le transforme en impôt d'un côté, en droit de l'autre; qui ne fait sentir que ce qu'il a de trop ou de trop peu; et qui établit plutôt un état de guerre qu'un rapport de fraternité entre la société et ses membres : voilà la charité qui, toute seule, et sans la main de la charité privée, divise et dégrade. Qu'est-ce donc lorsque la publicité, qui est le propre caractère de cette charité, et qui, en général, offense la pudeur de la misère, vient offenser encore la pudeur de la culpabilité, et infliger à la fille mère le supplice de l'exposition ? Voilà l'aumône qui déshonore; c'est celle que fait votre loi.

Dangers de la charité publique exclusive

Pour moi, je préférerais l'absence de toute loi à une pareille loi. Oui, je
préférerais la suppression totale même de ce qui est, qu'on fît table rase de
toute institution publique de secours aux Enfants trouvés, certain que la
charité privée, livrée à sa propre et libre action, enfanterait bientôt un système
de secours admirable, et que non pas un, mais mille Vincent de Paul
surgiraient du sein de notre société pour la doter d'institutions vraiment dignes
d'elle.

Je ne craindrais pas de me porter fort du complet succès de cette expérience, et si j'avais le souverain pouvoir, j'en prendrais la responsabilité cent
fois plutôt que celle de votre loi.

Pour en revenir plus particulièrement au point qui nous occupe en ce
moment, le secours aux filles mères, je suis effrayé d'abord de la grave
atteinte que recevront les mœurs publiques de cette divulgation de l'immoralité, de ce scandale de la fille mère forcée à se déclarer, à accepter la honte
de son état, c'est-à-dire à la braver, à en vivre, à en affaiblir le sentiment
partout autour d'elle, par l'exemple avoué et en quelque sorte encouragé
qu'elle en présentera. Attendez-vous que le nombre en augmente bientôt
notablement, et que, pour n'avoir pas voulu d'Enfants trouvés, vous aurez bientôt
un accroissement considérable d'Enfants naturels. Une seule chose retient
encore le débordement de l'immoralité dans le peuple, le sentiment de la
honte : en le lui faisant fouler aux pieds, en l'encourageant à le faire, vous
offensez d'abord et vous pervertissez bientôt le peu qui nous reste de mœurs
publiques.

En second lieu, je suis affligé de voir, non pas la tolérance publique, non pas
la police administrative, mais ce qu'il y a de plus saint, humainement parlant,
la Loi, se déconsidérer en autorisant ce scandale, en le consacrant, en le com-
mettant. Poser en loi qu'un secours sera accordé aux filles mères, c'est, quoi
que vous en disiez, donner à celles-ci un *droit* au secours, parce que le propre
de la loi étant la généralité, l'égalité de tous ceux qu'elle concerne, devant elle,
toute fille mère qui se trouvera dans les conditions du secours aura droit au
secours. C'est nous ramener au grand scandale législatif de 1793.

C'est faire pis, Messieurs, car la loi de 1793 était, je ne crains pas de le
dire, plus morale que celle que vous projetez. Dans celle-ci, en effet, nul
secret pour la fille mère, la publicité la plus humiliante pour elle, pernicieuse
pour les mœurs publiques, résulte des constatations et des inspections à laquelle vous la soumettez; et, quant à l'Enfant, quel que soit le désordre de

Critique
de la loi projetée.

L'absence
de toute loi
serait préférable

Elle porte atteinte
à la morale
publique

Déconsidération
de la loi

Retour
à la loi de 1793

La loi de 1793
était plus morale
que
la loi projetée

la mère, quelle que soit la corruption physique et morale a laquelle il soit exposé près d'elle, vous ne le retirez jamais.

Écoutez maintenant la loi de 1793.

« Toute fille mère qui déclarera vouloir allaiter elle-même son Enfant aura
« le droit de réclamer un secours de la nation; elle ne sera tenue qu'aux for-
« malités prescrites pour les mères de famille. Le secret le plus inviolable sera
« observé. S'il y avait des dangers, soit pour les mœurs, soit pour la santé des
« enfants, à les laisser auprès de leur mère, l'Administration les retirera et les
« placera, suivant leur âge, soit dans l'hospice, soit chez une nourrice. »

Je suis fâché de le dire, mais votre projet de loi me fait regretter celle de 1793.

Préférence donnée
aux
filles mères
sur les mères
légitimes

Le secours légal et spécial aux filles mères leur crée un droit qui leur donne en quelque sorte le pas sur les mères légitimes : ce qui leur vaut ce secours, c'est le désordre même de leurs mœurs, c'est le fait de leur coupable maternité, non certainement pas dans votre intention, dont la pureté est ici hors de cause, mais dans le fait et les conséquences du projet de loi. Je sais bien que c'est la misère et non pas le vice de leur état que vous voulez secourir; mais comme cette misère est le résultat de ce vice et est ordinairement entretenue par lui, le secours donné à la misère tourne, en définitive, et profite au vice, qui l'entretient. Et voyez les conséquences étranges, les choquantes oppositions que vous créez : à côté de la fille mère que vous secourez, et qui continuera souvent à vivre dans le désordre qui l'a rendue mère, avec le complice de ce désordre, au grand scandale de la société; à côté d'elle, dis-je, sous le même toit, se trouvera une famille légitime, honnête, respectable, ne se soutenant et ne soutenant ses Enfants qu'à force de vertu, d'ordre, de travail, manquant souvent de pain et n'osant l'avouer. Le secours passera devant la porte de cette honorable et pauvre famille et il ira frapper à celle de ce couple illégitime et éhonté, qui ne vit que de son déshonneur et qui souille le lieu qu'il habite! Quelle choquante contradiction! Quel flagrant scandale! Croyez-vous par là réhabiliter et moraliser la fille mère? Non; mais, comme l'a dit M. DE MARIZY, vous déshonorez la charité.

Le secours
sera détourné
de
sa destination

Vous donnez le secours à la mère pour qu'il profite a l'Enfant, je le reconnais; mais voyez ce qui aura lieu en réalité : l'Enfant sera le prétexte du secours, et c'est à la mère, en définitive, qu'il profitera, et derrière la mère, à son concubin, qui ira le dissiper avec elle dans la débauche, tandis que l'Enfant en sera privé ou n'en recevra tout juste que ce qu'il en faudra pour être un titre de secours a la mère. Celle-ci sera même intéressée à multiplier sa maternité, puisque le secours se multipliera avec les fruits de son désordre, et votre charité deviendra ainsi la prime de l'infamie.

Certes je suis pour le soulagement, s'il se peut, de toutes les misères et pour l'accomplissement du généreux programme posé dans la Constitution, ou plutôt bien avant elle dans l'Évangile; mais il me semble que le début n'est pas heureux, qu'il y a dans la société bien d'autres misères plus incontestables, plus pures, plus urgentes, auxquelles il conviendrait d'appliquer d'abord le zèle nouveau de l'assistance publique Y a-t-il des secours organisés et assurés aux aveugles, aux muets, aux vieillards, aux veuves, aux mères légitimes pauvres? Je consens alors à m'occuper des filles mères, s'il reste quelque chose des finances de l'État; car, Messieurs, à ce point de vue financier permettez-moi de vous le dire, en débutant par poser le principe de secours aux filles mères, vous engagez le système législatif général de l'assistance publique dans une voie qui peut devenir désastreuse. A moins de ne réserver les secours publics qu'aux misères les moins honorables, les plus coupables, qui sont moins des misères que des vices continus que le secours même entretiendra, a moins de créer un privilége pour les filles mères, il n'y a pas une mère légitime pauvre à qui vous ne deviez donner un pareil secours. Si vous reculez devant cette conséquence, quel scandale! Si vous l'acceptez, quel abîme vous ouvrez aux finances de l'État! c'est la taxe des pauvres.

Je sais bien, je le répète, que ce n'est pas tant les filles mères que vous voulez secourir que leurs Enfants. Le but est bon, très-bon, et je m'y dévoue avec vous de toute mon âme, mais le moyen que vous adoptez trompe le but, et par le fait, c'est moins la misère que le vice, c'est moins l'Enfant que la mère que vous secourez. Non que celle-ci ne doive être secourue · Dieu me préserve d'exclure aucune misère, et peut-être la plus grande de toutes les misères! mais le secours à apporter a celle-ci demande tant de discernement, de discrétion, de précaution, que tout le génie et tout le zèle de la charité religieuse privée ne sont pas de trop, et que si jamais la charité légale a été incompétente, c'est bien assurément pour ce genre de secours.

Rattacher l'Enfant a la mère, dites-vous, c'est réveiller chez la mère le sentiment maternel, principe de retour à la vertu pour elle, et que rien ne peut remplacer pour l'Enfant. Voilà, Messieurs, la généreuse illusion qui vous abuse et vous cache les mauvais effets de votre système. Le sentiment maternel ne naît ordinairement et ne se développe que dans une âme que le vice a cessé

Autres misères plus dignes d'être secourues

Point de vue financier

Incompétence de la charité publique

Appel illusoire au sentiment maternel

au moins d'abrutir et de souiller. Il ne peut cohabiter avec la débauche. Non-
seulement celle-ci l'exclut, mais elle l'étouffe comme elle étouffe tout sentiment tendre, et elle souffle, surtout chez la femme, des dispositions à la
cruauté. Le plus dangereux ennemi pour l'Enfant, c'est une mère débauchée.
Le sentiment maternel suit et ne précède pas le retour à la vertu. Or le retour
à la vertu dans le cœur d'une femme qui l'a sacrifiée est une des tâches les
plus difficiles à la Religion même, malgré tous les moyens naturels et surna-
turels dont elle dispose. Et ce que la Religion, avec toutes ses puissances et
toutes ses délicatesses peut à peine faire, vous vous flattez de l'obtenir aisément
et comment? par quel moyen? En plaçant la fille mère dans une publicité de
honte qui changera bientôt celle-ci en impudeur et lui fermera, dans l'opinion
publique, tout retour, tout accès, à l'estime et à l'honneur, à cette

> . .. île escarpée et sans bords
> Ou l'on ne peut rentrer quand on en est dehors,

et en lui offrant pour appât, quoi! une pièce d'argent. « Soyez mère pour de
« l'argent, lui direz-vous, gardez votre enfant à ce prix, dont, du reste, je vous
« abandonne l'usage. Il pourra arriver, il est vrai, que vous ferez servir ce
« secours à vous entretenir dans des désordres qui tariront en vous le senti-
« ment maternel, mais je n'y peux rien; j'aurai du moins rattaché votre Enfant
« à votre sein, et l'intérêt que vous aurez à toucher le secours me sera toujours
« garant du soin que vous aurez de cette créature à la vie de laquelle il est
« attaché. » Voilà comment vous réveillez le sentiment maternel dans la mère
et comment vous en assurez les soins à l'Enfant.

Si c'est l'intérêt de celui-ci qui vous préoccupe, Messieurs, comment ne
voyez-vous pas que la plus mauvaise des situations pour lui est celle que vous
lui faites? Le lait maternel n'est pas tout, et encore ce lait l'aurez-vous abondant et pur alors qu'il sortira le plus souvent d'un sein épuisé et profané par
le vice, d'un sein que vous écarteriez si cette femme se présentait à l'hospice
comme nourrice des Enfants les plus abandonnés? Et ensuite ce n'est pas le lait
seulement que donne la mère à l'Enfant, c'est aussi et en même temps son
âme, sa vie, ses vices ou ses vertus. A quelle école mettez-vous l'Enfant! à quel
exemple ses yeux, ses oreilles, tous ses sens vont-ils s'ouvrir, s'éveiller, se développer! Pouvez-vous ne pas en avoir souci au nom de l'intérêt moral de l'Enfant, au nom des mœurs publiques, au nom de l'ordre social? Suivez-le dans
sa vie et voyez-le à vingt et trente ans de là, car c'est jusque là que vous devez

calculer, vous, législateurs, les effets de votre système; voulez vous que je vous le fasse voir en deux mots? Le voici; je le trouve dans les statistiques criminelles relevées par M. DE GÉRANDO.

« Il est avéré, dit-il, que parmi les criminels il y a moins et beaucoup moins d'Enfants trouvés que d'Enfants naturels. » En transformant des Enfants trouvés en Enfants naturels que faites-vous donc? Vous transformez pour la plupart des hommes honnêtes, des hommes utiles, en scélérats.

Pour me résumer:

Je ne repousserais pas le secours aux filles mères en lui-même, dans des cas particuliers, avec discrétion et discernement, ce qui ne peut être évidemment que l'œuvre de la charité privée.

Mais je le repousse comme érigé en *loi,* parce qu'il donne un droit, et en quelque sorte une prime au vice.

Je le repousse comme *public,* parce qu'il divulgue la honte de la fille mère, qu'il achève ainsi de la dégrader et que par le spectacle de cette dégradation acceptée, entretenue, il porte atteinte aux mœurs publiques.

Enfin, je repousse le projet comme *fatal* à l'Enfant, parce qu'il le livre *sans retour* à la fille mère, quelle que soit la dépravation de celle-ci, et qu'il commet à son égard la pire de toutes les expositions, le pire de tous les infanticides, l'exposition à la perversité et l'infanticide moral.

Je m'arrête, Messieurs; je n'ai pu que protester contre un projet qui paraît réunir, qui a obtenu déjà dans le sein de la Commission la majorité. J'ai dû le faire avec d'autant plus de force que j'étais plus frappé, plus consterné du crédit qu'il recevait de la droiture et de la pureté de vos intentions: la vivacité même de mon langage n'est donc qu'un hommage de plus que je leur ai rendu.

M. DURAND-Sᵗ-AMAND demande la parole pour répondre à M. NICOLAS.

Renvoi de la discussion

M. le président fait observer que l'heure est bien avancée

M. DURAND-SAINT-AMAND insiste et dit qu'une critique aussi violente de la loi dont les principales dispositions ont déjà été adoptées par la Commission ne peut demeurer sans une réponse immédiate.

M. le président exprime le regret que M. Nicolas n'ait pas pu assister au commencement de la séance, et ainsi entendre l'exposé présenté par M. Smith sur les secours aux filles mères. M. le président reconnaît, au reste, qu'une réponse est nécessaire au¹ discours qui vient d'être entendu; mais il pense que cette réponse sera d'autant plus utilement faite, qu'il pourra y être consacré plus de temps à l'ouverture de la prochaine séance.

En conséquence, la séance est levée à midi et renvoyée à jeudi prochain, 18 octobre, pour la suite de la discussion sur les secours aux filles mères.

16ᴱ SÉANCE.

Jeudi 18 octobre, 8 heures du matin.

Présidence de M. Victor LEFRANC.

Sont présents :

MM. Victor LEFRANC, président; DURAND-SAINT-AMAND, GIRAUD, NICOLAS; VALENTIN-SMITH, secrétaire, et Louis HAMELIN, secrétaire adjoint.

Absents :

MM. DE LURIEU et DE WATTEVILLE, inspecteurs généraux des bureaux de bienfaisance, pour cause de service public; BLANCHE et BAILLEUX DE MARIZY.

Le procès-verbal de la précédente séance est lu et adopté.

ORDRE DU JOUR.

Suite de la discussion sur les Secours aux filles mères.

M. DURAND-SAINT-AMAND :

MESSIEURS,

A la fin de la dernière séance, j'avais témoigné le désir de répondre immédiatement au discours si vif et si éloquent de notre collègue M. NICOLAS. J'ai vivement regretté que l'heure avancée me fit un devoir d'ajourner cette réponse; mais il ne serait pas possible de laisser sans réfutation une critique aussi amère du projet de loi que nous élaborons.

Cette critique a été passionnée, violente en quelque sorte, et, je me hâte de le reconnaître, la passion qui l'inspirait était celle de l'amour du bien, qui nous anime tous; mais enfin elle était injuste, je le crois, et sans fondement J'espère vous l'avoir bientôt démontré.

Le reproche fondamental fait à notre projet de loi et avec insistance était le reproche d'immoralité. C'est celui-là surtout que je tiens à combattre.

Notre projet, par cela seul qu'il inscrivait dans la loi le *secours* aux filles mères, était en lui-même, a-t-on dit, une atteinte à la morale, une prime d'encouragement offerte à la démoralisation, une porte ouverte à tous les scandales

Déjà, dans une argumentation antérieure, M. NICOLAS avait défendu les Tours au nom du catholicisme, et vous vous rappelez cette sage réponse faite par M. GIRAUD que nul ici n'avait le droit de se constituer le défenseur exclusif du catholicisme, non attaqué d'ailleurs.

M. NICOLAS :

Je n'ai jamais dit, ni surtout voulu dire, que j'entendais soutenir les Tours au nom du parti catholique, et me poser ici comme le représentant *exclusif* du catholicisme. Tels sont loin d'être mes sentiments. En cette matière, on peut le savoir, je suis plus jaloux du partage que de l'exclusion. J'ai indiqué seulement ce que je crois être la vérité, que les pays catholiques, que les mœurs catholiques se prononcent plus que les autres en faveur de l'institution des Tours, et tiendront à les conserver.

J'avais déjà répondu cela à M. GIRAUD; je suis heureux que l'honorable susceptibilité de M. DURAND-SAINT-AMAND m'ait donné lieu de renouveler la même déclaration, et de constater une fois de plus ici la communion de nos sentiments.

M. DURAND-SAINT-AMAND :

Je prie M. NICOLAS d'être bien convaincu que je n'attaque aucunement ses intentions, mais je ne puis laisser passer sans réfutation l'expression si ardente et si élevée de ses convictions.

Je dis donc qu'une argumentation du même genre s'est présentée à l'égard de cette partie du projet de loi dont nous nous occupons actuellement. C'est au nom de la morale publique que M. NICOLAS s'en constitue l'adversaire. A mon tour, je ne puis reconnaître à personne le droit de se constituer le défenseur exclusif de la morale; je ne puis laisser adresser à mes honorables amis et à moi le reproche d'avoir voulu élever un édifice à la dépravation, de formuler en articles de loi un code d'immoralité.

M. NICOLAS a dit qu'il souffrait de voir notre loi se produire avec ce caractère ; eh bien, moi aussi, je souffre de cette imputation ; ce stigmate d'immoralité, je ne veux pas qu'il lui reste appliqué ; elle ne le mérite pas, et c'est sur cela que je ne veux laisser aucun doute.

Sa justification ne sera pas difficile.

Sans doute, la morale doit être la base de la loi. Je l'ai dit moi-même en invoquant, dès le début de cette discussion, deux principes de la plus incontestable moralité : le principe de la responsabilité de ses actes, quant à la mère ; celui du droit à la vie, inhérent à la naissance de l'Enfant. Mais je crois que le point de départ de mon honorable contradicteur est erroné, et cette erreur consiste, non à asseoir la loi sur les bases de la morale, mais à envisager ses conséquences au point de vue exclusif de la morale et de la vertu.

Ce n'est pas la loi qui fait qu'il y a dans le monde des vertus et des vices, des êtres moraux ou immoraux.

C'est l'éducation, ce sont les mœurs, que la loi est appelée à régler dans les limites du possible. La loi constate des faits, en tient compte ; elle est obligée de régler un état de société imparfait ; elle doit, pour être applicable, l'accommoder à cet état ; elle est faite pour des hommes, il faut qu'elle s'adapte à leurs faiblesses.

Bacon a parfaitement assigné le caractère et la fin de la loi, en disant qu'elle doit avoir pour but le plus grand bonheur des hommes réunis en société. Mais, à défaut du bonheur qu'il n'est guère possible d'atteindre sur la terre, c'est à l'adoucissement de la misère qu'il faut sérieusement s'appliquer. Tel est le but réel de la loi, tel doit être surtout celui d'une loi de charité, d'une loi d'assistance. Ne dites donc pas que donner des secours aux filles mères c'est affaiblir la morale publique, c'est exciter les filles à devenir mères.

Non, notre loi ne contient pas cette excitation ; elle ne dit pas à la femme qui a failli : *Venez, je vous approuve* ; mais elle dit à la femme qui souffre et pour laquelle la souffrance est une mauvaise conseillère : *Relevez-vous, revenez à de meilleurs sentiments, voici que nous vous venons en aide*. Car, selon moi, l'assistance rend l'exhortation plus efficace ; l'une et l'autre ne doivent jamais être séparées.

Sans doute, il vaudrait mieux n'avoir pas à guérir de pareilles plaies, à secourir de telles misères. Si vous pouvez faire qu'il n'y ait plus de filles mères, que la vertu, que la pudeur soient partout et toujours respectées, alors notre loi devient inutile, et nous nous en réjouirons. Mais si c'est l'état contraire qui subsiste, si les enseignements de la religion, si les bienfaits de l'éducation sont impuissants à prévenir ces malheurs, faut-il que la loi ne prenne nul souci des conséquences? Faut-il qu'elle refuse avec dureté de tendre la main à la fille déchue? Toute déchue qu'elle est, n'appartient-elle pas toujours à la société humaine, et, dès lors, n'a-t-elle pas droit à sa protection et à son assistance?

C'est ici que le dissentiment se place entre nous; le fait de la charité, ce n'est pas ce que vous désapprouvez, je le sais, mais vous refusez le droit de l'invoquer.

La charité privée préférée à l'assistance publique

Vous voulez la charité privée, avec sa liberté d'action; vous repoussez l'assistance publique, avec sa réglementation, avec l'inscription dans la loi du droit de la réclamer.

Pourtant ce n'est pas là un principe nouveau, ni sans application jusqu'à nos jours.

L'assistance publique écrite depuis longtemps dans la législation

Déjà M. Bailleux de Marizy, en répondant à M. Blanche, a fait observer que l'institution de la charité légale n'avait pas attendu pour naître et se développer que le principe en fût consacré par la Constitution de 1848.

Il est inscrit, déjà depuis longtemps, dans toute la législation charitable, dans les chapitres des budgets annuellement votés pour assurer des ressources à la misère, dans les institutions hospitalières et de bienfaisance.

Il n'y a donc pas ici, à proprement parler, d'innovation, pas d'inconnu, pas de voie nouvelle.

Consacrée par la Constitution de 1848

Mais c'est l'honneur de la Constitution de 1848 d'avoir reconnu, consacré comme principe et comme règle, ce qui n'existait qu'en fait; d'avoir ainsi noblement commenté sa devise de fraternité, en promettant, par l'article 8 de son préambule, « d'assurer, par une assistance fraternelle, l'existence des « citoyens nécessiteux, en donnant, à défaut de la famille, des secours à ceux « qui sont hors d'état de travailler; »

En s'engageant par son article 11 :

« A fournir l'assistance aux Enfants abandonnés, aux vieillards sans ressources « et que leurs familles ne peuvent secourir. »

Encore une fois, ce n'est pas là un droit nouveau, c'est la consécration solennelle d'un droit incontesté.

16ᵉ SÉANCE
—
La charité privée
n'exonère
pas l'État
de son devoir
d'assistance

Ne vantez donc pas exclusivement la charité privée : sans doute, elle est ardente, admirable dans beaucoup de ses œuvres; elle est pour la charité publique un précieux auxiliaire; mais l'État peut-il se reposer exclusivement sur elle de l'accomplissement de ses devoirs d'assistance envers tous ceux qui souffrent?

Est-ce que l'action de la charité privée n'est pas essentiellement bornée, et inefficace, par conséquent, au soulagement des misères générales?

La charité privée? Certes, nul ici ne mettra en doute le respect qu'elle m'inspire; mais n'avons-nous pas le droit de reconnaître et de dire qu'elle est inégale, capricieuse; qu'elle peut manquer d'intelligence, de perspicacité, de mesure; que souvent elle passera auprès d'une misère qu'elle n'apercevra pas pour secourir une misère moins grande, mais plus importune, sans pudeur et sans retenue dans ses sollicitations; qu'elle peut être atteinte de ce triste alliage qui pervertit les meilleures qualités, la passion, inévitable au cœur de l'homme, la prévention, l'acception de personnes; qu'elle a ses préférences et ses antipathies; qu'elle est plus touchée parfois des opinions ou des pratiques religieuses de ceux qui l'implorent que de l'état même de leurs souffrances.

Elle est
son auxiliaire

Je le répète donc, en me résumant, la charité privée peut et doit être pour la société un moyen des plus féconds pour l'accomplissement du devoir d'assistance; mais ce devoir, la société ne peut le décliner; elle doit y pourvoir avec sûreté, par la puissance de la loi, par les prescriptions imposées à ses agents : tel est le rôle de la société en matière d'assistance publique; et je trouve ici l'occasion de protester de toute la force de mes sentiments et de mes convictions contre cette parole de M. BAILLEUX DE MARIZY, répétée par M. NICOLAS, que c'est déshonorer la charité que de la réglementer, tandis qu'en réalité, organiser la charité par la loi même et par les règlements, c'est en généraliser l'application et en assurer l'exercice.

Appliquons maintenant ces principes :

Nécessité
des secours
aux
filles mères

Faut-il, oui ou non, écrire dans la loi ces mots : *Chapitre des secours aux filles mères.* Je n'hésite pas à dire : Oui, il le faut, et il le faut au nom de l'Enfant, car c'est le sort de l'Enfant qui me préoccupe. Il le faut au nom de ce droit à l'existence qu'il apporte en naissant et que vous ne pouvez nier; de ce droit exposé à tant d'atteintes, à tant de périls; de ce droit qui, pour la plupart des Enfants nés hors mariage, s'éteint dans une mort prématurée; de ce droit que ne sauvegardent suffisamment ni vos Tours, ni vos hospices : les tables de la mortalité sont là pour l'attester.

Quelle est la première protection due à l'enfant qui vient de naître? c'est l'allaitement, c'est le sein de sa mère : qui oserait dire le contraire? N'entendez-vous pas ici la voix de la nature et la voix de la religion? La morale peut-elle s'offenser de l'accomplissement d'un tel devoir?

16ᵉ SÉANCE
—
Intérêt
de l'Enfant
Allaitement
Éducation

Vous dites : Il n'y a pas seulement la première éducation, il y a la seconde. La mère donne son lait, mais elle donne aussi son âme; elle inculque ses principes, ses exemples, son honnêteté ou sa dépravation. Attendez; nous ferons plus tard, ou d'autres feront après nous, le chapitre de l'*éducation*. Vous créerez pour le second âge des salles d'asile, des écoles; vous songez à l'âme, songez aussi à l'existence matérielle. Préservez le corps, afin de diriger plus tard l'esprit; assurez la vie, car la loi de l'existence est la première de toutes les lois.

Or voulez-vous conserver ce qui est, c'est-à-dire une mortalité de 40 p. o/o? La charité des sœurs, le bienfait de l'asile hospitalier, les ressources infinies, selon vous, de la charité privée : voilà le résultat où ces ressources vous conduisent : *une mortalité de 40 p. 0/0 !*

Rendez donc l'Enfant à sa mère : vous obéirez au vœu de la nature; vous aiderez à l'accomplissement d'un devoir religieux par l'expiation d'une faute.

Devoir maternel.

Et ce ne sont pas là des utopies, de nouvelles épreuves à tenter. L'expérience est acquise sur ce point : la mortalité a diminué considérablement parmi les Enfants rendus aux mères dans les départements où ces secours sont pratiqués. Vous le savez, et je n'ai point à revenir ici sur des faits déjà établis dans nos précédentes discussions.

Diminution
de
la mortalité

Mais, dites-vous, la femme deviendra moins vertueuse dès qu'elle affichera sa honte? Combien donc, je vous prie, parmi celles qui alimentent le Tour, conservent même les apparences de la vertu, et ne craignent pas d'afficher les désordres du concubinage?

Vous dites que le culte de la vertu et le respect de la pudeur peuvent seuls faire une bonne mère, et que l'accomplissement des devoirs de la maternité ne ramène jamais dans les sentiers de la vertu.

Influence morale
de
l'accomplissement
des devoirs
de la maternité

Je ne vous suivrai pas dans la difficile analyse de cette subtile métaphysique; mais je sais que, si la chasteté est fragile, si la vertu résiste trop rarement aux séductions du vice et à l'attrait du plaisir, du moins, pensée consolante, la vertu maternelle, n'est pas aussi rare. Des filles séduites! les exemples n'en sont que trop fréquents; ils nous affligent sans nous révolter.

Mais les mauvaises mères! l'exemple en est rare, grâce au ciel, et ne se produit pas sans exciter une sorte d'horreur ou de stupéfaction.

Je ne me trompe donc pas: je fais appel a un sentiment puissant, à un sentiment vrai et pur, et je le fais avec confiance, encore bien qu'il ne soit pas donné de prévoir à coup sûr tout ce qui pourrait en sortir de bon, et jusqu'a quel point il sera efficace à ramener à la pratique de la vertu.

Le secours détourné de sa destination

Mais vous objectez que le secours donnera naissance aux abus, qu'il sera détourné de sa destination, dissipé dans la débauche.

Toute charité est impossible s'il ne faut jamais la faire qu'avec une certitude absolue. La charité privée est aussi impuissante que l'assistance publique à prévenir les abus; elle ne sait que les punir en se retirant. Et moi, je ne veux pas, sauf quelques exceptions qui demandent à être déterminées avec soin, je ne veux pas que le secours soit retiré, parce que c'est en vue de l'Enfant qu'il est accordé, non en vue de la mère; sans doute, il faut qu'il passe par la mère pour arriver à l'Enfant, mais, en supposant qu'il s'en dissipe une partie, pouvez-vous dire que l'Enfant, du moins, n'en profitera pas dans une certaine mesure? Voulez-vous le punir des fautes de sa mère, en le livrant a l'incurie de celle-ci?

Mode de surveillance

Enfin, n'avons-nous pas, pour la distribution de ces secours, tout un système de surveillance à exercer? N'avons-nous pas les visites de nos agents, des dames de charité à qui nous confions cette mission délicate, leurs exhortations, leur action sur la mère, qui ne les connaît que par la transmission du bienfait de l'assistance publique? N'avons-nous pas enfin des récompenses pour la bonne conduite, plus efficaces souvent que les punitions pour la mauvaise? On espère échapper à la punition, on veut mériter la récompense.

Mères légitimes

Mais il est encore une objection, et vous vous souvenez de l'insistance avec laquelle elle a été présentée. C'est, a-t-on dit, organiser le scandale! Quoi! des femmes légitimes dans le besoin et des filles mères secourues!

Qui parle de cela? Qui donc supprime l'assistance publique, ses ressources au profit de tous les indigents, ses sociétés de maternité, ses bureaux de bienfaisance, etc.? Qui proclame le droit absolu des unes au profit des autres?

Oubliez-vous donc le principe que nous avons si haut proclamé et jamais perdu de vue?

Droit égal pour toutes les misères.

Ne me dites pas que la société sera ruinée; tout à l'heure je vous rassu-

rerai contre vos craintes exagérées, mais je vous réponds avant tout qu'il faut
que la société sauve la vie de tous ses membres.

Mais revenons à la loi qui nous occupe, à son objet spécial : c'est la loi
des Enfants abandonnés, des Enfants sans famille.

Si grande que soit la misère, les enfants légitimes ont toujours sur les
autres d'immenses avantages : l'appui de la paternité, les liens de famille, la
parenté. Ce sont autant de ressources qui peuvent suppléer à l'assistance
publique ou aider à l'attendre.

Mais l'Enfant né en dehors de la famille, que la paternité ne protége pas,
qu'une mère le plus souvent abandonnée elle-même ne peut élever ! c'est une
impérieuse nécessité de pourvoir à sa subsistance ; le secours, vous le savez,
d'ailleurs, ne sera jamais donné qu'à la nécessité, il ne sera pas aveugle
comme le Tour.

Cessez donc de dire que nous faisons une loi immorale.

Notre loi ne créera pas le vice ; elle rencontrera le vice et la misère à sa
suite, elle soulagera la misère sans remonter à sa source ; elle aura pour devise : *res sacra miser*.

Cessez de dire que nous faisons une loi immorale, car vous-même n'osez
pas dire que l'*institution des Tours est morale*

Ainsi, nous ne sommes pas en présence d'un système ancien, préconisé,
défendu, et d'un système nouveau, jugé périlleux ; vous blâmez, vous aussi
le système du Tour : dites-nous donc comment vous le corrigez ?

Nous proposons nos réformes, proposez les vôtres.

Je sais que tel n'est pas l'avis de M. BAILLEUX DE MARIZY.

Son argumentation est différente de celle de M. NICOLAS. Il se défend, lui,
de tout système, il préfère ce qui existe aujourd'hui ; il se déclare contre
toute innovation.

M. BLANCHE a déjà répondu à M. BAILLEUX DE MARIZY, et je n'en serai que
plus bref dans ma réfutation.

Je dirai seulement qu'à proprement parler notre projet ne contient aucune
innovation.

La loi projetée
ne contient
d'innovation
que
relativement
au secret

Sauf l'organisation du bureau d'admission et les précautions prises en faveur
du secret, pour les cas de nécessité (et ces précautions devraient rapprocher
de nous ceux qui ne veulent que le secret dans les Tours), nous ne faisons rien
qui n'ait été éprouvé

Notre projet de loi emprunte à la pratique des résultats acquis depuis bientôt dix ans et dus aux épreuves déjà tentées dans un grand nombre de départements. J'ai déjà cité le département du Nord : je vous y ai montré la suppression du Tour suivie d'une diminution considérable dans les expositions, sans augmentation des infanticides.

Au point de vue financier, voici ce qui est constaté :

En 1835, le budget des Enfants trouvés coûtait au département du Nord 300,000 francs; de 1840 à 1845, la réduction de cette dépense s'est élevée successivement à la moitié et aux deux tiers; en 1847, elle avait atteint les cinq sixièmes, et la dépense n'excédait pas 50,000 francs.

Les Enfants des hospices coûtent annuellement (budget de 1848) 73 fr. 6 cent.; les Enfants secourus à domicile, 58 fr. 19 c.

Le Conseil général du Nord s'est ému pourtant de l'accroissement du secours aux filles mères; peut-être toutes les précautions désirables ne sont-elles pas prises sous ce rapport.

Quoi qu'il en soit, le chiffre de ces secours ne s'élève pas au delà de 8,000 francs.

Est-ce là une dépense exagérée ? Rapprochez-la de la population du département, qui est de 1,200,000 habitants, et concluez.

J'avais dit, en interrompant M. DE MARIZY, que l'allocation des secours aux filles mères n'était, en réalité, qu'un virement et non une augmentation de dépenses.

En effet, l'allocation destinée au service des Enfants trouvés reçus dans les hospices par le Tour est une dépense considérable, croissante, illimitée.

L'allocation destinée aux mères se *substitue* à cette dépense aveugle et sans limites; c'est une dépense raisonnée, faite avec discernement.

Elle se substitue, ai-je dit, et le résultat définitif n'est plus un simple virement de dépenses, c'est une véritable diminution; vous l'avez vu pour le département du Nord, et vous pouvez le voir également pour le département de la Corrèze, sur le tableau présenté par M. BAILLEUX DE MARIZY lui-même.

Il y a donc, dans cette matière des secours aux filles mères, économie notable, démontrée, expérimentée.

Ainsi, elle offre à la fois le double avantage de protéger les intérêts de l'Enfant et d'alléger considérablement les deniers départementaux.

C'est assez répondre aux critiques de nos adversaires.

M. NICOLAS :

Je demande à répliquer à M. Durand-Saint-Amand ; je le ferai aussi brièvement que possible, la discussion générale devant nécessairement toucher a son terme.

Bien que M. Durand-Saint-Amand ait rendu justice à la droiture de mes intentions, j'éprouve le besoin de dire qu'il s'est exagéré, je crois, la portée de mes paroles sur plusieurs points. Je reprends du reste catégoriquement celles de ses observations que je désire ne pas laisser sans réponse.

M. Durand-Saint-Amand a fait un mérite à la Constitution nouvelle d'avoir inscrit dans son préambule le *droit* à l'assistance. Eh bien, s'il m'est permis d'exprimer d'une manière générale mon opinion à cet égard, je dirai que l'inscription de l'assistance comme *droit* dans la Constitution est regrettable.

Le droit
à l'assistance
Constitution
de 1848

L'assistance publique, ainsi qu'on l'a remarqué, n'est pas nouvelle ; mais elle était à l'état de *devoir* moral à accomplir, pas à l'état de *droit* qu'on pût exiger. C'est ainsi que je l'entends et l'admets.

Le catholicisme, qui a purgé la terre de toutes ses souillures, a fait un devoir de l'exercice de la charité ; il a commandé expressément au riche de contribuer au soulagement du pauvre, mais il n'a jamais constitué au pauvre le droit d'exiger du riche un soulagement.

Loi
du catholicisme

Il a laissé à la charité toute sa moralité, en lui laissant sa liberté immédiate, sans laquelle elle ne serait pas une vertu, en lui permettant de distinguer entre le pauvre honnête et celui qui ne l'est pas, sans quoi elle devient un encouragement au vice. C'est ce que ne fait pas la charité légale ; et, pour rentrer dans l'application de ces principes à la loi qui nous occupe, je dis que je ne puis approuver que vous ne mettiez aucune différence, dans ce droit aux secours, entre la mère honnête et celle qui ne l'est pas, ou même que vous n'en mettiez qu'en faveur de la fille mère. Je dis que donner un droit spécial et légal à celle-ci, c'est donner un droit au vice, c'est déshonorer la loi. Voilà une des raisons pour lesquelles je trouve votre loi immorale. Et cependant cette disposition, je le sais, n'est qu'une application du droit à l'assistance proclamé par la Constitution. C'est, à mes yeux, une nouvelle preuve du danger de formuler en loi générale ce prétendu droit si inégal par son essence même, si dépendant de la valeur morale de l'individu auquel il s'applique.

La charité privée, avez-vous dit, peut manquer de discernement, ignorer bien des besoins, écouter sa passion et ses préventions dans l'exercice de la

Charité privée

bienfaisance, enfin introduire dans la pratique même de cette bienfaisance les rigueurs et les antipathies de l'intolérance religieuse

Aucun de ces reproches ne me paraît fondé.

Ce qui m'a frappé dans l'exercice de la charité privée, c'est précisément cette possibilité de se rendre un compte exact et personnel de la bonne application de son œuvre. Non-seulement la charité privée voit le pauvre qu'elle soulage, mais elle le connaît, elle le fréquente, elle sait ce qu'il y a derrière lui, elle apprécie sa conduite, et peut user de l'influence de ses bienfaits pour moraliser la misère en même temps que pour la secourir : voilà ce que ne peut pas faire la charité publique.

Quant à la passion, aux préférences personnelles, elles seraient contraires aux préceptes de l'Évangile, et il n'est pas une œuvre du catholicisme qui ne soit remarquable, sous ce rapport par, les précautions qu'elle prend pour éviter jusqu'à la naissance même de l'abus à cet égard.

Ainsi jamais la même personne ne visite longtemps les mêmes pauvres, précisément pour éviter l'inconvénient de cet attachement, louable dans son principe, qu'on ressent pour ceux que l'on est dans l'habitude de secourir, afin que personne n'ait ce que l'on appelle *ses pauvres.*

Au contraire, dans la charité légale, c'est toujours le même agent qui est chargé de la distribution des secours; souvent c'est le pauvre lui-même qui est l'agent de cette distribution en le venant chercher, et la porte est constamment ouverte à tous les abus que vous reprochez à tort à la charité privée.

Mais l'intolérance religieuse! je ne l'ai jamais vue.

Vous connaissez la parabole du Samaritain : elle trace à la charité privée son devoir, et ce devoir c'est la pratique constante de la charité religieuse.

Est-ce que la Sœur de charité fait acception de personnes, et demande a une souffrance son acte de foi avant de la secourir?

Moi-même, je puis rendre un témoignage personnel a cet égard. J'ai eu l'honneur d'appartenir à des œuvres religieuses de bienfaisance, et j'ai, en leur nom, porté des secours à des familles juives et a des filles mères. Ce n'était pas là faire acte d'intolérance ni de rigueur.

Je ne veux pas nier que l'exercice de la charité privée n'ait été plus d'une fois, comme je l'ai dit, l'occasion d'exercer une influence salutaire d'instruction et de moralisation. Mais c'est là encore un des bienfaits de son action qui n'est pas à la portée de la charité publique.

Si j'examine maintenant les résultats pratiques où conduit l'institution des secours aux filles mères, j'avoue que je ne me sens pas ramené à leur adoption par le tableau que nous en a fait M. Durand-Saint-Amand.

Vous avez voulu, dites-vous, par la mère, arriver a l'Enfant; c'est à l'Enfant que vous destinez le secours.

Eh bien, je vous le répète, votre secours sera détourné de sa destination · il ne servira d'aliment qu'à la débauche de la fille mère, et peut-être de son complice.

Le premier secours à donner à un enfant est le lait de sa mère. Croyez-vous donc que l'Enfant soit bien secouru par le lait d'une pareille mère? Je vous demande si, connaissant la débauche de celle-ci, vous la prendriez pour nourrice de votre enfant, si vous ne l'écarteriez pas, même comme nourrice des Enfants de l'hospice? Ainsi, vous auriez refusé à cet enfant, pour lui donner une garantie matérielle d'un avantage au moins équivoque, la garantie tout à la fois matérielle et morale de l'hospice.

On s'est effrayé de la mortalité des Enfants dans les hospices : elle a été beaucoup exagérée; elle va diminuant tous les jours par l'effet de soins plus intelligents et d'heureuses améliorations introduites dans le régime sanitaire ; mais enfin cette mortalité a une explication qui tourne contre votre système. Il est avéré qu'elle a pour une de ses causes principales le vice même de l'origine de l'Enfant et les habitudes de débauche de la mère. Voulez-vous, pour sa conservation, le renvoyer à ce foyer d'infection? Vous ne sauvez pas l'Enfant par ce moyen; aux germes de mort qu'il apportait en entrant à l'hospice, vous ajoutez de nouvelles causes de mort. Mortalité

Enfin, vous avez dit et vous maintenez que vous ne retirerez pas l'Enfant à la mère, quelle que soit l'immoralité de celle-ci. Il me suffit de faire ressortir cette disposition implicite du projet de loi pour lui faire le plus sanglant reproche, celui d'être moins moral que la loi de 1793.

Vous dites que peut-être ce secours sera dissipé, qu'il n'en arrivera qu'une parcelle à l'Enfant, et vous maintenez votre système, votre système que vous confessez être déjà si réduit et si détourné dans ses effets et qui est si plein de contradictions dans son principe.

Vous comptez beaucoup sur l'influence de l'amour maternel pour la moralisation de la mère. Ah! c'est une pauvre ressource, quand déjà l'âme de cette mère est viciée! Elle gâtera son enfant bien plus qu'elle ne sera ramenée à la vertu par sa présence.

Aussi, croyons-nous que l'Enfant que vous voulez sauver serait bien autrement en sûreté, et pour sa vie physique et pour sa vie morale, entre les bras de la Sœur de saint Vincent de Paul qu'entre ceux d'une mère souvent indigne et incapable des fonctions si délicates de la maternité.

Ainsi, vous ne sauvez pas l'Enfant et vous laissez subsister, vous organisez pour la société le scandale de l'impudeur.

J'en ai dit assez pour justifier le rejet que je fais de la mesure des secours aux filles mères.

Charité privée

M. DURAND-SAINT-AMAND réclame contre l'extension donnée à ses paroles par le préopinant.

Il signalera seulement, dit-il, une ou deux erreurs afin de ne pas perpétuer le débat : il n'a pas fait, par exemple, la critique de la charité privée d'une manière absolue comme la réfutation le suppose, mais la critique de ses dangers et de son impuissance à soulager toutes les misères auxquelles la société a le devoir de venir en aide.

Mères légitimes

Il n'a pas entendu dire non plus que le droit au secours fût égal pour toutes les mères, encore bien moins que la fille mère devait être secourue de préférence aux mères légitimes.

Il en appelle à l'examen attentif des paroles qu'il a prononcées et du projet qu'il a présenté, bien convaincu que les conséquences qui en ressortiront seront loin d'être celles qu'on a cru devoir combattre par une interprétation exagérée.

M. Victor LEFRANC :

Augmentation des dépenses

Un autre scrupule avait paru inquiéter M. Nicolas, à l'occasion de la mesure des secours aux filles mères, celui d'une augmentation exorbitante de dépenses qui en pourrait résulter pour le service des Enfants trouvés.

Or il n'y a qu'à étudier le tableau même, invoqué dans le même but par M. Bailleux de Marizy, celui des dépenses des Enfants trouvés dans le département de la Corrèze. Pour éclairer la discussion, je désire qu'il soit joint aux pièces justificatives. On y verra que tout, le nombre des Enfants comme leur dépense, en totalisant les Enfants à l'hospice et les Enfants secourus chez leurs mères, que tout, dis-je, augmente sous l'empire du Tour, ne diminue que sous l'influence du déplacement, et se borne à remonter aux chiffres les plus bas de la période précédente, lors de l'adoption du système des secours aux filles mères. Je n'entre pas dans les détails; il suffit de jeter les yeux sur le tableau pour s'étonner qu'on ait pu l'invoquer pour nous présenter l'augmentation des dépenses comme la conséquence forcée de ce genre de secours (1).

M. GIRAUD présente quelques observations sur les opinions émises jusqu'à présent. A son avis, il y a du vrai dans les deux thèses, qui, quoique contraires en apparence, lui semblent cependant différer plus dans la forme que dans le fond.

Certains points, et des points essentiels, lui paraissent accordés de part et d'autre. Ainsi les abus des Tours, la nécessité de les remplacer, le secours aux filles mères ne trouvent plus de contradiction sérieuse de la part de M. Nicolas. C'est moins le fait du secours que blâme M. Nicolas, il vous l'a dit lui-même, que son inscription indiscrète à titre de droit absolu dans la loi Eh bien, la discussion générale est assez mûre pour qu'il soit passé à la délibération sur les articles; là peut-être quelques modifications de détail, de forme, peuvent satisfaire à toutes les exigences sans compromettre aucun principe.

Je rappellerai seulement ici à M. Nicolas, ajoute M. Giraud, ce qu'il a si éloquemment développé ailleurs, où l'argument était peut-être moins à sa place, qu'il faut faire intervenir l'esprit d'indulgence de la charité chrétienne, faire concourir son action avec celle de la charité privée, quand il y a une misère ou une souffrance à secourir immédiatement.

Eh bien, c'est là notre cas; il ne s'agit pas, dans le projet de loi que nous avons sous les yeux, de donner un encouragement au vice, mais de tendre la main à la détresse. Pouvez-vous nier que la société n'ait le devoir d'accomplir cette bonne œuvre? Ce serait rétrograder vers des temps dont nous voulons sortir. Ce ne peut pas être là votre pensée, et le monde n'y gagnerait pas. Laisser tout à faire à la charité privée, ou, comme vous l'indiquez, à la charité religieuse, ce serait compromettre les bons effets que vous attendez de cette charité même; ce serait nous faire reculer jusqu'au moyen âge. Et, croyez-moi, je vis assez, par mes études au sein du moyen âge, pour ne pas me faire illusion sur le mérite de toutes ses institutions Je pourrais vous citer tels statuts de ce temps, qui prohibent aux nourrices d'allaiter les enfants des juifs.

Je ne veux pas tirer de ces faits plus de conséquences qu'ils n'en compor-

Inscription du secours dans la loi

Insuffisance de la charité privée

---

(1) Voir tome II, page 728, le tableau du mouvement et de la dépense des Enfants trouvés dans le département de la Corrèze

tent, mais j'en conclus qu'au lieu de regarder toujours en arrière, il faut marcher dans la voie du progrès; que ce qu'il y a de mieux à faire, c'est de le régler pour qu'il ne s'égare pas, de l'organiser afin de le rendre facilement applicable.

Dans cette vue, je vous proposerai moi-même quelques modifications de détail, et je le ferai avec d'autant plus de liberté, que le projet me paraît bon en lui-même

La Commission passe a l'examen du projet de loi présenté par M. Durand-Saint-Amand

M. Victor LEFRANC fait un exposé rapide des principaux motifs de la loi, et donne la parole à M. Giraud, qui l'avait demandée pour un amendement affectant le titre même du projet.

Ce titre porte : Des secours aux filles mères.

Titre
de la loi

M. GIRAUD demande que le mot *filles* soit effacé, et que le titre reste *Secours aux mères*.

De cette manière, dit M. GIRAUD, satisfaction est donnée à l'opinion que peut blesser l'expression de *filles mères*. Ainsi tomberait, en grande partie, le reproche d'immoralité fait à la proposition, puisque tout en combattant cette mesure au point de vue de son inscription dans la loi, on ne laisse pas de reconnaître qu'en fait elle peut recevoir d'utiles applications.

L'emploi des mots *secours aux mères* présente ce double avantage d'enlever a la loi cette apparence d'impudeur, et de laisser toute latitude pour donner des secours à toutes les mères qui, a titre quelconque, se trouveront dans les cas prévus par la loi

M Victor LEFRANC dit qu'il ne fait pas d'opposition, pour son compte, a ce que cette satisfaction soit donnée si elle paraît nécessaire, d'autant plus que, dans sa pensée, le sens de la loi devra rester absolument le même. Le chapitre des secours aux mères, par la place qu'il occupera dans la loi, ne pourra s'entendre que du secours aux mères dont il est question dans les dispositions précédentes; compris dans ce sens, il ne paraît pas présenter d'inconvénient.

M LEFRANC ajoute qu'en examinant ce projet avec M. Durand-St-Amand, la pensée des mots · Secours aux mères, leur était venue un instant, mais qu'il lui avait préféré l'autre expression, comme indiquant d'une manière plus nette le but qu'après tout ces prescriptions sont appelées à remplir.

M. DURAND-Sᵗ-AMAND adhère à la modification proposée par M. GIRAUD dans les limites de l'explication donnée par M. Victor LEFRANC.

La Commission adopte, pour titre du chapitre : *Des secours aux mères,* et decide que le mot *filles* sera effacé dans les divers articles du chapitre

La Commission passe à l'examen de l'article 1ᵉʳ, ainsi conçu ·

ART. 1ᵉʳ. Un arrêté du préfet, rendu chaque année sur l'avis du Conseil général, déterminera le maximum et le minimum des secours pécuniaires qui pourront être accordés aux filles meres.

Il sera rendu compte, chaque annee, au Conseil general, des secours accordés durant l'exercice précédent

M. VALENTIN-SMITH demande que, dans l'article 1ᵉʳ, aux mots : *Secours* *pécuniaires,* le mot *pécuniaires* soit effacé.

Les secours, dit-il, se réduiront toujours à un compte d'argent a fournir par le département ou par qui de droit; mais il peut se faire qu'une partie du secours soit, avantageusement pour la mère et l'Enfant, donné en nature : ne pas limiter la nature des secours par le mot *pécuniaires* lui paraîtrait préférable.

Cette modification est adoptée.

M. GIRAUD demande s'il ne conviendrait pas de laisser au préfet, en Conseil général, le soin de fixer le maximum de la durée de ces secours

M. DURAND-Sᵗ-AMAND répond qu'il ne voit pas d'inconvénient à ce que cette disposition soit adoptée; et, dans ce cas, l'article 7, fixant à un an le maximum de durée des secours, serait supprimé et pourrait être remplacé par ces mots ajoutés à la fin du § 1ᵉʳ de l'art. 1ᵉʳ : *et le maximum de la durée de ces secours.*

M. Victor LEFRANC appuie cette modification, par le motif que les conseils généraux lui paraissent seuls en état de bien apprécier suivant les usages locaux le plus ou moins de prolongation que ces secours doivent recevoir.

La modification proposée est adoptée avec la formule indiquée par M. DURAND-SAINT-AMAND.

Le paragraphe 2 de l'article 1ᵉʳ est adopté sans discussion.

L'ensemble de l'article, modifié comme il est dit ci-dessus, est adopté et demeure avec la rédaction suivante:

RÉSOLUTION.

DES SECOURS AUX MÈRES.

ARTICLE PREMIER.

Loi, a 30

Un arrêté du préfet, rendu, chaque année, sur l'avis du Conseil général, déterminera le minimum et le maximum des secours qui pourront être accordés aux mères, et le maximum de la durée de ces secours.

Il sera rendu compte, chaque année, au Conseil général, des secours accordés durant l'exercice précédent.

Il est donné lecture de l'article 2, ainsi conçu:

Distribution
des secours
Sous-préfet

Ces secours seront alloués par arrêtes spéciaux, rendus par le préfet ou le sous préfet, sur les demandes motivées du bureau d'admission institué par les articles.   . de la présente loi

M. Victor LEFRANC fait observer qu'il n'est pas dans les habitudes administratives de laisser le sous-préfet prendre une mesure qui engage à ce point les deniers départementaux.

M. DURAND-SAINT-AMAND explique que sa pensée avait été, en décentralisant la distribution des secours, de rapprocher du lieu où ils doivent être distribués et de la personne à qui ils sont destinés l'agent administratif chargé de prononcer sur leur concession. Cette combinaison aurait l'avantage d'éviter des longueurs ou des retards, et de faire que le secours pût être accordé ou refusé plus en connaissance de cause.

Peut-être, dans cette vue, pourrait-il être fait entre les arrondissements de chaque département une répartition des fonds destinés à cet objet.

Mais, dit M. Victor LEFRANC, si les besoins ne répondent pas à la répartition?

M. VALENTIN-SMITH serait d'avis qu'il fût donné à la Commission administrative le droit de statuer provisoirement. Cela, dit-il, répondrait à tout; l'affaire serait ensuite centralisée devant le préfet en suivant, pour la rectification, la marche ordinaire.

M. Victor LEFRANC pense que la Commission administrative n'offre pas assez de garanties. Il est à craindre qu'elle ne tende systématiquement à la délivrance ou au refus des secours; et, d'ailleurs, il y aurait danger de lui laisser engager trop facilement les deniers départementaux.

M. GIRAUD:
Il y a quelque chose de juste dans les considérations émises par M. DURAND-SAINT-AMAND; peut-être pourrait-on dire : « et sur l'avis du sous-préfet, s'il y a «lieu »

M. Victor LEFRANC :
Oui, pourvu que l'on ajoute: « sauf révision de la part du préfet. »

M. DURAND-SAINT-AMAND fait observer qu'il peut y avoir urgence à ce que la décision soit prise. Pour résoudre la question, et pour parer à l'inconvénient des retards qu'il a signalés, il propose la rédaction suivante, qui est mise aux voix et adoptée :

RÉSOLUTION.

ART. 2.

Ces secours seront alloués par arrêtés spéciaux, rendus par le préfet, sur les demandes motivées du bureau d'admission institué par les articles. . . . . de la présente loi.

Le sous-préfet statuera provisoirement, sauf décision ultérieure du préfet.

Il est donné lecture de l'article 3, ainsi conçu :

Les bureaux d'admission pourront se faire assister par des comités de dames de charité, qui seront chargées, sous leur direction, de visiter les filles-mères admises aux secours, et de surveiller les soins par elles donnés à leurs enfants

M GIRAUD demande que le comité des dames de charité créé par l'article 3 soit chargé de surveiller la conduite des mères à qui des secours sont accordés, et cela dans un but de moralité pour la mère, en même temps que de sécurité pour l'Enfant.

M DURAND-SAINT-AMAND ne pense pas qu'on puisse aller jusque-la Demander aux dames de charité de surveiller la conduite de la mère en dehors de ce qui concerne les soins à l'Enfant ne serait peut-être pas sans inconvénient. Trouverait-on, d'ailleurs, beaucoup de dames qui consentissent à accepter une telle obligation ?

M. GIRAUD :

Je ne voudrais pas que notre loi pût encourir le reproche d'être matérialiste et peu soucieuse des intérêts moraux. Je sais bien que tel n'est pas son caractère, et j'en trouve la preuve dans les dispositions portées par l'article qui institue une récompense pour les mères signalées par leur bonne conduite Eh bien, vous pourriez, pour l'appréciation de cette conduite? tirer d'utiles renseignements des dames de charité dont il est parlé dans l'article 3. C'était là le sens de ma proposition.

M. Victor LEFRANC pense qu'en effet ces renseignements, que les dames de charité posséderont souvent sans qu'il soit besoin de leur demander une surveillance spéciale, peuvent éclairer sur la question des secours supplémentaires à accorder aux mères en raison de leur bonne conduite; il propose de dire que ces dames seront chargées de donner aussi leur avis sur les secours supplémentaires qui peuvent être accordés en conformité de l'article 8.

Cette disposition utiliserait leur zèle sans leur enjoindre une sorte d'inquisition.

Cette proposition est adoptée.

L'article 3 est adopté avec les modifications susmentionnées, et avec la   10ᵉ SÉANCE
rédaction suivante :

RÉSOLUTION.

ART. 3.

Les bureaux d'admission pourront se faire assister par des co-   Loi, ⁊ 32, 103
mités de dames de charité, qui seront chargées, sous leur direction,
de visiter les mères admises aux secours, de surveiller les soins par
elles donnés à leurs Enfants, et de donner leur avis sur les secours
supplémentaires qui pourront être accordés en conformité de l'article 8 ci-après.

Il est donné lecture de l'article 4, ainsi conçu :

Les demandes de secours pourront être formées par les bureaux d'admission en faveur de
toute fille mère qui aura conservé son Enfant, soit spontanément, soit sur la décision ou sur
les exhortations du bureau d'admission, qui aura fait ou fait faire la déclaration régulière
de sa naissance, conformément aux dispositions du Code civil, et dont l'état d'indigence
leur aura paru suffisamment constaté

M. VALENTIN-SMITH dit que cet article doit recevoir une addition :
l'obligation à imposer à la mère qui reçoit des secours de reconnaître son
enfant.

Cette proposition est adoptée à l'unanimité
En conséquence, l'article 4 est adopté dans les termes suivants :

RÉSOLUTION.

ART. 4.

Les demandes de secours pourront être formées par les bureaux   Loi, ⁊ 31, 32
d'admission en faveur de toute fille mère qui aura conservé son

Enfant, soit spontanément, soit sur la decision ou sur les exhortations du bureau d'admission, qui aura fait ou fait faire la declaration régulière de sa naissance, avec reconnaissance authentique de l'Enfant, conformément aux dispositions du Code civil, et dont l'état d'indigence aura paru suffisamment constaté.

Il est donné lecture de l'article 5, ainsi conçu :

Les demandes des bureaux d'admission ne pourront être rejetées que par arrêtés mo tivés du préfet ou du sous préfet, après information ordonnée par ce magistrat, et constatant que la fille mère n'est pas dans un etat d'indigence suffisant ou qu'elle se trouve dans un des cas d'exception ci après déterminés.

Quelques observations sont présentées par M. GIRAUD sur l'article 5, mais la discussion en est renvoyée à l'article 9 suivant.

L'article 5 est accepté provisoirement, sauf révision.

L'article 6 est adopté sans discussion, dans les termes suivants :

RÉSOLUTION.

ART. 6.

Loi, a. 30

Outre les secours pécuniaires accordés conformément aux articles précédents, il pourra être accordé des layettes aux filles mères, sur la proposition du bureau d'admission et par décision de la Commission administrative de l'hospice.

Il sera fait mention, dans les demandes de secours adressées au préfet ou au sous-préfet, des cas où ces layettes auront été accordées.

L'article 7 est supprimé par suite de la décision prise sur l'article 1ᵉʳ, § 1ᵉʳ.

Il est donné lecture de l'article 8, devenu article 7, et ainsi conçu :

Les bureaux d'admission pourront, tous les trois mois, demander au préfet ou au sous-préfet des secours supplémentaires en faveur des filles mères les plus malheureuses qui seront signalées pour leur bonne conduite

M. Victor LEFRANC propose d'ajouter comme cause d'attribution de secours supplémentaires le cas de légitimation de l'Enfant par mariage subséquent.

Cette proposition est adoptée à l'unanimité
L'article 8, devenu article 7, est adopté en ces termes.

RÉSOLUTION.

ART. 7.

Les bureaux d'admission pourront, tous les trois mois, demander au préfet des secours supplémentaires en faveur des filles mères les plus malheureuses qui seront signalées pour leur bonne conduite ou qui légitimeraient leur Enfant par mariage subséquent.

Loi, a 32

La discussion s'engage sur l'article 9, mais, sur les observations de M. Giraud relatives à la gravité des questions soulevées, la Commission décide que cette discussion est remise à la prochaine séance, et que la totalité des articles adoptés aujourd'hui sera revisée.

La séance est levée à midi, et renvoyée a mardi prochain, 23 octobre courant

---

17ᴱ SÉANCE.

Mardi 23 octobre 1849, 8 heures du matin

Présidence de M. Victor LEFRANC
Sont présents :

I.

42

MM. Victor Lefranc, de Watteville, Durand-Saint-Amand, Alfred Blanche, Nicolas, Valentin-Smith, secrétaire, et Louis Hamelin, secrétaire-adjoint.

Absents :

M. de Lurieu, pour cause de service public à raison de ses fonctions, MM. Bailleux de Marizy et Giraud, pour cause de maladie.

Le procès-verbal de la séance du 21 octobre courant est lu et adopté.

ORDRE DU JOUR.

Suite de la discussion du projet de loi sur les Secours aux filles mères.

M. DE WATTEVILLE :

Titre de la loi

Messieurs, permettez-moi d'appeler votre attention sur le titre que vous avez donné au projet de loi dont la discussion est à l'ordre du jour pour cette séance et que vous avez intitulé : *Secours aux mères;* je ne sais si par là vous avez voulu entrer dans un système de secours aux mères légitimes. Mais, si telle était votre pensée, soyez sûrs que vous vous jetteriez dans une voie déplorable, à raison des dépenses considérables qui en résulteraient. Vous pouvez être convaincus que ce n'est pas 4 ou 500 millions qui pourraient suffire à ces secours. Vous ne pouvez calculer toutes les suites qu'entraînerait un pareil système.

J'ajoute, comme réflexion générale que, si vous n'avez pas de visiteurs salariés, vous ne ferez rien.

M. LEFRANC :

Nécessité de visiteurs salariés

Il a été arrêté que nous reprendrions la lecture et la révision de chaque article du projet de loi que nous discutons, en sorte que les observations de M. Watteville au sujet des inspecteurs salariés pourront alors trouver leur place.

Quant au changement provisoire apporté au titre du projet de loi en substituant les mots de *secours aux mères* aux des mots *secours aux filles mères,* qui figuraient originairement dans le projet, nous ferons remarquer que, tout en opérant ce changement, il a été nettement expliqué et entendu que, dans tous-les cas, il ne s'agissait que des secours aux mères comprises dans notre projet.

Au reste, pour être plus exact et ne laisser aucun doute sur les intentions de la Commission, peut-être conviendrait-il de rétablir le titre de secours aux filles mères tel qu'il existait dans le principe, d'autant plus que tout ce qui concerne les secours à accorder aux mères légitimes doit être compris dans la loi générale sur l'assistance publique et nullement dans la loi spéciale sur les Enfants trouvés.

Je terminerai sur ce point en faisant observer qu'inscrire dans la loi le titre de secours aux filles mères, ce n'est après tout, que régler par la loi elle-même ce qui se pratique en fait depuis plus de dix ans dans un grand nombre de départements sous cette dénomination même, sans soulever aucune objection et en produisant les bons résultats que vous avez pu voir constatés dans le rapport spécial de M. Smith.

RÉSOLUTION.

Le projet reprendra son titre originaire de secours aux filles mères. ·

M. Victor LEFRANC :

Nous allons reprendre la discussion du projet de loi au point où elle a été interrompue. L'article 9 est ainsi conçu :

« Il pourra ne pas être accordé de secours aux filles mères qui s'adonneront notoirement à la prostitution, ou qui se livreront à la mendicité en faisant servir leur Enfant à exciter la compassion publique.

« Des arrêtés motivés pourront ordonner le retrait des secours accordés aux filles mères qui seront ultérieurement reconnues être dans l'un ou l'autre de ces deux cas. »

Refus ou retrait
des secours
Cas d'indignité

M. VALENTIN-SMITH :

Je propose la suppression de cet article, en expliquant simplement que le préfet pourra accorder des secours dans le cas où il le jugera convenable, ce qui implique suffisamment le droit de retirer ceux qui auraient été concédés, quand la conduite de la fille mère pourra motiver ce retrait.

Ce qui me paraît le plus sage, c'est de s'en remettre au pouvoir discrétionnaire du préfet, sous l'obligation de motiver sa décision.

M. LEFRANC .

Dans le cas où l'on supprimerait, comme le demande M. SMITH, la première partie de l'article, peut-être conviendrait-il de conserver la seconde.

M. DURAND-SAINT-AMAND :

Je pense qu'il faudrait conserver l'article 9 dans son entier, en disant, comme d'abord j'en avais eu la pensée : *Il ne pourra pas être accordé de secours aux filles mères qui s'adonnent notoirement à la prostitution, etc.*

Il me paraît indispensable que la question soit résolue par la loi.

M. DE WATTEVILLE :

Cas d'indignité

Je suis d'avis qu'il convient de s'en rapporter au pouvoir discrétionnaire du préfet, éclairé par tous les renseignements qu'il cherchera à se procurer avant de prendre une décision.

Il n'y a pas que le seul cas de la prostitution qui puisse être un juste motif de refuser des secours à la fille mère. Dans le cours de mes inspections, j'ai pu connaître et constater l'exemple d'une fille-mère qui avait mis jusqu'à neuf enfants au Tour; à coup sûr, une telle femme ne saurait avoir droit à des secours, non plus que telle autre qui se livrerait, comme on l'a vu parfois, à des actes de barbarie envers son enfant.

M. BLANCHE propose d'ajouter à la suite de l'article 8 la seconde disposition de l'article 9, en la formulant ainsi : « Des arrêtés pourront retirer les secours alloués aux filles mères qui s'en seront rendues indignes. »

M. NICOLAS :

Retrait de l'Enfant à la mère

Si la mère se conduit mal, lui retirerez-vous l'Enfant ?

M. LEFRANC :

Renvoi à la tutelle

Cette question fera l'objet d'un examen ultérieur, lorsque nous nous occuperons spécialement des questions de tutelle,

M. VALENTIN-SMITH :

Inconduite notoire de la mère

Si l'on tient à spécifier dans la loi le cas d'inconduite de la mère, pour en faire une cause de retrait du secours précédemment accordé, je propose de

dire : *En cas d'inconduite de la mère, le préfet pourra retirer à celle-ci les secours*
qui lui auraient été alloués.

Mais je serais plutôt d'avis qu'on se bornât simplement à exprimer que le préfet pourra accorder ou retirer les secours, ainsi qu'il l'avisera, en lui laissant à cet égard un pouvoir pleinement discrétionnaire.

M. BLANCHE demande qu'outre les cas d'inconduite notoire, le cas de Mendicité mendicité soit énoncé comme il l'est au projet.

M. DURAND-SAINT-AMAND, d'après les diverses observations qui précèdent, propose la rédaction suivante, qui est adoptée :

RÉSOLUTION.

ART. 8.

Les secours seront refusés ou retirés par le préfet, en cas d'in- Loi, a 33, 34 conduite notoire ou à l'égard des filles mères qui se livreront à la mendicité, en faisant servir leur enfant à exciter la compassion publique.

L'article 10, devenant 9, est adopté sans discussion dans les termes suivants :

RÉSOLUTION.

ART. 9.

La mère qui, après avoir reçu des secours en conformité des Loi, a 159 articles précédents, aura, après la cessation de ces secours, commis le délit d'exposition et de délaissement prévu et puni par les articles 349 et 352 du Code pénal, encourra les peines portées aux articles 350 et 353 dudit Code.

M VALENTIN-SMITH fait observer qu'il pourra être nécessaire de déterminer d'une manière précise ce que la Commission entend considérer comme constituant le délit d'exposition et de délaissement.

M. DURAND-SAINT-AMAND propose de réserver cette définition jusqu'a ce que la Commission ait terminé l'ensemble de ses travaux, dont le résultat définitif peut influer sur le caractère qu'il conviendra de donner au délit.

RÉSOLUTION.

La Commission décide qu'elle déterminera ultérieurement la définition du délit d'exposition et de délaissement.

Paiement des secours

M. VALENTIN-SMITH propose d'ajouter un article additionnel portant que les secours seront payés de la même manière que les mois de nourrices et de pensions, ou de décider que cet article prendra place dans le chapitre qui sera relatif aux dépenses.

Cette proposition est renvoyée au chapitre des dépenses.

Secours provisoire

M. Alfred BLANCHE fait observer qu'il faudra un certain laps de temps avant que la décision préfectorale, qui accorde des secours, puisse intervenir En conséquence, il croit que, dès à présent, il convient de décider en principe qu'un fonds de roulement pour les secours provisoires sera mis à la disposition du Bureau d'admission, sauf à formuler ultérieurement le principe, lorsque nous nous occuperons des dépenses.

Cette proposition est renvoyée au chapitre des dépenses.

Enfants légitimes
Secours aux mères

M. LEFRANC parcourt la série des diverses dispositions arrêtées jusqu'à ce moment : il montre un Enfant légitime présenté devant le Bureau d'admission. Le Bureau d'admission, dit-il, pourra-t-il renvoyer l'Enfant? S'il le renvoie, pourra-t-il accorder des secours provisoires à la mère, ou devra-t-il la renvoyer elle-même devant l'assistance publique?

M. NICOLAS :

C'est ici que vous devez vous expliquer sur les secours à accorder à la mère légitime; il est impossible que vous puissiez lui refuser des secours sans imprimer à votre loi un déplorable caractère.

M. DE WATTEVILLE :

La question ne peut pas se présenter. Bien certainement, vous n'avez pas voulu qu'un Enfant légitime pût jamais être légalement abandonné. Il n'y a que l'Enfant adultérin seul qui puisse être dans ce cas; mais, la femme adultère ne réclamera jamais, et ne saurait, d'ailleurs, avoir des secours exclusivement destinés pour la fille mère seule.

M. Victor LEFRANC :

Nous faisons une loi sur les Enfants trouvés : nous ne pouvons pas nous y occuper des Enfants légitimes. Assurément la mère et les Enfants légitimes qui sont dans le besoin doivent être secourus : ceci n'est pas en question, mais c'est à la loi de l'assistance publique à y pourvoir. Quant au projet de loi que nous faisons, il doit être conçu dans les limites de son application

M. VALENTIN-SMITH ajoute :

C'est également la loi sur l'assistance publique qui devra s'occuper du sort des orphelins dont le père et la mère sont connus, et dont le décret du 19 janvier 1811 fait une catégorie spéciale. *Enfants orphelins*

Ces Enfants ne devraient pas être présentés devant le bureau d'admission dont l'unique mission sera de pourvoir au sort : 1° des Enfants exposés et délaissés par des parents restés inconnus; 2° des Enfants naturels admis à l'hospice ou aux secours; 3° enfin, de ceux admis sous le sceau du secret.

M. VALENTIN-SMITH ne pense pas que, malgré l'intention où est la Commission de ne pas s'occuper des orphelins pauvres, il soit sans intérêt d'entrer dans quelques explications sur ce qui concerne cette catégorie d'Enfants.

L'article 1ᵉʳ du décret du 19 janvier 1811 a assimilé les orphelins pauvres aux Enfants trouvés et aux Enfants abandonnés. L'article 6 du même décret définit ce qu'on doit entendre par orphelins pauvres. L'intitulé des chapitres III, IV et V met constamment sur la même ligne les Enfants trouvés, les Enfants abandonnés et les orphelins pauvres.

17ᵉ SEANCE   Malgré ces dispositions, la circulaire ministériellle du 15 juillet 1811 dé-
fendit d'assimiler les orphelins pauvres aux Enfants trouvés et abandonnés et
laissa leurs dépenses à la'charge des hospices et des bureaux de bienfaisance
L'instruction générale du 8 février 1823 renouvela la même prescription, et
jusqu'à ces dernières années (sauf à Paris et à Lyon), les orphelins ne furent
admis à l'assistance départementale que dans des circonstances tout exceptionnelles et en vertu de décisions spéciales du ministre.

Cet état de choses était des plus fâcheux : dans la plupart des communes
il n'existe ni hospices ni bureaux de bienfaisance, et, par suite, de malheureux Enfants que la mort avait privés de leurs père et mère et autres ascendants n'avaient d'autres ressources que celles que leur fournissait la charité
privée. Des conseils généraux élevèrent la voix ; le chef du bureau des Enfants
trouvés (qui est aujourd'hui directeur de la maison nationale de Charenton)
reconnut que c'était par une fausse interprétation du décret de 1811 que les
circulaires de 1811 et de 1822 avaient exclu les orphelins pauvres des bienfaits
de l'assistance départementale. Il rédigea un rapport qui fut soumis par le ministre au Conseil d'État. Ce conseil en adopta les conclusions, et, par un avis
en date du 20 juillet 1841 (1), il se prononça pour l'assimilation complète
des orphelins pauvres aux Enfants trouvés et abandonnés. Une circulaire du
12 juillet 1843 notifia cet avis du Conseil d'État aux préfets, et invita ces
fonctionnaires a s'y conformer. Mais il n'y a encore aujourd'hui que cinquante-
neuf départements où l'avis du Conseil d'État et la circulaire du ministre aient
reçu leur exécution

M. BLANCHE :

Relations
entre le Bureau
d admission
et le Bureau
de
bienfaisance

Aux Enfants légitimes les secours par le bureau de bienfaisance, et aux Enfants naturels ou abandonnés, les secours par l'intermédiaire du bureau d'ad
mission : voilà notre intention, et tout l'esprit de notre projet de loi. Ce sont
deux choses bien distinctes et d'un ordre bien différent. Toutefois, il devra
exister souvent des relations entre le bureau de bienfaisance et le bureau d'admission ; c'est pourquoi je voulais introduire dans la composition du bureau d'admission un membre du bureau de bienfaisance, s'éclairant à ces deux sources
de la charité pour faire connaître la juste part d'assistance due à la misère de la

(1) Voir le rapport et l'avis du conseil d'État au tome II, page 171 et suivantes

mère et de l'Enfant légitime qui aurait été présenté devant notre bureau d'admission.

M NICOLAS :

Alors il y aurait deux issues, l'une pour l'Enfant légitime et l'autre pour
l'Enfant naturel. Ceci serait une bonne chose.

RÉSOLUTION.

La Commission décide que des relations régulières seront établies   Loi, a 4
par la loi entre le bureau d'admission et les bureaux de bienfaisance.

M. LEFRANC :

Nous allons reprendre la lecture et la révision de tous les articles du projet   Révision
de loi. Je vais rappeler l'article 1ᵉʳ tel qu'il a été arrêté dans la dernière   du chapitre
séance.   des secours
                                                                                      aux filles mères

ART 1ᵉʳ Un arrêté du préfet, rendu chaque année sur l'avis du Conseil général, deter
minera le *minimum* et le *maximum* des secours pécuniaires qui pourront être accordés aux
mères, et le *maximum* de la durée de ces secours
  Il sera rendu compte, chaque année, au Conseil general, des secours autorisés durant
l'exercice précédent

M. DE WATTEVILLE :

Je suis d'avis qu'il conviendrait d'accorder, comme secours, à la fille mère   Fixation
la même somme qu'a la nourrice. La parcimonie que l'on apporte à la fixation   de la quotité
                                                                                   des secours
de ces secours est l'une des grandes causes pour lesquelles ils n'agissent pas Mois de nourrices
avec tout le succès qu'on doit en attendre.

Il convient de fixer la durée du secours, mais sans en déterminer le *maxi-*   Durée
                                                                                   des secours
mum ou *minimum*, parce que cette dépense est très-variable d'un pays à un
autre, et dépend essentiellement des conditions ou coutumes locales.

La durée des secours pourrait être limitée à deux ans, et, dans les lieux où
il y a des salles d'asile, on pourrait prendre pour terme l'âge auquel on
commence à y être reçu.

I.   43

Fixation
de la durée
des secours
jusqu'à l'époque
de l'admission
de l'Enfant
aux Salles d'asile

M. BLANCHE :

Je me réunis complétement à M. DE WATTEVILLE pour que les mois de la fille mère soient portés au même taux que les mois des nourrices, et afin que l'on prenne, pour terme de la durée du secours, l'âge auquel l'enfant peut être admis dans les salles d'asile. Il faut que la loi que nous préparons se rencontre avec la loi que l'on fera sur l'assistance publique, qui s'occupera spécialement de la salle d'asile. Et là où il n'y en a pas, il sera de la prévoyance et de la sagesse de la loi sur l'assistance d'aviser à en établir, de manière à ce qu'il en existe partout.

Nécessité
que le secours
ne dépasse pas
la limite
des besoins

M. LEFRANC :

Je ne vois pas de nécessité à ce que le secours accordé à la fille mère soit fixé au même taux que les mois accordés aux nourrices des Enfants trouvés : telle mère peut n'avoir besoin que de la moitié du secours.

Deux préoccupations m'agitent, au surplus, à cet égard :

La première, que l'on n'accorde des secours au delà de ce qui est nécessaire;

La seconde, c'est que les préfets, en voyant les secours trop élevés, ne soient portés à les refuser.

M. VALENTIN-SMITH :

Je comprends difficilement qu'on ne laisse pas aux préfets le soin de juger discrétionnairement de la quotité comme de la durée des secours : c'est là un acte d'administration qui doit être entièrement abandonné à l'action libre de son pouvoir. Il y a telle mère qu'un léger secours aidera à élever son Enfant, et à laquelle l'on ne voudra rien donner, parce que la totalité du salaire accordé à la nourrice excéderait ses véritables besoins : par là on s'expose à la laisser dans une position difficile dont les embarras, en s'accroissant, la pousseront à l'abandon. Avec ce système, mieux donc alors vaudra pour la fille mère d'être entièrement misérable que de ne l'être qu'à demi. Il est d'ailleurs bien entendu, dans ma pensée, que l'acceptation des secours temporaires entraînera pour la mère l'obligation du travail, et l'on devra surtout aviser à ce que ces secours n'aient pas pour résultat de favoriser sa paresse, et partant son inconduite.

Quant à la durée de ces secours, elle me paraît devoir être prolongée jusqu'à l'époque où l'Enfant, commençant à bien marcher, laisse à la mère plus de liberté pour vaquer à ses occupations, c'est-à-dire jusqu'à la fin de la troisième année. C'est le terme généralement adopté par les Conseils généraux et par les préfets, et cette indication me paraît avoir d'autant plus de valeur qu'elle a été adoptée par les autorités départementales, sous leur propre inspiration et sans aucune instruction de l'autorité centrale.

M. BLANCHE est d'avis que l'on pourrait distinguer entre la mère qui allaite son Enfant et celle qui le placerait en nourrice. Pour encourager la mère à garder son Enfant, il conviendrait de lui accorder toujours, dans ce cas, un secours équivalent à ce que l'on donne à la nourrice des Enfants trouvés; quant à celle qui place son Enfant en nourrice, le préfet pourrait être libre de lui donner tel secours qu'il jugerait convenable d'après les circonstances.

Distinction entre la mère qui allaite et celle qui place son Enfant en nourrice

M. LEFRANC résume la discussion sur l'article 1ᵉʳ. Il explique que l'article 7 du projet devra faire partie de l'article 1ᵉʳ.

M. DURAND-SAINT-AMAND propose une rédaction de cet article 1ᵉʳ qui est adoptée dans la teneur suivante :

RÉSOLUTION.

ARTICLE PREMIER.

Les préfets pourront accorder aux filles mères, qui élèvent leurs Enfants, des secours dont le taux sera toujours égal à celui des allocations pour mois de nourrices. La durée de ces secours ne pourra dépasser l'époque où les Enfants seront admissibles aux salles d'asile.

Taux et durée des secours. Loi, a 30

Lorsque la fille mère n'élèvera pas elle-même son enfant, l'arrêté du préfet déterminera le taux du secours, sans qu'il puisse jamais excéder le taux des mois de nourrices.

Il est donné lecture de l'article 2 ainsi conçu :

Ces secours seront alloués par arrêtés spéciaux, rendus par le préfet sur les demandes motivées du bureau d'admission institué par les articles .... de la présente loi.

Avis du bureau d'admission

43

Le sous-préfet statuera provisoirement, sauf décision ultérieure du préfet.

M. DE WATTEVILLE dit qu'il convient que toutes les demandes de secours soient formées par les filles mères, soumises au bureau d'admission, et
décidées par le préfet, sur la proposition de ce bureau.

L'article 2, modifié en ce sens, est rédigé et adopté dans les termes suivants :

RÉSOLUTION.

ART. 2.

Loi a 3

Ces secours seront alloués par arrêtés spéciaux, rendus par le
préfet, sur la demande de la mère et sur la proposition du bureau
d'admission institué par les articles.. . . . . de la présente loi.

Le sous-préfet statuera provisoirement, sauf la décision ultérieure du préfet.

Il est donné lecture de l'article 3 ainsi conçu :

Secours
supplémentaires

Les bureaux d'admission pourront se faire assister par des comités de dames de charité,
qui seront chargées, sous leur direction, de visiter les mères admises aux secours et de surveiller les soins par elles donnés à leurs Enfants

M. DE WATTEVILLE :

La surveillance
ne
peut appartenir
au Bureau
d'admission

L'article 3, tel qu'il est conçu, établit, en faveur du bureau d'admission, des
droits qui ne peuvent lui appartenir.

Le bureau d'admission ne doit avoir qu'un rôle à remplir, celui d'admettre
les Enfants; une fois l'Enfant admis, il ne doit plus avoir à s'en occuper.

Etendre les attributions du bureau d'admission à une surveillance quelconque, ce serait soulever des conflits sans nombre, soit avec la Commission
de l'hospice, soit avec l'autorité administrative.

Comités
de charité

Il devra être créé des comités de charité, et si la Commission éprouve le
besoin d'obtenir des renseignements sur la mère, elle pourra s'adresser à ce
comité.

Il peut être fort bon qu'il y ait des comités de dames de charité; mais il faut que ces comités soient placés sous la direction et l'influence de l'inspecteur des Enfants trouvés. Quant à cet inspecteur, il faut qu'il soit rétribué. Nous examinerons ultérieurement, lorsque nous serons arrivés à ce qui concerne les inspections, s'il n'est pas convenable, comme je le crois, que les visiteurs des nourrices et des Enfants soient des femmes plutôt que des hommes.

L'article 3, modifié dans le sens des observations présentées par M. DE WATTEVILLE, est adopté dans les termes qui suivent :

RÉSOLUTION.

ART. 3.

Il sera créé des comités de dames de charité, chargées de visiter les filles mères admises aux secours, de surveiller les soins par elles donnés à leurs Enfants, et de donner leur avis sur les secours supplémentaires qui pourront être accordés en conformité de l'article 7 ci-après.

Loi,
a 32 103, 104

Il est donné lecture de l'article 4 ainsi conçu :

Les demandes de secours pourront être formées par les bureaux d'admission en faveur de toute mère qui aura conservé son Enfant, soit spontanément, soit sur la décision ou les exhortations du bureau d'admission, qui aura fait ou fait faire la déclaration régulière de sa naissance, avec reconnaissance authentique de l'Enfant, conformément aux dispositions du Code civil, et dont l'état d'indigence aura paru suffisamment constaté.

Formes
de la demande
de secours

M. LEFRANC, après avoir donné lecture de cet article, dit qu'il a été ajouté à la rédaction originaire du projet une disposition dont l'objet a été d'exiger la reconnaissance de l'enfant par toute fille mère qui voudra être admise à recevoir des secours.

Reconnaissance
de l'Enfant
par la fille mère
secourue

M. LEFRANC ajoute que, pour mettre cet article en harmonie avec les dispositions précédemment adoptées, il convient de remplacer les premiers mots de l'article ainsi qu'il suit : « Les demandes de secours pourront être for-

17ᵉ SÉANCL — mées par les bureaux d'admission en faveur des filles mères, » par ces autres mots : « Les propositions de secours pourront être formées en faveur des filles mères. »

La rédaction définitive de l'article 4 a lieu dans les termes suivants :

RÉSOLUTION.

ART. 4.

I or, a 32   Les propositions de secours pourront être formées en faveur de toute fille mère ayant conservé son Enfant, soit spontanément, soit sur la décision ou les exhortations du bureau d'admission, lorsqu'elle aura fait ou fait faire la déclaration régulière de la naissance avec reconnaissance authentique de l'Enfant conformément aux dispositions du Code civil, et que son indigence aura paru suffisamment constatée.

Il est donné lecture de l'article 5, ainsi conçu :

Refus du secours   Les demandes des bureaux d'admission ne pourront être rejetées que par arrêtés motivés du préfet ou du sous-préfet, après information ordonnée par ce magistrat et constatant que la fille mère n'est pas dans un état d'indigence suffisant, ou qu'elle se trouve dans un des cas d'exception ci après déterminés.

La Commission décide qu'il sera ajouté à l'article 5 une disposition relative au cas où, la mère ayant consenti à reprendre son enfant dans l'espérance d'un secours, ce secours lui sera refusé par le préfet.

L'article 5 est en conséquence définitivement adopté dans les termes suivants :

RÉSOLUTION.

ART. 5.

I or, a 32   Les propositions de secours ne pourront être rejetées que par arrêté du préfet, après information ordonnée par ce magistrat et constatant que la fille mère n'est pas-dans un état d'indigence suffisant ou qu'elle se trouve dans un des cas d'exception ci-après déterminés.

Si la mère a consenti à reprendre son enfant sur la promesse de secours, et que le secours soit définitivement refusé par le préfet, le bureau d'admission délibérera de nouveau, afin de savoir s'il devra conserver l'Enfant ou persister à le restituer.

Il est donné lecture de l'article 6, ainsi conçu :

Outre les secours pécuniaires accordés conformément aux articles précédents, il pourra être accordé des layettes aux filles mères, sur la proposition du bureau d'admission et par décision de la Commission administrative de l'hospice. *Fourniture des layettes*

Il sera fait mention, dans les demandes de secours adressées au préfet ou au sous-préfet des cas où ces layettes auront été accordées.

M. DE WATTEVILLE :

Je pense qu'il faut rendre obligatoire le secours des layettes. Nous examinerons ultérieurement par qui, de l'Administration ou de l'hospice, ce secours doit être fourni. *Layette obligatoire*

M. LEFRANC :

Le secours des layettes ne me paraît pas d'une nécessité absolue dans tous les cas; l'imposer inflexiblement, c'est dépasser le but ou le manquer. Vous condamnez la Commission administrative à refuser le nécessaire de peur d'être forcée d'accorder le superflu. Ceci est un fâcheux précédent qui, combiné avec le taux obligatoire du secours, me paraît nous engager dans une mauvaise voie

M. BLANCHE :

Par la même raison que l'on a besoin du secours en argent, l'on a besoin aussi du secours en layette.

La layette, qu'il ne faut pas confondre avec la vêture, doit même être le premier secours, puisqu'il est, au premier chef, destiné à protéger la conservation de la vie.

La Commission décide que le secours en layette sera obligatoire.

L'article 6 est définitivement adopté avec la rédaction suivante :

RÉSOLUTION.

ART. 6.

Loi, a 30   Dans tous les cas d'admission aux secours, il sera accordé des layettes.

M. le président fait remarquer que l'article 7 a pris place dans les dispositions de l'article 1ᵉʳ, et donne lecture de l'article 8 ainsi conçu :

Les bureaux d'admission pourront, tous les trois mois, demander au préfet ou au sous préfet des secours supplémentaires en faveur des filles mères les plus malheureuses qui seront signalées par leur bonne conduite

La Commission adopte, sans discussion nouvelle, l'article 8, qui deviendra l'article 7 du projet. Cet article est rédigé dans les termes suivants :

RÉSOLUTION.

ART. 7.

Loi, a 32   Il pourra être accordé, sur l'avis des comités institués par l'article 3, des secours supplémentaires en faveur des filles mères les plus malheureuses qui seront signalées pour leur bonne conduite ou qui légitimeront leur Enfant par mariage subséquent.

Il est donné lecture de l'article 9, qui est adopté sans discussion, et devient l'article 8.

RÉSOLUTION.

ART. 8.

Loi, a 34   Les secours seront refusés ou retirés par le préfet dans les cas d'inconduite notoire, ou bien lorsque les filles mères se livreront à la mendicité, en se servant de leur enfant pour exciter la compassion publique.

Il est donné lecture de l'article 10, qui est adopté sans discussion, et devient l'article 9.

RÉSOLUTION.

ART. 9.

La mère qui, après avoir reçu des secours en conformité des articles précédents, aura, après la cessation de ces secours, commis le délit d'exposition et de délaissement prévu et puni par les articles 349 et 353 du Code pénal, ou l'une des infractions que la présente loi assimile à ce délit, encourra les peines portées aux articles 350 et 354 dudit Code, sans préjudice des peines portées contre la suppression d'état, s'il y a lieu.

Loi, a. 159

La Commission maintient la réserve précédemment faite de s'expliquer ultérieurement sur ce qui caractérisera le délit d'exposition et de délaissement de la part de la fille mère.

La séance est levée à onze heures et demie.

L'ordre du jour de la prochaine séance, renvoyée au 25 octobre courant, portera sur l'ensemble des services hospitaliers à l'égard de l'Enfant.

18ᵉ SÉANCE.

Jeudi 25 octobre 1849, 8 heures du matin

Présents :

MM. Victor LEFRANC, Président; DE WATTEVILLE, DURAND-SAINT-AMAND,

18ᵉ SEANCE Alfred BLANCHE; VALENTIN-SMITH, Secrétaire; LOUIS HAMELIN, Secrétaire adjoint.

Absents :

MM. DE LURIEU, inspecteur des établissements de bienfaisance, absent pour cause de service public, et MM. GIRAUD, NICOLAS et BAILLEUX DE MARIZY.

La séance est ouverte à huit heures du matin.

Le procès-verbal de la précédente séance, du 23 courant, est lu et adopté

L'ordre du jour appelle la discussion des questions relatives au service des Enfants après leur admission à l'hospice.

M. VICTOR LEFRANC :

Je vais communiquer à la Commission quelques dispositions que j'ai préparées sur la matière.

Ce n'est pas une rédaction écrite pour une discussion immédiate : ce sont de simples indications sur lesquelles j'appelle votre attention.

Sort de l'Enfant après son admission à l'hospice

Après avoir terminé ce qui regarde l'admission de l'Enfant à l'hospice, il faut voir ce qu'il faut faire de l'Enfant une fois admis.

M. BLANCHE :

Maisons publiques d'accouchement, religieuses ou laïques

Admission dans tous les hospices de femmes enceintes indigentes

Après avoir réglé le mode d'admission par le bureau, il conviendrait de s'occuper des autres modes par lesquels l'Enfant peut arriver à la charge de la charité publique, par exemple, des *Maisons publiques d'accouchement*, d'examiner comment et en quel nombre seraient établies ces maisons, ou si du moins il ne faudrait pas inscrire dans la loi l'obligation pour les hospices de recevoir les femmes pauvres qui se présenteraient pour réclamer des soins pendant leurs couches.

On passerait ensuite à l'examen des soins dus à l'Enfant admis par un de ces moyens, quel qu'il soit.

M. VICTOR LEFRANC :

Ajournement

Ces points sont assez importants pour faire l'objet d'une étude spéciale et d'un projet séparé. Je propose d'en ajourner la discussion, et de mettre de suite en délibération les diverses questions relatives à l'Enfant entré par le moyen le plus ordinaire, le bureau d'admission

L'ajournement est prononcé.

M. Victor LEFRANC :

La première partie de mon travail porte sur l'organisation du service des Enfants déposés à l'hospice.

Nous avons déjà décidé que des soins leur seraient donnés immédiatement après leur arrivée, et avant même leur admission ; mais les soins ultérieurs ne peuvent pas et ne doivent pas leur être donnés à l'hospice.

Ceci posé, convient-il de fixer un délai pour le placement de l'Enfant en nourrice ?

Placement en nourrice
Délai

M. Alfred BLANCHE :

Je propose de maintenir l'article 7 du décret du 19 janvier 1811, portant que les Enfants trouvés nouveau-nés seront placés en nourrice ; seulement au lieu de ces mots « aussitôt que faire se pourra, » il me paraîtrait utile d'assigner un délai fixe.

Il y a des inconvénients graves dans un séjour prolongé à l'hospice.

Les soins que les Enfants y reçoivent, l'air qu'ils y respirent, ne sont pas en harmonie avec leur âge et la faiblesse habituelle de leur organisation.

Danger du séjour de l'Enfant à l'hospice

Il y a plus, il faut bien le dire : ceux qui sont d'une apparence chétive y reçoivent souvent le moins de soins. Il n'est pas rare d'entendre dire : « Celui-« là n'ira pas jusqu'à l'arrivée de la voiture qui doit l'emmener en nourrice ; » et les soins sont portés de préférence sur les plus robustes.

M. Victor LEFRANC :

J'hésite à accepter un délai absolu, surtout un délai trop court. Songez que le bureau d'admission peut et doit s'occuper de rechercher la mère de l'Enfant pour le lui faire reprendre, s'il est possible, avec ou sans secours, selon sa position. Si l'on se hâte trop d'envoyer les Enfants en nourrice, le temps manquera à l'examen : il faudra faire revenir l'Enfant, l'exposer aux dangers de nouveaux voyages : et, pendant ce temps, la trace de la mère pourra se perdre. Il serait mieux de prendre le temps de la trouver, pour lui remettre directement son Enfant.

Utilité du séjour de l'Enfant à l'hospice

M. DE WATTEVILLE insiste pour que l'Enfant soit mis en nourrice le plus tôt possible. Il confirme ce que M. Blanche a dit des dangers du séjour dans les hospices.

Urgence du placement en nourrice

Il ne croit pas, qu'en général, les sœurs, malgré leur bonne volonté.

44.

soient aptes à donner à l'Enfant nouveau-né les soins que réclame sa situation; et d'ailleurs, le lait d'une bonne nourrice est le premier besoin de l'Enfant, le seul moyen sûr de conservation.

M. Victor LEFRANC :

Allaitement momentané

Pour la plupart des hospices, pour les moins considérables, du moins, on aurait facilement des nourrices provisoires, même gratuites.

M. Alfred BLANCHE :

Nourrices sédentaires

Il devrait y avoir constamment dans chaque hospice dépositaire une ou plusieurs nourrices sédentaires attachées à l'établissement.

Cela se pratique déjà dans quelques hospices, et c'est l'un des plus puissants moyens de conservation pour les Enfants.

M. Victor LEFRANC :

Est-il, dans la pratique, possible d'exiger qu'il y ait des nourrices sédentaires dans tous les hospices dépositaires?

M. DE WATTEVILLE :

Cela est possible, et surtout désirable, du moins pour les grands établissements.

M. DURAND-Sᵗ-AMAND :

Préférence à donner aux nourrices sédentaires sur le biberon

L'article 7 du décret de 1811 porte qu'avant la mise en nourrice des Enfants nouveau-nés, ils seront nourris au biberon, ou même au moyen des nourrices résidant dans l'établissement. C'est le contraire qu'il faudrait dire, car le sein de la nourrice est toujours préférable au biberon; mais comme il peut arriver qu'il n'y ait pas et qu'il ne puisse pas y avoir de nourrices sédentaires dans tous les hospices, la préférence que nous donnons à l'un des deux modes d'allaitement sera suffisamment exprimée par l'ordre dans lequel nous les indiquerons tous deux.

La proposition de M. Durand-Sᵗ-Amand est adoptée, et sera ultérieurement rédigée

Délai pour le placement en nourrice

La Commission fixe le délai du placement des Enfants en nourrice à soixante et douze heures après l'arrivée de l'Enfant.

M. SMITH propose et la Commission adopte une exception pour le cas où un avis spécial du médecin de l'hospice prescrirait le séjour de l'Enfant à l'hospice pour y être traité d'une maladie déterminée, ou afin qu'il puisse être vérifié si l'Enfant n'est pas atteint d'une maladie contagieuse de nature à être transmise à la nourrice.

M. Victor LEFRANC :

Convient-il de placer ici la prescription pour la vaccination des Enfants ?

M. BLANCHE :

D'ordinaire, on ne vaccine pas les Enfants aussitôt après leur naissance : il y aurait peut-être des inconvénients à imposer cette obligation.

S'il ne s'agit pas d'Enfants nouveau-nés, ou ils auront été vaccinés déjà, ou l'hospice les fera vacciner ;

S'il s'agit au contraire de nouveau-nés , il serait bon de prescrire à la nourrice de les faire vacciner dans les trois premiers mois.

La Commission adopte la proposition de M. Blanche.

Sur la proposition de M. Durand-Sᵗ-Amand, la Commission décide que les nourrices qui auraient négligé de faire vacciner les Enfants dans le délai prescrit pourront être privées de la première des gratifications instituées par la loi.

M. DE WATTEVILLE demande que l'Enfant soit baptisé aussitôt après son entrée à l'hospice. On pourrait adopter les termes de l'instruction ministérielle du 8 février 1823 : *Les Enfants nouveau-nés doivent être baptisés avant leur départ pour la campagne.*

M. VALENTIN-SMITH donne lecture d'une lettre du 7 mai 1839, adressée par le ministre de l'intérieur au préfet de la Vienne, de laquelle il résulte que tous les Enfants qui ne sont pas reconnus appartenir à tout autre culte que la religion catholique doivent être baptisés et élevés dans cette dernière religion. Cette lettre fait d'ailleurs remarquer que ceux qui exposent des Enfants savent fort bien que tous les Enfants recueillis par les hospices sont immédiatement baptisés, conformément aux règlements, et que, s'ils n'expriment pas

Enfants de mères
appartenant
à une religion
autre
que la religion
catholique

le désir que cet Enfant soit élevé dans un culte différent, ils consentent dès lors à ce qu'il soit élevé dans la religion catholique (1).

M. DE WATTEVILLE :

Cette exception ne me paraît pas avantageuse à l'Enfant, destiné à rester à l'hospice ou à être placé chez des nourrices, qui généralement sont catholiques, et n'accepteraient pas volontiers un Enfant non baptisé. Il croit que, pour le bien-être de l'Enfant, il devrait être baptisé dans tous les cas.

M. Alfred BLANCHE :

S'il s'agit d'un Enfant pour lequel aucunes réclamations ne soient faites, la nécessité, la convenance du baptême sont incontestables, de même que le choix du rite catholique.

Si au contraire il y a manifestation positive d'une intention différente de la part de la mère, je ne vois pas que dans un pays qui est, avant tout, un pays de liberté religieuse, on puisse refuser de déférer à ce vœu.

La Commission décide en principe que l'Enfant nouveau-né déposé à l'hospice sera baptisé suivant le rite catholique, à moins qu'il ne résulte d'une déclaration de la mère qu'il doit être élevé dans une autre religion (2).

M. DE WATTEVILLE :

Signes propres à reconnaître l'identité de l'Enfant

Je demande qu'il soit prescrit aux hospices de mettre au cou de chaque Enfant un collier semblable à celui qui a été mis sous les yeux de la Commission, et qui est aujourd'hui adopté dans beaucoup d'hospices.

Boucles d'oreilles

Les boucles d'oreilles ont été admises pendant un temps, puis on y a renoncé, en raison des inconvénients que présente leur emploi.

Elles laissent des traces indélébiles; et, comme en France les hommes ne portent généralement pas de boucles d'oreilles, ce signe perpétuel devient une sorte de marque flétrissante, surtout lorsqu'on ne met qu'une boucle d'oreilles.

Collier

Le collier, au contraire, peut s'enlever à un certain âge, quand les craintes de changement de l'Enfant n'existent plus. Le modèle que nous voyons est utile, même au point de vue hygiénique, en ce qu'il prévient les gerçures.

(1) Voir, tome II page 730, la lettre du ministre de l'intérieur, du 7 mai 1839
(2) Voir la *Résolution*, page 373, et l'article 51 du projet de loi

M. VALENTIN-SMITH :

Il est arrivé trop souvent que des nourrices dont les nourrissons étaient morts présentaient leur propre Enfant au lieu et place de l'Enfant décédé, et continuaient, par cette substitution coupable, à toucher les salaires payés par les départements. Les inspecteurs départementaux chargés de la visite des enfants placés à la campagne n'avaient aucun moyen de s'assurer de l'identité de ces enfants, et de vérifier comment ils étaient soignés.

On avait songé, pour éviter ces inconvénients, à apposer à ces Enfants un collier formé d'un cordon en laine, fermé aux extrémités par une médaille en étain, serrée au moyen d'une presse, et portant l'indication de l'hospice dépositaire et le numéro d'ordre de l'Enfant.

Mais ce collier avait l'inconvénient de se durcir lorsque la transpiration l'avait pénétré et de gêner ainsi les Enfants. On avait cru le remplacer avantageusement par des boucles d'oreilles en argent portant les mêmes indications que la médaille, et faciles à fermer de manière à ne plus pouvoir être ouvertes, et par conséquent à ne pouvoir être transportées d'un Enfant à un autre. Mais ces boucles d'oreilles elles-mêmes ayant paru offrir plusieurs inconvénients, surtout à l'égard des enfants maladifs et scrofuleux, le ministre a indiqué et autorisé l'emploi d'un nouveau collier d'une disposition spéciale, qui, jusqu'ici, semble réunir tous les avantages et ne donner lieu à aucune critique. Ce collier, qui est celui adopté par les hospices de Paris, et dont un modèle est déposé sur notre bureau, peut être regardé comme offrant définitivement le meilleur moyen de constater l'identité des Enfants.

La circulaire du 12 mars 1843 a considéré la dépense des boucles d'oreille comme une dépense extérieure et comme devant dès lors être imputée sur le sous-chapitre X du budget départemental, par cette raison, la constatation de l'identité des Enfants plus encore dans l'intérêt des départements que dans celui des hospices.

La Commission admet le principe du collier comme marque distinctive, et statuera ultérieurement par qui, ou du département ou de l'hospice, doit être supportée la dépense du collier.

Il est peut-être difficile, dit M. Victor LEFRANC, de prescrire une forme absolue pour la confection du collier.

Il faut se borner à indiquer le but dans lequel il est prescrit de constituer une marque distinctive, sauf à indiquer comme type, dans les instructions, celui qui nous est présenté, et dont la description ne peut être placée dans la loi.

Quant au temps, pendant lequel on le laissera au cou de l'Enfant, il me semble que l'âge de deux ans pourrait être fixé sans inconvénient.

La Commission décide que, dans la rédaction, il sera tenu compte de ces observations.

Questions relatives à l'éducation et à la tutelle

M. Victor LEFRANC :

Ces préliminaires résolus, je passe à la lecture des diverses dispositions sur lesquelles j'appelle les méditations de la Commission d'ici à la prochaine séance.

Après la question des premiers soins à donner à l'Enfant, se présentent les différentes questions relatives à son éducation et à sa tutelle.

Quelle direction donner à l'une? Par quelles garanties rendre l'autre efficace?

Que décider pour les cas où l'Enfant serait reconnu, pour ceux où il serait remis à sa mère, même sans qu'elle consentît à le reconnaître?

Cette faculté ne doit-elle pas être laissée à la mère? Elle peut avoir des motifs de différer, quant à présent, la reconnaissance de l'Enfant, tout en désirant lui donner des soins. Ces soins, que j'appellerais de tous mes vœux, sont précisément un acheminement à la reconnaissance, et la provoqueront si elle devient possible.

Dans le cas où la mère ne reconnaîtrait pas l'Enfant ou n'arriverait pas à en être chargée, quelles vues doivent présider à son éducation chez les nourrices ou les patrons?

Je donne, comme vous le voyez, le second rang de préférence à cette éducation par des particuliers : c'est que j'espère constituer ainsi comme une famille adoptive.

A défaut des soins donnés par des particuliers, quelle part ferons-nous aux institutions charitables, agricoles ou autres?

Enfin, pour ne pas omettre une voie précieuse ouverte par le décret de

Marine

1811, que penserons-nous de la destination des Enfants trouvés au service de la marine.

Les autres considérations, relatives à l'éducation de l'Enfant resté à la charge de la charité publique trouveront leur place dans cette partie de nos discussions qui aura pour objet l'éducation complète de l'Enfant trouvé, depuis le premier âge jusqu'à sa majorité.

Mais je pense que nous devons nous occuper immédiatement de la tutelle, qui est l'instrument indispensable de l'éducation.

La séance est levée à midi, et renvoyée à samedi 27 octobre, pour l'examen d'un projet de loi sur la tutelle des Enfants trouvés.

19ᶠ ET 20ᴱ SÉANCES.

Samedi 27 et dimanche 28 octobre 1849, 8 heures du soir

Présidence de M. Victor LEFRANC.

Présents :

MM. Victor LEFRANC, Président; DURAND-SAINT-AMAND, DE WATTEVILLE, GIRAUD, NICOLAS; VALENTIN-SMITH, Secrétaire; Louis HAMELIN, Secrétaire adjoint.

Absents :

MM. DE LURIEU, inspecteur général des établissements de bienfaisance, pour cause de service public; Alfred BLANCHE, BAILLEUX DE MARIZY.

Le procès-verbal de la précédente séance, du 25 courant, est lu et adopté.

ORDRE DU JOUR.

Discussion sur la tutelle des Enfants restés à la charge de la charité publique.

Il est décidé que les procès-verbaux de la séance du 27 et du 28 octobre seront confondus dans une seule rédaction.

M. VICTOR LEFRANC :

Messieurs, j'ai à vous exposer et à vous soumettre le projet que j'ai préparé sur la tutelle des Enfants naturels admis par l'hospice ou secourus par la charité publique.

Tutelle

Pour fixer nos idées et faciliter notre discussion, j'ai cru devoir établir différentes dénominations, destinées à désigner l'Enfant dans les diverses situations qui lui sont faites par les dispositions de notre loi.

En conséquence, dans l'article 1ᵉʳ, je distingue et je définis six catégories d'Enfants, savoir :

1° L'Enfant abandonné ou orphelin,

2° L'Enfant déposé ;

3° L'Enfant adopté ;

4° L'Enfant délaissé ;

5° L'Enfant reconnu ;

6° L'Enfant réclamé ;

7° L'Enfant secouru.

La Commission adopte l'article 1ᵉʳ dans les termes suivants :

RÉSOLUTION.

Tutelle (1).

ARTICLE PREMIER.

L'Enfant abandonné ou orphelin est celui dont les père et mère connus sont absents, morts ou frappés d'incapacités physiques ou intellectuelles graves.

L'Enfant déposé est celui qui, porté à l'hospice, n'a pas encore été l'objet d'une décision de la part du bureau d'admission.

L'Enfant adopté est celui qui, après avoir été admis par le bureau d'admission d'un hospice dépositaire, est gardé dans cet hospice ou confié à toute autre personne que sa mère ;

L'Enfant délaissé est celui que sa mère n'a point retiré malgré la décision du bureau d'admission.

L'Enfant reconnu est celui pour lequel il y a reconnaissance de la mère ou du père, conformément aux règles du Code civil.

---

(1) Voir au tome II, l'Instruction, du 1ᵉʳ août 1849

L'Enfant réclamé est celui qui, après avoir été déposé dans un hospice, a été retiré, soit spontanément, soit sur une décision du bureau d'admission ou de toute autre autorité.

L'Enfant secouru est celui qui, sans passer par l'hospice, a été gardé ou retiré par sa mère, moyennant un secours.

M Victor LEFRANC ·

On voit que la dénomination générale des Enfants dont nous nous occupons sera désormais celle d'Enfants *adoptés* ou *secourus*.

Il n'est pas sans intérêt de remplacer ainsi la triste dénomination d'Enfants *trouvés*, qui les suit partout comme un fâcheux souvenir et comme un mauvais conseil.

M. DE WATTEVILLE demande si l'Enfant qui n'a plus pour parents que des condamnés ne devrait pas aussi être accueilli par la charité publique et compris au nombre de ceux dont s'occupe le projet de loi.

M. Victor LEFRANC répond que cet Enfant, quel que soit son malheur et l'intérêt que comporte sa position, reste toujours Enfant légitime; il n'est, c'est l'hypothèse, ni abandonné, ni orphelin.

Ainsi, quelque décision qui dût intervenir à son égard, elle ne saurait être l'objet d'une disposition de la loi présentement étudiée par la Commission, qui n'a mission que de régler le sort des Enfants trouvés, abandonnés ou orphelins.

Et, dans tous les cas, il y aurait lieu d'ajourner la discussion à cet égard et d'examiner d'abord les discussions qui concernent les diverses catégories d'Enfants dont la loi présente a mission de s'occuper avant tout.

Je passe donc à l'examen des dispositions relatives à la tutelle de l'Enfant adopté, délaissé, déposé ou réclamé, sans être reconnus, qui tous, après leur admission, restent à la charge de la charité publique.

Quel sera leur conseil de famille? Sera-ce le bureau d'admission ou sera-ce la commission administrative de l'hospice?

Les motifs qui militent pour que le bureau d'admission soit le conseil de famille de l'enfant adopté, c'est qu'il conserve sur la mère un droit et un intérêt de surveillance.

La loi actuelle n'a pas à s en occuper
Conseil de famille
Bureau d admission

Le bureau est chargé de voir, d'apprécier si la position de la mere n'a pas changé, et si, cette position étant devenue plus ou moins favorable, il n'y aurait pas lieu de lui imposer le retrait de son Enfant, de lui refuser ou de lui accorder des secours.

Commission
administrative.

Quant à la commission administrative, on peut dire que sa surveillance sur l'Enfant est plus directe et surtout plus continue.

M. DE WATTEVILLE :

Nous avons déjà établi en principe que le bureau d'admission n'était et ne devait être chargé que d'une seule chose : d'admettre les enfants et de juger la position de la mère; hors de là, ses fonctions cessent entièrement en ce qui concerne la surveillance de l'Enfant.

S'il n'en était pas ainsi, on verrait sans cesse s'élever des conflits entre le bureau d'admission et la commission de l'hospice au sujet de l'étendue ou des limites de leurs attributions respectives; c'est ce qu'on ne saurait trop soigneusement éviter : d'un autre côté, ces deux genres de surveillance portant sur la mère et l'Enfant se gêneraient en se cumulant; d'ailleurs, il y a plus d'unité dans la commission, nommée dans un seul but, que dans le bureau d'admission, composé à dessein d'éléments divergents.

M. Victor LEFRANC:

Ainsi le bureau d'admission sera placé à l'état de tribunal, qui prononce, mais ne s'immisce jamais dans l'administration de la personne ou des choses, et cela parce que le bureau est composé d'éléments divers qui ne se réunissent qu'accidentellement : ce point est entendu.

Tuteur

Lequel sera tuteur?

Inspecteur

Évidemment l'inspecteur des Enfants trouvés; nous sommes unanimes sur cette désignation toute naturelle. Toutefois la tutelle, ajoute le projet, pourra être confiée par le conseil de famille à l'un des membres de la famille à laquelle l'Enfant adopté aura été confié, s'il consent à l'accepter.

Famille adoptive

Les soins donnés à ce titre à un Enfant pourraient être invoqués plus tard comme cause d'adoption, alors même qu'il y aurait eu salaire ou secours.

M. DE WATTEVILLE témoigne la crainte que ces dispositions n'aient pour inconvénient de disséminer en quelque sorte la tutelle, de l'exposer à des changements fréquents et nuisibles.

M. DURAND-SAINT-AMAND :

Je ne me préoccupe pas au même degré que M. DE WATTEVILLE de l'inconvénient signalé : je ne pense pas que l'intérêt de l'Enfant puisse véritablement en souffrir. Mais je vois un avantage réel à permettre à la commission administrative de déférer la tutelle à des personnes qui déjà se seraient intéressées à lui, par exemple au nourricier et au patron, chez lesquels il trouvait déjà en quelque sorte une famille adoptive. C'est, ainsi que l'a déjà dit M. BLANCHE dans la dernière séance, un encouragement et une sorte d'honneur que la collation de ce titre ; c'est un nouveau lien entre l'Enfant et ses protecteurs. La mesure me paraît appelée à produire de bons effets.

19e ET 20e
SÉANCE
—
Utilité de choisir
le tuteur
dans la famille
adoptive

M. VICTOR LEFRANC :

Ce motif a fait sur moi une grande impression. Je me suis également préoccupé du cas où une propriété immobilière adviendrait à un de ces enfants. Je ne crois pas que cette propriété puisse être bien gérée, si elle ne l'est par celui auprès duquel l'Enfant est placé.

M. DE WATTEVILLE :

Je ne crois pas que l'espérance d'être nommé tuteur soit pour les nourriciers un appât bien efficace ou un motif d'attachement bien considérable.

En général, les gens de la campagne sont peu touchés de l'exercice de la plupart de leurs droits civils, surtout de ceux qui, comme la tutelle, constituent une charge.

Je n'ai pas connu d'Enfant trouvé ayant à lui une propriété immobilière, je regarde cette hypothèse comme idéale, et n'appelant pas une prévision destinée à ne se réaliser jamais.

M. GIRAUD :

Grâce aux modifications projetées au régime hypothécaire, les entraves de l'hypothèque légale une fois levées, il est possible d'espérer que les nourriciers ou patrons se chargeront plus volontiers de la tutelle, qui me paraît pouvoir être conférée avec avantage, dans certains cas, au nourricier ou patron

M. DE WATTEVILLE :

S'il ne s'agissait que de garçons, je n'hésiterais pas autant sur l'objection, mais je pense à ce que ce mode peut avoir de danger à l'égard des jeunes

filles : je connais des faits graves en présence desquels je crois devoir persister dans mon opinion

M. Victor LEFRANC :

Il y a dans la sagesse du conseil appelé à prononcer toutes les garanties
désirables. Cette tutelle ne sera peut-être donnée qu'exceptionnellement, mais
c'est un bien qu'elle puisse l'être.

Subroge tuteur   Quel sera le subrogé-tuteur? Sera-ce le nourricier, le patron ou le maître?
Mais n'y aurait-il pas là un inconvénient, une sorte d'incompatibilité résultant de ce que ces personnes, étant surveillées par l'inspecteur, ne peuvent
par là même être appelées à devenir les surveillants de cet inspecteur lui-
même ?

Sera-ce le maire de la commune où réside l'Enfant? Mais cette surveillance
serait-elle bien efficace avec la composition si souvent défectueuse du personnel des maires ?

Cependant il faut un subrogé-tuteur

M. DE WATTEVILLE :

J'ai le projet de vous proposer ultérieurement la formation d'un comité de
patronage par chaque canton, et dont feront nécessairement partie le juge de
paix et le curé du chef-lieu de canton. Déjà, dans le département de la
Dordogne, et grâce au concours bienveillant de l'évêque du diocèse, dont le
mandement est remarquable, j'ai jeté les germes de cette précieuse organisation (1). Je crois que le subrogé-tuteur devrait naturellement être l'un
des membres de ce comité

M Victor LEFRANC :

Alors, on pourrait décider que la Commission administrative désignera le
membre du comité cantonal qui devra remplir les fonctions de subrogé-tuteur
de l'Enfant.

La Commission adopte cette idée, et l'article 2 est adopté dans son ensemble avec la rédaction suivante :

---

(1) Voir, tome ɪɪ, page 747 et suiv , 1° un projet d'organisation de ces comités, par M. de Wat
teville, 2° une lettre pastorale de Mᵍʳ l'évêque de Perigueux, sur cette institution

RÉSOLUTION.

ART. 2.

L'Enfant adopté, déposé, délaissé ou réclamé sans être secouru,   Loi, a 35
a pour conseil de famille la Commission administrative de l'hospice dans la circonscription duquel il réside.

Il a pour tuteur l'inspecteur du département, et pour subrogé-
tuteur le membre du Comité de patronage désigné par le conseil
de famille.

La tutelle pourra être déférée par le conseil de famille à l'un
des membres de la famille à laquelle l'Enfant aura été confié, s'il
consent à l'accepter. Dans ce cas, l'inspecteur sera subrogé-tuteur,
Les soins donnés à ce titre pourront être invoqués plus tard comme
cause d'adoption, alors même qu'il y aurait eu salaire ou secours.

M. Victor LEFRANC donne lecture de l'article 3 du projet, qui confère la   Tutelle
tutelle a la mère de l'Enfant réclamé.   à la mère
                                                                              de
                                                                        l'Enfant réclamé

M. NICOLAS :

Il importerait que cette tutelle ne fût pas instituée de droit.

La mère, si c'est elle qui vient réclamer son Enfant et qu'elle ne le recon-
naisse pas, n'est pas digne d'être sa tutrice.

J'ai dit : si c'est elle; car savez-vous à quelle fraude, à quelle infâme spe-
culation on pourra se livrer si la réclamation de l'Enfant devient chose trop
facile ? Qui vous garantit contre les intérêts de cupidité ou de passion au
profit desquels cet Enfant peut être réclamé ?

Il est au moins imprudent de déférer ainsi la tutelle en raison de la seule
réclamation. Laissez à la vigilance de la loi le soin d'y pourvoir. Le juge de
paix a mission d'agir d'office ou de provoquer la nomination d'un tuteur à
l'Enfant dont personne ne s'occupe : il fera son devoir; et, dans tous les cas,
j'aime mieux cet état de choses que l'imprudence du projet actuel.

M. Victor LEFRANC :

Le danger est moindre que ne se l'imagine M. Nicolas. Le conseil de famille, le subrogé-tuteur, exerceront nécessairement leur surveillance sur la
tutrice. Si elle se conduit mal à l'égard de l'Enfant, la tutelle pourra lui être
retirée.

C'est ce qui résulte d'une disposition ultérieure écrite formellement dans
le projet que je propose. Moyennant cette ressource extrême, j'ose dire que le
motif pour déférer la tutelle à la personne qui réclame l'Enfant est puissant et tout dans l'intérêt de ce dernier.

J'ai eu en vue, et pour moi cette hypothèse est un fait et non une idée
théorique, le cas où une personne, tout en voulant retirer son véritable Enfant de l'hospice, ne peut pas cependant se hasarder dans une reconnaissance
prématurée. Il est possible que les circonstances ne lui permettent pas encore
de formuler légalement cette reconnaissance, qui est dans son âme, et dont la
réclamation n'est que le prélude.

C'est chose délicate et grave que de donner son nom. Il faut laisser à celui
qui réclame l'Enfant le pouvoir de s'assurer que l'Enfant n'en sera pas indigne.

Puis, prenez garde que vous ne serviez mal les intérêts de l'Enfant en exi-
geant que sa remise, ou tout au moins la collation de la tutelle, soit forcément
précédée par la reconnaissance.

Vous rendrez les réclamations beaucoup plus rares. On sera effrayé de la
condition ; moi, je voudrais les faciliter, les rendre fréquentes.

Je voudrais mettre sur la voie de l'adoption. La tutelle est un acheminement
à cette adoption ou à la reconnaissance positive.

En dernier lieu, songez que si vous imposez la reconnaissance légale de
l'Enfant avant de le rendre, vous perdez sur lui tous droits, toute raison de
surveillance, tout moyen direct de protection.

S'il n'est pas encore reconnu, il vous appartient par un lien qui n'est pas
encore rompu ; car, si la tutrice venait à être destituée, l'Enfant rentrerait
sous votre tutelle, à moins qu'il ne fût pourvu au remplacement par le conseil
de famille.

Il y a un point sur lequel je suis d'accord avec vous, c'est qu'il ne faut pas
rendre légèrement les Enfants. Ceci regarde la Commission administrative, et
le conseil de famille sera prudent, sévère, si vous voulez ; mais si elle croit

devoir rendre l'Enfant sans exiger la reconnaissance, laissons cette collation
toute naturelle de la tutelle, elle ne peut nuire à personne et peut beaucoup
servir à l'Enfant.

M. DE WATTEVILLE :

Sur 20,000 mères qui se présentent pour réclamer l'Enfant, il n'y en a La reconnaissance condition de la réclamation.
peut-être pas une qui ne s'imagine que la reprise de l'Enfant équivaut à sa
reconnaissance, ou plutôt qui, laissant parfaitement de côté les distinctions du
droit, ne pense reconnaître réellement son Enfant.

Il n'y aurait donc dans la pratique aucune difficulté à imposer l'obligation
de cette reconnaissance, que toutes les mères qui réclament leur Enfant croient
déjà faite.

M. Victor LEFRANC :

Il suffit qu'il y en ait une pour ne pas inscrire dans la loi l'obligation absolue
de la reconnaissance. C'est précisément dans ce cas qu'il est bon d'ouvrir un
acheminement à l'adoption.

M. GIRAUD :

L'Enfant, relativement a sa filiation, peut se trouver dans trois états différents,
je peux presque dire trois degrés vis-à-vis de son père :

Ou il est simplement enfant naturel, avec reconnaissance faite sous seing-
privé, et alors il n'a pas droit à la succession;

Ou il est Enfant naturel reconnu comme tel, et alors il peut avoir une part
déterminée dans la succession;

Ou enfin il a le titre d'Enfant légitime.

Il dépend du père de lui conférer ce droit

Laissez à la mère quelque chose de cette latitude, elle est toute dans l'intérêt de l'Enfant que vous voulez protéger. Si vous imposez la reconnaissance
vous écartez la réclamation dans les cas les plus délicats et les plus graves, où
les intérêts de l'Enfant sont plus précieux encore.

Laissez-lui les avantages de cette quasi-maternité que lui ouvre le projet, et
qui souvent amènera, décidera la véritable reconnaissance. N'effrayez pas les
bonnes intentions de la mère en la condamnant à se flétrir elle-même le jour
où elle voudrait suivre les impulsions de son cœur, tout en sauvegardant son
honneur.

M. DURAND-SAINT-AMAND :

Je me rends pour mon compte aux raisons si complétement déduites par M. le Président et par M. Giraud. Je crois cependant qu'il y a, à côté de cette faculté dont je ne veux pas prescrire l'exercice, le devoir impérieux de provoquer la reconnaissance.

Ainsi, sans en faire une condition de la reprise de l'Enfant, je voudrais que la Commission administrative eût pour devoir de poser la question, sauf à apprécier si elle doit passer outre ou s'arrêter devant un refus dont elle apprécierait les motifs.

M. Victor LEFRANC lit une rédaction qui donne satisfaction à la proposition de M. Durand-Saint-Amand, et qui est adoptée dans les termes suivants :

RÉSOLUTION.

ART. 3.

L'Enfant réclamé a pour tuteur sa mère, si c'est elle qui l'a retiré spontanément ou sur une décision du Bureau d'admission, et si elle a fait agréer les raisons pour lesquelles elle ne le reconnaît pas.

Il a pour subrogé tuteur l'inspecteur du département où il réside et pour conseil de famille la Commission administrative de l'hospice de la circonscription.

M. Victor LEFRANC :

Je lis l'article 4 du projet ; il est ainsi conçu :

« Quand la tutelle appartiendra à l'inspecteur, les biens meubles et immeubles provenant du pécule de l'Enfant seront perçus et administrés comme les biens des hospices. Néanmoins, l'inspecteur du département où réside l'Enfant continuera ses fonctions d'inspecteur seulement sur la personne et les intérêts de l'Enfant secouru. »

M. DE WATTEVILLE propose d'ajouter ces mots . « Par les soins et sous la responsabilité du receveur de l'hospice. » Ce ne sera, dit M. DE WATTEVILLE, que la consécration explicite de ce qui se fait aujourd'hui.

M. VICTOR LEFRANC ne repousse pas l'amendement en lui-même, mais il pense avoir dit assez en mettant : comme les biens des hospices; cette phrase comporte en elle-même l'indication demandée.

M. DE WATTEVILLE insiste : l'indication qu'il propose ne peut pas nuire et elle peut avoir son utilité.

L'amendement est adopté et prendra place à la fin du premier paragraphe de l'article ci-dessus, qui est adopté sans discussion.

RÉSOLUTION.

ART. 4.

Quand la tutelle appartiendra à l'inspecteur, les biens meubles et immeubles provenant du pécule de l'Enfant seront perçus et administrés par les soins et sous la responsabilité du receveur de l'hospice. Néanmoins, l'inspecteur du département continuera ses fonctions de surveillant sur la personne et les intérêts de l'Enfant secouru.

M. VICTOR LEFRANC :

Voici l'article 5 du projet que je vous soumets :

« Le tuteur, le subrogé tuteur et le conseil de famille d'un Enfant adopté ou réclamé ont pour mission spéciale, indépendamment des devoirs attachés à leurs autres fonctions, de provoquer la constatation de la filiation et de la maternité, de la reconnaissance et de la légitimation de l'Enfant.

« Ils délibèrent aussi sur la réclamation des Enfants adoptés, et leurs décisions à cet égard doivent être homologuées et peuvent être attaquées par les voies et dans les cas réglés par le droit commun. »

Provoquer, amener la reconnaissance de l'Enfant, et, s'il est possible, sa légitimation, m'a paru, dit M. Victor LEFRANC, un des devoirs spéciaux de la tutelle dont nous nous occupons.

Loi a 49

*Constatation
de la filiation,
de
la maternité
de
la reconnaissance
de
la légitimation*

46.

J'ai voulu en faire une obligation explicite afin d'en mieux assurer l'accomplissement.

J'ai entouré la réclamation de l'Enfant, les délibérations sur cet objet, et enfin la remise même, de toutes les précautions possibles.

Enfin, j'ai prévu le cas d'une reconnaissance mal fondée ou mensongère, et j'ai fait toute réserve des droits de l'Enfant contre cette reconnaissance.

Remboursement
des
dépenses faites
par l'hospice

M. DE WATTEVILLE demande que le réclamant doive rembourser à l'hospice les dépenses que ce dernier a faites pour l'Enfant.

Cette disposition aura le double avantage d'alléger le fardeau de l'hospice et de prévenir des réclamations mal fondées. Dans tous les cas, le préfet aura toujours le droit d'exempter le réclamant du payement des frais pour l'éducation de l'Enfant.

M. GIRAUD exprime la crainte que la stipulation d'une indemnité à payer n'arrête l'élan du cœur qui porte à la reconnaissance de l'Enfant et à l'accomplissement d'un devoir qu'il faut faciliter, si on veut le provoquer efficacement

M. DURAND-SAINT-AMAND pense qu'il peut y avoir justice et prudence à réclamer l'indemnité; que, d'un autre côté, l'observation de M. GIRAUD lui paraît devoir être prise en grande considération.

Il proposerait, pour concilier les deux intérêts, de consacrer le principe de l'indemnité, en laissant à l'Administration le droit d'en accorder la remise.

L'amendement est adopté ainsi que l'article dans son ensemble, le tout dans les termes suivants :

RÉSOLUTION.

ART. 5.

Loi, a 38

Le tuteur, le subrogé tuteur et le Conseil de famille de l'Enfant adopté ou réclamé ont pour mission spéciale, indépendamment des devoirs attachés à leurs fonctions, de provoquer la constatation de la filiation et de la maternité, ainsi que la reconnaissance et la légitimation de l'Enfant.

Ils délibèrent aussi sur les réclamations des Enfants adoptés, et leurs décisions, à cet égard, doivent être homologuées et peuvent être attaquées par les voies et dans les cas réglés par le droit commun.

Les Enfants réclamés ne devront être remis aux parents qui les réclament qu'à la charge par ceux-ci de rembourser les dépenses.

Les personnes qui réclameront des Enfants demeurés à la charge de la bienfaisance publique devront, avant d'exercer aucun droit à cet égard, rembourser toutes les dépenses faites pour ces Enfants par les hospices et par l'administration publique.

Toutefois, il pourra être fait exception à cette prescription en faveur des personnes qui seront reconnues hors d'état de rembourser tout ou partie de cette dépense.

Dans tous les cas, un Enfant dont l'État aurait disposé, ou pour lequel des engagements auraient été contractés envers un patron pour son apprentissage, ne pourra être soustrait aux obligations qui lui sont imposées.

M. NICOLAS s'inquiète de la trop grande facilité des remises sur les réclamations du premier venu.

Il ne faut pas, dit-il, que le désir de constituer une famille à l'Enfant vous fasse oublier la sauvegarde des conditions de moralité sans lesquelles, au lieu d'un bienfait, la réclamation ne lui serait qu'un don funeste. Qu'arrivera-t-il, par exemple, demande M. NICOLAS, si une jeune fille de 15 ans est réclamée par un mauvais sujet, dans la vue de satisfaire des passions criminelles ?

M GIRAUD :

Le danger existerait réellement si l'on suppose, comme M. NICOLAS, que l'Enfant sera rendu sans précaution aucune de la part de l'Administration.

Mais, si cette supposition n'est pas admissible, les Enfants ne seront rendus qu'après des informations sérieuses et avec la prudence convenable.

M. NICOLAS :

Je veux bien croire à la sollicitude de l'Administration à cet égard, mais je

19ᵉ ᴇᴛ 20ᵉ
SLANCE
—

crois utile d'insérer dans la loi quelque disposition qui tienne cette sollicitude en éveil et qui assure les bons résultats que nous aurons droit d'en attendre.

M. SMITH fait observer qu'il est dit dans la loi que cet Enfant ne serait remis qu'après examen. Cet examen est une garantie.

M. NICOLAS :

Reclamation
d une mère
femme prostituée

Mais enfin, si une femme prostituée vient réclamer son Enfant, même en le reconnaissant, le lui rendrez-vous ?

M. Victor LEFRANC :

Droits
de famille

Si la filiation est établie, vous n'avez pas le droit de le lui refuser, pas plus que vous n'auriez le droit de confisquer l'Enfant du criminel. Vous ne pouvez ni ne devez empiéter sur les droits de la famille.

M. NICOLAS :

Indignité
de la famille

Mais alors, ou il n'y a plus de famille ou il y a une famille indigne, ce qui est équivalent, et la société a le droit et le devoir de se substituer en pareil cas à la famille.

M. Victor LEFRANC :

L Etat ne peut pas
confisquer
l Enfant

L'adoption de ce principe n'est autre chose que la mise en pratique du socialisme. Il peut y avoir de graves inconvénients à laisser le droit de la famille a telle personne qui en abuse ou remplit mal ses devoirs; mais le mal serait bien plus grand si l'on s'arrogeait le droit de confisquer l'Enfant. Si vous voulez que la famille résiste à ce qu'il y a d'aveugle dans les attaques qui sont dirigées contre elle, vous ne sauriez montrer trop de respect pour ses droits.

Du reste, il est évident que les conditions de remise de l'Enfant devront être plus ou moins rigoureusement appliquées, suivant les garanties morales et matérielles que présentera le réclamant.

Precaution
prescrite
pour la remise
de l Enfant

M. Victor LEFRANC donne lecture d'un article qu'il propose afin que la remise de l'Enfant ne soit faite qu'à bon escient.

Cet article est adopté dans les termes suivants :

RÉSOLUTION.

ART. 6.

L'inspecteur donne son avis sur la remise, et le préfet statue par un arrêté spécial.

Si la remise est faite au père ou à la mère moyennant reconnaissance de l'Enfant, la reconnaissance pourra être attaquée, soit par l'inspecteur, soit par l'Enfant.

Loi a 70

M. Victor-LEFRANC :

J'ai à vous soumettre maintenant une disposition qui concerne l'Enfant réclamé ou secouru dont la tutrice viendrait à être destituée

J'ai pensé qu'il était dans l'intérêt de cet Enfant de le faire rentrer, pour ce cas, dans la classe des Enfants adoptés, à moins qu'il n'ait été pourvu au remplacement de la tutrice par le conseil de famille.

J'ai voulu aussi éveiller la sollicitude du conseil de famille en consacrant pour lui le droit de provoquer le châtiment de la tutrice si les faits qui ont motivé la destitution sont de nature à appeler les répressions de la loi.

*Destitution
de la tutelle*

L'article est adopté dans les termes suivants :

RÉSOLUTION.

ART. 7.

Si la tutrice d'un Enfant réclamé ou secouru est destituée, il restera, pour ce qui concerne le conseil de famille, la tutelle et la subrogée tutelle, dans la classe des Enfants adoptés, à moins qu'il ne lui ait été nommé un tuteur par le conseil de famille légal.

Loi a 41

La tutrice destituée pourra, si le cas est grave, et sur la plainte *Loi, a 36, 41, 153.*

du conseil de famille, être punie comme coupable de délaissement.

M VICTOR LEFRANC :

Surveillance
à exercer
sur la tutelle
des
Enfants reconnus

Pour ce qui concerne l'Enfant reconnu, qu'il soit ou non secouru, il aura la
tutelle à laquelle il a droit d'après les règles du droit commun.

J'avais pensé à appeler l'attention toute particulière du procureur de la République et du juge de paix sur la situation de ces enfants. Je ne sais s'il est
bien nécessaire de formuler cette mention en une disposition spéciale de notre
loi.

Voici, toutefois, les formules que j'avais dressées, au moins pour mémoire

« Le tuteur, le subrogé tuteur et le conseil de famille de l'Enfant reconnu,
avec ou sans secours, seront institués conformément aux règles du droit
commun.

« Les juges de paix et le procureur de la République sont spécialement pré-
posés à la surveillance et à la protection qu'ils doivent à tous les Enfants mineurs. »

RÉSOLUTION.

La Commission décide que la disposition qui consacrerait
l'application des règles du droit commun pour la tutelle naturelle
et la protection légale de l'Enfant reconnu, qu'il soit ou non
secouru, ne doit prendre place que comme indication dans les
travaux de la Commission, sans devenir un article formel dans la
loi même.

M. VICTOR LEFRANC donne lecture de l'article 8 du projet, qui est adopté
dans les termes suivants :

RÉSOLUTION.

ART. 8.

Droit attaché
à la tutelle
Loi, a. 37

Les tuteurs, subrogés tuteurs ou conseil de famille institués de droit par la présente loi, exercent tous les droits et sont tenus d'en accomplir tous les devoirs sous la responsabilité que les lois civiles et criminelles attachent à ces fonctions, sans que toutefois l'hypothèque légale frappe les biens de l'inspecteur ou du membre du Comité cantonal de patronage remplissant les fonctions de tuteur ou de subrogé tuteur.

Sur l'observation de M. de WATTEVILLE, la Commission adopte les dispositions additionnelles suivantes :

RÉSOLUTION.

ART. 9.

La tutelle durera jusqu'à la majorité de l'Enfant ou jusqu'à son émancipation par mariage ou autrement.

Duree
de la tutelle
Loi, a 32

ART. 10.

Les dispositions de la loi du 15 pluviôse an XIII, concernant l'émancipation, continueront à être observées en ce qui ne sera pas contraire aux dispositions de la présente loi.

Emancipation
Loi, a 45

ART. 11.

Les biens laissés *ab intestat* par l'Enfant décédé reviendront à l'hospice, à titre de dotation spéciale consacrée au service des Enfants adoptés ou secourus.

Succession
de l Enfant
Loi, a 46

ART. 12.

Tous les actes concernant la tutelle des Enfants adoptés ou secourus seront exempts de frais de timbre et d'enregistrement.

Droit de timbre
de
l'enregistrement
Exemption
Loi, a. 113, 44

Les séances des 27 et 28 octobre ont été levées à minuit. La Commission s'est ajournée au lundi 29 octobre 1849, huit heures du soir, pour la discussion sur l'éducation des Enfants trouvés.

21ᴸ SÉANCE.

Jeudi 29 octobre 1849, à 8 heures du soir

Présidence de M. Victor Lefranc.

Présents :

MM. Victor Lefranc, de Watteville, Durand-Saint-Amand, Bailleux de Marizy, Alfred Blanche, Giraud; Valentin-Smith, Secrétaire, et Louis Hamelin, Secrétaire adjoint

Absents :

M. de Lurieu, en mission, à raison de ses fonctions; M. Nicolas, absent pour service public.

ORDRE DU JOUR.

Discussion sur l'éducation de l'Enfant adopté.

M. LEFRANC :

Nous sommes entrés dans l'examen des précautions à prendre pour assurer les droits et les intérêts des Enfants admis à l'hospice.

Nous nous sommes occupés de ses intérêts matériels, religieux et moraux.

Questions
relatives
a l education
des
Enfants adoptes
Nous avons arrêté qu'aussitôt présenté au bureau d'admission l'Enfant serait, dans tous les cas, provisoirement et soigneusement recueilli; qu'immédiatement après il serait baptisé d'après le rite catholique, à moins qu'une autre intention ne fût formellement exprimée par la mère.

Nous avons dit que, dans les trois mois à partir de l'époque où l'Enfant serait remis, sa nourrice serait tenue de certifier qu'il a été vacciné.

Nous nous sommes un instant séparés de l'éducation de l'Enfant pour nous occuper de sa tutelle. C'était rationnel, puisqu'avant de songer à l'élever il fallait songer à créer pour lui une imitation de la famille qui lui manque.

En conséquence, après avoir déterminé les diverses catégories d'Enfants adoptés ou secourus par la charité publique, nous leur avons donné un conseil de famille, un tuteur et un subrogé tuteur.

Nous avons pensé que leur conseil de famille ne pouvait être que la commission administrative de l'hospice.

Nous avons décidé que l'inspecteur serait le tuteur de l'*Enfant adopté*.

Nous avons dit que le subrogé tuteur pourrait être choisi parmi les membres d'un instrument nouveau de protection placé auprès de l'Enfant, c'est-à-dire parmi les membres d'un comité cantonal de patronage

Nous avons conservé la tutelle du droit commun pour l'Enfant qui a un état civil; nous avons attribué la tutelle à la mère qui fait agréer les raisons pour lesquelles elle ne reconnaît pas son Enfant, afin d'assurer, autant que possible, l'éventualité de cette reconnaissance.

Nous avons prévu le cas où il conviendrait d'investir le nourricier de la tutelle de l'Enfant qu'il affectionne, afin de préparer une adoption ultérieure

C'est ainsi que nous avons essayé de créer, au point de vue de la tutelle, une organisation qui assurât équitablement la garantie de tous les droits et l'accomplissement de tous les devoirs.

Nous allons nous occuper maintenant de l'éducation de l'Enfant, que nous envisagerons sous tous les rapports moraux, physiques et intellectuels.

Je viens vous soumettre à cet égard un cadre insuffisant, mais qui, grâce à votre collaboration, pourra recevoir le complément dont il est susceptible.

Voici le projet que j'ai élaboré :

Il comprend plusieurs dispositions déjà arrêtées en principe dans la dix-huitième séance, et que nous n'aurons, pour ainsi dire, qu'à revoir quant à la rédaction; il contient, en outre, les dispositions qui complètent le projet, et dont la discussion n'a pas été entamée.

M. LEFRANC donne lecture du premier article adopté, en principe, dans la 18ᵉ séance, qui est mis aux voix et adopté dans les termes suivants :

RÉSOLUTION.

CHAPITRE Iᵉʳ.

Des Enfants à l'hospice.

ARTICLE PREMIER.

Les Enfants adoptés, déposés ou délaissés seront, dès leur entrée *à l'hospice, confiés immédiatement à des nourrices sédentaires, ou nourris au biberon.*

Age de l'Enfant
admis

M. GIRAUD fait observer qu'avant de passer au second article, il conviendrait de s'expliquer au sujet de la réception de l'Enfant qui n'a plus besoin d'être allaité, afin de déterminer jusqu'à quel âge il pourra être reçu à l'hospice

M. DURAND-SAINT-AMAND dit qu'il ne peut y avoir, hors les cas de misère, que l'Enfant nouveau-né qui puisse être recueilli, lorsque le secret est réclamé.

M. DE WATTEVILLE demande si, même en cas de misère, l'on recevrait à l'hospice un Enfant de sept à huit ans, comme quelquefois on en a vu mettre dans le Tour.

M. VALENTIN-SMITH fait observer qu'il y a là une question qui peut se rattacher à la loi d'assistance publique. Dès que l'Enfant peut être admis à la salle d'asile, il serait bien difficile de consentir que sa mère pût le confier à l'hospice dépositaire, à moins que, par suite d'un état de détresse absolue, la santé de l'enfant ne se trouvât compromise.

M. LEFRANC :

Ajournement.

L'âge auquel un Enfant pourra être admis n'ayant pas été déterminé lorsque nous avons traité de l'admission des Enfants, cette question demeurera réservée pour le moment où nous reviserons les dispositions arrêtées. C'est une lacune à combler.

L'ajournement est adopté.

M. LEFRANC:

Voilà pour les soins dus au corps; venons aux soins dus à l'âme.

Baptême

Je vous propose de formuler en article de loi les prescriptions établies par l'instruction ministérielle du 8 février 1823, d'après lesquelles les Enfants nouveau-nés doivent être baptisés avant leur départ pour la campagne.

L'article 2 n'est que la reproduction des prescriptions de la lettre ministérielle du 7 mai 1849 au préfet de la Vienne, dont il nous a été donné connaissance par M. SMITH.

L'article 2, déjà adopté en principe dans la 18ᵉ séance, est mis aux voix et adopté dans les termes suivants:

RÉSOLUTION.

ART. 2.

Les Enfants nouveau-nés seront baptisés selon le rite catholique, à moins de demande positive contraire émanant de la mère.

Loi, a 51

Il est donné lecture de l'article 3, fixant l'époque et le mode de transport des Enfants à la campagne.

M. DE WATTEVILLE:

Peut-être conviendrait-il d'effacer de l'article les mots, *autant que possible,* et d'imposer l'obligation absolue aux nourrices de venir chercher leurs nourrissons. C'est une chose rigoureusement nécessaire dans l'intérêt de la santé des Enfants. Cela se pratique ainsi de la manière la plus heureuse à Lyon, où l'on a renoncé au service des meneurs, ce qui était un fort mauvais système de transport.

Délai

M. LEFRANC :

Il est bon qu'en règle générale les Enfants soient remis aux nourrices venant les chercher elles-mêmes dans l'hospice dépositaire. Mais il peut y avoir des cas particuliers où la chose, peut-être, ne pourrait s'effectuer ni facilement ni utilement pour les Enfants, en sorte qu'il convient de laisser une certaine latitude à cet égard, pour laquelle il suffit de s'en remettre à la prudence des personnes chargées de ces soins.

L'article 3 est mis aux voix et adopté en ces termes :

RÉSOLUTION.

CHAPITRE II.

Des nourrices.

ART. 3.

Ils seront mis en nourrice ou en sevrage à la campagne, au plus tard dans les soixante et douze heures de leur dépôt à l'hospice, à moins qu'un avis spécial du médecin de l'hospice ne prescrive un délai plus long, rendu nécessaire par la santé de l'Enfant.

Le transport se fera, autant que possible, par les nourrices elles-mêmes.

Placement
des Enfants
en
pays étrangers.

M. DE WATTEVILLE dit qu'avant de passer à la lecture de l'article 4 il conviendrait de placer la prohibition établie par la circulaire ministérielle du 13 août 1841, de placer des Enfants en pays étranger. En conséquence, il propose l'article suivant, qui deviendrait le 4ᵉ du projet de loi.

Cet article est mis aux voix et adopté.

RÉSOLUTION.

ART. 4.

Lo , a. 53

Tout placement en nourrice en pays étranger est formellement interdit.

M DE WATTEVILLE :

Je pense encore qu'avant de nous occuper de la layette, il convient de déterminer dès à présent les conditions à imposer à la nourrice :

21ᵉ SÉANCE

Conditions
à imposer
aux nourrices

1° Une nourrice pourra-t-elle avoir deux nourrissons ?

2° La nourrice sera-t-elle obligée d'allaiter l'Enfant qui lui sera confié, ou pourra-t-elle le nourrir au biberon ?

3° Ne devra-t-on pas demander, comme l'exige l'Administration des hospices de Paris, que la nourrice justifie que son mari consent à ce qu'elle prenne un nourrisson de l'hospice, qu'ils sont l'un et l'autre de bonnes mœurs, qu'ils ont un garde-feu et un berceau ?

4° Les certificats délivrés à ce sujet ne seront-ils pas exempts de timbre (1) ?

M. LEFRANC :

Sur le premier point, mon avis est qu'il convient de faire entendre qu'en général l'accumulation des Enfants chez une même nourrice est chose à éviter. Cependant il faudrait laisser à la prudence de l'Administration le soin de décider, selon les circonstances.

Nourrices
ayant
deux nourrissons

Ceci est évidemment du domaine de l'instruction ministérielle.

M. DE WATTEVILLE :

Il faut dire nettement que la nourrice ne pourra avoir qu'un seul nourrisson : l'intérêt des Enfants le commande.

Interdiction

M. BLANCHE :

Dans les hospices, on connaît très-bien les bonnes nourrices, auxquelles on confie très-volontiers deux nourrissons. Pourquoi vouloir enlever cette faculté, lorsque la chose peut avoir lieu non-seulement sans inconvénient, mais encore avec des avantages dont l'expérience fournit l'exemple ?

Dans certains pays, deux nourrissons apportent l'aisance, que ne procure jamais un seul.

Je raisonne pour le cas où une mère ne nourrirait pas en même temps son Enfant, soit qu'elle l'ait perdu, soit qu'elle l'eût sevré.

---

(1) Voir la circulaire du 12 mars 1841, tome II, page 374

M. GIRAUD :

J'appuie l'opinion de M. DE WATTEVILLE.

L'Enfant déposé à l'hospice devient une chose sacrée. C'est le principe d'où il faut partir dans tout ce qui touche à sa personne, aux soins de son existence et de son éducation.

Je l'ai plusieurs fois dit et je le répète encore, la question de dépense n'est là que secondaire; ce qui domine tout, c'est la nécessité de protéger l'Enfant.

Qui voudrait donner son Enfant à nourrir a une femme ayant deux enfants à allaiter?

La femme n'est dotée de la faculté d'allaitement que pour un seul enfant· c'est la loi de la nature. Sur dix femmes c'est à peine si l'on en rencontre une qui ait du lait pour deux.

La grande mortalité qui sévit sur les Enfants trouvés provient surtout de la pauvreté de l'allaitement.

N'est-il pas du devoir du législateur de prendre toutes les mesures nécessaires à la conservation des enfants qu'adopte la charité publique, et pour lesquels il ne peut vouloir une demi-protection, une demi-existence ?

La Commission adopte la résolution suivante :

RÉSOLUTION.

Il n'y aura pas prohibition absolue pour une nourrice d'avoir à la fois deux nourrissons de l'hospice.

M. LEFRANC :

Allaitement
naturel
ou artificiel.

La seconde question posée par M. DE WATTEVILLE est de savoir si la nourrice sera tenue d'allaiter elle-même le nourrisson de l'hospice, ou si elle pourra le nourrir artificiellement.

M. DE WATTEVILLE:

On devrait exiger que la nourrice allaitât elle-même son Enfant: c'est ce qui se pratique à Paris, où cependant il est plus difficile que partout ailleurs de se procurer des nourrices, puisqu'il en faut 3 à 4,000 par an; mais on a reconnu, par la mortalité des Enfants, les suites funestes qu'entraînait le nourlissage au biberon et ce que l'on désigne en général sous le nom de *nourrices sèches*.

M VALENTIN-SMITH :

Il est assurément préférable et convenable à tous égards qu'une nourrice allaite elle-même son nourrisson ; cependant il faudrait craindre d'établir des prescriptions trop absolues à cet égard, à raison des circonstances qui peuvent quelquefois modifier utilement la règle générale, sous l'influence tantôt de conditions de climat, tantôt de difficultés locales.

Je communique à la Commission une lettre du préfet d'Ille-et-Vilaine, adressée au ministre de l'intérieur le 8 août 1845 ; il en résulte que, dans les environs de la ville de Rennes une dame Boucart élevait habituellement deux ou trois enfants avec le plus grand succès en leur faisant teter directement des vaches ; elle a élevé ainsi une centaine d'Enfants appartenant la plupart aux familles aisées de la localité (1).

La seule conséquence que je tire de ce fait, c'est qu'il ne faut pas établir des prescriptions absolues et mettre certains pays dans l'impossibilité de recourir à des améliorations dont l'expérience pourrait avoir démontré l'utilité

La Commission adopte la résolution suivante ·

RÉSOLUTION.

La Commission ne croit pas devoir proscrire l'allaitement artificiel, dans le cas où un lait convenable ne pourrait être donné à l'Enfant.

Loi, a 47, 55

M. LEFRANC:

La troisième proposition faite par M. DE WATTEVILLE ne me paraît devoir souffrir aucune difficulté, si ce n'est ce qui concerne l'exigence d'un garde-feu, qui est inconnu dans bien des pays, même pour les ménages aisés.

Berceau
Certificat
de bonne vie
et mœurs
Exemption
du timbre

---

(1) Voir, tome II, page 732, la lettre du préfet d Ille-et-Vilaine au ministre de l'intérieur, du 8 août 1845

L'ensemble des propositions de M. DE WATTEVILLE est adopté et formera l'article 5 dans les termes suivants:

RÉSOLUTION.

ART. 5.

Loi, a 54

La nourrice sera tenue de justifier que son mari consent à ce qu'elle prenne un nourrisson de l'hospice, et qu'ils ont un berceau pour l'Enfant qui leur sera confié; elle rapportera un certificat du maire de sa commune constatant qu'elle est, ainsi que son mari, de bonnes vie et mœurs.

Loi, a 113

Les certificats délivrés à ce sujet sont exempts du timbre.

M. LEFRANC·

Nourrice fille mere

Je ferai remarquer que la rédaction que nous venons d'adopter implique la pensée qu'*un nourrisson de l'hospice ne doit pas être confié à une fille mère,* et cette solution s'accorde avec l'esprit général de notre loi; car comment préparer a l'Enfant une famille d'adoption, près d'une femme qui a délaissé son propre Enfant ou qui, l'ayant conservé, lui donnerait un compagnon d'isolement et d'infortune?

M. DE WATTEVILLE :

En fait, jamais une fille mère n'est admise à nourrir un Enfant de l'hospice.

M. GIRAUD :

Visite du medecin

Je propose de faire passer dans notre loi la prescription établie par l'instruction du 5 février 1823, qui impose a la nourrice l'obligation de se faire visiter par le médecin de l'hospice.

Sur la proposition de M. GIRAUD, la résolution suivante est adoptée en ces termes :

RÉSOLUTION.

ART. 6.

La nourrice sera visitée, à son arrivée, par le médecin de l'hos- Loi, a 55
pice, pour constater son état de santé, l'âge et la qualité de son
lait. Il ne lui sera confié d'Enfant que dans le cas où elle aura été
reconnue saine et propre à allaiter avec succès, sauf le cas où l'on
croira pouvoir lui confier l'Enfant pour le nourrir artificiellement.

M. LEFRANC :

Vous avez décidé que la vaccination à l'hospice n'étant pas toujours possible Vaccination
a raison de l'âge de l'Enfant, elle aurait lieu chez la nourrice; il faut formuler
cette prescription.

Cette proposition est adoptée dans les termes suivants.

RÉSOLUTION.

ART. 7.

Les Enfants que leur âge ou leur santé ne permettent pas de
vacciner à l'hospice le seront, par les soins des nourrices, dans
les trois mois de la remise.

En cas de négligence, elles pourront être privées soit du payement
du trimestre, soit de la première des gratifications ci-après instituées.

M. Victor LEFRANC :

L'article suivant prescrit la déclaration de naissance Je le mets aux voix. Acte de naissance

L'article 8 est adopté dans les termes suivants :

RÉSOLUTION.

ART. 8.

Loi, a 49   La déclaration de naissance sera faite à l'officier de l'état civil, conformément aux lois.

M. Victor LEFRANC :

Vous avez choisi le collier comme le meilleur signe de reconnaissance : je formule votre décision dans l'article 9.

L'article 9 est adopté en ces termes :

RÉSOLUTION.

ART. 9.

Loi, a 56   L'administration de l'hospice fera mettre au cou de l'Enfant un collier destiné à faciliter sa reconnaissance et la constatation de son identité. Ce collier, semblable, autant que possible, à celui dont la description est comprise dans les instructions, devra être fermé et fixé à demeure, par les soins de l'administration hospitalière. Il portera dans un médaillon le nº d'ordre de l'Enfant ; il ne devra lui être enlevé qu'après sa deuxième année révolue.

M. LEFRANC :

Je donne lecture de l'article suivant de mon projet :

Layette   « Les Enfants adoptés, déposés ou délaissés, reçoivent une layette dont la « nature et l'importance sera fixée par le conseil général, suivant les nécessités « des diverses contrées du département.

« Le même conseil fixera le mode de renouvellement des vêtures. »

M. BLANCHE :

A fixer par le préfet   Je propose de faire fixer la nature et l'importance de la layette par le préfet, après avoir pris l'avis du conseil général.

M. DE WATTEVILLE :

Il convient que ce soit le ministre de l'intérieur qui détermine la composition et la valeur de la layette, comme cela existe aujourd'hui, aux termes de la circulaire du 21 juillet 1843.

M. LEFRANC :

Vous verrez se produire la résistance légitime des départements; elle s'est déja manifestée a juste titre contre la circulaire du 21 juillet 1843, qui n'a pu être exécutée, et dont le luxe a scandalisé les familles légitimes, en même temps qu'elle a menacé les hospices d'une dépense ruineuse. On ne peut de Paris réglementer les vêtements de toute la France et de toutes les conditions. Rien n'est plus local que cette question.

M. BLANCHE :

Je propose que le préfet prenne aussi l'avis préalable du bureau d'admission.

M. LEFRANC :

Il est fâcheux de donner à un homme, qui trop souvent connaît peu le département, le dernier mot sur des hommes qui en connaissent parfaitement toutes les parties et toutes les habitudes.

M. DE WATTEVILLE :

Je crains que les conseils généraux ne se laissent entraîner à une fâcheuse economie sur un objet de premiere nécessité.

J'accepte le préfet comme juge, et à l'avis du conseil général on substitue celui des commissions administratives de tous les hospices du département

Ma raison est que tous les hospices devront participer a la dépense des Enfants reçus par le bureau d'admission, afin de ne pas surcharger, comme cela existe aujourd'hui, les hospices dépositaires.

M. LEFRANC :

S'il en est ainsi, je demande que ces commissions décident elles-mêmes l'importance de la dépense qu'elles doivent supporter.

Elles connaissent le climat, les besoins, les habitudes, les mœurs; elles ne sauraient être suspectées de dureté. Elles connaissent les forces de leur budget; elles peuvent seules proportionner chaque dépense à l'importance des besoins qu'il s'agit de satisfaire. Si elles économisent sur ce point, ce sera sous l'empire de la nécessité, ou par respect pour d'autres besoins aussi sacrés D'où viendrait cette défiance? Pourquoi cette confiance aveugle au préfet, que son caractère, son origine, l'influence des bureaux ministériels, des inspecteurs, la crainte des conseils généraux, le désir d'accomplir certains travaux de prédilection, peuvent pousser tout aussi bien, ou vers une fâcheuse économie, ou vers une folle prodigalité? La charité locale est à l'abri de ces dangers.

RÉSOLUTION.

ART. 10.

Layette
Loi a 59

Les Enfants adoptés, déposés ou délaissés, recevront une layette, dont le préfet fixera la nature et l'importance, après avoir pris l'avis de toutes les commissions administratives des hospices du département.

Vetures

M. Victor LEFRANC :

Je renouvelle ma proposition et mes observations, du moins en ce qui concerne les vêtures.

Déshériterez-vous le conseil général du droit d'en fixer le nombre et la composition, d'en juger la nécessité, de donner même son avis?

Le préfet pourra-t-il dépasser les propositions des commissions administratives des hospices? La question est grave; il convient d'y réfléchir.

M. DE WATTEVILLE :

La vêture doit être fournie par les hospices, de même que la layette; il convient donc que le préfet, comme pour les layettes, soit juge de ce qui doit composer les vêtures, et du mode de renouvellement.

Il ne faut pas chercher de règle dans ce qui se pratique maintenant : il n'y a rien d'uniforme.

A Paris, l'on donne sept vêtures aux Enfants; dans la Dordogne, l'on n'en donne point.

La vêture commence à un an, il faudrait bien au moins en accorder six. Il ne faut pas se montrer mesquin et parcimonieux, sous ce rapport, comme on le fait malheureusement à peu près partout.

La vêture doit être accordée d'une manière convenable, au nom des mœurs et dans un intérêt de santé, à tous les Enfants que la charité publique adopte c'est humain, c'est digne et c'est nécessaire.

M LEFRANC :

Il faut prendre garde de ne pas exagérer les bienfaits de la charité légale, de manière à établir un fâcheux rapprochement entre le sort de l'Enfant secouru et le sort de l'Enfant légitime.

Pour la layette que l'enfant adopté reçoit de vos mains, quand il est encore entre vos mains, je comprends une certaine libéralité. Mais pour la vêture qui lui vient de loin, qui arrive apres lui dans la famille qui le nourrit, elle ne serait tolérée ni par le père, ni par la mère nourricière, ni par leur enfant légitime.

Que leur répond-iez-vous s'ils en demandaient une pareille? Que leur feriez-vous s'ils la prenaient, s'ils la partageaient? si l'on donnait a l'Enfant adopté la toile froide du fils légitime, et à l'Enfant légitime, la laine chaude de l'Enfant adopté?

Laissez donc aux hommes du pays, au Conseil général, le soin de décider sur tout ce qui tient à la vêture.

M. BLANCHE :

Je comprends qu'il y a une distinction réelle a établir entre la vêture et la layette.

Il me semble qu'il conviendrait de laisser au nourricier le soin de fournir lui-même la vêture, au moyen d'une augmentation de salaire qui lui serait accordée pour cet objet.

Une seule objection peut être faite, c'est qu'il pourrait arriver que le nourricier, spéculant sur l'argent qu'il recevrait, ne laissât souffrir l'enfant, mais je réponds de suite que j'ai une garantie dans la surveillance qu'exerce l'inspecteur et dans tous les moyens que nous organisons pour que cette surveillance soit continue.

M. DE WATTEVILLE :

Je réponds à M. Blanche que, malgré tout le zèle que peut déployer un

21ᵉ SÉANCE

—

Surveillance
de
l'inspecteur

Soins dus
aux Enfants
des
hospices

inspecteur, sa surveillance n'est pas continue, parce qu'il ne peut se multiplier.

Il ne faut point s'abuser : le nourrissage d'un enfant est toujours un moyen de gain et de spéculation pour le nourricier.

Il n'y a jamais de plainte qu'après beaucoup de souffrances, et c'est ce qu'il faut prévoir.

Maintenant, je dis à M. Lefranc : Lorsque vous recueillez un Enfant au nom de la loi, cet enfant, comme l'exprimait tout à l'heure M. Giraud, devient une chose sacrée. La dépense ne doit être qu'un objet secondaire Il ne faut pas le secourir en vue des misères voisines qui l'environnent, mais en vue de ses seuls besoins. Il n'y a que cela de véritablement charitable et de véritablement digne.

La préoccupation que vous inspire en ce moment l'Enfant légitime, vous la rencontrerez dans toutes les misères que la charité légale secourt et soulage

Il faut savoir l'en affranchir et porter secours à toutes les infortunes et à toutes les souffrances, sans se détourner de la plaie même que l'on touche, de peur de n'appliquer successivement à toutes qu'un remède imparfait

M. Victor LEFRANC :

La prodigalité crée l'impuissance. La connaissance des besoins crée l'économie. La doctrine de M. de Watteville est grande et généreuse ; mais elle est imprudente ; elle est contraire à toutes les règles d'économie et d'administration. La spécialité de la sympathie est le plus grand danger du législateur charitable : et si chaque branche de ses travaux s'empreint de cette exaltation concentrée sur un seul point, il fera de l'ensemble un tout effrayant qui tuera, en la décourageant, la charité elle-même.

M VALENTIN-SMITH :

Il faut que l'Enfant sorte de l'hospice avec les linges et hardes propres à protéger sa fragile existence contre l'intempérie des saisons. La nécessité d'une layette suffisante ne donne donc lieu à aucune difficulté entre nous.

Mais il n'en est pas de même des vêtures, dont la circulaire du 21 juillet 1843 a réglé la composition.

Un grand nombre de Commissions hospitalières ne fournissent aucune vêture aux Enfants. Parmi elles, il en est qui n'en ont pas les moyens ; mais il en est d'autres qui ont les ressources nécessaires, et qui se refusent à la délivrance des vêtures, parce qu'elles considèrent les établissements qu'elles dirigent comme purement municipaux, et, par suite, veulent réserver exclusivement les ressources dont elles disposent en faveur des malades, des vieillards ou des infirmes de la localité. Ces dernières commissions hospitalières ont attaqué la circulaire précitée, moins en raison de la manière dont elle a réglé la composition des layettes et vêtures, que parce qu'elle laissait entrevoir la pensée de contraindre les hospices à remplir envers les Enfants une obligation qu'ils avaient trop longtemps négligée.

Il convient donc de ne pas trop s'arrêter à ces plaintes, et d'examiner comment cette circulaire a été exécutée dans vingt départements pris au hasard :

Six départements, le Cantal, l'Hérault, le Lot-et-Garonne, les Pyrénées-Orientales, le Bas-Rhin et le Rhône, sont restés au-dessous des prescriptions de la circulaire précitée ;

Huit, les Ardennes, la Drôme, l'Eure-et-Loir, la Moselle, le Puy-de-Dôme, le Haut-Rhin, la Somme et la Seine, se sont conformés à la circulaire ;

Enfin, six sont allés au delà en accordant, le Doubs et Vaucluse, dix vêtures, et l'Aisne, les Bouches-du-Rhône, le Nord et le Pas-de-Calais, douze vêtures.

Ce qui précède semble indiquer que la circulaire du 21 juillet 1843 n'a pas été considérée par les autorités départementales comme excédant les besoins des Enfants. Mais la manière diverse suivant laquelle les vêtures ont été réglées dans les départements qui précèdent, nous démontre que l'action de l'autorité centrale est nécessaire dans cette partie du service comme dans toutes les autres ; et cela d'autant plus que les diversités qui n'existent aujourd'hui que de département à département ne manqueraient pas de se produire d'hospice a hospice.

D'ailleurs, la composition des layettes et vêtures et le prix des mois de pension sont deux choses corrélatives. Si les vêtures sont satisfaisantes, le prix des mois de pension pourra être moindre ; dans le cas contraire, il devra être plus élevé. Ce sera une source de difficultés insurmontables, et il n'y aurait qu'un moyen de les faire cesser : ce serait de réunir les dépenses hospitalières aux dépenses extérieures, et de faire concourir les hospices, dans une proportion déterminée, à ces dépenses réunies.

La Commission adopte la résolution suivante .

I

49

RÉSOLUTION.

ART. 11.

Fixation
de la veture

Il sera pourvu à la vêture de l'Enfant adopté, soit par des fournitures, soit par des suppléments de mois de nourrice, suivant l'option du conseil général.

Inhumation

Une discussion s'engage au sujet de l'inhumation des Enfants trouvés (1)

M. DE WATTEVILLE fait observer qu'à Lyon les nourrices exigent 2 francs de supplément pour l'enterrement de l'Enfant trouvé qui décède.

M. VALENTIN-SMITH expose que les frais d'inhumation des Enfants des hospices de Paris s'élèvent à 3 francs par Enfant. Il cite à cet égard les résistances que le ministre de l'intérieur a éprouvées de la part des autorités civiles et ecclésiastiques, quand il a voulu, en 1844, rayer cette dépense du budget du département de la Seine, et qui l'ont forcé à revenir sur sa décision. Mais, ajoute-t-il, il est permis d'espérer que ces résistances ne se reproduiront pas en présence d'une disposition législative formelle. En vertu des articles 20 du décret du 23 prairial an XII et 4, 5, 9 et 11 du décret du 18 mai 1806, les indigents ont droit de recevoir gratuitement la sépulture civile et religieuse, et les Enfants recueillis par la charité publique ne peuvent être considérés autrement que comme indigents.

M. SMITH donne connaissance à la Commission de l'ancien règlement du Grand Hôtel-Dieu de Lyon, portant : « Lorsque quelques-uns de ces Enfants « (trouvés) viennent à décéder, ils doivent être enterrés, par les curés des pa« roisses où ils meurent, sans aucune rétribution, conformément aux ordon« nances rendues à cet égard par MM. les évêques et archevêques ¹. »

_____

(1) Voir un Rapport de M. Ant. Passy, du 10 novembre 1845, et une lettre du Ministre de l'interieur, du 26 novembre 1845, relativement aux frais d'inhumation des Enfants trouves

La Commission adopte la résolution suivante :

RÉSOLUTION.

ART. 12.

L'inhumation de l'Enfant adopté indigent devra toujours avoir lieu gratuitement.

Le préfet fixera l'indemnité due aux communes pour le cercueil et la serpillière.

Loi, a 78

La séance est terminée à dix heures du soir et renvoyée à mercredi 31 octobre 1849, à huit heures du matin, pour continuer la discussion sur les questions relatives à l'éducation de l'Enfant, et notamment sur le salaire des nourrices.

22ᵉ SÉANCE.

Mardi 31 octobre 1849, 8 heures du soir

Présents :

MM. Victor LEFRANC, président; DURAND-Sᵗ-AMAND, DE WATTEVILLE, GIRAUD, Alfred BLANCHE, BAILLEUX DE MARIZY; VALENTIN-SMITH, secrétaire; Louis HAMELIN, secrétaire adjoint.

Absents :

MM. DE LURIEU, inspecteur des établissements de bienfaisance, et M. NICOLAS, absents pour cause de service public.

La séance est ouverte à huit heures du soir.

Le procès-verbal de la précédente séance est lu et adopté, sous la réserve des réclamations ci-dessous indiquées.

ORDRE DU JOUR.

Suite de la Discussion sur l'éducation de l'Enfant adopté.

M. le président donne la parole à M. DE WATTEVILLE pour une réclamation sur le procès-verbal.

Inhumation

M. DE WATTEVILLE rappelle qu'il a indiqué la situation fâcheuse où se trouve le service des Enfants trouvés dans la plupart des localités, relativement à l'inhumation de ceux de ces Enfants qui meurent en nourrice ou dans les hospices. Il a fait observer qu'une somme de 2 francs est réclamée par les églises pour les frais de ces inhumations, et le refus fait par le clergé de faire le service religieux sur le corps de l'Enfant là où cette rétribution ne serait pas assurée. M. DE WATTEVILLE cite, entre autres, les hospices de Lyon, où il a eu l'occasion de constater des faits de cette nature. Il demande qu'il soit pourvu par la loi nouvelle aux frais exigés pour la cérémonie funèbre; il rappelle le mauvais effet que produit sur les nourrices l'obligation de supporter ces frais, sous peine de ne pouvoir présenter les Enfants à l'église.

M. GIRAUD pense qu'il doit y avoir erreur dans les souvenirs de M. de WATTEVILLE à cet égard. Il ne faut pas croire que les prières gratuites de l'Église soient refusées par le clergé aux indigents.

Qu'il soit déployé dans le service religieux plus ou moins de pompe, c'est une question différente, et cela se conçoit; mais le refus de toute prière sur le cadavre de l'indigent ne lui paraît ni concevable ni possible.

Si les faits étaient constatés, M. GIRAUD n'hésiterait pas à les flétrir; mais l'imputation est trop grave de sa nature pour pouvoir être admise légèrement et sans plus ample vérification. M. GIRAUD pense qu'il vaut mieux passer outre et regarder l'observation comme non avenue, sauf à assurer l'accomplissement du service religieux, dans le cas dont on parle, par une disposition qui n'a pas besoin d'être impérative.

M. DE WATTEVILLE maintient la certitude des indications qu'il a données. Il ajoute que, par cela seul que les Enfants trouvés sont à la charge de l'État, ils ne sont pas considérés par le clergé comme indigents, et que tel

est le motif mis en avant par les paroisses où a lieu le refus de service religieux. Or, dit-il, les choses ont été poussées à ce point que, dans la circonscription des hospices de Lyon notamment, il a fallu accorder la somme demandée. Il en résultait même que l'on ne trouvait plus de nourrices qui
consentissent à se charger des Enfants, de peur que, s'ils venaient à mourir,
ils manquassent de la sépulture d'un chrétien.

M. Victor LEFRANC :

Quelle que soit l'appréciation faite de l'état d'indigence de l'Enfant élevé
aux frais de l'État, quel que soit le prétexte du refus de service religieux, il
n'en est pas moins vrai, d'abord, qu'il faut assurer ce service, et faire en
sorte qu'il soit gratuit; il n'est pas possible de laisser un doute sur la nécessité de satisfaire à ce devoir, sans le faire dépendre d'une interprétation
arbitraire.

Il n'est pas juste que les nourrices soient obligées de payer les frais de service religieux.

Il n'est ni juste ni convenable qu'une rétribution soit exigée par l'Église.

Quand la société organise la charité publique avec des idées chrétiennes,
il n'est pas possible d'admettre que les ministres du culte chrétien n'exercent
pas ce culte avec une idée charitable.

Nous avons dit dans la loi que cet Enfant serait baptisé; on ne peut nous
reprocher de dire qu'il sera gratuitement honoré d'un service religieux à son
inhumation.

Je conçois qu'on se borne à un vœu pour les paroisses; ce vœu sera certainement entendu. Mais je demande, comme cela existe maintenant, une prescription formelle pour les aumôniers des hospices, qui sont des fonctionnaires
de la charité publique, rétribués par elle.

La Commission, après avoir encore entendu sur cette question les observations de MM. Blanche et Bailleux de Marizy, modifie ainsi qu'il suit la dernière résolution de la précédente séance :

RÉSOLUTION.

ART. 13.

Le Gouvernement interviendra auprès de MM. les évêques pour

que, dans leurs circulaires au clergé de leurs diocèses, ils donnent des instructions destinées à assurer le service religieux gratuit pour les Enfants adoptés qui décéderaient dans chaque paroisse.

Les aumôniers des hospices feront ce service gratuitement

L'incident est terminé, et la Commission passe à la suite de la discussion sur la partie du projet relative aux soins à donner à l'Enfant adopté.

M. Victor LEFRANC :

Je rappelle maintenant l'attention de la Commission sur les dispositions relatives au placement des Enfants adoptés.

M. Victor LÉFRANC lit l'article suivant de son projet, qui est adopté sans discussion avec la rédaction suivante :

RÉSOLUTION.

ART. 14.

Registre
matricule
Loi, a 57

Avant le départ de l'Enfant, il sera fait mention de sa remise, dans un registre matricule tenu à cet effet par le secrétaire de l'hospice.

Cette mention comprendra les noms de l'Enfant, l'indication des signes qui le distinguent et des objets qui ont été remis avec lui.

Livret
Loi a 58.

On remettra aussi à la nourrice un livret, où sera transcrite la mention ci-dessus, et qui recevra, jusqu'à la majorité de l'Enfant, les notes de son tuteur, de ses nourriciers ou patrons, la preuve de sa vaccination, les constatations de payement des mois et des gratifications, et tout ce qui peut concerner l'intérêt de l'Enfant ou la surveillance de ses tuteurs, enfin la mention de son décès.

Perte du livret

M. BAILLEUX DE MARIZY demande s'il ne serait pas bon de mettre une sanction à la perte du livret.

Il craint que le livret ne disparaisse dans le cas où il y serait apposé par
l'inspecteur quelque mention peu favorable à la nourrice.

M. Victor LEFRANC fait observer qu'il serait dur de punir la perte réelle du
livret, et difficile de prouver la fraude.

M. BAILLEUX DE MARIZY insiste : il pense que tout au moins la perte
du livret devrait être une des causes de retrait de l'Enfant.

M. Victor LEFRANC :

J'admets cette indication; mais je crois qu'il faut se borner à dire *pourra
être*; la menace n'en subsistera pas moins, et la disposition liera moins l'Administration; si, d'ailleurs, l'Enfant était mal soigné par la nourrice, pas de
doute que l'Administration ne dût le retirer, indépendamment de la conservation ou de la perte du livret.

La disposition suivante est adoptée.

RÉSOLUTION.

ART. 15.

La perte du livret pourra être l'une des causes de retrait de l'en-   Loi, a 72
fant.

M. BLANCHE :

Je demande que la nourrice soit astreinte à l'obligation de présenter son   Inspection
livret à toute réquisition d'une personne ayant droit de visiter les Enfants.   du livret

Adopté dans les termes suivants :

RÉSOLUTION.

ART. 16.

La nourrice, sous la même sanction, sera tenue de présenter son   Loi, a 72
livret à toute personne ayant droit de visiter les Enfants.

M. Victor LEFRANC :

Nous passons à l'Enfant infirme, que son état oblige de conserver à l'hospice

Je vous propose de ne conserver dans l'établissement que les Enfants in-firmes, et de dire qu'ils y seront instruits dans les ouvrages manuels appropriés à leur infirmité, dans la lecture, l'écriture et le calcul, et qu'ils recevront une éducation religieuse et morale.

M. DE WATTEVILLE :

Je voudrais que tous les Enfants, à moins d'impossibilité absolue et bien constatée, fussent placés à la campagne.

Aujourd'hui le placement à la campagne des Enfants infirmes à la charge de l'hospice ne peut que rarement se pratiquer, parce qu'on ne paye pas un prix assez élevé : c'est un malheur et pour ces enfants et pour la société.

Payez plus, s'il le faut, pour eux, en raison de leur triste état; ils seront plus heureux, ils deviendront meilleurs, et vous ferez encore une économie.

A Paris 600 Enfants infirmes appartenant, à l'hospice sont placés à la campagne; on a même appliqué ce principe avec avantage à des Enfants idiots.

Le coût de ce placement est environ de 15 francs par mois, 180 francs par an; or le coût de l'Enfant restant à l'hospice est de 250 francs en-viron. Il y a donc à la fois bienfait et économie.

M. BAILLEUX DE MARIZY appuie la proposition de M. DE WATTEVILLE.

L'article 10 du décret du 19 janvier 1811 porte que : « Les Enfants qui ne « pourront être mis en pension, les estropiés, les infirmes, seront élevés dans « l'hospice; qu'ils y seront occupés dans des ateliers, à des travaux qui ne soient « pas au-dessus de leur âge. »

Or cet article, déjà trop large, a de plus l'inconvénient de n'être pas exé-cuté dans la plupart des hospices; les ateliers n'existant pas, et les Enfants y demeurant presque dans la fainéantise.

M. A. BLANCHE :

J'appuie aussi la proposition de M. DE WATTEVILLE par un motif différent et sur des données venues à ma connaissance personnelle dans le cours de l'inspection qu'il m'a été donné de faire. Dans certains départements les hos-pices ont des ateliers établis où ils gardent un beaucoup trop grand nombre d'Enfants; j'en ai vu où ces Enfants sont appliqués soit à faire de la dentelle, soit à d'autres métiers sédentaires peu profitables à leur santé.

Cela peut se faire au bénéfice de l'hospice, mais cela se fait au détriment de l'Enfant. J'aime mieux pour lui le placement à la campagne toutes les fois qu'il n'y a pas impossibilité. Il serait à craindre, en effet, que l'esprit de spéculation, en se glissant insensiblement dans l'administration de l'hospice, a l'aide de ces emplois des Enfants, ne fît perdre de vue la préoccupation constante qui a présidé aux travaux de la Commission, celle de préparer, autant que possible, la vie de famille pour l'Enfant, et, au défaut de la famille, de provoquer son adoption.

M. VALENTIN-SMITH partage tout à fait cet avis. On éviterait par là, dit-il, ce qui se pratique à Marseille et dans plusieurs villes du Midi, où, au lieu de placer les enfants, on les retient à l'hospice, afin de s'en faire un moyen de revenu, en les faisant servir de cortége aux convois. Il existe, dit M. DE GÉ-RANDO, liv. II, p. 164, pour les Enfants trouvés une institution propre à la ville de Marseille, qui date de 1604 : c'est *l'assistance aux funérailles*. « L'hospice « perçoit à cette occasion une rétribution proportionnée au nombre des « Enfants, et qui monte de 3 francs à 3 fr. 50 cent., suivant l'importance du « convoi; son produit a été, en 1834, de plus de 18,000 francs. »

C'est une opinion assez généralement reçue dans l'état actuel, que, quand un Enfant au-dessous de douze ans accomplis ne peut être placé ou maintenu à la campagne qu'à un prix exceptionnel, c'est au département à payer pour cet Enfant le prix du tarif ordinaire, et à l'hospice à acquitter le surplus sur ses propres ressources. Mais cette interprétation ne résulte pas nécessairement du décret du 19 janvier 1811 : aussi le ministre de l'intérieur n'a pas fait difficulté d'autoriser M. le préfet de la Drôme à imputer sur le budget de ce département la totalité du prix de pension nécessaire pour maintenir à la campagne environ quarante-deux Enfants infirmes de l'hospice de Romans.

M. Victor LEFRANC :

Je demande que la proposition soit précisée et formulée.

Elle repose sur des faits graves, elle est importante; il faut qu'elle trouve sa satisfaction dans une disposition de la loi assez bien précisée pour qu'on ne puisse échapper à l'exécution.

Si vous vous contentez d'une injonction plus ou moins vague, la spéculation que vous voulez atteindre là où elle se produit, sera-t-elle vaincue par cette injonction? D'un autre côté, il peut y avoir des impossibilités provenant de la situation financière de l'hospice dans le cas où la dépense tomberait sur l'hospice. Voyons ce qu'il est possible de faire à cet égard.

M. DE WATTEVILLE :

Je ne m'occupe pas de savoir à qui incombera la dépense. Il y a un mal a éviter, un bien à faire. Indiquons-le : si l'hospice n'a pas de fonds suffisants, le département payera.

M. Victor LEFRANC :

Dire cela est assez hardi, et cependant ne suffit pas; il faut prévoir ce qui est à prévoir, et ne faire la loi que dans des conditions où elle puisse et doive s'exécuter.

M. DURAND-SAINT-AMAND

propose de faire à chaque hospice l'obligation positive de placer à la campagne tous les Enfants, même ceux qui sont infirmes, à moins que le prix du placement n'excède une limite que vous pourrez fixer, ou bien à moins que le médecin ne constate un état de sante tel, que le séjour à la campagne soit préjudiciable.

M. Victor LEFRANC :

Mais c'est à peu près cela que nous avons déjà décidé : car nous n'avons pas dit, dans notre article, qu'il fallait qu'un Enfant fût sain pour être placé a la campagne.

M. DURAND-SAINT-AMAND :

Il peut être fait une rédaction plus précise et mieux appropriée à une pensée qui ne va à rien moins qu'à la suppression de l'article du décret de 1811 à l'ombre duquel les hospices peuvent garder même des Enfants non infirmes

M. A. BLANCHE :

Je verrais un danger possible à inscrire dans la loi la faculté pour l'hospice de garder l'Enfant, s'il ne trouve pas de placement à tel ou tel taux. Je craindrais que ce ne fût ouvrir la voie aux manquements à la loi pour le cas où les administrations hospitalières croiraient y avoir intérêt. On vous dira toujours

en pareil cas : Nous ne trouvons pas. Imposez purement et simplement l'obligation; on fera plus d'efforts pour la remplir. Que si l'impossibilité d'y satisfaire est réelle, eh bien, que voulez-vous ? il arrivera comme toujours, en
pareil cas, c'est que l'obligation cesse devant l'impossibilité. Mais du moins,
l'administration supérieure sera armée d'un droit positif et du devoir de s'assurer si l'impossibilité prétendue est véritablement fondée.

M. DURAND-SAINT-AMAND présente une rédaction formulée d'après les
indications qui ressortent de la discussion.

Elle est adoptée dans les termes suivants :

RÉSOLUTION.

ART. 17.

Les Enfants estropiés et infirmes seront aussi placés à la cam- Loi, n 61
pagne moyennant un supplément d'indemnité, supplément qui ne
sera jamais supérieur au salaire ordinaire qui sera fixé ci-après ; le tout
à moins qu'il ne résulte d'une attestation spéciale du médecin de
l'hospice que l'état particulier de la santé d'un de ces Enfants
exige que des soins lui soient donnés dans l'intérieur même de
l'hospice.

Dans ce dernier cas, les Enfants conservés à l'hospice y seront
instruits dans les ouvrages manuels appropriés à leur infirmité,
dans la lecture, l'écriture et le calcul. Ils recevront l'éducation religieuse et morale.

M. Victor LEFRANC :
Maintenant arrive la question du salaire des nourrices.   Salaire
La rédaction du projet que je vous présente est ainsi conçue .   des nourrices

« Les nourrices recevront *trimestriellement,* par *l'intermédiaire du percepteur et*
« *sur mandat du préfet,* un salaire dont le chiffre sera fixé par le *Conseil général*
« pour *chacune* des *douze* premières années, le tout sur la production d'un cer-
« tificat de vie de l'Enfant délivré par le *juge de paix du canton.* »

50.

Plusieurs questions se présentent, quelques-unes assez graves.

Et d'abord le mot de *salaire* vous paraîtrait-il convenable? (De toutes parts : Oui!) Adopté.

M. Victor LEFRANC :

Termes
du payement

Le payement trimestriel est-il préférable au payement mensuel ?

J'ai indiqué le premier parce qu'il me semble donner lieu à moins de complications de comptabilité pour les administrations et de dérangements pour les nourrices. Que vous en semble?

M. DE WATTEVILLE :

Je préférerais que le payement fût mensuel. C'est un peu plus de travail pour les bureaux, il est vrai; mais les nourrices auraient moins de temps à attendre.

Après quelques autres observations de divers membres, le payement mensuel est adopté.

M Victor LEFRANC :

Percepteur

M. DE WATTEVILLE avait paru désirer faire quelque réserve sur l'emploi du percepteur pour faire le payement aux nourrices.

M. DE WATTEVILLE :

Pour le moment je ne vois rien de mieux; mais je crois qu'il est possible d'arriver à un mode de payement plus satisfaisant, et je voudrais que la question ne fût pas engagée par la loi.

M. BAILLEUX DE MARIZY :

Il n'y a qu'à ne pas indiquer du tout qui fera le payement. Le mode actuel sera suivi en attendant que le mieux se découvre.

Mandat
du préfet

Je retrancherais même les mots « sur mandat du préfet : » c'est toujours ainsi que les choses se passent, et l'on n'a rien à gagner à les prescrire dans la loi Je me bornerais à écrire « sera payée mensuellement. »

Les deux amendements sont adoptés.

M. Victor LEFRANC :

Voici la question capitale, celle de savoir par qui sera fixé le taux du salaire des nourrices

Mon projet porte :

« Dont le chiffre sera fixé par le Conseil général du département pour cha-
« cune des douze premières années. »

C'est une question analogue à celle que vous avez décidée contre mon avis
a l'égard des layettes et des vêtures. Mais il peut y avoir des considérations
qui détruisent l'analogie. J'appelle vos observations sur cet objet.

M. DE WATTEVILLE :

Je crains que les Conseils généraux ne soient entraînés, par le désir assez
naturel d'économiser les deniers du département, à fixer beaucoup trop bas
le taux des mois de nourrice, et par suite à détruire toute l'économie et le
bienfait de la loi actuelle.

Je voudrais que, dans tous les cas, un minimum fût fixé par le Gouvernement; sans cela, toute la loi est compromise.

Ce minimum ne doit pas être au-dessous de 10 fr. par mois.

M. VALENTIN-SMITH :

Le Conseil général doit être le juge naturel le plus éclairé pour la fixation
du taux des mois de nourrice. On ne peut supposer qu'il se laisse dominer
par un désir d'économie, de nature à lui faire oublier ce qui est juste et raisonnable dans un service qui intéresse aussi vivement l'humanité.

Le taux de 10 fr., que voudrait établir M DE WATTEVILLE comme minimum
des mois de nourrice, est beaucoup trop élevé pour la plupart des départements du centre de la France, où les mois de nourrice sont de 4 à 6 fr., et
où la dépense annuelle moyenne d'une personne ne s'élève, en général, qu'à
34 ou 35 c. par jour (1).

L'article 9 de l'arrêté du 30 ventôse an v, qui laisse aux administrations
départementales le soin de régler les tarifs des mois de nourrice et de pensions, selon les localités et les différents âges de la vie des enfants, semble être
de nature à satisfaire à tous les besoins, en posant les véritables principes (2).

M. Victor LEFRANC :

Je repousse toute pensée de défiance envers les Conseils généraux en ce qui
concerne l'objet dont il est question. Il ne faut pas supposer que les Conseils

---

(1) Voir, tome II, un décompte de la dépense d'un ménage composé de cinq personnes, duquel
il résulte que la dépense d'une personne, par jour est évaluée à 33 centimes, à Châtillon les
Dombes, et a 34 centimes 94 millièmes, aux environs de Riom

(2) Voir tome II, page 83

généraux se montrent sans entrailles pour les malheureux Enfants dont le sort nous intéresse. Il n'est pas possible d'admettre que la charité, que les sentiments de bienfaisance ne se peuvent rencontrer que dans le cœur d'un préfet ou sous la plume d'un ministre.

M. BAILLEUX DE MARIZY :

Il s'agit d'une dépense qui retombera sans doute, pour une très-grande part du moins, à la charge du département.

Il n'est pas possible de ne pas le consulter sur cette dépense.

Il faut prendre garde que déjà, par la suppression du Tour, vous avez décrété une mesure grave, une mesure qui certainement étonnera, et peut-être ne sera pas sans soulever contre la loi nouvelle quelques mécontentements.

Pour la bonne exécution de votre loi, pour qu'elle puisse produire les bons effets que vous en attendez, vous allez être entraînés a voter de nouvelles mesures, dans l'intérêt, je crois, des Enfants abandonnés, mais qui auront pour résultat une augmentation de dépense. On vous propose en ce moment un accroissement de salaire pour les nourrices, et cet accroissement est nécessaire.

Mais si vous vous présentez avec toutes ces innovations aux conseils généraux, et cela en leur imposant votre volonté, sans même respecter l'appréciation qu'ils sont mieux que personne en état de faire de l'équitable fixation de dépenses locales, de dépenses qui varient forcément selon la situation de chaque département, je le dis sans crainte de me tromper, vous compromettez le sort de votre loi.

Les dépenses de département à département, d'année à année, sont trop variables pour que vous puissiez prétendre imposer à tous et toujours une fixation uniforme et constante.

Il y a dans cette question une difficulté bien grave, je le reconnais ; mais voici un moyen qui, je crois, peut aider à en sortir : il a pour lui la consécration de l'expérience sur un point analogue.

Ce serait d'abord de laisser aux départements le soin de fixer eux-mêmes le taux des mois de nourrice, suivant l'appréciation qu'ils feraient et de leurs besoins et de leurs ressources.

Puis, comme j'admets qu'il se pourrait que certains départements, faute de ressources plutôt que par une appréciation erronée, ne portassent pas assez haut cette dépense, un fonds de secours général serait mis à la disposition du Gouvernement

Le Gouvernement, au moyen de ce fonds, se trouverait en mesure d'encourager par des sommes distribuées à titre de récompense, en quelque sorte, les départements qui entreraient dans une bonne voie à cet égard, puis aussi de secourir les départements à qui il n'aurait, en réalité, manqué que des ressources personnelles plus étendues pour répondre aussi aux intentions bienfaisantes de la loi.

Par ce moyen le Gouvernement conserverait sur les Conseils généraux une action efficace, une influence salutaire, et vous n'en laisseriez pas moins aux conseils généraux une initiative qu'il serait injuste et peut-être dangereux de vouloir leur enlever.

M. Alfred BLANCHE :

M. Bailleux de Marizy vous propose de laisser au pouvoir central une influence s'exerçant après coup, une sorte de pouvoir *in extremis*, dans lequel je ne puis partager sa confiance.

Il y a un fait très-positif, c'est la grande différence de prix qui se trouve forcément d'un département à un autre, et qui oppose une raison bien considérable à la fixation d'un minimum ou d'un maximum de salaire des nourrices

Prendrait-on pour base le prix de 4 fr., très-suffisant, à ce qu'il paraît, dans certaines localités, certainement trop faible pour la plupart?

Élèverait-on le maximum à 10 fr. par mois? prix auquel j'ai la certitude qu'il est possible aux familles de la petite bourgeoisie de se procurer de bonnes nourrices aux environs de Paris. Il est évident que ce chiffre, trop élevé pour un très-grand nombre de départements, pourrait soulever de justes et fortes réclamations.

L'une et l'autre fixation présentent des difficultés réelles.

Mais faut-il, précisément parce qu'il n'y a pas moins de difficultés à fixer le minimum que le maximum, abandonner aux départements le soin de tout régler en cette matière?

Je suis, pour ma part, persuadé que les conseils généraux feront ce qu'il faut, et je suis disposé à les appeler à le faire; mais je ne voudrais pas cependant, à raison de la délicatesse de la matière en présence des intérêts opposés qui peuvent arrêter l'élan de leur cœur, je ne voudrais pas, dis-je, leur laisser une liberté absolue et sans contrôle.

Je n'ai pas besoin de m'étendre sur les inconvénients que présente ce système : le mal découvert, il s'agit de trouver le remède.

22ᵉ SÉANCE
—
Encouragement

Subside

Inconvénients

M. Bailleux de Marizy a pris soin de répondre lui-même à une partie de son argumentation en indiquant cette mise à la disposition du Gouvernement d'un fonds destiné a faire face aux lacunes que présenteraient les ressources financières de certains départements et à encourager la bonne volonté de certains autres. Or voici quelle serait la situation du Gouvernement: il dirait aux uns : Plus vous ferez, plus je vous aiderai; aux autres : Si vous ne pouvez rien faire, je vous aiderai aussi. Or, voici ce qu'a produit dans la pratique cette malencontreuse combinaison :

Moins les communes avaient de ressources, moins elles pouvaient faire, moins elles étaient secourues ; plus leurs besoins étaient grands et réels, moins on leur venait en aide ; si bien qu'il a fallu en fin de compte voter de nouveaux subsides, et même prendre un moyen détourné pour faire aux communes les plus pauvres l'application d'un crédit sur lequel elles ne devaient toucher de secours qu'autant qu'elles auraient par elles-mêmes fait une part assez considérable de la somme totale.

Voici un exemple de l'application d'une prescription de cette nature :

Des secours avaient été promis dans la direction des cultes aux églises qui, ayant besoin de réparations ou d'agrandissements, feraient déjà les deux tiers de la somme nécessaire. Le but était d'exciter le concours énergique des ressources particulières ; mais que faire là où ces ressources n'existent pas ?

Une paroisse du Midi était réduite, par l'état de ruine de son église, à faire faire le service religieux dans une étable.

Le curé demande des secours : impossible d'en obtenir, parce que la paroisse n'avait pas fait, et malheureusement ne pouvait pas faire, la portion prescrite de la dépense. En pareil cas, ce qu'il y a de mieux à faire est peut-être de passer par-dessus les prescriptions ; mais ce qui vaudrait mieux encore, c'est de ne pas écrire des prescriptions dont l'application produit d'aussi fâcheuses conséquences.

Il y a donc dans ce moyen quelque chose qui séduit dans la théorie, mais qui est loin, dans la pratique, de répondre au bien que l'on en attend.

Je ne puis ni admettre la fixation absolue d'un minimum par le Gouvernement ou par la loi, ni laisser une liberté absolue aux conseils généraux pour la fixation du salaire des nourrices.

Ce que nous voulons avant tout, c'est sauvegarder les intérêts de l'Enfant

Le premier moyen manquerait peut-être d'équité, le second n'assurerait peut-être pas les intérêts que nous cherchons à protéger.

M. DE WATTEVILLE :

Je ne veux pas descendre trop au fond de la question de savoir si le conseil général serait blessé de la fixation d'un minimum ou d'un maximum pour les mois de nourrice. Je crains que la pensée des intérêts du departement ne lui laisse pas la liberté d'entrer dans une réforme nécessaire

Mais dans ma conviction, toute la loi est là; si vous n'améliorez ce qui est aujourd'hui, vous perdez le bénéfice des bonnes dispositions que vous avez votées

M. GIRAUD :

Sans l'élévation du taux des salaires, la loi présente restera stérile, ses prescriptions impuissantes, ses avantages plus que problématiques

Mais je pense qu'il y a moyen d'obtenir des conseils généraux l'allocation nécessaire.

Il y a un juste milieu à prendre : ne les pas consulter est impossible, leur temoigner de la défiance est injurieux; 'il faut leur indiquer la base qu'ils prendraient tous naturellement, le prix moyen des mois de nourrice dans le pays

Moyenne locale à prendre

M. VALENTIN-SMITH :

Mais qui déterminera ce prix moyen ? c'est là précisément qu'est la difficulté.

M. GIRAUD :

Les conseils généraux ont tous les éléments nécessaires d'appréciation

M. DURAND-SAINT-AMAND :

Il y a déjà plusieurs points sur lesquels nous sommes d'accord .

1° L'amélioration à apporter dans cette branche du service,

2° L'impossibilité de fixer un chiffre absolu.

Points accordes

Il peut être admis aussi que la fixation du chiffre, quel qu'il soit, ne peut être demandée qu'aux conseils généraux.

A cet égard on me demande de la confiance. Je puis en avoir comme homme, comme législateur non; pour être sage, la loi doit être défiante Je voudrais m'arrêter à une disposition qui offrît ce double caractère.

Dissidence

Ainsi, je laisserais au conseil général le droit de fixer le chiffre; mais en

Le conseil general fixera

I. 5 1

même temps je laisserais au Gouvernement central le droit de reviser cette fixation.

Ainsi la fixation première, la fixation véritable du chiffre appartiendrait en réalité au conseil général.

Le préfet révisera

Je ne ferais que laisser au préfet le droit de se pourvoir en quelque sorte par appel devant l'autorité supérieure. Cet appel sera rare sans doute, et le premier degré d'une véritable appréciation restera toujours au conseil général.

Je trouve le germe de cette disposition dans la loi elle-même de 1838 sur les attributions des conseils généraux (art. 14).

M. Alfred BLANCHE :

Législation actuelle

Je partage tout à fait l'avis de M. Durand-Saint-Amand, et je venais de formuler sa pensée dans des termes presque identiques. Comme M. Durand-Saint-Amand, je prends dans la loi de 1838 le point d'appui de la disposition proposée.

Je crois seulement devoir faire observer que, pour être juste, l'argumentation ne doit pas être poussée jusqu'au point où la porte M. Durand-Saint-Amand.

En effet, la loi de 1838 permet au pouvoir central d'imposer d'office certaines dépenses lorsque le conseil général ne les a pas votées, soit par impuissance d'y satisfaire, soit par une appréciation erronée.

Mais alors il s'agit d'un ordre entier de dépenses prises dans leur masse, et non pas d'un simple détail.

Ici, au contraire, il s'agit de la fixation d'un tarif, et le Gouvernement central n'a pas, d'après la loi actuelle, le droit de faire cette fixation

M. DURAND-SAINT-AMAND :

C'est précisément pour cela que je veux l'armer de ce droit.

M. Alfred BLANCHE :

Fixation par le conseil général

Il y a, sans toucher à la loi, moyen de tourner la difficulté. Le conseil général pourrait être chargé de la fixation du tarif, et je tiens beaucoup à cette partie de la proposition de M. Durand-Saint-Amand, qui est aussi celle de M. Lefranc.

Je conçois, d'un autre côté, que le conseil général puisse ne pas se croire suffisamment libre, si sa décision peut être cassée ou réformée par un simple avis du ministre.

Peut-être y aurait-il satisfaction à toutes les exigences et à toutes les susceptibilités, si la délibération du conseil général ne pouvait être attaquée que devant le conseil d'État

Il se trouverait toujours au sein du conseil d'État quelque membre, ou du departement que la décision concerne, ou d'un département voisin; il pourrait prendre la défense de ces intérêts en connaissance de cause.

Cette garantie me paraît de nature à rassurer pleinement les conseils généraux.

M. BAILLEUX DE MARIZY :

Je crains que cette innovation ne soit pas suffisamment justifiée par l'importance du point à régler.

M. Victor LEFRANC :

Je combats aussi cette conclusion; je ne crois pas qu'il soit admissible d'appeler le conseil d'État à délibérer sur la fixation d'un tarif de mois de nourrice Je ne comprends pas qu'on puisse s'imaginer qu'il faille être de Paris ou a Paris pour fixer un tarif de dépenses qui doivent se faire dans les départements, qui ne concernent que les départements. J'aimerais mieux l'état actuel des choses que des moyens si compliqués ou si solennels.

J'ajouterai que je ne puis laisser dire encore que le mérite et tout le soit de la loi actuelle soient tout entiers dans ce tarif.

La suppression du Tour, les secours aux filles mères, le bureau d'admission, la surveillance des Maisons d'accouchement, etc, sont bien quelque chose sans doute; et placer toute l'économie de la loi dans le point qui nous occupe, c'est un peu trop accorder aux préoccupations du travail du moment.

Je suis, je l'ai dit, pour la fixation par le conseil général; mais si l'inquiétude des intérêts de l'Enfant à sauvegarder doit être de telle nature qu'elle ne triomphe pas des résistances de la commission, je me rallierai à l'opinion la moins opposée.

M. le président met aux voix d'abord l'opinion la plus éloignée, celle qui consisterait à donner la fixation au conseil général.

Elle est repoussée.

. La Commission adopte la fixation par le préfet après avoir pris l'avis du conseil général

La séance est levée à minuit et renvoyée à vendredi 8 heures du soir.

23ᴱ SÉANCE.

Vendredi 2 novembre 1849, 8 heures du soir

Président, M Victor LEFRANC.

Sont présents :

MM. VICTOR LEFRANC, DE WATTEVILLE, DURAND-SAINT-AMAND, BAILLEUX DE MARIZY, GIRAUD; VALENTIN-SMITH, secrétaire, et Louis HAMELIN, secrétaire adjoint;

Absents:

MM. DE LURIEU, en mission à raison de ses fonctions d'inspecteur général des établissements de bienfaisance; NICOLAS, pour mission à raison de ses fonctions; Alfred BLANCHE.

Le procès-verbal de la précédente séance est lu et adopté

ORDRE DU JOUR.

Suite de la discussion sur l'éducation de l'Enfant adopté.

M. VICTOR LEFRANC :

Si l'Enfant infirme eût été bien portant, le département eût seul payé la dépense ordinaire du placement à la campagne. Il doit toujours la payer Sans ce placement, rendu possible par le supplément, l'hospice eût payé une dépense plus forte. Ainsi le département doit payer, pour l'enfant adopté, la pension ordinaire. L'hospice doit payer, pour l'infirme, la dépense ou le supplément de dépense rendus nécessaires par l'infirmité Chacun reste dans son rôle

Après une courte discussion, la Commission arrête ce qui suit .

RÉSOLUTION.

ART. 17.

Le département sera tenu de payer la dépense ordinaire de l'Enfant infirme placé à la campagne. L'excédant de la dépense qu'il occasionnera sera supporté par l'hospice.

Hospice
Departement
Loi, a 109

M. Victor LEFRANC :

Nous allons reprendre la discussion sur la question du salaire des nourrices. Je propose la rédaction suivante, conforme aux points déjà décidés :

Les nourrices recevront mensuellement un salaire dont le chiffre sera fixé par le préfet, sur l'avis du conseil général, pour chacune des *douze* premieres années, le tout sur la production d'un certificat de vie de l'Enfant, delivré par le juge de paix du canton

Salaire
des nourrices

M DE WATTEVILLE :

Je demande que les salaires des nourrices soient portés jusqu'à ce que l'Enfant ait atteint sa quinzième année.

Dans l'état actuel de la législation, qui fixe à douze ans accomplis l'âge auquel cesse le payement du salaire, l'Enfant se trouve délaissé à une époque de la vie où il a encore grand besoin de secours.

La fixation des salaires pour les Enfants trouvés au delà de douze ans n'est point une chose nouvelle, puisque sous Louis XV, par l'ordonnance du 7 janvier 1761, ce salaire était prolongé jusqu'à quinze ans pour les garçons et jusqu'à seize ans pour les filles

Prolongation
de
la pension
jusqu'à 15 ans
Insuffisance
actuelle

M Victor LEFRANC :

Convient-il bien de poser à cet égard une règle inflexible? La dépense est decroissante à mesure que l'Enfant avance en âge. A quinze ans elle se trouvera fort minime; ne serait-il pas à craindre que l'Enfant ne soit négligé précisément à une époque de sa vie où il a le plus besoin de protection et de surveillance sous le rapport de son éducation et de la profession qu'il doit embrasser?

Danger
de
cette prolongation

M. VALENTIN-SMITH :

Je suis d'avis de maintenir le salaire tel qu'il existe aujourd'hui jusqu'à l'âge de douze ans, ou de le porter, au plus, jusqu'à l'âge de treize ans, qui est celui où, dans quelques pays, l'Enfant a fait sa première communion. Il faut prendre garde de faire à l'Enfant adopté une condition meilleure que celle des Enfants légitimes au milieu desquels il vit.

Il faut, au contraire, chercher le plus possible à le mêler à eux par une vie complétement semblable de travail, d'habitudes et d'éducation Or, en général, a l'âge de douze ans, l'Enfant des campagnes commence à gagner son existence C'est le motif qui avait dirigé le décret de 1811, auquel il ne me paraît pas convenable de déroger, d'autant mieux que nous avons déjà dit que nous placerions l'Enfant adopté sous un patronage de charitable surveillance pour le suivre et le protéger jusqu'à sa majorité.

M. DE WATTEVILLE :

Depuis vingt ans que je me livre à l'inspection des Enfants trouvés, j'ai toujours et partout vu que leur grand malheur venait surtout de l'abandon auquel ils étaient voués dès l'âge de douze ans. C'est le dénûment de toutes ressources à cet âge qui les jette dans l'état de vagabondage dont ces Enfants offrent partout le triste exemple. Aussi, rien de plus déplorable que l'exploitation dont ils sont l'objet, et dont il faut attribuer toute la faute à ce que, dès l'âge de douze ans, ils sont entièrement livres à eux-mêmes, a leurs faibles efforts. Représentez-vous un Enfant de cet âge obligé de lutter avec la misère, de chercher ses moyens d'existence. Naturellement il devient bientôt la proie du premier vagabond qui s'en empare pour l'associer à ses désordres et à sa vie errante. Les filles restent sans défense à l'âge surtout où elles ont besoin de fuir les séductions. Dans le Nord et dans l'Est, par suite de cet abandon a l'âge de douze ans, nos Enfants trouvés forment des colonies parfaitement organisées de contrebandiers.

L'ordonnance de Louis XIV était donc bien sage lorsqu'elle prolongeait le salaire des nourrices jusqu'à l'âge de quinze ans.

D'ailleurs, la prolongation de salaire jusqu'à cet âge pourra être envisagée comme une sorte de subvention accordée aux nourriciers pour l'apprentissage agricole ou autre de l'Enfant adopte.

La Commission, a la majorité, fixe la durée du salaire des nourrices pour les Enfants adoptes à l'âge de quinze ans

M. Victor LEFRANC :

Il ne conviendrait pas que le salaire de la nourrice fût fixé pour les quinze années; il doit être décroissant, comme les dépenses sont décroissantes elles-mêmes. Mais la question est de savoir si la décroissance doit s'opérer par années ou par âge.

23ᵉ SLANCE

Decroissance
du salaire
par mois

M. DE WATTEVILLE :

Autrefois, la décroissance s'opérait par âge; mais par une circulaire du 13 août 1841 le ministre de l'intérieur a arrêté qu'elle aurait lieu par années Il résulte de ce nouveau mode de graves inconvénients.

Par âge

Il faut en revenir à ce qui existait avant les circulaires de 1841, et statuer que le salaire sera divisé en quatre périodes, que le préfet déterminera suivant les nécessités.

M. DURAND-SAINT-AMAND dit qu'avant de prendre une décision sur ce point, il serait bon de connaître la circulaire du 11 août 1841, ainsi que les motifs qui l'ont déterminée.

M. VALENTIN-SMITH :

Voici le passage de cette circulaire relatif à la question qui nous occupe « Ces divisions uniformes ne se prêtaient pas suffisamment aux besoins des di- « verses localités; dans beaucoup de départements on a été conduit à y substi- « tuer des divisions, soit différentes, soit plus multipliées. C'est ce qui a eu lieu « notamment dans les départements où, par suite de circonstances spéciales, les « Enfants trouvent un emploi ou des travaux plus faciles et plus avantageux ›

Au premier abord les considérations présentées par le ministre paraissent parfaitement fondées. Avant de changer le mode prescrit par cette circulaire de 1841, il me semble qu'il faudrait savoir si des faits concluants se sont produits contre la décroissance opérée par années, motivant une préférence en faveur de la décroissance par âge.

La Commission décide que le salaire des quinze années sera partagé en quatre séries décroissantes, composées chacune d'un nombre d'années qui sera déterminé de la même manière et par la même autorité que le taux des salaires

La Commission décide également que le certificat de vie de l'Enfant sera délivré, comme cela se pratique aujourd'hui, par le maire, et non par le juge de paix, le maire étant naturellement, par ses fonctions, appelé à faire ces constatations; en conséquence l'article 18 est adopté en ces termes :

RÉSOLUTION.

ART. 18.

Les nourrices recevront mensuellement un salaire dont le chiffre sera fixé par le préfet, sur l'avis du conseil général.

Le payement des mois de nourrice et pensions aura lieu sur la production :

1° Du livret de l'Enfant;

2° D'un certificat de vie de l'Enfant, délivré par le maire de la commune où l'enfant se trouve en nourrice ou en pension.

Ce salaire sera payé jusqu'à ce que les Enfants aient atteint l'âge de quinze ans révolus.

Le salaire des quinze années sera divisé en quatre séries décroissantes, composées chacune d'un nombre d'années qui sera déterminé, ainsi que la raison décroissante, de la même manière et par la même autorité que le taux des salaires.

M. VICTOR LEFRANC :

Je vous propose d'établir une pénalité contre le maire qui délivrerait un certificat de vie d'un Enfant sans s'être assuré de son existence.

Adopté dans les termes suivants :

RÉSOLUTION.

ART. 19.

Celui qui délivrera un certificat de vie d'un Enfant sans s'être assuré de son existence sera puni des mêmes peines que celui qui a négligé de faire une déclaration de naissance, à laquelle il était tenu en conformité de la loi, sans préjudice des peines de faux, s'il y a lieu.

M. Victor LEFRANC :

Je propose la résolution suivante à l'effet d'accorder à la nourrice une indemnité de déplacement et des gratifications.

Les nourrices pourront recevoir, en outre :

1° Une indemnité de déplacement pour le cas où elle serait rendue nécessaire par la distance existant entre leur domicile et l'hospice où elles viendraient chercher l'Enfant;

2° Des gratifications une fois payées et successives pour le cas où elles se seraient fait remarquer par les soins de *toute nature* donnés par elles a leurs nourrissons encore vivants. Ces gratifications ne pourront être qu'au nombre de deux, la première après les neuf premiers mois, la seconde après les douze premières années.

J'appelle la discussion sur chacun de ces points.

Accessoires du salaire

M. DE WATTEVILLE :

Il convient d'allouer une indemnité de voyage dans tous les cas où une nourrice vient chercher un Enfant.

Indemnité

M. Victor LEFRANC :

Dans l'état actuel des choses, cette indemnité est facultative ; il conviendrait de lui conserver ce caractère.

Facultative

M. DE WATTEVILLE :

Il n'y a pas de cas où l'on puisse raisonnablement se dispenser d'accorder à la nourrice l'indemnité de voyage. Dans le service des Enfants trouvés que j'ai été chargé d'organiser à Lyon, j'ai obtenu que les nourrices reçussent toutes une indemnité de voyage, et l'on s'applaudit aujourd'hui des résultats de cette mesure.

Il ne faut pas laisser aux conseils généraux le droit de discuter avec les préfets sur la nécessité d'une dépense qui est véritablement obligatoire par sa nature.

Obligatoire

RÉSOLUTION.

ART. 20.

Loi, a 82

Les nourrices pourront recevoir une indemnité de déplacement proportionnée à la distance qu'elles auront parcourue, à l'effet, soit de venir chercher les Enfants à l'hospice dépositaire, soit de les y ramener en cas de retrait.

M. Victor LEFRANC:

Gratifications

Nous allons passer a l'examen des gratifications à accorder à la nourrice Je demande d'abord si le principe doit être consacré, et dans le cas de l'affirmative, nous rechercherons quelles conditions peuvent être attachées à l'obtention des gratifications.

M. DURAND-SAINT-AMAND:

Le principe des gratifications a été introduit comme un stimulant heureux, qu'il est bon de conserver; ce qu'il y a de plus simple à ce sujet, c'est de conserver les dispositions des articles 4, 7, 8 et 15 de l'arrêté directorial du 30 ventôse an v (20 mars 1797), en mentionnant spécialement que la dernière des trois indemnités, celle de l'article 15, demeurera affectée aux besoins personnels de l'Enfant, sous l'obligation pour les nourrices de faire vacciner les Enfants, lorsqu'ils ne l'auront pas été à l'hospice dépositaire.

RÉSOLUTION.

ART. 21.

À 9 mois
Loi, a 83

Elles pourront recevoir en outre, pendant les neuf premiers mois de la vie de l'Enfant, une indemnité, à la condition de justifier qu'elles auront traité l'Enfant avec soin et humanité, et notamment qu'elles l'ont fait vacciner, dans le cas où il ne l'aurait pas été.

Une seconde indemnité pourra être accordée aux nourrices qui auront conservé un Enfant pendant au moins douze ans, et l'auront constamment entouré de bons soins.

Toutes ces gratifications seront fixées de la même manière que le salaire des nourrices.

M. DE WATTEVILLE :

Je demande que l'indemnité accordée aux nourrices qui auront gardé et soigné l'Enfant pendant un certain nombre d'années ne leur soit allouée qu'autant que ces nourrices auront procuré aux Enfants le bienfait de l'éducation primaire et leur auront fait suivre les catéchismes.

Les instructions émanées du ministre de l'instruction publique recommandent de la manière la plus formelle l'admission des Enfants trouvés dans les écoles primaires communales et de les faire participer aux distributions de livres, plumes et papiers faites aux Enfants indigents de la commune.

Ces instructions ne reçoivent en quelque sorte aucune exécution.

Les maires et les conseils municipaux refusent obstinément de comprendre les Enfants trouvés sur la liste des Enfants indigents de la commune, les uns prenant pour prétexte que ces Enfants sont étrangers à la commune, et les autres, qu'ils ne peuvent être classés parmi les indigents, puisque l'État ou le département sont tenus de subvenir à tous leurs besoins et à toutes leurs dépenses.

Les maires s'emparent surtout de ces prétextes pour leur refuser la somme nécessaire pour livres, papiers, plumes et encre, somme en général évaluée à six francs par an par Enfant.

Il convient de décider qui payera ces six francs, ou de la commune, ou du département, ou des nourrices, ou de l'hospice.

Cette dépense ne saurait être supportée ni par le nourricier, ni par la commune, d'autant plus que c'est précisément dans les communes les plus pauvres que l'on trouve le plus grand nombre d'Enfants. Ainsi il y a telle commune dans laquelle il y a jusqu'à vingt Enfants trouvés en état de fréquenter les écoles, et qui aurait ainsi à supporter, à raison de six francs par chaque Enfant, une dépense de 120 francs, somme excédant souvent le montant de son budget ordinaire.

La question reste donc entre le département et l'hospice.

Je pense que c'est par l'hospice qu'il convient de faire supporter cette charge.

Au surplus, il faut décider que le nourricier sera toujours tenu d'envoyer l'Enfant soit à l'école, soit au catéchisme. sauf à fixer académiquement les menus frais de livres, papier, plumes et encre.

M VICTOR LEFRANC :

Constraste
avec les Enfants
légitimes

Je comprendrais que l'on décidât que le nourricier dût être obligé d'envoyer l'Enfant à l'école, si l'enseignement était obligatoire. Mais, tant qu'il n'en sera pas ainsi, je ne comprendrai jamais que l'on puisse créer pour l'Enfant adopté une sorte de privilége qui offensât la famille légitime.

Comment pourriez-vous exiger qu'un nourricier envoyât à l'école cet Enfant, lorsque par exemple il n'y pourrait envoyer les siens propres ?

M. DURAND-SAINT-AMAND :

Justification
de ce contraste

Quant à moi, il me semblerait honteux que les Enfants placés sous la tutelle de l'État ne fussent pas tenus de fréquenter les écoles, lorsque l'État proclame si haut, et avec tant de raison, les bienfaits de l'instruction primaire.

Le nourricier devant être désormais mieux payé, ne saurait avoir de raison légitime pour se refuser à envoyer l'Enfant adopté à l'école, ce qui n'est véritablement que le complément intellectuel de la vêture.

Ajoutons que ce devoir est d'autant plus impérieux pour l'État que, d'après les statistiques criminelles, le plus grand nombre de crimes sont commis par des personnes illettrées.

RÉSOLUTION.

ART. 22.

Loi, a 83

Cette dernière indemnité ne pourra être allouée qu'autant que l'Enfant aura été envoyé à l'école et au catéchisme.

Les menus frais d'école seront fixés académiquement et mis à la charge des hospices.

M. VICTOR LEFRANC lit les dispositions suivantes de son projet, qui sont adoptées.

RÉSOLUTION.

ART. 23.

Une gratification pourra être payée aux patrons et aux établissements agricoles, charitables ou autres, auxquels l'Enfant aura été
confié.

Loi, a 84

ART. 24.

Le taux des salaires, gratifications ou indemnités sera toujours
le même dans chaque département, alors même que l'Enfant y
aurait été placé par un autre département.

Loi, a 85

Les gratifications seront fixées et accordées de la même manière
que les salaires.

Loi, a 80

M. Victor LEFRANC :

Vous avez compris, sans que nul de nous ait éprouvé le besoin de l'exprimer, le motif de la disposition qui précède.

Contrat
d'apprentissage

Je vous propose maintenant de régler la valeur des contrats de domesticité
et d'apprentissage.

Conditions

Je pense d'abord que vous supprimerez la prohibition absolue de toute
stipulation en faveur du patron ou de l'apprenti, autre que la nourriture et
l'entretien pour l'un, le travail pour l'autre.

M. DE WATTEVILLE.

Il faudrait conseiller, au contraire, ces stipulations, qui créent un pécule
pour l'Enfant devenu majeur et privé d'appui.

M. BLANCHE :

Il faut prendre garde toutefois de décourager les patrons par des clauses
onéreuses dont on pourrait abuser dans une bonne intention.

M. Victor LEFRANC :

Il ne faut donc ni prescrire, ni conseiller, ni blâmer, ni interdire ces stipu-

Durée

lations." La tutelle avisera. Mais la domesticité et l'apprentissage soulèvent une autre question.

L'ancienne législation les rendait caducs à 25 ans. Voulez-vous la maintenir?

M. DE WATTEVILLE :

Il faut dire 21 ans; c'est l'âge de la majorité, dont les droits ne peuvent être aliénés par le tuteurs.

M. Victor LEFRANC:

Il y a l'exemple des baux, analogie imparfaite, mais significative.

M. DURAND-SAINT-AMAND :

Nous faisons annuler constamment tous les engagements personnels des mineurs, qui sont d'une nature bien différente et d'une importance bien plus grave que ceux qui n'engagent que des intérêts matériels, en laissant sauve la liberté individuelle.

M. Victor LEFRANC :

Pouvez-vous comparer les engagements de théâtre, dont vous parlez, avec des contrats d'apprentissage ?

Les uns sont une spéculation bien hasardeuse pour la fortune et l'éducation morale d'un jeune homme, d'une jeune fille; les autres sont une prudente précaution contre les difficultés des premiers pas d'un Enfant sans famille.

Les patrons refuseront des apprentis pour un jour.

M. DURAND-SAINT-AMAND :

Je reconnais la différence morale ; mais, comme loi, les principes sont absolus, et la Cour de cassation motive purement en droit et en principe les arrêts auxquels je faisais allusion.

La Commission adopte la disposition suivante :

RÉSOLUTION.

ART. 25.

Les contrats de domesticité et d'apprentissage seront consentis

par le tuteur, sur l'avis du conseil de famille. Ils ne pourront engager l'Enfant au delà de l'âge de 21 ans.

M. Victor LEFRANC :

Il reste à indiquer d'une manière générale l'ordre de préférence dans lequel nous rangeons les lieux, les familles et les établissements privés ou
publics où devra être placé l'Enfant au sortir de la famille nourricière, ainsi
que les subventions qui devront faciliter ce placement. Il faut enfin statuer
sur les droits du Ministre de la guerre et du Ministre de la marine, en ce
qui touche les Enfants adoptés par la charité publique.

Voici l'ordre que je vous propose : la campagne d'abord, et à la campagne
les familles de laboureurs, ou à défaut, les fermes écoles, qui les feront rechercher par les paysans et les établissements charitables, agricoles ou autres,
fondés avec cette destination.

Ensuite, le Ministre de la marine et le Ministre de la guerre, que le décret de 1811 investissait d'un droit de patronage et d'éducation dont les
circonstances, et peut-être quelques préjugés, les ont empêchés d'user, mais
auxquels la loi doit signaler une adoption paternelle comme utile aux Enfants et à l'État, lorsqu'elle ne vient pas déranger les légitimes espérances
d'une adoption particulière.

M. DE WATTEVILLE :

Il n'est ni juste ni possible d'assigner la carrière maritime aux Enfants
trouvés : ou cette destination constitue pour eux une charge, ou elle leur
donne un honneur et un avantage.

Dans le premier cas, j'estime que l'État, pour avoir nourri et élevé ces
Enfants, n'a pas le droit de leur imposer cette charge. Comme tous les autres
Enfants, ils doivent être appelés à profiter des chances du sort.

Dans le deuxième cas, cet honneur et cet avantage ne doivent pas être
destinés aux Enfants trouvés, au détriment des autres.

Jusqu'à présent cette disposition du décret de 1811 est demeurée sans
application.

J'ai conféré sur cette matière avec un amiral, depuis Ministre de la marine, qui m'a dit : « Je suis obligé de refuser des places de simple mousse à
des Enfants de braves marins morts pour la patrie, parce que je n'en ai point
assez de disponibles : comment voulez-vous que j'accepte des Enfants dont le

sort est intéressant, il est vrai, mais qui ne peuvent être placés évidemment qu'après les autres⁾ »

M DURAND-SAINT-AMAND :

Opinion contraire Droit de l'Etat

Il ne peut être interdit à l'État de destiner l'Enfant qu'il élève, dont il a la tutelle, la responsabilité, à telle ou telle carrière, quand cette faculté est donnée au père de famille, au tuteur lui-même, dont l'État ici tient la place.

Interet de l'Enfant

On dit avec raison que, s'il y a avantage pour les Enfants à être destinés à la carrière maritime, cet avantage ne doit pas être accordé aux Enfants abandonnés, de préférence aux fils légitimes de ceux qui ont servi l'État avec honneur.

Mais il ne s'agit pas de préférence; et l'observation faite à M. DE WATTE-VILLE par un Ministre de la marine ne s'appliquait sans doute qu'à des admissions de faveur dans les écoles des mousses.

Ce n'est pas de cela que nous nous occupons.

Il s'agit seulement de savoir s'il convient d'exprimer dans la loi, comme le faisait le décret de 1811, le droit pour l'Administration de la marine de disposer, selon les besoins du service, des Enfants élevés à la charge de l'État.

Education morale

Je donne, pour mon compte, l'approbation la plus complète à une telle disposition. Nos Enfants, entourés désormais de meilleurs soins physiques et moraux, n'inspireront plus la même répugnance que par le passé. Il est bon, il est moral de leur ouvrir une noble carrière où ils puissent rendre à l'État le prix du bienfait qu'ils en ont reçu. Une administration intelligente saura tirer parti d'une telle disposition, qui d'ailleurs ne peut jamais être que facultative.

M. VALENTIN-SMITH :

Les Enfants trouvés ne sont pas à la disposition de l'Etat pour le service militaire

Les articles 16 et 24, qui mettent les Enfants *entièrement* à la disposition de l'État, particulièrement pour le service de la marine, ont toujours été considérés comme abrogés, depuis 1814, par la Charte et par les lois relatives au recrutement des armées de terre et de mer. Dès lors, ces Enfants ne peuvent être appelés, avant leur vingtième année, au service militaire que de leur propre consentement. Mais cet état de choses me paraît de nature à recevoir d'utiles modifications.

En principe général, il convient que les Enfants trouvés soient complètement assimilés aux autres citoyens, au nom du principe d'égalité devant la

loi, et, comme je le disais ailleurs, il faut chercher à les fondre le plus pos- 23ᵉ SÉANCE
sible au milieu de la nation, et particulièrement au milieu de la population
rurale. Mais il en est parmi eux, comme du reste parmi tous les autres En- Exception
à introduire
pour
les Enfants
paresseux
et insubordonnés
fants, un certain nombre enclins a l'indiscipline et a une mauvaise conduite,
qui ne permettent pas à leurs patrons de pouvoir les garder Ceux-là se livrent
au vagabondage ou reviennent à l'hospice, pour lequel ils sont toujours un sujet d'embarras et souvent même de désordre. Ne serait-ce pas le cas d'aviser
a quelque moyen de les ramener à des idées de subordination dans leur propre intérêt, comme dans celui de la société ? Un de ces moyens, suivant moi,
pourrait consister à permettre à leur tuteur de les engager dans quelque
corps disciplinaire des armées de terre et de mer, même contre leur gré.
Cette menace, constamment suspendue sur la tête des Enfants, efficace plus
encore comme moyen de prévenir que comme moyen de corriger, pourrait
devenir une salutaire intimidation propre à les maintenir dans la ligne du
devoir.

Ce qui peut-être ne conviendrait pas moins, ce serait de contraindre les Ateliers
de travail
obligé
Enfants paresseux et indisciplinés à entrer dans des ateliers de travail obligé,
institution que depuis longtemps j'appelle de tous mes vœux, par suite de
laquelle on imposerait le travail, comme un devoir, à quiconque n'a rien et
n'a point de moyens d'existence.

Il ne serait pas impossible d'ailleurs qu'une certaine nature d'esprit ou une
certaine trempe de caractère ne trouvât dans l'application à une carrière
d'ordre, de travail et d'activité, la révélation d'une vocation, ou, si l'on veut,
d'une aptitude, qui le mettrait à même de faire un utile emploi de ses forces
et de son intelligence. Alors, au lieu d'une station de discipline, vous auriez
ouvert une carrière à l'Enfant qui se trouve dans ces conditions

M. Alfred BLANCHE :

Il est permis d'espérer qu'avec le remplacement du Tour, la population des Bon principe
à établir
Enfants trouvés diminuera sensiblement, surtout dans la portion qui doit res-
ter à la charge de l'État; d'un autre côté, plus de soins pourront être donnés
a ceux qui resteront, plus de vigilance les entourera; leur éducation physique, morale et intellectuelle s'améliorera. Dès lors le Ministre de la marine
n'aurait plus les mêmes objections à faire qu'aujourd'hui contre l'admission
des Enfants trouvés dans la marine militaire

Je suis assez porté à penser qu'en fait cette disposition sera rarement appliquée ; mais enfin elle existe, et je crois qu'en demeurant à l'état de faculté pour le ministre, elle ne peut offrir assez d'inconvénients pour l'effacer.

Je demanderais même une disposition additionnelle plus praticable peut-être et non moins profitable pour le service de la marine : ce serait de soumettre de droit à l'inscription maritime les Enfants abandonnés, pupilles de l'État, qui seraient élevés dans les départements maritimes. Je n'ai pas besoin de développer l'utilité de cette prescription : elle ressort d'elle-même

Quant au droit de l'État, je ne le crois pas contestable, et je crois que les habitudes acquises par les Enfants dans les localités dont nous parlons pourraient être de nature à leur faire accepter, avec moins de répugnance qu'a bien d'autres, le service de l'État sur un élément avec la vue duquel ils sont familiarisés dès leur enfance.

M. DE WATTEVILLE dit que cette inscription lui paraît injuste en droit, et qu'en fait la population des Enfants trouvés sera au moins de longtemps trop faible pour qu'on puisse en tirer un parti véritablement utile sous ce rapport.

M. Alfred BLANCHE insiste et dit que, si la disposition est admise, elle peut avoir très-certainement son utilité même avec la génération qui s'élève. Il formulerait ainsi la proposition :

« Dans tous les départements maritimes, l'Enfant abandonné élevé aux frais de l'État et par les soins de l'Administration sera soumis de droit à l'inscription maritime. »

M. le Président met aux voix les dispositions ci-dessus indiquées, qui sont adoptées dans leur ensemble, et avec la rédaction suivante :

RÉSOLUTION.

ART. 26.

L'Enfant adopté qui ne sera pas conservé par la famille nourricière ou qui lui sera retiré après le sevrage, sera placé de préférence à la campagne, dans des familles particulières, chez des laboureurs, ou, à défaut, chez des artisans.

Ils pourront, à défaut, être placés dans des fermes-écoles, et au besoin, dans dans les établissements charitables, agricoles ou autres, fondés avec cette destination.

ART. 27.

Ils seront, à l'âge fixé par les lois, à la disposition du Ministre de la marine, et même du Ministre de la guerre, soit pour le service de la flotte, soit pour le service militaire, soit pour la colonisation des possessions françaises; à moins que leur présence ne soit, par le conseil de famille, déclarée utile aux familles à qui ils ont été confiés, auxquels cas, ils subiraient la loi commune du recrutement.

Les Enfants adoptés, nés dans un départememement soumis en tout ou en partie à l'inscription maritime, y sont soumis de plein droit.

Loi, a 66

M. Victor LEFRANC :

Nous venons de régler les devoirs et les salaires des nourrices, patrons et autres individus chargés, moyennant indemnité, de conserver et d'élever les Enfants adoptés ou secourus. Il est essentiel de donner maintenant aux Enfants une garantie spéciale contre les délits que pourraient commettre contre eux ceux mêmes qui ont mission de les protéger.

La loi pénale aggrave certaines peines lorsque certains délits sont commis, contre les Enfants, par les personnes qui étaient tenues au contraire à des soins particuliers envers eux.

Je vous propose de soumettre à cette aggravation tous les dépositaires d'Enfants prévus par notre loi, même à la mère non secourue.

Délits
contre l'Enfant.
Peines
Aggravations

La Commission adopte la proposition avec la rédaction suivante :

RÉSOLUTION.

ART. 28.

Loi, a 159

Les dispositions de loi qui prononcent des peines ou des aggravations de peines contre les délits ou les crimes commis par les personnes auxquelles un Enfant aurait été remis, ou qui ont autorité sur lui, sont applicables aux mères, nourrices, patrons, ou toutes autres personnes qui auraient retiré ou à qui aurait été remis un Enfant par application des dispositions de la présente loi.

M. DE WATTEVILLE :

Succession
Tutelle

Je propose de placer ici deux dispositions, dont l'une règle la succession des Enfants adoptés, l'autre, le mode de reddition des comptes de tutelle

M. Victor LEFRANC :

Succession
Hospice
dépositaire

Quant à la succession, elle revient naturellement à ceux qu'un malheur commun rattache entre eux par une étroite fraternité, c'est-à-dire aux Enfants adoptés.

En conséquence, je propose de faire entrer cette succession dans la caisse de l'hospice dépositaire, et de la consacrer à l'amélioration du service des Enfants adoptés.

Restitution
après déces

Il est nécessaire aussi de préciser les restitutions qui devront être faites par les nourriciers ou patrons, en cas de décès ou de remise de l'Enfant.

La Commission adopte les deux dispositions avec la rédaction suivante :

RÉSOLUTION.

ART. 29.

Loi, a 46

La succession des Enfants adoptés ou secourus, décédés *ab intestat* sans laisser de parents successibles ou un conjoint, appartiendra à l'hospice dépositaire qui l'a recueilli.

Elle sera exclusivement consacrée à l'amélioration du service des Enfants adoptés ou secourus.

ART. 30.

Au décès ou à la remise de l'Enfant, les nourrices, patrons ou tous autres, sont tenus de représenter le livret et les layettes ou vêtures qui leur auraient été confiés moins de deux ans avant; le tout sous peine de retenue sur le salaire, et sans préjudice des actions de droit.

Loi, a 46

M. Victor LEFRANC :

Quant à la reddition des comptes de tutelle, la disposition va de soi : elle sera transportée en son lieu.

La Commission adopte la disposition suivante :

*Tutelle
Reddition
de comptes*

RÉSOLUTION.

ART. 31.

Les comptes de tutelle seront rendus sans frais; ils seront examinés par le conseil de famille et approuvés par le préfet en conseil de préfecture.

Loi, a 45

La Commission prie M. le Président d'examiner la lettre adressée par M. de Choiseul le 5 avril 1761 aux intendants des provinces (1), et de voir, si l'on ne pourrait pas rétablir l'exemption en matière de conscription que cette lettre établissait en faveur des fils de ceux qui se chargeaient d'Enfants trouvés.

*Exemption
de
service militaire
Pères nourriciers.
Enfants
légitimes
Enfants adoptés*

La séance est levée à onze heures et demie du soir, et renvoyée à jeudi 8 novembre prochain, pour l'examen de la question d'attribution des dépenses.

---

(1) Voir cette lettre, tome II, p 194

24ᴸ SÉANCE.

Jeudi 8 novembre 1849.

———

Présents:

MM. Victor Lefranc, Président; Durand-Saint-Amand, de Watteville, Giraud, Alfred Blanche, Bailleux de Marizy; Valentin-Smith, Secrétaire; Louis Hamelin, Secrétaire adjoint.

Absents:

M. de Lurieu, inspecteur des établissements de bienfaisance, pour cause de service public; M. Nicolas, pour mission, à raison de ses fonctions.

Le procès-verbal de la précédente séance, du 2 novembre dernier, est lu et adopté.

ORDRE DU JOUR.

Examen de la question d'attribution des dépenses.

M. Alfred BLANCHE a la parole sur le procès-verbal

Messieurs,

Procès verbal
Réclamations

Ce n'est point une réclamation que j'ai à vous faire entendre sur la dernière séance, à laquelle j'ai toute sorte de regrets de n'avoir pu assister: mais c'est l'expression de mon opinion sur un point admis par la Commission que je désirerais émettre. La majorité s'est prononcée pour porter jusqu'à l'âge de quinze ans le payement des pensions à payer aux nourriciers et patrons pour les Enfants adoptés; si j'avais été présent à la séance, j'aurais combattu cette augmentation de dépense.

Durée
de la pension,
15 ans, 12 ans

Je me hâte de vous dire que j'accepte la décision de la Commission, comme chose jugée; j'ai tenu seulement à exprimer mon opinion à cet égard, parce qu'il a été dit que la Commission ferait une dernière révision des résolutions adoptées.

M. Victor LEFRANC, Président :

Je prie M. Blanche de donner le motif de l'opinion qu'il vient d'émettre

Il n'y a pas à revenir quant à présent sur la décision de la Commission, mais il est bon que l'on sache par quelle raison cette résolution serait combattue, le cas échéant.

M. Alfred BLANCHE ·

Mon motif, c'est que je regarde la fixation à douze ans révolus comme très-suffisante.

Motifs à l'appui de l'âge de 12 ans

A douze ans, dans les campagnes surtout, les Enfants sont déjà capables d'un certain travail qui peut compenser leurs dépenses. Les Enfants légitimes sont dans cette situation ; il n'y a pas de raison pour que les Enfants adoptés soient supposés moins capables. Il faut même intéresser le nourricier ou patron à les pousser au travail. Je crains que si cette compensation lui est assurée en argent par l'Administration, le nourricier ou patron ne soit pas assez stimulé et ne laisse prendre à l'Enfant des habitudes de paresse.

En un mot, je crois que dès l'âge de douze ans l'Enfant, à la campagne surtout, est généralement en état, non-seulement de compenser les frais qu'il occasionne, mais même de donner par son travail une sorte de récompense au nourricier ou patron.

M. VALENTIN-SMITH rappelle qu'il avait émis l'opinion que le prix de pension devait être acquitté jusqu'à l'âge de treize ans.

Je n'ai pas, dit-il, l'intention de reproduire les raisons que j'ai fournies à l'appui de mon opinion ; mais je prie la Commission de me permettre de lui donner connaissance à cet égard d'une note que vient de me fournir aujourd'hui même, sur cette question, M. Sainton, employé au ministère de l'intérieur, où, depuis plus de dix ans, il suit tout ce qui concerne le service des Enfants trouvés avec la plus remarquable aptitude.

Prix de pension jusqu'à la quinzième année accomplie.

La Commission a décidé que le prix de pension serait acquitté jusqu'à la quinzième année accomplie de l'âge des Enfants Du moment où cette Commission est dans l'intention de reviser elle même son travail, je prends la liberté de lui faire remarquer qu'elle pourrait bien avoir dépassé le but.

Note à l'appui de l'âge de 13 ans

Parvenu à sa quatorzième année (car je pense avec M. Valentin Smith que le prix de pension doit être acquitte jusqu'à la treizieme année accomplie), un Enfant est en état de commencer à travailler et de gagner ainsi son pain. Le surplus de sa dépense doit être couvert par le travail des années postérieures, dont le contrat d'apprentissage assure le produit au nourricier généralement jusqu'a l'âge de dix huit ans.

Aujourd'hui, dans l'Aube, on trouve facilement à placer les Enfants parvenus à leur neuvieme annee accomplie, la même chose a lieu dans l'Ain à dix ans. Il faut qu'il en soit de même dans l'Allier, l'Ardeche, la Drôme, le Jura, l'Isère, Saône et-Loire, la Loire et la Haute Loire, puisque les hospices de Lyon, qui placent leurs Enfants dans ces huit départements, cessent de payer des salaires lorsque ces Enfants ont atteint leur dixième année accomplie.

On est autorise à conclure de ce qui précede qu'il est possible de placer les Enfants avant douze ans, et qu'on y parviendrait plus facilement encore lorsqu'une legislation nouvelle aura réduit le nombre des Enfants a ce qu'il doit être, et assuré à ces Enfants un patronage plus efficace que celui sous lequel ils sont aujourd'hui placés. Le décret de 1811 etait donc dans le vrai en supposant que les Enfants peuvent, à douze ans accomplis, gagner à peu pres leur existence, et en faisant dès lors cesser a cet âge le prix de pension. L'addition d'une treizieme annee est donc tout ce qu'exigent les veritables besoins des Enfants et la bienveillance de la philanthropie moderne.

La Commission a peut-être adopté la duree de quinze années pour la pension des Enfants sous l'influence de cette pensée qu'il convenait d'appliquer à l'amélioration du bien-être physique et moral des Enfants les économies qu'une législation nouvelle doit amener dans le service des Enfants trouvés. Il convient de se tenir en garde contre cette pensée. La transition de l'ancien au nouvel état de choses ne s'opérera pas partout avec la même facilité Les habitudes d'exposition qui se sont infiltrees dans les mœurs du pays ne cesseront pas tout a coup à la voix du legislateur, et des lors il y aura encore longtemps des Enfants trouves en même temps que le nombre des Enfants secourus augmentera rapidement. Il ne faut pas, d'ailleurs, perdre de vue que la plupart des hospices sont hors d'état de subvenir aux depenses interieures, et que les departements devront leur venir en aide à cet égard Il est donc prudent de ne pas compter sur des economies dans ce service, et y en eût il, par hasard, il restera toujours assez d'infortunes a secourir sans accorder aux Enfants au dela de ce qui est nécessaire.

M. DE WATTEVILLE :

Je ne veux pas renouveler la discussion sur ce point; mais, néanmoins, je tiens à exprimer la conviction dans laquelle je demeure que les Enfants de douze ans sont incapables de gagner leur subsistance, et par subsistance il faut entendre toutes les dépenses qu'ils nécessitent. Je ne crois pas qu'il y en ait un sur cent capable d'offrir cette compensation, quel que soit le soin qu'on prenne de le faire travailler. Si donc le payement de la pension n'est pas continué au delà de douze ans, il en résultera chez les nourriciers ou patrons une sorte de découragement dont les intérêts de l'Enfant continueront à souffrir.

Quant aux renseignements fournis par l'Administration, M. DE WATTE-VILLE est d'avis qu'il ne doit leur être attribué qu'une valeur relative. Ils peuvent être vrais pour quelques départements; il en est un grand nombre à l'égard desquels ces renseignements seraient inexacts. J'arrive, comme vous le savez, dit M. DE WATTEVILLE, d'une mission extraordinaire dans le département de l'Aube. Eh bien! là, j'ai été frappé de cet abus : le prix de pension n'est payé aux nourriciers que jusqu'à l'âge de huit ans. Or, là, pas plus qu'ailleurs, les Enfants ne sont capables, même à l'âge de douze ans, de gagner ce qu'ils dépensent.

M. VALENTIN-SMITH :

Réponse

Je puis citer des départements que je connais parfaitement, entre autres celui de l'Ain, où les indications puisées dans le document que je viens de citer sont pleinement justifiées par les faits.

Dès l'âge de sept à huit ans même, les Enfants de la campagne sont employés avec avantage, et rendent à leurs parents, patrons ou maîtres, des services très-appréciables, soit par la garde de la volaille ou du menu bétail, soit par d'autres travaux proportionnés à leurs forces. Je ne veux pas dire qu'il faudrait réduire à huit ans le payement des pensions, mais je persiste à penser que la fixation à treize ans eût été très-suffisante.

M. Victor LEFRANC :

L'incident me paraît devoir s'arrêter là; les opinions sont suffisamment motivées de part et d'autre, et le point est décidé quant à présent.

Prix décroissant.

Je partage l'opinion de M. Blanche. Mais j'espère qu'en fait l'autorité qui fixera le taux du prix décroissant de la pension jusqu'à quinze ans saura bien, sans aucun doute, tenir compte de la situation et des Enfants adoptés et des services qu'ils sont en état de rendre eu égard aux habitudes locales. L'indemnité de la dernière période sera fixée plus bas d'après les résultats connus et le service que l'on peut attendre des Enfants dans le département.

Le procès-verbal est mis aux voix et adopté.

M. Victor LEFRANC, Président :

L'ordre du jour indiqué porte sur la question des dépenses relatives au service des Enfants adoptés par la charité publique.

M. Alfred BLANCHE :

La lecture du procès-verbal n'indique rien sur une disposition importante que je désirerais voir explicitement consacrée dans la loi, celle qui déclarerait insaisissable la pension payée pour l'Enfant. Je voudrais, ajoute M. BLANCHE, que cette pension fût déclarée insaisissable même pour fournitures alimentaires. Elle est destinée à la nourriture de l'Enfant, et non à celle de la nourrice; les créanciers de celle-ci ne doivent pas s'en faire un gage de leurs créances.

M. VALENTIN-SMITH appuie la proposition de M. BLANCHE; il demande que la pension payée pour l'Enfant soit déclarée par la loi insaisissable et incessible. Il cite plusieurs contestations qui ont été élevées à cet égard, et qui rendent cette disposition indispensable.

Adopté.

M. DE WATTEVILLE :

Je signale un autre abus. La compensation est établie, par le percepteur chargé de payer les mois de nourrice, entre la dette de celle-ci pour ses impositions et le payement destiné à la pension de l'Enfant; c'est encore une manière détournée et injuste d'atteindre l'Enfant. Je voudrais que cette compensation, aujourd'hui pratiquée par beaucoup de percepteurs, leur fût formellement interdite. C'était, dans ma pensée, une des raisons qui me portaient à désirer, pour le payement des mois de nourrice, un autre intermédiaire que le percepteur.

M. DURAND-SAINT-AMAND est d'avis qu'il suffirait de déclarer dans la loi les mois de nourrice et pension de l'Enfant adopté insaisissables et incessibles à titre quelconque.

Cela répondrait à tout, et, d'ailleurs, les instructions pourraient appuyer explicitement sur les applications qui ont amené les justes réclamations du préopinant.

La Commission adopte la disposition suivante :

RÉSOLUTION.

Les salaires, indemnités et gratifications sont insaisissables et incessibles, même pour fournitures alimentaires.

Les percepteurs ne pourront les compenser avec les impositions dues par les nourriciers et patrons.

Loi, a 86

M. Victor LEFRANC :

Nous passons maintenant à la question de l'imputation des dépenses

Le premier point qui se présente à notre examen est celui de savoir qui doit les supporter.

C'est ce qui fait l'objet de l'article 1ᵉʳ du projet que j'ai préparé sur la matière, et qui a pour but d'indiquer les sources où il faut puiser, sauf plus tard a répartir la contribution.

Dépenses
Imputation

Ces sources seraient les communes, les hospices, le département, l'État.

Voici les considérations par lesquelles j'ai été conduit à formuler ces dispositions :

Centraliser les dépenses entre les mains de l'État, ce serait s'exposer aux entraînements de l'irresponsabilité et de l'absence d'intérêt immédiat qui fait que les fractions locales de l'État sont toujours prêtes à puiser sans mesure dans le Trésor public, sous l'inspiration d'une rivalité aveugle et ruineuse.

Centralisation

Les laisser à la charge du département seul, ce n'est pas même encore resserrer et localiser assez la responsabilité.

Département

Il faut que les communes soient intéressées à la surveillance, à la recherche, a l'exhortation de la maternité.

Communes

En un mot, tous les intérêts doivent être mis en jeu pour éveiller la vigilance des hospices, des communes, du département, de l'État, par le sentiment personnel d'une responsabilité directe

Hospices

L'article 1ᵉʳ est mis aux voix et adopté dans les termes suivants :

RÉSOLUTION.

ARTICLE PREMIER.

Loi, a 105

Les dépenses autorisées ou prescrites par la présente loi seront supportées par les hospices, les communes, le département et l'État, au moyen des ressources ordinaires de leurs budgets et des ressources extraordinaires résultant des attributions, subventions, dotations, donations ou fondations de toute nature.

Il sera remis par le préfet au conseil général, à l'ouverture de chaque session, un rapport détaillé sur le service des Enfants adoptés et secourus.

Pareil rapport sera par lui adressé au ministre.

M. Victor LEFRANC :

Il s'agit maintenant du classement des dépenses en raison de leur nature et non encore de la quotité de la contribution.

Dépenses intérieures et extérieures

Actuellement, les dépenses sont divisées en *dépenses intérieures* et *dépenses extérieures*.

J'ai cru devoir modifier cette dénomination, parce qu'elle n'est pas toujours conforme à la réalité des faits, et que, par suite, elle peut donner lieu à des conflits qu'il faut chercher à éviter.

Dépenses départementales et hospitalières

Les divisions en *dépenses départementales* et *dépenses hospitalières* m'ont paru offrir une dénomination plus nette.

L'article proposé est adopté dans les termes suivants :

RÉSOLUTION.

ART. 2.

Loi, a. 106

Il y a deux sortes de dépenses : les dépenses hospitalières et les dépenses départementales.

M. Victor LEFRANC donne lecture de l'article 3, relatif aux diverses dépenses à classer dans la première catégorie, celle des dépenses hospitalières.

Art. 3. Les *dépenses hospitalières* sont :

1° Les frais d'entretien et d'éducation de l'Enfant, soit avant la décision du bureau d'admission, soit après le retrait, et jusqu'au nouveau placement de l'Enfant tant qu'il séjournera à l'hospice;

2° Les layettes et vêtures, ou le supplément des mois de nourrice qui les représentent;

3° La partie des dépenses des Enfants infirmes placés à la campagne ou en apprentissage qui excède le taux ordinaire du mois de nourrice;

4° Les menus frais du livret, de la tutelle et de l'école.

24ᵉ SÉANCE.

Dépenses hospitalières

Avant l'admission

Après le retrait

Layettes et vêtures

Enfants infirmes

Supplément

Livret, école

M. BAILLEUX DE MARIZY :

Mettre à la charge des hospices toutes ces dépenses, c'est les charger d'un fardeau que la plupart d'entre eux ne sont pas en état de supporter.

Je crains que les agencements de la théorie se prêtent mal aux exigences de la pratique.

M. Victor LEFRANC :

Il ne s'agit pas encore de savoir si l'hospice payera ces dépenses, ni dans quelle proportion il y contribuera, mais seulement de déterminer les dépenses que nous conviendrons d'appeler dépenses hospitalières.

Le vote par division est proposé et admis.

Le § 1ᵉʳ est mis aux voix et adopté.

Sur le § 2, M. Bailleux de Marizy revient sur les craintes qu'il a précédemment exprimées. Je conçois parfaitement, dit-il, que ce sont-là des dépenses hospitalières, et je n'élève aucune objection contre leur classement matériel.

Mais je ne puis m'empêcher de faire observer que, dans certains départements, cette dépense sera très-lourde pour un grand nombre d'hospices.

Le fardeau sera d'autant plus difficile à supporter que presque chaque hospice devient un hospice dépositaire.

Si vous voulez imposer de telles dépenses aux hospices, il vous faudrait centraliser les revenus pour faire face aux dépenses, et alors vous changeriez toute l'organisation de ces établissements, vous leur enlèveriez toute leur spontanéité, vous porteriez la plus grave atteinte à l'action de leur bienfaisance.

Charge trop forte pour les hospices

Services compromis

M. DE WATTEVILLE :

Il y a dans l'argumentation de M. Bailleux de Marizy une erreur de fait assez importante et que je lui demanderai la permission de relever

M. Bailleux de Marizy suppose que les dispositions de la loi que nous préparons vont aggraver beaucoup les charges des hospices; il s'inquiète de ce que cette loi va créer un grand nombre d'hospices dépositaires.

Voici quelle est la situation présente de cette partie du service de la bienfaisance publique :

144 hospices supportent aujourd'hui tout le fardeau et reçoivent seuls les dépôts d'Enfants. En portant au maximum la création des hospices dépositaires, soit un par arrondissement, comme vous l'avez décidé, nous arriverions au chiffre de 363.

Or, il y a en France environ 1,300 hospices; donc 937 d'entre eux resteront affranchis de l'obligation de recevoir les Enfants, et le fardeau retombe tout entier sur les 300 autres. N'est-il pas juste que ces 937 hospices contribuent, au prorata de leurs revenus, à la dépense qui, en définitive, n'est pas causée par la seule population du chef-lieu d'arrondissement?

M. Victor LEFRANC :

C'est dans cet esprit qu'a été conçu mon projet, et, comme il a tenu compte des dotations spéciales que chaque hospice pouvait avoir à la destination spéciale des Enfants trouvés, j'ai aussi prévu le cas où les ressources seraient insuffisantes pour subvenir aux dépenses de ce service. En pareil cas, le préfet demandera à la ville, au département, au Gouvernement même, les ressources supplémentaires dont la nécessité serait reconnue.

Mais, ainsi que je l'ai fait observer, l'objection est prématurée; elle trouvera sa place plus tard, quand nous nous demanderons quels seront les hospices qui subviendront à ces dépenses.

La partie du § 2 relative aux *layettes et vêtures* est adoptée,

M. Victor LEFRANC :

La seconde partie de ce paragraphe concerne les suppléments de mois de nourrice par lesquels nous avons permis de remplacer les layettes ou vêtures

M. BAILLEUX DE MARIZY :

Il me semble qu'il y a encore là une entrave apportée à la spontanéité de
la bienfaisance privée.

Il peut se faire que des personnes charitables, des associations de bienfaisance donnent aux hospices, pour les Enfants trouvés, des objets confection-
nés. Si vous faites payer en argent au lieu de laisser fournir en nature, ce peut
être une grande ressource dont vous privez les hospices.

M. Victor LEFRANC :

C'est le préfet qui règle ces détails, sur l'avis des hospices; il saura bien
sans doute tenir compte des indications qui lui seront données; il n'ira pas,
contre ces indications, prescrire la dépense en argent quand la dépense en
nature sera évidemment plus avantageuse.

L'ensemble du § 2 est adopté.

Sur le § 3, M. VICTOR LEFRANC fait observer que la dépense supplé-
mentaire doit incomber à l'hospice, qui trouve son avantage à élever à la
campagne les enfants infirmes.

Culte

Le § 3 est adopté.

Sur le § 4, M. ALFRED BLANCHE demande qu'on ajoute les frais du
culte; par exemple, le cierge pour la première communion et autres dépenses
de même nature, s'il y en a.

L'addition proposée par M. BLANCHE est adoptée, les mots : et de *culte*
prendront place à la fin du quatrième paragraphe.

L'ensemble de l'article 3 est mis aux voix et adopté en ces termes

RÉSOLUTION.

ART. 3.

Les dépenses hospitalières sont :

1° Les frais d'entretien et d'éducation, soit avant la décision

Loi, a 107

du bureau d'admission, soit après le retrait et jusqu'au nouveau placement de l'Enfant, tant qu'il séjournera à l'hospice ;

2° Les layettes et vêtures, ou le supplément de salaire qui les représente ;

3° La partie des dépenses des Enfants infirmes, placés à la campagne ou en apprentissage, qui excède le taux ordinaire de ce salaire ;

4° Les menus frais du livret, de la tutelle, de l'école, de l'inhumation et du culte.

Depenses départementales.

M. LE PRÉSIDENT : Je lis l'article 4 de mon projet. L'article 4 est adopté en ces termes :

RÉSOLUTION.

ART. 4.

Loi, a 109

Les dépenses départementales sont :

1° Les frais d'inspection ;

2° Les secours aux filles mères ;

2° Les frais de voyage des Enfants et des nourrices ;

4° Les mois de nourrice et de pension ;

5° Les gratifications ;

6° Les subventions aux patrons, fermes écoles, établissements charitables et autres asiles ouverts aux Enfants adoptés ou secourus ;

7° Les remises du receveur des hospices.

M. LE PRÉSIDENT donne lecture de l'article 5, ainsi conçu :

Depenses hospitalieres
Hospices depositai es ou non

ART. 5. « Les dépenses hospitalières sont supportées par les hospices du département. »

M. BAILLEUX DE MARIZY reproduit et développe l'objection qu'il a déjà indiquée.

Les hospices, dit M. BAILLEUX DE MARIZY, ne sont pas riches, du moins généralement. Une partie d'entre eux ont déjà de la peine à subvenir aujourd'hui aux nécessité de leur fondation.

Si vous les grevez de cette partie considérable de dépenses comprises au projet, sous le titre de *dépenses hospitalières*, vous les mettez dans l'impossibilité d'accomplir leur œuvre de charité.

Je ne voudrais pas voir étendre cette dépense à tous les hospices. Je voudrais qu'elle fût spécialisée, mise à la charge des hospices dépositaires, et qu'une partie de cette dépense, qui, comme je l'ai dit, a un caractère spécial, fût supportée par l'État, le département et les communes, sans absorber les fonds de l'hospice, qui ont une foule d'autres destinations.

Agir autrement, c'est prendre dans une des poches de la charité pour mettre dans l'autre; mais, dans l'hospice, il y a un grave inconvénient, celui d'absorber les fonds destinés à des services qui resteront en souffrance, pour favoriser le service spécial dont nous nous occupons.

M. DE WATTEVILLE :

Si le service des Enfants trouvés était concentré sur un certain nombre d'hospices, il faudrait bien que les autres reçussent, ne fût-ce que par humanité, les Enfants qui y seraient apportés.

Une grande partie de ces hospices se trouve donc exonérée, par le projet de loi, d'une obligation qui retombe tout entière sur les hospices choisis pour dépôt. Il est donc de toute justice de faire contribuer les hospices exonérés à la surcharge qui résulte pour les autres de cette exonération même.

M. Victor LEFRANC résume la discussion, et fait observer que le mode de répartition de ces dépenses entre les divers hospices d'un même département, au prorata de leurs revenus, est l'objet d'une disposition suivante; cette disposition ne viendra qu'autant que la Commission adopterait le principe de la contribution de tous les hospices du département.

L'article 5 est mis aux voix et adopté en ces termes :

RÉSOLUTION.

ART. 5.

Les dépenses hospitalières sont supportées par tous les hospices du département.

M. Victor LEFRANC :

Voici l'article 6 :

Les dépenses départementales sont supportées, 1/5 par les communes du département, 3/5 par le département, un 1/5 par l'État.

M. BAILLEUX DE MARIZY :

Je ne voudrais pas que la quotité pour laquelle l'État doit entrer dans ces dépenses fût fixée par loi. Je voudrais que l'État restât libre d'apprécier les besoins pour lesquels on invoquerait son assistance, et vînt au secours pour la somme qu'il jugerait convenable d'accorder.

Par la fixation, vous amenez un abus, celui de faire contribuer l'État là où son secours n'est ni réclamé, ni nécessaire.

Dans le système contraire, je laisse, je le sais bien, une porte ouverte à l'arbitraire; mais l'arbitraire, dans ce cas comme en beaucoup d'autres, me paraît une chose salutaire.

M. Victor LEFRANC :

L'abus dont paraît s'inquiéter M. Bailleux de Marizy existerait beaucoup plus encore dans le système qu'il indique; seulement il se produirait à la suite d'obsessions de toutes sortes dont le Gouvernement serait entouré; et il s'en faut souvent que ce qui est accordé aux obsessions aille au secours du vrai mérite ou des vrais besoins. Quand donc nous n'aurions pas les motifs déjà exposés au commencement de la séance pour intéresser l'État par une part dans la dépense relative aux Enfants adoptés ou secourus, nous trouverions
bon de le faire en vue même des abus que je viens de signaler. Je fais remarquer, avant le vote, que, dans la législation actuelle, les communes supportent le cinquième au plus. Je vous propose de faire de ce maximum une quotité

fixe, pour les mêmes raisons que j'invoque à l'appui d'une quotité égale, fixe aussi, mise à la charge de l'État.

L'article 6 est adopté, ainsi que l'article suivant, qui ne soulève aucun débat; le tout en ces termes :

RÉSOLUTION.

ART. 6.

Les dépenses départementales sont supportées : un cinquième par les communes du département, trois cinquièmes par le département, et un cinquième par l'État.

Loi, a 111

ART. 7.

Les dépenses hospitalières seront réparties entre les hospices du département, proportionnellement à leurs ressources ordinaires, tant mobilières qu'immobilières, par un arrêté spécial rendu par le préfet, les commissions administratives entendues.

Dépenses
hospitalières
Répartition
Loi, a 111

M. Victor LEFRANC :

L'article 8 indique le mode de répartition entre les communes de la portion des dépenses départementales mise a leur charge.

C'est une disposition toute nouvelle.

Déjà la législation actuelle, ou du moins deux circulaires en date des 21 août 1839 et 3 août 1840, prescrivait cette répartition au prorata de la contribution communale combinée avec le chiffre de la population.

Il faut maintenir ces deux éléments :

La contribution communale est un signe de richesse de l'être moral : on doit payer en raison de sa richesse. Mais le nombre des Enfants abandonnés, et par conséquent la dépense qu'ils entraînent, augmente aussi en raison de la population: la responsabilité de ce nombre, c'est-à-dire le payement de cette dépense, doit donc aussi dépendre de la population.

Ce n'est pas tout : la population et la richesse communales n'indiquent

Contributions
communales

Population

Total de quatre
contributions

55.

complétement ni la somme de richesse qui peut payer, ni la somme de démoralisation qui rend la dépense nécessaire. La richesse de la population est aussi
un élément précieux: il faut donc, pour être juste, échelonner la proportion
en combinant ce nouvel élément avec les deux autres.

Nombre
des Enfants
adoptés
provenant
de
la commune

Je provoque une attention plus sérieuse encore sur la disposition que j'ai
formulée en l'article 9.

Désireux, comme je l'ai déjà dit, d'intéresser les communes, par le sentiment de la dépense, à la pratique des tendances de notre loi, j'ai cru devoir
vous proposer de créer un stimulant, une sorte de mulctation proportionnée
au nombre des Enfants provenant de chaque commune.

Exemple
de répartition

Ainsi, je suppose un département de 300 communes; il y a 1,500 Enfants
à la charge de la charité; ils coûtent 90,000 francs en dépenses départementales. Un cinquième est à répartir entre les communes d'après les règles qui
précèdent, soit 18,000 francs.

Eh bien! j'opère comme s'il y avait 1,800 communes, chiffre égal au
total du chiffre réel des communes et du chiffre des Enfants. Chaque commune compte dans ce nombre, une fois d'abord, puis encore autant de fois
qu'elle a d'Enfants provenant d'elle, et grevant les dépenses dites départementales. Je fais entre ces 1,800 communes, selon les règles de l'article 8, la répartition des 18,000 francs de dépenses à répartir, en réalité, entre les 300.
Celles qui n'ont fourni aucun Enfant, ne payent qu'une fois leur contingent.
Celles qui ont fourni un ou plusieurs Enfants payent, une fois d'abord, et
puis encore autant de fois qu'elles ont fourni d'Enfants.

Mulctation légère.

Ce sera peu de chose, puisque la répartition ne porte pas sur toutes les
dépenses, mais seulement sur le cinquième, et surtout puisqu'elle se fait idéale-
ment entre un nombre cinq fois plus fort que celui des communes, ce qui
diminue d'autant l'unité, et en allége la répétition et la totalisation sur le nom
d'une même commune.

Efficace

Et, cependant, ce sera quelque chose, ce sera beaucoup pour stimuler le
zèle des maires et éclairer les conseils municipaux.

Dégrèvement

Au surplus, le préfet peut accorder des dégrèvements qui se répartissent
de nouveau sur la masse des communes suffisamment riches.

Exception

Il y a mieux, cette disposition ne doit pas s'appliquer à la dépense des Enfants secourus, de peur que les maires ne soient portés à négliger d'obtenir
la conservation et la reconnaissance des Enfants par la mère, pour ne pas
constater la provenance et pour ne pas grever la commune.

J'ai grande confiance dans cette disposition, mais j'appelle un sévère examen et une libre contradiction.

J'aurais désiré vous donner un exemple de répartition sur un département. Je n'ai pu compléter mon travail, faute d'avoir pu réunir les documents indispensables. Je m'engage à joindre aux pièces justificatives un travail de cette nature pour le département des Landes.

On peut, du reste, se rendre facilement compte du résultat, en supposant que, dans la combinaison des termes de la proportion instituée par l'article 8, on a fait entrer un facteur nouveau, le nombre des enfants adoptés fourni par chaque commune, en supposant toutefois que là où ce facteur est nul il est représenté par l'unité, afin de ne pas annuler le produit et exonérer complétement la commune par la présence dans une multiplication du facteur 0, et en admettant encore, par la même raison, que ce facteur est partout augmenté d'une unité, de peur que la commune qui a fourni un Enfant ne soit traitée absolument comme celle qui n'en a fourni aucun. Je crois même que j'aurais préféré vous proposer ce mode, s'il ne m'avait paru accuser moins l'intention de la disposition, et introduire, dans des calculs assez compliqués, un élément trop variable.

Au surplus, l'Administration pourra choisir le mode, pourvu que le résultat soit le même.

Je pense que ce tableau ne doit être refait que tous les cinq ans; alors seulement se révèlent les modifications de la population par les recensements généraux que la loi prescrit. Les autres bases sont peu variables.

Je propose enfin d'exiger que la mention des mulctations soit faite sur les budgets communaux; ce sera un souvenir et un avertissement également utiles.

Avant d'ouvrir la discussion et de voter sur ces deux articles, je crois devoir vous exposer le système de l'article final, relatif au domicile d'origine des enfants adoptés, au point de vue de la dépense et notamment de la mulctation dont je viens de vous entretenir.

Il faut connaître ce domicile d'origine de l'Enfant, non-seulement pour l'application de cette disposition nouvelle, mais pour les questions d'hospice et de département. En un mot, la question doit être résolue, dès qu'on ne centralise pas complétement le service entre les mains de l'État, la dépense dans la caisse de l'État.

Quel moment choisir? La découverte? Mais elle a lieu là où a eu lieu

24e SÉANCE

Mode équivalent d'opération

Choix entre ces deux modes
Révision du tableau

Domicile de la dépense

l'abandon, et ce lieu est rarement autre chose que le domicile du hasard, du moment, le domicile fugitif du délit; un séjour tellement furtif, tellement accidentel, qu'il est impossible de lui donner le nom presque contradictoire de domicile. On peut en dire presque autant du lieu de la naissance, que le désir du secret fait souvent chercher loin du domicile.

D'ailleurs, il importe que le domicile de la dépense soit le domicile de la surveillance, parce qu'alors il est le domicile de la responsabilité.

Je vous propose de prendre pour domicile le lieu où la mère aura résidé le plus longtemps pendant la période assignée par la loi à la conception, calculée d'après la naissance de l'Enfant. Cela ne supprime pas les difficultés, mais l'incertitude de son état ne pousse pas alors la mère au déplacement intentionnel et frauduleux de son domicile; il y a chance de saisir la vérité en temps non suspect, il faut l'essayer.

A défaut de ce domicile, il faudra bien accepter celui de la naissance ou même celui de la découverte de l'Enfant.

Après diverses observations, la Commission adopte les trois articles proposés, dans les termes suivants :

RÉSOLUTION.

ART. 8.

Le cinquième de la dépense départementale sera réparti entre toutes les communes du département en raison composée de leur population, de leurs contributions communales, et de leurs contributions directes payées par tous les propriétaires habitants ou patentables de chacune d'elles.

ART. 9.

Pour faire cette répartition, on supposera un nombre de communes égal au nombre réel des communes du département, augmenté d'un chiffre égal au nombre total des Enfants adoptés du département dont le domicile d'origine sera connu; chaque commune figurera dans ce tableau, avec les éléments de répartition de l'article 8, une fois d'abord, et puis encore autant de fois qu'elle a fourni d'Enfants adoptés; et sa part dans la dépense sera égale au total des chiffres de répartition qui seront appliqués à son nom dans l'opération qui vient d'être décrite. Mention sera faite de cette circonstance dans chaque budget de la commune.

La présente disposition ne s'applique pas aux Enfants secourus.

ART. 10.

La répartition sera revisée tous les cinq ans d'après les résultats Loi, a 116 du recensement général de la population.

ART. 11.

Il pourra être, au cas d'impuissance, et dans la forme ordinaire, Loi, a 117 accordé des dégrèvements partiels dont le montant se répartira sur les autres communes.

ART. 12.

L'Enfant adopté ou secouru sera censé provenir de la commune Loi, a 110 où la mère aura résidé pendant le plus long espace de temps, dans la période assignée par la loi à la conception présumée de l'Enfant; et, à défaut, de la commune où l'Enfant sera né, sans qu'on puissse connaître l'époque de la naissance; ou même, si le lieu et l'époque de la naissance sont également inconnus, de la commune où l'Enfant aura été découvert.

Ce domicile emportera attribution à l'hospice, au département et à la commune, des dépenses prescrites par la présente loi, ou sauf les répétitions par elle prévues dans certains cas.

La séance est levée à onze heures trois quarts, et renvoyée au 11 du courant, pour l'examen des questions relatives à l'Inspection.

Le Président de la Commission,
Le Secrétaire de la Commission, Signé Victor LEFRANC.
VALENTIN-SMITH.

25ᵉ SÉANCE.

Dimanche 11 novembre 1849, 8 heures du matin

Présidence de M. Victor LEFRANC.
    Présents :
MM. Victor Lefranc, de Watteville, Durand-Saint-Amand, Bailleux de Marizy, Alfred Blanche, Giraud; Valentin-Smith, Secrétaire; Louis Hamelin, Secrétaire adjoint.
    Absents :
M. de Lurrieu, pour cause de service public, à raison de ses fonctions;
M. Nicolas, pour mission, à raison de ses fonctions.
Le procès-verbal de la séance du 9 novembre 1849 est adopté.

ORDRE DU JOUR.

Discussion sur l'inspection des Enfants adoptés ou secourus.

M. Victor LEFRANC :
J'ai l'honneur de vous prier d'entendre la lecture du projet que j'ai préparé, avec deux de nos collegues, sur la partie de notre loi qui doit régler le service de l'inspection.
Il est divisé en 14 articles, répartis en cinq chapitres.
Le chapitre préliminaire indique les divers genres d'inspection que je vous propose d'employer.
Le chapitre premier traite des inspecteurs généraux, de leur nombre, de leur nomination, de leurs fonctions, de leurs relations avec le pouvoir local et le pouvoir central.
Le deuxième pose des règles analogues pour les inspecteurs départementaux;
Le troisième, pour les visiteurs et visiteuses;

Le quatrième, pour les comités cantonaux de patronage dont nous avions
déjà réservé la création.

M. le président donne ensuite lecture de son projet.

La Commission décide que la discussion en est renvoyée à demain lundi, 12 novembre, huit heures du soir.

La séance est levée.

Le Président de la Commission
Signé VICTOR LEFRANC.

Le Secrétaire de la Commission,
VALENTIN-SMITH.

26ᵉ SÉANCE.

Lundi 12 novembre 1849, 8 heures du soir

Présidence de M. VICTOR LEFRANC :

Présents :

MM. Victor LEFRANC, DE WATTEVILLE, DURAND-SAINT-AMAND, BAILLEUX DE MARIZY, Alfred BLANCHE, NICOLAS; VALENTIN-SMITH, secrétaire, et Louis HAMELIN, secrétaire adjoint.

Absent :

M. DE LURRIEU, en mission pour cause de ses fonctions.

Le procès-verbal de la séance du 11 novembre 1849 est lu et adopté.

ORDRE DU JOUR.

Discussion sur le projet de loi relatif à l'inspection, à la visite et au patronage des Enfants adoptés et secourus.

M. LEFRANC donne lecture d'une lettre, à la date du 10 novembre 1849, qui lui a été adressée par M. le secrétaire général du ministère de l'intérieur, ainsi que d'une lettre du 2 novembre 1849 adressée à M. le ministre de l'intérieur par M. le président de la section de législation du conseil d'Etat.

Centralisation de la dépense

Lettre ministérielle

I. 56

Dans cette dernière lettre, le président de la section de législation du conseil d'État prie le ministre de l'intérieur d'examiner s'il n'y aurait pas avantage à prendre l'avis de la Commission des Enfants trouvés sur le classement de la dépense de ces Enfants et son affectation aux communes, aux départements ou à l'État, en l'engageant, au même point de vue, à s'occuper de la question des aliénés.

Reponse

La Commission explique qu'il doit être répondu qu'elle a résolu la question des dépenses du service des Enfants trouvés, et que, fidèle au texte et à l'esprit de la Constitution, elle a fait la distribution de cette dépense entre l'État, le département et la commune.

Les deux lettres des 2 et 10 novembre resteront annexées au procès-verbal et feront partie des pièces justificatives (1).

Corps de l'inspection

M. LEFRANC donne lecture du premier article du projet de loi, formant le chapitre préliminaire. Il explique que cet article renferme la distinction des fonctions et forme le cadre du projet de loi; il en demande l'adoption, à moins que quelqu'un ne propose un autre cadre.

Cet article, au surplus, ajoute M. LEFRANC, dépend de l'adoption des quatre chapitres du projet de loi. Il devra se ressentir des modifications que pourrait recevoir chacun de ces chapitres.

L'article est adopté sans modification.

RÉSOLUTION.

CHAPITRE PRÉLIMINAIRE.

ARTICLE PREMIER.

L'inspection, la visite et le patronage des Enfants adoptés ou secourus s'exerce :

1° Par un corps spécial d'inspecteurs généraux ;

2° Par des inspecteurs et sous-inspecteurs départementaux ;

3° Par des visiteurs et visiteuses ;

4° Par des comités cantonaux de patronage.

---

(1) Voir ces deux lettres, tome II

CHAPITRE PREMIER.

Inspection générale.

M LEFRANC, après avoir donné lecture de l'article 2 du projet qu'il propose, dit que, dans l'état actuel, l'inspection centrale s'exerce par six inspecteurs généraux des établissements de bienfaisance, ayant chacun un nombre déterminé de départements à inspecter.

Inspection générale

De cette manière, les inspections sont multiples, ce dont on a compris les inconvénients pour les aliénés, puisqu'on leur a affecté un inspecteur particulier. Cependant l'on ne compte que 12,000 aliénés en France, tandis que le personnel des Enfants trouvés, évalué depuis quelques années, en moyenne, a 95,000 pour ceux qui ont moins de douze ans, ne s'élève pas à moins de 300,000, en y comprenant ceux de douze à vingt et un ans

Spécialité

En instituant une inspection particulière pour les Enfants adoptés ou secourus, on donnera à ce service une direction unique et plus étendue, qui permette d'y apporter le zèle qui ne fait jamais défaut aux choses spéciales.

Maintenant, si dans le budget l'on éprouvait quelques difficultés pour la nomination de deux inspecteurs généraux affectés à ce service, on pourrait en détacher un sur les six qui existent pour les établissements de bienfaisance, en sorte qu'il n'en resterait plus qu'un seul à créer.

Voies et moyens

M. BLANCHE croit devoir faire remarquer que le nombre de six inspecteurs pour les établissements de bienfaisance est déjà restreint, et il verrait un inconvénient à retrancher l'un de ces inspecteurs généraux.

RÉSOLUTION.

CHAPITRE PREMIER.

Inspection générale.

ART. 2.

Il y a deux inspecteurs généraux spécialement chargés de l'inspection générale des Enfants adoptés ou secourus.

Loi a 88

Ils sont nommés par le ministre de l'intérieur.

**Nominations,
Fonctions**

M. LEFRANC donne lecture de l'article 3 du projet. Il explique que cet article a pour objet de déterminer les fonctions des inspecteurs généraux, d'en être, en quelque sorte, le programme.

Les §§ 1 et 2 sont adoptés sans discussion.

Secret

Le § 3 est adopté avec cette explication, que l'inspecteur général a nécessairement le droit d'entrer dans le secret, puisqu'il est confié même a l'inspecteur départemental, et qu'il n'y a aucun inconvénient à cette confidence faite à un grand fonctionnaire central.

**Bien etre
des Enfants**

M. DE WATTEVILLE ayant demandé que ce paragraphe exprimât formellement que les inspecteurs généraux seraient tenus de s'enquérir du bien-être des Enfants adoptés et des Enfants secourus, il a été répondu que les expressions *éducation physique* avaient cette signification et entraînaient nécessairement et suffisamment cette idée.

Le § 4 est adopté, avec l'explication ci-dessus.
Les §§ 5 et 6 sont adoptés sans discussion.
L'article 3 est adopte dans son ensemble sans modification.

RÉSOLUTION.

ART. 3.

Les inspecteurs généraux sont chargés :

**Maisons
d accouchement
Loi, a 89**

1° De s'assurer si les Maisons d'accouchement libres ou charitables et les salles spéciales d'accouchement sont établies et conduites conformément aux prescriptions des lois; si les registres sont régulièrement tenus et exactement vérifiés; en un mot si toutes les règles y sont strictement observées ;

**Secours
aux filles meres**

2° De vérifier si les secours aux filles mères sont régulièrement accordés et servis dans les cas et les limites voulues par la loi;

3° De vérifier les procès-verbaux du secrétaire de la commission administrative de l'hospice, les procès-verbaux de dépôt et d'admission, ainsi que tous les procès-verbaux et toutes les délibérations des bureaux d'admission; les registres matricules de l'hospice et tous autres registres relatifs en tout ou en partie au service des Enfants adoptés ou secourus ;

Bureaux d'admission

4° De s'assurer que les inspecteurs départementaux, les visiteurs ou visiteuses, les comités de patronage et tous autres agents salariés ou gratuits, chargés d'une partie quelconque du service, remplissent fidèlement et intelligemment leurs fonctions, soit sous le rapport de l'éducation physique, intellectuelle, morale et religieuse, soit sous le rapport de la tutelle des Enfants;

Inspecteurs départementaux

Si les nourrices et les filles mères sont visitées à domicile aussi fréquemment qu'il est nécessaire;

Visiteurs

5° D'étudier et de constater le mouvement de la population, de la vie, de la mortalité, de la moralisation, de l'emploi des Enfants adoptés ou secourus; les effets produits par les mesures législatives; les causes de l'augmentation ou de la diminution de la population ou de la dépense; la suffisance ou l'insuffisance des salaires des nourrices ou de tous autres tarifs, ainsi que l'exactitude des payements et la promptitude de l'expédition; la composition et délivrance des layettes et vêtures;

Statistique

6° De faire connaître tous les abus qui pourraient exister dans le service et toutes les améliorations qu'il leur paraîtrait utile d'y introduire; de tenir au courant, chaque année au moins, tous les documents statistiques

Abus et améliorations

M. LEFRANC donne lecture de l'article 4 du projet, ainsi conçu :

« Les inspecteurs généraux sont tenus d'adresser chaque année au ministre de l'intérieur : 1° un rapport spécial sur chaque département visité· 2° un rapport général sur l'ensemble de leurs opérations, lequel sera soumis a l'Assemblée nationale.

Rapports

« Un double du rapport spécial de chaque département restera à la préfecture. »

M. LEFRANC dit qu'après avoir établi les devoirs des inspecteurs dans l'art. 3, l'art. 4 avait pour but de leur demander d'utiles constatations, témoignage de la manière dont ils avaient rempli ces devoirs.

Diverses observations sont présentées touchant les difficultés d'application que peut présenter l'article proposé, et dont le principe est d'ailleurs adopté par la Commission.

Rapport législatif triennal

M. BLANCHE demande à saisir l'occasion qui se présente pour lui d'émettre une proposition, qui ne s'applique pas seulement à la matière spéciale des Enfants trouvés, mais à tous les services publics. Il lui semblerait aussi utile que convenable qu'à chaque nouvelle législature il fût présenté à l'Assemblée nationale un rapport général sur tous les services de l'administration du pays. Ces rapports seraient autant de pièces à l'appui du message du Président.

Faisant application de cette proposition au service spécial des Enfants adoptés ou secourus, et se conformant d'ailleurs aux observations déjà faites au sein de la Commission, M. BLANCHE pense que ce service donnerait ainsi lieu à trois classes de rapports :

Rapport départemental annuel

1° Rapports ordinaires adressés, dans le cours de l'inspection et par chaque département, au ministre de l'intérieur ;

Rapport général annuel

2° Rapport à la fin de chaque inspection annuelle, et dans lequel chaque inspecteur général réunirait en un seul document, et en un mémoire collectif, les diverses observations auxquelles son inspection aurait donné lieu : c'est une expédition de ce rapport qui serait annuellement communiquée à l'Assemblée nationale ;

Rapport législatif triennal

3° Enfin le rapport général annexé au message du Président de la République, à la rédaction duquel il serait procédé par les soins du ministre de l'intérieur.

La proposition de M. Blanche est adoptée.

Dépôt a la préfecture

M. DURAND-SAINT-AMAND demande qu'au lieu de dire dans le second paragraphe de l'art. 4 : « Un double du rapport spécial de chaque département restera à la préfecture, » on mette : « *sera adressé à la préfecture.* »

Dans l'état actuel des choses, le préfet, au lieu d'avoir directement une copie du rapport de l'inspecteur général, est obligé de la demander au ministre de l'intérieur.

La Commission adopte la proposition de M. DURAND-SAINT-AMAND.

RÉSOLUTION.

ART. 4.

Les inspecteurs généraux sont tenus d'adresser, chaque année, Loi, a 90 au ministre de l'intérieur : 1° un rapport spécial sur chaque département visité; 2° un rapport général sur l'ensemble de leurs opérations.

A chaque nouvelle législature, un travail d'ensemble sur les opérations des trois années précédentes sera soumis à l'Assemblée nationale.

Un double du rapport spécial de chaque département sera adressé à la préfecture.

CHAPITRE II.

Inspection départementale.

M. LEFRANC donne lecture de l'art. 5 du projet. Il dit que, quoiqu'il ré- Inspecteurs sulte de cet article qu'il doive y avoir un inspecteur et un sous-inspecteur départementaux Sous inspecteurs dans le département où le nombre des Enfants adoptés ou secourus est de plus de 1,000, cependant il n'y a pas prohibition de nommer plus d'un sous-inspecteur si les circonstances et les besoins du service l'exigeaient.

M. VALENTIN-SMITH :

Je serais d'avis que l'inspecteur fût nommé par le ministre de l'intérieur, Nomination par le ministre sur la présentation du conseil général, afin de lui donner plus d'indépendance vis-à-vis du préfet, tout en restant son subordonné. Ceci aurait l'avan-

26ᵉ SEANCE ‌tage d'éviter d'étranges nominations dictées par le favoritisme local, dont l'effet est de réduire l'inspecteur à un rôle d'agent subalterne, n'inspirant aucune confiance.

La proposition de M. SMITH n'étant pas appuyée, l'art. 5 est adopté sans modification.

RÉSOLUTION.

ART. 5.

Organisation
Loi, a 91

L'inspection de chaque département est confiée à un inspecteur, et, dans les départements où le nombre des Enfants adoptés ou secourus excéderait celui de mille, à un inspecteur et à un sous-inspecteur.

Nomination

Ils sont l'un et l'autre nommés par le préfet.

Hierarchie

M. LEFRANC donne lecture de l'art. 6 du projet; il est ainsi conçu :

Il y a quatre classes d'inspecteurs, suivant la population de chaque département.

Le traitement des inspecteurs départementaux sera fixé :

Pour la 1ʳᵉ classe, à. . . . . 3,000 fr.
Pour la 2ᵉ classe, à. 2,500
Pour la 3ᵉ classe, à. 2,300
Pour la 4ᵉ classe, à. 2,000

Appointements

Le traitement du sous-inspecteur égale au moins les $\frac{2}{3}$ du traitement de l'inspecteur du département.

Il est en outre alloué aux inspecteurs et sous-inspecteurs des frais de route, à raison de tant par jour et de tant par kilomètre parcouru.

Ils justifient de leurs tournées par des feuilles de route visées par les maires des communes qu'ils visitent.

M. LEFRANC :

Motifs

Cette disposition, que je vous soumets sans la proposer, aura pour résultat de forcer la main aux départements qui ne voudraient pas rétribuer convenablement les fonctions d'inspecteur ou de sous-inspecteur.

L'article, en outre, hiérarchise les inspecteurs pour le traitement, selon la population du département.

Nous n'avons pas voulu prendre pour base la population des Enfants trouvés, afin de ne pas laisser croire que l'inspecteur pût laisser s'accroître, par une négligence calculée, le nombre des Enfants adoptés, à raison de l'intérêt qu'il pourrait avoir dans cette augmentation.

M. BAILLEUX DE MARIZY demande pourquoi l'article établit plusieurs classes d'inspecteurs, surtout lorsqu'il prend pour base la population. La population représente la richesse d'un département; mais ce n'est pas l'élément qui doit servir de règle pour le nombre des Enfants adoptés ou secourus, ou pour l'importance et les difficultés du service.

M. VALENTIN-SMITH demande si l'on nommera un inspecteur dans les départements qui n'ont qu'un très-petit nombre d'Enfants adoptés, tel que Seine-et-Marne, qui n'en compte que 171, ou la Haute-Saône, qui n'en a que 62, placés soit à l'hospice de Gray, soit dans la banlieue de cette ville, ou bien encore les Vosges, où, le jour où le projet de la Commission sera devenu loi, il ne restera que 2 Enfants adoptés et environ 150 Enfants secourus.

M. SMITH fait remarquer, au surplus, comme il l'a déjà indiqué dans une précédente séance, qu'un système de direction et d'inspection à peu près conforme à ce qui existe pour les chemins de grande vicinalité lui paraîtrait une bonne chose à introduire dans le service des Enfants adoptés ou secourus, de manière à ce que la surveillance fût échelonnée du département à l'arrondissement et de l'arrondissement au canton.

M. DE WATTEVILLE répond que, lorsqu'il y aura un petit nombre d'Enfants, comme dans celui, par exemple, de la Haute-Saône, l'inspection de ces Enfants pourra être jointe à l'inspection de l'école primaire. C'est ce qui a lieu dans quelques départements, où l'inspecteur des écoles primaires remplit en même temps les fonctions d'inspecteur des Enfants trouvés.

M. DE WATTEVILLE ajoute qu'il vaut mieux dresser un tableau comprenant le traitement fixe accordé à l'inspecteur dans chaque département, d'après les diverses bases qui doivent servir à cette fixation, excepté cependant pour les départements de la Seine et du Rhône, qui se trouvent dans une position exceptionnelle à raison du nombre des Enfants.

Cette proposition de M. DE WATTEVILLE est adoptée.

La Commission prie M. DE WATTEVILLE de se charger de dresser le tableau qui devra être annexé au projet de loi.

M. DURAND-SAINT-AMAND dit qu'au lieu de déterminer dans la loi la somme qui sera allouée à l'inspecteur par jour et par kilomètre parcouru, indépendamment de leur traitement pour frais de route, il conviendrait bien mieux d'abandonner cette fixation au préfet, qui la ferait sur l'avis du conseil général, d'après le nombre de kilomètres parcourus.

M. LEFRANC partage le sentiment de M. DURAND-SAINT-AMAND.

Cette proposition est adoptée.

L'article 6 est adopté, dans son ensemble, de la manière suivante :

RÉSOLUTION.

ART. 6.

Loi, a 92
Traitement
de l inspecteur

Traitement
du
sous inspecteur

Frais
de tournee
Loi, a 93

Les traitements des inspecteurs départementaux sont fixés conformément aux tableaux annexés à la présente loi.

Le traitement des sous-inspecteurs égale les deux tiers du traitement de l'inspecteur du département.

Il est, en outre. alloué aux inspecteurs et sous-inspecteurs des frais de route, calculés par jour et par kilomètre parcourus. Le taux de ces frais sera fixé par arrêté du préfet rendu sur l'avis du conseil général.

Ils justifient de leurs tournées par des feuilles de route visées par les maires des communes qu'ils visitent.

M. LEFRANC donne lecture de l'article 7, qui est adopté sans réclamation

RÉSOLUTION.

ART. 7.

Ils doivent, au moins une fois par an, se rendre au domicile des
filles mères, nourrices, patrons, et visiter les Enfants adoptés ou
secourus, et accomplir, en outre, toutes les missions spéciales qui
pourraient leur être confiées par le préfet ou commandées par les
besoins du service.

Fonctions
Filles mèies,
nourrices
et patrons.
Loi, a 95

Sur la proposition de M. BLANCHE, il est expliqué que les préfets ne pourront prendre les inspecteurs comme employés dans leurs bureaux, lorsqu'ils
auront au moins 2,000 francs de traitement.

Cumul nuisible

M. LEFRANC donne lecture de l'article 8, qui est adopté sans réclamation.

RÉSOLUTION.

ART. 8.

Les vérifications des inspecteurs départementaux portent sur
tous les points indiqués dans l'article 3.

Ils recherchent, en outre, si les layettes et vêtures ne sont pas
détournées de leur destination; si l'Enfant reçoit tous les soins
qui lui sont dus; s'il est vacciné; s'il est envoyé aux écoles et aux
instructions religieuses; si on le fait travailler, et si on ne l'emploie
pas à des travaux au-dessus de son âge ou de sa force; s'il y a lieu
de le retirer aux nourrices, aux patrons, pour inconduite, immoralité ou toute autre cause; si les comités de patronage et les visiteuses remplissent les fonctions qui leur sont attribuées; en un

Vérifications
Loi, a 90

Layettes
et vêtures
Soins

Vaccine

Ecoles
Catéchisme

Travail

Retrait

Comités
de patronage

Visiteurs

Loi

57.

26ᵉ SÉANCE

Simple
surveillance

Tutelle
Loi, a 97

Sous-inspecteur
Tutelle
Bureau
d'admission

Loi, a 98

mot, si tous les vœux et toutes les prescriptions de la loi sont fidèlement et convenablement remplies.

Sur une observation de M. NICOLAS, il est expliqué que la recherche de l'inspecteur en ce qui concerne les comités cantonaux consiste dans un avertissement, et nullement dans une surveillance.

M. LEFRANC donne lecture de l'article 9, qui est adopté sans réclamation.

RÉSOLUTION.

ART. 9.

Les inspecteurs remplissent, en outre, tous les devoirs imposés aux tuteurs par les lois, et transmettent au conseil de famille, par l'intermédiaire du préfet, la partie de leur rapport qui pourrait intéresser la tutelle de l'Enfant.

M. LEFRANC donne lecture de l'article 10. Il explique que l'on refuse au sous-inspecteur le droit d'exercer la tutelle, qui est dévolue exclusivement à l'inspecteur, et qu'ensuite on lui refuse le droit de faire partie du bureau d'admission, afin de ne pas multiplier le nombre des personnes qui reçoivent la confidence du secret.

L'article 10 est adopté.

RÉSOLUTION.

ART. 10.

Les sous-inspecteurs remplissent les mêmes fonctions que les inspecteurs et sous la direction de ces derniers, sans toutefois exercer directement la tutelle ni faire partie des bureaux d'admission

M. LEFRANC donne lecture de l'article 11, qui est adopté sans réclamation.

RÉSOLUTION.

ART. 11.

Les inspecteurs et les sous-inspecteurs rendent compte de leurs
travaux et de leurs visites par des rapports mensuels adressés par
eux directement au préfet.

*Rapports mensuels
Loi, a 90*

Ils font, en outre, un rapport général annuel, que le préfet soumettra au conseil général et dont il adressera un double au ministre de l'intérieur.

Rapports annuels

M. Alfred BLANCHE :

Je prends l'occasion de cet article pour arrêter quelques instants l'attention
de la Commission sur une idée indiquée par M. Smith.

Je regrette que l'état des finances, soit de l'État, soit des départements, ne
permette pas de faire aussi bien pour le service des Enfants trouvés que pour
le service des chemins vicinaux. J'aurais désiré que, de même que pour ce
service il y a dans un certain nombre de départements un agent voyer en
chef et des agents voyers cantonaux, il fût possible, pour le service des Enfants trouvés, de placer auprès de chaque hospice dépositaire un sous-inspecteur.

*Insuffisance de l'organisation

Analogie avec le service voyer*

C'est aussi maintenant qu'il est à propos de soumettre à la Commission une
observation d'une certaine importance. Peut-être cette observation ne doit-
elle pas donner lieu à l'insertion d'un article formel dans le projet de loi;
mais il ne serait pas sans intérêt qu'elle trouvât sa place dans le rapport qui
précédera le projet.

Dans plusieurs départements, où des inspecteurs départementaux du service des Enfants trouvés ont été créés, ces inspecteurs sont en même temps
chargés de l'inspection des établissements hospitaliers existants dans le département; mais cette partie de leurs attributions ne s'est exercée ni partout
ni toujours sans quelque difficulté. Les commissions des hospices, composées
le plus souvent de personnes notables de la localité et exerçant gratuitement

Inspection des établissements de bienfaisance

leurs fonctions administratives, ont parfois résisté à la surveillance d'un agent salarié et trop souvent subalterne. Cette inspection, cependant, ne peut être que très-utile au bon exercice de la charité publique, et il y a tout lieu d'espérer que la nouvelle organisation du corps des inspecteurs départementaux donnera toutes les garanties désirables.

Objection

M. DE WATTEVILLE répond qu'il ne regarde pas comme utile l'inspection des hospices par l'inspecteur des Enfants adoptés; il suffit de la laisser dans le domaine des inspecteurs généraux.

M. DURAND-SAINT-AMAND :

Faculté de mission spéciale

L'inspecteur départemental pourra toujours visiter dans l'hospice tout ce qui est relatif à la spécialité des Enfants adoptés. Quand, sur son passage, il rencontrera des abus, nul doute qu'il aura le devoir de les signaler au préfet, qui avisera.

Au surplus, nous ne devons pas perdre de vue que nous faisons une loi spéciale sur les Enfants admis par l'hospice, mais non une loi sur les hospices.

M. VALENTIN-SMITH fait observer que les inspecteurs généraux des établissements de bienfaisance restent plusieurs années sans paraître dans un département; alors en l'absence d'inspection locale, le préfet doit avoir la faculté de déléguer l'inspecteur des Enfants adoptés, lorsqu'il y a nécessité.

La résolution suivante est adoptée à 5 voix contre 3 :

RÉSOLUTION.

Loi, a 100

La Commission, sans prendre de résolution positive, admet que le préfet pourra, s'il en éprouve le besoin, employer l'inspecteur ou le sous-inspecteur à des missions spéciales ayant pour objet la vérification des abus qui pourraient lui être signalés dans les administrations des hospices ou bureaux de bienfaisance, à la condition que ces missions ne détourneront en rien ces fonctionnaires de leurs devoirs, et qu'ils y seront employés, non en vue d'une

économie toujours nuisible au service, mais pour le mieux du
service lui-même.

M. Victor LEFRANC donne lecture de l'article 12 ainsi conçu :

« Des visiteurs ou visiteuses sont chargés de la visite à domicile des filles
mères et des Enfants secourus.

« Ils exercent près d'elles la même surveillance que l'inspecteur et le sous-
inspecteur du département.

« Ils peuvent être salariés »

M. GIRAUD :

Ce qui me paraît le plus sage, c'est de faire revivre le règlement du Conseil d'État du 21 juillet 1670 (1), aujourd'hui tombé en désuétude, lequel
instituait des dames de charité chargées de visiter les Enfants abandonnés.
de veiller sur leur santé, sur la direction de leurs habitudes et sur la conservation de leurs mœurs; les dames de charité devaient surtout veiller sur
les Enfants mis en nourrice. Les conditions sociales ne sont plus aujourd'hui
ce qu'elles étaient sous le règne de Louis XIV; mais le principe de l'ordonnance de 1670 est excellent : plus vous relèverez les fonctions de la surveillance de la charité, plus les résultats en seront satisfaisants. A mon sens,
c'est dans les classes les plus élevées de la société qu'il faudrait chercher
l'assistance dont nous nous occupons : nous y trouverons tout à la fois la
considération publique, l'aptitude convenable, le loisir de faire le bien, et
le respect que commande un grand dévouement de charité.

M. NICOLAS :

Autre chose est de visiter la misère, et autre chose de visiter le vice.

Nul doute que les dames de charité refuseraient de se rendre auprès de la
fille mère, de peur d'y rencontrer le complice de ses fautes Leur charité ne
s'exercera jamais qu'autant qu'en portant des secours matériels, elles auront
l'espérance de pouvoir porter aussi des secours moraux et religieux.

M. GIRAUD :

La charité peut tout, c'est là sa grande et sublime mission; elle sait faire

(1) Voir, tome II, page 747, le règlement du 21 juillet 1670

taire les répugnances quand il le faut, et ne perd jamais l'espérance de ramener dans la voie du bien les malheureuses qui s'en sont écartées. Toute
difficulté disparaîtrait devant le caractère élevé des personnes qui rempliraient
ce devoir charitable; et, quant aux femmes qui vivraient dans un désordre
scandaleux, on ne trouverait point auprès d'elles des Enfants confiés à leurs
soins et soutenus par la charité publique.

M. DURAND-SAINT-AMAND :

Réponse

Je maintiens la proposition de l'article 12 sur les visiteurs et visiteuses dont
le principe est déjà posé dans l'article 5 de notre projet sur le secours aux
filles mères.

Il s'agit de tendre la main à la misère. Qui mieux qu'une dame de charité
peut aider, soutenir, relever la malheureuse femme qui est déchue sans être
vicieuse? Et celle qui est le plus tombée, qui mieux encore que la dame de
charité peut la conseiller, l'exhorter, elle est toujours si respectable et toujours si écoutée !

Visiteurs salariés.

Il y a après cela, dans cette mission, des comptes à établir; il faut s'assurer
que l'argent compté a bien reçu sa destination; il faut un contrôle. Or tout
contrôle ne peut se faire que par des visiteurs salariés.

Il peut y avoir encore telle circonstance, tel pays, où l'on sera obligé de
recourir à des visiteurs également salariés, lorsque, par exemple, on n'en
trouvera pas qui veuillent se charger gratuitement de cette mission.

Et pourquoi non? Pourquoi refuserait-on une rétribution convenable à une
mère de famille, qui ne peut pas sacrifier son temps sans recevoir un légitime
salaire?

M. GIRAUD :

Objections

Il convient, suivant moi, que la visite reste entièrement dans le domaine de
la charité; autrement, elle pourrait manquer le but que l'on veut atteindre

Si vous inscrivez dans la loi la faculté de créer une place, soyez sûrs qu'elle
sera infailliblement et promptement créée, et ne comptez pas que ce sera
celui qui offrira le plus de garanties qui sera le plus certain de l'obtenir.

M. BLANCHE :

Objections

J'appuie la pensée de M. Giraud; je ne partage pas les craintes de M. Nicolas: il ne manquera pas de femmes, convenablement placées dans la société,

toutes prêtes à se prêter a une œuvre aussi essentiellement charitable que celle dont il s'agit; elles voudront bien ne pas penser, comme on a le tort de le croire, que les secours aux filles mères sont une prime pour le vice; elles y verront, au contraire, comme nous, une œuvre de régénération morale, régénération qui se produira d'autant mieux, que le patronage qui entourera la fille mère sera plus convenable, et qu'il promettra tant à la mère qu'au père de l'Enfant un appui pour leur vie améliorée et devenue laborieuse, s'ils prennent les liens du mariage.

Quant aux visiteurs et visiteuses salariés, malgré les restrictions de M Durand-Saint-Amand, ce système offre plus d'un inconvénient, entre autres celui de familiariser l'esprit des populations, grâce à une organisation aussi régulière et aussi solide, avec l'idée de l'existence officielle des filles mères.

M. Victor LEFRANC met aux voix la question posée par M. Durand-Saint-Amand. La Commission décide que les fonctions des visiteurs et visiteuses peuvent être salariées dans le cas où il ne serait pas possible d'avoir des visiteurs ou des visiteuses gratuites.

Salaire facultatif

M. VALENTIN-SMITH demande par qui seront nommés les visiteurs et visiteuses.

Nominations

M. DE WATTEVILLE dit que c'est par le préfet

M. BLANCHE :
Leur nomination devrait avoir lieu par le préfet, sur la présentation du comité cantonal.

Présentation

M. DE WATTEVILLE :
Je vois dans la présentation du comité cantonal tous les inconvénients de l'esprit de localité.

Inconvénients

La Commission décide que les visiteurs et visiteuses seront nommés par le préfet.

M. Victor LEFRANC met aux voix l'ensemble de l'article 12. qui est adopté dans les termes suivants :

I.   58

26ᵉ SEANCE.
—

RÉSOLUTION.

CHAPITRE III.

Visiteurs et visiteuses.

ART. 12.

Loi, a 101

Des visiteurs ou visiteuses peuvent, en outre, être chargés de la visite à domicile des filles mères et des Enfants secourus.

Ils exercent près d'elles la même surveillance que l'inspecteur et le sous-inspecteur du département.

Leurs fonctions peuvent être salariées dans le cas où il n'y aurait pas possibilité d'avoir des visiteurs ou visiteuses gratuits.

Ils sont nommés par le préfet.

Comités cantonaux de patronage

CHAPITRE IV

Comités cantonaux de patronage (1).

M. Victor LEFRANC met aux voix l'article 13, qui est adopté sans réclamations.

RÉSOLUTION.

CHAPITRE IV.

Comités cantonaux de patronage

ART. 13.

Loi, a 102
Nomination

Le comité cantonal de patronage est nommé par le préfet.

Membres de droit

Le juge de paix, le curé de canton et un membre du conseil cantonal doivent de droit en faire partie.

Femmes

Les femmes pourront faire partie du comité cantonal.

_____

(1) Voir tome II, pages 747 et suivantes

M. Victor LEFRANC donne lecture de l'article 14, qui est adopté sans récla- mation

RÉSOLUTION.

ART. 14.

Le comité cantonal de patronage a pour mission de protéger l'Enfant dans toutes les circonstances de sa vie.

Ses fonctions sont essentiellement gratuites.

Fonctions
Loi, a. 102.

Loi, a. 104

L'ensemble du projet est adopté.

La séance est levée et renvoyée à vendredi 16 novembre, 8 heures du soir, pour traiter les points omis et les questions réservées.

Le Secrétaire de la Commission,
VALENTIN-SMITH.

Le Président de la Commission,
Victor LEFRANC

27ᵉ SÉANCE.

Vendredi 16 novembre 1849, 8 heures du soir

Présidence de M. Victor LEFRANC.

Présents :

MM. Victor LEFRANC, président; DURAND-SAINT-AMAND, DE WATTEVILLE, GIRAUD, Alfred BLANCHE, BAILLEUX DE MARIZY; VALENTIN-SMITH, secrétaire; Louis HAMELIN, secrétaire adjoint.

Absents :

M. DE LURIEU, pour cause de service public; M. NICOLAS.

Le procès-verbal de la précédente séance, du 12 courant, est lu et adopté.

58.

27ᵉ SEANCE
—

ORDRE DU JOUR.

Points omis. — Questions réservées. — Complément des travaux de la de la Commission.

Résumé
des travaux
accomplis

Nécessité
d'une révision

M. Victor LEFRANC, président, après avoir résumé dans une courte exposition les points traités jusqu'à présent par la Commission, appelle l'attention de chacun sur les lacunes que pourrait offrir ce premier travail et sur les dispositions qu'il laisse encore à désirer pour que la question des Enfants trouvés soit traitée aussi complétement que possible.

Omissions
Ajournements
Coordination

Recherche des dispositions omises, examen des questions ajournées;

Coordination des dispositions adoptées pour leur donner la forme convenable ;

Revision finale

Révision du tout pour la rédaction définitive. Tel doit être maintenant l'objet de nos déliberations.

Il n'est pas besoin, Messieurs, de faire ressortir toute l'importance de ce travail, et combien la partie de notre tâche qui nous reste à accomplir exige une attention serieuse et soutenue.

En reprenant la question dès son principe, c'est-à-dire dès la naissance de l'Enfant, j'ai à vous signaler des points qu'il me paraîtrait désirable de régler.

Declaration
de naissance

En ce qui concerne les déclarations de naissance, je vous propose de prescrire des précautions de nature à les assurer et à faciliter les vérifications des inspecteurs généraux et départementaux, et de toutes autres autorités. Le registre matricule peut nous aider beaucoup en cela.

La Commission adopte cette idée, ainsi formulée :

RÉSOLUTION.

Registre
matricule

Visa

Loi, a 50.

Une case sera réservée dans le registre matricule; elle recevra le visa de l'officier de l'état civil, constatant la déclaration de naissance.

M. BAILLEUX DE MARIZY demande s'il ne conviendrait pas de s'occuper des soins à donner à l'Enfant depuis l'âge de quinze ans jusqu'à sa majorité.

M. Victor LEFRANC répond qu'il y a déjà été pourvu en partie dans le chapitre de la tutelle; que, d'ailleurs, plusieurs questions relatives à cette dernière période du temps où l'Enfant demeure à la charge de la bienfaisance publique, comme celle de son éducation par les colonies agricoles, s'il y a lieu, celle de son émancipation, de son mariage, etc., sont omises ou réservées; mais que ces questions se trouveront traitées à leur rang dans la révision que la Commission commence aujourd'hui.

A cette occasion M. le président appelle d'une manière toute spéciale la collaboration de ceux des membres de la Commission qui ont eu à s'occuper personnellement des colonies agricoles, et leur demande d'étudier ce qu'il est possible de régler relativement à ce mode d'instruction.

M. Victor LEFRANC propose d'examiner maintenant la question relative aux *Maisons charitables d'accouchement.*

Plusieurs fois, dit M. LEFRANC, cette question s'est présentée : l'examen en a été ajourné; aujourd'hui elle peut être utilement discutée. Nous lui assignerons, d'ailleurs, la place qui lui convient, à la suite sans doute des dispositions relatives aux Maisons d'accouchement ouvertes à titre onéreux.

Nous avons déjà admis en quelque sorte le principe du traitement des femmes en couches dans les hospices. Cette disposition devait être reproduite en tête du chapitre des *Maisons charitables d'accouchement.* Nous avons tous senti la nécessité de cette institution; elle devient impérieuse dans le système de notre mode d'admission. C'est le premier asile charitable à ouvrir pour les femmes indigentes arrivées au terme de leur grossesse; c'est aussi celui qui nous présente le plus de garanties, parce qu'il appartient déjà à l'Administration qui le dirige, qui l'inspecte, qui y entre à toute heure, qui en fait faire le service par ses agents.

Toutefois, au point de vue de l'accouchement, nous entendons soumettre l'hospice aux précautions que nous demandons avec plus d'insistance encore pour les Maisons d'accouchement qui seraient ouvertes et dirigées par des particuliers à titre gratuit ou onéreux.

Il ne faut pas que la charité ou la spéculation se puissent faire un titre de la bienfaisance ou de l'intérêt pour abriter la fraude.

Et d'ailleurs ces prescriptions n'ont rien de blessant de leur nature. Ce que la loi impose à tous n'abaisse personne, pas même la charité.

Partout où pourra être le secret, la misère, compagne et cause de l'abandon, il faudra le serment, la confidence, l'appréciation, le secours, la peine contre le mensonge et contre l'abandon ou la suppression d'état.

Mais, par cela même qu'il y a exercice de la charité désintéressée, de la charité vraiment gratuite, nous avons déjà une garantie, une forte probabilité de la moralité de l'établissement : cela nous permet de nous montrer moins rigides, ou, si l'on veut, moins soupçonneux envers ceux qui le dirigent. Ainsi

je vous proposerai d'exempter les directeurs de ces établissements de la production personnelle des titres scientifiques. Il est évident que les opérations ne seront faites dans ces maisons mêmes que par des gens de l'art offrant des garanties de capacité; et, d'ailleurs, on peut en faire une obligation expresse.

Si, dans l'espèce, je considère la vocation charitable comme l'équivalent de la vocation scientifique, c'est en raison surtout des conditions de moralité que je suppose à l'avance dans des établissements charitables.

Et, d'ailleurs, il ne s'agit encore, jusqu'à présent, que de la mère et des opérations matérielles que nécessite son accouchement.

Dès qu'il s'agit de l'Enfant, de son dépôt à l'hospice, s'il y a lieu, j'entends bien n'exempter personne, pas même l'hospice, des formalités prescrites dans l'intérêt de cet Enfant.

Ici notre sollicitude doit être plus en éveil : ce n'est plus une défiance injurieuse que nous témoignons envers la charité, soit organisée par l'administration publique, soit agissant sous une direction privée; c'est une protection que nous lui accordons contre elle-même, pour la préserver des entraînements auxquels une pitié plus sentimentale que réfléchie pourrait la conduire.

La charité est quelquefois aveugle. Celle que la loi autorise ou emploie doit savoir se plier à ses règles, se mettre même à la tête des commandements de la loi.

Toutes deux y gagneront en force, en intelligence, en autorité, en fécondité

Tels sont en résumé, Messieurs, les motifs des dispositions que j'ai formulées sur cette matière, et que je soumets à votre appréciation, avec la rédaction suivante, dont le caractère est essentiellement provisoire et destiné à recevoir toutes les modifications que la discussion fera juger nécessaires.

Art. 1ᵉʳ. Les femmes en couches seront admises dans les hospices aux mêmes conditions que les autres malades. Il pourra même, sur autorisation spéciale du Gouvernement, y être établi des chambres secrètes d'accouchement

Les supérieures et Commissions administratives des hospices seront soumises aux prescriptions et pénalités de la présente loi.

Art 2 Toutes les fois qu'il sera établi une Maison charitable d'accouchement, ou qu'un hospice admettra des femmes en couches, la Maison ou l'hospice devront se conformer aux prescriptions relatives aux Maisons d'accouchement.

Art. 3 Toutefois, le diplôme scientifique ne sera pas exigé, il pourra être suppléé par lettres d'obédience, décret d'autorisation ou tous autres moyens équivalents.

Art 4. Les directeurs et fonctionnaires de ces Maisons ou hospices procéderont comme tous autres à l'égard de la mere et de l'Enfant, ainsi que devant le secrétaire de l'hospice ou le bureau d'admission.

Art 5. Les lettres d'obédience ne seront admises et les autorisations ne seront accordees qu'autant que l'institution aura pour statuts, pour principe, pour base et pour but la suscitation du sentiment de la maternité, le respect des droits de la filiation, la propagande de l'expiation et de la réhabilitation de la mere par l'aveu, l'allaitement, la reconnaissance de son enfant; en un mot, le respect et l'observation de la loi

Art 6 Les contraventions au paragraphe précédent seront, suivant les cas, punies des peines portées contre la suppression d'etat ou le délaissement.

M. BLANCHE :

Je crains que la manière dont M. Lefranc a formulé sa proposition ne prête à cette proposition des conséquences qui, j'ai tout lieu de le croire, iraient au dela de la pensée de notre honorable président. Je pense que nous serons tous d'accord sur ce point, que l'engagement religieux contracté par telle ou telle personne ne donne ni la capacité ni les garanties médicales, et il faut qu'il soit bien entendu que, dans aucune maison privée ou publique, à titre onéreux ou charitable, les accouchements et opérations ne pourront être faits que par personnes ayant *ad hoc* capacité spéciale, étant pourvues du diplôme scientifique.

Puisque j'ai fait cette observation, je la compléterai en disant que, pour une matière qui nous est étrangère, mais qui est une des grandes questions du moment, celle de l'instruction publique, la formule, je le répète, de la proposition ou plutôt de l'exposé de motifs de M. Lefranc, permettrait de supposer que, dans l'opinion de notre commission, les lettres d'obédience tiennent lieu de tout. Quant à moi, je désire faire toutes réserves à cet égard.

M. Victor LEFRANC :

Il s'en faut que ce soit là ma pensée J'ai voulu dire seulement que la vocation charitable me présentait l'équivalent des garanties de *moralité*, que j'étais intimement persuadé qu'il ne se commettrait pas dans ces maisons de crimes contre la vie de la mère ou contre celle de l'enfant.

Lorsqu'il s'est agi des Maisons privées d'accouchement établies à titre onéreux, il a été décidé que le directeur ou la directrice devaient justifier d'un titre médical, afin que la responsabilité, au cas d'accidents graves, n'eût pas à s'égarer de la personne du directeur à celle du médecin, et réciproquement.

Ici ma confiance est plus complète à cet égard; néanmoins, je suis prêt à ajouter la prescription formelle qu'un médecin devra être attaché spécialement à l'établissement charitable d'accouchement. Cela se ferait sans la prescription, il n'y a pas de doute, mais cette prescription est une garantie bonne à prendre.

J'insisterai, d'ailleurs, sur les précautions que j'ai cru devoir prendre dès qu'il s'agit de l'abandon de l'enfant.

Je crains, sur ce point, les inspirations d'une charité ou plutôt d'une compassion aveugle, et voilà pourquoi j'ai demandé que, pour l'enfant sorti des Maisons charitables d'accouchement et présenté à l'hospice, il soit exigé les mêmes déclarations, prescrit les mêmes serments, pris les mêmes précautions que pour tout autre.

A la suite de ces observations, M. Victor LEFRANC modifie la rédaction de l'article 3 du projet, qu'il présente de la manière suivante :

« Toutefois, le décret d'autorisation pourra dispenser le directeur du « diplôme scientifique, à la condition d'exiger qu'un médecin, nommé comme « ceux des hospices, sera attaché à l'établissement. »

M. DE WATTEVILLE fait observer que le projet ne s'explique pas suffisamment sur la nature des Maisons charitables d'accouchement dont il parle

Ces établissements charitables seront-ils publics ou privés?

La différence est grande et importante à établir.

Avec les établissements publics, la surveillance est possible, la responsabilité se conçoit; avec les établissements privés, la surveillance est impossible, la responsabilité illusoire.

En dehors de Paris, où les moyens de surveillance sont plus complets, les agents plus actifs, si des fraudes sont commises en matière de dépôt d'enfant, comment découvrir, atteindre le coupable? qui rendrez-vous responsable?

M. Victor LEFRANC :

Sera responsable quiconque présentera l'enfant d'où qu'il vienne; autrement il n'y a pas le moindre doute que les femmes légitimes, coupables d'une faute, s'empresseraient d'aller l'ensevelir dans l'ombre, en faisant leurs couches à l'hospice ou dans les établissements charitables. Ce n'est pas un asile de cette nature que nous entendons ouvrir; aussi sommes-nous en garde contre ces fraudes par les prescriptions maintenues en ce qui concerne le dépôt de l'enfant, s'il y a lieu, après l'accouchement de la mère.

M. BAILLEUX DE MARIZY :

Il y a, en effet, une différence à établir entre les établissements publics et les établissements privés d'accouchement. J'entends parler des établissements gratuits dans les deux cas.

Il me paraît utile de les réglementer séparément; il me paraît nécessaire de fonder, dans de certaines conditions, des établissements publics d'accouchement, et d'encourager en même temps la charité privée dans les efforts qu'elle peut vouloir faire pour la fondation de semblables établissements.

Il me paraît juste d'encourager et d'exciter, au moyen de certaines exemptions, par certaines marques de confiance, l'établissement de ces Maisons privées d'accouchement fondées et dirigées sous l'inspiration de la charité religieuse, précisément parce que leur principe même est de nature à inspirer plus de confiance, à donner plus de sécurité.

M. Alfred BLANCHE :

Avant de passer outre à la discussion, je demanderai aux divers membres de la Commission s'ils connaissent aujourd'hui quelque établissement privé et gratuit d'accouchement? Pour moi, je n'en connais pas; je ne parle pas, bien entendu, des hospices : ce sont des établissements publics; je parle des maisons privées qui reçoivent à titre gratuit pour l'accouchement : en existe-t-il quelque part un seul de cette nature?

De toutes parts il est répondu négativement.

M. BLANCHE reprend :

Je tenais à cette constatation, car, à mon avis, la seule prévision par notre loi de la création possible de ces établissements me paraît offrir de sérieux dangers, et je suis très-enclin à penser qu'il vaudrait beaucoup mieux n'en rien dire, ne pas les prévoir; aujourd'hui il n'y en a pas, et je ne vois, en vérité, pour l'avenir, aucun motif d'en ouvrir, si ce n'est dans le but d'éluder notre loi.

Impossibilite d une surveillance suffisante

Vous avez des établissements privés d'accouchement qui sont le produit, la mise en œuvre d'une industrie : ceux-là, vous vous proposez de les surveiller, et pour de bonnes raisons

Vous pouvez avoir des établissements publics d'accouchement; ceux-là, parce qu'ils seront publics, vous les pourrez surveiller encore : c'est le droit et le devoir de l'Administration; là encore vous pouvez, à chaque instant, poursuivre la fraude ou le crime, tous les divers délits contre l'Enfant s'ils y cherchaient un asile.

Mais, je le demande, et sans avoir besoin, je crois, d'y insister davantage, cette surveillance, quelques précautions que vous preniez dans la loi, sera-t-elle possible, sera-t-elle sérieuse dans une Maison charitable d'accouchement tenue par une congrégation, où la charité et la religion seront chez elles, et où elles vous diront comme cela est arrivé en plus d'une circonstance: Qu'y venez-vous faire ?

Chambres d accouchement

J'ai demandé l'établissement de chambres d'accouchement dans les hospices; mais il y a là certes une autre pensée, celle d'un secours à donner à l'indigence, d'un asile ouvert au malheur, et non d'une retraite assurée au vice ou à l'impunité.

Hospices

Les hospices sont des établissements essentiellement publics, des établissements organisés et administres.

Je n'ai pas besoin d'insister sur les garanties que présente un tel genre d'établissement.

Maisons privees Onereuses Gratuites

Mais, en dehors de cette surveillance, possible seulement sur les établissements privés à titre onéreux régis par la loi ou les établissements publics administrés par l'autorité, je ne vois que dangers, que moyens, même avouables à certains points de vue, d'éluder la loi Voilà pourquoi je voudrais éviter même d'en susciter la pensée.

M. DE WATTEVILLE :

C est ressuscitei le Tour

J'appuie complétement toutes les considérations que vient de présenter M. BLANCHE.

Je suis tout à fait de son avis sur cette question, et ma conviction est que créer des établissements privés d'accouchement à titre gratuit, c'est à peu près, sous une autre forme, ressusciter les Tours

M. BAILLEUX DE MARIZY :

Je persiste dans le sentiment que déjà j'avais exprimé quand il s'est agi de réglementer les Maisons d'accouchement à titre onéreux.

Je m'étonnai alors de toutes les exigences de la Commission à l'égard des personnes qui entendaient élever, à leurs périls et risques, un établissement destiné aux accouchements ; ce luxe de précautions me paraissait une atteinte portée à l'industrie particulière.

Mais, enfin, je m'en consolai en pensant que la charité privée pourrait suppléer à ce que n'offrirait pas l'industrie Je demandai dès lors des conditions différentes pour les établissements charitables fondés et dirigés par la pensée religieuse. Je compris que, s'il y avait un privilége possible, il devait être réservé à ceux qui vraiment le méritaient, dont les intentions ne pouvaient être suspectées. Je vis, dans cet ordre d'idées et de prescriptions, une compensation à la restriction que nous apportions à la liberté des professions, et c'est cette compensation que certainement je réclamerais aujourd'hui.

Privilèges de la charité privée

Loin de craindre d'appeler, d'éveiller la pensée religieuse à la fondation des établissements charitables dont nous parlons, je voudrais l'y convier, l'y exciter.

Religion

Si je puis admettre une sorte de suspicion envers l'élément industriel agissant en vue du lucre, je ne puis concevoir les mêmes inquiétudes à l'égard des maisons religieuses ; aussi je ne vois plus ici l'ombre d'un prétexte pour ne pas dispenser les directeurs de la production d'un titre médical, et je crois que cet encouragement à la charité religieuse sera l'un des meilleurs résultats de notre loi

M. VALENTIN-SMITH ·

Je n'aperçois pas dans la création d'associations religieuses, se dévouant à l'exercice charitable des accouchements, les mêmes dangers que M. BLANCHE.

A Metz, une association de cette nature se livre, dans des vues de charité,

L'exemple des sœurs de la Charité maternelle, a Metz

à cette pratique, avec les meilleurs résultats à tous les points de vue de la charité sociale.

Cette association, placée sous la surveillance de la commission administrative des hospices de Metz, était, dans le principe, composée de huit sœurs, dont quatre sont pour l'intérieur de l'hospice et quatre pour les accouchements et accidents du dehors.

Aux termes de l'article 1ᵉʳ de leurs statuts : « Les sœurs de la Charité ma-« ternelle sont établies pour accoucher les femmes pauvres, pour leur porter « toutes sortes de secours, pour vacciner et soigner, dans le cas de maladies, « leurs petits Enfants, et visiter les pauvres malades a domicile dans les cam-« pagnes. »

Aux termes de l'article 4 de l'ordonnance royale du 2 décembre 1814, qui approuve cette association : « Les sœurs ne pourront pratiquer les accouche-« ments hors de l'hospice de la Maternité de Metz, qu'après avoir été reçués « sages-femmes dans les formes établies par la loi. »

Une lettre du préfet de la Moselle, du 30 juin 1845, explique que le nombre des sœurs de la Maternité de Metz est aujourd'hui de dix-huit, et il ajoute que *ce nombre est insuffisant pour répondre aux besoins des habitants de la ville de Metz et de la campagne.*

Les sœurs de Metz sont placées sous la direction de vingt-quatre dames de cette ville, qui forment entre elles la société de Charité maternelle; et ce sont ces dames qui visent les bulletins donnant droit à l'accouchement gratuit des sœurs.

Loin que l'on doive redouter de semblables associations, il me semble, au contraire, qu'il n'y aurait que des bienfaits a recueillir de leur propagation.

Je me bornerai donc à demander certaines conditions pour l'ouverture de ces Maisons charitables d'accouchement fondées et dirigées à titre gratuit.

Je m'expliquerais, d'ailleurs, difficilement comment on pourrait interdire à la bienfaisance une œuvre aussi utile que celle de l'assistance des femmes pauvres en couche, lorsqu'on proclame généralement, et avec tant de raison, la nécessité d'élargir les diverses voies de la charité privée, et lorsque nous-mêmes, dans le cours de nos travaux, nous avons eu si souvent à constater combien cette partie de l'assistance laissait à désirer.

Il paraît que l'utilité des sœurs de la Charité maternelle de Metz est appréciée même à l'étranger, puisque, en 1844, l'ambassadeur de Belgique crut

devoir s'adresser au ministre de l'intérieur à l'effet d'obtenir pour l'hospice
de Tournay deux sœurs de cette association.

Il va sans dire qu'il ne saurait suffire du titre religieux pour fonder de sem- Garanties
blables institutions, la loi n'autorisant, d'ailleurs, aucune association religieuse,
si elle n'a été approuvée. Les conditions que le Gouvernement pourra toujours
imposer pour l'obtention de l'autorisation répondent suffisamment à toutes
les craintes que l'on pourrait concevoir, tout en laissant subsister le bienfait

M. DE WATTEVILLE relève une erreur dans les indications données par
M. SMITH relativement à l'institution des dames de Metz.

Ces dames ne sont autres que les dames de la société Maternelle fondée
en 1810.

Leur institution n'a pas d'analogie avec celles dont il s'agit en ce moment;
si peu, qu'il leur est interdit de s'occuper des filles mères, tandis que c'est
surtout des filles mères que nous avons à nous préoccuper.

M. DE WATTEVILLE pense que ce qu'il y a de plus utile dans le projet pré- Femmes
sentement en discussion, c'est la prescription faite aux Hospices de recevoir en couches
les femmes enceintes pour y faire leurs couches. Hospices

Aujourd'hui cela n'est pas possible à obtenir, et cette création sera un
grand bienfait.

Vous comptez, dit M. DE WATTEVILLE, sur le zèle religieux pour l'accom- Zèle religieux
plissement de la tâche délicate que vous pensez à lui confier; eh bien, je
crois que cette tâche sera fort mal remplie. Nous n'avons qu'à prendre pour
exemple les établissements d'aliénés tenus par des corporations religieuses:
ce sont précisément les moins bien tenus.

M. GIRAUD :

Mon opinion ne saurait être douteuse sur le point spécial de la question
qui nous occupe.

Il s'agit d'appeler des corporations religieuses à fonder et à diriger des
Maisons d'accouchement.

Je me suis déjà élevé avec force contre la pensée de l'emploi des ordres Incompatibilité
religieux à l'exercice d'un pareil ministère : je ne connais pas de meilleur morale

moyen pour compromettre et déconsidérer leur caractère, pour exposer même leur vertu à de tristes naufrages.

Je m'afflige vraiment de voir M. BAILLEUX DE MARIZY persévérer dans l'idée de faire une application si imprudente du zèle religieux

Vous avez entendu parler d'hommes habitués dès longtemps à une vie austère, à la pratique de vertus exemplaires, et qui ayant tenté, par zèle religieux, cette entreprise si périlleuse de se mettre en contact, non plus avec la misère pour la soulager, mais avec le vice, pour l'arracher à ses souillures, et qui n'ont rapporté de ces tentatives que les railleries des malins ou les calomnies des pervers. Vous avez parlé de la surveillance de l'État : croyez-le bien, elle ne ferait qu'ajouter une folie à une folie; et, d'ailleurs, les corps religieux n'en voudraient pas.

En matière d'instruction publique, elle est ordonnée; elle n'est point accomplie; elle n'existe que sur le papier.

Ainsi, au point de vue moral, au point de vue religieux, au point de vue politique, au point de vue administratif, partout des inconvénients, des dangers, dans une semblable création. Il ne suffit pas que le zèle soit pieux, il faut encore qu'il soit prudent et réfléchi, pour faire le bien. Du reste, je suis bien assuré que jamais la sagesse de l'Église ne permettrait de semblables expériences. Permettez que je dise toute ma pensée : le ridicule seul tuerait votre projet, s'il était produit au grand jour

M. DURAND-SAINT-AMAND :

Je suis touché profondément de ces considérations; mais, enfin, si tous ces dangers sont réels et inévitables, il faut presser la pensée jusqu'au bout; il faut aller jusqu'à interdire.

M. GIRAUD :

Soit! La question posée en ces termes, je n'hésiterais pas à interdire

M. VICTOR LEFRANC :

Il ne faut, je crois, ni décourager ni provoquer l'entreprise, qui peut avoir son utilité pour le public en même temps que ses dangers pour ceux qui s'y dévouent.

Il faut prévoir le cas où cette œuvre s'accomplirait et lui demander des garanties qui en assurent l'exécution dans les vues de la loi

C'est la pensée de la charité qui vous guide, je le sais; mais il ne faut pas qu'elle vous aveugle sur des périls insurmontables : et vous voulez exposer à des périls certains les âmes les plus pures, des âmes d'élite dont la perte serait le plus regrettable!

Mais à qui donc voudriez-vous confier une pareille mission? A des hommes? Je viens de vous dire quels dangers les attendent : oserez-vous les y exposer? A des femmes, à des anges d'affection et de pureté! Et ne craignez-vous pas pour elles le contact impur au milieu duquel vous entendez les appeler à vivre? En trouverez-vous qui consentent à exécuter un dessein aussi périlleux?

Puis enfin j'admets, si vous voulez, que les chutes ne seront pas aussi nombreuses que je le redoute : comptez-vous pour rien la calomnie et la médisance?

Oh! prenez garde! vous rendriez là un mauvais service à la religion.

A Rome, je ne crois pas que de pareils établissements fussent admis, fussent tolérés.

Ils ne le seraient pas en France par les évêques.

Je pourrais vous citer l'exemple de saint Aldhème et de l'abbé de Fontevrault, admonestés par leurs évêques respectifs pour avoir entrepris une mission qui ne manquait pas d'analogie avec celle dont il s'agit, et qui, l'admonition ne suffisant pas, reçurent l'inhibition formelle de continuer leur œuvre imprudente : il s'agissait de convertir les filles perdues dans les mauvais lieux.

Par respect même, par considération pour l'esprit religieux, n'engageons pas dans une semblable voie ceux qui doivent en faire l'ornement et l'appui.

Vous demandez des priviléges, mais il ne faut pas vous borner à l'exemption du titre médical; il faut y ajouter l'exemption des visites de la police. Quel est l'ordre religieux qui voudra jamais s'y soumettre?

Cette visite en elle-même est presque une injure; elle comporte de sa nature une pensée de méfiance, et l'appât du lucre, comme on l'a dit, peut seul s'y soumettre. La corporation religieuse ne le voudra jamais.

D'un autre côté, pouvez-vous songer à laisser de pareilles maisons sans surveillance, fussent-elles tenues par des corporations religieuses?

Jamais je n'y consentirais comme législateur.

Ainsi, soit avec surveillance, soit sans surveillance, il y a danger à faire tenir de pareils établissements par des corporations religieuses.

Qu'il s'agisse d'un hospice, d'une maison particulière, peu importe quant aux précautions à prendre en ce qui concerne l'admission de l'Enfant, peu importe quant à la condition de surveillance. Cette surveillance doit pouvoir s'exercer aussi complétement et aussi efficacement dans un établissement que dans l'autre.

Il ne faut pas laisser le Gouvernement désarmé vis-à-vis de la création possible d'un de ces établissements : que, s'il s'en forme un, il soit soumis à l'autorisation ; que cette autorisation ne s'accorde que sur des conditions tracées a l'avance ; les précautions, du moins, seront prises, et le mal évité autant qu'il est donné à la prévision humaine de l'éviter. Voilà quel a été le but des dispositions qui vous sont soumises

M. DURAND-SAINT-AMAND :

Si des maisons religieuses d'accouchement se forment, le Gouvernement a le droit de les soumettre aux conditions qui assurent la bonne exécution de la loi

Mais c'est tout ce qu'il peut faire ; il ne peut pas aller jusqu'à interdire la formation de ces établissements.

On craint que les prescriptions de la loi ne soient éludées ; que la surveillance, par exemple, ne puisse être exercée sur ces établissements.

Eh bien, pour ce qui concerne les établissements d'aliénés d'Armentières et de l'Homelet dans le Nord, ces maisons, tenues par des religieux, sont publiques, sont ouvertes du moins à l'autorité.

J'ai pu très-facilement y pénétrer comme magistrat représentant de l'autorité

Je ne m'effraye qu'à demi de ces difficultés de la surveillance, malgré l'esprit d'opposition, j'ai presque dit de rébellion, qui s'est parfois rencontré dans certaines corporations religieuses, quand il s'agit d'obéir aux prescriptions de la loi, quand cette loi contrarie leurs sentiments

Mais je crois aussi que la solution de beaucoup de difficultés de cette nature tient au choix des agents employés par l'État. De bons choix sont souvent le meilleur moyen d'aplanir ces difficultés.

M. Alfred BLANCHE :

. Il ne s'agit ici ni des hospices, ni d'aucun établissement hospitalier ayant caractère public, qu'il s'appelle clinique, maternité, etc. Ceux-là, loin de

les combattre, j'en appelle l'organisation. Je veux que tout hospice soit tenu
de recevoir les femmes enceintes ; je veux que toute femme enceinte puisse
trouver, dans tous ces établissements, les soins que réclame sa position ; et
même, vous le savez, le secret, s'il le faut, dans une chambre particulière.
Mais la seule chose qui fasse question est celle-ci : prévoyant la création d'une
maison gratuite d'accouchement, faut-il la soumettre à telles ou telles prescriptions?

Eh bien, je dis qu'il y a quelque danger dans la position de la question   Danger
de poser
la question
elle-même. Personne ne songe à créer de ces maisons ; pourquoi en provo-
quer l'établissement? Pourquoi, quand elles n'existent pas encore, en appeler   D'éveiller
les idées
et en réglementer l'existence ? Cette prévision est un danger dans la plupart
des cas ; pourquoi y faire songer ?

C'est un danger, selon moi, même avec nos institutions actuelles. C'en
serait un bien plus grand si un gouvernement basé sur des principes différents (car enfin il est permis de supposer des vicissitudes dans un pays qui en
a tant traversé depuis un demi-siècle), si, dis-je, un gouvernement basé sur
des principes différents, au lieu de ne voir dans des établissements de diverse
nature diriges par des congrégations religieuses que des exceptions quelquefois désirables, très-honorables dans le plus grand nombre des cas (je me
suis toujours fait un devoir de le reconnaître), se laissait entraîner à faire de
l'exception la règle et à ne mettre à l'érection de maisons religieuses ni
règles, ni limites.

Il ne peut exister aujourd'hui que deux espèces d'établissements destinés
aux accouchements : ceux à titres onéreux, les maisons élevées par l'industrie
privée ; ceux à titre gratuit, les hospices ou autres établissements semblables.

Quant aux autres, je suis si convaincu des difficultés qu'ils présenteraient
pour la mise à exécution de la loi que nous venons de préparer, que j'aimerais mieux les interdire expressément que d'en indiquer la possibilité.

M. DURAND-SAINT-AMAND ·

Mais en a-t-on le droit ?

M. BLANCHE :

On ne pourrait contester sérieusement au Gouvernement le droit qu'il a
(droit qui pour lui découle d'un devoir) d'examiner s'il convient d'autoriser
la création de tel ou tel établissement charitable exerçant une action publi-

I.   60

que. Il en est ainsi, d'ailleurs, et sans contestations, en matière d'hospices.

J'ai été assez explicite à l'endroit des établissements religieux pour qu'on ne se méprenne pas sur ma pensée. Ce que je combats, c'est l'abus et non la pensée, l'inspiration première. Ce que je veux empêcher, c'est le péril que je prévois pour la loi que nous faisons. Précisément parce que, à tort, je le sais, elle rencontrera de l'opposition dans certains esprits, dans quelques consciences même, par préjugé, par prévention, je ne veux pas donner à ces préjugés, à ces préventions un moyen de se maintenir en engageant une lutte aveugle, une lutte à moyens détournés contre l'accomplissement de cette loi.

Préjugé.

M. Victor LEFRANC :

S'il en était ainsi, il n'y aurait qu'à effacer du chapitre déjà adopté des maisons d'accouchement les mots : « à titre onéreux, » et laisser ainsi les maisons d'accouchement qui se formeraient, à titre quelconque, sous le coup des mêmes prescriptions.

M. GIRAUD :

Cette suppression ne me paraît pas nécessaire. Toute maison privée d'accouchement s'élève naturellement à titre onéreux.

Il vaudrait mieux ne pas supposer le cas.

M. Victor LEFRANC indique la modification suivante :

Autorisation

« Il ne pourra être établi aucune maison d'accouchement, à titre gratuit, « qu'avec l'autorisation du Gouvernement. »

Il y a là, fait observer M. Victor Lefranc, une différence notable avec la simple déclaration.

Au moyen de l'autorisation, le Gouvernement est libre d'imposer telles conditions que bon lui semble, dans l'intérêt de l'exécution de la loi. Il peut stipuler toutes les garanties qui lui paraissent nécessaires, et, en cas d'inobservation, il fera fermer immédiatement la maison.

M. BLANCHE :

Je ne puis que le répéter, tout en demandant pardon à la Commission de le faire avec tant d'insistance, je vois un danger à indiquer dans la loi la pensée de la création d'établissements charitables d'accouchement. Car, ou je ne comprends rien au sentiment de la charité, à ses inspirations, aux inspirations des scrupules religieux, à la chaleur compatissante du cœur de la femme, ou l'œuvre de la maison charitable ne s'arrêtera pas à l'accouchement: on prendra intérêt à la femme, à l'enfant; après avoir aidé la mère à lui donner la vie, on ne voudra pas l'abandonner à la charité publique; on entreprendra de le mettre en nourrice, de l'élever; après avoir veillé sur son enfance, on voudra tout naturellement veiller sur son adolescence; on entreprendra quelquefois une tâche impossible, les ressources pourront faire défaut au bon vouloir Ne suis-je donc pas en droit de vous demander : Avec ce système de maisons charitables, savez-vous bien ce que deviendra l'enfant ?

M. DE WATTEVILLE :

Les 15/16ᵉ du temps il sera abandonné. La plupart des abandons vient de ces maisons-là.

M. Alfred BLANCHE :

Songez-y bien; en donnant place dans votre loi aux maisons charitables d'accouchement, vous rentrez dans un système que jusqu'ici vous avez combattu. C'est le premier pas dans une voie dont jusqu'ici vous vous êtes éloignés, et dans laquelle je reste décidé à ne pas vous suivre si aujourd'hui vous consentez à vous y engager.

M. Victor LEFRANC :

Je rappelle les dispositions de l'article 5, qui indiquent de la manière la plus formelle l'esprit de la loi.

En supposant que nous soumettions l'établissement des maisons charitables d'accouchement à l'autorisation, nous constatons toujours les conditions sous lesquelles seules cette autorisation pourra être accordée : « l'institution aura « pour statuts, pour principe, pour base et pour but la suscitation du sentiment « maternel, etc. »

Loi commune

But statuts, principe, objet

Nous n'entendons donc pas livrer l'autorisation sans garantie.

Ceci posé, il me paraît que le point sur lequel porte maintenant le débat est suffisamment arrêté dans son esprit.

Je propose que nous passions au vote sur les différents articles du projet, la majorité décidera.

M. le Président donne de nouveau lecture de l'article 1ᵉʳ du projet, relatif à

60.

27ᵉ SEANCE. l'admission des femmes enceintes dans les hospices et à l'autorisation d'y établir des chambres secrètes d'accouchement.

L'article 1ᵉʳ est mis aux voix et adopté en ces termes :

RÉSOLUTION.

Maisons charitables d'accouchement.

1° HOSPICES.

ARTICLE PREMIER (1).

Loi, a 142.
Les femmes en couches seront admises dans les hospices aux
mêmes conditions que les autres malades; il pourra même y être
établi, sur autorisation spéciale du Gouvernement, des chambres
secrètes d'accouchement.

Les supérieures, commissions administratives et autres fonctionnaires ou agents de ces hospices seront soumis aux prescriptions
et pénalités de la présente loi.

M. le Président propose ensuite de passer au vote de l'article 5 du projet,
qui contient les conditions d'autorisation des Maisons privées d'accouchement à titre gratuit.

Il est entendu, dit le Président, que le rejet emporte cette conséquence,
qu'il n'y aura pas lieu de s'occuper davantage de la question.

Conditions
de
l'autorisation
L'adoption entraîne les conséquences opposées.

L'article est adopté à la majorité de quatre contre deux, sauf rédaction.

M. Alfred BLANCHE :

L'adoption de cet article est pleine de danger La force de ma conviction
est telle à cet égard, que pour y remédier, si c'est possible, je vous proposerai l'adoption d'un article additionnel dont la pensée, sauf rédaction, est celle-
Éducation
de l'Enfant
ci : « Cette possibilité n'aura pas pour suite de donner l'éducation à l'Enfant »
Ne vous y trompez pas, c'est là le complément de la pensée : l'éducation religieuse de l'Enfant, donnée par la corporation religieuse qui a recueilli l'Enfant. Si c'est là ce que vous voulez, vous repousserez mon article additionnel.

(1) Voir les modifications apportées au projet actuellement en discussion 28ᵉ séance, p 489.

M. BAILLEUX DE MARIZY :

Vous ne pouvez empêcher que le patronage de la maison ne s'étende sur l'Enfant ; la loi n'y ferait rien, et toute disposition contraire serait inutile.

27ᵉ SÉANCE
—
Liberté à laisser
pour
cette éducation
à
la charité privée
qui
ne demande rien

N'avons-nous pas dit, d'ailleurs, que toute investigation de notre part, dans la pensée de notre loi, s'arrêtera quand on ne demandera aucun secours à la charité publique.

Quel droit auriez-vous donc d'imposer à la maison charitable d'accouchement vos prescriptions, du moment qu'elle ne vous embarrasse pas de l'Enfant ?

Ce serait une contradiction flagrante.

M. DURAND-SAINT-AMAND :

M. Bailleux de Marizy a dit : « Vous entrez dans une contradiction flagrante « si vous demandez ce que devient l'Enfant quand la maison d'accouchement « ne vous demande rien pour lui. »

Il y a dans cet argument une vérité que je ne puis m'empêcher de reconnaître. A moins d'admettre que l'État a le droit de se poser en éducateur de la jeunesse, de se substituer, sous ce rapport, à la famille ou à la charité privée, et ce n'est pas là, je crois, notre intention. D'ailleurs, cette question est en dehors de nos attributions.

M. GIRAUD :

Tant qu'il s'est agi de la tenue de la maison d'accouchement par une corporation religieuse, je m'y suis opposé de toute la force de ma conviction.

Maintenant la question est placée sur un autre terrain : s'il s'agit de contester à une corporation religieuse le droit de donner à l'Enfant qu'elle a pu recueillir l'éducation qui lui paraît convenable, j'avoue que je ne puis partager les opinions de M. Blanche ; je n'ai plus d'opposition à faire.

Je me range aux motifs de liberté indiqués par M. Durand-Saint-Amand

Je ne vois pas ce que l'État aurait à perdre à ce qu'on garde les Enfants au lieu de les laisser à sa charge.

Si, au lieu de les laisser exposés à devenir de mauvais sujets, une institution religieuse recueille ces Enfants et en fait de bons clercs de paroisse, tant mieux ; ces Enfants ne peuvent qu'y gagner, la société ne peut qu'y gagner aussi.

M. BLANCHE :

Notre honorable collègue vient de démontrer mieux que je ne l'aurais pu faire tout ce que la disposition nouvelle contient dans ses flancs; c'est un vrai cheval de Troie, et vous l'aurez vous-même introduit dans votre loi.

M. DURAND-SAINT-AMAND :

Je ne puis que répéter que l'Enfant n'étant point à la charge de l'État, l'État n'a rien à démêler avec son éducation.

M. DE WATTEVILLE :

Je crois que, si l'Enfant cesse d'être à la charge de l'État, ce ne sera que temporairement; il arrivera souvent qu'à un moment donné il y retombera nécessairement, peut-être même serait-il abandonné sur la voie publique.

M. DURAND-SAINT-AMAND ne peut pas admettre que ces maisons rejettent sur la voie publique les Enfants qu'elles auront reçus; et, dans tous les cas, il y aurait là le délit privé de l'abandon. La surveillance s'exercera, et l'auteur ou les auteurs et complices seraient poursuivis et punis conformément à la loi.

M. Victor LEFRANC :

Je crains qu'il n'y ait, jusqu'à certain point, confusion dans les conséquences qu'on paraît vouloir faire sortir des articles déjà adoptés.

Il faut qu'il soit bien entendu qu'il ne s'agit pas encore de l'éducation de l'Enfant, mais de la réception de la mère, de son admission à recevoir des soins dans une maison privée d'accouchement ouverte à titre gratuit.

Nous verrons plus tard, en reportant notre examen sur le chapitre de l'éducation, s'il convient de laisser à ces maisons le droit et le soin de se livrer à l'éducation de l'Enfant.

Pour moi, je suis assez d'avis de prohiber formellement ce cumul.

L'éducation de l'Enfant ne me paraît pas du tout une conséquence de l'institution destinée à recevoir les femmes en couches. C'est dans ce sens, du moins, que j'ai entendu les articles sur l'ensemble desquels il reste encore à se prononcer.

La Commission veut-elle décider ce point par un vote ?

M. BAILLEUX DE MARIZY demande le renvoi à la prochaine séance.

Après quelques observations de MM. GIRAUD, DE WATTEVILLE et DURAND SAINT-AMAND, le renvoi à la prochaine séance est adopté.

La Commission décide qu'elle se réunira lundi soir, à 8 heures.

La séance est levée à 11 heures et demie.

Le Secrétaire de la Commission,
Signé VALENTIN-SMITH.

Le Président de la Commission,
Signé VICTOR LEFRANC.

28ᴱ SÉANCE.

Lundi 19 novembre 1849, 8 heures du soir.

Présidence de M. VICTOR LEFRANC :

Présents :

MM. Victor LEFRANC, Président; DURAND-SAINT-AMAND, DE WATTEVILLE, Alfred BLANCHE, BAILLEUX DE MARIZY et Louis HAMELIN, Secrétaire adjoint.

Absents :

MM. DE LURIEU, pour cause de service public; VALENTIN-SMITH, Secrétaire, pour cause de maladie; GIRAUD; NICOLAS.

Le procès-verbal de la précédente séance du 16 courant est lu et adopté

ORDRE DU JOUR.

Suite de la révision des points omis ou réservés. — Maisons charitables d'accouchement.

M. DURAND-SAINT-AMAND :

Je demande la permission de vous lire un projet rédigé dans le même sens que celui dont les articles ont été mis en délibération à la dernière séance et votés en détail, sous la réserve d'un nouvel examen et du vote sur l'ensemble. <small>Nouvelle rédaction</small>

28ᵉ SÉANCE

Interdiction
Autorisation

Réglementation

Danger

Droit de l Etat

Je me suis placé tout d'abord en face de la question principale, celle qui domine et entraîne toutes les autres et sur laquelle portait la dissidence. Faut-il ou ne faut-il pas interdire les maisons charitables d'accouchement? En supposant l'existence de ces maisons, faut-il se borner à reconnaître tacitement leur droit sans les réglementer? J'avoue qu'il ne m'a pas paru possible d'en interdire l'établissement, si elles ont un but licite. Or, il ne peut y avoir de doute à cet égard.

Cela étant, peut-on laisser ces maisons sans réglementation aucune?

Cela me paraîtrait être de la plus haute imprudence.

Ces maisons, quelque charitable que soit leur institution, peuvent être érigées dans un esprit d'hostilité a la loi; elles peuvent devenir une source d'abus. Voilà ce que le législateur a pour mission de prévenir et d'empêcher.

Son droit n'est pas contestable; son devoir est de ne pas laisser la porte ouverte aux abus mêmes que la loi a pour but de faire disparaître.

C'est en partant de ces principes qu'ont été rédigées les propositions que je vais soumettre à la Commission.

Les formules par lesquelles j'ai traduit ma pensée reproduisent à peu de chose près les principaux points déjà admis. J'ajoute au projet quelques dispositions qui m'ont paru répondre aux indications données par la reprise de discussion qui a eu lieu à la fin de la séance et nécessité l'ajournement du vote définitif.

Voici ma rédaction :

Maisons charitables d'accouchement.

Art. 1ᵉʳ Aucune maison charitable d'accouchement ne pourra être ouverte, même a titre gratuit, sans s'être préalablement soumise aux formalités de declaration et à toutes les autres prescriptions imposées par la présente loi.

Art. 2 Neanmoins, les directeurs desdits établissements charitables pourront être dispensés de la production du diplôme scientifique exigé par l'article   de la présente loi, à la condition toutefois de justifier de la présence d'un medecin, officier de santé ou sage femme spécialement attache à l'établissement

Art. 3. Les maisons charitables d'accouchement seront placees, comme toutes les autres, sous la surveillance de l'autorité, conformément aux dispositions de la presente loi, et elles seront également soumises au service de l'inspection réglé par les articles . . .

Art 4. Lorsque l'organisation desdits établissements permettra qu'ils conservent les Enfants apres leur naissance, soit pour les placer en nourrice, soit pour les elever à domicile, les dispositions précédemment arrêtées relativement a l'inspecteur du service des nourrices, pations et autres, leur seront également applicables.

ART. 5. La tutelle et la subrogee tutelle pourront être déférees aux directeurs ou administrateurs desdits établissements; mais, à défaut par eux d'y avoir pourvu, il sera procédé a la nomination du tuteur et du subrogé-tuteur à la diligence du juge de paix, conformement a l'article 406 du Code civil.

M. Victor LEFRANC, Président, résume les différentes dispositions provisoirement adoptées par la Commission dans la question des maisons charitables d'accouchement.

Il établit un parallèle entre ces dispositions et celles que présente M. Durand-Saint-Amand.

Il résulte de ce rapprochement, dit M. Victor LEFRANC, que la plupart des articles adoptés dans la dernière séance sont reproduits dans le nouveau projet, avec quelques modifications de rédaction auxquelles je déclare adhérer, sauf les indications que peut amener la discussion.

Néanmoins, deux dispositions importantes n'ont pas été reproduites par M. Durand-Saint-Amand; la première, concernant l'obligation faite aux hospices de recevoir les femmes pour faire leurs couches.

Puis les conditions sous lesquelles l'autorisation pourra être accordee aux maisons charitables d'accouchement, comme celles de contracter dans leurs statuts l'obligation de prendre pour principe, pour base et pour but, la suscitation des sentiments de la maternité, le respect des droits de la filiation, etc

Enfin, la sanction pénale établie contre les maisons qui manqueraient a leurs engagements.

Quant aux dispositions nouvelles introduites par le projet de M. Durand-Saint-Amand, elles portent sur la tutelle à exercer, par les établissements charitables d'accouchement, sur les Enfants qu'ils pourraient être autorisés a garder.

La discussion est ouverte.

M. Alfred BLANCHE regarde la création d'un conseil de famille comme le complément nécessaire des dispositions proposées; sans conseil de famille, la tutelle n'est pas régulièrement organisée.

Conseil de famille et de surveillance.

La constitution du conseil de famille présentera, d'ailleurs, une garantie contre les abus possibles de l'établissement lui-même. Et, s'il faut accepter la création d'établissements privés d'accouchement à titre gratuit, au moins devons-nous être tous d'accord sur la nécessité de certaines garanties.

28ᵉ SEANCE.

Je sais qu'aucun de mes honorables collègues ne se méprendra sur le sens de mes paroles. Je me garde bien de tenir en suspicion la charité privée et ses efforts si louables, si constants, si nombreux; mais je dis que, quand la charité privée entreprend une œuvre publique, elle prend alors en quelque sorte d'elle-même une situation d'établissement public, et elle donne le droit au Gouvernement, en même temps qu'elle lui en crée le devoir, de faire porter sur elle sa surveillance. Mon opinion est la même à l'égard des institutions privées de bienfaisance qui, sans s'appliquer à des matières publiques, demandent et reçoivent de l'État des subventions, et font ainsi emploi des fonds publics destinés à l'assistance.

Il ne faut pas croire que quelques intérêts individuels seulement soient en jeu dans l'accomplissement de la charité privée s'exerçant collectivement; les intérêts généraux, ceux de la bienfaisance y sont engagés plus qu'on ne pense.

Il arrive trop fréquemment que l'œuvre est ou mal administrée ou mal conduite sous plus d'un rapport. De là le discrédit qui frappe à un degré injuste peut-être, mais non sans quelque fondement, les œuvres de bienfaisance. De là, quelquefois, après de déplorables abus, la chute d'établissements qui deviennent une charge de plus pour le Gouvernement.

Aussi, il y a plusieurs années déjà, frappé de ces inconvénients, j'avais déposé au ministère de l'intérieur, entre les mains du sous-secrétaire d'État d'alors, une proposition tendant à ce que la surveillance de l'État intervînt auprès des institutions de bienfaisance s'immisçant dans les matières d'assistance publique, connues comme établissements d'utilité publique, ou même simplement subventionnées. Il me semblait que, pour les associations notamment qui s'étaient fait reconnaître comme établissements d'utilité publique, cela ne pouvait faire de doute : en effet, l'avis du Conseil d'État, l'acte du Pouvoir exécutif qui reconnaissent l'établissement, ne prononcent cette reconnaissance que sur le vu des statuts de l'association et la soumettent à la condition d'une observation constante de ces mêmes statuts ; or, cette condition n'est qu'une lettre morte, qu'une formalité illusoire, si aucune surveillance ne garantit la fidélité de l'engagement pris. Bien entendu que, dans ma proposition, comme dans mes sentiments les plus sincères, cette surveillance ne devait avoir rien de tracassier, rien de minutieux; qu'elle devait laisser pleine liberté d'allure à l'association, mais veiller seulement pour la défendre elle-même contre tout égarement dangereux, non-seulement, je le répète, pour elle, mais aussi pour la puissance morale des œuvres de bienfaisance. 28ᵉ SÉANCE.

M. DURAND-SAINT-AMAND : Je partage en ceci les opinions de M. BLANCHE, et j'admets sur ces établissements la surveillance la plus complète.

M. DE WATTEVILLE :

Le Gouvernement a le droit d'exercer la surveillance dans tous les cas, mais bien plus encore ici, quand il s'agit d'élever des Enfants.

M. BAILLEUX-DE-MARIZY :

En principe, je suis loin d'être opposé à la surveillance, mais il me paraît inutile d'y déployer un trop grand appareil. Surveillance mitigée

Nous avons déjà l'inspecteur des Enfants trouvés, à qui nous donnons le droit d'entrer dans ces maisons comme dans les maisons publiques et comme dans les maisons à titre onéreux ; cela me semble suffisant.

Cette surveillance n'est pas d'ailleurs chose nouvelle. Elle existe pour les colonies agricoles et établissements d'éducation du même genre.

Aller au delà, c'est prévoir des abus invraisemblables, c'est créer d'inutiles restrictions.

M. DURAND-SAINT-AMAND :

Je me suis constamment montré le partisan déclaré de la liberté individuelle, et je ne suis pas disposé à y porter atteinte par d'inutiles restrictions. Surveillance complète

Ce que j'appuie, ce que je propose, n'est pas de nature à encourir ce reproche.

J'ai voulu, d'après ce principe, que la femme qui ne demandait rien à la charité publique, qui n'imposait aucune charge à l'État, pût conserver son secret sans que personne pût lui demander compte de ses déterminations, même blâmables, à l'égard de ses enfants, en tant du moins qu'elle ne commet aucun crime. Liberté

Mais le jour où cette femme vient demander à la société son concours, le jour où elle vient dire à l'État : « Je vous laisse mon Enfant, remplissez mon « devoir de mère, que je ne puis remplir ; » ce jour, je dis qu'il faut lui répondre : Nous voulons apprécier votre situation, nous voulons savoir si c'est Secours

28ᵉ SÉANCE

à juste titre que vous implorez la charité ; il nous faut votre secret, car nous ne pouvons, nous représentants, nous agents de la société, engager ses deniers qu'en pleine connaissance de cause.

Eh bien, ce que je propose aujourd'hui est quelque chose de tout à fait analogue ; je laisse à la charité individuelle la faculté d'élever tel établissement charitable qu'elle entendra, c'est son affaire, et je n'entends m'y opposer en rien.

Charité privée

Si une association charitable vient dire à ceux qui n'ont pas de fortune : « Vous ne voulez pas aller dans un hospice ; vous n'avez pas non plus le « moyen de payer des soins intelligents ; venez, je vous ouvre un asile ; » je n'entends pas qu'on ne puisse pas autoriser l'ouverture de cet asile. Je veux que la charité puisse offrir à ceux qui n'ont pas de fortune le moyen d'avoir ce que les riches peuvent se donner.

Surveillance

Mais là commence une situation délicate. Si j'étais sûr que cette maison gratuite, religieuse si l'on veut, ne voulût faire que l'œuvre de la loi, dans le sens et l'esprit de la loi, point de difficultés, je laisserais faire.

Abus

Mais il se peut que cette maison s'établisse, que cette charité s'organise dans un tout autre but que celui de la loi, dans l'intention de couvrir la fraude à la loi.

Surveillance

Voilà les abus que j'ai à craindre. alors j'ai besoin de surveillance, alors je reconnais à l'État le droit et le devoir d'exercer cette surveillance.

Je veux prendre mes précautions : j'astreins cette maison à la tenue du registre, comme une maison privée à titre onéreux ; je veux que les agents désignés par la loi puissent entrer dans l'une comme dans l'autre, toujours sans y violer la liberté individuelle. Je veux, s'il s'agit des accouchements, que les mêmes précautions soient prises Je suis les mêmes idées s'il s'agit de l'éducation et de la tutelle des enfants.

Principes déjà appliqués

Ce n'est là qu'un chapitre complémentaire de la loi que nous avons faite. Ce chapitre doit être en concordance logique avec les dispositions précédemment adoptées ; c'est ce que j'ai tâché de faire C'est une disposition de plus, ce n'est pas un esprit nouveau.

M. BAILLEUX DE MARIZY :

L'opinion de M. DURAND-SAINT-AMAND me paraît sagement libérale. J'y adhère.

Inspecteurs

On a parlé de l'adjonction d'un comité de surveillance. Cette surveillance,

moi aussi je la crois nécessaire, moi aussi je la veux et complète et efficace,
mais non mesquine et tracassière. Étendons, pour cette surveillance, si cela
nous paraît nécessaire, les attributions de l'inspecteur général, celles de l'inspecteur départemental: j'y consens; mais ne donnons pas à cette surveillance
l'esprit étroit de la malveillance locale.

M. Alfred BLANCHE :

Je persiste dans ma pensée qu'il eût mieux valu ne pas faire ce chapitre,   Conseil
ne pas parler des maisons charitables d'accouchement; mais enfin j'entre dans   de famille
l'esprit des dispositions arrêtées par la Commission, et je continue de prendre ma part dans l'œuvre commune.

Je crois qu'il est possible, en même temps que nécessaire, de composer,
pour les Enfants dont nous nous occupons, un véritable conseil de famille
Un moyen tout naturel se présente, c'est d'inscrire parmi les conditions à
remplir par les fondateurs de l'établissement la formation d'un conseil de
famille. La manière dont ce conseil sera formé sera un des éléments d'appréciation à consulter pour accorder ou refuser l'autorisation d'ouvrir l'établissement.

M. Victor LEFRANC :

Il y a là, je crois, le germe d'une solution : le conseil de famille, ainsi   Solution
présenté, pourrait être en même temps le conseil de surveillance. Présenté   équitable
par les fondateurs de l'œuvre, il ne saurait leur être suspect; accepté par
l'administration, il offre une garantie sans laquelle l'autorisation ne serait
pas accordée. L'Administration sera toujours libre de faire modifier tel ou
tel choix, puisqu'elle peut faire de cette modification la condition de l'autorisation.

Avant de passer outre, il serait peut-être utile d'examiner la question des   Subventions
subventions qui peuvent être demandées à l'Etat, aux départements ou aux
communes par ces établissements privés ouverts à titre gratuit.

Faut-il permettre, faut-il interdire à ces établissements le droit de recevoir des subventions de l'État, des départements ou des communes?

M. DURAND-SAINT-AMAND est d'avis que les établissements privés d'ac-
couchement ouverts à titre gratuit changeraient leur caractère d'établissement
privé, s'ils pouvaient recevoir ces sortes de subventions. Ce ne serait plus là

de la charité privée, spontanée, mais de la charité publique faite d'une manière détournée.

M. BAILLEUX DE MARIZY :

Droit
des départements
et
des communes

Mais vous ne pouvez pas empêcher les conseils généraux de département, les conseils municipaux des communes, d'accorder des secours à ces établissements. Vous ne pouvez pas leur interdire d'aider à l'accomplissement d'une œuvre de charité tout à fait licite, et qui leur garantirait un supplément utile à l'action de la bienfaisance publique proprement dite, et à l'action intéressée des établissements ouverts à titre onéreux.

M. Victor LEFRANC :

Droit
de la charité
publique

Je ne puis reconnaître le caractère d'établissement privé à celui des subventions fournies par les deniers publics.

M BAILLEUX DE MARIZY :

Interet
des départements
et
des communes

S'il m'en souvient bien, le motif donné à l'autorisation des maisons charitables d'accouchement a été la possibilité d'alléger par ce moyen les charges de la charité publique.

Si cet exercice de la charité privée arrive a diminuer, pour l'État, les départements ou les communes, les dépenses que leur imposent les devoirs de la bienfaisance, comment leur refuser le droit de venir au secours des établissements charitables qui produisent ces allégements ?

M. Alfred BLANCHE :

Danger
du
trop grand nombre
d'établissements
charitables

Si l'État subventionne, il surveille, il doit surveiller plus que ne le voudra peut-être permettre un établissement qui entend conserver son caractère d'institution privée.

Du reste, au moment même de l'acceptation de ces subventions, il faut convenir que cette prétention de demeurer établissement privé cesse d'être soutenable; d'un autre côté, il ne peut dépendre de la volonté d'un ou plusieurs individus d'instituer sur tel ou tel point, au gré de leur appréciation, j'allais presque dire de leur fantaisie, un établissement public qui, en définitive, est une charge considérable, dont il importe de n'accepter la fondation que dans le cas d'une utilité bien démontrée et en présence de ressources bien assurées.

Là, malheureusement, se représente à mes yeux les difficultés qui s'attachent à la création même des établissements charitables d'accouchement à titre privé. Les objections se représentent en quelque sorte malgré moi, par la force même des choses, et je n'y donnerai pas de nouveaux développements.

M. Victor LEFRANC :

Je n'entends pas que les établissements publics de charité se multiplient imprudemment, et surtout par une volonté indépendante de celle de l'État.

C'est pour cela même que je refuse aux établissements dont nous parlons le droit de recevoir aucune subvention de l'État, des départements ou des communes.

M. BAILLEUX DE MARIZY :

Mais quel abus pouvez-vous donc redouter, que vous refusiez ainsi à ces établissements le droit de recevoir des subventions?

Craintes chimériques

M. Victor LEFRANC :

Ce que je crains, le voici : c'est que ces établissements privés ne soient élevés dans un autre esprit que celui de la loi; c'est qu'ils ne veuillent faire précisément le contraire de ce que veut la loi.

Esprit contraire à la loi

Eh bien, je consens à ce qu'ils le fassent, dans de certaines limites, bien entendu, mais avec leurs propres deniers et non avec les deniers publics. Je ne veux pas que l'argent de l'État, des départements ou des communes aille payer des moyens d'éluder la loi.

Subventions

Je ne veux pas qu'on puisse surprendre la religion de l'État, surprendre les sentiments de bienfaisance d'un conseil général de département ou d'une commune, détourner les fonds destinés à la charité publique pour les employer à faire de la charité organisée dans des vues privées diamétralement opposées aux intentions de la loi.

M. BAILLEUX DE MARIZY :

Vous avez supprimé les Tours; il se peut que tel ou tel conseil général de département n'approuve pas la mesure; pourquoi l'empêcher d'exercer la bienfaisance d'une autre manière que celle que vous comprenez?

28ᵉ SÉANCE

Logique
de la loi

M. Victor LEFRANC :

Je conçois que M. Bailleux de Marizy soit ici mon adversaire. Il ne voulait pas de loi; il voulait laisser chaque département libre de conserver ou de supprimer, de réduire ou de multiplier les Tours, les secours aux filles mères, les bureaux d'admission; il continue à le vouloir. Nous ne l'avons pas voulu; nous continuerons à résister à la consécration de cette anarchie. Il est logique; nous cesserions de l'être si nous cédions à son insistance.

Interdiction
radicale

M. DE WATTEVILLE :

En présence de cette discussion, je suis amené à faire la proposition radicale que j'ai indiquée dans la séance précédente, celle *de prohiber d'une manière absolue* l'ouverture de maisons d'accouchement autres que les établissements publics à titre gratuit ou les établissements privés à titre onéreux.

Il y a dans l'existence des établissements privés et gratuits d'accouchement d'immenses dangers pour l'économie de notre loi.

Vous avez pourvu à toutes les misères par la création d'établissements publics.

Mais, si vous laissez substituer les autres établissements fondés par la charité privée, vous laissez reconstituer les Tours sous un autre nom.

Voilà pourquoi je me prononce radicalement contre ces établissements, ainsi que je le faisais il y a une douzaine d'années contre les établissements charitables d'aliénés fondés et dirigés à titre privé.

Éducation
des Enfants

M. Alfred BLANCHE :

La proposition de M. de Watteville a, en apparence du moins, un caractère radical qui dépasse certainement ma pensée; cependant, si le sens qu'il lui donne est la prohibition à tout établissement privé d'entreprendre, de faire à titre privé, sous le rapport des accouchements et des enfants, ce que les hospices sont chargés de faire, ce que je désire qu'ils soient tenus de faire à titre de bienfaisance publique.

M. DE WATTEVILLE :
Tout à fait.

M. Alfred BLANCHE :
Eh bien, je fais taire tout autre sentiment, et j'adhère à sa proposition.

M Victor LEFRANC met aux voix la proposition de M. DE WATTEVILLE.— La proposition n'est pas adoptée.

Maintenant, Messieurs, dit M. Victor LEFRANC, nous allons passer au vote du projet, article par article.

Et d'abord, je mets aux voix l'article premier, tel qu'il a été adopté à la dernière séance.

L'article est adopté en ces termes :

RÉSOLUTION.

Maisons charitables d'accouchement.

1° HOSPICES.

ARTICLE 1er.

Les femmes en couches seront admises dans tous les hospices aux mêmes conditions que les autres malades ; il pourra même, sur l'autorisation spéciale du Gouvernement, y être établi des chambres secrètes d'accouchement.

Les supérieures, commissions administratives ou autres fonctionnaires de l'hospice seront soumis aux prescriptions et pénalités de la présente loi.

M. Victor LEFRANC :

Je mets aux voix l'article 2, qui est, ainsi que je l'ai expliqué au commencement de la séance, la pensée du projet de M. DURAND-SAINT-AMAND.

UN MEMBRE demande que les mots : *à titre gratuit*, soient remplacés, dans l'article dont il s'agit, par ceux-ci : *à titre purement gratuit*, afin qu'on ne puisse se méprendre sur le caractère charitable de l'établissement.

UN AUTRE MEMBRE demande que l'article reçoive aussi une modification consistant à déclarer que l'autorisation ne sera accordée à ces établissements qu'à la condition de se soumettre à toutes les conditions imposées par la présente loi aux établissements à titre onéreux.

I.   62

Marginal notes:
28e SÉANCE
Interdiction repoussée.

Femmes en couches
Hospices
Chambres de secret

Loi, a 142

Gratuite.

Loi

Ces deux observations sont accueillies; en conséquence, l'article 1ᵉʳ du projet de M. DURAND-SAINT-AMAND, devenant l'article 2 du projet en discussion, est mis aux voix et adopté avec les modifications indiquées de la manière suivante :

RÉSOLUTION.

2° MAISONS PRIVÉES.

ART. 2.

Maisons
charitables
d'accouchement
Autorisations
Loi, a 143

Aucune maison charitable d'accouchement ne pourra être ouverte, même à titre purement gratuit, qu'en vertu d'une autorisation du Gouvernement, et à la condition de se soumettre à toutes les prescriptions imposées par la présente loi.

Titre medical

M LE PRÉSIDENT donne lecture de l'article 3, auquel il n'est fait d'autre modification qu'en ce qui concerne l'obligation de la présence permanente d'un docteur médecin ou d'un chirurgien dans l'établissement.

En conséquence, l'article est mis aux voix et adopté avec la rédaction suivante :

RÉSOLUTION.

ART. 3.

Titre medical

Homme de l'art
Loi, a 144

Néanmoins les directeurs desdits établissements charitables peuvent être dispensés de la production du diplôme scientifique exigé par l'article　　　de la présente loi, à la condition toutefois de justifier de la présence permanente d'un docteur en médecine ou en chirurgie spécialement attaché à l'établissement.

L'article 4 est mis aux voix et adopté sans modification, avec la rédaction suivante :

RÉSOLUTION.

ART. 4.

Les maisons charitables d'accouchement seront placées, comme *Surveillance*
toutes les autres, sous la surveillance de l'autorité, conformément
aux dispositions de la présente loi ; elles seront également sou- *Inspection*
mises au service de l'inspection réglé par les articles..... *Loi, a 145*

L'article 5, concernant le dépôt qui pourrait être fait aux hospices d'enfants provenant des maisons charitables d'accouchement, demeure adopté
comme au projet de la précédente séance, avec la rédaction suivante :

RÉSOLUTION.

ART. 5.

Les directeurs et les fonctionnaires des hospices et des établis- *Bureau*
sements charitables d'accouchement publics ou privés, qui présen- *d'admission*
teront des Enfants à l'hospice dépositaire, seront soumis aux pres- *Loi, a 150*
criptions de la présente loi concernant les serments et déclarations
à faire tant au secrétaire de la Commission administrative qu'au
Bureau d'admission.

L'article 6 est mis aux voix et adopté avec la rédaction suivante ·

RÉSOLUTION.

ART. 6.

Lorsque les établissements charitables seront autorisés à con- *Education*
server les Enfants après leur naissance, les règles posées par la *des Enfants*
                                                                    Loi, a 146.

62.

28ᵉ SÉANCE

présente loi pour leur placement en nourrice, pour la nourriture et l'éducation des Enfants leur seront également applicables.

L'article 7, concernant l'indication de l'esprit dans lequel devront être rédigés les statuts de ces établissements charitables d'accouchement pour obtenir l'autorisation du Gouvernement, est mis aux voix et adopté avec la rédaction suivante, conforme à celle de l'article 3 admis dans la précédente séance :

RÉSOLUTION.

ART. 7.

Conditions
de l'autorisation
Ressources
But
Esprit
Loi, a 147

L'autorisation ne sera donnée pour fonder un établissement qu'autant que les fondateurs justifieront de ressources suffisantes pour l'œuvre qu'ils se proposent, et que l'institution aura pour statuts, pour principes, pour base et pour but la suscitation du sentiment de la maternité, le respect des droits de la filiation, la propagande de l'expiation et de la réhabilitation de la mère par l'aveu, l'allaitement, la reconnaissance de son enfant; en un mot, le respect et l'observation de la loi.

Un article additionnel, relatif au conseil de surveillance, désigné pour être en même temps le conseil de famille des enfants et préposé à la nomination de leur tuteur et subrogé-tuteur, est adopté avec la rédaction suivante, après de courtes observations déjà développées dans le courant de la discussion :

RÉSOLUTION.

ART. 8.

Loi, a 148
Conseil
de surveillance
Conseil
de famille
Présentation

Il y aura dans ces établissements un conseil de surveillance présenté par les fondateurs et agréé par le Gouvernement. Ce conseil remplira les fonctions de conseil de famille de l'Enfant.

En cas de vacance d'un des membres du conseil, il y sera pourvu par le préfet, sur la présentation qui lui en sera faite. Le nombre

28ᵉ SEANCL

des membres du conseil ne sera pas inférieur à cinq. Le médecin
et le directeur de l'établissement ne pourront en faire partie.

Le conseil de famille nommera le tuteur et le subrogé-tuteur.

Nomination
Nombre
Exclusion
Tuteur

L'article 9, relatif aux subventions, est mis aux voix et adopté avec la rédaction suivante :

RÉSOLUTION.

ART. 9.

Ces établissements ne pourront recevoir de l'État, des départements ou des communes, aucune subvention, secours ou subside
de quelque nature que ce soit.

Subventions
Loi, a 149

L'article 10, portant les pénalités en sanction des dispositions ci-dessus
énoncées, est proposé et adopté avec la rédaction suivante :

RÉSOLUTION.

ART. 10.

En cas d'infraction à l'une ou plusieurs des dispositions prescrites par la présente loi, l'autorisation pourra être retirée aux
maisons charitables d'accouchement qui auront commis ces infractions, et elles seront immédiatement fermées ; le tout, sans préjudice des peines encourues par les auteurs ou complices du délaissement ou de la suppression d'état.

Sanction
Loi, a 151

L'ensemble du projet délibéré dans la présente séance est mis aux voix et
adopté

La séance est levée à onze heures trois quarts du soir.

Le Secrétaire adjoint de la Commission,
Signé Louis HAMELIN.

Le Président de la Commission,
Signé Victor LEFRANC.

29ᵉ SÉANCE.

Mercredi 21 novembre 1849, 8 heures du soir

Présidence de M. Victor LEFRANC,

Présents :

MM. Victor LEFRANC, Président; DURAND-SAINT-AMAND, Alfred BLANCHE; VALENTIN-SMITH, Secrétaire; Louis HAMELIN, Secrétaire adjoint.

Absents :

MM. DE LURIEU, inspecteur général des établissements de bienfaisance, pour cause de service public; GIRAUD, BAILLEUX-DE-MARIZY, NICOLAS.

La séance est ouverte à huit heures du soir.

ORDRE DU JOUR.

Suite de la révision des résolutions arrêtées. — Examen des points omis ou ajournés.

Collier. — Dépenses d'impressions.

M. VICTOR LEFRANC :

Messieurs, l'ordre du jour appelle la discussion sur les points qui ont été ajournés ou omis dans nos délibérations. Avant tout, je vous propose de régler quatre points, dont deux surtout ont une importance assez grande.

Je commence par les deux les moins graves.

A la charge de qui doit être la dépense des colliers dont nous avons prescrit l'usage? C'est une partie de la layette; c'est le n° d'ordre de l'Enfant; c'est un extrait matériel du registre matricule; c'est comme le sceau de l'Hospice dépositaire; c'est à lui qu'il doit revenir au décès de l'Enfant; c'est une fourniture matérielle; à tous ces titres, ce me paraît être une dépense hospitalière : je vous propose de le déclarer.

La Commission le décide ainsi :

RÉSOLUTION.

Le collier est une dépense hospitalière.

M. Victor LEFRANC :

Et la dépense des impressions? Il me paraît convenable de la laisser à la charge de l'administration à qui la loi les impose.

La Commission adopte cette solution :

RÉSOLUTION.

Chaque administration, l'État, le département, la commune et l'hospice payent la dépense des impressions qui leur sont prescrites par la loi.

Pénalités.

M. Victor LEFRANC :

Vient la troisième question, la plus grave peut-être. Dans presque toutes les pénalités que nous avons instituées, nous avons prévu les cas d'une contravention, d'un délit ou d'un crime, au double point de vue de l'Enfant naturel et de l'Enfant légitime ou reconnu ; du simple délaissement ou de la suppression d'état.

Or, dans une de nos séances, on a rappelé que la poursuite pour cause de suppression d'état ne pouvait avoir lieu qu'après que, dans l'intérêt civil, la constatation d'état, sans laquelle il ne peut y avoir suppression, aurait été prononcée par les tribunaux civils. Dans cette même séance, nous avons résolu l'examen ultérieur de la question de savoir s'il ne nous faudrait pas proposer une réforme de ce point de législation.

Les uns y voyaient un grave inconvénient, d'abord à raison du danger qu'il y a à toucher aux lois générales, dans l'intérêt toujours étroit, souvent aveugle, d'une loi spéciale, et ensuite à raison de la nécessité impérieuse de ne pas créer, par la procédure exceptionnelle et rapide des tribunaux répressifs, un précédent trop grave pour les constatations de l'état civil, si essentiellement réservées aux tribunaux civils, près desquels elles obtiennent même un examen d'une solennité toute particulière.

Sursis

Les autres s'inquiétaient du retard, de l'inexactitude, des difficultés que ce préalable opposait à la répression d'un crime très-grave, et dont la longue impunité était un scandale et un danger. Ils proposaient, soit une suppression de ce préalable, soit, du moins, l'assimilation de l'examen qui en est l'objet à une question préjudicielle qui amènerait un simple sursis devant les tribunaux répressifs où elle serait soulevée. Ils indiquaient les intéressés et le tuteur de l'Enfant comme pouvant, ainsi que le procureur de la République, soulever cet incident.

Mais qui ne voit que les lenteurs seraient les mêmes, plus grandes peut-être? que la détention préventive pourrait devenir monstrueusement longue pendant les débats, les appels et les pourvois agités devant la juridiction civile?

Il faut donc tourner la difficulté, puisqu'il est si difficile ou si périlleux de la vaincre : c'est ce que je viens vous proposer.

Évidemment, nous ne pouvons supprimer la législation actuelle dans la partie qui punit la suppression d'état et qui organise la procédure de cette répression. Le procureur de la République continuera à appliquer la loi comme il le jugera utile.

Peine unique

Mais pour les contraventions et les délits en violation de notre loi, comme le dépôt irrégulier d'un Enfant, le faux serment, la fausse déclaration, la tenue coupable d'une maison d'accouchement, l'institution non-autorisée d'une maison charitable d'accouchement, le dépôt d'un Enfant après reconnaissance ou secours, etc., nous en avons assimilé le châtiment, suivant les cas, à ceux qui frappent l'abandon ou la suppression d'état.

Je vous propose de retrancher la dernière partie de cette assimilation, et de tout confondre dans les pénalités du délaissement.

Elles ont deux degrés, comme vous savez et comme nous l'avons constaté dans le chapitre des secours aux filles mères; permettons de les élever jusqu'au double du maximum, suivant la gravité des cas, mais ne leur donnons pas l'importance d'une suppression d'état, qu'il vaut mieux ne pas supposer par simple analogie, et qu'il serait moins facile et moins prompt de réprimer. La contravention sera ainsi punie comme un délit qui n'exige aucun préalable civil. Si l'on poursuit la suppression d'état, elle suivra son cours, mais la contravention suivra le sien: tous les intérêts seront saufs

29ᵉ SEANCE

La Commission adopte cette idée, et la formule de la manière suivante :

RÉSOLUTION.

Tous les articles de la loi préparée, qui assimilent certaines contraventions au délit de délaissement ou au crime de suppression d'état, seront modifiés en ce sens, que ces contraventions seront toutes assimilées au délaissement prévu et puni par le Code pénal, sans préjudice des poursuites ordinaires contre le crime lui-même de suppression d'état, lorsqu'il aura été matériellement commis.

Loi, a 153, 154, 155

Ces peines pourront, suivant la gravité des cas, être élevées jusqu'au double du maximum.

Déplacements.

M. VICTOR LEFRANC :

Le déplacement n'est-il pas contraire au but de notre loi, dont la tendance est, à défaut de la famille naturelle, de chercher à constituer la famille adoptive?

Déplacement

Peut-il être jamais opéré en vue de forcer les familles nourricières a conserver l'Enfant sans indemnité?

But

Je n'ai pas de doute sur votre réponse à cet égard; mais je tiens à ce qu'il résulte expressément de nos délibérations qu'une pareille mesure demeure formellement interdite dans ce sens, et que le déplacement des Enfants ne pourra avoir lieu que par voie de retrait, prononcé dans les formes et pour les causes que nous avons instituées.

Si cependant vous croyez devoir maintenir cette mesure pour quelques circonstances exceptionnelles, il faudrait en régler les conditions. Conviendrait-il d'en laisser l'emploi à l'appréciation des autorités locales?

M. DE WATTEVILLE réclame la conservation du *déplacement* dans une certaine mesure.

I. 63

Il s'élève contre la réprobation dont on a voulu frapper le déplacement, dont l'abus seul est mauvais.

Utile parfois

M. DE WATTEVILLE pense qu'en l'appliquant à de certains cas dont les autorités départementales doivent être seules juges, et dans de certaines limites qu'on pourrait fixer de deux à cinq ans, le déplacement peut avoir une grande utilité ; qu'il peut être d'ailleurs sagement ordonné, exécuté avec prudence, et sans dommage aucun pour les Enfants.

Le déplacement ainsi conçu n'est point du tout une mesure barbare, ainsi que M. de Lamartine l'a soutenu et développé avec plus de poésie que de raison.

Abandon temporaire

L'utilité du déplacement, c'est de prévenir le scandaleux abus d'abandon temporaire, ou plutôt de véritables dépôts d'Enfants par des mères même légitimes.

Cet abus est d'une immoralité profonde, il n'a besoin que d'être signalé pour exciter une juste réprobation. Lorsqu'on cesse d'y prendre garde, il s'étend à des proportions énormes.

L'élévation tout à fait anormale du chiffre des Enfants trouvés avait mis sur la trace du mal : l'opération a donné par ses résultats la preuve flagrante de l'existence de l'abus signalé, en même temps qu'elle y apportait un remède énergique. Et comme ici les chiffres sont des faits vérifiés et irréfutables, ils doivent, aux yeux du législateur, l'emporter sur des traits d'éloquence

Je sais bien que l'absurde facilité offerte par le Tour de se débarrasser à volonté et sans contrôle du fardeau de la maternité, était pour beaucoup dans les abandons ; je sais bien que votre projet de loi, avec la suppression du Tour et la provocation à l'accomplissement de ses devoirs, même de la part de la mère illégitime, devra ne laisser plus que peu de place, peu de motifs à l'abus que nécessitait le déplacement, et par conséquent rendre ce déplacement à peu près inutile. Aussi, je dois dire que j'entends moins parler ici pour la conservation absolue du déplacement. qu'expliquer de quelle utilité a pu être cette mesure, et justifier l'Administration des attaques injustes et peu réfléchies dont elle a été l'objet à son occasion. J'en tirerai, toutefois, cette conséquence, que le déplacement est l'un de ces moyens qu'il convient de n'appliquer, comme tous les remèdes héroïques, que dans des cas graves et à bon escient. Il ne faut pas s'en interdire l'usage par la considération de l'abus qu'on en pourrait faire

M. VALENTIN-SMITH :

Je partage entièrement l'avis de M. de Lamartine sur la question qui nous occupe. M. de Lamartine n'a pas seulement traité la question des déplacements avec son grand cœur de poete, mais encore avec cette puissance de raison à laquelle il sait donner tant d'éclat par la magnificence de son langage.

La mesure des déplacements généraux blesse l'humanité, par les séparations forcées qu'elle opère entre les Enfants et leurs nourrices; elle blesse la morale, en ce qu'elle paraît une spéculation sur les sentiments des nourriciers pauvres, afin qu'ils gardent les Enfants sans salaire Cette mesure enfin compromet l'avenir des Enfants, en brisant les liens qui unissent les Enfants aux nourriciers.

Inhumanité

De 1834 à 1837, les déplacements ont été appliqués dans 31 départements Sur 36,496 Enfants qui y ont été soumis, il y en a eu 16,339, c'est-à-dire à peu près la moitié, qui ont été retirés par leurs mères ou gratuitement conservés par leurs nourriciers (1).

En conservant les Enfants, un grand nombre de nourriciers victimes de leurs bons sentiments, ayant assumé une charge au-dessus de leurs forces, se sont trouvés ensuite obligés de demander à être exonérés de cette charge, ou, à défaut, d'exposer les Enfants qu'ils avaient consenti à garder. Aussi, dans les 31 départements qui avaient fait les déplacements, on ne tarda pas à voir, peu après la mesure opérée, s'accroître le chiffre des entrées dans les hospices.

Conservation forcée des Enfants

Abandon nouveau

Il a été démontré, en outre, que les déplacements généraux avaient pour effet de détourner les bonnes nourrices de se charger d'Enfants qu'elles n'avaient pas l'espoir de conserver.

Nourrices découragées

Ce sont toutes ces considérations qui ont dû porter le ministère de l'intérieur à refuser, comme il l'a fait depuis 1841, les déplacements généraux, sauf dans des cas fort exceptionnels, mais qui même, désormais, ne devraient plus être admis.

Avec le système d'admission que nous avons érigé, la question de déplacement se trouve sans intérêt comme sans application. Le Bureau que nous avons formé ne devant admettre des Enfants qu'avec connaissance de cause, il ne saurait, d'après cela, y avoir de raison absolue pour empêcher la mère de voir son Enfant, hors les cas fort rares de l'admission sous le secret. Je reconnais, au surplus, que tout ceci doit être laissé dans le pouvoir discrétion-

But contraire à notre loi

---

(1) Voir, tome II, page 332, l'état constatant le nombre des déplacements

63.

naire du Bureau d'admission. Quoi qu'il en soit, le grand but de notre loi étant d'exciter chez la mère l'amour du devoir par l'amour maternel, l'on conçoit que ce résultat désirable peut surtout se produire par des visites de la mère à son Enfant.

M. Victor LEFRANC :

Economie ruineuse

Le déplacement s'est accompli, dans certains départements, dans des vues exclusives d'économie. On en voulait arriver à diminuer les frais de nourrices, en faisant venir le nourricier pour rapporter les Enfants; on escomptait en quelque sorte son attachement, même intéressé, pour son nourrisson : si le nourricier consentait à s'en charger désormais gratuitement, on le lui laissait; dans le cas contraire, on le lui enlevait, quelles que fussent ses sollicitations.

Et remarquez que, par là, on tarirait pour l'avenir toutes les sources d'une adoption qui reculera toujours devant la menace permanente du déplacement.

C'est là une des économies ruineuses qui exonèrent le jour présent aux dépens de tout un avenir.

M. DE WATTEVILLE :

Intérêt des nourriciers

J'admets que, dans certaines localités, la mesure ait pu être mal comprise et mal exécutée, donner lieu à des scènes regrettables. J'ai déjà dit que je réprouvais les abus, tout en maintenant l'utilité de la mesure au fond et sous la réserve des moyens d'accomplissement et de l'âge auquel l'application serait faite.

Je pense que les réclamations des paysans nourriciers sont loin d'être constamment fondées sur l'attachement pour les Enfants; elles le sont aussi un peu sur les mois de nourrice; ils s'affligent beaucoup moins quand l'Administration offre de remplacer le nourrisson déplacé par un autre.

M. Alfred BLANCHE :

Mieux vaut se taire sur la question

Si je n'avais à considérer que certains faits du *déplacement,* je me prononcerais certainement contre cette mesure, dommageable, à mon avis, en ce qu'elle brise des liens précieux d'affection entre l'Enfant et son nourricier; en ce que, pratiquée inconsidérément, intempestivement, elle peut être préjudiciable à la santé de l'Enfant. Le déplacement ainsi entendu me paraît être une véritable « *transportation des innocents.* »

Mais je me hâte de dire que les intentions de l'Administration, centrale du moins, ont été mal comprises et mal servies dans les cas semblables à ceux qui nous sont signalés.

Je crois, du reste, et nous sommes d'accord sur ce point, que le *déplacement*, si notre système était adopté, perdrait véritablement toute son importance ; et c'est encore, à mon avis, un des avantages de notre projet de loi

Ce qu'il y aurait de mieux à faire, je crois, serait de n'en pas parler, du moins dans la loi. Il faudrait se borner, dans l'exposé des motifs, à en signaler les inconvénients, ainsi que l'a fait M le Président ; à expliquer le véritable esprit qui a été celui de l'Administration centrale, et les avantages qu'il pouvait avoir ainsi compris ; montrer ensuite comment la question perd de sa gravité ou même devient sans application dans le système de la présente loi, afin que cette question ne paraisse pas avoir passé inaperçue. Cette manière d'envisager la question me paraît à la fois juste et avantageuse.

M. Victor LEFRANC :

Il y a dans notre projet de loi quelque chose qui vaut mieux que le déplacement et qui peut en tenir lieu pour les cas de nécessité : c'est le retrait de l'Enfant pour causes déterminées.

Retrait

Ce retrait, exercé en connaissance de cause, nous présente, je crois, toutes les garanties désirables, et n'a pas l'inconvénient de comprimer la naissance et le développement de l'affection des nourriciers envers l'Enfant, par la menace perpétuelle d'un retrait sans motifs, du moins sans motifs personnels aux nourriciers eux-mêmes.

Abus,
cause nouvelle

M. LEFRANC propose en conséquence la résolution suivante, qui est adoptée

RÉSOLUTION.

L'abus résultant de la connivence entre le nourricier et la mère ou tout autre pour soustraire celle-ci à l'examen légal des causes de l'abandon de son Enfant, sera une des causes du retrait de l'Enfant.

Loi, a 73

Visites de la mère à l'Enfant.

La discussion continue sur d'autres points omis, et la Commission, adoptant les idées émises par M. Valentin Smith, trouve son opinion sur le déplacement conformes à l'esprit général de la loi, et adopte la résolution suivante.

29ᵉ SEANCE

RÉSOLUTION.

Visites de la mère
à l'Enfant
Loi, a 70

La mère d'un Enfant adopté pourra être autorisée à le visiter, à moins que l'admission ait eu lieu sous condition de secret.

Avortement. — Déclaration.

M. DURAND-SAINT-AMAND :

Déjà, Messieurs, la Commission s'est préoccupée de la question des avortements avec une sollicitude qui montre combien, dans sa pensée, ce crime a une connexité étroite avec la plaie que nous essayons de guérir, et même avec les remèdes que nous voulons y apporter.

Je crois donc devoir vous signaler, dans les lois existantes et dans notre loi même, une lacune que je vous propose de combler par la disposition suivante :

Avortement
Déclaration

« Dans tous les cas d'avortement, soit spontané, soit accidentel, il devra être « fait une déclaration de décès conformément aux prescriptions des articles « 77 et suivants du Code civil. Le fœtus devra toujours être présenté à l'officier « de l'état civil, qui requerra la visite d'un homme de l'art, toutes les fois « que l'avortement pourra être présumé n'avoir pas été naturel. »

Enfant mort né

Jusqu'à présent, cette représentation du fœtus n'était pas exigée. En ce qui concerne l'acte de naissance, il résulte de la loi et il est établi par la jurisprudence que la déclaration de naissance est obligatoire, même au cas où l'Enfant est *mort-né*; un arrêt de le cour de cassation du 2 septembre 1843 a décidé que la personne, et notamment l'officier de santé, qui a assisté à la naissance d'un Enfant sans en avoir fait la déclaration à l'officier de l'état civil, ne peut être affranchi de la peine portée par l'article 346, sous le prétexte que cet Enfant était mort-né, et, par suite, n'avait pas d'existence réelle dans le sens légal. (*Journal du Palais*, I, 1844, p. 726.)

En ce qui concerne la déclaration de décès, un décret du 4 juillet 1806 dispose que, lorsque le cadavre d'un Enfant dont la naissance n'a pas été enregistrée est présenté à l'officier de l'état civil, cet officier n'exprimera pas qu'un tel Enfant est décédé, mais seulement qu'il lui a été *présenté sans vie*.

Avortement

Mais tout cela serait difficilement applicable au cas d'avortement.

La doctrine paraît même se prononcer, en matière d'avortement, pour des conclusions différentes.

Des auteurs soutiennent que la nécessité de l'autorisation d'inhumer n'existe pas en cas d'avortement, parce qu'il n'y a pas d'Enfant (*Chauveau et Hélie*, t. II du C. P. 26, p. 394); on s'appuie sur un arrêt de la cour d'appel de Nancy, du 17 septembre 1839 (t. II, 1839, p. 646), décidant que, lorsqu'il résulte du procès-verbal d'autopsie que l'Enfant décédé n'était pas parvenu au terme de la viabilité, son inhumation sans autorisation préalable de l'officier de l'état civil ne constitue ni délit ni contravention.

Je n'ai pas besoin de développer tout ce que cette doctrine peut présenter d'inconvénients.

Je n'insisterai pas non plus sur l'objection qui prend sa source dans la difficulté de constater physiquement la question de viabilité, de savoir s'il y a eu Enfant, Créature humaine : la solution peut en être très-difficile, elle est, si l'on veut, du domaine de la science, de la physiologie Ce qui me préoccupe, moi, c'est la question de savoir s'il y a eu crime.

Pour y arriver, je veux que l'appréciation des faits ne soit pas abandonnée à l'arbitraire de ceux qui auraient intérêt ou à les tenir cachés ou à en dissimuler les conséquences.

Voilà pourquoi je demande la déclaration de l'avortement et l'exhibition du fœtus. Cette exigence ne sera pas une difficulté pour ceux qui n'ont rien a cacher; quant aux autres, ce sont eux précisément que je me propose d'atteindre

Je sais que nombre de médecins ont été frappés de cette lacune; je sais que, dans une réunion de médecins éminents, la question a été sérieusement discutée: nulle occasion ne me paraît plus convenable que la présentation du projet de loi que nous préparons; j'ai donc pensé qu'il était nécessaire de compléter les dispositions déjà admises par celles dont je viens de donner lecture a la Commission

Quelques observations sont présentées par divers membres sur la difficulté d'atteindre le vrai coupable en matière d'avortement, et, par conséquent, sur l'impuissance dont se trouverait frappée une disposition qui n'aboutirait qu'à des recherches vexatoires et infructueuses.

M. Victor LEFRANC dit qu'une des difficultés de la poursuite en matière d'avortement vient de ce que le corps du délit manque d'ordinaire.

Au moyen de la déclaration exigée, le corps du délit sera bien plus facile a saisir.

Marginal notes:

29ᵉ SEANCE

Autorisation d'inhumer

Viabilité

Crime

Déclaration, exhibition du fœtus

Corps du délit

29ᵉ SEANCE.

Il pourra résulter du fait même de la non-déclaration.

On ne cache rien quand on n'est pas en faute.

Quant à la question de convenance, c'est à nous surtout qu'il convient de provoquer la répression d'un crime qui pourrait remplacer celui que nous voulons prévenir.

La proposition de M. DURAND-SAINT-AMAND est mise aux voix et adoptée dans les termes suivants :

RÉSOLUTION.

LOI, a 141

Dans tous les cas d'avortement, soit spontané, soit accidentel, il devra être fait une déclaration de décès conformément aux articles 77 et suivants du Code civil. Le fœtus devra toujours être présenté à l'officier de l'état civil, qui requerra la visite d'un homme de l'art, toutes les fois que l'avortement pourra être présumé criminel.

La Commission passe ensuite à l'examen de différents points signalés par M. le Président, et adopte successivement, et sans discussion importante, les résolutions suivantes, sauf leur distribution dans l'ordre convenable lors du travail de révision définitive.

RÉSOLUTIONS.

Réception clandestine des Enfants.

LOI, a 29

L'usage du *Tour*, ou de tout autre moyen analogue destiné comme le *Tour* à la réception clandestine des Enfants, est expressément interdit, même aux hospices libres ou maisons charitables à titre privé.

Peine

LOI, a 153, 151, 152

Toute infraction à cette disposition sera poursuivie devant les tribunaux, et passible des peines portées contre l'abandon ou la

suppression d'état, sans préjudice de la fermeture des établissements.

Enfants abandonnés, etc.

ARTICLE PREMIER.

Les Enfants abandonnés, les orphelins pauvres, les Enfants nés   Enfants
de parents absents ou condamnés, infirmes ou aliénés, sont com-   abandonnés etc.
pris dans la dénomination générale des Enfants adoptés, et, dans   Assimilation
les dispositions de la présente loi, leur qualité sera établie ou par   Loi, a 2 27
des certificats du greffe, ou par des actes de notoriété, constatant,
dans le premier cas, les condamnations, dans le deuxième, l'absence, la misère, l'infirmité ou l'aliénation.

Toutefois, leur admission sera prononcée par décision de la   Commission
Commission administrative, approuvée par le préfet. L'admission   administrative
ne pourra être prononcée en faveur d'un Enfant âgé de plus de   Préfet
15 ans.   Age
                                                                  Loi, a 24

ART. 2.

Si l'admission n'est pas prononcée, l'Enfant sera renvoyé à ses   Renvoi
parents ou à son tuteur.   aux parents
                                                                  Loi, a 24

ART. 3.

Il en sera de même si les parents ou tuteurs viennent à être   Dépenses
découverts postérieurement à l'admission, et, dans ce cas, il devra   Loi a 24
être fait compte des dépenses de l'Enfant pour la répétition en être
exercée contre les parents ou tuteurs, sans préjudice des poursuites à provoquer par le fait même de l'abandon ou de la suppression d'état.

Nom et prénom de l'Enfant.

Si l'Enfant admis à l'hospice n'a déjà des nom et prénoms sous   Loi, a 48 lesquels il soit inscrit sur les registres de l'état civil, il lui sera donné un nom et un prénom par le secrétaire de l'hospice.

Le prénom ou nom de baptême devra être choisi, suivant les usages ordinaires, parmi les noms inscrits au calendrier.

Le nom qui doit devenir pour l'Enfant le nom de famille pourra être tiré des circonstances de l'exposition ou de l'apport à l'hospice, en évitant d'ailleurs toute dénomination ridicule ou injurieuse, ou propre à perpétuer le souvenir de l'origine de l'Enfant.

Nourrice. — Sevrage. — Apprentissage.

L'Enfant sera censé en nourrice jusqu'à 2 ans, en sevrage jusqu'à 6 ans, en pension jusqu'à 15 ans, à moins qu'un contrat d'apprentissage ne soit contracté pour lui avant cette dernière époque, auquel cas sa désignation est indiquée par la situation elle-même.

Acte de décès.

Si l'Enfant meurt en état de placement quelconque, extrait de son acte de décès devra être remis à l'hospice qui a opéré le placement.

Émancipation. — Curateur.

En cas d'émancipation de l'Enfant, le receveur de l'hospice est de droit son curateur.

Livret.

Le livret devra être remis à l'Enfant à l'époque de sa mise en apprentissage, de son émancipation, de son mariage et de sa majorité.

Changement du tutelle. — Retrait. — Livret.

Lorsque l'Enfant changera de domicile, il en sera fait mention sur le registre matricule ainsi que sur le livret de l'Enfant.

Mention sera également faite sur le livret et sur le registre matricule du retrait de l'Enfant, lorsqu'il y aura lieu, et des causes
qui l'auront déterminé.

Collier. — Livret.

‑ Lorsque l'Enfant devra cesser de porter le collier, le collier
devra être remis à l'hospice d'origine.
Mention sera faite de cette remise sur le livret.

Hospices non dépositaires.

˙ Une discussion s'engage sur la question de savoir ce qu'il convient de faire
au cas où des Enfants seraient apportés à un hospice non dépositaire.
M. le président pose la question, et demande s'il n'y aurait pas lieu de régler que l'Enfant recevrait provisoirement, à l'hospice où il serait apporté, les
soins que pourrait exiger sa situation, puisque cet hospice donnerait avis à
l'hospice dépositaire, et s'entendrait avec lui pour y faire transporter l'Enfant,
le tout, bien entendu, sans préjudice des déclarations à faire devant qui de
droit par le déposant.

M. ALFRED BLANCHE fait observer que, dans le cas où la Commission croirait devoir se décider pour l'affirmative, l'hospice qui recevrait l'Enfant devrait être autorisé à le placer, s'il est possible, chez une nourrice des environs, au compte de l'hospice dépositaire. Il peut se faire, en effet, qu'il se
trouve tout près de là des nourrices, même employées déjà par l'hospice dépositaire; et, dans ce cas surtout, il sera plus qu'inutile d'exposer l'Enfant à un
double voyage.

Diverses observations sont présentées dans le but de faire ressortir l'inconvénient d'autoriser les hospices non dépositaires à recevoir les Enfants. Dans
ce système, toutes les garanties de la loi se trouvent compromises. L'adopter, c'est ouvrir aux déposants un moyen de se soustraire la plupart du temps
à la nécessité des déclarations exigées par les lois, et ils s'empresseront d'en
profiter.

M. Victor LEFRANC :

Il faut cependant prévoir le cas : accueillir provisoirement l'Enfant si c'est nécessaire; donner avis à l'hospice dépositaire; prendre le nom du déposant; le renvoyer au bureau d'admission; le punir comme un témoin réfractaire, s'il n'y va pas.

La Commission décide ce qui suit :

RÉSOLUTION.

Loi, ⌐ 8

Au cas du dépôt ou de l'exposition d'un Enfant à un hospice non dépositaire, on prendra le nom du déposant, son domicile et son dire; on avisera l'hospice dépositaire; on donnera les soins nécessaires à l'enfant. On instruira le déposant de l'obligation où il est de comparaître devant le bureau d'admission pour y faire les serments et déclarations prescrites par la loi; faute par le déposant, quel qu'il soit, fût-ce même un employé de l'hospice non dépositaire, d'accomplir ces obligations dans les trois jours du dépôt, il sera puni comme coupable de délaissement ou de suppression d'état.

Limite de l'âge pour les admissions.

M. Victor LEFRANC propose de fixer la limite d'âge pour les admissions à sept ans, terme auquel s'arrête le délit d'exposition, qui est la sanction de la loi.

RÉSOLUTION.

Admission
Age
Loi, a 24

Aucun Enfant ne pourra être admis, par le bureau d'admission, passé l'âge de sept ans.

Registre matricule.

M. Victor LEFRANC, président :

Ne trouvez-vous pas nécessaire d'énumérer les mentions que devra contenir

le registre matricule de l'hospice, comme les nom et prénoms de l'Enfant, le
numéro du registre du bureau d'admission, la date d'entrée, l'admission provisoire ou définitive, le secours à la mère, le secret s'il a été admis, la restitution de l'enfant, la déclaration de naissance, le baptême, les signes naturels
ou artificiels, le placement, le livret, la layette, les voitures, les salaires, les
gratifications, les changements de départements, l'émancipation, le mariage,
la majorité, le décès, le retour et l'annexe du livret »

M. DE WATTEVILLE fait remarquer que ces mentions doivent se répartir
entre le registre matricule et celui des admissions.

RÉSOLUTION.

M HAMELIN, scrétaire adjoint, est chargé de donner ses soins à   Registre matricule
la confection d'un modèle du registre matricule et du registre   et
d'admission.   d'admission

Franchise et contre-seing de l'inspecteur

M. VALENTIN-SMITH.

Dans l'état actuel, l'inspecteur départemental n'a la franchise et le contre-   Franchise
seing qu'à l'égard du préfet et des maires. Il conviendrait qu'il l'eût encore à   Inspecteur
l'égard des maires des communes où les Enfants sont placés, à l'égard des
Commissions administratives, et enfin du subrogé tuteur institué par notre
projet de loi. Si la Commission ne réglait pas cet objet dans l'instruction destinée à assurer l'exécution de la loi nouvelle, il serait à craindre que, plus
tard, le Ministre des finances ne crût pas devoir accorder à l'inspecteur des
Enfants adoptés la franchise et le contre-seing qui lui sont nécessaires pour
la rapidité du service de ces Enfants.
Adopté.

RÉSOLUTION.

L'inspecteur des Enfants adoptés jouira, pour le service de ces   Loi, a 03
Enfants, de la franchise des lettres avec le préfet du département,

29ᵉ SEANCE — avec les commissions administratives des hospices dépositaires, avec les maires des communes où les Enfants sont placés, enfin avec le subrogé tuteur desdits Enfants.

Recrutement. — Domicile.

M. VALENTIN-SMITH propose la résolution suivante, qui est adoptée.

RÉSOLUTION.

Recrutement
Domicile
Loi, a 67

L'Enfant adopté prend pour domicile, relativement au recrutement, le lieu de l'hospice dépositaire dans lequel il a été admis.

Tirage des Enfants pour le recrutement de l'armée.

M. VALENTIN-SMITH lit une note de M. Sainton, employé au bureau des Enfants trouvés du Ministère de l'intérieur, sur la question du tirage des Enfants des hospices pour le recrutement de l'armée, et demande que la Commission délibère sur ce point.

Tirage
Canton

En exécution de l'article 6 de la loi du 21 mars 1832, les élèves des hospices sont appelés à prendre part au tirage pour le recrutement de l'armée dans le canton où siège l'administration hospitalière sous la tutelle de laquelle ils sont placés. La plupart de ces Enfants étant hors d'état d'invoquer les diverses exemptions prévues par l'article 13 de la loi précitée, il semble qu'il y aurait avantage pour les Enfants de famille à être inscrits sur la même liste qu'eux. Cependant, en fait, il n'en est pas ainsi, et la constitution généralement débile des Enfants des hospices les fait réformer en grand nombre : dès lors, les chances du tirage deviennent extrêmement défavorables pour les Enfants de famille. Cet état de choses a soulevé de vives plaintes dans le 9ᵉ arondissement de Paris, arrondissement où est le siége de l'administration hospitalière, et où, conséquemment, les élèves des hospices de Paris prennent part au tirage : ces plaintes paraissant d'autant plus fondées, que les élèves des hospices de Paris se composent, pour plus d'un tiers, d'Enfants abandonnés, qui, a la différence des Enfants trouvés et des Enfants de filles mères, peuvent invoquer les cas d'exemption prévus par la loi du recrutement.

M. le maire du 9ᵉ arrondissement a indiqué trois moyens de remédier à cet état de choses. Le premier consisterait à former un arrondissement spécial composé de tous les élèves des hospices de Paris appelés, chaque année, a satisfaire au recrutement.

Le second consisterait à déléguer, en exécution de l'article 2 de la loi du 15 pluviôse an XIII, la tutelle des Enfants dont il s'agit aux Commissions hospitalières dans la circonscription desquelles ils sont placés, de manière a les soumettre au tirage dans ces localités.

Enfin, par le troisième, les Enfants des hospices de Paris seraient répartis entre les douze arrondissements de Paris et les huit cantons ruraux du département de la Seine.

Il convient d'examiner chacun de ces moyens.

Du moment où les Enfants des hospices de Paris sont reconnus peu valides, les soumettre à un tirage entre eux ce serait ne laisser à ceux dont la santé est meilleure presque aucune chance d'échapper au recrutement. Autant vaudrait laisser aux conseils de révision de prendre parmi ces Enfants ceux qui leur paraîtraient propres au service militaire. Ce moyen paraît donc devoir être écarté.

L'article 2 de la loi de pluviôse an XIII, en permettant de déléguer la tutelle à la Commission hospitalière la plus voisine de la résidence de l'Enfant, indique bien que ce n'est que dans l'intérêt même de l'Enfant que la délégation peut avoir lieu. On ne saurait donc se prévaloir de cet article pour rejeter sur diverses localités une charge, qui est celle du département de la Seine. D'ailleurs, la faculté de déléguer une tutelle emporte, pour la Commission hospitalière à qui une offre semblable doit être faite, la faculté de la discuter; et les Commissions hospitalières des départements ne manqueraient pas de refuser cette tutelle quand elles verraient les conséquences qu'on en veut tirer contre les localités qui reçoivent les Enfants des hospices de Paris. Ce second moyen doit donc être écarté comme le premier.

Reste le troisième : il n'y a pas dans la Seine d'autre hospice dépositaire que celui de Paris, et la dépense des Enfants de cet hospice est supportée, sauf le concours des communes, par le budget départemental. Ces Enfants appartiennent donc au département, et dès lors leur inscription sur toutes les listes du recrutement n'a rien que de juste et de légitime. Seulement, cette mesure doit être établie par une disposition législative, et cette disposition pourrait être étendue à toute la France.

La Commission, après en avoir délibéré, adopte à l'unanimité la disposition suivante :

RÉSOLUTION.

Loi, a 68.　　Les Enfants adoptés seront répartis, pour le recrutement de l'armée, sur la liste des divers cantons compris dans la circonscription de l'hospice auquel ils appartiennent d'après la résolution précédente.

M. VALENTIN-SMITH explique qu'il a demandé à la préfecture de la Seine le tableau du tirage pour le 9ᵉ arrondissement de Paris, pendant les vingt dernières années, contenant dans des colonnes distinctes le chiffre des Enfants de famille appartenant à cet arrondissement, et celui des Enfants de l'hospice. Ce tableau devra contenir le nombre et les causes de réforme, à l'égard de chacune de ces catégories d'Enfants (1).

Service militaire — Tutelle.

M. VALENTIN-SMITH fait la proposition suivante, qui est adoptée :

RÉSOLUTION.

Tutelle
Service militaire
Loi, a 42

La tutelle ne cesse pas par le fait que les Enfants adoptés font partie des armées de terre ou de mer.

Transport d'un Enfant exposé à l'hospice dépositaire. — Dépense communale.

M. VALENTIN-SMITH :

Il arrive souvent qu'un Enfant est exposé dans une commune éloignée de l'hospice dépositaire. Le maire est alors obligé de charger une sage-femme ou un commissionnaire de porter cet Enfant à l'hospice. Qui doit, dans ce cas, payer les frais de ce transport? Ce ne peut être ni l'hospice dépositaire, ni le département. En effet, l'obligation de l'hospice et du département de venir en aide à l'Enfant ne commence qu'au moment où cet Enfant est régulièrement

―――――――――――

(1) Voir, tome II, IVᵉ partie, tableau x

remis à la charge de la charité publique. Agir autrement ce serait faciliter outre mesure les expositions; ce serait donner lieu aux plus graves abus, ainsi qu'on peut le voir par ce qui se passe dans le département de la Dordogne.

L'exposition d'un Enfant dans une commune est le résultat d'un défaut de police ou d'une police insuffisante; c'est, dès lors, à cette commune à en supporter les conséquences. Cette mesure aura, d'ailleurs, pour résultat d'intéresser les administrations municipales à la répression des abus, pour lesquels elles montrent trop souvent une complaisance coupable.

RÉSOLUTION.

Lorsque l'autorité municipale se trouvera dans la nécessité d'ordonner l'envoi à l'hospice dépositaire d'un Enfant exposé dans la commune, les frais de transport de cet Enfant resteront à la charge du budget municipal, sauf recours contre la famille de l'Enfant.

Sur la question suivante : Y a-t-il des dispositions spéciales à adopter pour les filles; quant aux écoles? quant au placement? quant au mariage?

La Commission, après examen, est d'avis qu'il n'est possible de formuler aucune prescription légale à cet égard; qu'il faut s'en remettre à l'intelligence des placements, et à la fermeté des retraits.

En ce qui concerne l'adoption légale des Enfants, par les nourriciers ou patrons, ou par toutes autres personnes, M. le Président demande s'il ne faut pas la faciliter pour la suppression de quelques-unes des conditions imposées par le droit commun, celle de l'âge par exemple.

Sans doute, dit-il, toute modification au Code civil, aux droits de la famille, est chose grave. Mais, si l'on considère que l'Enfant n'a ni nom, ni père, ni mère, ni famille, ni avenir assuré; qu'il a un conseil de famille éminemment désintéressé et éclairé, un tuteur fonctionnaire public, dominé par un préfet; que l'adoption pour lui n'est pas l'adjonction d'une nouvelle famille à la famille naturelle qui lui reviendra plus facilement encore par suite des bienfaits de l'adoption qui la remplace et la précède, il paraît possible et utile de décider que l'Enfant pourra être adopté s'il y consent après émancipation, avec l'assentiment de son conseil de famille, de son curateur et de son tuteur.

I.

65

29ᵉ SÉANCE.

Exposition
Commune
Dépense

Loi, a 8

Filles
Dispositions
spéciales?

Adoption légale
des Enfants

Age
Emancipation

La Commission adopte cette idée dans les termes suivants.

RÉSOLUTION.

Loi, a 44   L'adoption par une famille particulière d'un Enfant adopté par la charité publique pourra avoir lieu envers tout Enfant émancipé, âgé de 18 ans, assisté de son curateur, de son tuteur et de son conseil de famille, et avec leur assentiment.

M. Victor LEFRANC :

Apprentissage   La loi existante prohibe les conditions en faveur des Enfants trouvés apprentis, qui consisteraient à stipuler des avantages pécuniaires ou autres, pour leur sortie d'apprentissage, par la crainte de voir les tuteurs de ces Enfants se livrer pour eux à des pensées de spéculation, qui se traduiraient en abus de leurs forces, ou négligence des soins qui leur sont dus : mais, c'était là tomber dans un extrême, de peur d'approcher l'extrême contraire.

Conditions   Nous devons lever cette prohibition et permettre la stipulation modérée et prudente qui permet d'assurer à l'Enfant un petit pécule à sa sortie d'apprentissage.

Résiliation   D'un autre côté, nous avons à prévoir les cas de résiliation de ces contrats,
Service militaire pour prescrire qu'on les stipule. L'appel à l'armée est un de cas ; mais cet appel peut avoir le caractère d'un appel général ou d'un appel exceptionnel : il paraît inutile de stipuler la résiliation pour le premier cas, qui est un cas de force majeure, dont la prévision est de droit ; il n'y a pas la même raison pour le second, puisque c'est comme à titre de tutelle que le ministre reçoit de nous le droit de disposer de l'Enfant adopté.

Il faut donc examiner si cet appel, fait non à titre d'ordre, mais à titre de protection, peut être assimilé à la force majeure : je ne le pense pas ; cela étant, faut-il réserver la résiliation, dans l'intérêt de l'État et dans l'intérêt de l'Enfant ? la loi actuelle le fait ; ceci est peut-être contraire à l'esprit de notre loi, qui toujours préfère la vie ordinaire et individuelle à la vie officielle et collective la mieux protégée, pour cette classe déshéritée dont le premier besoin est de trouver un équivalent, une image de la famille absente.

RÉSOLUTION.

La Commission décide qu'elle laissera à l'appréciation des tuteurs le soin d'examiner s'il convient de stipuler dans les contrats d'apprentissage, soit des avantages pécuniaires pour l'apprenti, soit la résiliation pour le cas d'appel du ministre de la marine hors les conditions ordinaires d'appel et de recrutement.

Loi, a 65

M. VICTOR LEFRANC:

Dans la partie de la loi qui traite des secours aux filles mères, vous avez établi une aggravation de peine contre le délaissement accompli par la fille mère secourue; vous penserez sans doute que ces aggravations doivent s'appliquer au cas d'abandon après retrait et surtout après reconnaissance.

Pénalités
Aggravation
Abandon
nouveau

La Commission adopte cette proposition dans les termes suivants :

RÉSOLUTION.

Les peines ou aggravations de peines prononcées par les lois contre les auteurs des délits envers l'Enfant, comme étant du nombre de ceux à qui cet Enfant est confié ou qui ont autorité sur lui, sont applicables aux personnes qui l'ont retiré, soit qu'elles l'aient ou non reconnu en le réclamant.

Abandon
après retrait
Renvoi
Loi, a 159

La Commission arrête, en outre, la disposition suivante :

RÉSOLUTION.

Inspection.

Les fonctions d'inspecteurs seront cumulées avec d'autres fonctions compatibles ou analogues dans les départements où le nombre des Enfants ne dépassera pas 1200.

Inspection
Loi, a 94

65.

Conformément aux idées émises par M. Smith dans la 6ᵉ séance (1), et vidant la réserve faite alors de la question de transport de l'officier de l'état civil dans les Maisons d'accouchement, la Commission adopte la disposition suivante :

RÉSOLUTION.

Officier de l'état civil.

De l officiei
de
l'état civil
Maison
d accouchement
Loi, a 140

Lorsqu'il y aura déclaration d'un Enfant né dans une Maison d'accouchement, charitable ou autre, l'officier de l'état civil devra s'y transporter; il pourra adresser à la mère des conseils et des exhortations pour l'accomplissement de ses devoirs de maternité, si elle consent à les recevoir.

La Commission adopte, en outre, la disposition suivante :

RÉSOLUTION.

Instruction primaire.

Instruction
primaire
Gratuité
Loi, a 83.

L'Enfant adopté sera reçu à titre gratuit, comme indigent, dans les écoles primaires communales de sa résidence.

Remises de perception.

Receveurs
et
percepteurs.
Remises
Loi, a 113

Il n'est accordé aux percepteurs, receveurs généraux ou particuliers aucune remise sur les payements ou mouvements de fonds qu'ils auront à faire à l'occasion des Enfants adoptés ou secourus.

Service médical.

Service médical.
Loi, a 108

Les commissions administratives des hospices dépositaires seront tenues de justifier que, par le moyen de l'abonnement ou autre-

---

(1) Voir pages 83 a 93 inclusivement

ment, le service médical et les soins à donner aux Enfants placés en nourrices ont été assurés.

M. Victor LEFRANC, président, appelle l'attention de la Commission sur la question des *Colonies agricoles,* réservée jusqu'à ce moment.

Sur l'invitation de M. le Président, M Louis HAMELIN prend la parole sur la question et dit :

La question des *Colonies agricoles* me paraît avoir perdu beaucoup de son importance dans le système du projet de loi adopté par la Commission.

Je suis disposé moins que personne à mettre en doute l'utilité et le bienfait des colonies agricoles, car je les ai vues à l'œuvre : par la nature des fonctions que j'ai acceptées, j'ai suivi pas à pas les développements donnés à celle du Mesnil-Saint-Firmin, consacrée à l'éducation des Enfants trouvés.

Dans le système de la loi existante, les colonies agricoles étaient, un bienfait, j'ajouterai même une nécessité

Sur ce point, j'en appellerai au témoignage de deux des fondateurs de la colonie du Mesnil Saint-Firmin, qui sont au milieu de vous : MM. DE WATTEVILLE et Alfred BLANCHE, et qui, avec toute l'autorité de leurs connaissances en ce qui concerne le service des Enfants trouvés, pourraient mieux que moi faire ressortir la triste situation de ces Enfants chez la plupart des nourriciers.

Je ne saurais, d'ailleurs, mieux faire comprendre la pensée qui a présidé à la création de cette *colonie agricole* destinée exclusivement à l'éducation des Enfants trouvés, qu'en vous citant le texte même du programme arrêté par les fondateurs de la Société d'adoption, et inséré dans sa première publication en 1843.

« S'il est, de nos jours, une question qui mérite d'être sérieusement examinée, c'est, à coup sûr, celle des Enfants trouvés. Elle est urgente, n'hésitons pas à le dire, au point de vue social, au point de vue moral, ou seulement même au point de vue économique.

« Le nombre toujours croissant des Enfants trouvés est un fardeau et un embarras pour le pays, qui, avec l'organisation actuelle de cette partie des secours publics, ne peut, en retour même des sacrifices considérables qu'il s'impose, obtenir aucun résultat satisfaisant.

« Nous n'insisterons pas sur les premières années des Enfants trouvés, nous n'avons à nous occuper que de ceux qui sortent de cette première enfance

—

aptes à recevoir les premiers exemples du travail, les premières notions de la morale et de la religion, les éléments de l'instruction.

« Cette utile direction leur est-elle donnée ? On peut répondre négativement, sans craindre d'être taxé d'exagération. Les exceptions, et il en est, ne font que confirmer la vérité générale. Aujourd'hui, ainsi que chacun sait, les Enfants trouvés, aussitôt qu'ils sont confiés à la charité publique, sont remis à des nourrices de la campagne, chez lesquelles ils doivent rester pendant leur enfance. Ces nourrices, d'un choix toujours douteux, ont hâte de pouvoir répartir entre de nouveaux nourrissons les soins mercenaires qui constituent leur industrie : aussi à peine attendent-elles que le développement physique de l'Enfant leur permette de l'abandonner à lui-même, soit dans la maison, soit, le plus souvent, sur la voie publique. Qui n'a rencontré dans les villages, sur les grandes routes, ces pauvres Enfants à peine vêtus, présentant l'aspect le plus misérable et faisant, dès leur première enfance, l'apprentissage de la mendicité et du vagabondage ? La loi leur ouvre, il est vrai, gratuitement les écoles primaires ; mais ils profitent rarement de ce bienfait, soit par suite de l'insouciance ou de la cupidité de leurs nourriciers, soit par le mauvais vouloir de quelques officiers municipaux et de quelques instituteurs.

« Ils atteignent ainsi l'adolescence ; alors, par les soins des Commissions hospitalières, ils sont placés chez des cultivateurs ou chez des artisans. Les enseignements qui ne leur ont pas été donnés précédemment, ils ne pourront les recevoir désormais, car il faudrait, chose bien rare, que les personnes chez lesquelles ils sont placés consentissent à faire le sacrifice d'une partie du temps qu'ils leur doivent. Ils continuent donc de vivre dans la plus malheureuse et la plus complète ignorance. Leurs habitudes de paresse se réforment difficilement ; les habitudes de vagabondage, au contraire, ont conservé tout leur empire, et ils n'attendent pas pour les reprendre l'âge auquel ils échappent à la tutelle, presque forcément inefficace, des commissions hospitalières. Isolés au milieu de la société, sans guides, sans principes, paresseux, mendiants, vagabonds, ces jeunes gens ne peuvent tarder à faire partie des classes dangereuses de la population

« Y aurait-il donc de grands changements à apporter dans l'organisation actuelle pour qu'il en fût autrement?

« La Société d'adoption a pensé que tout le mal était dans le mode actuel de placement des Enfants, et qu'une grande amélioration serait réalisée si l'on y substituait le système des colonies agricoles : dispersés dans un grand nombre de localités, souvent envoyés au loin, les Enfants ne peuvent être, de la part des commissions hospitalières, l'objet d'une surveillance réelle, efficace. Entrant, moyennant le plus médiocre salaire, dans les familles les plus misérables, ils partagent le dénûment de ceux qui n'ont, le plus souvent, d'autre exemple à leur donner que celui de leur misère, et chez lesquels on ne rencontre aucun des éléments nécessaires à la plus indispensable éducation, ni l'instruction, la plus élémentaire soit-elle, ni le travail, ni quelquefois même la moralité. Au contraire, que des colonies agricoles s'ouvrent pour recevoir les Enfants trouvés au sortir de leur première enfance, et la tutelle des commissions administratives n'est plus alors un bienfait illusoire, et la charité publique accomplit par la dispensation d'une éducation morale et laborieuse la tâche qu'elle a entreprise. Les sacrifices qu'elle s'imposera, d'ailleurs, pour former à l'agriculture des ouvriers laborieux et honnêtes ne dépasseront pas ceux qu'elle fait aujourd'hui pour élever seulement une population embarrassante La Société d'adoption croit même que l'organisation des colonies agricoles parviendra à diminuer les dépenses auxquelles donne lieu actuellement l'éducation des Enfants trouvés.

« C'est dans cette conviction qu'elle s'est formée ; c'est ce but qu'elle poursuit, heureuse si les départements entrent pour leur propre compte et sur leurs territoires respectifs dans la voie qu'elle a ouverte, et si son nom doit occuper, dans l'avenir des Enfants trouvés, la place qui est assurée à ceux de MM. Demetz et de Bretignières dans l'histoire des jeunes détenus. »

Mesnil Saint Firmin

C'était donc à un besoin réel que cette institution répondait. Et que l'on veuille bien remarquer qu'avec l'existence du *Tour* qui augmente indéfiniment le nombre des Enfants trouvés ; avec l'ensemble d'une législation qui semble abandonner de nouveau l'Enfant à l'âge où précisément il a le plus besoin de guide, les *colonies agricoles* étaient et continuent d'être un des meilleurs moyens d'instructions et de moralisation.

Loi nouvelle

Dans le système de la Commission, la sollicitude de la loi, celle de l'Administration est constamment en éveil à l'égard de l'Enfant, qui, nous devons l'espérer, ne sera plus que rarement abandonné ; qui sera rattaché à sa mère, à qui une famille d'adoption sera constituée autant que possible : le nourricier de l'Enfant est mieux inspecté, mieux surveillé, mieux encouragé, la tutelle de l'Enfant rendue plus active, plus vigilante, le suivra jusqu'à sa majorité.

Dès lors, les inconvénients du système actuel, dus en grande partie à l'inintelligence de l'admission par le Tour, à l'incurie qui entoure l'adolescence de l'Enfant trouvé, devront disparaître.

Par suite, et c'est ma conclusion, les colonies agricoles cesseront d'être une nécessité.

Utilité restreinte mais certaine encore

Cela veut-il dire qu'elles perdront toute leur utilité? Il s'en faut que telle soit ma pensée. Quelques espérances que nous puissions fonder sur les bons effets de notre loi, il est impossible de supposer que tous les Enfants seront ou rattachés à leur mère, ou adoptés et convenablement soignés par les nourriciers ou patrons auxquels ils seront confiés. Pour un assez grand nombre d'entre eux les colonies agricoles *spéciales*, j'entends celles qui se consacreront exclusivement à l'éducation agricole pratique et théorique des Enfants restés à la charge de l'État, seront l'asile le plus sûr et le meilleur moyen d'en faire des hommes honnêtes, utiles à eux-mêmes et à leur pays.

Création par l'État.

Maintenant, encore un mot : Convient-il que l'État se charge lui-même de créer et diriger des colonies agricoles ?

Je ne le crois pas. Les colonies agricoles en France ne comptent pas encore un assez long temps d'expérience. Il y a eu, en divers temps, des essais plus ou moins infructueux de colonies agricoles appliqués à des Enfants pauvres ayant encore leurs parents ; il n'y a eu qu'un seul essai de colonie agricole appliquée exclusivement aux Enfants trouvés, abandonnés et orphelins pauvres. Cette application exclusive me paraît nécessaire, car, avec des Enfants qui ont leurs parents, les résultats de l'œuvre seront toujours compromis par les parents eux-mêmes, qui voudront toujours rappeler à eux leurs Enfants aussitôt que ces Enfants sont capables de gagner 50 centimes par jour. Cela peut être un bien pour les parents, c'est un mal pour les Enfants qui perdent ainsi tous les fruits de la bonne éducation commencée dans l'établissement.

Quoi qu'il en soit, et pour revenir à la question des colonies agricoles appliquées aux Enfants trouvés, l'État, ce me semble, ne doit pas se laisser entraîner imprudemment à des essais toujours plus dispendieux pour lui que pour des particuliers.

Subventions

Mais par cela que les colonies agricoles d'Enfants trouvés sont réellement utiles, il est désirable que le Gouvernement vienne en aide, dans une certaine mesure, avec prudence, aux essais sérieusement tentés et consciencieusement accomplis.

Je demande pardon à la Commission d'être entré dans de plus longs développements que je ne l'avais prévu moi-même. Mais, puisque mon opinion

m'était demandée, j'ai cru devoir la motiver complétement, afin qu'il ne pût
rester aucun doute sur la mesure dans laquelle il me paraît que le travail de
la Commission doit se restreindre à l'égard des colonies agricoles.

Reconnaître leur utilité, en indiquer l'emploi comme désirable en certains
cas là où elles existeront, n'en pas provoquer, quant à présent, la création
aux frais de l'État; émettre le vœu de voir encourager les essais sérieux qui
peuvent être tentés en ce genre par la charité privée : voilà, je crois, tout ce
que la Commission doit se borner à faire en cette matière.

M. DE WATTEVILLE dit qu'il a contribué à la fondation des colonies   Dangers
agricoles d'Enfants trouvés, et qu'il croit en cela avoir fait une œuvre utile;   Dépenses
mais il exprime la crainte que ce mode d'éducation ne puisse être aussi efficacement employé qu'il serait désirable, en raison du prix élevé de l'éducation
des Enfants dans ces établissements.

M. Alfred BLANCHE :

L'expérience me semble démontrer que les colonies agricoles peuvent être   Causes
utilement appliquées à l'éducation des Enfants trouvés.   de ces dépenses

Si le prix de revient dans les colonies peut paraître avoir été trop élevé   Premier
jusqu'à présent, il est juste de tenir compte des frais de premier établisse-   établissement
ment, d'installation, etc.; il est juste de rappeler au souvenir de M. DE WAT-
TEVILLE que, pour la colonie agricole à laquelle sans doute il fait allusion,
la formation d'un corps de maîtres et contre-maîtres destinés à perpétuer et
à étendre l'œuvre, formation d'une utilité incontestable pour atteindre le but
qu'on se propose, est en grande partie cause de cette élévation de prix . ce
prix, d'ailleurs, est allé chaque année en décroissant.

Quant aux résultats pour l'Enfant élevé dans la colonie, ils sont certaine-   Résultats heureux
ment appréciables et incontestablement bons. Ainsi M. DE WATTEVILLE a pu
voir comme moi, à la colonie agricole du Mesnil-Saint-Firmin, de jeunes
garçons de douze à quinze ans employés à tous les services de l'exploitation
d'une ferme, aux soins des bestiaux, au labourage, au battage du grain, etc ,
et ces résultats sont une réalité et non un programme.

Sans m'exagérer l'importance de cette institution, je crois, du moins, que
son utilité est incontestable. Je voudrais qu'il existât des colonies agricoles d'Enfants trouvés, ne fût-ce que pour être en mesure de pouvoir dire à ceux des
nourriciers qui accompliraient mal leur devoir, qui prétendraient s'excuser sur

ce qu'il n'est pas possible de tirer parti de l'Enfant qui leur est confié : Voyez dans tel et tel établissement le parti qu'on tire journellement d'Enfants du même âge !

Je suis, d'ailleurs, parfaitement d'avis que la Commission n'a point à se préoccuper de la réglementation des colonies agricoles, ni à émettre le vœu d'en voir fonder par l'État. De longtemps encore les essais en ce genre ne doivent être que l'œuvre de la charité privée, secondée, comme on l'a dit, dans de certaines limites par l'administration

Question résolue.   M. Victor LEFRANC ·

La Commission se rappelle qu'elle a déjà fixé l'ordre de préférence dans lequel elle range les placements et les modes d'éducation des Enfants adoptés : au premier rang, la mère, la famille naturelle; au second rang, le nourricier, la famille adoptive agricole; au troisième, le patron, l'apprentissage; au quatrième, les établissements agricoles. Je suppose qu'elle ne veut pas intervertir ce classement, conforme à l'esprit de la loi. Je ne pense pas non plus qu'elle veuille revenir sur la détermination qu'elle a prise au sujet des établissements libres et charitables, et permettre que, par des subventions, on autorise indirectement de véritables Tours. Il ne s'agit ici que d'établissements agricoles qui supposent un certain âge chez l'Enfant, une certaine trace déjà établie pour sa filiation possible. Il résulte de vos délibérations antérieures que, dans un ordre de préférence qu'il ne convient pas de changer, on pourra placer les Enfants, soit dans les fermes-écoles, soit dans les instituts agricoles fondés pour eux. On pourra payer à ces établissements tout ou partie du prix dû aux nourriciers ou patrons : il n'y a donc rien de nouveau à décider.

M. le Président demande si quelqu'un des membres de la Commission a quelques indications nouvelles à donner.

Personne ne prenant la parole, M. Louis HAMELIN, secrétaire adjoint demande la permission de soumettre à la Commission un projet de dispositions préliminaires qui lui paraissent pouvoir être adoptées comme une sorte de préambule de la loi.

M. HAMELIN, sur l'invitation de M. le Président, donne lecture des dispositions ci-dessus indiquées, qui sont ainsi conçus :

Préambule de la loi.   Art. 1. L'abandon des Enfants est un crime il sera poursuivi et puni conformément à la loi

Art. 2. Les Enfants nouveau nés qui auraient été exposés malgré le devoir imposé par la nature et retracé par la loi, devront être portés à l'Hospice du chef lieu d'arrondissement le plus voisin, où ils seront accueillis et admis définitivement, s'il y a lieu, conformément aux dispositions contenues dans la présente loi.

Art. 3. Les Enfants reçus à l hospice et demeurés à la charge de la charité publique seront désignés sous le titre général d'*Orphelins*. Toute autre désignation est expressement interdite

Il est entendu que cette désignation générale est indépendante du classement par catégories qui pourra être adopté pour la commodité du service dans l'Administration

Il m'a paru, dit M. HAMELIN, qu'un projet aussi complet que celui de la Commission sur la question des Enfants trouvés comportait ce préambule Il est en quelque sorte une déclaration de principes, l'indication préalable de la pensée de haute moralité et de bienfaisance qui a présidé aux travaux de la Commission.

Je n'abuserai pas, en entrant dans de plus longs développements, de la bienveillante attention que la Commission veut bien me prêter; il me suffira d'avoir émis l'idée de cette exposition de principes

— Que si la forme n'en était pas accueillie (car, pour le fond, il n'est autre, dans ma pensée du moins, que le reflet de l'œuvre et de la pensée de tous), je demanderais à la Commission la permission d'insister sur l'examen de l'article 3, relatif à la désignation générale des Enfants qui sont, à titre quelconque, à la charge de la charité publique.

Déjà, Messieurs, vous avez été maintes fois frappés de la nécessité de faire disparaître ce titre d'*Enfants trouvés,* espèce de note d'infamie inconsidérément ajoutée au malheur de leur abandon.

Dans cette séance même vous avez consacré l'appellation générale d'*Enfants adoptés.* Je n'ai pas voulu interrompre la discussion, mais je me réservais de vous prier, quand la délibération serait terminée, de revenir à un nouvel examen de cette désignation.

La subtitution de l'appellation générale d'*Enfants adoptés* à celle d'*Enfants trouvés* accuse la bienveillance de vos intentions, mais elle ne les remplit qu'à moitié : elle laisse subsister l'inconvénient de faire, d'instituer, en quelque sorte, une classe à part au milieu de la société; tandis qu'il faudrait, autant que possible, que ces Enfants fussent confondus avec ceux qui n'ont pas éprouvé le même malheur: elle rappelle trop, et pour eux-mêmes et pour les autres, leur triste origine, qu'il faudrait tâcher de faire oublier.

Permettez-moi de vous rappeler, Messieurs, une autre désignation plus pré-

Marginal notes:
29e SÉANCE
—
Abandon
Admission
Dénomination
d orphelins.

Inconvénients
des autres
dénominations
Enfants trouvés
Enfants adoptés

66.

tentieuse, et dont je ne veux pas examiner ici le mérite ni l'erreur, celle d'*Enfants de la Patrie,* qui leur fut donnée à une autre époque et que l'on a, imprudemment je crois, essayé de faire revivre il y a quelque temps.

A part l'emphase et les idées d'un ordre bien autrement dangereux que comporte cette appellation d'*Enfants de la Patrie,* je dis qu'elle avait le tort de marquer aussi cet Enfant d'un stigmate indélébile. Il n'y avait que les Enfants trouvés ou abandonnés, présumés illégitimes pour la plupart, qui fussent désignés sous ce titre. Ce n'était donc, si je puis m'exprimer ainsi, qu'un triste certificat d'origine délivré sur un titre pompeux.

Necessité
d effacer les traces
de l'origine

La dénomination générale d'orphelins que je vous propose confond l'origine, ne rappelle qu'un malheur, et n'excite que des sympathies. Et quant à sa signification intrinsèque, elle n'est, hélas ! que trop justifiée par l'abandon de l'enfant.

Il est loin de ma pensée de prétendre, au moyen d'une fiction légale fondée sur l'abus des mots, faire disparaître en quelque sorte l'Enfant trouvé. Ma proposition n'a d'autre but que d'arriver à l'accomplissement réel de l'intention bienfaisante que vous avez eue en voulant effacer la note d'infamie qui s'attache à ce titre d'*Enfant trouvé,* intention à laquelle je m'associe de toutes les forces de mon âme.

On pourrait objecter que le titre d'orphelin répond à l'une des catégories d'Enfants à la charge de la charité publique. Mais cette objection s'appliquerait avec non moins de force au choix du titre d'Enfants adoptés, qui est celui d'une des catégories spéciales des Enfants compris au projet actuel.

Et d'ailleurs, je prie la Commission de réfléchir qu'il s'agit ici d'une désignation générale, dans laquelle il importe d'éviter toute idée flétrissante, et ce but me paraît mieux atteint par l'appellation d'*Orphelins* que par celle d'*Enfants adoptés.*

Quant aux désignations spéciales, elles doivent être conservées pour la commodité du service intérieur d'administration, et l'appellation générale ne saurait y porter préjudice; c'est ce que j'ai voulu exprimer, afin qu'il n'y eût pas de doute à cet égard, dans le second paragraphe de l'article 3.

Après cet exposé, la Commission, sur la proposition de M. le Président, décide que la proposition de M. le Secrétaire adjoint sera insérée au procès-verbal.

RÉSOLUTION.

La rédaction du chapitre préliminaire de la loi est renvoyée à la codification générale.

La séance est levée à onze heures un quart du soir.

Avant de se séparer, les membres de la Commission arrêtent que la prochaine réunion aura pour objet la visite de la Commission aux hospices de la Maternité et des Enfants trouvés de Paris. Le rendez-vous est indiqué pour samedi prochain 24 du courant onze heures du matin, à l'hospice de la Maternité.

Il sera donné officiellement avis de cette visite à M. le Directeur de l'assistance publique de Paris, afin qu'il donne les ordres nécessaires pour que tons les documents et renseignements demandés par la Commission soient mis à sa disposition, au jour indiqué.

Visite aux établissements charitables

30ᴱ SÉANCE.

PROCÈS-VERBAL de visite faite par la Commission des Enfants trouvés, à l'hospice de la Maternité et à l'hospice des Enfants trouvés de Paris.

Cejourd'hui 24 novembre 1849, MM. Victor LEFRANC, président, DURAND-SAINT-AMAND, DE WATTEVILLE, Alfred BLANCHE, VALENTIN-SMITH, secrétaire, et Louis HAMELIN, secrétaire adjoint, se sont transportés à l'hospice de la Maternité, de Paris, rue Port-Royal, où, après avoir visité la Maison dans tous ses détails, ils ont examiné tous les registres, pris connaissance de tout ce qui concerne le service de cette Maison. Ils ont ensuite entendu, avec le plus grand intérêt, la lecture d'une notice historique sur l'hospice de la

Visite de la Maternité.

Maternité, par M. Boivin, directeur. Cette notice demeurera annexée aux procès-verbaux, pour faire partie des pièces justificatives (1).

Les membres de la Commission se sont ensuite transportés a l'hospice des Enfants trouvés, rue d'Enfer. Là, M. Gouroussau, directeur de cet hospice, leur a donné connaissance de tous les registres, documents et procès-verbaux d'expositions, ainsi que du mode selon lequel le service des Enfants trouvés est organisé dans cette Maison.

M. Gouroussau a fait connaître à la Commission qu'il lui remettrait, sous peu de jours, une notice historique sur l'hospice des Enfants trouvés, dont il est le directeur, laquelle fera partie des pièces annexées aux procès-verbaux (2).

Des modèles des registres et des autres pièces employées, soit à l'hospice de la Maternité, soit à l'hospice des Enfants trouvés, ont été remis à la Commission, pour en faire tel usage qu'il appartiendra.

Les membres de la Commission ont visité avec le plus grand soin et le plus grand intérêt toutes les parties de la Maison et du service de l'hospice des Enfants trouvés, accompagnés de madame Vialleton, supérieure de cet hospice, auquel elle est attachée depuis plus de trente ans (3), et dont la Commission aime a retracer les paroles :

« Il faut, disait-elle, prévenir le plus possible l'abandon, cette action si odieuse et si impie, en cherchant à moraliser par la religion les mères, que l'on doit s'efforcer de rattacher aux devoirs de la maternité, à tous les devoirs.

« Quand un Enfant est abandonné, il a droit à tous les soins que commande sa triste position. Ce que j'ai toujours regardé comme nécessaire et rigoureusement indispensable, c'est, après avoir placé et fait élever cet Enfant a la campagne, de veiller avec dévouement, jusqu'à sa majorité, à ce qu'il se livre au travail.

« Enfin, ajoutait-elle, quand un Enfant est paresseux et insubordonné, il ne faut pas l'abandonner à ses penchants de vagabondage, ou le placer, comme on le fait souvent aujourd'hui, dans l'hospice. Il n'y a qu'une chose véritablement bonne à faire pour lui et pour la société, c'est de le mettre à la

---

(1) Voir cette notice aux pièces justificatives, page 765

(2) Voir, aux pièces justificatives, un extrait de documents sur l'hospice et le service des Enfants trouvés de Paris, par M Allar.

(3) Madame Vialleton, nee a Saint-Etienne (Loire), est entrée a l'hospice des Enfants trouvés de Paris en 1818

disposition de l'État, afin de le discipliner et de l'utiliser dans les armées de terre ou de mer. »

Telles sont les propres paroles de madame la supérieure générale. La Commission se plaît d'autant mieux à les recueillir et à les consigner ici, qu'elle y voit une précieuse révélation de tout ce qu'une ardente charité, éclairée par une longue expérience, peut apporter d'intelligence dans l'accomplissement de sa mission, et dans la recherche du saint but qu'elle poursuit

Les membres de la Commission, réunis à onze heures du matin, se sont séparés à quatre heures du soir, après être convenus que la prochaine séance, pour laquelle il y aura convocation spéciale et à domicile, serait consacrée à la codification des résolutions arrêtées, avec la distinction de ce qui doit faire partie de la loi, du règlement ou de l'instruction ministérielle

---

31ᵉ SÉANCE.

Lundi 26 novembre 1849

Présents : MM. Victor LEFRANC, président; DE WATTEVILLE, NICOLAS, BAILLEUX DE MARISY, VALENTIN-SMITH, secrétaire, et L. HAMELIN, secrétaire adjoint.

Absents : MM. DE LURIEU et DURAND-SAINT-AMAND, pour cause de service public; et MM. BLANCHE et GIRAUD.

ORDRE DU JOUR.

Révision et classification définitive du projet de loi.

La séance est ouverte à huit heures du soir.

La discussion s'établit d'abord sur le titre même à donner à la loi, on s'arrête à celui de : Projet de loi sur les Enfants Adoptés par la Charité publique, et il est convenu que les définitions de l'article 1ᵉʳ diviseront ces enfants en deux grandes catégories : les Enfants Admis et les Enfants Secourus, suivant qu'ils auront ou n'auront pas quitté leur famille pour passer par l'hospice et obtenir l'assistance publique. Les autres divisions et définitions se déduiront des situations particulières dans lesquelles peuvent se trouver ces deux catégories d'enfants.

La Commission adopte ensuite l'ordre général de division des matières dans le texte même du projet de loi. Les définitions générales seront contenues dans un Livre Préliminaire. Le Livre premier sera consacré à l'Admission des Enfants et aux Secours aux Filles mères; le Livre second, à la Tutelle, à l'Éducation et à l'Inspection; le Livre troisième, aux Dépenses, et le Livre quatrième, aux Dispositions préventives et aux Dispositions répressives réservées soit à l'Administration, soit au Pouvoir Judiciaire.

Diverses modifications de pure rédaction, de simple ordonnance et de détail secondaire sont adoptées sans discussion.

Il en est de même de celles qui résultent du travail de révision déja accompli dans les dernières séances.

Des annotations marginales relieront entre elles les résolutions définitives et les résolutions provisoires, de façon que le lecteur puisse facilement se reporter du texte à la discussion, et réciproquement.

M. Victor LEFRANC :

De graves préoccupations ont survécu à nos discussions les plus consciencieuses et à nos résolutions les plus réfléchies en ce qui concerne la composition de notre bureau d'admission.

Ainsi des scrupules respectables se sont produits sur la présence simultanée de la Sœur de charité et du Prêtre dans un bureau chargé de recevoir des confidences, de prendre des informations et d'arrêter des résolutions également délicates. Il n'est pas possible de retrancher la sœur : ce serait, pour ainsi dire, mentir à l'esprit même de la loi charitable que nous faisons; ne croyez-vous pas devoir retrancher le curé?

M. NICOLAS :

C'est mon avis de tous points.

M. VALENTIN-SMITH :

C'était aussi celui de M. Blanche.

M. Victor LEFRANC :

N'en doit-il pas être de même du médecin de l'Hospice? précieux comme instrument d'information, n'apporterait-il pas dans le bureau un esprit un peu trop différent de celui qui doit en inspirer les décisions?

M. DE WATTEVILLE :

J'avais déjà exprimé cette idée, et je la crois essentielle.

M. Victor LEFRANC :

Ce n'est pas tout que d'exclure, même pour des raisons plausibles; il faut encore remplacer et trouver mieux. Ne croyez-vous pas que le Bureau de bienfaisance doive être représenté? Nous avons décidé que des relations régulières seraient établies entre cet instrument de la charité publique générale et l'instrument spécial que nous avons appelé Bureau d'admission. L'introduction dans ce dernier d'un membre du premier n'est-il pas le moyen le plus sûr et le plus simple d'assurer ces relations et d'empêcher des confusions regrettables?

De plus, l'absence fréquente de l'Inspecteur, qui est le seul représentant direct du Département et de l'Administration, ne nous impose-t-elle pas l'obligation de faire la part de ces deux grands intérêts, en donnant place dans le Bureau à un membre désigné par le Préfet?

Je crois devoir vous proposer formellement de composer définitivement notre Bureau : 1° de la sœur; 2° d'un membre de la commission administrative de l'hospice; 3° d'un membre du bureau de bienfaisance; 4° d'un membre désigné par le préfet; 5° de l'inspecteur.

Cette proposition est adoptée à l'unanimité des membres présents.

RÉSOLUTION.

Un membre du bureau de bienfaisance et un membre désigné par le préfet, remplaceront dans le bureau d'admission le curé de la ville et le médecin de l'hospice.

Le renouvellement aura lieu par cinquième.

M. DE WATTEVILLE :

Je propose le renouvellement annuel par cinquième, le premier renouvel-

31ᶜ SEANCE lement ayant lieu par la voie du sort et fixant l'ordre des renouvellements ultérieurs.

Adopté.

M. Victor LEFRANC :

La commission m'avait confié le soin d'étudier la faveur que la loi du recrutement pouvait faire à la famille qui aurait soigné un de nos enfants et se le verrait plus tard enlevé par le service militaire. M. de Choiseul lui accordait une exemption pour un de ses enfants légitimes ; ce serait grever le contingent, dépopulariser le placement. Il vaut mieux accorder un congé de faveur ; c'est une récompense pour la famille, ce n'est pas une charge pour le canton.

Adopté en ces termes.

RÉSOLUTION.

Loi, art 69
La présence sous les drapeaux d'un enfant adopté par la charité publique, soigné depuis l'âge de 6 ans par la famille à qui il aura été confié, donnera droit, pour le premier des enfants légitimes de cette famille qui sera atteint par la loi de recrutement, à un des congés de faveur que les préfets ont le droit d'accorder.

Redaction
generale
M. LE PRÉSIDENT soumet ensuite à la Commission la rédaction définitive des articles relatifs à la répression, par les tribunaux, des délits et des contraventions aux dispositions du projet de loi.

Cette rédaction est adoptée.

Correction
et rapport
La Commission confie à son président le soin de la correction dernière du projet, et de la rédaction d'un rapport qui ne sera autre chose que l'exposé des motifs du projet, contenant en même temps les éléments de l'instruction ministérielle et des règlements qui devront accompagner la loi pour l'expliquer et l'appliquer suivant l'esprit des délibérations de la Commission, que le Président consultera dans les procès-verbaux.

La séance est levée à onze heures et demie du soir.

PROJET DE LOI

SUR

LES ENFANTS ADOPTÉS PAR LA CHARITÉ PUBLIQUE.

————

PROJET DE LOI

SUR

LES ENFANTS ADOPTÉS PAR LA CHARITÉ PUBLIQUE.

LIVRE PRÉLIMINAIRE.

BUT ET OBJET DE LA LOI

ARTICLE 1er.

L'Assistance que la loi donne aux Enfants Adoptés par la Charité publique a pour but d'assurer l'existence et l'éducation de l'Enfant, le respect des droits de la filiation, l'accomplissement des devoirs de la maternité et la répression de l'abandon.

Elle s'applique aux Enfants Exposés, aux Enfants Déposés ou Admis dans les Hospices, aux Enfants Délaissés ou Réclamés, aux Enfants Secourus à domicile et aux Enfants Abandonnés ou Orphelins.

Voir aux procès-verbaux

Page 354, Seance 19-20

ART. 2.

L'Enfant Exposé est celui qui a été exposé et délaissé dans les cas prévus par les articles 55 et suivants du Code pénal, ou abandonné dans les cas prévus par les dispositions ultérieures de la présente loi;

L'Enfant Déposé est celui qui, porté à l'Hospice, n'a pas encore été l'objet d'une décision de la part du Bureau d'Admission;

L'Enfant Admis est celui qui, après avoir été reçu par le Bureau d'Admission d'un Hospice Dépositaire, est gardé dans cet Hospice ou confié à toute autre personne que sa mère;

Page 354,
Séances 19 20
L'Enfant Délaissé est celui que sa mère n'a point retiré malgré la décision du Bureau d'Admission,

L'Enfant Réclamé est celui qui, après avoir été déposé dans un Hospice, a éte retiré, soit spontanément, soit sur une décision du Bureau d'Admission ou de toute autre Autorité,

L'Enfant Secouru est celui qui a été gardé ou retiré par sa mère, moyennant un secours ,

L'Enfant Abandonné et l'Enfant Orphelin sont les enfants pauvres dont les père et mère ou autres ascendants ont cessé de leur donner des soins et sont dans l'impuissance de leur en donner par suite d'absence, de décès, de condamnations ou d'incapacités intellectuelles ou physiques graves.

LIVRE 1er.

ADMISSION DES ENFANTS ET SECOURS AUX FILLES MÈRES.

TITRE 1er.

ADMISSION DES ENFANTS.

CHAPITRE 1er.

BUREAUX D'ADMISSION.

ART. 3.

Page 233,
Séance 12
Les Enfants Exposés seront reçus dans les Hospices, conformément aux règles tracées par la présente loi.

Il y aura au plus un Hospice Dépositaire dans chaque Arrondissement.

Les Hospices Dépositaires seront désignés par un Règlement d'Administration publique.

ART. 4.

P 240, S. 12
A chaque Hospice Dépositaire sera attaché un Bureau d'Admission composé de trois membres .

P 529, S 31
La Supérieure de l'Hospice ou la Sœur désignée par elle; — un membre de la

Page 529
Séance 31

Commission administrative de l'Hospice délégué par elle, Président, — un membre du Bureau de Bienfaisance délégué par ce Bureau, — un membre désigné par le Préfet, Vice-Président, — l'Inspecteur départemental du service des Enfants Adoptés par la Charité publique.

Les membres de ce Bureau seront renouvelés tous les ans par cinquième La première période quinquennale de renouvellement sera fixée par le sort, et les suivantes par ordre d'ancienneté.

Les membres sortants peuvent toujours être désignés de nouveau.

ART. 5.

P 241, S 12

Le Secrétaire de la Commission administrative de l'Hospice sera chargé, sans rétribution nouvelle, de faire les constatations préalables prescrites par les sections I et II du chapitre II du présent titre. Il prêtera, devant le Tribunal civil du ressort, le serment suivant ·

« Je jure de rédiger avec une exactitude scrupuleuse les déclarations que je rece-
« vrai, d'interroger avec soin les comparants sur toutes les circonstances que je suis
« chargé de recueillir, de leur donner tous les avertissements prescrits, en un mot,
« de bien et fidèlement remplir les fonctions qui me sont confiées par la loi. »

ART. 6.

P 241, S 12

Les procès-verbaux dressés, en exécution de la présente loi, par le Secrétaire de la Commission administrative feront foi comme ceux des Officiers auxiliaires des Procureurs de la République.

CHAPITRE II.

DÉPÔT.

SECTION Iʳᵉ.

PRÉSENTATION.

ART. 7.

P 241, S 12

Toute personne qui se présentera à l'Hospice pour y déposer un Enfant sera introduite dans une salle spéciale et mise en présence du Secrétaire de la Commission administrative de l'Hospice.

L'Enfant Déposé recevra immédiatement tous les soins que réclame sa situation.

Le Secrétaire de la Commission administrative avertira le Déposant des peines que

Page 241,
Séance 12
les lois portent contre la suppression d'état, contre le délaissement ou l'abandon des Enfants et contre la fausseté des serments et déclarations qu'elles prescrivent.

ART. 8.

P 508, S 129
Au cas du dépôt d'un Enfant à un Hospice non Dépositaire, le Directeur ou Secrétaire de cet hospice prendra le nom du Déposant, son domicile et son dire, avisera l'Hospice Dépositaire de la circonscription ; donnera les soins nécessaires à l'Enfant ; instruira le Déposant de l'obligation où il est de comparaître, dans les trois jours du dépôt, devant le Bureau d'Admission pour y faire les serments et les déclarations prescrits par la loi.

ART. 9.

P 242, S 12.
Dans tous les cas, après avoir, devant le Secrétaire de la Commission administrative de l'Hospice dépositaire, décliné ses nom, prénoms, profession et domicile, le Déposant devra affirmer spécialement, sous la foi du serment, qu'il n'est pas à sa connaissance, directement ou indirectement, que l'Enfant soit un enfant légitime ou un enfant naturel reconnu par ses père et mère ou par l'un des deux.

ART. 10.

P 243, S 12
Si le déposant est le Directeur ou le Délégué d'un Établissement consacré aux accouchements, il déclarera aussi, sous la foi du serment, si l'Enfant est né dans l'Établissement, et, dans le cas de l'affirmative, il déposera l'extrait du registre dans la partie qui concerne l'Enfant et la mère.

SECTION II.

Informations préalables.

ART. 11.

Ibid
Dans le cas où le déposant déclarerait ne pouvoir prêter ce serment spécial, il sera tenu de faire, dans la forme du témoignage en justice et sous la foi du serment, une déclaration détaillée contenant :

1° L'indication du lieu de la naissance ou de la découverte de l'Enfant,

2° Les circonstances qui ont précédé, accompagné ou suivi, soit la naissance, l'abandon ou la découverte de l'Enfant, soit la remise qui en aurait été faite entre ses mains ;

3° Les noms, prénoms, profession et domicile des personnes qui le lui auraient remis ou fait remettre, et de celles qui pourraient avoir connaissance de l'origine de l'Enfant ou de quelqu'un des faits relatifs à sa naissance, à son abandon et à la cause de cet abandon;

Page 243, Séance 12

4° Les noms, profession et domicile de la mère et du père de l'Enfant.

Le tout, à moins que le déposant ne demande à être renvoyé devant le Bureau d'Admission, pour y faire les déclarations qui précèdent.

ART. 12.

Le refus du serment spécial et la déclaration seront rédigés en un seul procès verbal, qui sera relu au déposant et signé de lui; mention expresse sera faite du tout, ainsi que la déclaration, s'il y a lieu, que le déposant ne sait ou ne peut signer.

Ibid

ART. 13.

Le procès-verbal sera immédiatement adressé au Procureur de la République, qui procédera, conformément aux lois, contre les auteurs ou complices de la suppression d'état ou de l'abandon, et contre les auteurs de fausses déclarations.

P 245 S 12

ART. 14.

Le serment spécial, et, en cas de refus de le prêter, la demande en renvoi devant le Bureau d'Admission, seront rédigés comme il est dit dans l'article 12 et transmis à ce Bureau, qui sera immédiatement convoqué et entendra le déposant dans ses déclarations.

Ibid

ART. 15.

La présence de deux membres suffit pour constituer le Bureau.
Aucune personne étrangère n'y pourra être admise.

P 245 S 12

SECTION III.

EXAMEN.

ART. 16.

Le déposant fera devant le Bureau d'Admission toutes les déclarations ci-dessus prescrites, et pour lesquelles il a demandé à être renvoyé devant ce Bureau.

P 246 S 12

ART. 17.

Si l'on ne veut ou ne peut déclarer le lieu de la naissance ou de la découverte de l'Enfant, et les noms, profession et domicile de la mère, il en sera, séance tenante,

P 246 S 12

I.   68

PROJET DE LOI

dans la forme prescrite pour la réception du témoignage, dressé un procès-verbal, qui sera immédiatement transmis au Procureur de la République, dans le cas contraire, le procès verbal restera entre les mains du Bureau.

ART. 18.

P 246 S 12   Le Déposant donnera, en outre, les explications ou preuves qui seront en son pouvoir pour établir l'état de misère de la mère, ou pour faire connaître les causes qui la déterminent à demander que l'on garde le secret sur sa maternité.

Il dira de qui lui vient l'ordre de réclamer le secret.

ART. 19,

Ibid.   Dans tous les cas, les declarations reçues par le Bureau seront rédigées dans la forme déjà indiquée ; les procès-verbaux feront foi de la même manière, et resteront en minute aux archives du Bureau.

ART. 20.

P 247, S. 12.   Outre les déclarations émanant du déposant, ces procès-verbaux contiendront la description détaillée de toutes les circonstances et de tous les objets propres à faciliter plus tard la reconnaissance de l'Enfant.

Les objets de cette nature seront soigneusement conservés.

SECTION IV.

ADMISSION.

---

§ 1er.

Délibération.

ART. 21

Ibid   · Quels que soient les dires, serment ou refus de serment, l'Enfant déposé sera provisoirement admis, jusqu'à ce qu'il en ait été autrement décidé dans les délibérations ultérieures du Bureau d'Admission.

ART. 22.

Ibid   Ces délibérations ne seront valables qu'autant qu'il y aura au moins trois membres présents.

ART. 23.

Page 247,
Séance 12

L'admission sera prononcée à la majorité des voix.

§ II.
Conditions.

ART. 24.

L'admission ne pourra être prononcée si l'Enfant est âgé de plus de sept ans P 257, S. 12.
accomplis.

Elle pourra être prononcée jusqu'à l'âge de 15 ans, s'il s'agit d'un Enfant Abandonné ou Orphelin, et que sa qualité soit établie, ou par des certificats du greffe,
ou par des actes de notoriété constatant, dans le premier cas, les condamnations,
dans le deuxième, l'absence, l'infirmité, l'aliénation ou le décès.

Elle ne sera pas prononcée si le Bureau estime que la mère a les ressources
nécessaires pour l'élever, ou que les motifs allégués pour demander que le secret de
sa maternité soit gardé ne sont pas suffisamment justifiés, ou enfin que la mère se
refuse à contribuer, dans la limite de ses facultés, aux dépenses de l'Enfant.

L'admission sera rapportée, si les parents, d'abord restés inconnus, viennent à P. 505, S 29
être découverts, ou si le Bureau est convaincu qu'un changement survenu postérieurement dans la situation de la mère lui permet de reprendre son Enfant ou de contribuer à la dépense.

Il sera donné avis à la mère de ces décisions.

§ III.
Secret.

ART. 25.

Les membres du Bureau d'Admission garderont le secret sur la déclaration qu'ils P 271. S. 13.
auront reçue.

Les procès-verbaux ne pourront servir d'élément à une instruction judiciaire que
dans le cas où il résulterait des recherches qu'il y a eu faux serment ou fausse déclaration, dans ce cas, le Procureur de la République ne pourra commencer les
poursuites que sur la plainte du Bureau d'Admission, accompagnée de la déclaration
arguée de faux.

ART. 26.

La réception d'un Enfant admis sous le sceau du secret sera constatée en ces P. 254, S. 12.
termes sur les registres de l'Hospice : *Tel Enfant, reçu sous le sceau du secret.*

Page 254,
Séance 12
L'acte de naissance contiendra la même mention · *Tel Enfant, reçu à l'hospice de N...... sous le sceau du secret, en vertu d'une délibération du Bureau d'Admission.*

§ IV.

Dispositions transitoires.

ART. 27.

L'admission des Enfants Orphelins ou Abandonnés n'aura lieu, en vertu des dispositions qui précèdent que jusqu'à ce qu'il en ait été autrement ordonné par les lois d'Assistance générale.

CHAPITRE III.

SUPPRESSION DES TOURS.

ART. 28.

P. 278, S. 14
Les Tours établis dans les Hospices pour le dépôt des Enfants trouvés sont supprimés.

ART. 29.

P. 504, S. 29
L'usage du *Tour* ou de tout autre moyen analogue destiné comme le *Tour* à la réception clandestine des Enfants est expressément interdit, même aux Hospices libres ou Maisons charitables à titre privé.

TITRE II.

SECOURS AUX FILLES MÈRES.

CHAPITRE Ier.

CONDITIONS ET TAUX DU SECOURS.

ART. 30.

P. 339, S. 17.
Les Préfets pourront accorder aux filles mères qui conservent leurs Enfants ou qui les retirent des secours dont le taux sera toujours égal à celui des allocations pour mois de nourrice. La durée de ces secours ne pourra dépasser l'époque où les Enfants seraient admissibles aux salles d'asile.

Lorsque la fille mère n'élèvera pas elle-même son Enfant, l'arrêté du Préfet déter- Page 339,
Seance 17
minera le taux du secours, sans qu'il puisse jamais excéder le taux des mois de nourrice.

Dans tous les cas d'allocation de secours, il sera en outre accordé une layette. P 344, S 17

ART. 31.

Ces secours seront alloués par arrêtés spéciaux, rendus par le Préfet, sur la de- P 339, S 17.
mande de la mère et sur la proposition du Bureau d'Admission institué par les articles 4 et suivants de la présente loi.

Le sous-Préfet statuera provisoirement, sauf décision ultérieure du Préfet.

ART. 32.

Les propositions de secours pourront être formées en faveur de toute fille mère P 342, S 17
ayant conservé ou retiré son Enfant, soit spontanément, soit sur la décision ou les
exhortations du bureau d'admission, lorsqu'elle aura fait ou fait faire la déclaration
régulière de la naissance avec reconnaissance authentique de l'Enfant, conformément
aux dispositions du Code civil, et que son indigence aura paru suffisamment constatée.

Il pourra être accordé, sur l'avis des Comités institués par les articles 103 et 104,
des secours supplémentaires en faveur des filles mères les plus malheureuses qui seront signalées pour leur bonne conduite ou qui légitimeront leur Enfant par mariage
subséquent.

CHAPITRE II.

REFUS ET RETRAIT DE SECOURS.

ART. 33.

Les propositions de secours ne pourront être rejetées que par arrêtés du Préfet, P. 344, S. 17.
après information ordonnée par ce magistrat et constatant que la fille mère n'est pas
dans un état d'indigence suffisant ou qu'elle se trouve dans un des cas d'exception
ci-après déterminés.

Si la mère a retiré son Enfant sur la promesse d'un secours, et que le secours
soit définitivement refusé par le Préfet, le Bureau d'Admission délibérera de nouveau
sur l'admission.

ART 34.

Les secours seront refusés ou retirés par le Préfet dans les cas d'inconduite notoire, P 344, S 17 ou bien lorsque les filles mères se livreront à la mendicité, en se servant de leur enfant pour exciter la compassion publique.

LIVRE II.

TUTELLE. ÉDUCATION, INSPECTION, DÉPENSES.

TITRE Ier.

TUTELLE, ÉDUCATION, INSPECTION.

CHAPITRE Ier.

TUTELLE.

SECTION Ire.

ORGANISATION DE LA TUTELLE.

ART. 35.

P 359, S 19 20.   Les Enfants Admis ou Délaissés ont pour tuteur l'Inspecteur du Département, pour subroge tuteur le membre du Comité de patronage désigné par le conseil de famille, et pour conseil de famille la Commission administrative de l'Hospice dans la circonscription duquel ils résident.

La tutelle pourra être déférée par le conseil de famille à l'un des membres de la famille à laquelle l'Enfant aura été confié, s'il consent à l'accepter Dans ce cas, l'Inspecteur sera subrogé tuteur.

Les soins donnés à ce titre pourront être invoqués plus tard comme cause d'adoption, alors même qu'il y aurait eu salaire ou secours

ART 36

P 362, S 19 20.   L'Enfant Réclamé a pour tuteur sa mère, si c'est elle qui l'a retiré spontanément ou sur une décision du Bureau d'Admission, et si elle a fait agréer les raisons pour lesquelles elle ne le reconnaît pas

Il a pour subrogé tuteur l'Inspecteur du département où il réside, et pour conseil de famille la Commission administrative de l'Hospice de la circonscription.

Il en est de même de l'Enfant Secouru.

SECTION II

DEVOIRS DE LA TUTELLE

ART. 37.

Les tuteurs, subrogés tuteurs et membres du conseil de famille institués de droit par la présente loi en exercent tous les droits, et sont tenus d'en accomplir tous les devoirs, sans que toutefois l'hypothèque légale frappe les biens de l'Inspecteur ou du membre du Comité cantonal de patronage remplissant les fonctions de tuteur ou de subrogé tuteur.

Page 368, Séance 19-20

ART. 38.

Le tuteur, le subrogé tuteur et le conseil de famille ont pour mission spéciale, indépendamment des devoirs attachés à leurs fonctions, de provoquer la constatation soit de la filiation et de la maternité, soit de la reconnaissance et de la légitimation de l'Enfant.

P 564, S 19-20

ART. 39.

Quand la tutelle appartiendra à l'Inspecteur, les revenus des biens meubles et immeubles de l'enfant seront perçus et administrés par les soins et sous la responsabilité du Receveur de l'Hospice.

Néanmoins, l'Inspecteur du département continuera ses fonctions de surveillance sur la personne et les intérêts de l'Enfant.

P 363, S 19-20

ART. 40.

Le tuteur donne son avis sur la remise des Enfants réclamés.

P 365-367, S 19-20

SECTION III

CESSATION DE LA TUTELLE.

---

§ Ier.

Destitution, majorité, émancipation, adoption

ART. 41.

Si la tutrice d'un Enfant Réclamé ou Secouru est destituée, il sera pourvu conformément aux sections I et II du présent chapitre, à moins qu'il ne lui ait été nommé un tuteur par la délibération qui aura prononcé la destitution.

P 367, S 19-20

ART. 42.

Page 369,
Seance 19-20 La tutelle durera jusqu'à la majorité, l'émancipation ou le mariage de l'Enfant, alors même qu'il serait appelé au service.

ART. 43.

P 506, S 29. En cas d'émancipation de l'Enfant, le receveur de l'hospice est de droit son curateur.

ART. 44.

P 514, S. 29. L'adoption pourra avoir lieu, dans les formes et sous les conditions du droit commun, même envers l'Enfant mineur, s'il est émancipé, avec le consentement et l'assistance de son curateur, et l'assentiment de la Commission administrative de l'Hospice.

§ II.

Comptes, succession.

ART. 45.

P 421, S 23 Les comptes de tutelle seront rendus sans frais; ils seront examinés par le conseil de famille, et approuvés par le Préfet en Conseil de préfecture.

ART. 46.

P 369, S 19-20.
P 420, S 23 Dans tous les cas où d'après les règles du droit civil, l'État serait appelé à hériter des biens laissés par un des Enfants compris dans les définitions de l'article 2, quel que soit l'âge auquel il sera décédé, ces biens obviendront à l'Hospice à titre de dotation spéciale consacrée au service des Enfants Adoptés par la charité publique.

CHAPITRE II.

ÉDUCATION.

SECTION Iʳᵉ.

PREMIERS SOINS À DONNER À L'ENFANT DANS L'HOSPICE.

ART. 47.

P 372, S. 21. Les Enfants seront, dès leur entrée à l'Hospice, confiés immédiatement à des nourrices sédentaires, ou nourris au biberon.

ART. 48.

Page 505
Séance 20

Si l'Enfant Déposé ou Admis n'a déjà des noms et prénoms sous lesquels il soit inscrit sur les registres de l'état civil, il lui sera donné un nom et un prénom par le Secrétaire de l'Hospice.

Le prénom ou nom de baptême devra être choisi, suivant les usages ordinaires, parmi les noms inscrits au calendrier.

Le nom qui doit devenir pour l'Enfant le nom de famille pourra être tiré des circonstances de l'exposition ou de l'apport à l'Hospice, en évitant d'ailleurs toute dénomination ridicule ou injurieuse, ou-propre à perpétuer le souvenir de l'origine de l'Enfant.

ART. 49.

Déclaration sera faite à l'Officier de l'État civil, conformément aux lois   P 380, S 21

ART. 50.

Une case sera réservée dans le registre matricule; elle recevra le visa de l'Officier de l'état civil, constatant la déclaration de naissance.   P 460 S 27

ART. 51.

L'Enfant nouveau-né sera baptisé selon le rite catholique, à moins de demande positive contraire émanant de la mère.   P 373, S 21

SECTION II.

RÈGLES À SUIVRE POUR LE PLACEMENT

§ Ier.

Placement.

ART. 52.

L'Enfant Admis sera censé en nourrice jusqu'à 2 ans, en sevrage jusqu'à 6 ans, en pension jusqu'à 15 ans.   P 506, S 99.

ART. 53.

Il sera mis en nourrice, en sevrage ou en pension à la campagne, au plus tard dans les soixante et douze heures du dépôt, à moins qu'un avis spécial du médecin de l'Hospice ne prescrive un délai plus long, rendu nécessaire par l'état de sa santé.   P 374 S 21

Page 374,
Seance 21
Le transport se fera, autant que possible, par les nourrices elles mêmes.
Tout placement en nourrice en pays étranger est formellement interdit.

ART. 54.

P 378, S. 21.
La nourrice sera tenue de justifier que son mari consent à ce qu'elle prenne un nourrisson de l'Hospice, et qu'elle a un berceau. Elle rapportera un certificat du Maire de sa Commune constatant qu'elle est, ainsi que son mari, de bonnes vie et mœurs.

ART. 55.

P 379,376,377,
S 21
La nourrice sera visitée, à son arrivée, par le médecin de l'Hospice, pour constater son état de santé, l'âge et la qualité de son lait. Il ne lui sera confié d'Enfant que dans le cas où elle aura été reconnue saine et propre à allaiter avec succès, sauf le cas où l'on croira pouvoir lui confier l'Enfant pour l'allaiter artificiellement.

ART. 56.

P 380, S. 21
L'Administration de l'Hospice fera mettre à l'Enfant un collier destiné à faciliter sa reconnaissance et la constatation de son identité. Ce collier devra être fermé et fixé à demeure, par les soins de l'Administration hospitalière; il portera dans un médaillon le numéro d'ordre de l'Enfant; il ne devra lui être enlevé qu'après sa deuxième année révolue.

ART. 57.

P 390, S 22.
Avant le départ de l'Enfant, il sera fait mention de sa remise dans un registre matricule tenu à cet effet par le secrétaire de l'hospice.

Cette mention comprendra les noms de l'Enfant, l'indication des signes qui le distinguent et des objets qui ont été remis avec lui.

ART. 58.

P 390, S 22.
On remettra aussi à la nourrice un livret où sera transcrite la mention ci dessus, et qui recevra, jusqu'à la majorité de l'Enfant, les notes de son tuteur, de ses nourriciers ou patrons, la preuve de sa vaccination, les constatations de payement des mois et des gratifications, et tout ce qui peut concerner l'intérêt de l'Enfant ou la surveillance de ses tuteurs, enfin la mention de son décès.

ART. 59.

P 382, S. 21.
Les Enfants placés en nourrice reçoivent une layette dont la nature et l'importance sont fixées par le Préfet, après avoir pris l'avis de toutes les Commissions administratives des Hospices du Département.

ART. 60.

Il sera pourvu à la vêture de l'Enfant, soit par des fournitures, soit par des suppléments de mois de nourrice.

Le Préfet fixe le mode de renouvellement et la composition des vêtures suivant
le mode indiqué en l'article précédent

Page 366,
Séance 21

ART. 61.

Les Enfants estropiés et infirmes seront aussi placés à la campagne moyennant un
supplément d'indemnité qui ne sera jamais supérieur au double du salaire qui sera
fixé ci-après; le tout à moins qu'il ne résulte d'une attestation spéciale du médecin
de l'Hospice que l'état particulier de la santé d'un de ces Enfants exige que des soins
lui soient donnés dans l'intérieur même de l'Hospice.

Dans ce dernier cas, les Enfants seront instruits dans les ouvrages manuels appropriés à leur infirmité, dans la lecture, l'écriture et le calcul. Ils recevront l'éducation religieuse et morale.

P 395, S 22

ART. 62.

Les Enfants que leur âge ou leur santé ne permettront pas de vacciner à l'hospice
le seront, par les soins des nourrices, dans les trois mois de la remise.

A défaut, elles pourront être privées, soit du payement du trimestre, soit de la
première des gratifications ci-après instituées.

P. 370, S 21

ART. 63.

L'Enfant qui ne sera pas conservé par la famille nourricière, ou qui lui sera retiré
après le sevrage, sera placé de préférence à la campagne dans des familles particulières, chez des laboureurs, ou, à défaut, dans des fermes-écoles, chez des artisans,
et, au besoin, dans les établissements charitables agricoles fondés avec cette destination.

P. 418, S. 23

ART. 64.

Les contrats de domesticité et d'apprentissage seront consentis par le tuteur, sur
l'avis du Conseil de famille. Ils ne pourront engager l'Enfant au delà de l'âge de
21 ans.

P 414, S 23

ART. 65.

Le tuteur appréciera s'il convient de stipuler, dans les contrats d'apprentissage,
des avantages pécuniaires pour l'apprenti. La résiliation sera toujours stipulée pour
le cas d'appel du ministre de la marine en dehors des conditions ordinaires du recrutement

P 515, S 29

§ II.

Service militaire

ART. 66.

Page 419,
Séance 23

Les Enfants Admis, Délaissés ou Réclamés sans avoir été reconnus seront, à l'âge fixé par les lois, à la disposition du Ministre de la marine, et même du Ministre de la guerre, soit pour le service de la flotte, soit pour le service militaire, soit pour la colonisation des possessions françaises, à moins que leur présence ne soit, par le conseil de famille, déclarée nécessaire aux familles à qui ils ont été confiés, auquel cas ils subiront la loi commune du recrutement.

Ceux qui seront nés dans un département compris en tout ou en partie à l'inscription maritime y sont soumis de plein droit.

ART. 67.

P 510, S. 29

Ils prennent pour domicile, relativement au recrutement, le lieu de l'Hospice dépositaire dans lequel ils ont été admis.

ART. 68.

P 512, S 29

Ils seront répartis, pour le tirage, sur la liste des divers cantons compris dans la circonscription de cet Hospice

ART. 69.

P 529, S 31.

Si l'Enfant appelé au service par application des dispositions précédentes est présent au corps, le premier des Enfants légitimes de la famille qui l'aura, depuis l'âge de six ans au moins, soigné gratuitement et d'une manière satisfaisante, sera, s'il tombe au sort, compris dans les congés de faveur que la loi du recrutement permet aux Préfets d'accorder.

§ III.

Réclamation, retrait.

ART. 70.

P 502, S 29

Le Préfet statue, par un arrêté spécial, sur la remise des Enfants Réclamés après avoir pris l'avis du tuteur.

Il statue de la même manière sur l'obligation ou la dispense de rembourser, avant la remise, tout ou partie des dépenses de l'Enfant.

Si la remise a lieu moyennant reconnaissance de l'Enfant, ou si elle est refusée malgré cette reconnaissance, la reconnaissance et le refus pourront être attaqués par les voies et dans les cas réglés par le droit commun.

La mère d'un enfant Admis ne sera autorisée à le visiter que si l'admission a eu lieu sans condition de secret Page 502, Séance 29

La mère d'un enfant Délaissé ne pourra le visiter qu'en se soumettant aux obligations que lui avait imposées le Bureau d'Admission.

ART. 71.

Le retrait de l'Enfant ne pourra être prononcé que par désision spéciale du Préfet, sur l'avis du tuteur, du subrogé tuteur, du conseil de famille ou du Comité cantonal de patronage. P 365, S 19-20

ART. 72.

La perte du livret ou le refus de le présenter à une personne ayant droit de visiter l'Enfant pourront être une des causes de retrait. Ibid

ART. 73.

L'Enfant sera retiré, s'il y a, dans son placement, abus résultant d'une connivence avec la mère pour la soustraire à l'examen légal des causes de l'abandon de son Enfant. P 511, S 29

§ IV.
Changements de résidence, collier, livret.

ART. 74.

Lorsque l'Enfant changera de résidence, il en sera fait mention sur le registre matricule ainsi que sur le livret. P 520 S 30

Mention y sera également faite du retrait de l'Enfant et des causes qui l'auront déterminé.

ART. 75.

Lorsque l'Enfant devra cesser de porter le collier, le collier sera remis à l'Hospice d'origine. P 506, S 29

Mention sera faite de cette remise sur le livret.

ART. 76

Le livret devra être remis à l'Enfant à l'époque de sa mise en apprentissage, de son émancipation, de son mariage ou de sa majorité. P 506, S 29.

§ V
Décès, inhumation.

ART. 77.

A quelque époque et en quelque lieu qu'arrive le décès, extrait de l'acte qui le Ibid constate devra être remis ou adressé à l'Hospice qui a opéré le placement, pour être envoyé à l'officier de l'état civil de l'Hospice d'origine.

ART. 78.

P. 387 S 21.   L'inhumation devra toujours avoir lieu gratuitement.

Le Préfet fixera l'indemnité due aux Communes pour le cercueil, la serpillière et la tombe.

ART. 79.

P 389, S 22   Le Gouvernement interviendra auprès de MM. les Évêques pour que, dans leurs circulaires au Clergé de leurs Diocèses, ils donnent des instructions destinées à assurer le service religieux gratuit pour les Enfants Adoptés par la Charité publique qui décéderaient dans chaque Paroisse.

SECTION III.

RÉMUNÉRATION.

ART. 80.

P 408–411–413,
S 23   Le chiffre des salaires, des indemnités, des gratifications et des subventions sera fixé par le Préfet, après avoir pris l'avis du Conseil général.

Les payements auront lieu sur la production du livret et d'un certificat de vie de l'Enfant délivré par le Maire de la Commune.

ART. 81.

Les salaires seront payés mensuellement, jusqu'à ce que les Enfants aient atteint l'âge de quinze ans révolus.

Ils seront divisés en quatre séries décroissantes, composées chacune d'un nombre d'années qui sera déterminé de la même manière et par la même autorité que le taux des salaires.

ART. 82.

P 410, S 23.   Les nourrices pourront recevoir une indemnité de déplacement proportionnée à la distance qu'elles auront parcourue, à l'effet, soit de venir chercher les Enfants à l'Hospice Dépositaire, soit de les y ramener en cas de retrait.

ART. 83.

Ibid   Elles pourront recevoir en outre, pendant les neuf premiers mois de la vie de l'Enfant, une gratification de sevrage, à la condition de justifier qu'elles ont traité l'Enfant avec soin et humanité, et notamment qu'elles l'ont fait vacciner, dans le cas où il ne l'aurait pas été. Page 410, Seance 23

Une gratification d'éducation pourra être accordee aux familles qui auront conservé un Enfant pendant au moins douze ans, et l'auront constamment entouré de bons soins. P 412, S 23

Cette dernière gratification ne pourra être allouée qu'autant que l'Enfant aura été envoyé à l'école et au catéchisme. P 412, S 23

L'Enfant sera reçu à titre gratuit, comme indigent, dans les écoles primaires communales de sa résidence. P. 516, S 29

Les menus frais d'écoles seront fixés académiquement et mis à la charge des Hospices. P 412, S 23

ART. 84.

Une subvention pourra être payée aux patrons et aux établissements agricoles, charitables ou autres auxquels l'Enfant aura été confié. P 413, S 23

ART. 85.

Le taux des salaires, indemnités, gratifications ou subventions sera toujours le même dans chaque Département, alors même que l'Enfant y aurait été placé par un autre Département. P 412, S 23

ART. 86.

Les salaires, indemnités et gratifications sont insaisissables et incessibles, même pour fournitures alimentaires. P 427, S 24

Les Percepteurs ne pourront les compenser avec les impositions dues par les nourriciers et patrons.

CHAPITRE III.

INSPECTION.

ART. 87.

L'inspection, la visite et le patronage des Enfants Adoptés par la Charité publique s'exerce, P 442, S. 26

1° Par un corps spécial d'Inspecteurs généraux,
2° Par des Inspecteurs et Sous-Inspecteurs départementaux,
3° Par des Visiteurs et Visiteuses;
4° Par des Comités cantonaux de patronage,
5° Par des Dames de charité. P. 341, S. 17

SECTION Ire

INSPECTION GÉNÉRALE.

ART. 88.

Page 443,
Seance 26

Il y a deux Inspecteurs généraux spécialement chargés de l'inspection générale des Enfants Adoptés par la Charité publique.

Ils sont nommés par le Ministre de l'intérieur.

ART. 89.

P 444, S 26

Les Inspecteurs généraux sont chargés

1° De s'assurer si les Établissements consacrés aux accouchements sont institués et conduits conformément aux prescriptions des lois; si toutes les règles y sont strictement observées,

2° De vérifier si les secours aux filles mères sont régulièrement accordes et servis dans les cas et les limites voulus par la loi;

3° De vérifier les procès-verbaux du Secrétaire de la Commission administrative de l'Hospice, les procès-verbaux de dépôt et d'admission, ainsi que tous les procès-verbaux et toutes les délibérations des Bureaux d'Admission; les registres matricules de l'Hospice et tous autres registres relatifs en tout ou en partie au service des Enfants Adoptés par la Charité publique;

4° De s'assurer que les Inspecteurs départementaux, les Visiteurs ou Visiteuses, les Comités de patronage et tous autres agents salariés ou gratuits chargés d'une partie quelconque du service, remplissent fidèlement et intelligemment leurs fonctions, soit sous le rapport de l'éducation physique, intellectuelle, morale et religieuse, soit sous le rapport de la tutelle des Enfants;

Que les nourrices et les filles mères sont visitées à domicile aussi frequemment qu'il est nécessaire,

5° D'étudier et de constater le mouvement de la population, de la vie, de la mortalité, de la moralisation, de l'emploi des Enfants, les effets produits par les mesures législatives, les causes de l'augmentation ou de la diminution de la population ou de la dépense, la suffisance ou l'insuffisance des salaires des nourrices ou de tous autres tarifs, ainsi que l'exactitude des payements et la promptitude de l'expédition, la composition et délivrance des layettes et vêtures,

6° De faire connaître tous les abus qui pourraient exister dans le service et toutes les améliorations qu'il leur paraîtrait utile d'y introduire; de tenir au courant, chaque année au moins, tous les documents statistiques

ART. 90.

Les Inspecteurs généraux sont tenus d'adresser chaque année au Ministre de l'intérieur 1° un rapport spécial sur chaque Département visité, 2° un rapport général sur l'ensemble de leurs opérations.

Page 447, Séance 26

A chaque nouvelle Législature, un travail d'ensemble sur les opérations des trois années précédentes sera soumis à l'Assemblée nationale.

Un double du rapport spécial de chaque Département sera adressé à la Préfecture

SECTION II.

INSPECTIONS LOCALES.

§ Ier.

Inspection départementale

ART. 91.

L'inspection de chaque Département est confiée à un Inspecteur, et dans les Départements où le nombre des Enfants Admis, Délaissés ou Secourus placés à la campagne excéderait celui de mille, à un Inspecteur et à un sous-Inspecteur

P 448, S 26

Ils sont l'un et l'autre nommés par le Préfet.

ART. 92.

Les traitements des Inspecteurs départementaux sont fixés conformément au tableau suivant, ceux des sous-Inspecteurs égalent les deux tiers du taux fixé pour l'Inspecteur

P 450, S 26

Tableau des départements suivant leur importance quant au nombre d'Enfants à leur charge et quant à leur classement pour l'inspection du service.

1ʳᵉ CLASSE 4,000 fr de traitement.	Rhône. Seine		Corrèze. Côte-d Or. Côtes-du-Nord Gard. Gers Indre Loir et-Cher. Loiret.
2ᵉ CLASSE 3,000 francs	Aisne. Aveyron. Bouches du-Rhône Calvados. Charente Dordogne Finistère Garonne (Haute-). Gironde. Hérault Ille-et-Vilaine Indre-et Loire Isère. Landes. Loire Loire Inférieure Maine-et-Loire Manche Mayenne. Nord Saône-et Loire. Sarthe. Seine Inférieure Vaucluse.	**4ᵉ CLASSE** 1,800 fr. de traitement (*Suite.*)	Lot et Garonne Marne Morbihan Nièvre Oise Orne Pyrénées (Basses). Pyrénées (Hautes) Rhin (Bas-). Somme Tarn-et Garonne Var Vendée. Yonne
3ᵉ CLASSE. 2,400 francs.	Allier. Creuse Drôme. Loire (Haute). Pas-de Calais Puy-de-Dôme Sèvres (Deux) Tarn. Vienne. Vienne (Haute-).	**5ᵉ CLASSE** 1,200 francs	Alpes (Basses) Alpes (Hautes-) Ardèche Ardennes Ariege Aube. Corse. Doubs Eure Eure et Loir Jura Lozère Marne (Haute-) Meurthe Meuse Moselle Pyrénées-Orientales Rhin (Haut-). Saône (Haute-) Seine et Marne Seine-et-Oise Vosge
4ᵉ CLASSE. 1,800 francs	Ain Ardèche. Aude Cantal Charente-Inférieure Cher		

ART. 93.

Il est en outre alloué aux Inspecteurs et sous-Inspecteurs des frais de route, calculés par jour et par kilomètres parcourus. Le taux de ces frais sera fixé par arrêté du Préfet, rendu sur l'avis du Conseil général. Page 450, Séance 26

Ils justifient de leurs tournées par des feuilles de route visées par les Maires des Communes qu'ils visitent

Ils jouissent, pour le service seulement, de la franchise et du contre-seing des lettres avec le Préfet du Département. avec les Commissions administratives des Hospices Dépositaires, avec les Maires des Communes où les Enfants sont placés, enfin, avec le subrogé tuteur desdits Enfants. P 509, S 29.

ART. 94.

Les fonctions d'Inspecteur seront cumulées avec d'autres fonctions compatibles ou analogues dans les départements où le nombre des Enfants Admis, Délaissés ou Secourus placés à la campagne ne dépassera pas trois cents P 515, S. 29

ART 95.

Ils doivent au moins une fois par an se rendre au domicile des filles mères, nourrices, patrons; visiter les Enfants et accomplir en outre toutes les missions spéciales qui pourraient leur être confiées par le Préfet ou commandées par les besoins du service. P 451, S 26

ART. 96.

Les vérifications des Inspecteurs départementaux portent sur tous les points indiqués dans l'article 3. P. 456, S. 26.

Ils recherchent en outre si les layettes et vêtures ne sont pas détournées de leur destination, si l'Enfant reçoit tous les soins qui lui sont dus, s'il est vacciné; s'il est envoyé aux écoles et aux instructions religieuses, si on le fait travailler, et si on ne l'emploie pas à des travaux au dessus de son âge ou de sa force; s'il y a lieu de le retirer aux nourrices, aux patrons, pour inconduite, immoralité ou toute autre cause, si les Comités de patronage et les Visiteurs remplissent les fonctions qui leur sont attribuées, en un mot, si toutes les prescriptions de la loi sont fidèlement et convenablement accomplies.

ART. 97

Les Inspecteurs remplissent en outre tous les devoirs imposés aux tuteurs par les lois, et transmettent au conseil de famille, par l'intermédiaire du préfet, la partie de leur rapport qui pourrait intéresser la tutelle de l'Enfant. P 452, S 26

70.

ART. 98.

Page 452,
Séance 26 Les sous-Inspecteurs remplissent les mêmes fonctions que les Inspecteurs et sous la direction de ces derniers, sans toutefois exercer directement la tutelle ni faire partie des Bureaux d'Admission.

ART. 99.

P 453, S. 26. Les Inspecteurs et les sous-Inspecteurs rendent compte de leurs travaux et de leurs visites par des rapports mensuels adressés par eux directement au Préfet.

Ils font en outre un rapport général annuel, que le Préfet soumet au Conseil général et dont il adresse un double au Ministre de l'intérieur.

ART. 100.

P 454, S 26 Le Préfet pourra employer l'Inspecteur ou le sous-Inspecteur à des missions spéciales ayant pour objet la vérification des abus qui lui seraient signalés dans les administrations des Hospices ou Bureaux de bienfaisance, pourvu que ces missions ne détournent point ces fonctionnaires de leurs devoirs, et qu'ils y soient employés, non en vue d'une économie nuisible au service, mais pour le mieux du service lui-même.

§ II.

Visite.

ART. 101.

P 458 S 26 Des Visiteurs ou Visiteuses peuvent, en outre, être chargés de la visite à domicile des filles mères et des Enfants Secourus.

Ils exercent à cet égard la même surveillance que l'Inspecteur et le sous-Inspecteur du département.

Leurs fonctions peuvent être salariées dans le cas où il n'y aurait pas possibilité d'avoir des Visiteurs ou Visiteuses gratuits.

Ils sont nommés par le Préfet.

§ III.

Patronage.

ART. 102.

P. 458, S. 26. Il y a, dans les Cantons où sont placés des Enfants Adoptés par la Charité publique, un comité cantonal de patronage nommé par le Préfet.

Le Juge de paix, le Curé de canton et un membre du Conseil cantonal doivent de droit en faire partie.

Les femmes pourront être nommées membres du comité cantonal de patronage.

Page 458,
Séance 26

ART. 103.

Des Comités de Dames de charité sont aussi nommés par le Préfet.

P 341, S 17.

Elles sont chargées de visiter les filles mères admises aux secours, de surveiller les soins par elles donnés à leurs Enfants, et de donner leur avis sur les secours supplémentaires institués par l'article 32.

ART. 104

Les fonctions de ces Comités sont essentiellement gratuites.

P. 458, S 26

CHAPITRE IV.

DÉPENSES.

SECTION Ire.

ATTRIBUTION DES DÉPENSES.

ARTICLE 105.

Les dépenses autorisées ou prescrites par la présente loi seront supportées par les Hospices, les Communes, le Département et l'État, au moyen des ressources ordinaires de leurs budgets et des ressources extraordinaires résultant des attributions, subventions, dotations, donations ou fondations de toute nature affectées à cette destination.

P 428, S 24

Il sera remis par le Préfet au Conseil général, à l'ouverture de chaque session, un rapport détaillé sur le service des Enfants Adoptés par la Charité publique.

Pareil rapport sera adressé au Ministre.

ART. 106.

Il y a deux sortes de dépenses : les dépenses hospitalières et les dépenses départementales.

P 428, S 24.

ART. 107.

Les dépenses hospitalières sont :

1° Les frais d'entretien et d'éducation, soit avant la décision du Bureau d'Admis-

P. 431, S 24.

Page 431,
Séance 24
sion, soit après le retrait et jusqu'au nouveau placement de l'Enfant, tant qu'il séjournera à l'Hospice,

2° Le collier, les layettes et vêtures, ou le supplément de salaire qui les représente,

3° La partie des dépenses des Enfants infirmes placés à la campagne ou en apprentissage, qui excède le taux ordinaire de ce salaire ;

P. 412, S 23
4° Les menus frais du livret, de la tutelle, de l'école, de l'inhumation et du culte.

ART. 108.

P 516, S 29
Les Commissions administratives des Hospices Dépositaires seront en outre tenues
de justifier que, par le moyen de l'abonnement ou autrement, le service médical des
Enfants placés en nourrice est assuré.

ART. 109.

P 432, S 24
Les dépenses départementales sont

1° Les frais d'inspection,

2° Les secours aux filles mères,

3° Les frais de voyage des Enfants et des nourrices,

4° Les mois de nourrice et la dépense des Enfants infirmes, sous la déduction de
la partie de ces dépenses que le troisième alinéa de l'article 107 classe parmi les dépenses hospitalières,

P 405, S 24.
5° Les indemnités et gratifications,

6° Les subventions aux patrons, fermes écoles et établissements charitables où les
Enfants sont placés,

7° Les remises du receveur des Hospices.

ART. 110.

P 434, S. 24
Les dépenses hospitalières sont supportées par tous les Hospices du Département.

ART. 111

P 436, S 24.
Les dépenses départementales sont supportées   un cinquième par les Communes
du Département, trois cinquièmes par le Département et un cinquième par l'État.

ART. 112.

P. 495 S 29
Chaque administration, l'État, le Département, la Commune et l'Hospice payent
les dépenses d'impression résultant des prescriptions qui leur sont respectivement
imposées par la loi.

ART. 113.

P 516, S 29.
Il n'est accordé aux Percepteurs, aux Receveurs généraux ou particuliers, aucune
remise sur les payements ou mouvements de fonds qu'ils auront à faire à l'occasion
des Enfants Adoptés par la Charité publique.

Toutes les pièces exigées par la présente loi seront exemptes du droit de timbre, d'enregistrement, de greffe et de sceau.

Page 516, Séance 29

SECTION II.

RÉPARTITION DES DÉPENSES.

ART. 114.

Les dépenses hospitalières seront réparties entre tous les Hospices du Département proportionnellement à leurs ressources ordinaires, tant mobilières qu'immobilières, par un arrêté spécial rendu par le Préfet, les Commissions administratives entendues.

P 435, S 24

ART. 115.

Le cinquième de la dépense départementale sera réparti entre toutes les Communes du Département, en raison composée de leur population, de leurs contributions communales et du total des contributions directes payées par les propriétaires habitants ou patentables de chacune d'elles

P 438, S 24

ART. 116.

Pour faire cette répartition, on supposera un nombre de Communes égal au nombre réel des Communes du département, augmenté d'un chiffre égal au nombre total des Enfants Admis du même Département, dont le domicile d'origine sera connu. Chaque Commune figurera dans ce tableau conformément aux éléments de répartition de l'article 115, une fois d'abord, et puis encore autant de fois qu'elle aura fourni d'Enfants Admis; et sa part dans la dépense sera égale au total des chiffres de répartition qui seront appliqués à son nom dans l'opération qui vient d'être décrite. Mention sera faite de cette circonstance dans chaque budget de la commune

La disposition qui précède ne s'applique pas aux Enfants Secourus

P 438, S 24

ART. 117.

Il pourra être, au cas d'impuissance et dans la forme ordinaire, accordé des dégrèvements partiels dont le montant se répartira sur les autres Communes.

P 439 S 24

ART. 118.

La répartition sera revisée tous les cinq ans, d'après les résultats du recensement général de la population.

P. 439, S 24

SECTION III.

ORIGINE.

ART. 119.

Page 439,
Seance 24,
L'Enfant Admis, Délaissé ou Secouru sera censé provenir de la Commune où la mère aura résidé pendant le plus long espace de temps dans la période assignée par la loi à la conception présumée de l'Enfant; et, à défaut, de la Commune où l'Enfant sera né, ou même, si le lieu et l'époque de la naissance sont également inconnus, de la Commune où l'Enfant aura été découvert.

Ce domicile emportera attribution à l'Hospice, au Département ou à la Commune des dépenses prescrites par la présente loi, sauf les répétitions par elle prévues dans certains cas.

Toutes les fois qu'il sera démontré qu'il y a erreur sur le Département, l'Arrondissement ou la Commune dans lequel aurait eu lieu la naissance ou la découverte de l'Enfant, il sera, s'il y a lieu, procédé à la rectification de l'attribution des dépenses.

LIVRE III.

SURVEILLANCE ET RÉPRESSION.

TITRE Ier.

SURVEILLANCE DES ÉTABLISSEMENTS CONSACRÉS AUX ACCOUCHEMENTS.

ART. 120.

P 439, S 24.
Les Etablissements consacrés aux accouchements sont placés sous la surveillance de l'autorité publique, quel que soit le nombre des personnes qui y sont admises, soit à part, soit simultanément.

ART. 121.

P 41, S. 4.
La loi distingue deux sortes d'Établissements consacrés aux accouchements · les Maisons d'accouchement et les Établissements charitables d'accouchement.

CHAPITRE Ier.

MAISONS D'ACCOUCHEMENT.

SECTION Ire.

FORMALITÉS PRÉALABLES.

ART. 122.

Sont considérés comme Maisons d'accouchement, les Établissements dans lesquels des femmes enceintes sont admises, à titre onéreux, pour y faire leurs couches.

Page 42
Séance 4

ART. 123.

La personne qui se proposera d'ouvrir une Maison d'accouchement devra en faire la déclaration à la Mairie et à la Préfecture du lieu où la Maison doit être établie.

P 45 S 4

La déclaration remise au Préfet devra être accompagnée ·

1° D'un acte de naissance constatant que l'impétrant a atteint sa majorité,

2° D'un diplôme de docteur en médecine ou en chirurgie, d'officier de santé ou de sage-femme;

3° D'un certificat de moralité, délivré par le Maire de la Commune de l'impétrant, ou de chacune des Communes où il aura résidé depuis trois ans,

4° D'un certificat de moralité et de capacité spéciales et professionnelles, délivré par le Jury médical du Département.

L'ouverture de la Maison d'accouchement ne pourra avoir lieu que dans le mois qui suivra le dépôt à la Mairie de la déclaration et des pièces ci dessus énoncées.

ART. 124.

Indépendamment des conditions ci-dessus exigées, les deux déclarations remises, soit au Préfet, soit au Maire, devront être accompagnées ·

P 43 S 4

1° Du plan de la maison avec indication de la commune et du lieu où il sera situé,

2° De l'indication du nombre de personnes enceintes que la Maison est destinée à recevoir, et du personnel qui y est attaché, par distinction de service administratif, sanitaire ou domestique.

Lorsque le directeur ou la directrice voudront augmenter le nombre des personnes enceintes énoncé dans la première déclaration, ils devront faire une nouvelle déclaration, tant à la Préfecture qu'à la Mairie.

I

Page 43,
Séance 4

Cette déclaration devra être accompagnée du plan des modifications et additions faites à la Maison

ART. 125.

Ibid

Il sera délivré un récépissé des déclarations, et, dans la quinzaine de la date de ce récépissé, on donnera connaissance à l'impétrant de l'omission des formalités ou du défaut d'accomplissement des conditions requises par la loi ou par les règlements.

ART. 126

P 47 S 4

Un règlement arrêté par le maire, et approuvé par le préfet, indiquera la dimention des appartements, le nombre de lits qu'ils pourront contenir, suivant leur dimension, et les autres conditions générales d'hygiène et de salubrité auxquelles devra satisfaire le local.

SECTION II.

REGISTRE.

ART. 127.

P 70-72 S 5

Il sera tenu, dans chaque Maison d'accouchement, un registre coté et paraphé sur chaque page par le Juge de paix du canton; il devra être renouvelé chaque année.

En tête du registre devront être reproduits les articles du Code pénal énonçant les peines dont se rendent passibles les médecins, chirurgiens, officiers de santé ou sages-femmes, dans les cas où ils procureraient ou favoriseraient, soit l'avortement, soit la suppression d'état.

ART. 128.

Ibid

Le registre devra aussi porter copie, sur la première feuille, de la déclaration faite à l'Autorité municipale avant l'ouverture de la Maison et la mention des pièces justificatives déposées conformément aux dispositions précédentes.

ART. 129.

P 70 S 6

Sur le registre seront inscrits les noms prénoms, âge, qualité ou profession des femmes ou filles admises à y séjourner pour y être traitées ou y faire leurs couches; leur domicile ou demeure actuelle, le lieu de leur naissance, les noms, prénoms, qualité ou profession de leur père, mari ou tuteur. Cette disposition est applicable même aux femmes enceintes qui seraient employées comme aides ou domestiques.

ART. 130.

P. 70. S 5

Les diverses énonciations ci-dessus indiquées seront inscrites sur la déclaration de la personne admise.

Si la personne refuse de faire une ou plusieurs de ces déclarations, il en sera fait mention sur le registre par le simple mot *refus* inscrit à la place qu'aurait occupée l'énonciation refusée. Page 70, Séance 5

ART. 131.

Le registre sera tenu par numéros d'ordre, et divisé par colonnes et par cases, conformément au modèle ci-annexé. P 70 S 5

Chaque colonne portera en tête le titre de l'énonciation qu'elle est destinée à recevoir, chaque case correspondra au numéro d'ordre en tête de la ligne, et contiendra également l'intitulé des énonciations qu'elle est destinée à recevoir, confor mément au modèle annexé à la présente loi.

ART. 132.

Les personnes admises devront être inscrites sur le registre avec un numéro spécial, par ordre successif, sans interversion ni lacune. Ibid

ART. 133.

Quel que soit le nombre des déclarations refusées, le registre devra toujours contenir, pour chaque personne, son numéro d'ordre, la date, par jour et heure, de son entrée, le jour et l'heure de sa sortie ou de son décès. Ibid

ART. 134.

Le registre devra également constater, s'il y a eu accouchement, le jour et l'heure où l'accouchement aura eu lieu; le nombre et le sexe des enfants qui en proviennent, s'ils sont nés morts ou vivants. Il indiquera en outre les principales circonstances de l'accouchement, s'il a eu lieu à terme ou avant terme, et, dans ce dernier cas, l'époque approximative de la grossesse; le nom du médecin, du chirurgien, de l'officier de santé ou de la sage femme par qui il aura été pratiqué, la mention si l'accouchement a été naturel, ou s'il a nécessité des opérations pour lesquelles il y aura eu obligation d'appeler un médecin ou chirurgien étranger à la direction de la Maison, le nom de ce médecin ou chirurgien, il sera fait mention expresse de la déclaration de naissance de chaque enfant à l'Officier de l'état civil, indiquant le jour où cette déclaration aura été faite, les noms et prénoms donnés à l'enfant, et le numéro de son inscription au registre de l'état civil P 71, S 5

Le registre énoncera encore le jour et l'heure où l'enfant aura quitté la Mai son, soit avec la mère, soit pour être placé en nourrice, soit par dépôt à l'Hospice, soit par décès En cas de placement en nourrice, la date et le lieu du placement, les noms et prénoms de la nourrice. En cas de dépôt à l'Hospice, l'indi-

Page 71
Seance 5
cation de l'Hospice, le jour et l'heure du dépôt. En cas de décès de la mère ou de l'enfant, le registre indiquera le jour et l'heure de ce décès; la mention que la déclaration en a été faite à la Mairie de la localité, conformément à l'article 80 du Code civil, et le numéro sous lequel l'acte de décès aura été inscrit sur les registres de l'état civil. De semblables désignations et déclarations seront consignées au registre matricule, sous le même numéro d'ordre, pour ce qui concerne la sortie de la mère ou son décès dans la Maison.

ART. 135.

Ibid

P 72, S 5
Le registre contiendra, en outre, une colonne *Observations*, où seront consignés les renseignements ou déclarations qui peuvent éclairer sur les intérêts de la mère et de l'enfant, l'indication des signes naturels, et s'il y a eu dépôt à l'Hospice, la description des vêtements ou objets qui pourraient servir de moyen de reconnaissance.

ART. 136.

P 71, S 5.
Il sera laissé, enfin, une colonne en blanc d'un espace suffisant pour que les Inspecteurs ou autres personnes à qui appartiendra de se faire représenter le registre, puissent y consigner leurs observations soit sur les personnes, soit sur la tenue de la Maison

SECTION III.

VÉRIFICATIONS ET INSPECTIONS. — ÉTAT CIVIL.

ART. 137.

P 73, S. 5
Le registre sera vérifié, au moins une fois tous les trois mois, par le Juge de paix.

ART. 138.

P 74, S 5
L'Inspecteur du service des Enfants Adoptés par la charité publique surveillera les Maisons d'accouchement.

ART. 139.

P 73, S 5
Lors des visites qui sont faites dans les Maisons d'accouchement par les Magistrats investis de ce droit, les pensionnaires peuvent rester voilées, sans cependant pouvoir empêcher que leur présence soit constatée.

ART. 140.

P 516, S 29.
Lorsqu'il y aura déclaration d'un Enfant né dans une Maison d'accouchement, l'Officier de l'état civil devra s'y transporter. Il pourra adresser à la mère des conseils et des exhortations pour l'accomplissement de ses devoirs de maternité.

ART. 141.

Dans tous les cas d'avortement, soit spontané, soit accidentel, il devra être fait une déclaration de décès conformément aux articles 77 et suivants du Code civil. Le fœtus devra toujours être présenté à l'Officier de l'état civil, qui requerra la visite d'un homme de l'art, toutes les fois que l'avortement pourra être présumé criminel.

Page 504, Séance 20

CHAPITRE II.

ÉTABLISSEMENTS CHARITABLES D'ACCOUCHEMENT.

SECTION Iʳᵉ.

HOSPICES.

ART. 142.

Les femmes en couches seront admises dans tous les Hospices aux mêmes conditions que les autres malades; il pourra même, sur l'autorisation spéciale du Gouvernement, y être établi des Chambres d'accouchement.

Les Supérieures, Commissions administratives, les Fonctionnaires et les employés de l'Hospice seront soumis à toutes dispositions de la présente loi.

P. 489 S 28

SECTION II.

ÉTABLISSEMENTS PRIVÉS.

ART. 143.

Aucun Établissement charitable d'accouchement ne pourra être ouvert, même à titre purement gratuit, qu'en vertu d'une autorisation du Gouvernement et à la condition de se soumettre à toutes les prescriptions imposées aux Maisons d'accouchement.

P 490 S 28

ART. 144.

Néanmoins les directeurs des Établissements charitables peuvent être dispensés de la production du diplôme scientifique exigé par l'article 123 de la présente loi, à la condition toutefois de justifier de l'adjonction permanente d'un docteur en médecine ou en chirurgie spécialement attaché à l'Établissement.

Ibid

ART. 145.

Page 491,
Séance 28

Les Établissements charitables d'accouchement seront placés, comme tous les autres, sous la surveillance de l'Autorité et sous le contrôle de l'Inspection, conformément aux dispositions de la présente loi.

ART. 146.

Ibid.

Lorsque les Établissements charitables seront autorisés à conserver les Enfants, après leur naissance, les règles posées par la présente loi pour le placement en nourrice, pour la nourriture et l'éducation des Enfants, leur seront également applicables.

ART. 147.

P 492 S 28.

L'autorisation ne sera donnée qu'autant que les fondateurs justifieront de ressources suffisantes pour l'œuvre qu'ils se proposent, et que les statuts déclareront formellement que l'institution a pour but d'assurer non-seulement l'existence et l'éducation de l'Enfant, mais encore le respect des droits de la filiation, l'accomplissement des devoirs de la maternité et la fidèle observation de la loi.

ART. 148.

Ibid

Il y aura dans ces Établissements un Conseil de surveillance présenté par les fondateurs et agréé par le Gouvernement. Ce Conseil remplira les fonctions de conseil de famille de l'Enfant.

En cas de vacance d'un des membres du Conseil, il y sera pourvu par le Préfet, sur la présentation qui lui en sera faite. Le nombre des membres du Conseil ne sera pas inférieur à 5.

Le médecin et le directeur de l'Établissement ne pourront en faire partie.

Le Conseil nommera le tuteur et le subrogé-tuteur.

ART. 149.

P 493 S 28

Ces établissements ne pourront recevoir de l'État, des Départements ou des Communes, aucune subvention, secours ou subside de quelque nature que ce soit, si le décret d'autorisation ne contient, à cet effet, une exception spéciale et s'il n'a été, dans ce cas, sanctionné par le Pouvoir législatif.

Même dans ce cas, les votes des communes ou départements seront soumis à l'approbation du Préfet ou du Ministre.

SECTION III.

DISPOSITION COMMUNE AUX ÉTABLISSEMENTS CHARITABLES D'ACCOUCHEMENT.

ART. 150.

P 491 S 28

Les Directeurs, les délégués et les Fonctionnaires des Hospices et des Maisons ou

Établissements charitables d'accouchement publics ou privés, qui présenteront des Enfants à l'Hospice Dépositaire, seront soumis aux prescriptions de la présente loi concernant les serments et déclarations à faire tant au Secrétaire de la Commission administrative qu'au Bureau d'Admission.

Page 491
Séance 28

TITRE II.

RÉPRESSION DES DÉLITS ET CONTRAVENTIONS.

CHAPITRE Ier.

PEINES ADMINISTRATIVES.

ART. 151.

En cas de contravention aux dispositions des articles 29, 123, 124 et 126 de la présente loi, la Maison sera fermée par les soins de l'Autorité administrative.

Elle pourra être également fermée si le Jury médical, saisi par le Préfet, retire le certificat exigé par le § 4 de l'article 123, ou s'il est produit contre le directeur ou la directrice un jugement définitif qui les condamne, soit pour cause de crime, soit pour cause de délit envers l'Enfant, alors même que cette condamnation serait antérieure à l'ouverture de la Maison, et que la peine aurait été subie ou prescrite.

Elle ne pourra être rouverte, même en accomplissant toutes les formalités et en remplissant toutes les conditions de la présente loi, ni dans le même local, ni par le même directeur ou toute personne interposée, le tout pendant un délai d'un an, à moins que l'arrêté de fermeture n'établisse un plus long délai.

P 51, S 24

ART. 152.

En cas d'infraction à une ou plusieurs des dispositions de la présente loi, les autorisations prévues par les articles 145 et 146 seront retirées, et le retrait de ces autorisations entraînera la fermeture immédiate des chambres ou des Établissements charitables d'accouchement.

P 493, S 28

CHAPITRE II.

PÉNALITÉS.

ART. 153.

Seront punis des peines portées par les articles 342 et 353 du Code pénal contre le délit d'exposition et de délaissement :

P. 334, S 17
P 244, S 12

Page 175,
Séance 14
P 497, S 29

Les auteurs, complices ou donneurs d'ordre de tout abandon, ou même de tout dépôt d'un Enfant au-dessous de l'âge de 7 ans accomplis, soit dans un Hospice, soit ailleurs, sans pourvoir à ses besoins ou sans se conformer et s'assurer que les agents du dépôt se sont conformés aux prescriptions de la présente loi;

Ceux qui auront refusé de comparaître devant le Secrétaire de la Commission administrative de l'Hospice dans le cas et dans les délais déterminés par les articles 7 et 8,

Ceux qui auront refusé de faire les serments et déclarations des articles 9, 10, 11, 15 et 18;

Ceux qui auront contrevenu à la prohibition portée aux articles 28 et 29,

P. 277, S 14. Les auteurs ou complices de faux serments ou de fausses déclarations;

P 275, S 14 La mère qui se sera rendue auteur ou complice d'une des infractions prévues par les cinq alinéa qui précèdent, ou qui, contrairement à la décision du Bureau d'Admission, aura refusé de reprendre son Enfant ou de concourir à sa dépense dans les limites fixées par ce bureau;

P 367, S 19-20 La même peine pourra être, dans les cas graves, appliquée à la mère qui aura été destituée de la tutelle de son Enfant dans le cas prévu par les articles 36 et 41.

ART. 154

P 490 S 29. Seront punis des mêmes peines. 1° Ceux qui auront ouvert une Maison d'accouchement sans faire les déclarations préalables prescrites par l'article 123, ou sans se conformer aux prescriptions du règlement prévues par l'article 126,

2° Ceux qui auront ouvert sans l'autorisation préalable exigée par les articles 142 et 143, une Chambre ou un Établissement charitable d'accouchement.

ART. 155.

Seront punis également des mêmes peines ceux qui, d'une manière quelconque, se seront opposés aux visites, vérifications et inspections prescrites ou autorisées par la présente loi.

ART. 156.

L'amende contre les coupables ou complices des délits prévus aux deux articles qui précèdent, sera de 50 à 1,000 francs

Elle sera de 100 à 2,000 francs, et l'emprisonnement pourra être élevé jusqu'au double,

1° Contre ceux qui auront maintenu, soit une Maison d'accouchement dont la fermeture aurait été prononcée, soit une Chambre ou un Établissement charitable d'accouchement dont l'autorisation aurait été retirée,

2° Contre ceux qui, dans le cas de l'article 155, auraient résisté avec injures, menaces, voies de fait ou violences.

ART. 157.

Seront punis des peines portées en l'article 346 du Code pénal : Page 274, Séance 14

1° Tout directeur de Maison d'accouchement qui présentera ou fera présenter un Enfant à l'hospice, sans déposer en même temps l'extrait de son registre en ce qui concerne l'Enfant et la mère;

2° Celui qui délivrera un certificat de vie d'un Enfant sans s'être assuré de son P 408, S 23 existence;

Le tout, sans préjudice des peines contre l'abandon ou le faux, s'il y a lieu,

3° Celui qui aura négligé de faire la déclaration prescrite par l'article 141,

4° Les infractions aux dispositions des articles 127, 1er alinéa, 129, 130, 132, 133 et 134.

ART. 158.

Les contraventions aux articles 127, 128, 131, 135 et 136, seront punies d'un P 70-71 72, S 5 emprisonnement d'un jour à six jours, et d'une amende de 1 franc à 15 francs

ART. 159.

Les dispositions de loi qui prononcent des peines ou des aggravations de peines p 420, S 29-23 contre les délits ou les crimes commis par les personnes auxquelles un Enfant aurait été remis ou qui ont autorité sur lui sont applicables aux mères, nourrices, patrons, ou toutes autres personnes qui auraient retiré ou à qui aurait été remis un Enfant par application des dispositions de la présente loi

Elles sont aussi applicables à la mère d'un Enfant Secouru. P 345, S 17

ART. 160.

La tentative d'avortement sera punie comme le crime d'avortement, conformé- P. 76, S 5 ment à l'article 2 du Code pénal.

La peine portée par l'article 317 du Code pénal, § 3, sera applicable à la sage- P 75, S 5 femme, dans les cas prévus par ledit article relativement aux médecins, chirurgiens et officiers de santé.

ART. 161.

Dans tous les cas d'application d'une des peines portées par les articles 157, 158 P 275 277, S 14 et 159, l'amende sera de 50 à 1,000 francs, si l'infraction est frauduleuse

ART. 162.

Page 274,
Séance 14.

P. 52, S. 4.

En cas de récidive, l'emprisonnement et l'amende ne seront jamais au-dessous du double du minimum, et pourront s'élever jusqu'au double du maximum.

Les Tribunaux pourront même prononcer, s'il y a lieu, la fermeture de la Maison, et de la Chambre ou de l'Établissement charitable d'accouchement, et même, si le cas est grave, le retrait du titre médical qui pourrait appartenir à l'auteur ou au complice de l'infraction.

ART. 163.

P. 274, S. 14.

Les amendes prononcées par la présente loi seront affectées spécialement à l'amélioration du service des Enfants Adoptés par la charité publique; s'il y a eu fausse déclaration, l'amende sera perçue au profit de la caisse qui aura indûment supporté la dépense par suite de cette fausse déclaration; dans tous les autres cas, elle sera perçue au profit de l'Hospice dans lequel l'Enfant aura été recueilli.

FIN DU TOME PREMIER.

MAISON D'ACCOUCHEMENT d

DIRIGÉE PAR

OUVERTE LE   185   .

ANNÉE 185 .

REGISTRE MATRICULE

DES FEMMES ENCEINTES ADMISES DANS L'ÉTABLISSEMENT, ET DES ENFANTS
PROVENANT DES ACCOUCHEMENTS QUI Y SONT OPÉRÉS.

Commencé le   *185* .

EXTRAIT

DE LA LOI DU   1 85   . SUR

TITRE   . — DES MAISONS D'ACCOUCHEMENT.

PIÈCES A PRODUIRE AVANT L'OUVERTURE DE LA MAISON D'ACCOUCHEMENT.

. *(Extrait de la loi du   185   .)*

TITRE   . — CHAPITRE   . — DU RÉGISTRE MATRICULE QUI DOIT ÊTRE TENU DANS LES MAISONS D'ACCOUCHEMENT.

ART.   . Le registre devra porter copie, sur la 1ʳᵉ feuille, de la déclaration faite à l'autorité municipale avant l'ouverture de l'établissement et la mention des pièces justificatives déposées conformément aux lois ou aux règlements. La copie et les mentions devront porter la date du dépôt des pièces. La mention relative aux personnes employées dans l'établissement devra indiquer leur nombre et leur emploi dans le service administratif, le service médical, le service sanitaire, et le service de la maison.

ART. 3. La personne qui se proposera d'ouvrir une Maison d'accouchement devra en faire la déclaration à la mairie du lieu où l'établissement devra être ouvert et à la préfecture.

La déclaration remise au préfet devra être accompagnée :

1° D'un acte de naissance constatant que l'impétrant a atteint sa majorité ;

2° D'un diplôme de docteur en médecine ou en chirurgie, d'officier de santé ou de sage-femme ;

3° D'un certificat de moralité, délivré par le maire de la commune du requérant, ou de chacune des communes où il aura résidé depuis trois ans ;

4° D'un certificat de moralité et de capacité délivré par le jury médical du département.

L'ouverture de la Maison d'accouchement ne pourra avoir lieu que dans le mois qui suivra le dépôt à la mairie de la déclaration et des pièces ci-dessus énoncées.

ART. 4. Indépendamment des conditions ci-dessus exigées, les deux déclarations remises, soit au préfet, soit au maire, devront être accompagnées :

1° Du plan de l'établissement, avec indication de la commune et du lieu où il sera situé ;

2° De l'indication du nombre de personnes enceintes que l'établissement est destiné à recevoir simultanément, et du personnel de l'établissement.

Lorsque le directeur ou la directrice voudront augmenter le nombre des personnes enceintes énoncé dans la première déclaration, ils devront faire une nouvelle déclaration, tant à la préfecture qu'à la mairie.

Cette déclaration devra être accompagnée du plan des modifications et additions faites à l'établissement.

Il sera délivré un récépissé des déclarations, et, dans la quinzaine de la date de ce récépissé, on donnera connaissance à l'impétrant de l'omission des formalités ou du défaut d'accomplissement des conditions requises par la loi ou par les règlements.

MAISON D'ACCOUCHEMENT

DIRIGÉE PAR

d   COMMUNE d

REGISTRE MATRICULE:

FEMMES ENCEINTES ET ENFANTS MONTANT DES ACCOUCHEMENTS

IMPRIMERIE

ENTRÉE DE LA FEMME ENCEINTE	NAISSANCE DES ENFANTS	SORTIE DES ENFANTS	SORTIE DE LA FEMME	OBSERVATIONS	MAISON DES ENFANTS ASSISTÉS AU REGISTRE

A. B. Ce spécimen est présenté sous format ½ colonne; il peut être tiré sur papier grand raisin ou colombier, suivant l'importance des établissements-ecci. Quatre épreuves d'un tirage sur papier colombier ont été déposées au ministère de l'intérieur.

EXTRAIT de la loi du

sur les Enfants adoptés par la charité publique.

(Art 120 jusques et y compris l'art. 141)

LIVRE III. — SURVEILLANCE ET RÉPRESSION.

TITRE Ier. — SURVEILLANCE DES ÉTABLISSEMENTS CONSACRÉS AUX ACCOUCHEMENTS.

CHAPITRE Ier. — MAISONS D'ACCOUCHEMENT.

TABLE ANALYTIQUE

DES

PROCÈS-VERBAUX

DE LA COMMISSION DES ENFANTS TROUVÉS.

TABLE   575